Shriman MAHĀBHĀRATAM

Part V

9. ŚALYA PARVA

10. SAUPATIKAPARVA

11. STRĪ PARVA

WITH

Bharata Bhawadeepa By Nīalkaṇṭha.

NAG PUBLISHERS

11A/U.A. (POST OFFICE BUILDING) JAWAHAR NAGAR, DELHI-7.

This publication has been brought out with the financial assistance from the Govt. of India, Ministry of Human Resource Development.

[If any defect is found in this book please return per V.P.P. for postage expences for exchange of free of cost].

© **NAG PUBLISHERS**

(i) **11A/U.A. (POST OFFICE BUILDING), JAWAHAR NAGAR, DELHI-110 007**

(ii) **8A/U.A.-3, JAWAHAR NAGAR, DELHI-110 007**

(iii) **JALALPUR MAFI (CHUNAR-MIRZAPUR) U.P.**

ISBN 81-7081-187-2

I S B N : 81-7081-182-1 (7 Vols Set)

R E P R I N T

1988

PRICE Rs.   7 Vols. Set

PRINTED IN INDIA

Published by : **NAG SHARAN SINGH FOR NAG PUBLISHERS**
11A/U.A., Jawahar Nagar, Delhi-110 007 and Printed at New Gian Offset Printers
495. D.D.A. Complex, Shahzada Bagh Extn., Daya Basti, Delhi

श्रीमन्महाभारतम्

पंचम खण्ड

९. शल्यपर्व

१०. सौप्तिकपर्व

११. स्त्रीपर्व

चतुर्धरवंशावतंसश्रीमन्नीलकण्ठविरचितभारतभावदीपाख्यटीकया समेतम् ।

नाग प्रकाशक

११ ए/यू. ए., जवाहर नगर, दिल्ली-७

नाग पब्लिशर्स

१. ११ए/यू. ए. (पोस्ट आफिस बिल्डिंग),
जवाहरनगर, दिल्ली ११०००७

२. ८ए/यू. ए. ३ जवाहरनगर दिल्ली ११०००७

३. जलालपुरमाफी (चुनार-मिर्जापुर) उ० प्र०

पुनर्मुद्रित
१९८८

नागशरण सिंह द्वारा नाग पब्लिशर्स, जवाहर नगर, दिल्ली-७ के लिए प्रकाशित तथा न्यू ज्ञान आफसेट प्रिंटर्स, ४९५ डी० डी० ए० कम्पलेक्स, शाहजादा बाग एक्सटेंशन, दयाबस्ती, दिल्ली-३५ द्वारा मुद्रित।

अथ श्रीमहाभारते शल्यपर्वप्रारंभः

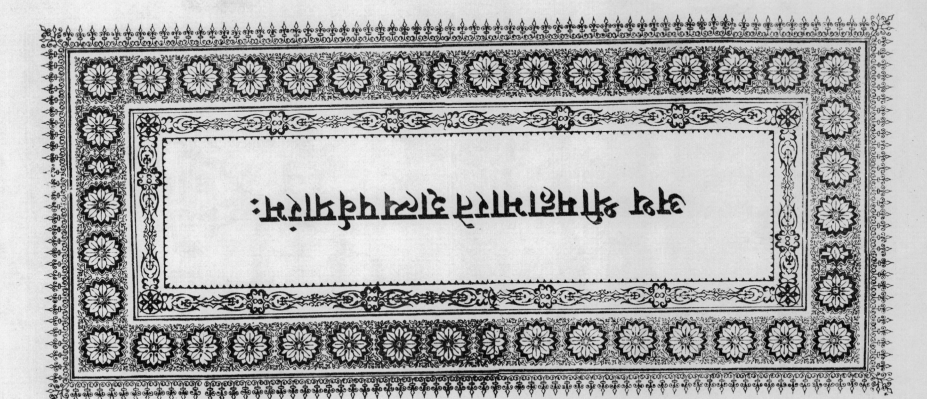

शल्यपर्व.९
शल्य सेनाधिपत्याभिषेक.
दुर्योधन
भीम
अर्जुन
कृष्ण

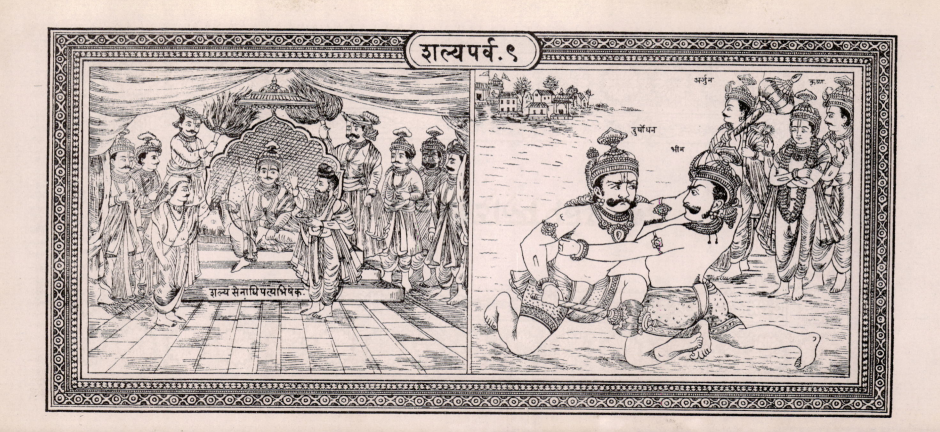

॥ महाभारतम् ॥

शल्यपर्व ।

—९—

विषयानुक्रमणिका ।

अध्यायः विषयः पृष्ठम् ।

१ कर्णे निपातितेऽल्पावशिष्टाः कुरवः किमकुर्वन्निति धृतराष्ट्रप्रश्ने तदुत्तरं वदन्वैशम्पायनो दुर्योधनस्य शिबिरगमनादिकं, शल्यं सेनापतिं कृत्वा युद्धाय निर्गमनं, युधिष्ठिरकृतशल्यवधादिकं च कथयामास। दुःखितः सञ्जयः पुरं प्रविश्य धृतराष्ट्रं प्रत्यनुतापवाक्यानि वदञ्शल्यादीनां दुर्योधनस्य च नाशं कथयंस्तत्पक्ष्याणामश्वत्थामकृपवर्मणां पाण्डवपक्षीयाणां पाण्डवकृष्णसात्यकीनां च शेषमभिदधाति स्म। सञ्जयवाक्येन धृतराष्ट्रादिषु मूर्छितेषु लब्धसंज्ञो धृतराष्ट्रो विदुरं प्रति 'विद्वन्क्षत्तर्महाप्राज्ञ त्वं गतिर्भरतर्षभ' इत्याद्युक्त्वा पुनर्मुमूर्छ। राजानमातुरं दृष्ट्वा सञ्जयादिषु रुदत्सु पुनर्लब्धसंज्ञस्य धृतराष्ट्रस्य विदुरं प्रति स्त्रीणां विसर्जनार्थमाज्ञाकरणादि १

२ दुर्योधनस्य नाशं श्रुत्वा तद्वाक्यं भीष्मादीनां च वधमनूद्य विलपन् धृतराष्ट्रः 'सोऽहं वनं गमिष्यामि' इत्याद्युक्त्वा पुनर्दुर्योधनादिवधमनूद्य विललाप। शोकसंतप्तो विलपन्धृतराष्ट्रः सञ्जयं प्रति पुनः 'को वा मुखमनीकानाम्' इत्यादिकं पप्रच्छ १

३ कौरवाणां क्षयं कथयन्सञ्जयः कर्णे हते कौरवाः कर्तव्यमूढाः सन्तः सर्वत्र भीमार्जुनौ पश्यन्तोऽन्योन्यं निघ्नन्तः पलायन-

परा बभूवुरित्याद्याह। भीमभया-
त्सैन्ये द्रवति सति प्रेरितेन सा-
रथिनाऽऽनीतं रथमारुह्य पञ्च—
विंशतिसहस्रसंख्यैः पदातिभिः
सह भीमादिभिर्योद्धुमाजगाम
दुर्योधनः। कौरवसैन्यैः सह
युद्ध्यमानयोः पार्षतभीमयो-
र्भीमो गदामादाय रथादवप्लुत्य-
पञ्चविंशतिसहस्रवीरान्हत्वाऽ--
न्यानपि जघान। उभयसैन्ययोः
संकुलयुद्धे प्रवृत्ते पाण्डवा-
न्योद्धुमाह्वयन्पलायमानं कौरव-
बलं दुर्योधन आश्वासया—
मास २

४ रणभूमौ पतितान्रथादीन् दृष्ट्वा
विमुखं दुर्योधनं प्रति कृपाविष्टः
कृपोऽर्जुनादीन्प्रशशंस । कृपः
पुनः 'क नु ते सूतपुत्रोऽभूत क नु
द्रोणः सहानुगः। अहं क च क
चात्मा ते हार्दिक्यश्च तथा क नु'
इत्याद्युक्त्वाऽर्जुनस्याजेयत्वं कथ-
यन्सन्धिकरणमुपदिदेश ... ३

५ कृपवाक्यं श्रुत्वा दुःखितो
दुर्योधनो ' यत्किञ्चित्सुहृदा
वाच्यं तत्सर्वं श्रावितो ह्यहं। कृतं
च भवता सर्वं प्राणान्संत्यज्य
युद्ध्यता।' इत्याद्युक्त्वा सन्धि-
मनिच्छन्क्षत्रियस्य युद्धमरणं
कीर्त्यावहमिति वदन् भीष्मादि-
प्राप्तमार्गस्य श्रेयस्त्वं जगाद।
एतद्दुर्योधनवाक्यं श्रुत्वा सर्वे
क्षत्रियास्तदभिनन्दन्त। ऊनाद्वि-
योजने गत्वाऽरुणासरस्वत्यां
स्नानपानादि विधाय पुनर्युद्धाय
सज्जा बभूवुः ४

६ पुनर्युद्धोद्यतेषु योधेषु शल्य-
समक्षं 'सेनापतिं कृत्वा योद्धु-
मर्हसि' इत्याद्युक्तवत्सु दुर्योध-
नोऽश्वत्थामानं प्रति कः सेना-
पतिर्भवेदिति पप्रच्छ। शल्यः
सेनापतिः कर्तव्य इत्यश्वत्थाम-
वाक्यं श्रुत्वा दुर्योधनेन प्रार्थितः
शल्यस्तदङ्गीचकार ... ५

७ 'यावेतौ मन्यसे कृष्णौ रथ-
स्थौ रथिनां वरौ। न मे तुल्यावु-
भावेतौ बाहुवीर्ये कथञ्चन' इत्या-
दिकं शल्यस्यात्मश्लाघावाक्यं
श्रुत्वाऽभिषिक्ते तस्मिंस्तं प्रशं-
सन्तो योधाः सिंहनादादि चक्रुः।
कौरवाणां शब्दं श्रुत्वा युधि-
ष्ठिरं प्रति 'त्वमेवैनं जहि'
इत्याद्युक्त्वा श्रीकृष्णः शिबिरं
जगाम ६

अष्टादशदिवसयुद्धम्।

८ प्रभाते दुर्योधनेन प्रेरिता
योधा 'न नं एकेन योद्धव्यम्'
इत्यादि समयं कृत्वा शल्यं पुर-
स्कृत्य युद्धाय निर्जग्मुः। शल्यः
कथं हत इति धृतराष्ट्रप्रश्ने शल्य-
युद्धवृत्तान्तं कथयंस्तत्कृतं सर्व-
तोभद्रव्यूहं कथयति स्म सञ्जयः।
धृष्टद्युम्नादिषु शल्यानीकं प्रति
गतेषु सेनावृतो युधिष्ठिरः शल्यं
जगामार्जुनादयश्च कृतवर्मादी-
न्प्रति। कुरुपाण्डवयोरवशिष्ट-
बलशुश्रूषया धृतराष्ट्रप्रश्ने सञ्जय
उभयोरवशिष्टबलसंख्यां कथय-
ति स्म ६

९ कुरुसृञ्जयानां संकुलयुद्धे प्रवृत्ते
भीमार्जुनौ योधान्मोहयित्वा शं-
खवादनादि चक्रतुः, पाण्डवशर-
पीडिता योधाश्च प्रदुद्रुवुः ... ७

१० प्रभग्नं बलं दृष्ट्वा शल्यः सारथिं
प्रेरयित्वा युधिष्ठिरं प्रति जगाम।
युधिष्ठिरं प्रति गच्छन्तं शल्यं
दृष्ट्वा योधेषु पुनरागतेषु सत्सु
नकुलश्चित्रसेनं जघान। नकु-
लस्य सुषेणसत्यसेनाभ्यां कर्ण-
पुत्राभ्यां युद्धे प्रवृत्ते नकुलः सत्य-
सेनं जघान। भ्रातृवधं दृष्ट्वा युद्ध्य-
मानेन सुषेणेन विरथीकृते नकुले
सुतसोमरथमारूढे उभाभ्यां युद्धं

कुर्वन् सुषेणो नकुलेन हतः। तत उभयोः संकुलं युद्धम् ... ८

११ सञ्जय उभयसेनयोर्युद्धं कथयित्वा पाण्डवान्प्रत्यागत्य युद्धं कुर्वति शल्ये जातानि दुर्निमित्तानि कथयति स्म। शल्ययुधिष्ठिरयोर्युद्धे प्रवृत्ते युधिष्ठिरसाहाय्यार्थं भीमादीनामागमनं शल्यसाहाय्यार्थं कृतवर्मादीनां च। उभयसैन्ययोः संकुलयुद्धे प्रवृत्ते गदया युद्धं कुर्वन्भीमः शल्यस्याश्वान्सारथिं च हतवान्। ९

१२ सारथिं पतितं दृष्ट्वा गदां गृहीत्वा भीमेन सह गदायुद्धं कुर्वञ्शल्यो भीमगदाप्रहारपीडितः कृपेणापवाहितः। पाण्डवान्प्रत्यागतेषु कौरवेषु दुर्योधनेन चेकिताने हते पुनः शल्ययुधिष्ठिरयोर्युद्धम्। ... १०

१३ संजयो युधिष्ठिरे शल्येन पीडिते सात्यक्यादीनामागमनं,भीमादिभिर्युद्धं कुर्वतः शल्यस्य पराक्रमदर्शनेन दुर्योधनस्य पाण्डवपराजयप्रयुक्तं संतोषं च कथयति स्म। ११

१४ द्रौण्यर्जुनयोर्युद्धं कथयन्नर्जुनकृतं कौरवबलनाशनादिकं वर्णयामास। द्रौणिः पाञ्चाल्येन सुरथेन युद्धं कुर्वस्तं हत्वा पुनरर्जुनं प्रति गत्वा तेन सह युयुधे १२

१५ सञ्जयो धृष्टद्युम्नदुर्योधनयोर्युद्धं कथयित्वा युधिष्ठिरादिभिर्युद्धं कुर्वतः शल्यस्य सात्यकिना सह युद्धादिकं शशंस १३

१६ मद्रराजं पुरस्कृत्य पाण्डवान्प्रत्यागतेषु कौरवेषु कृपादीन्प्रत्यर्जुने बाणान्वर्षत्युभयसैन्ययोः संकुलं युद्धम्। शल्यपराक्रमं दृष्ट्वा क्रुद्धो युधिष्ठिरोऽर्जुनादीनाहूय तत्समक्षं शल्यहननादिकं प्रतिजज्ञे। पञ्चालादिषु शङ्खनादनादिकं कुर्वत्सु शल्यं प्रत्यागत्य युधिष्ठिरस्य तुमुलं युद्धम्। भीमदुर्योधनयोर्युद्ध्यमानयोर्भीमेन दुर्योधनं मोहयित्वा तत्सारथौ हते साहाय्यार्थं द्रौण्यादय आजग्मुः। कौरवसैन्यं नाशयता युधिष्ठिरेण शल्यस्याश्वादिषु हतेषु तं गृहीत्वाऽश्वत्थाम्न्यपयाते मुहूर्तेन रथान्तरमारुह्य शल्यः पुनराजगाम १३

१७ सञ्जयो युधिष्ठिरादिभिः सह शल्यस्य युद्धं वर्णयति स्म। युधिष्ठिरो गोविन्दवाक्यं विचिन्त्य शल्यवधार्थं शक्तिं जग्राह। सञ्जयो युधिष्ठिरगृहीतायाः शक्तेः प्रभावं वर्णयति स्म। शक्तिं प्रक्षिप्य शल्यं हत्वा कौरवसैन्यं नाशयन्युधिष्ठिरो भ्रातृवधं दृष्ट्वाऽऽगतं तद्भ्रातरमपि जघान। शल्यानुजं हतं दृष्ट्वा पलायमाने कौरवसैन्ये कृतवर्मसात्यक्योर्युद्ध्यमानयोः सात्यकिना विरथीकृतं कृतवर्माणं स्वरथ आरोप्य कृपोऽपययौ। पराङ्मुखं स्वबलं दृष्ट्वा दुर्योधन आगते पुनरागतं कृतवर्माणं युधिष्ठिरबाणपीडितं गृहीत्वाऽश्वत्थाम्न्यपयाते पाण्डवाः शङ्खवादनादि चक्रुः ... १५

१८ युधिष्ठिरं हन्तुं शल्यानुगेषु सप्तशतवीरेष्वागतेषु युधिष्ठिरं रक्षितुमर्जुनादिषु चागतेषु पञ्चालादयः शल्यबलं नाशयामासुः। बलक्षयं दृष्ट्वा शकुनिना प्रेरिते दुर्योधने युद्धार्थमागते संकुलं युद्धम् १६

१९ शल्ये हते कौरवाणां विमुखत्वादिकं, पाण्डवानामभिगमनादिकं, परस्परालापादिकं चा कथयत्सञ्जयः। पलायमानान्यो-

धान्दृष्ट्वा दुर्योधनः सारथिं संप्रे-
यैकविंशतिसहस्रपदातिभिर्भीमं
प्रत्याजगाम । भीमेन तावत्सु
पदातिषु हतेषु पलायनोद्यतानि
सैन्यानि दुर्योधनवाक्येन परा-
ववृतिरे १७

२० पाण्डवान्प्रत्यागते शाल्वे तद्भ-
यात्सैन्येषु पलायमानेषु कौरवाः
शंखादिवादनं चक्रुः। कौरवशंख-
ध्वानिं श्रुत्वा आगतो धृष्टद्युम्नः
शाल्वेन युद्धं कुर्वन्यदा तद्गजेना-
तिपीडितस्तदा भीमादिष्वा-
गतेषु गदया शाल्वगजमनाश-
यत् । सात्यकिश्च भल्लेन शाल्वं
जघान १८

२१ सैन्यभङ्गं दृष्ट्वा आगतं कृतव-
र्माणं सात्यकिना विरथीकृतं
गृहीत्वा कृपोऽपयानं चक्रे ।
कौरवबले पलायमाने दुर्योधनः
पाण्डवान्प्रति जगाम ... १९

२२ सञ्जयो युधिष्ठिरादिभिर्दुर्यो-
धनस्य युद्धमश्वत्थामभीमयोः
शकुनियुधिष्ठिरयोः कृतवर्मा-
दिभिः सात्यक्यादीनां च युद्धं
कथयामास २०

२३ सञ्जयः कौरवसैन्यभङ्गं, युधि-
ष्ठिरस्य युद्धं, तत्साहाय्यार्थं
शिखण्ड्यादीनामागमनमुभयोः
संकुलयुद्धे प्रवृत्ते जातान्दैविका-
द्युत्पातांश्च कथयामास । सैनि-
कान्परावर्त्य युद्धं कुर्वतः शकुने-
र्बाणैर्भग्नं स्वबलं दृष्ट्वा युधिष्ठि-
रेण प्रेरितः सहदेवः शकुनिं
प्रति जगाम । शकुनिसैन्यैः
सह सहदेवसैन्यानां युद्धे प्रवृत्ते
पाण्डवीयां सेनां निघ्नञ्शकुनि-
र्धृष्टद्युम्नमाजगाम । तत उभयोः
संकुलं युद्धं बभूव ... २१

२४ पाण्डवबलैः कौरवबले नाश्य-
मानेऽवशिष्टैः सप्तशताश्वैः सहा-
गतः शकुनिर्योधान्प्रति 'क नु
राजा' इत्यादि पृष्ट्वा दुर्योधनं ज-
गाम । दुर्योधनं प्रति शकुनि-
नोक्तं वाक्यं श्रुत्वाऽऽगतानुद्यत-
कार्मुकान्योधान्दृष्ट्वाऽर्जुनः श्री-
कृष्णं प्रति दुर्योधनादीन्निन्द-
न्याहीत्युवाच । अर्जुनो दुर्योधन-
सैन्यं प्रविश्य बाणैर्दिश आच्छा-
दयंस्तन्नाशयामास ... २२

२५ युद्धं कुर्वत्यर्जुने तद्भयात्कौरव-
सैन्ये पलायमाने धृष्टद्युम्नदुर्यो-
धनयोर्युद्ध्यमानयोर्विरथो दुर्यो-
धनोऽश्वमारुह्यापयानं चकार ।
भीमयुधिष्ठिरादिषु गजानीकं
निघ्नत्सु दुर्योधनमपश्यतां कौर-
वाणां भाषणानि श्रुत्वाऽश्वत्था-
मादयः शकुनिं जग्मुः । कौरव-
बलं नाशयतां धृष्टद्युम्नादीनां
संकुले युद्धे प्रवृत्तेऽश्वत्थामादयो
दुर्योधनमन्वेषयामासुः ... २३

२६ अर्जुनादिषु गजानीकं निघ्नत्सु
समागतैर्दुर्मर्षणप्रभृतिभिरेकादश-
भिर्दुर्योधनभ्रातृभिर्युद्धं कुर्वन्भी-
मः क्रमेण सर्वानवधीत् । श्रुतवर्म-
वधानन्तरं कौरवकृतं भीमा-
वरणं, भीमहतानां योधानां
संख्यादिकं चाभिदधाति स्म
सञ्जयः २४

२७ दुर्योधनसुदर्शनयोर्भ्रात्रोरश्व-
सेनायां स्थितयोर्दुर्योधनं दृष्ट्वाऽ-
र्जुनेन श्रीकृष्णवाक्यं श्रुत्वा प्रति-
वदता, अवशिष्टकौरवबलसंख्यां
कथयित्वा तद्वधे प्रतिज्ञाते श्री-
कृष्णो रथं प्रेषयामास । सुदर्श-
नादिभिर्भीमादीनां युद्धे प्रवृत्ते
सुशर्मार्जुनयोर्युद्ध्यमानयोरर्जुनः
सुशर्माणं तदीयानन्यांश्च जघान ।
सुदर्शनादिभिर्युद्धं कुर्वन्भीमः सु-
दर्शनं तत्पदानुगांश्च निज-
घान २५

२८ सञ्जयः सहदेवं प्रति शकुनेरागमनं, भीमसहदेवाभ्यामुलूकस्य युद्धं, हतसैन्यैर्युद्धभूम्याच्छादनं चाभिदधाति स्म । सहदेवं शकुनिबाणपीडितं दृष्ट्वा कौरवसैन्यं निवारयति भीमे तद्भयाद्द्रवत्सु योधेषु दुर्योधनवाक्यात्प्रत्यागतेषु सत्सूभयोः संकुलं युद्धम् । सहदेवेनोलूके हते विदुरवाक्यं स्मरञ्शकुनिः सहदेवेन युयुधे । भीतं शकुनिं दृष्ट्वा कौरवेषु पलायमानेषु सहदेवो द्यूतवृत्तमनूद्य परुषमुक्त्वा तं जघान । हतं शकुनिं दृष्टवतां कौरवाणां पलायनं, पाण्डवानां शङ्खवादनादि च २६

(२) ह्रदप्रवेशपर्व

२९ पाण्डवान्प्रत्यागतं शकुनिसैन्यमर्जुनो नाशयति स्म । दुर्योधनवाक्येनागतेष्ववशिष्टयोधेषु पाण्डवैर्निःशेषं नाशितेषु दुर्योधनो मुग्धः सन्नपयाने बुद्धिं चकार । पाण्डवानां बलशेषजिज्ञासया धृतराष्ट्रस्य प्रश्ने सञ्जयस्तेषामवशिष्टबलं कथयित्वा दुर्योधनस्य ह्रदप्रवेशाभिप्रायं कथयन्राजानं प्रति तदुक्तिं कथयामास । दुर्योधने ह्रदं प्रविष्टे कृपाश्वत्थामकृतवर्माणो मत्तस्तद्वृत्तान्तं श्रुत्वा भृशं विलप्य प्राद्रवन् । सर्वसैन्यवधानन्तरं योषित्सु विलपन्तीषु दुर्योधनामात्या राजदारान् गृहीत्वा नगरं गन्तुं निर्जग्मुः । सर्वान्विद्रवतो दृष्ट्वा चिन्तातुरो युयुत्सुर्युधिष्ठिरानुज्ञया पूर्वप्रस्थितै राजदारैः सह हास्तिनपुरं जगाम । विदुरेण पृष्टो युयुत्सुर्दुर्योधनापक्रमणमारभ्य स्वस्य हास्तिनपुरप्रवेशपर्यन्तं वृत्तं कथयति स्म । विदुरो युयुत्सुं प्रति 'प्राप्तकालमहं मन्ये प्रवेशं तैः सह प्रभो । युधिष्ठिरमनुज्ञाप्य भीमसेनं तथैव च' इत्याद्युक्त्वा राजगृहं प्रविश्य निरानन्दं शून्यरूपं च तद्दृष्ट्वाऽतिदुःखितः सन् शनैः शनैः श्वासान्मुमोच । युयुत्सुरपि स्वकीयैर्वन्द्यमानोऽपि ताननभिनन्दन्भरतानां क्षयं चिन्तयंस्तां रात्रिं स्वगृहे न्यवसत ५६

(३) गदापर्व

३० अवशिष्टाः कृतवर्मादयः किमकुर्वन्निति धृतराष्ट्रप्रश्नेऽश्वत्थामादीनां त्रयाणां ह्रदसमीप—गमनादिकं युधिष्ठिरादीनां दुर्योधनान्वेषणं चाह स्म सञ्जयः । ह्रदे प्रविष्टं दुर्योधनं प्रति कृपादिष्वागतेषु तस्मिन् 'दिष्ट्या पश्यामि वो मुक्तानीदृशात्पुरुषक्षयात् । पाण्डुकौरवसंमर्दाज्जीवमानान्नरर्षभान् ।' इत्याद्युक्तवत्यश्वत्थामा 'उत्तिष्ठ राजन्भद्रं ते' इत्याद्युवाच । एतदन्तरे तस्मिन्ह्रदे जलपानार्थमागता व्याधास्तेषां रहोवचनं श्रुत्वा पाण्डवशिबिरमागत्य भीमसेनं प्रति तं दुर्योधनवृत्तान्तं कथयामासुः । भीमसेनेन कथिततद्वृत्तान्तो युधिष्ठिरो द्वैपायनाभिधं ह्रदं सोदरैः सह जगाम। पाण्डवशब्दं श्रुत्वा कृपादयोऽपि दुर्योधनं विज्ञाप्य ययुः २९

३१ अपयातेषु कृपादिषु 'पश्येमां धार्तराष्ट्रेण' इत्याद्युक्तवन्तं युधिष्ठिरं प्रति श्रीकृष्णो 'मायाविन इमां मायाम्' इत्यादिना दुर्योधनवधोपायमब्रवीत् । श्रीकृष्णप्रेरणयाऽऽक्षेपवाक्यानि वदन्तं युधिष्ठिरं प्रति 'नैतच्चित्रं महाराज' इत्याद्युत्तरं वदति दुर्योधने पुनरुभयोः संवादः... ३०

३२ युधिष्ठिरेणात्यर्थं कृतभर्त्सनो

दुर्योधनः किमब्रवीदिति धृत-
राष्ट्रप्रश्ने दुर्योधनस्य ह्रदे निमग्न-
स्य भाषणाद्याह स्म सञ्जयः।
दुर्योधनो ह्रदस्थ एव ‘यूयं ससु-
हृदः’ इत्याद्युक्त्वा ‘अद्य वः स-
रथान्’ इत्यादि विकत्थनं कृत्वा
विरराम। ‘एकैकेन युद्ध्यस्व, य-
च्चाभीष्टमायुधं तद् गृहाण’ इत्या-
दि युधिष्ठिरवाक्यं श्रुत्वा गदां
गृहीत्वा जलादुत्थाय क्रुद्धो दुर्यो-
धनः पाण्डवानुवाच। सञ्जयो
गृहीतगदस्य दुर्योधनस्य शोभां
कथयन्युधिष्ठिरेण सह तस्योक्ति-
प्रत्युक्ती अभिधाय, वर्मग्रहण-
पूर्वकमात्मविकत्थनमाह स्म दुर्यो-
धनस्य ३२
३३ युधिष्ठिरवाक्यं श्रुत्वा क्रुद्धे
श्रीकृष्णे ‘यदि नाम ह्ययं युद्धे’
इत्याद्युक्तवति भीमः ‘अद्य पारं
गमिष्यामि’ इत्याद्यभिनिवेशपूर्व-
कमुवाच। श्रीकृष्णेन स्तुतो
भीमो युधिष्ठिरं प्रति ‘अहमेतेन
संगम्य’ इत्याद्युवाच। गृहीत-
गदयोर्भीमदुर्योधनयोः समागमे
परस्परमुक्तिप्रत्युक्ती ... ३३
३४ एतदन्तरे गदायुद्धस्थले आ-
गतो बलरामो युधिष्ठिरादिभिः
प्रार्थितः श्रीकृष्णं प्रति स्वस्य
युद्धदर्शनाभिप्रायं कथयति स्म।
भीमदुर्योधनयोर्युद्धभूमिमागत-
योर्युधिष्ठिरादयो बलरामं प्रत्या-
लिङ्गनपूर्वकं ‘पश्य युद्धं महा-
बाहो’ इत्याद्यूचुः ३४

३५ बलरामगमनविषये जनमेजय-
प्रश्ने वैशम्पायनस्य तत्कथनरूप-
मुत्तरम्। शमार्थं धृतराष्ट्रं प्रति
गत्वा प्रत्यागते श्रीकृष्णे पाण्ड-
वबलविभागं कुर्वति दुर्योधन-
स्यापि साहाय्यं क्रियतामित्याह
बलदेवः। तस्मिन्कृष्णेनानङ्गी-
कृते क्रुद्धो बलदेवस्तीर्थयात्रा-
गमनं निश्चित्याज्ञप्तैः प्रेष्यैस्तदुप-
करणेष्वानीतेषु निर्गतस्तीर्थेषु ना-
नाविधानि द्रव्याणि ददौ। सा-
रस्वतादितीर्थानां गुणोत्पत्तिशु-
श्रूषया जनमेजयेन पृष्टो वैशम्पा-
यनस्तत्कथयितुं प्रतिजज्ञे। प्रभा-
सतीर्थस्नानेन यक्ष्मिणश्चन्द्रस्य
शापमोचनादिके कथिते पुनर्जन-
मेजयेन कथमिति पृष्टस्तद्वृत्ता-
न्तं कथयति स्म वैशम्पायनः।
सप्तविंशतिपत्नीषु मध्ये रोहि-
ण्यामासक्तं चन्द्रं दृष्ट्वाऽन्यास्त
त्सपत्न्यः स्वापितरं दक्षं प्रति
गत्वा तन्निवेदयामासुः। कन्या-
भिः प्रार्थितेन दक्षेण ‘सर्वासु
पत्नीषु समं वर्तस्व’ इत्याज्ञप्तेऽ-
पि तदकुर्वति चन्द्रे पुनस्त-
त्पत्नीभिः प्रार्थितो दक्षो रोषाद्य-
क्ष्माणं ससर्ज, स च सोममावि-
शत्। यक्ष्मणा क्षीयमाणे चन्द्र
ओषधीनां चाभावे देवैः पृष्टः स
दक्षशापवृत्तान्तमाचचक्षे। तं
वृत्तान्तं श्रुत्वा देवैः प्रार्थितेन
दक्षेण कथितं प्रभासतीर्थस्नानं
कृत्वा शापान्मुक्तं चन्द्रं प्रति स
पुनः ‘माऽवमंस्थाः स्त्रियः’ इत्या-
द्युवाच। ततश्चमसोद्भेदतीर्थ-
गमनादिकं शशंस सञ्जयः .. ३५
३६ ततस्त्रितोदपानतीर्थगमने क-
थिते तद्वृत्तान्तं श्रोतुं जनमेज-
येन पृष्टो वैशम्पायनस्तं कथयति
स्म। एकत-द्वित-त्रितेषु त्रिषु
भ्रातृषु स्वयाज्येभ्यो बहून् पशून्
लब्ध्वा प्राच्यां दिशि गच्छत्सु
त्रितस्य कर्मठत्वेनोद्विग्नावेकत-
द्वितौ वृकभयात्कूपपतितं त्रितं
त्यक्त्वा ययतुः। कूपमध्ये यज्ञं
कुर्वतस्त्रितस्य शब्दं श्रुत्वो-
द्विग्ना अपि देवा बृहस्पतिवा-

क्याचत्समीपमागत्य कूपात्तमुद्धृत्य वरान्ददुः। अथ स्वं निलयंगतः क्रुद्धस्त्रित उभौ भ्रातरौ शशाप ३६

३७ विनशनादितीर्थप्रभृतिप्राग्दिग्भवबहुतीर्थगमनादिकं शशंस वैशम्पायनः। 'सरस्वती प्राङ्मुखी कथं निवृत्ता' इत्यादिके जनमेजयप्रश्ने वैशम्पायनः सरस्वतीवृत्तान्तं कथयित्वा नैमिषीयतीर्थदर्शनकथनानन्तरं सरस्वतीतीर्थान्यवर्णयत् ... ३७

३८ 'सप्तसारस्वतं कस्मात्कश्च मङ्कणको मुनिः' इत्यादिके जनमेजयप्रश्ने सप्तसरस्वतीवृत्तान्तं कथयन्वैशम्पायनः सरस्वत्याः सुप्रभादीनि सप्त नामान्याचख्यौ। पुष्करतीर्थे सत्रं कुर्वतो ब्रह्मणः स्मरणादागतायाः सुप्रभाया नैमिषादिषु स्थितानां काञ्चनाक्ष्यादीनां षण्णां च हिमालये सङ्गमात्सप्तसारस्वतं तीर्थं, तत्र मङ्कणकस्य सिद्धिं चाकथयद्वैशम्पायनः। स्त्रीदर्शनात्स्खलितस्य मङ्कणरेतसः सकाशाद्वायुवेगादिसप्तपुत्रोद्भवः। कुशाग्रेद्धात्करात्प्रस्नुतं शाकरसं दृष्ट्वा हर्षान्नृत्यं कुर्वति मङ्कणके तन्निवारणार्थं देवप्रार्थनया आगतस्य महादेवस्य तस्य चोक्तिप्रत्युक्ती। शिवाङ्गुष्ठाग्रताडितान्निर्गतं शुभ्रं भस्म दृष्ट्वा व्रीडितो मङ्कणको महादेवं स्तुत्वा तस्माद्वरदानाद्यवाप ३८

३९ रामस्य सारस्वततीर्थे एकरात्रवासानन्तरं कपालमोचनाख्यौशनसतीर्थगमनं कथयित्वा जनमेजयप्रश्नानुरोधेन कपालमोचननामप्राप्तिकारण—माह वैशम्पायनः। रामस्य रुषङ्गोराश्रमगमनादिकं तत्तनुत्यागवृत्तान्तादिकं चाकथयत ३९

४० आर्ष्टिषेणः कथं तपस्तप्तवानित्यादिके जनमेजयप्रश्ने आर्ष्टिषेणतपोवृत्तान्तमाख्याय सिन्धुद्वीपदेवाप्योर्विश्वामित्रस्य च ब्राह्मणत्वप्राप्तिवृत्तान्तं चाचष्ट वैशम्पायनः ४०

४१ बकदाल्भ्यस्याश्रमगमनादिकमुक्त्वा तद्वृत्तान्तं कथयति स्म वैशम्पायनः। पशून्याचितुं धृतराष्ट्रराजं प्रति गतो दाल्भ्यो मृतान्पशून्ददतस्तस्य राज्ञो राज्यं नाशयितुं मृतपशूनां मांसेन होममकरोत्तेन तस्य राज्यं क्षयोन्मुखमभूत्। प्राश्निकैः राज्यनाशकारणे कथिते धृतराष्ट्रेण प्रसादितो दाल्भ्यस्तस्य राज्यं मोचयित्वा पशून्गृहीत्वा नैमिषारण्यं जगाम। तस्मिन्नेव तीर्थेऽसुररक्षार्थं बृहस्पतेस्तपश्चर्यादिकं ययातियज्ञादिकं चाभिधाय वसिष्ठापवाहतीर्थं प्रति रामगमनमकथयद्वैशम्पायनः ४०

४२ 'वसिष्ठस्यापवाहोऽसौ' इत्यादिके जनमेजयप्रश्ने वैशम्पायनस्योत्तरकथनम्। विश्वामित्रवसिष्ठयोस्तपःस्पर्धाप्रयुक्ते वैरे वसिष्ठानयनार्थं चिन्तयन्विश्वामित्रः सरस्वतीं सस्मार। वसिष्ठानयनार्थं विश्वामित्रेणाज्ञप्ता चिन्तयन्ती सरस्वती वसिष्ठवाक्येन तं वाहयन्ती तेन स्तुता विश्वामित्राश्रममागत्य तस्मायानीतं तं निवेदयति स्म। आनीतं वसिष्ठं हन्तुं खड्गमन्वेषयति विश्वामित्रे सरस्वती तं प्राचीं दिशमपोवाह। वसिष्ठमपवहन्तीं सरस्वतीं प्रति क्रुद्धो विश्वामित्रः 'शोणितं वह' इति शशाप ४१

४३ विश्वामित्रशापेन रुधिरं वह-

न्तीं नदीं दृष्ट्वा ऋषिभिः प्रश्नमुखेन
तस्याः सकाशात्तत्कारणं ज्ञात्वा
शापमोचनार्थमाराधितो महादे-
वस्तस्याः शापं मोचयामास ।
रुधिरनाशनेन क्षुधितै राक्षसैः
प्रार्थितानां मुनीनां वाक्यात्प्र-
सन्ना सरस्वती राक्षसानुद्दधार।
अत्रैव तीर्थे स्नात्वेन्द्रो ब्रह्महत्याया
मुक्तोऽभूत इत्यादिकथनम्। इन्द्रस्य
ब्रह्महत्या कथमभूदिति जनमेजय
प्रश्ने तत्कारणं कथयन्वैशम्पाय-
नो नमुचिवधाख्यानमाचख्यौ ।
एतस्मिंस्तीर्थे बलरामागमनादि
कथयित्वाऽत्रैव कुमारस्याभिषे-
कादिकमाख्यातवान्वैशम्पायनः
... ... ४२
४४ कुमाराभिषेकादिश्रवणार्थं ज-
नमेजयप्रश्ने वैशम्पायनस्य तत्क-
थनरूपमुत्तरम् । कार्तिकेयजन्म-
वृत्तान्तः । कार्तिकेयं दृष्ट्वा महा-
देवप्रभृतिष्वागतेषु ‘ कं नु पूर्व-
मयं बालः’ इत्यादिवितर्कं कुर्वाणे
महादेवे कुमारश्चतुर्भी रूपै रुद्रा-
दीन्प्रति जगाम । कुमारस्याधि-
पत्यं दातुं महादेवादिभिः प्रार्थि-
तो ब्रह्मा चिन्तयन्कुमारं गृहीत्वा
तैः सह हिमालयं जगाम .. ४४
४५ अभिषेकमहोत्सवेऽभिषेकसा-
मग्रीं गृहीत्वा आगतैर्देवादि-
भिरभिषिक्ते कुमार ब्रह्मादयस्त-
स्मै पारिषदान्ददुः । वैशम्पाय-
नोऽन्येषां स्कन्दसैनिकानां तदा-
युधानां च नामानि कथयित्वाऽ-
भिषेकं दृष्टवतां सैन्यानां नृत्या-
दिकमाचचक्षे ४४
४६ मातृगणकथनं प्रतिजानानो
वैशम्पायनो मातॄणां प्रभावत्या-
दिनामानि विकृतिरूपादीनि च
वर्णयति स्म । इन्द्रेण कृतं शक्त्य-
स्त्रादिदानं महादेवकृतं सेना-
दानं विष्णवादिकृतं वैजयन्त्या-
दिदानमभिधाय देवसेनाः प्राप्त-
वतः स्कन्दस्य प्रभां वर्णयामास
वैशम्पायनः । दैत्यान्हन्तुं निर्गतः
कार्तिकेयो देवादिभिः स्तुतस्ता-
रकादीञ्जघान । भयात् क्रौञ्च-
पर्वते निलीनं बाणासुरं ज्ञात्वा
शक्तिप्रहारेण क्रौञ्चं भित्त्वा तं
जघान । तैजसतीर्थे बलरामगम-
नाद्यभिधाय तत्रैव वरुणस्याभि-
षेकमाह वैशम्पायनः ... ४५
४७ वरुणाभिषेकं श्रोतुं जनमेजय-
प्रश्ने वैशम्पायनो वरुणस्य जला-
धिपत्याभिषेकवृत्तान्तमब्रवीत् ।
बलरामस्याग्नितीर्थगमनमाख्या-
याग्निनाशविषये जनमेजय-
प्रश्ने तन्नाशवृत्तान्तमभिधाय ब्रह्म-
योनितीर्थवृत्तान्तमाह ... ४७
४८ रामस्य बदरपाचनतीर्थगमन-
मभिधाय तद्वृत्तान्तं कथयन्भार-
द्वाजसुतायाः श्रुतावत्या भर्तृत्वे-
नेन्द्रवरणार्थं तपश्चरणमाख्यात-
वान्वैशम्पायनः । वासिष्ठरूपेणे-
न्द्रः कन्यासमीपमागत्य तद्वाक्यं
श्रुत्वा पञ्च बदराणि पाचयितुं
दत्वा जगाम । बदराणि पाच-
यन्ती कन्या बहुभिर्दिनैः सर्व-
स्मिन्काष्ठभारे दग्धेऽप्यपक्वानि
तान्यालोच्य स्वशरीरमग्नौ नि-
धायापचत् । स्वशरीरे दह्यमानेऽ-
प्यविकृतां कन्यामवलोक्य तुष्ट
इन्द्रः प्रत्यक्षमागत्य तस्यै वरा-
न्दत्वाऽरुधन्तीवृत्तान्तं कथयि-
त्वा तत्तीर्थवासफलमभिधाय
प्रययौ । श्रुतावतीजन्मवृत्तान्तं
श्रोतुं जनमेजयेन पृष्टो वैशम्पा-
यनस्तं कथयति स्म ... ४८
४९ रामस्येन्द्रतीर्थगमनमभि—
धाय रामतीर्थवृत्तान्तमादित्य-
तीर्थवृत्तान्तं चाह स्म वैशम्पा-
यनः ४९
५० आदित्यतीर्थे वसन्तं देवलं
प्रशस्य तदाश्रमे जैगीषव्यस्या-

गमनमाचख्यौ। बहूनि वर्षाणि वसन्तमप्यब्रुवन्तं जैगीषव्यमालोक्य चिन्तयन्देवलो जलमानेतुं समुद्रं गतस्तत्रापि तं दृष्ट्वा पुनराश्रममागतस्तत्रापि तं तथैव ददर्श। ततस्तत्परीक्षार्थमुपारेतनेषु लोकेषु गच्छन्देवलस्तत्र जैगीषव्यं दृष्ट्वा पुनः पतिव्रतालोकपर्यन्तं गत्वा ततोऽग्रे जैगीषव्योऽन्तर्दधे। ततः प्रश्नमुखेन सिद्धेभ्यो जैगीषव्यस्य ब्रह्मलोकगमनं श्रुत्वा तत्र गन्तुं प्रवृत्तो देवलः सिद्धैर्निवारितः स्वाश्रममाजगाम। तत्रापि दृष्टो जैगीषव्यो देवलेन प्रार्थितस्तस्मै मोक्षधर्मं योगविधिं चोपदिदेश। संन्यासोद्यतदेवलदर्शनेन भूतादीनां रोदनादिकं सोमतीर्थगमनं चाख्यातवान्वैशम्पायनः ... ४६

५१ वैशम्पायनो रामस्य सारस्वततीर्थगमनमभिदधाति स्म। 'कथं द्वादशवार्षिक्यामनावृष्ट्याम्' इत्यादिके जनमेजयप्रश्ने वैशम्पायनस्योत्तरम्। अत्र तपः कुर्वतो दधीचस्य ऋषेस्तपोभङ्गार्थमिन्द्रेण प्रेषितामलंबुषामप्सरसं दृष्टवतस्तस्य वीर्यं चस्खाल सरस्वत्याम्। तद्रेतस उत्पन्नं पुत्रमादाय दधीचिमागत्य सरस्वती 'ब्रह्मर्षे तव पुत्रोऽयम्' इत्याद्युवाच। पुत्रं लब्धवता दधीचिना स्तुता सरस्वती तस्माद्वराँल्लब्ध्वा पुत्रमादाय प्रययौ। एतदन्तरे देवदानवविरोधे समुत्पन्ने दानववधार्थमस्त्राणि कर्तुमिन्द्रेण देवद्वाराऽस्थिलाभार्थं याचितो दधीचः प्राणान्विसृज्यास्थीनि ददौ। तैरस्थिभिरस्त्राणि विधायेन्द्रो दानवाञ्जघान। कस्मिंश्चित्कालेऽतिक्रान्ते द्वादशवार्षिक्यामनावृष्ट्यां प्रद्रुतेष्वृषिषु गन्तुं प्रवृत्तः सारस्वतो मुनिः सरस्वत्याश्वासितो वेदानधीयानस्तत्रैव तस्थौ। अनावृष्ट्यामतीतायामागतानां वेदाध्यापनाय प्रार्थयतामृषीणां सारस्वतस्य चोक्तिप्रत्युक्ती। सारस्वते तीर्थे स्नानादि विधाय रामो यत्र वृद्धकन्यास्थितिस्तत्तीर्थं जगाम ५१

५२ 'कथं कुमारी भगवंस्तपोयुक्ता ह्यभूत्पुरा' इत्यादिके जनमेजयप्रश्ने वैशम्पायनस्तद्वृत्तान्तमाख्याय तत्तीर्थवासफलमाह स्म। अत्र दानानि दत्वा ब्राह्मणमुखाच्छल्यहननं श्रुत्वा ततो निर्गतो रामो मुनीन्प्रति कुरुक्षेत्रवृत्तान्तं पप्रच्छ ५२

५३ मुनिभिः कुरुक्षेत्रवृत्तान्ते कथिते 'किमर्थं कुरुणा कृष्टं' इत्यादिके रामेण पृष्टे मुनयस्तदकथयन्—'बहूनि वर्षाणि कर्षतः कुरोरिन्द्रस्य चोक्तिप्रत्युक्ती। देववाक्यादागत्येन्द्रेण 'अलं खेदेन भवतः' इत्याद्युक्त्वा तदङ्गीचकार कुरुः। मुनयः कुरुक्षेत्रमाहात्म्यं कथयित्वा तन्मर्यादादिकमिन्द्रोक्तमाचख्युः ... ५२

५४ रामः कुरुक्षेत्रं दृष्ट्वा दानानि दत्वा तत्रस्थमाश्रमं जगाम। आश्रमवृत्तान्तजिज्ञासया रामेण पृष्टा मुनयस्तमूचुः। रामो मित्रावरुणाश्रममागत्य तत्रागतं नारदं प्रति कुरुक्षेत्रयुद्धवृत्तान्तं पप्रच्छ। नारदस्तं वृत्तान्तं कथयन् भीष्मादीनां मरणं कौरवबलात्कृपादीनां त्रयाणामवशेषमुक्त्वा यदीच्छा तर्हि दुर्योधनभीमयोर्युद्धस्थलं व्रजेत्युवाच रामम्। ततो रामोऽनुयायिनो विसृज्य सरस्वतीमाहात्म्यमुक्त्वा गदायुद्धं द्रष्टुमाजगाम ५३

५५ रामसंनिधौ दुर्योधनो भीमेन सह कथमयुद्ध्यतेति धृतराष्ट्रप्रश्ने सञ्जयो रामदर्शनेन दुर्योधन-

हर्षादिकमाह। युधिष्ठिरं प्रति
बलरामेणोक्तं वाक्यं श्रुत्वा सर्वे
स्यमन्तकपञ्चकमाययुः। सञ्जयो
गदाधारिणोर्दुर्योधनभीमयोः प्र-
भां, परस्पराह्वानादिकं, तयो रूपं,
दुर्योधनवाक्यात्सर्वेषां युद्धदर्श-
नार्थमुपवेशनं चाह ... ५३
५६ उभयोर्वाग्युद्धं श्रुत्वा धृतराष्ट्र-
स्यानुतापपूर्विकोक्तिः। दुर्यो-
धनेन युद्धार्थमाहूते भीमे स-
निर्घातवातादीनि दुर्निमित्तान्य-
भूवन्। भीमो युधिष्ठिरं प्रति
'नैष शक्तो रणे जेतुम्' इत्या-
द्युक्त्वा द्रौपदीसभानयनाद्यनूद्य
दुर्योधनं प्रति क्रुद्धः सन् 'राज्ञश्च
धृतराष्ट्रस्य' इत्याद्युवाच। ततो
भीमं प्रति 'किं कत्थितेन बहुना'
इत्याद्युक्तं दुर्योधनवाक्यं श्रुत्वा
सर्वे प्रशशंसुः ५४
५७ सञ्जय उभयोर्युद्धारम्भं मण्ड-
लादिगतीरुभयोस्तुमुलं गदायुद्धं
चावर्णयत ५५
५८ अर्जुनेन 'अनयोर्वीरयोर्युद्धे को
ज्यायान् भवतो मतः' इत्यादि-
नोभयोर्बलाबलविषये पृष्टः श्री-
कृष्णस्तदाख्याय स्वस्य माया-
युद्धाभिप्रायं प्रकाश्य युधिष्ठिरा-
पराधादिदं भयमागतमित्या-
द्याह। श्रीकृष्णवाक्यादर्जुनः स्व-
वामोरुताडनेन भीमाय संज्ञां
ददाति स्म। उभयोर्मण्डलादि-
गतिपूर्वकं युद्ध्यमानयोर्भीमेन गद-
या दुर्योधनस्योरौ भग्ने स पपात।
दुर्योधने पतिते उल्कापातादिकं
यक्षादीनां महानादं भेर्यादीनां
ध्वनिमद्भुतोत्पादर्शनेन पञ्चाला-
दीनामुद्वेगं देवादीनां स्वस्थान-
गमनादिकं चाह सञ्जयः ... ५६
५९ दुर्योधनं पतितं दृष्ट्वा पाण्डवेषु
हृष्टेषु भीमस्तं प्रति परुषवाक्या-
न्युक्त्वा पतितस्य तस्य शिरः
पादेन समलोडयत। पुनर्भीमो
दुर्योधनं प्रति 'येऽस्मान्पुरोप-
नृत्यन्त' इत्याद्युक्त्वा युधिष्ठि-
रादीन्प्रति 'रजस्वलां द्रौपदी-
मानयन्ये' इत्यादि सहर्षमुवाच।
युधिष्ठिरो भीमं प्रति 'गतोऽसि
वैरस्यानृण्यम्' इत्याद्युक्त्वाऽनु-
तप्तः सन्दुर्योधनं प्रति 'तात
मन्युर्न ते कार्यः' इत्यादि कथयन्
विललाप ५७
६० अधर्मेण हतं राजानं दृष्ट्वा रामः
किमब्रवीदिति धृतराष्ट्रप्रश्ने सञ्ज-
यस्योत्तरम्। राजानं पादेन शिर-
स्यभिहतं दृष्ट्वा क्रुद्धो बलरामो
भीमं विनिर्दहन्लाङ्गलं गृहीत्वाऽ-
भ्यद्रवत्। कृष्णेन बाहुभ्यामावार्य
'आत्मवृद्धिर्मित्रवृद्धिः' इत्या-
द्युक्तो रामस्तं प्रति 'धर्मः सुच-
रितः सद्भिः' इत्याद्युवाच।
क्रोधं निवारयितुं ब्रुवन्तं श्रीकृष्णं
प्रति बलरामो 'हत्वाऽधर्मेण
राजानम्' इत्याद्युक्त्वा रथमा-
रुह्य द्वारकां जगाम। चिन्तयन्यु-
धिष्ठिरो 'धर्मराज किमर्थं त्वम्'
इत्यादिकं श्रीकृष्णवाक्यं श्रुत्वा
राजमूर्ध्नि पादस्पर्शमसह-
मानो 'न ममैतात्प्रियं कृष्ण' इत्या-
द्युवाच। युधिष्ठिरोक्ते श्रीकृष्णे-
नानुमोदिते हृष्टस्य भीमस्योक्ति-
मन्वमोदत युधिष्ठिरः... .. ५८
६१ दुर्योधनं हतं दृष्ट्वा पाण्डवाः
किमकुर्वतेति धृतराष्ट्रप्रश्ने सञ्ज-
यस्य तत्कथनम्। पाण्डवेषु हृष्टेषु
वीरेषु भीमं प्रशंसत्स्वसदृशं वदतः
पञ्चालान्प्रति श्रीकृष्णो दुर्यो-
धननिन्दारूपं वाक्यमुवाच।
कृष्णस्याधिक्षेपवाक्यं श्रुत्वो-
त्थितो दुर्योधनस्तं प्रति 'कंस-
दासस्य दायाद' इत्यादिकं
परुषं वाक्यमुवाच। पुनः 'हत-
स्त्वमसि गान्धारे' इत्यादि वदन्तं
श्रीकृष्णं प्रति 'अधीतं विधि-
वद्दत्तम्' इत्याद्युक्तवन्तं दुर्योधनं

प्रति पुष्पवर्षादिकमभूत्। दुर्योधनपूजां दृष्ट्वा व्रीडिताश्चिन्तयन्तः पाण्डवा 'नैष शक्योऽतिशीघ्रास्त्रः' इत्यादि श्रीकृष्णवाक्यं श्रुत्वा जहृषुः ५९

६२ निवासार्थं निर्गताः पाण्डवा दुर्योधनशिबिरसमीपमागत्य रथादवतीर्णास्तदा गाण्डीवारोपणपूर्वकं रथादवतरितुं श्रीकृष्णेनाज्ञप्तोऽर्जुनस्तथाऽकरोत्। रथादवतीर्णेऽर्जुने पश्चाच्छ्रीकृष्णे चावतीर्णे यदा ध्वजस्थः कपिरन्तर्दधे तदैव साश्वोऽर्जुनरथो दग्धो भस्मसाद्भूत्। अर्जुनेन रथदाहकारणे पृष्टे श्रीकृष्णस्तदाचख्यौ। युधिष्ठिरकृता कृष्णस्तुतिः। श्रीकृष्णप्रेरणया स्वबन्धुभिः कृष्णेन सात्यकिना च सह शिबिरान्निर्गत्यौघवतीतीरे न्यवसद्युधिष्ठिरः। युधिष्ठिरानुज्ञया गान्धारीसान्त्वनार्थं श्रीकृष्णो हास्तिनपुरं प्रायात् .. ६०

६३ 'कृष्णः किमर्थं प्रेषितः' इति जनमेजयप्रश्ने तदभिनन्दनपूर्वकमुत्तरमाह वैशम्पायनः—अन्यायहतं दुर्योधनं दृष्ट्वा गान्धारीशापाद्भीतेन युधिष्ठिरेण प्रार्थितः श्रीकृष्णो हास्तिनपुरं गत्वा धृतराष्ट्रसमीपमागत्य सुस्वरं रुरोद। धृतराष्ट्रं गान्धारीं च प्रत्युपदेशवाक्यानि वदन्तं श्रीकृष्णं प्रति गान्धारी 'एवमेतन्महाबाहो यथा वदसि केशव' इत्याद्युक्त्वा धृतराष्ट्रस्य त्वमेव गतिरित्यभिधाय पुत्रशोकसंतप्ता वाससा मुखं प्रच्छाद्य चिरं रुरोद। ततः श्रीकृष्णो गान्धारीं कारणसंयुक्तैर्वाक्यैः समाश्वास्य धृतराष्ट्रं प्रति द्रौणेर्दुष्टमभिप्रायं निवेद्य हास्तिनपुरान्निर्गत्य शिबिरमाजगाम ६१

६४ भग्नसक्थो दुर्योधनः किमब्रवीदिति धृतराष्ट्रप्रश्ने तदुत्तरं कथयन्सञ्जयो दुःखितस्य दुर्योधनस्य विलापवाक्यादिकं ततः पलायमानैर्जनैरश्वत्थामानं प्रति निवेदितं दुर्योधनहननवृत्तान्तं चाकथयत् ६२

६५ दुर्योधनं हतं श्रुत्वाऽश्वत्थामादिषु युद्धभूमिं गतेषु विलापपूर्वकमश्वत्थामा 'न नूनं विद्यते सत्यम्' इत्याद्युवाच दुर्योधनं प्रति। दुर्योधनोऽपि कृपादीन्प्रति 'ईदृशो लोकधर्मोऽयम्' इत्यादि समयोचितमुक्त्वा 'मा भवन्तोऽत्र तप्यन्ताम्' इत्याद्युवाच। दुर्योधनवाक्यं श्रुत्वा क्रुद्धेनाश्वत्थाम्ना कृतां सर्वपञ्चालवधप्रतिज्ञां श्रुतवतो दुर्योधनस्य प्रेरणया आनीतेन जलकुम्भेन कृपाचार्योऽश्वत्थामानं सैनापत्येऽभिषिषेच। अभिषिक्तोऽश्वत्थामा दुर्योधनं परिष्वज्य सिंहनादेन सर्वा दिशो निनादयन्प्रययौ ६३

॥ समाप्तेयं शल्यपर्वविषयानुक्रमणिका ॥

॥ श्रीगणेशायनमः ॥ उक्तामंगतिःकर्णपर्वादौ एवंनिपातितइति। उद्यमंपलायनंवाचक्रुरितिप्रष्टुरभिप्रायः। अल्पाःअवशिष्टाइतिच्छेदःअत्राकारलोपआर्षः १. तत्रद्वितीयमेवमत्वाह उदीर्यमाणमिति। पांडवबल स्योत्कर्षंदृष्ट्वाकिंप्राप्यतपलायनमेवास्यश्रेयइतिभावः २। ३ कृत्स्नसैन्यवधेनदुर्योधनःपलायनमेवकृतवानित्याह ततःकर्णेहतेइत्यादिनाऽप्राङ्मुखःप्राद्रवद्भयादित्यंतेनग्रंथेन ४।५।६।७।८।९

॥ श्रीगणेशायनमः ॥ ॥ श्रीवेदव्यासायनमः ॥ नारायणंनमस्कृत्यनरंचैवनरोत्तमम् ॥ देवींसरस्वतींचैवततोजयमुदीरयेत् ॥ १ ॥ जनमेजयउवाच ॥ एवंनि पातितेकर्णेसमरेसव्यसाचिना ॥ अल्पाऽवशिष्टाःकुरवःकिमकुर्वतवैद्विज १ उदीर्यमाणंचबलंदृष्ट्वाराजासुयोधनः ॥ पांडवैःप्राप्तकालंचकिंप्रापद्यतकौरवः २ एत दिच्छाम्यहंश्रोतुंतदाचक्ष्वद्विजोत्तम ॥ नहितृप्यामिपूर्वेषांशृण्वानश्चरितंमहत् ३ ॥ वैशंपायनउवाच ॥ ततःकर्णेहतेराजन्धार्त्तराष्ट्रःसुयोधनः ॥ भृशंशोकार्णवे मग्नोनिराशःसर्वतोऽभवत् ४ हाकर्णहाकर्णइतिशोचमानःपुनःपुनः ॥ कृच्छ्रात्स्वशिबिरंप्रायाद्धतशेषैर्नृपैःसह ५ ससमाश्वास्यमानोऽपिहेतुभिःशास्त्रनिश्चितैः ॥ राजभिर्नालभच्छर्मसूतपुत्रवधंस्मरन् ६ सदैवंबलवन्मत्वाभवितव्यंचपार्थिवः ॥ संग्रामेनिश्चयंकृत्वापुनर्युद्धायनिर्ययौ ७ शल्यंसेनापतिंकृत्वाविधिवद्राजपुंगवः ॥ रणायनिर्ययौराजाहतशेषैर्नृपैःसह ८ ततःसुतुमुलंयुद्धंकुरुपांडवसेनयोः ॥ बभूवभरतश्रेष्ठदेवासुररणोपमम् ९ ततःशल्योमहाराजकृत्वाकदनमाहवे ॥ ससैन्यो ऽथसमध्याह्नेधर्मराजेनघातितः १० ततोदुर्योधनोराजाहतबंधूरणाजिरात् ॥ अपसृत्यह्रदंघोरंविवेशरिपुजाद्भयात् ११ अथापराह्णेतस्याह्नःपरिवार्यसुयोधनः ॥ ह्रदादाहूययुद्धायभीमसेनेनपातितः १२ तस्मिन्हतेमहेष्वासेहतशिष्टास्त्रयोरथाः ॥ संरंभान्निशिराजेन्द्रजघ्नुःपांचालसोमकान् १३ ततःपूर्वाह्णसमयेशिबिरादेत्य संजयः ॥ प्रविवेशपुरींदीनोदुःखशोकसमन्वितः १४ सप्रविश्यपुरींसूतोभुजावुच्छ्रित्यदुःखितः ॥ वेपमानस्ततोराज्ञःप्रविवेशनिकेतनम् १५ रुरोदचनरव्या घ्रहाराजन्नितिदुःखितः ॥ अहोबतविनष्टाःस्मनिधनेनमहात्मनः १६ विधिश्चबलवानत्रपौरुषंतुनिरर्थकम् ॥ शक्रतुल्यबलाःसर्वेयथाऽवध्यंतपांडवैः १७ दृष्ट्वैव चपुरेराजन्जनःसर्वःससंजयम् ॥ क्लेशेनमहतायुक्तंसर्वतोराजसत्तम १८ रुरोदचभृशोद्विग्नोहाराजन्नितिविस्वरम् ॥ आकुमारंनरव्याघ्रतत्रतत्रसमंततः १९ आर्त्त नादंततश्चक्रेश्रुत्वाविनिहतंनृपम् ॥ धावतश्चाप्यपश्यामस्तत्रतान्पुरुषर्षभान् २० नष्टचित्तानिवोन्मत्तान्शोकेनभृशपीडितान् ॥ तथासविह्वलःसूतःप्रविश्य नृपतिक्षयम् २१ ददर्शनृपतिश्रेष्ठंप्रज्ञाचक्षुषमीश्वरम् ॥ तथाचासीनमनघंसमंतात्परिवारितम् २२ स्नुषाभिर्भरतश्रेष्ठगांधार्याविदुरेणच ॥ तथान्यैश्चसुहृद्भि श्चज्ञातिभिश्चहितैषिभिः २३ तमेवचार्थंध्यायंतंकर्णस्यनिधनंप्रति ॥ रुदन्नेवाब्रवीद्वाक्यंराजानंजनमेजय २४ नातिहृष्टमनाःसूतोवाक्यसंदिग्धयागिरा ॥ संज योऽहंनरव्याघ्रनमस्तेभरतर्षभ २५ मद्राधिपोहतःशल्यःशकुनिःसौबलस्तथा ॥ उलूकःपुरुषव्याघ्रकैतव्योदृढविक्रमः २६

१०।११ एवंसर्वान्घातयित्वापलायनेदुर्यशोलब्ध्वाऽपिमरणमेवप्रापेत्याह अथेति।अपराह्णेअहरर्धे १२।१३ ततःरात्रिवृत्तदर्शनानंतरं १४।१५।१६।१७ जनःरुरोदेतिद्वयोरन्वयः १८।१९ अपश्यामः अडागमोविसर्गोवाआर्षः वैशंपायनवाक्यमिदम् २०।२१।२२।२३।२४ वाक्येनवचनेनसंदिग्धयावाक्यसंदिग्धया २५।२६

२७ । २८ । २९ । ३० । ३१ । ३२ । ३३ । ३४ । ३५ । ३६ । ३७ । ३८ । ३९ । ४० । ४१ । ४२ । ४३ । ४४ । ४५ । ४६ । ४७ । ४८ । ४९ । ५०

संशप्तकाहताःसर्वेकांबोजाश्वशकैःसह ॥ म्लेच्छाश्वपार्वतीयाश्वयवनाविनिपातिताः २७ प्राच्याहतामहाराजदाक्षिणात्याश्वसर्वशः ॥ उदीच्याश्वहताःसर्वेप्रतीच्या
श्वनरोत्तमाः २८ राजानोराजपुत्राश्वसर्वेतेनिहतानृप ॥ दुर्योधनोहतोराजायथोक्तंपांडवेनह २९ भग्नसक्थोमहाराजशेतेपांसुषुरूषितः ॥ धृष्टद्युम्नोमहाराजशिखंडी
चापराजितः ३० उत्तमौजायुधामन्युस्तथाराजन्प्रभद्रकः ॥ पंचालाश्वनरव्याघ्रचेदयश्वनिषूदिताः ३१ तवपुत्राहताःसर्वेद्रौपदेयाश्वभारत ॥ कर्णपुत्रोहतःशूरोवृष
सेनःप्रतापवान् ३२ नराविनिहताःसर्वेगजाश्वविनिपातिताः ॥ रथिनश्वनरव्याघ्रहयाश्वनिहतायुधि ३३ किंचिच्छेषंचशिबिरंतावकानांकृतंप्रभो ॥ पांडवानांकुरूणां
चसमासाद्यपरस्परम् ३४ प्रायःस्त्रीशेषमभवज्जगत्कालेनमोहितम् ॥ सप्तपांडवतःशेषाधार्तराष्ट्रास्त्रयोरथाः ३५ तेचैवभ्रातरःपंचवासुदेवोऽथसात्यकिः ॥ कृपश्वकृत
वर्माचद्रौणिश्वजयतांवरः ३६ तथाऽप्येतेमहाराजरथिनोनृपसत्तम ॥ अक्षौहिणीनांसर्वासांसमेतानांजनेश्वर ३७ एतेशेषामहाराजसर्वेऽन्येनिधनंगताः ॥ कालेननि
हतंसर्वंजगद्वैभरतर्षभ ३८ दुर्योधनंवैपुरतःकृत्वावैरंचभारत ॥ वैशंपायनउवाच ॥ एतच्छ्रुत्वावचःक्रूरंधृतराष्ट्रोजनेश्वरः ३९ निपपातसराजेन्द्रोगतसत्वोमहीतले ॥
तस्मिन्निपतितेभूमौविदुरोऽपिमहायशाः ४० निपपातमहाराजशोकव्यसनकर्शितः ॥ गांधारीचनृपश्रेष्ठसर्वाश्वकुरुयोषितः ४१ पतिताःसहसाभूमौश्रुत्वाक्रूरवचस्तदा ॥
निःसंज्ञंपतितंभूमौतदाऽऽसीद्राजमंडलम् ४२ प्रलापयुक्तंमहतिचित्रन्यस्तंपटेयथा ॥ कृच्छ्रेणतुततोराजाधृतराष्ट्रोमहीपतिः ४३ शनैरलभतप्राणान्पुत्रव्यसनकर्शितः ॥
लब्ध्वातुसनृपःसंज्ञांवेपमानःसुदुःखितः ४४ उदीक्ष्यचदिशःसर्वाःक्षत्तारंवाक्यमब्रवीत् ॥ विद्वन्क्षत्तर्महाप्राज्ञत्वंगतिर्भरतर्षभ ४५ ममानाथस्यसुभृशंपुत्रैर्हीनस्यस
र्वशः ॥ एवमुक्त्वाततोभूतोविसंज्ञोनिपपातह ४६ तंतथापतितंदृष्ट्वाबांधवायेऽस्यकेचन ॥ शीतैस्तेसिषिचुस्तोयैर्विव्यजुर्व्यजनैरपि ४७ सतुदीर्घेणकालेनप्रत्याश्वस्तो
नराधिपः ॥ तूष्णींदध्यौमहीपालःपुत्रव्यसनकर्शितः ४८ निःश्वसन्जिह्मगइवकुंभक्षिप्तोविशांपते ॥ संजयोप्यरुदत्तत्रदृष्ट्वाराजानमातुरम् ४९ तथासर्वाःस्त्रियश्वैवगां
धारीचयशस्विनी ॥ ततोदीर्घेणकालेनविदुरंवाक्यमब्रवीत् ५० धृतराष्ट्रोनरश्रेष्ठमुह्यमानोमुहुर्मुहुः ॥ गच्छंतुयोषितःसर्वागांधारीचयशस्विनी ५१ तथेमेसुहृदःसर्वे
भ्राम्यतेमेमनोभृशम् ॥ एवमुक्तस्ततःक्षत्ताताःस्त्रियोभरतर्षभ ५२ विसर्जयामासशनैर्वेपमानःपुनःपुनः ॥ निश्वक्रमुस्ततःसर्वाःस्त्रियोभरतसत्तम ५३ सुहृदश्वतथा
सर्वेदृष्ट्वाराजानमातुरम् ॥ ततोनरपतिंतूर्णंलब्धसंज्ञंपरंतप ५४ अवैक्षत्संजयोदीनंरोदमानंभृशातुरम् ॥ प्रांजलिर्निःश्वसंतंचतंनरेन्द्रंमुहुर्मुहुः ॥ समाश्वासयत
क्षत्तावचसामधुरेणच ५५ ॥ इतिश्रीमहाभारतेशल्यपर्वणिधृतराष्ट्रप्रमोहेप्रथमोऽध्यायः ॥ १ ॥ ॥ ॥ ॥

५१ । ५२ । ५३ । ५४ । ५५ ॥ इतिशल्यपर्वणिनीलकंठीये भारतभावदीपे प्रथमोऽध्यायः ॥ १ ॥ ॥ ॥ ॥

विसृष्टास्विति १ सधूममिवअत्युष्णमित्यर्थः २ पांडवाःक्षेमिणइत्येकंदुःखं स्वीयाश्चसर्वेनिहताइत्यपरं तेद्वेआहद्वाभ्यां अहोइति ३ । ४ वयःएतावत्कालपर्यंतंमौढत्वम् ५ । ६ । ७ । ८ । ९ प्राकृतोनीचः

वैशंपायनउवाच ॥ विसृष्टास्वथनारीषुधृतराष्ट्रोऽम्बिकासुतः ॥ विललापमहाराजदुःखाद्दुःखांतरंगतः १ सधूममिवनिःश्वस्यकरौधुन्वन्पुनःपुनः ॥ विचिंत्यचम
हाराजवचनंचेदमब्रवीत् २ ॥ धृतराष्ट्रउवाच ॥ अहोबतमहद्दुःखंयदहंपांडवान्रणे ॥ क्षेमिणश्चाव्ययांश्चैवत्वत्तःसूतशृणोमिवै ३ वज्रसारमयंनूनंहृदयंसुदृढंमम ॥
यच्छ्रुत्वानिहतान्पुत्रान्दीर्यतेनसहस्रधा ४ चिंतयित्वावयस्तेषांबालक्रीडांचसंजय ॥ हतान्पुत्रानशेषेणदीर्यतेमेभृशंमनः ५ अनेत्रत्वाद्यदेतेषांनमेरूपनिदर्श
नम् ॥ पुत्रस्नेहकृताप्रीतिर्नित्यमेतेषुधारिता ६ बालभावमतिक्रम्ययौवनस्थांश्चतानहम् ॥ मध्यप्राप्तांस्तथाश्रुत्वाहृष्टआसंतदाऽनघ ७ तानद्यनिहतान्श्रुत्वाह
तैश्वर्यान्हतौजसः ॥ नलभेयंक्वचिच्छांतिंपुत्राधिभिरभिद्रुतः ८ एह्येहिपुत्रराजेन्द्रममानाथस्यसांप्रतम् ॥ त्वयाहीनोमहाबाहोकांनुयास्याम्यहंगतिम् ९ कथंत्वं
पृथिवीपालांस्त्यक्त्वाततसमागतान् ॥ शेषेविनिहतोभूमौप्राकृतःकुनृपोयथा १० गतिर्भूत्वामहाराजज्ञातीनांसुहृदांतथा ॥ अंधंवृद्धंचमांवीरविहायक्वनुयास्य
सि ११ साकृपासाचतेप्रीतिःसाचराजन्सुमानिता ॥ कथंविनिहतःपार्थैःसंयुगेष्वपराजितः १२ कोनुमामुत्थितंवीरताततातेतिवक्ष्यति ॥ महाराजेतिसततंलो
कनाथेतिचासकृत् १३ परिष्वज्यचमांकंठेस्नेहेनक्लिन्नलोचनः ॥ अनुशाधीतिकौरव्यतत्साधुवदमेवचः १४ ननुनामाहमश्रौषंवचनंतवपुत्रक ॥ भूयसीममपृथ्वी
यंयथापार्थस्यनोतथा १५ भगदत्तःकृपःशल्यआवन्त्योऽथजयद्रथः ॥ भूरिश्रवाःसोमदत्तोमहाराजश्चबाह्लिकः १६ अश्वत्थामाचभोजश्चमागधश्चमहाबलः ॥ बृह
द्बलश्चकाशीशःशकुनिश्चापिसौबलः १७ म्लेच्छाश्चशतसाहस्राःशकाश्चयवनैःसह ॥ सुदक्षिणश्चकांबोजस्त्रिगर्ताधिपतिस्तथा १८ भीष्मःपितामहश्चैवभारद्वाजो
ऽथगौतमः ॥ श्रुतायुश्चायुतायुश्चशतायुश्चापिवीर्यवान् १९ जलसंधोऽथार्ष्यशृंगीराक्षसश्चाप्यलायुधः ॥ अलम्बुषोमहाबाहुःसुबाहुश्चमहारथः २० एतेचान्ये
चबहवोराजानोराजसत्तम ॥ मदर्थमुद्यताःसर्वेप्राणांस्त्यक्त्वाधनानिच २१ तेषांमध्येस्थितोयुद्धेभ्रातृभिःपरिवारितः ॥ योधयिष्याम्यहंपार्थान्पंचालांश्चैवसर्वशः
२२ चेदींश्चनृपशार्दूलद्रौपदेयांश्चसंयुगे ॥ सात्यकिंकुन्तिभोजंचराक्षसंचघटोत्कचम् २३ एकोऽप्येषांमहाराजसमर्थःसन्निवारणे ॥ समरेपांडवेयानांसंक्रुद्धोह्यभि
धावताम् २४ किंपुनःसहितावीराःकृतवैराश्चपांडवैः ॥ अथवासर्वएवैतेपांडवस्यानुयायिभिः २५ योत्स्यंतेसहराजेन्द्रहनिष्यंतिचतान्मृधे ॥ कर्णएकोमयासार्द्धंनि
हनिष्यतिपांडवान् २६ ततोनृपतयोवीराःस्थास्यंतिममशासने ॥ यश्चतेषांप्रणेतावैवासुदेवोमहाबलः २७ नससंनह्यतेराजन्निंतिमामब्रवीद्वचः ॥ तस्याथवदतः
सूतबहुशोममसन्निधौ २८ शक्तितोह्यनुपश्यामिनिहतान्पांडवान्रणे ॥ तेषांमध्येस्थितायत्रहन्यंतेममपुत्रकाः २९ ॥ ॥

कुनृपःकुत्सितान्नरान्पातीतिनीचपरिजनइत्यर्थः १० । ११ । १२ । १३ तत्मायुक्तंसाधुयथास्यात्तथामेमांप्रतिवदपुनरितिशेषः १४ । १५ । १६ । १७।१८।१९।२०।२१।२२।२३।२४।२५।२६।२७।२८।२९

॥ २ ॥ व्यायच्छमानाःसमरेकिमन्यद्भागधेयतः ॥ भीष्मश्चनिहतोयत्रलोकनाथःप्रतापवान् ३० शिखंडिनंसमासाद्यमृगेन्द्रइवजंबुकम् ॥ द्रोणश्चब्राह्मणोयत्रसर्वशस्त्रास्त्र अ०
पारगः ३१ निहतःपांडवैःसंख्येकिमन्यद्भागधेयतः ॥ कर्णश्चनिहतःसंख्येदिव्यास्त्रज्ञोमहाबलः ३२ भूरिश्रवाहतोयत्रसोमदत्तश्चसंयुगे ॥ बाह्लिकश्चमहाराजकि २
मन्यद्भागधेयतः ३३ भगदत्तोहतोयत्रगजयुद्धविशारदः ॥ जयद्रथश्चनिहतःकिमन्यद्भागधेयतः ३४ सुदक्षिणोहतोयत्रजलसंधश्चपौरवः ॥ श्रुतायुश्चायुतायुश्च
किमन्यद्भागधेयतः ३५ महाबलस्तथापांड्यःसर्वशस्त्रभृतांवरः ॥ निहतःपांडवैःसंख्येकिमन्यद्भागधेयतः ३६ बृहद्बलोहतोयत्रमागधश्चमहाबलः ॥ उग्रायुधश्च
विक्रांतःप्रतिमानंधनुष्मताम् ३७ आवन्त्योनिहतोयत्रत्रैगर्त्तश्चजनाधिपः ॥ संशप्तकाश्चनिहताःकिमन्यद्भागधेयतः ३८ अलम्बुषस्तथाराजन्राक्षसश्चाप्यला
युधः ॥ आर्ष्यशृंगिश्चनिहतःकिमन्यद्भागधेयतः ३९ नारायणाहतायत्रगोपालायुद्धदुर्मदाः ॥ म्लेच्छाश्चबहुसाहस्राःकिमन्यद्भागधेयतः ४० शकुनिःसौबलो
यत्रकैतव्यश्चमहाबलः ॥ निहतःसबलोवीरःकिमन्यद्भागधेयतः ४१ एतेचान्येचबहवःकृतास्त्रायुद्धदुर्मदाः ॥ राजानोराजपुत्राश्चशूराःपरिघबाहवः ४२ निहता
बहवोयत्रकिमन्यद्भागधेयतः ॥ यत्रशूरामहेष्वासाःकृतास्त्रायुद्धदुर्मदाः ४३ बहवोनिहताःसूतमहेन्द्रसमविक्रमाः ॥ नानादेशसमावृत्ताःक्षत्रियायत्रसंजय ४४
निहताःसमरेसर्वेकिमन्यद्भागधेयतः ॥ पुत्राश्चमेविनिहताःपौत्राश्चैवमहाबलाः ४५ वयस्याभ्रातरश्चैवकिमन्यद्भागधेयतः ॥ भागधेयसमायुक्तोध्रुवमुत्पद्यतेनरः
४६ यस्तुभाग्यसमायुक्तःसशुभंप्राप्नुयान्नरः ॥ अहंवियुक्तस्तैर्भाग्यैःपुत्रैश्चैवेहसंजय ४७ कथमद्यभविष्यामिवृद्धःशत्रुवशंगतः ॥ नान्यदत्रपरंमन्येवनवासादृतेप्र
भो ४८ सोऽहंवनंगमिष्यामिनिर्बंधुर्ज्ञातिसंक्षये ॥ नहिमेऽन्यद्भवेच्छ्रेयोवनाभ्युपगमादृते ४९ इमामवस्थांप्राप्तस्यलूनपक्षस्यसंजय ॥ दुर्योधनोहतोयत्रशल्य
श्चनिहतोयुधि ५० दुःशासनोविविंशश्चविकर्णश्चमहाबलः ॥ कथंहिभीमसेनस्यश्रोष्येऽहंशब्दमुत्तमम् ५१ एकेनसमरेयेनहतंपुत्रशतंमम ॥ असकृद्वदतस्तस्य
दुर्योधनवधेनच ५२ दुःखशोकाभिसंतप्तोनश्रोष्येपरुषागिरः ॥ वैशंपायनउवाच ॥ एवंवृद्धश्चसंतप्तःपार्थिवोहतबांधवः ५३ मुहुर्मुहुर्मुह्यमानःपुत्राधिभिरभिप्लु
तः ॥ विलप्यसुचिरंकालंधृतराष्ट्रोऽम्बिकासुतः ५४ दीर्घमुष्णंसनिःश्वस्यचिंतयित्वापराभवम् ॥ दुःखेनमहताराजन्संतप्तोभरतर्षभः ५५ पुनर्गावल्गणिंसूतंपर्य
पृच्छद्यथातथम् ॥ धृतराष्ट्रउवाच ॥ भीष्मद्रोणौहतौश्रुत्वासूतपुत्रंचघातितम् ५६ सेनापतिंप्रणेतारंकिमकुर्वतमामकाः ॥ यंयंसेनाप्रणेतारंयुधिकुर्वंतिमाम ॥ २ ॥
काः ५७ अचिरेणैवकालेनतंतंनिघ्नंतिपांडवाः ॥ रणमूर्ध्निहतोभीष्मःपश्यतांवःकिरीटिना ५८ एवमेवहतोद्रोणःसर्वेषामेवपश्यताम् ॥ एवमेवहतःकर्णःसूतपुत्रः
प्रतापवान् ५९ सराजकानांसर्वेषांपश्यतांवःकिरीटिना ॥ पूर्वमेवाहमुक्तोवैविदुरेणमहात्मना ६० ॥ ॥

सम्यगवेक्ष्यनिपुणंविभाव्य।विमूढास्तथाभूतंतद्वचःकेचिन्नपश्यंतीत्युत्तरेणसंबंधः ६१ तथाभूतंयथार्थम् ६२ । ६३ । ६४ । ६५ । ६६ । ६७ । ६८ । ६९ । ७० ॥ इतिशल्यपर्वणिनीलकंठीयेभारतभाव

दुर्योधनापराधेनप्रजेयंविनशिष्यति ॥ केचिन्नसम्यक्पश्यंतिमूढाःसम्यगवेक्ष्यच ६१ तदिदंममभूढस्यतथाभूतंवचःस्मतत् ॥ यदब्रवीत्सधर्मात्माविदुरोदीर्घदर्शिं
वान् ॥ तत्तथासमनुप्राप्तंवचनंसत्यवादिनः ६२ दैवोपहतचित्तेनयन्मयानकृतंपुरा ॥ अनयस्यफलंतस्यब्रूहिगावल्गणेपुनः ६३ कोवामुखमनीकानामासीत्कर्णेनि
पातिते ॥ अर्जुनंवासुदेवंचकोवाप्रत्युद्ययौरथी ६४ केऽरक्षन्दक्षिणंचक्रंमद्रराजस्यसंयुगे ॥ वामंचयोद्धुकामस्यकेवावीरस्यपृष्ठतः ६५ कथंचवःसमेतानांमद्रराजो
महारथः ॥ निहतःपांडवैःसंख्येपुत्रोवाममसंजय ६६ ब्रूहिसर्वंयथातत्त्वंभरतानांमहाक्षयम् ॥ यथाचनिहतःसंख्येपुत्रोदुर्योधनोमम ६७ पंचालाश्चयथासर्वेनिह
ताःसपदानुगाः ॥ धृष्टद्युम्नःशिखंडीचद्रौपद्याःपंचचात्मजाः ६८ पांडवाश्चयथामुक्तास्तथोभौमाधवौयुधि ॥ कृपश्चकृतवर्माचभारद्वाजस्यचात्मजाः ६९ यद्यथा
यादृशंचैवयुद्धंवृत्तंचसांप्रतम् ॥ अखिलंश्रोतुमिच्छामिकुशलोह्यसिसंजय ७० ॥ इतिश्रीमहाभारते शल्यपर्वणि धृतराष्ट्रविलापेद्वितीयोऽध्यायः ॥ २ ॥ ॥
॥ संजयउवाच ॥ शृणुराजन्नवहितोयथावृत्तोमहान्क्षयः ॥ कुरूणांपांडवानांचसमासाद्यपरस्परम् १ निहतेसूतपुत्रेतुपांडवेनमहात्मना ॥ विद्रुतेषुचसैन्येषुसमा
नीतेषुचासकृत् २ घोरेमनुष्यदेहानामाजौनरवरक्षये ॥ यत्तत्कर्णेहतेपार्थःसिंहनादमथाकरोत् ३ तदातवसुतान्राजन्प्राविशत्सुमहद्भयम् ॥ नसंधातुमनीकानिन
चैवाथपराक्रमे ४ आसीद्बुद्धिर्हतेकर्णेतवयोधस्यकस्यचित् ॥ वणिजोनाविभिन्नायामगाधेविप्लवाइव ५ अपारेपारमिच्छंतोहतेद्वीपेकिरीटिना ॥ सूतपुत्रेहतेराज
न्वित्रस्ताःशरविक्षताः ६ अनाथानाथमिच्छंतोमृगाःसिंहार्दिताइव ॥ भग्नशृंगाइववृषाःशीर्णदंष्ट्राइवोरगाः ७ प्रत्युपायामसायाह्नेनिर्जिताःसव्यसाचिना ॥ हतप्र
वीराविध्वस्तानिकृत्तानिशितैःशरैः ८ सूतपुत्रेहतेराजन्पुत्रास्तेप्राद्रवंस्ततः ॥ विध्वस्तकवचाःसर्वेकांदिशीकाविचेतसः ९ अन्योन्यमभिनिघ्नंतोवीक्षमाणाभया
द्दिशः ॥ मामेवनूनंबीभत्सुर्मामेवचवृकोदरः १० अभियातीतिमन्वानाःपेतुर्मम्लुश्चभारत ॥ अश्वानन्येगजानन्येरथानन्येमहारथाः ११ आरुह्यजवसंपन्नाःपादा
तान्प्रजहुर्भयात् ॥ कुंजरैःस्यंदनाभग्नाःसादिनश्चमहारथैः १२ पदातिसंघाश्चाश्वौघैःपलायद्भिर्भृशंहताः ॥ व्यालतस्करसंकीर्णेसार्थहीनायथावने १३ तथात्वदी
यानिहतेसूतपुत्रेतदाऽभवन् ॥ हतारोहास्तथानागाश्छिन्नहस्तास्तथापरे १४ सर्वंपार्थमयंलोकमपश्यन्वैभयार्दिताः ॥ तान्प्रेक्ष्यद्रवतःसर्वान्भीमसेनभयार्दितान् १५
दुर्योधनोऽथस्वंसूतंहाहाकृत्वैवमब्रवीत् ॥ नातिक्रमिष्यतेपार्थोधनुष्पाणिमवस्थितम् १६ जघनेयुद्ध्यमानंमांतूर्णमश्वान्प्रचोदय ॥ समरेयुद्ध्यमानंहिकौन्तेयोमां
धनंजयः १७ नोत्सहेताप्यतिक्रांतुंवेलामिवमहार्णवः ॥ अद्यार्जुनंसगोविंदंमानिनंचवृकोदरम् १८ ॥ ॥

दीपे द्वितीयोऽध्यायः ॥ २ ॥ शृण्विति १ समानीतेषुयुद्धोन्मुखीकृतेषु २।३।४।५।६।७।८।९।१०।११।१२।१३। १४ । १५ । १६ । जघनेअंते प्राणपणेनयुध्यंतमित्यर्थः १७ । १८

निहत्यशिष्टान्शत्रूंश्वकर्णस्यानृण्यमाप्नुयाम् ॥ तच्छ्रुत्वाकुरुराजस्यशूरार्यसदृशंवचः १९ सूतोहेमपरिच्छन्नान्शनैरश्वानचोदयत् ॥ गजाश्वरथहीनास्तुपादाताश्चै
वमारिष २० पंचविंशतिसाहस्राःप्राद्रवन्शनकैरिव ॥ तान्भीमसेनःसंक्रुद्धोधृष्टद्युम्नश्चपार्षतः २१ बलेनचतुरंगेणपरिक्षिप्याहनच्छरैः ॥ प्रत्ययुध्यंस्तुतेसर्वेभीम
सेनंसपार्षतम् २२ पार्थपार्षतयोश्चान्येजगृहुस्तत्रनामनी ॥ अक्रुद्ध्यतरणेभीमस्तैर्मृधेप्रत्यवस्थितैः २३ सोऽवतीर्यरथात्तूर्णंगदापाणिरयुध्यत ॥ नतान्रथस्थोभू
मिष्ठान्धर्मापेक्षीवृकोदरः २४ योधयामासकौन्तेयोभुजवीर्यमुपाश्रितः ॥ जातरूपपरिच्छन्नांप्रगृह्यमहतींगदाम् २५ न्यवधीत्तावकान्सर्वान्दण्डपाणिरिवांतकः ॥
पदातयोहिसंरब्धास्त्यक्तजीवितबांधवाः २६ भीममभ्यद्रवन्संख्येपतंगाइवपावकम् ॥ आसाद्यभीमसेनंतेसंरब्धायुद्धदुर्मदाः २७ विनेदुःसहसादृष्ट्वाभूतग्रामाइवां
तकम् ॥ श्येनवद्व्यचरद्भीमःखड्गेनगदयातथा २८ पंचविंशतिसाहस्रांस्तावकानांव्यपोथयत् ॥ हत्वातत्पुरुषानीकंभीमःसत्यपराक्रमः २९ धृष्टद्युम्नंपुरस्कृत्य
पुनस्तस्थौमहाबलः ॥ धनंजयोरथानीकमन्वपद्यतवीर्यवान् ३० माद्रीपुत्रौचशकुनिंसात्यकिश्चमहाबलः ॥ जवेनाभ्यपतन्हृष्टाघ्नन्तोदौर्योधनंबलम् ३१ तस्या
श्ववाहान्सुबहूंस्तेनिहत्यशितैःशरैः ॥ तमन्वधावंस्त्वरितास्तत्रयुद्धमवर्तत ३२ ततोधनंजयोराजन्रथानीकमगाहत ॥ विश्रुतंत्रिपुलोकेषुगांडीवंव्याक्षिपन्धनुः
३३ कृष्णसारथिमायांतंदृष्ट्वाश्वेतहयंरथम् ॥ अर्जुनंचापियोद्धारंत्वदीयाःप्राद्रवन्भयात् ३४ विप्रहीणरथाश्वाश्वशरैश्चपरिवारिताः ॥ पंचविंशतिसाहस्राःपार्थमार्छ
न्पदातयः ३५ हत्वातत्पुरुषानीकंपंचालानांमहारथः ॥ भीमसेनंपुरस्कृत्यनचिरात्प्रत्यदृश्यत ३६ महाधनुर्धरःश्रीमानमित्रगणमर्दनः ॥ पुत्रःपंचालराजस्यधृष्ट
द्युम्नोमहायशाः ३७ पारावतसवर्णाश्वंकोविदारवरध्वजम् ॥ धृष्टद्युम्नंरणेदृष्ट्वात्वदीयाःप्राद्रवन्भयात् ३८ गांधारराजंशीघ्रास्त्रमनुसृत्ययशस्विनौ ॥ अचिरात्प्रत्य
दृश्येतांमाद्रीपुत्रौससात्यकी ३९ चेकितानःशिखंडीचद्रौपदेयाश्चमारिष ॥ हत्वात्वदीयंसुमहत्सैन्यंशंखानथाधमन् ४० तेसर्वेतावकान्प्रेक्ष्यद्रवतोवैपराङ्मुखान् ॥
अभ्यधावंतनिघ्नन्तोवृषान्जित्वावृषाइव ४१ सेनावशेषंतंदृष्ट्वातवपुत्रस्यपांडवः ॥ अवस्थितंसव्यसाचीचुक्रोधबलवन्नृप ४२ ततएनंशरैराजन्सहसासमवाकिरत् ॥
रजसाचोद्गतेनाथनस्मकिंचनदृश्यते ४३ अंधकारीकृतेलोकेशरीभूतेमहीतले ॥ दिशःसर्वामहाराजतावकाःप्राद्रवन्भयात् ४४ भज्यमानेषुसर्वेषुकुरुराजोविशांपते ॥
परेषामात्मनश्चैवसैन्येतेसमुपाद्रवत् ४५ ततोदुर्योधनःसर्वानाजुहावाथपांडवान् ॥ युद्धायभरतश्रेष्ठदेवानिवपुराबलिः ४६ तएनमभिगर्जन्तंसहिताःसमुपाद्रवन् ॥
नानाशस्त्रसृजःक्रुद्धाभर्त्सयंतोमुहुर्मुहुः ४७ दुर्योधनोऽप्यसंभ्रांतस्तानरीन्व्यधमच्छरैः ॥ तत्राद्भुतमपश्यामतवपुत्रस्यपौरुषम् ४८ यदेनंपांडवाःसर्वेनशेकुरतिवर्त्ति ॥ ३ ॥
तुम् ॥ नातिदूरापयातंचकृतबुद्धिःपलायने ४९ दुर्योधनःस्वकंसैन्यमपश्यद्भृशविक्षतम् ॥ ततोऽवस्थाप्यराजेन्द्रकृतबुद्धिस्तवात्मजः ५० ॥ ॥

५१ । ५२ । ५३ । ५४ । ५५ । ५६ । ५७ । ५८ । ५९ । ६० । ६१ ॥ इतिशल्यपर्वणि नी० भा० भा० तृतीयोऽध्यायः ॥ ३ ॥ पतितानिति १ अप्रख्यातिमितिपाठेऽपितुल्योऽर्थः २

हर्षयन्निवतान्योधांस्ततोवचनमब्रवीत् ॥ नतंदेशंप्रपश्यामिपृथिव्यांपर्वतेषुच ५१ यत्रयातान्नवोहन्युःपांडवाःकिंसृतेनवः ॥ स्वल्पंचैवबलंतेषांकृष्णौचभृशविक्षतौ ५२ यदिसर्वेऽत्रतिष्ठामोध्रुवंनोविजयोभवेत् ॥ विप्रयातांस्तुवोभिन्नान्पांडवाःकृतकिल्बिषान् ५३ अनुसृत्यहनिष्यंतिश्रेयोनःसमरेवधः ॥ सुखःसांग्रामिकोमृत्युःक्षत्रधर्मेणयुध्यताम् ५४ मृतोदुःखंनजानीतेप्रेत्यचानंत्यमश्नुते ॥ शृण्वंतुक्षत्रियाःसर्वेयावंतोऽत्रसमागताः ५५ द्विषतोभीमसेनस्यवशमेष्यथविद्रुताः ॥ पितामहैराचरितंनधर्मंहातुमर्हथ ५६ नान्यत्कर्मास्तिपापीयःक्षत्रियस्यपलायनात् ॥ नयुद्धधर्माच्छ्रेयान्हिपंथाःस्वर्गस्यकौरवाः ५७ सुचिरेणार्जिताँल्लोकान्सद्योयुद्धात्समश्नुते ॥ तस्यतद्वचनंराज्ञःपूजयित्वामहारथाः ५८ पुनरेवाभ्यवर्तंतक्षत्रियाःपांडवान्प्रति ॥ पराजयममृष्यंतःकृतचित्ताश्चविक्रमे ५९ ततःप्रववृतेयुद्धंपुनरेवसुदारुणम् ॥ तावकानांपरेषांचदेवासुररणोपमम् ६० युधिष्ठिरपुरोगांश्चसर्वसैन्येनपांडवान् ॥ अन्वधावन्महाराजपुत्रोदुर्योधनस्तव ६१ ॥ इतिश्रीमहाभारतेशल्यपर्वणिकौरवसैन्यापयानेतृतीयोऽध्यायः ॥ ३ ॥ संजयउवाच ॥ पतितान्रथनीडांश्चरथांश्चापिमहात्मनाम् ॥ रणेचनिहतान्नागान्दृष्ट्वापत्तींश्चमारिष १ आयोधनंचातिघोरंरुद्रस्याक्रीडसन्निभम् ॥ अप्रख्यातिंगतानांतुराज्ञांशतसहस्रशः २ विमुखेतवपुत्रेतुशोकोपहतचेतसि ॥ भृशोद्विग्नेषुसैन्येषुदृष्ट्वापार्थस्यविक्रमम् ३ ध्यायमानेषुसैन्येषुदुःखंप्राप्तेषुभारत ॥ बलानांमथ्यमानानांश्रुत्वानिनदमुत्तमम् ४ अभिज्ञानंनरेंद्राणांविक्षतंप्रेक्ष्यसंयुगे ॥ कृपाविष्टःकृपोराजन्वयःशीलसमन्वितः ५ अब्रवीत्तत्रतेजस्वीसोऽभिसृत्यजनाधिपम् ॥ दुर्योधनंमन्युवशाद्वाक्यंवाक्यविशारदः ६ दुर्योधननिबोधेदंयत्त्वांवक्ष्यामिकौरव ॥ श्रुत्वाकुरुमहाराजयदितेरोचतेऽनघ ७ नयुद्धधर्माच्छ्रेयान्वैपंथाराजेंद्रविद्यते ॥ यंसमाश्रित्ययुद्ध्यंतेक्षत्रियाःक्षत्रियर्षभ ८ पुत्रोभ्रातापिताचैवस्वस्रीयोमातुलस्तथा ॥ संबंधिबांधवाश्चैवयोद्ध्याक्षत्रजीविना ९ वधेचैवपरोधर्मस्तथाऽधर्मःपलायने ॥ तेस्मघोरांसमापन्नाजीविकांजीवितार्थिनः १० तदत्रप्रतिवक्ष्यामिकिंचिदेवहितंवचः ॥ हतेभीष्मेचद्रोणेचकर्णेचैवमहारथे ११ जयद्रथेचनिहतेतवभ्रातृषुचानघ ॥ लक्ष्मणेतवपुत्रेचकिंशेषंपर्युपास्महे १२ येषुभारंसमासाद्यराज्येमतिमकुर्महि ॥ तेसंत्यज्यतनूर्याताःशूराब्रह्मविदांगतिम् १३ वयंत्विहविनाभूतागुणवद्भिर्महारथैः ॥ कृपणंवर्तयिष्यामपातयित्वानृपान्बहून् १४ सर्वैरथचजीवद्भिर्बीभत्सुरपराजितः ॥ कृष्णनेत्रोमहाबाहुर्देवैरपिदुरासदः १५ इंद्रकार्मुकतुल्याभमिंद्रकेतुमिवोच्छ्रितम् ॥ वानरंकेतुमासाद्यसंचचालमहाचमूः १६ सिंहनादाच्चभीमस्यपांचजन्यस्वनेनच ॥ गांडीवस्यचनिर्घोषात्संहृष्यंतिमनांसिनः १७

२ भृशेत्यत्रदृशेतिपाठेदृशादृङ्मात्रेण ३ । ४ । ५ मन्युवशाद्दुर्योधनस्यदैन्यवशात् । ६ । ७ । ८ । ९ । १० । ११ । १२ । १३ । १४ कृष्णोनेत्रंनेतायस्यसतथा १५ । १६ संहृष्यंतिसंहरिष्यंति इडभाव आर्षः मनांसिआत्मानंसंहरिष्यंतिमृदानिभविष्यंतीत्यर्थः संमुह्यंतीतिपाठांतरम् १७ ॥ ॥ ॥

१८ । १९ । २० । २१ । २२ । २३ । २४ । २५ । २६ वर्तमानस्यसंग्रामस्याभितोवध्यतांवध्यमानानांचअद्यसप्तदशाहानिजातानीत्यन्वयः जातानीतिशेषः । २७ । २८

चरंतीवमहाविद्युन्मुष्णंतीनयनप्रभाम् ॥ अलातमिवचाविद्धंगांडीवंसमदृश्यत १८ जांबूनदविचित्रंचधूयमानंमहद्धनुः ॥ दृश्यतेदिक्षुसर्वासुविद्युदभ्रघनेष्विव १९
श्वेताश्ववेगसंपन्नाःशशिकाशसमप्रभाः ॥ पिबंतइवचाकाशंरथेयुक्तास्तुवाजिनः २० उह्यमानांश्चकृष्णेनवायुनेवबलाहकाः ॥ जांबूनदविचित्रांगावहंतेचार्जुनंरणे
२१ तावकंतद्बलंराजन्नर्जुनोस्त्रविशारदः ॥ गहनंशिशिरेकक्षंददाहाग्निरिवोल्बणः २२ गाहमानमनीकानिमहेन्द्रसदृशप्रभम् ॥ धनंजयमपश्यामचतुर्दंष्ट्रमिवद्विपम्
२३ विक्षोभयंतंसेनांतेत्रासयंतंचपार्थिवान् ॥ धनंजयमपश्यामनलिनीमिवकुंजरम् २४ त्रासयंतंतथायोधान्धनुर्घोषेणपांडवम् ॥ भूयएनमपश्यामसिंहंमृग
गणानिव २५ सर्वलोकमहेष्वासौवृषभौसर्वधन्विनाम् ॥ आमुक्तकवचौकृष्णौलोकमध्येविचेरतुः २६ अद्यसप्तदशाहानिवर्तमानस्यभारत ॥ संग्रामस्यातिघोर
स्यवध्यतांचाभितोयुधि २७ वायुनेवविधूतानितवसैन्यानिसर्वतः ॥ शरदंभोदजालानिव्यशीर्यंतसमंततः २८ तांनावमिवपर्यस्तांवातधूतांमहार्णवे ॥ तवसेनां
महाराजसव्यसाचीव्यकंपयत् २९ क्वनुतेसूतपुत्रोऽभूत्क्वनुद्रोणःसहानुगः ॥ अहंक्वचक्वचात्मातेहार्दिक्यश्चतथाक्वनु ३० दुःशासनश्चतेभ्राताभ्रातृभिःसहितःक्व
नु ॥ बाणगोचरसंप्राप्तंप्रेक्ष्यचैवजयद्रथम् ३१ संबंधिनस्तेभातॄंश्चसहायान्मातुलांस्तथा ॥ सर्वान्विक्रम्यमिषतोलोकमाक्रम्यमूर्धनि ३२ जयद्रथोहतोराजन्किं
नुशेषमुपास्महे ॥ कोहीहसपुमानस्तियोविजेष्यतिपांडवम् ३३ तस्यचास्त्राणिदिव्यानिविविधानिमहात्मनः ॥ गांडीवस्यचनिर्घोषोधैर्याणिहरतेहिनः ३४
नष्टचंद्रायथारात्रिःसेनेयंहतनायका ॥ नागभग्नद्रुमाशुष्कानदीवाकुलतांगता ३५ ध्वजिन्यांहतनेत्रायांयथेष्टंश्वेतवाहनः ॥ चरिष्यतिमहाबाहुःकक्षेष्वग्निरिव
ज्वलन् ३६ सात्यकेश्चैवयोवेगोभीमसेनस्यचोभयोः ॥ दारयेच्चगिरीन्सर्वान्शोषयेच्चैवसागरान् ३७ उवाचवाक्यंयद्भीमःसभामध्येविशांपते ॥ कृतंतत्सफलंतेन
भूयश्चैवकरिष्यति ३८ प्रमुखस्थेतदाकर्णेबलंपांडवरक्षितम् ॥ दुरासदंतदागुप्तंव्यूढंगांडीवधन्वना ३९ युष्माभिस्तानिचीर्णाणियान्यसाधूनिसाधुषु ॥ अकारण
कृतान्येवतेषांवःफलमागतम् ४० आत्मनोऽर्थेत्वयालोकोयत्नतःसर्वआहृतः ॥ सतेसंशयितस्तातआत्माचभरतर्षभ ४१ रक्षदुर्योधनात्मानमात्मासर्वस्यभाज
नम् ॥ भिन्नेहिभाजनेतातदिशोगच्छतितद्गतम् ४२ हीयमानेनवैसंधिःपर्येष्टव्यःसमेनवा ॥ विग्रहोवर्धमानेनमतिरेषाबृहस्पतेः ४३ तेवयंपांडुपुत्रेभ्योहीनाःस्म
बलशक्तितः ॥ तदत्रपांडवैःसार्धंसंधिंमन्येक्षमंप्रभो ४४ नजानीतेहियःश्रेयःश्रेयसश्चावमन्यते ॥ सक्षिप्रंभ्रश्यतेराज्यान्नचश्रेयोऽनुविंदते ४५ प्रणिपत्यहिराजा
नंराज्यंयदिलभेमहि ॥ श्रेयःस्यान्नतुमौढ्येनराजन्गंतुःपराभवम् ४६ वैचित्रवीर्यवचनात्कृपाशीलोयुधिष्ठिरः ॥ विनियुंजीतराज्येत्वांगोविंदवचनेनच ४७

२९ । ३० । ३१ । ३२ । ३३ । ३४ । ३५ । ३६ । ३७ । ३८ । ३९ । ४० । ४१ । ४२ । ४३ । ४४ । ४५ । ४६ । ४७ ॥ ॥

असंशयंगतवैरमित्यर्थः ४८ । ४९ । ५० । ५१ ॥ इतिशल्यपर्वणि नीलकंठीये भारतभावदीपे चतुर्थोऽध्यायः ॥ ४ ॥ ॥ एवमुक्तस्ततोराजेतिस्पष्टार्थः १ । २ । ३ । ४ । ५ । ६ । ७ । ८

यद्बृयाद्धिहृषीकेशोराजानमपराजितम् ॥ अर्जुनंभीमसेनंचसर्वेकुर्युरसंशयम् ४८ नातिक्रमिष्यतेकृष्णोवचनंकौरवस्यतु ॥ धृतराष्ट्रस्यमन्येऽहंनापिकृष्णस्यपांडवः
४९ एतत्क्षेममहंमन्येनचपार्थैश्चविग्रहम् ॥ नत्वांब्रवीमिकार्पण्यान्नप्राणपरिरक्षणात् ५० पथ्यंराजन्ब्रवीमित्वांतत्परासुःस्मरिष्यसि ॥ इतिवृद्धोविलप्यैतत्कृपःशार
द्वतोवचः ॥ दीर्घमुष्णंचनिःश्वस्यशुशोचचमुमोहच ५१ ॥ इतिश्रीमहाभारते शल्यपर्वणिकृपवाक्ये चतुर्थोऽध्यायः ॥ ४ ॥ ॥ संजयउवाच ॥ एवमुक्तस्त
तोराजागौतमेनतपस्विना ॥ निःश्वस्यदीर्घमुष्णंचतूष्णीमासीद्विशांपते १ ततोमुहूर्तंसध्यात्वाधार्त्तराष्ट्रोमहामनाः ॥ कृपंशारद्वतंवाक्यमित्युवाचपरंतपः २
यत्किंचित्सुहृदावाच्यंतत्सर्वंश्रावितोह्यहम् ॥ कृतंचभवतासर्वंप्राणान्संत्यज्ययुध्यता ३ गाहमानमनीकानियुध्यमानंमहारथैः ॥ पांडवैरतितेजोभिर्लोकस्त्वामनु
दृष्टवान् ४ सुहृदायदिदंवाक्यंभवताश्रावितोह्यहम् ॥ नमांप्रीणातितत्सर्वंमुमूर्षोरिवभेषजम् ५ हेतुकारणसंयुक्तंहितंवचनमुत्तमम् ॥ उच्यमानंमहाबाहोनमेविप्रा
ग्र्यरोचते ६ राज्याद्विनिकृतोऽस्माभिःकथंसोऽस्मासुविश्वसेत् ॥ अक्षद्यूतेचनृपतिर्जितोऽस्माभिर्महाधनः ७ सकथंममवाक्यानिश्रद्दध्याद्भूयएवतु ॥ तथादौत्येनसं
प्राप्तःकृष्णःपार्थहितेरतः ८ प्रलब्धश्चहृषीकेशस्तच्चकर्माविचारितम् ॥ सचमेवचनंब्रह्मन्कथमेवाभिमन्यते ९ विललापचयत्कृष्णासभामध्येसमेयुषी ॥ नतन्मर्ष
यतेकृष्णोनराज्यहरणंतथा १० एकप्राणावुभौकृष्णावन्योन्यमभिसंश्रितौ ॥ पुरायच्छ्रुतमेवासीदद्यपश्यामितत्प्रभो ११ स्वस्रीयंनिहतंश्रुत्वादुःखंस्वपितिकेशवः ॥
कृतागसोवयंतस्यसमदर्थंकथंक्षमेत् १२ अभिमन्योर्विनाशेननशर्मलभतेऽर्जुनः ॥ सकथंमद्धितेयत्नंप्रकरिष्यतियाचितः १३ मध्यमःपांडवस्तीक्ष्णोभीमसेनोमहा
बलः ॥ प्रतिज्ञातंचतेनोग्रंभज्येतापिनसंनमेत् १४ उभौतौबद्धनिस्त्रिंशावुभौचाबद्धकंकटौ ॥ कृतवैरावुभौवीरौयमावपियमोपमौ १५ धृष्टद्युम्नःशिखंडीचकृतवैरौ
मयासह ॥ तौकथंमद्धितेयत्नंकुर्यातांद्विजसत्तम १६ दुःशासनेनयत्कृष्णाएकवस्त्रारजस्वला ॥ परिक्लिष्टासभामध्येसर्वलोकस्यपश्यतः १७ तथाविवसनांदीनांस्मरं
त्यद्यापिपांडवाः ॥ ननिवारयितुंशक्याःसंग्रामात्तेपरंतपाः १८ यदाचद्रौपदीक्लिष्टामद्विनाशायदुःखिता ॥ स्थंडिलेनित्यदाशेतेयावद्वैरस्ययातनम् १९ उग्रंते
पेतपःकृष्णाभर्तॄणामर्थसिद्धये ॥ निक्षिप्यमानंदर्पंचवासुदेवसहोदरा २० कृष्णायाप्रेष्यवद्भूत्वाशुश्रूषांकुरुतेसदा ॥ इतिसर्वंसमुन्नद्धंननिर्वातिकथंचन २१ अभि
मन्योर्विनाशेनससंधेयःकथंमया ॥ कथंचराजाभुक्त्वेमांपृथिवींसागरांबराम् २२ पांडवानांप्रसादेनभोक्ष्येराज्यमहंकथम् ॥ उपर्युपरिराज्ञांवैज्वलित्वाभा
स्करोयथा २३ युधिष्ठिरंकथंपश्चादनुयास्यामिदासवत् ॥ कथंभुक्त्वास्वयंभोगान्दत्वादायांश्चपुष्कलान् २४ कृपणंवर्तयिष्यामिकृपणैःसहजीविकाम् ॥
नाभ्यसूयामितेवाक्यमुक्तंस्निग्धंहितंत्वया २५ ॥ ॥ ॥ ॥ ॥

९ । १० । ११ । १२ । १३ । १४ । १५ । १६ । १७ । १८ । १९ । २० । २१ । २२ । २३ । २४ । २५ ॥ ॥ ॥

२६ । २७ । २८ । २९ । ३० । ३१ । ३२ । ३३ । ३४ । ३५ । ३६ । ३७ । ३८ । ३९ । ४० । ४१ । ४२ । ४३ । ४४ । ४५ । ४६ । ४७ । ४८।४९ । ५० । ५१ । ५२ ॥ इति शल्यपर्वणि

नतुसंधिमहंमन्येप्राप्तकालंकथंचन ॥ सुनीतमनुपश्यामिसुयुद्धेनपरंतप २६ नायंक्लीबयितुंकालःसंयोद्धुंकालएवनः ॥ इष्टंमेबहुभिर्यज्ञैर्दत्ताविप्रेषुदक्षिणाः २७
प्राप्ताःकामाःश्रुतावेदाःशत्रूणांमूर्ध्निचस्थितम् ॥ भृत्यामेसुभृतास्तातदीनश्चाभ्युद्धृतोजनः २८ नोत्सहेऽद्यद्विजश्रेष्ठपांडवान्वक्तुमीदृशम् ॥ जितानिपरराष्ट्राणिस्व
राष्ट्रमनुपालितम् २९ भुक्ताश्चविविधाभोगास्त्रिवर्गःसेवितोमया ॥ पितॄणांगतमानृण्यंक्षत्रधर्मस्यचोभयोः ३० नध्रुवंसुखमस्तीतिकुतोराष्ट्रंकुतोयशः ॥ इहकीर्ति
र्विधातव्यासाचयुद्धेननान्यथा ३१ गृहेयत्क्षत्रियस्यापिनिधनंतद्विगर्हितम् ॥ अधर्मःसुमहानेषयच्छय्यामरणंगृहे ३२ अरण्येयोविमुच्येतसंग्रामेवातनुंनरः ॥
क्रतूनाहृत्यमहतोमहिमानंसगच्छति ३३ कृपणंविलपन्नार्त्तोजरयाऽभिपरिप्लुतः ॥ म्रियतेरुदतांमध्येज्ञातीनांनसपूरुषः ३४ त्यक्त्वातुविविधान्भोगान्प्राप्तानांपर
मांगतिम् ॥ अपीदानींसुयुद्धेनगच्छेयंयत्सलोकताम् ३५ शूराणामार्यवृत्तानांसंग्रामेष्वनिवर्तिनाम् ॥ धीमतांसत्यसंधानांसर्वेषांक्रतुयाजिनाम् ३६ शस्त्रावभृथ
पूतानांध्रुवंवासस्त्रिविष्टपे ॥ मुदानूनंप्रपश्यंतियुद्धेह्यप्सरसांगणाः ३७ पश्यंतिनूनंपितरःपूजितान्सुरसंसदि ॥ अप्सरोभिःपरिवृतान्मोदमानांस्त्रिविष्टपे ३८ पंथा
नममरैर्यान्तंशूरैश्चैवानिवर्त्तिभिः ॥ अपितत्संगतंमार्गंवयमध्यारुहेमहि ३९ पितामहेनवृद्धेनतथाऽऽचार्येणधीमता ॥ जयद्रथेनकर्णेनतथादुःशासनेनच ४० घट
मानामदर्थेस्मिन्हताःशूराजनाधिपाः ॥ शेरतेलोहिताक्तांगाःसंग्रामेशरविक्षताः ४१ उत्तमास्त्रविदःशूरायथोक्तक्रतुयाजिनः ॥ त्यक्त्वाप्राणान्यथान्यायमिंद्रसद्म
सुधिष्ठिताः ४२ तैःस्वयंरचितोमार्गोदुर्गमोहिपुनर्भवेत् ॥ संपतद्भिर्महावेगैर्यास्यद्भिरिहसद्गतिम् ४३ येमदर्थेहताःशूरास्तेषांकृतमनुस्मरन् ॥ ऋणंतत्प्रतियुंजानो
नराज्येमनआदधे ४४ घातयित्वावयस्यांश्चभ्रातॄनथपितामहान् ॥ जीवितंयदिरक्षेयंलोकोमांगर्हयेद्ध्रुवम् ४५ कीदृशंचभवेद्राज्यंममहीनस्यबंधुभिः ॥ सखिभिश्च
विशेषेणप्रणिपत्यचपांडवम् ४६ सोऽहमेतादृशंकृत्वाजगतोऽस्यपराभवम् ॥ सुयुद्धेनततःस्वर्गंप्राप्स्यामिनतदन्यथा ४७ एवंदुर्योधनेनोक्तंसर्वेसंपूज्यतद्वचः ॥
साधुसाध्वितिराजानंक्षत्रियाःसंबभाषिरे ४८ पराजयमशोचंतःकृतचित्ताश्चविक्रमे ॥ सर्वेसुनिश्चितायोद्धुमुदग्रमनसोऽभवन् ४९ ततोवाहान्समाश्वास्यसर्वेयुद्धाभि
नंदिनः ॥ ऊनेद्वियोजनेगत्वाप्रत्यतिष्ठंतकौरवाः ५० आकाशेविद्रुमेपुण्येप्रस्थेहिमवतःशुभे ॥ अरुणांसरस्वतींप्राप्यपपुःसस्नुश्चतेजलम् ५१ तवपुत्रकृतोत्साहाः
पर्यवर्त्तंततेततः ॥ पर्यवस्थाप्यचात्मानमन्योन्येनपुनस्तदा ॥ सर्वेराजन्यवर्त्तंतक्षत्रियाःकालचोदिताः ५२ ॥ इतिश्रीमहाभारतेशल्यपर्वणिदुर्योधनवाक्येपंचमो
ऽध्यायः ॥ ५ ॥ ॥ संजयउवाच ॥ अथहैमवतेप्रस्थेस्थित्वायुद्धाभिनंदिनः ॥ सर्वएवमहायोधास्तत्रतत्रसमागताः १ शल्यश्चचित्रसेनश्चशकुनिश्चमहारथः॥
अश्वत्थामाकृपश्चैवकृतवर्माचसात्वतः २ ॥ ॥ ॥ ॥

नीलकंठीये भारतभावदीपे पंचमोऽध्यायः ॥ ५ ॥ ॥ अथेति। प्रस्थेशिखरे १ । २ ॥ ॥

ततस्तत्र ३ । ४ । ५ । ६ सर्वेषांयुद्धगतानांविविधानांभावानामभिप्रायाणांज्ञः सर्वयुद्धविभावज्ञम् ७ स्वंगंशोभनांगम् ८ स्थाणोःसंबन्धिनोवृषस्य ९ अर्चिषाज्योतिषातुल्यंतुल्यतेजसम् अर्चिषाआदित्यस्यतुल्यमितिवा १० । ११ । १२ । १३ दशांगम् । 'व्रतंप्राप्तिर्धृतिःपुष्टिःस्मृतिःक्षेपोऽरिभेदनम् ॥ चिकित्सोद्दीपनं कृष्टिरिष्वस्त्रंस्यादशांगकम् । दीक्षाशिक्षाऽऽत्मरक्षाचएतत्साधनमेवच ॥ धनुर्वेदस्यचत्वार

सुषेणोऽरिष्टसेनश्चश्रुतसेनश्चवीर्यवान् ॥ जयत्सेनश्चराजानस्तेरात्रिमुषितास्ततः ३ रणेकर्णेहतेवीरेत्रासिताजितकाशिभिः ॥ नालभन्शर्मतेपुत्राहिमवंतमृतेगिरिम् ४ तेऽब्रुवन्सहितास्तत्रराजानंशल्यसन्निधौ ॥ कृतयत्नारणेराजन्संपूज्यविधिवत्तदा ५ कृत्वासेनाप्रणेतारंपरांस्त्वंयोद्धुमर्हसि ॥ येनाभिगुप्ताःसंग्रामेजयेमासुहृदोवयम् ६ ततोदुर्योधनःस्थित्वारथेरथवरोत्तमम् ॥ सर्वयुद्धविभावज्ञमंतकप्रतिमंयुधि ७ स्वंगंप्रच्छन्नशिरसंकंबुग्रीवंप्रियंवदम् ॥ व्याकोशपद्मपत्राक्षंव्याघ्रास्यंमेरुगौरवम् ८ स्थाणोर्वृषस्यसदृशंस्कंधनेत्रगतिस्वरैः ॥ पुष्टश्लिष्टायतभुजंसुविस्तीर्णवरोरसम् ९ बलेजवेचसदृशमरुणानुजवातयोः ॥ आदित्यस्यार्चिषातुल्यंबुद्ध्याचोशनसासमम् १० कांतिरूपमुखैश्वर्यैस्त्रिभिश्चंद्रमसासमम् ॥ कांचनोपलसंघातैःसदृशंश्लिष्टसंधिकम् ११ सुवृत्तोरुकटीजंघंसुपादंस्वंगुलीनखम् ॥ स्मृत्वास्मृत्वैवतुगुणान्धात्रायत्नाद्विनिर्मितम् १२ सर्वलक्षणसंपन्नंनिपुणंश्रुतिसागरम् ॥ जेतारंतरसाऽरीणामजेयमरिभिर्बलात् १३ दशांगंयश्चतुष्पादमिष्वस्त्रंवेदतत्त्वतः ॥ सांगांस्तुचतुरोवेदान्सम्यगाख्यानपंचमान् १५ आराध्यत्र्यंबकंयत्नाद्व्रतैरुग्रैर्महातपाः ॥ अयोनिजायामुत्पन्नोद्रोणेनायोनिजेनयः १५ तमप्रतिमकर्माणंरूपेणाप्रतिमंभुवि ॥ पारगंसर्वविद्यानांगुणार्णवमनिंदितम् १६ तमभ्येत्यात्मजस्तुभ्यमश्वत्थामानमब्रवीत् ॥ यंपुरस्कृत्यसहितायुधिजेष्यामपांडवान् १७ गुरुपुत्रोऽद्यसर्वेषामस्माकंपरमागतिः ॥ भवांस्तस्मान्नियोगात्तेकोऽस्तुसेनापतिर्मम १८ ॥ द्रौणिरुवाच ॥ अयंकुलेनरूपेणतेजसायशसाश्रिया ॥ सर्वैर्गुणैःसमुदितःशल्योनोऽस्तुचमूपतिः १९ भागिनेयान्निजांस्त्यक्त्वाकृतज्ञोऽस्मानुपागतः ॥ महासेनोमहाबाहुर्महासेनइवापरः २० एनंसेनापतिंकृत्वानृपतिंनृपसत्तम ॥ शक्यःप्राप्तुंजयोऽस्माभिर्देवैःस्कंदमिवाजितम् २१ तथोक्तेद्रोणपुत्रेणसर्वएवनराधिपाः ॥ परिवार्यस्थिताःशल्यंजयशब्दांश्चचक्रिरे २२ युद्धायचमतिंचक्रुरावेशंचपरंययुः ॥ ततोदुर्योधनोभूमौस्थित्वारथवरेस्थितम् २३ उवाचप्रांजलिर्भूत्वाद्रोणभीष्मसमंरणे ॥ अयंसकालःसंप्राप्तोमित्राणांमित्रवत्सल २४ यत्रमित्रममित्रंवापरीक्षंतेबुधाजनाः ॥ सभवानस्तुनःशूरःप्रणेतावाहिनीमुखे २५ रणंयातेचभवतिपांडवामंदचेतसः ॥ भविष्यंतिसहामात्याःपंचालाश्चनिरुद्यमाः २६ दुर्योधनवचःश्रुत्वाशल्योमद्राधिपस्तदा ॥ उवाचवाक्यंवाक्यज्ञोराजानंराजसन्निधौ २७ ॥ शल्यउवाच ॥ यत्तुमांमन्यसेराजन्कुरुराजकरोमितत् ॥ त्वत्प्रियार्थंहिमेसर्वंप्राणाराज्यंधनानिच २८ ॥ दुर्योधनउवाच ॥ सैनापत्येनवरयेत्वामहंमातुलातुलम् ॥ सोऽस्मान्पाहियुधांश्रेष्ठस्कंदोदेवानिवाहवे २९ अभिषिच्यस्वराजेन्द्रदेवानामिवपावकिः ॥ जहिशत्रून्रणेवीरमहेंद्रोदानवानिव ३० ॥ इतिश्रीमहाभारतेशल्यपर्वणिशल्यदुर्योधनसंवादेषष्ठोऽध्यायः ॥ ६ ॥

एतेपादाः मकीर्तिताः' १४।१५।१६ तुभ्यंतव १७।१८।१९ महासेनइव कार्तिकेयइव महतीसेनायस्यसमहासेनः२०।२१।२२।२३।२४।२५।२६।२७।२८।२९।३० ॥ इतिशल्यपर्वणि नी०भा० षष्ठोऽध्यायः॥६॥

एतच्छ्रुत्वेति १ । २ । ३ । ४ नतरिष्यंतीत्यत्रनभविष्यंतीतिपाठेयंप्राप्यनभविष्यन्तिमरिष्यन्तीत्यध्याहृत्ययोज्यम् ५ । ६ क्लिष्टरूपःपराजयनिश्चयात् ७ । ८ कुष्टाआहूताः ९ । १० । ११

॥ संजयउवाच ॥ एतच्छ्रुत्वावचोराज्ञोमद्रराजःप्रतापवान् ॥ दुर्योधनंतदाराजन्वाक्यमेतदुवाचह १ दुर्योधनमहाबाहोशृणुवाक्यविदांवर ॥ यावेतौमन्यसेकृष्णौ
रथस्थौरथिनांवरौ २ नमेतुल्यावुभावेतौबाहुवीर्येकथंचन ॥ उद्यतांपृथिवींसर्वांससुरासुरमानवाम् ३ योधयेयंरणमुखेसंक्रुद्धःकिमुपांडवान् ॥ विजेष्यामिरणेपा
र्थान्सोमकांश्चसमागतान् ४ अहंसेनाप्रणेतातेभविष्यामिनसंशयः ॥ तंचव्यूहंविधास्यामिनतरिष्यंतियंपरे ५ इतिसत्यंब्रवीम्येषदुर्योधननसंशयः ॥ एवमुक्त
स्ततोराजामद्राधिपतिमंजसा ६ अभ्यषिंचतसेनायामध्येभरतसत्तम ॥ विधिनाशास्त्रदृष्टेनक्लिष्टरूपोविशांपते ७ अभिषिक्तेततस्तस्मिन्सिंहनादोमहानभूत् ॥
तवसैन्येऽभ्यवाद्यंतवादित्राणिचभारत ८ कुष्टाश्चासंस्तथायोधामद्रकाश्चमहारथाः ॥ तुष्टुवुश्चैवराजानंशल्यमाहवशोभिनम् ९ जयराजंश्चिरंजीवजहिशत्रून्समाग
तान् ॥ तवबाहुबलंप्राप्यधार्तराष्ट्रामहाबलाः १० निखिलाःपृथिवींसर्वांप्रशासंतुहतद्विषः ॥ त्वंहिशक्तोरणेजेतुंससुरासुरमानवान् ११ मर्त्यधर्माणइहतुकिमुसृंज
यसोमकान् ॥ एवंसंपूज्यमानस्तुमद्राणामधिपोबली १२ हर्षंप्रापतदावीरोदुरापमकृतात्मभिः ॥ शल्यउवाच ॥ अद्यचाहंरणेसर्वान्पंचालान्सहपांडवैः १३ निह
निष्यामिवाराजन्स्वर्गंयास्यामिवाहतः ॥ अद्यपश्यंतुमांलोकाविचरंतमभीतवत् १४ अद्यपांडुसुताःसर्वेवासुदेवःससात्यकिः ॥ पंचालाश्चेदयश्चैवद्रौपदेयाश्चस
र्वशः १५ धृष्टद्युम्नःशिखंडीचसर्वेचापिप्रभद्रकाः ॥ विक्रमंममपश्यंतुधनुषश्चमहद्बलम् १६ लाघवंचास्त्रवीर्यंचभुजयोश्चबलंयुधि ॥ अद्यपश्यंतुमेपार्थाःसिद्धाश्च
सहचारणैः १७ यादृशंमेबलंबाह्वोःसंपदस्त्रेषुयाचमे ॥ अद्यमेविक्रमंदृष्ट्वापांडवानांमहारथाः १८ प्रतीकारपराभूत्वाचेष्टंतांविविधाःक्रियाः ॥ अद्यसैन्यानिपांडू
नांद्रावयिष्येसमंततः १९ द्रोणभीष्मावतिविभोसूतपुत्रंचसंयुगे ॥ विचरिष्येरणेयुध्यन्प्रियार्थंतवकौरव २० ॥ संजयउवाच ॥ अभिषिक्तेतथाशल्येतवसैन्येषु
मानद ॥ नकर्णव्यसनंकिंचिन्मेनिरेतत्रभारत २१ हृष्टाःसुमनसश्चैवबभूवुस्तत्रसैनिकाः ॥ मेनिरेनिहतान्पार्थान्मद्रराजवशंगतान् २२ प्रहर्षंप्राप्यसेनातुताव
कीभरतर्षभ ॥ तांरात्रिमुषितासुप्ताहर्षचित्ताचसाऽभवत् २३ सैन्यस्यतवतंशब्दंश्रुत्वाराजायुधिष्ठिरः ॥ वार्ष्णेयमब्रवीद्वाक्यंसर्वक्षत्रस्यपश्यतः २४ मद्रराजःकृ
तःशल्योधार्तराष्ट्रेणमाधव ॥ सेनापतिर्महेष्वासःसर्वसैन्येषुपूजितः २५ एतज्ज्ञात्वायथाभूतंकुरुमाधवयत्क्षमम् ॥ भवान्नेताचगोप्ताचविधत्स्वयदनंतरम् २६
तमब्रवीन्महाराजवासुदेवोजनाधिपम् ॥ आर्तायनिमहंजानेयथातत्त्वेनभारत २७ वीर्यवांश्चमहातेजामहात्माचविशेषतः ॥ कृतीचचित्रयोधीचसंयुक्तोलाघवे
नच २८ यादृग्भीष्मस्तथाद्रोणोयादृक्कर्णश्चसंयुगे ॥ तादृशस्तद्विशिष्टोवामद्रराजोमतोमम २९ ॥ ॥

मर्त्यधर्माणःमर्त्यधर्मणः । १२ । १३ । १४ । १५ । १६ । १७ । १८ । १९ । २० । २१ । २२ । २३ । २४ । २५ । २६ । २७ । २८ । २९ ॥ ॥

३० । ३१ । ३२ । ३३ । ३४ । ३५ । ३६ । ३७ । ३८ । ३९ । ४० । ४१ । ४२ । ४३ । ४४ । ४५ । ४६ ॥ इतिशल्यप० नी० भा० भा० सप्तमोऽध्यायः ॥ ७ ॥ व्यतीतायामिति १ । २

युद्धयमानस्यतस्याहंचिंतयानश्वभारत ॥ योद्धारंनाधिगच्छामितुल्यरूपंजनाधिप ३० शिखंड्यर्जुनभीमानांसात्वतस्यचभारत ॥ धृष्टद्युम्नस्यचतथाबलेना
भ्यधिकोरणे ३१ मद्रराजोमहाराजःसिंहद्विरदविक्रमः ॥ विचरिष्यत्यभीःकालेकालःक्रुद्धःप्रजास्विव ३२ तस्याद्यनप्रपश्यामिप्रतियोद्धारमाहवे ॥ त्वामृतेपु
रुषव्याघ्रशार्दूलसमविक्रमम् ३३ सदेवलोकेकृत्स्नेस्मिन्नान्यस्त्वत्तःपुमान्भवेत् ॥ मद्रराजंरणेक्रुद्धंयोहन्यात्कुरुनंदन ३४ अहन्यहनियुध्यंतंक्षोभयंतंबलंतव ॥
तस्माज्जहिरणेशल्यंमघवानिवशंबरम् ३५ अजेयश्चाप्यसौवीरोधार्त्तराष्ट्रेणसत्कृतः ॥ तवैवहिजयोनूनंहतेमद्रेश्वरेयुधि ३६ तस्मिन्हतेहतंसर्वंधार्तराष्ट्रबलंमहत् ॥
एतच्छ्रुत्वामहाराजवचनंममसांप्रतम् ३७ प्रत्युद्याहिरणेपार्थमद्रराजंमहारथम् ॥ जहिचैनंमहाबाहोवासवोनमुचिंयथा ३८ नचैवात्रदयाकार्यामातुलोऽयंममे
तिवै ॥ क्षत्रधर्मंपुरस्कृत्यजहिमद्रजनेश्वरम् ३९ द्रोणभीष्मार्णवंतीर्त्वाकर्णपातालसंभवम् ॥ मानिमज्जस्वसगणःशल्यमासाद्यगोष्पदम् ४० यच्चतेतपसोवीर्यंय
च्चक्षात्रंबलंतव ॥ तद्दर्शयरणेसर्वंजहिचैनंमहारथम् ४१ एतावदुक्त्वावचनंकेशवःपरवीरहा ॥ जगामशिबिरंसायंपूज्यमानोऽथपांडवैः ४२ केशवेतुतदायातेधर्म
पुत्रोयुधिष्ठिरः ॥ विसृज्यसर्वान्भ्रातॄंश्चपंचालानथसोमकान् ४३ सुष्वापरजनींतांतुविशल्यइवकुंजरः ॥ तेचसर्वेमहेष्वासाःपंचालाःपांडवास्तथा ४४ कर्णस्य
निधनेहृष्टाःसुषुपुस्तांनिशांतदा ॥ गतज्वरंमहेष्वासंतीर्णपारंमहारथम् ४५ बभूवपांडवेयानांसैन्यंचमुदितंनृप ॥ सूतपुत्रस्यनिधनेजयंलब्ध्वाचमारिष ४६
॥ इतिश्रीमहाभारतेशल्यपर्वणिशल्यसैनापत्याभिषेकेसप्तमोऽध्यायः ॥ ७ ॥ ॥ संजयउवाच ॥ व्यतीतायांरजन्यांतुराजादुर्योधनस्तदा ॥ अब्रवीत्तावका
न्सर्वान्संनह्यन्तांमहारथाः १ राज्ञश्चमतमाज्ञायसमनह्यतसाचमूः ॥ अयोजयन्रथांस्तूर्णंपर्यधावंस्तथाऽपरे २ अकल्प्यंतचमातंगाःसमनह्यंतपत्तयः ॥ रथाना
स्तरणोपेतांश्चक्रुरन्येसहस्रशः ३ वादित्राणांचनिनदःप्रादुरासीद्विशांपते ॥ आयोधनार्थंयोधानांबलानांचाप्युदीर्यताम् ४ ततोबलानिसर्वाणिसेनाशिष्टानि
भारत ॥ प्रस्थितानिव्यदृश्यंतमृत्युंकृत्वानिवर्तनम् ५ शल्यंसेनापतिंकृत्वामद्रराजंमहारथाः ॥ प्रविभज्यबलंसर्वमनीकेषुव्यवस्थिताः ६ ततःसर्वेसमागम्य
पुत्रेणतवसैनिकाः ॥ कृपश्चकृतवर्माचद्रौणिःशल्योऽथसौबलः ७ अन्येचपार्थिवाःशेषाःसमयंचक्रुराहताः ॥ ननएकेनयोद्धव्यंकथंचिदपिपांडवैः ८ योह्येकः
पांडवैर्युध्येद्योवायुद्ध्यंतमुत्सृजेत् ॥ सपंचभिर्भवेद्युक्तःपातकैश्चोपपातकैः ९ अन्योन्यंपरिरक्षद्भिर्योद्धव्यंसहितैश्चह ॥ एवंतेसमयंकृत्वासर्वेतत्रमहारथाः १०
मद्रराजंपुरस्कृत्यतूर्णमभ्यद्रवन्परान् ॥ तथैवपांडवाराजन्व्यूह्यसैन्यंमहारणे ११ अभ्ययुःकौरवान्राजन्योत्स्यमानाःसमंततः ॥ तद्बलंभरतश्रेष्ठक्षुब्धार्णवस
मस्वनम् १२ समुद्धूतार्णवाकारमुद्धूतरथकुंजरम् ॥ धृतराष्ट्रउवाच ॥ द्रोणस्यचैवभीष्मस्यराधेयस्यचमेश्रुतम् १३

३ । ४ । ५ । ६ । ७ । ८ । ९ । १० । ११ । १२ । १३ ॥ ॥ ॥

पातनंशंसमेभूयःशल्यस्याथसुतस्यमे ॥ कथंरणेहतःशल्योधर्मराजेनसंजय १४ भीमेनचमहाबाहुःपुत्रोदुर्योधनोमम ॥ संजयउवाच ॥ क्षयंमनुष्यदेहानांत
थानागाश्वसंक्षयम् १५ शृणुराजन्स्थिरोभूत्वासंग्रामंशंसतोमम ॥ आशाबलवतीराजन्पुत्राणांतेऽभवत्तदा १६ हतेद्रोणेचभीष्मेचसूतपुत्रेचपातिते ॥ शल्यः
पार्थान्रणेसर्वान्निहनिष्यतिमारिष १७ तामाशांहृदयेकृत्वासमाश्वस्यचभारत ॥ मद्रराजंचसमरेसमाश्रित्यमहारथम् १८ नाथवंतंतदाऽऽत्मानममन्यंतसु
तास्तव ॥ यदाकर्णेहतेपार्थाःसिंहनादंप्रचक्रिरे १९ तदातुतावकान्राजन्नाविवेशमहद्भयम् ॥ तान्समाश्वास्ययोधांस्तुमद्रराजःप्रतापवान् २० व्यूह्यव्यूहंम
हाराजसर्वतोभद्रमृद्धिमत् ॥ प्रत्युद्ययौरणेपार्थान्मद्रराजःप्रतापवान् २१ विधुन्वन्कार्मुकंचित्रंभारघ्नंवेगवत्तरम् ॥ रथप्रवरमास्थायसैन्धवाश्वंमहारथः २२ तस्य
सूतोमहाराजरथस्थोऽशोभयद्रथम् ॥ सतेनसंवृतोवीरोरथेनामित्रकर्षणः २३ तस्थौशूरोमहाराजपुत्राणांतेभयप्रणुत् ॥ प्रयाणेमद्रराजोऽभून्मुखंव्यूह
स्यदंशितः २४ मद्रकैःसहितोवीरैःकर्णपुत्रैश्चदुर्जयैः ॥ सव्येऽभूत्कृतवर्माचत्रिगर्त्तैःपरिवारितः २५ गौतमोदक्षिणेपार्श्वेशकैश्चयवनैःसह ॥ अश्वत्थामापृष्ठतो
भूत्कांबोजैःपरिवारितः २६ दुर्योधनोऽभवन्मध्येरक्षितःकुरुपुंगवैः ॥ हयानीकेनमहतासौबलश्चापिसंवृतः २७ प्रययौसर्वसैन्येनकैतव्यश्चमहारथः ॥ पांड
वाश्चमहेष्वासाव्यूह्यसैन्यमरिन्दमाः २८ त्रिधाभूतामहाराजतवसैन्यमुपाद्रवन् ॥ धृष्टद्युम्नःशिखंडीचसात्यकिश्चमहारथः २९ शल्यस्यवाहिनींहंतुमभिदुद्रुवुरा
हवे ॥ ततोयुधिष्ठिरोराजास्वेनानीकेनसंवृतः ३० शल्यमेवाभिदुद्रावजिघांसुर्भरतर्षभः ॥ हार्दिक्यंचमहेष्वासमर्जुनःशत्रुसैन्यहा ३१ संशप्तकगणांश्चैववेगि
तोऽभिविदुद्रुवे ॥ गौतमंभीमसेनोवैसोमकाश्चमहारथाः ३२ अभ्यद्रवंतराजेन्द्रजिघांसंतःपरान्युधि ॥ माद्रीपुत्रौतुशकुनिमुलूकंचमहारथम् ३३ ससैन्यौसह
सैन्यौतावुपतस्थतुराहवे ॥ तथैवायुतशोयोधास्तावकाःपांडवान्रणे ३४ अभ्यवर्तंतसंक्रुद्धाविविधायुधपाणयः ॥ धृतराष्ट्रउवाच ॥ हतेभीष्मेमहेष्वासेद्रोणे
कर्णेमहारथे ३५ कुरुष्वल्पावशिष्टेषुपांडवेषुचसंयुगे ॥ सुसंरब्धेषुपार्थेषुपराक्रान्तेषुसंजय ३६ मामकानांपरेषांचकिंशिष्टमभवद्बलम् ॥ संजयउवाच ॥ यथा
वयंपरेराजन्युद्धायसमुपस्थिताः ३७ यावच्चासीद्बलंशिष्टंसंग्रामेतन्निबोधमे ॥ एकादशसहस्राणिरथानांभरतर्षभ ३८ दशदंतिसहस्राणिसप्तचैवशतानिच ॥
पूर्णेशतसहस्रेद्वेहयानांतत्रभारत ३९ पत्तिकोट्यस्तथातिस्रोबलमेतत्तवाभवत् ॥ रथानांषट्सहस्राणिषट्सहस्राश्चकुंजराः ४० दशचाश्वसहस्राणिपत्तिकोटी
चभारत ॥ एतद्बलंपांडवानामभवच्छेषमाहवे ४१ एतएवसमाजग्मुर्युद्धायभरतर्षभ ॥ एवंविभज्यराजेन्द्रमद्रराजवशेस्थिताः ४२ पांडवान्प्रत्युदीयुस्तेजयगृ
द्धाःप्रमन्यवः ॥ तथैवपांडवाःशूराःसमरेजितकाशिनः ४३ उपयातानरव्याघ्राःपंचालाश्चयशस्विनः ॥ इमेतेचबलौघेनपरस्परवधैषिणः ४४

४९ इतिशल्यपर्वणिनीलकंठीयेभारतभावदीपेअष्टमोऽध्यायः ॥ ८ ॥ ॥ ततइति १ । २ । ३ । ४ । ५ । ६ । ७ । ८ । ९ । १० । ११ । १२ । १३ । १४ । १५ । १६ । १७

उपयातानरव्याघ्राः पूर्वांसंध्यांप्रतिप्रभो ॥ ततःप्रववृतेयुद्धंघोररूपंभयानकम् ॥ तावकानांपरेषांचनिघ्नतामितरेतरम् ४५ ॥ इतिश्रीमहाभारतेशल्यपर्वणिव्यू
हनिर्माणेअष्टमोऽध्यायः ॥ ८ ॥ ॥ ॥ ॥ संजयउवाच ॥ ततःप्रववृतेयुद्धंकुरूणांभयवर्धनम् ॥ सृंजयैःसहराजेन्द्रघोरंदेवासुरोपमम् १ नरारथागजौ
घाश्वसादिनश्चसहस्रशः ॥ वाजिनश्चपराक्रांताःसमाजग्मुःपरस्परम् २ गजानांभीमरूपाणांद्रवतांनिःस्वनोमहान् ॥ अश्रूयतयथाकालेजलदानांनभस्तले ३ नागै
रभ्याहताःकेचित्सरथारथिनोऽपतन् ॥ व्यद्रवंतरणेवीराद्राव्यमाणामदोत्कटैः ४ हयौघान्पादरक्षांश्चरथिनस्तत्रशिक्षिताः ॥ शरैःसंप्रेषयामासुःपरलोकायभा
रत ५ सादिनःशिक्षिताराजन्परिवार्यमहारथान् ॥ विचरन्तोरणेऽभ्यघ्नन्प्रासशक्त्यृष्टिभिस्तथा ६ धन्विनःपुरुषाःकेचित्परिवार्यमहारथान् ॥ एकंबहवआसा
द्यप्रेषयुर्यमसादनम् ७ नागान्रथवरांश्चान्येपरिवार्यमहारथाः ॥ सांतरायोधिनंजघ्नुर्द्रवमाणंमहारथम् ८ तथाचरथिनंक्रुद्धंविकिरंतंशरान्बहून् ॥ नागाजघ्नुर्महा
गजपरिवार्यसमंततः ९ नागोनागमभिद्रुत्यरथीचरथिनंरणे ॥ शक्तितोमरनाराचैर्निजघ्नेतत्रभारत १० पादातानवमृद्नन्तोरथवारणवाजिनः ॥ रणमध्येव्यदृ
श्यंतकुर्वंतोमहदाकुलम् ११ हयाश्चपर्यधावंतचामरैरुपशोभिताः ॥ हंसाहिमवतःप्रस्थेपिबंतइवमेदिनीम् १२ तेषांतुवाजिनांभूमिःखुरैश्चित्राविशांपते ॥ अशोभत
यथानारीकरजैःक्षतविक्षता १३ वाजिनांखुरशब्देनरथनेमिस्वनेन ॥ पत्तीनांचापिशब्देननागानांबृंहितेनच १४ वादित्राणांचघोषेणशंखानांनिनदेनच ॥ अभव
न्नादिताभूमिर्निर्घातैरिवभारत १५ धनुषांकूजमानानांशस्त्रौघानांचदीप्यताम् ॥ कवचानांप्रभाभिश्चनप्राज्ञायतकिंचन १६ बहवोबाहवश्छिन्नानागराजकरोपमाः ॥
उद्वेष्टन्तेविचेष्टन्तेवेगंकुर्वंतिदारुणम् १७ शिरसांचमहाराजपततांधरणीतले ॥ च्युतानामिवतालेभ्यस्तालानांश्रूयतेस्वनः १८ शिरोभिःपतितैर्भातिरुधिरार्द्रैर्वसुं
धरा ॥ तपनीयनिभैःकालेनलिनैरिवभारत १९ उद्वृत्तनयनैस्तैस्तुगतसत्वैःसुविक्षतैः ॥ व्यभ्राजतमहीराजन्पुण्डरीकैरिवावृता २० बाहुभिश्चंदनादिग्धैःसकेयूरै
र्महाधनैः ॥ पतितैर्भातिराजेंद्रमहाशक्रध्वजैरिव २१ ऊरुभिश्चनरेंद्राणांविनिकृत्तैर्महाहवे ॥ हस्तिहस्तोपमैरन्यैःसंवृतंतद्रणांगनम् २२ कबंधशतसंकीर्णंछत्र
चामरसंकुलम् ॥ सेनावनंतच्छुशुभेवनंपुष्पाचितंयथा २३ तत्रयोधामहाराजविचरंतोह्यभीतवत् ॥ दृश्यंतेरुधिराक्तांगाःपुष्पिताइवकिंशुकाः २४ मातंगाश्चा
प्यदृश्यंतशरतोमरपीडिताः ॥ पतंतस्तत्रतत्रैवच्छिन्नाभ्रसदृशारणे २५ गजानीकंमहाराजवध्यमानंमहात्मभिः ॥ व्यदीर्यतदिशःसर्वावातनुन्नाघनाइव २६ तेगजाघ
नसंकाशाःपेतुरुर्व्यांसमंततः ॥ वज्रनुन्नाइवबभुःपर्वतायुगसंक्षये २७ हयानांसादिभिःसार्धंपतितानांमहीतले ॥ राशयःस्मप्रदृश्यन्तेगिरिमात्रास्ततस्ततः २८ संजज्ञे
रणभूमौतुपरलोकवहानदी ॥ शोणितोदारथावर्ताध्वजवृक्षाऽस्थिशर्करा २९ ॥ ॥ ॥

तालानांतालफलानाम् १८ । १९ । २० । २१ । २२ । २३ । २४ । २५ । २६ । २७ । २८ । २९

भुजनक्राधनुःस्रोताहस्तिशैलाहयोपला ॥ मेदोमज्जाकर्दमिनीछत्रहंसागदोडुपा ३०कवचोष्णीषसंछन्नापताकारुचिरद्रुमा ॥ चक्रचक्रावलीजुष्टात्रिवेणुदंडकावृता ३१
शूराणांहर्षजननीभीरूणांभयवर्धनी ॥ प्रावर्त्ततनदीरौद्राकुरुसृंजयसंकुला ३२ तांनदींपरलोकायवहंतीमतिभैरवाम् ॥ तेरुर्वाहननौभिस्तेशूराःपरिघबाहवः ३३ वर्त्त
मानेतदायुद्धेनिर्मर्यादेविशांपते ॥ चतुरंगक्षयेघोरेपूर्वंदेवासुरोपमे ३४ व्याक्रोशन्बांधवानन्येतत्रतत्रपरंतप ॥ क्रोशद्भिर्दयितैरन्येभयार्तानिवर्त्तिरे ३५ निर्मर्यादेत
थायुद्धेवर्तमानेभयानके ॥ अर्जुनोभीमसेनश्चमोहयांचक्रतुःपरान् ३६सावध्यमानामहतीसेनातवनराधिप ॥ अमुह्यत्तत्रतत्रैवयोषिन्मदवशादिव ३७ मोहयित्वाचतांसेनां
भीमसेनधनंजयौ ॥ दध्मतुर्वारिजौतत्रसिंहनादांश्चचक्रतुः ३८ श्रुत्वैवतुमहाशब्दंधृष्टद्युम्नशिखंडिनौ ॥ धर्मराजंपुरस्कृत्यमद्रराजमभिद्रुतौ ३९ तत्राश्चर्यमपश्यामघोररू
पंविशांपते ॥ शल्येनसंगताःशूरायदयुद्ध्यंतभागशः ४० माद्रीपुत्रौतुरभसौकृतास्त्रौयुद्धदुर्मदौ ॥ अभ्ययातांत्वरायुक्तौजिगीषंतौपरंतप ४१ ततोन्यवर्त्ततबलंताव
कंभरतर्षभ ॥ शरैःप्रणुन्नंबहुधापांडवैर्जितकाशिभिः ४२ वध्यमानाचमूःसातुपुत्राणांप्रेक्षतांतव ॥ भेजेदिशोमहाराजप्रणुन्नाशरवृष्टिभिः ४३ हाहाकारोमहान्जज्ञे
योधानांतत्रभारत ॥ तिष्ठतिष्ठेतिचाप्यासीद्द्रावितानांमहात्मनाम् ४४ क्षत्रियाणांसहान्योन्यंसंयुगेजयमिच्छताम् ॥ प्राद्रवन्नेवसंभग्नाःपांडवैस्तवसैनिकाः ४५
त्यक्त्वायुद्धेप्रियान्पुत्रान्भ्रातॄनथपितामहान् ॥ मातुलान्भागिनेयांश्चवयस्यानपिभारत ४६ हयान्द्विपांस्त्वरयंतोयोधाजग्मुःसमंततः ॥ आत्मत्राणकृतोत्साहास्ता
वकाभरतर्षभ ४७ ॥ इतिश्रीमहाभारतेशल्यपर्वणिसंकुलयुद्धेनवमोऽध्यायः ॥ ९ ॥ ॥ संजयउवाच ॥ तत्प्रभग्नंबलंदृष्ट्वामद्रराजःप्रतापवान् ॥ उवाचसारथिं
तूर्णंचोदयाश्वान्महाजवान् १ एषतिष्ठतिवैराजापांडुपुत्रोयुधिष्ठिरः ॥ छत्रेणध्रियमाणेनपांडुरेणविराजता २ अत्रमांप्रापयक्षिप्रंपश्यमेसारथेबलम् ॥ नसमर्थोहिमे
पार्थःस्थातुमद्यपुरोयुधि ३ एवमुक्तस्ततःप्रायान्मद्रराजस्यसारथिः ॥ यत्रराजासत्यसंधोधर्मपुत्रोयुधिष्ठिरः ४ प्रापतत्तच्चसहसापांडवानांमहद्बलम् ॥ दधारैकोरणेश
ल्योवेलोद्वृत्तमिवार्णवम् ५ पांडवानांबलौघस्तुशल्यमासाद्यमारिष ॥ व्यतिष्ठततदायुद्धेसिंधोर्वेगइवाचलम् ६ मद्रराजंतुसमरेदृष्ट्वायुद्धायधिष्ठितम् ॥ कुरवःसन्यव
र्त्ततमृत्युंकृत्वानिवर्तनम् ७ तेषुराजन्निवृत्तेषुव्यूढानीकेषुभागशः ॥ प्रावर्ततमहारौद्रःसंग्रामःशोणितोदकः ८ समार्छच्चित्रसेनंतुनकुलोयुद्धदुर्मदः ॥ तौपरस्परमासा
द्यचित्रकार्मुकधारिणौ ९ मेघाविवयथोद्वृत्तौदक्षिणोत्तरवर्षिणौ ॥ शरतोयैःसिषिचतुस्तौपरस्परमाहवे १० नांतरंतत्रपश्यामिपांडवस्येतरस्यच ॥ उभौकृतास्त्रौबलि
नौरथचर्याविशारदौ ११ परस्परवधेयत्तौछिद्रान्वेषणतत्परौ ॥ चित्रसेनस्तुभल्लेनपीतेननिशितेनच १२

१३।१४।१५।१६।१७।१८।१९।२०।२१।२२।२३।२४।२५।२६।२७।२८।२९।३०।३१।३२।३३।३४।३५।३६।३७।३८।३९।४०।४१।४२।४३

नकुलस्यमहाराजमुष्टिदेशेऽच्छिनद्धनुः ॥ अथैनंछिन्नधन्वानंरुक्मपुंखैःशिलाशितैः १३ त्रिभिःशरैरसंभ्रांतोललाटेवैसमार्पयत् ॥ हयांश्चास्यशरैस्तीक्ष्णैःप्रेषयामा
सभृत्यवे १४ तथाध्वजंसारथिंचत्रिभिस्त्रिभिरपातयत् ॥ सशत्रुभुजनिर्मुक्तैर्ललाटस्थैस्त्रिभिःशरैः १५ नकुलःशुशुभेराजंस्त्रिशृंगइवपर्वतः ॥ सच्छिन्नधन्वाविरथः
खड्गमादायचर्मच १६ रथादवातरद्वीरःशैलाग्रादिवकेसरी ॥ पद्भ्यामापततस्तस्यशरवृष्टिंसमासृजत् १७ नकुलोऽप्यग्रसत्तांवैचर्मणालघुविक्रमः ॥ चित्रसेनरथंप्राप्य
चित्रयोधीजितश्रमः १८ आरुरोहमहाबाहुःसर्वसैन्यस्यपश्यतः ॥ सकुंडलंसमुकुटंसुनसंस्वायतेक्षणम् १९ चित्रसेनशिरःकायादपाहरतपांडवः ॥ सपपातरथो
पस्थेदिवाकरसमद्युतिः २० चित्रसेनंविशस्तंतुदृष्ट्वातत्रमहारथाः ॥ साधुवादस्वनांश्चक्रुःसिंहनादांश्चपुष्कलान् २१ विशस्तंभ्रातरंदृष्ट्वाकर्णपुत्रौमहारथौ ॥ सुषेणः
सत्यसेनश्चमुंचन्तौविविधान्शरान् २२ ततोऽभ्यधावतांतूर्णंपांडवंरथिनांवरम् ॥ जिघांसंतौयथानागंव्याघ्रौराजन्महावने २३ तावभ्यधावतांतीक्ष्णौद्वावप्येनंमहा
रथम् ॥ शरौघान्सम्यगस्यंतौजीमूतौसलिलंयथा २४ सशरैःसर्वतोविद्धःप्रहृष्टइवपांडवः ॥ अन्यत्कार्मुकमादायरथमारुह्यवेगवान् २५ अतिष्ठतरणेवीरःक्रुद्धरूप
इवांतकः ॥ तस्यतौभ्रातरौराजन्शरैःसन्नतपर्वभिः २६ रथंविशकलीकर्तुंसमारब्धौविशांपते ॥ ततःप्रहस्यनकुलश्चतुर्भिश्चतुरोरणे २७ जघाननिशितैर्बाणैःसत्य
सेनस्यवाजिनः ॥ ततःसंधायनाराचंरुक्मपुंखंशिलाशितम् २८ धनुश्चिच्छेदराजेन्द्रसत्यसेनस्यपांडवः ॥ अथान्यंरथमास्थायधनुरादायचापरम् २९ सत्यसेनः
सुषेणश्चपांडवंपर्यधावताम् ॥ अविध्यत्तावसंभ्रांतौमाद्रीपुत्रःप्रतापवान् ३० द्वाभ्यांद्वाभ्यांमहाराजशराभ्यांरणमूर्धनि ॥ सुषेणस्तुततःक्रुद्धःपांडवस्यमहद्धनुः ३१
चिच्छेदप्रहसन्युद्धेक्षुरप्रेणमहारथः ॥ अथान्यद्धनुरादायनकुलःक्रोधमूर्च्छितः ३२ सुषेणंपंचभिर्विद्ध्वाध्वजमेकेनचिच्छिदे ॥ सत्यसेनस्यचधनुर्हस्तावापंचमारिष
३३ चिच्छेदतरसायुद्धेततउच्चुक्रुशुर्जनाः ॥ अथान्यद्धनुरादायवेगघ्नंभारसाधनम् ३४ शरैःसंछादयामाससमंतात्पांडुनंदनम् ॥ सन्निवार्यतुतान्बाणान्नकुलःपरवी
रहा ३५ सत्यसेनंसुषेणंचद्वाभ्यांद्वाभ्यामविध्यत ॥ तावेनंप्रत्यविध्येतांपृथक्पृथगजिह्मगैः ३६ सारथिंचास्यराजेन्द्रशितैर्विव्यधतुःशरैः ॥ सत्यसेनोरथेषांतुन
कुलस्यधनुस्तथा ३७ पृथक्शराभ्यांचिच्छेदकृतहस्तःप्रतापवान् ॥ सरथेऽतिरथस्तिष्ठन्रथशक्तिंपरामृशत् ३८ स्वर्णदंडामकुंठाग्रांतैलधौतांसुनिर्मलाम् ॥
लेलिहानामिवविभोनागकन्यांमहाविषाम् ३९ समुद्यम्यचचिक्षेपसत्यसेनस्यसंयुगे ॥ सातस्यहृदयंसंख्येबिभेदचतथानृप ४० सपपातरथाद्भूमिंगतसत्वोऽल्प
चेतनः ॥ भ्रातरंनिहतंदृष्ट्वासुषेणःक्रोधमूर्छितः ४१ अभ्यवर्षच्छरैस्तूर्णंपादातंपांडुनंदनम् ॥ चतुर्भिश्चतुरोवाहान्ध्वजंछित्वाचपंचभिः ४२ त्रिभिर्वैसारथिंहत्वा
कर्णपुत्रोननादह ॥ नकुलंविरथंदृष्ट्वाद्रौपदेयोमहारथम् ४३ ॥ ॥ ॥

॥ ४४ । ४५ । ४६ । ४७ । ४८ । ४९ । ५० । ५१ । ५२ । ५३ । ५४ । ५५ । ५६ । ५७ । ५८ । ५९ । ६० । ६१ । ६२ । ६३ । ६४ । ६५ । ६६ । ६७ । ६८ ॥ इतिशल्यपर्वणिनीलकंठीये

सुतसोमोऽभिदुद्रावपरीप्सन्पितरंरणे ॥ ततोऽधिरुह्यनकुलःसुतसोमस्यतंरथम् ४४ शुशुभेभरतश्रेष्ठोगिरिस्थइवकेसरी ॥ अन्यत्कार्मुकमादायसुषेणंसमयोधयत् ४५ तावुभौशरवर्षाभ्यांसमासाद्यपरस्परम् ॥ परस्परवधेयत्नंचक्रतुःसुमहारथौ ४६ सुषेणस्तुततःक्रुद्धःपांडवंविशिखैस्त्रिभिः ॥ सुतसोमंतुविंशत्याबाह्वोरुरसिचार्पयत् ४७ ततःक्रुद्धोमहाराजनकुलःपरवीरहा ॥ शरैस्तस्यदिशःसर्वाश्छादयामासवीर्यवान् ४८ ततोगृहीत्वातीक्ष्णाग्रमर्धचंद्रंसुतेजनम् ॥ सुवेगवंतंचिक्षेपकर्णपुत्रायसंयुगे ४९ तस्यतेनशिरःकायाज्जहारनृपसत्तम ॥ पश्यतांसर्वसैन्यानांतदद्भुतमिवाभवत् ५० सहतःप्रापतद्राजन्नकुलेनमहात्मना ॥ नदीवेगादिवारुग्णस्तीरजःपादपोमहान् ५१ कर्णपुत्रवधंदृष्ट्वानकुलस्यचविक्रमम् ॥ प्रदुद्रावभयात्सेनातावकीभरतर्षभ ५२ तांतुसेनांमहाराजमद्रराजःप्रतापवान् ॥ अपालयद्रणेशूरःसेनापतिररिंदमः ५३ विभीस्तस्थौमहाराजव्यवस्थाप्यचवाहिनीम् ॥ सिंहनादंभृशंकृत्वाधनुःशब्दंचदारुणम् ५४ तावकाःसमरेराजन्रक्षितादृढधन्वना ॥ प्रत्युद्युश्चतांस्तेतुसमंताद्विगतव्यथाः ५५ मद्रराजंमहेष्वासंपरिवार्यसमंततः ॥ स्थितताराजन्महासेनायोद्धुकामासमंततः ५६ सात्यकिर्भीमसेनश्चमाद्रीपुत्रौचपांडवौ ॥ युधिष्ठिरंपुरस्कृत्यह्रीनिषेवमरिंदमम् ५७ परिवार्यरणेवीराःसिंहनादंप्रचक्रिरे ॥ बाणशंखरवांस्तीव्रान्क्ष्वेडाश्चविविधादधुः ५८ तथैवतावकाःसर्वेमद्राधिपतिमंजसा ॥ परिवार्यसुसंरब्धाःपुनर्युद्धमरोचयन् ५९ ततःप्रववृतेयुद्धंभीरूणांभयवर्धनम् ॥ तावकानांपरेषांचमृत्युंकृत्वानिवर्तनम् ६० यथादेवासुरंयुद्धंपूर्वमासीद्विशांपते ॥ अभीतानांतथाराजन्यमराष्ट्रविवर्धनम् ६१ ततःकपिध्वजोराजन्हत्वासंशप्तकान्रणे ॥ अभ्यद्रवततांसेनांकौरवींपांडुनंदनः ६२ तथैवपांडवाःसर्वेधृष्टद्युम्नपुरोगमाः ॥ अभ्यधावंततांसेनांविसृजंतःशितान्शरान् ६३ पांडवैरवकीर्णानांसंमोहःसमजायत ॥ नचजज्ञुस्त्वनीकानिदिशोवाविदिशस्तथा ६४ आपूर्यमाणानिशितैःशरैःपांडवचोदितैः ॥ हतप्रवीराविध्वस्तावार्यमाणासमंततः ६५ कौरव्यवध्यतचमूःपांडुपुत्रैर्महारथैः ॥ तथैवपांडवंसैन्यंशरैराजन्समंततः ६६ रणेऽहन्यतपुत्रैस्तेशतशोऽथसहस्रशः ॥ तेसेनेभृशसंतप्तेवध्यमानेपरस्परम् ६७ व्याकुलेसमपद्येतांवर्षासुसरिताविव ॥ आविवेशततस्तीव्रंतावकानांमहद्भयम् ॥ पांडवानांचराजेन्द्रतथाभूतेमहाहवे ६८ ॥ इतिश्रीमहाभारतेशल्यपर्वणिसंकुलयुद्धेदशमोऽध्यायः ॥ १० ॥ संजयउवाच ॥ तस्मिन्विलुलितेसैन्येवध्यमानेपरस्परम् ॥ द्रवमाणेषुयोधेषुविद्रवत्सुचदंतिषु १ कूजतांस्तनतांचैवपदातीनांमहाहवे ॥ निहतेषुमहाराजहयेषुबहुधातदा २ प्रक्षयेदारुणेघोरेसंहारेसर्वदेहिनाम् ॥ नानाशस्त्रसमावायेव्यतिषक्तरथद्विपे ३ हर्षणेयुद्धशौण्डानांभीरूणांभयवर्धने ॥ गाहमानेषुयोधेषुपरस्परवधैषिषु ४ प्राणादानेमहाघोरेवर्त्तमानेदुरोदरे ॥ संग्रामेघोररूपेतुयमराष्ट्रविवर्द्धने ५ ॥ ॥ ॥

भारतभावदीपे दशमोऽध्यायः ॥ १० ॥ ॥ तस्मिन्निति १ । २ । ३ । ४ । ५ ॥ ॥ ॥ ॥

६ । ७ । ८ । ९ । १० । ११ । १२ । १३ । १४ । १५ । १६ भृग्विति । सर्वभूभुजांकृत्स्नपृथ्वीपतीनांपांडुपुत्राणांपांडवानांचरमंविलोमगणनयाप्रथमंयुधिष्ठिरमभिलक्ष्यशुक्रभौमबुधाःसप्तमस्थानेबला
वहाःआसन् एतच्चसर्वभूभुजामितिफलस्यजनकमित्यर्थः १७ आहत्यस्पृष्ट्वावर्षतीभुविपतंती कर्षतीतिपाठेआहत्यबलेनकर्षयती । १८ । १९ । २० । २१ । २२ । २३ । २४ । २५ । २६ । २७ । २८

पांडवास्तावकंसैन्यंव्यधमन्निशितैःशरैः ॥ तथैवतावकायोधाजघ्नुःपांडवसैनिकान् ६ तस्मिंस्तथावर्त्तमानेयुद्धेभीरुभयावहे ॥ पूर्वाह्णेचापिसंप्राप्तेभास्करोदयनंप्रति
७ लब्धलक्षाःपरेराजन्रक्षितास्तुमहात्मना ॥ अयोधयंस्तवबलंमृत्युंकृत्वानिवर्त्तनम् ८ बलिभिःपांडवैर्दृप्तैर्लब्धलक्षैःप्रहारिभिः ॥ कौरव्यसीदत्पृतनामृगीवाग्नि
समाकुला ९ तांदृष्ट्वासीदतींसेनांपंकेगामिवदुर्बलाम् ॥ उज्जिहीर्षुस्तदाशल्यःप्रायात्पांडुसुतान्प्रति १० मद्रराजःसुसंक्रुद्धोगृहीत्वाधनुरुत्तमम् ॥ अभ्यद्रवतसंग्रा
मेपांडवानाततायिनः ११ पांडवाअपिभूपालसमरेजितकाशिनः ॥ मद्रराजंसमासाद्यबिभिदुर्निशितैःशरैः १२ ततःशरशतैस्तीक्ष्णैर्मद्रराजोमहारथः ॥ अर्दयामा
सतांसेनांधर्मराजस्यपश्यतः १३ प्रादुरासन्निमित्तानिनानारूपाण्यनेकशः ॥ चचालशब्दंकुर्वाणामहीचापिसपर्वता १४ सदंडशूलादीप्ताग्रादीर्यमाणाःसमंततः ॥
उल्काभूमिंदिवःपेतुराहत्यरविमंडलम् १५ मृगाश्चमहिषाश्चापिपक्षिणश्चविशांपते ॥ अपसव्यंतदाचक्रुःसेनांतेबहुशोनृप १६ भृगुसूनुधरापुत्रौशशिजेनसम
न्वितौ ॥ चरमंपांडुपुत्राणांपुरस्तात्सर्वभूभुजाम् १७ शस्त्राग्रेष्वभवज्ज्वालानेत्राण्याहत्यवर्षती ॥ शिरःस्वलीयंतभृशंकाकोलूकाश्चकेतुषु १८ ततस्तद्युद्धमत्युग्रम
भवत्सहचारिणाम् ॥ तथासर्वाण्यनीकानिसन्निपत्यजनाधिप १९ अभ्ययुःकौरवाराजन्पांडवानामनीकिनीम् ॥ शल्यस्तुशरवर्षेणवर्षन्निवसहस्रदृक् २० अभ्य
वर्षतधर्मात्माकुंतीपुत्रंयुधिष्ठिरम् ॥ भीमसेनंशरैश्चापिरुक्मपुंखैःशिलाशितैः २१ द्रौपदेयांस्तथासर्वान्माद्रीपुत्रौचपांडवौ ॥ धृष्टद्युम्नंचशैनेयंशिखंडिनमथापिच २२
एकैकंदशभिर्बाणैर्विव्याधसमहाबलः ॥ ततोऽसृजद्बाणवर्षंघर्मांतेमघवानिव २३ ततःप्रभद्रकाराजन्सोमकाश्चसहस्रशः ॥ पतिताःपात्यमानाश्चदृश्यंतेशल्यसा
यकैः २४ भ्रमराणामिवव्राताःशलभानामिवव्रजाः ॥ ह्रादिन्यइवमेघेभ्यःशल्यस्यन्यपतन्शराः २५ द्विरदास्तुरगाश्चार्त्ताःपत्तयोरथिनस्तथा ॥ शल्यस्यबाणै
रपतन्बभ्रमुर्व्यनदंस्तदा २६ आविष्टइवमद्रेशोमन्युनापौरुषेणच ॥ प्राच्छादयदरीन्संख्येकालसृष्टइवांतकः २७ विनर्दमानोमद्रेशोमेघह्रादोमहाबलः ॥ सावध्यमा
नाशल्येनपांडवानामनीकिनी २८ अजातशत्रुंकौन्तेयमभ्यधावद्युधिष्ठिरम् ॥ तांसमर्द्यत्ततःसंख्येलघुहस्तःशितैःशरैः २९ बाणवर्षेणमहतायुधिष्ठिरमताडयत् ॥
तमापतंतंपत्त्यश्वैःक्रुद्धोराजायुधिष्ठिरः ३० अवारयच्छरैस्तीक्ष्णैर्महाद्विपमिवांकुशैः ॥ तस्यशल्यःशरंघोरंमुमोचाशीविषोपमम् ३१ सनिर्भिद्यमहात्मानंवेगेना
भ्यपतच्चगाम् ॥ ततोवृकोदरःक्रुद्धःशल्यंविव्याधसप्तभिः ३२ पंचभिःसहदेवस्तुनकुलोदशभिःशरैः ॥ द्रौपदेयाश्चशत्रुघ्नंशूरमार्तायनिंशरैः ३३ अभ्यवर्षन्महारा
जमेघाइवमहीधरम् ॥ ततोदृष्ट्वावार्यमाणंशल्यंपार्थैःसमंततः ३४ कृतवर्माकृपश्चैवसंक्रुद्धावभ्यधावताम् ॥ उलूकश्चमहावीर्यःशकुनिश्चापिसौबलः ३५ ॥

२९ । ३० । ३१ । ३२ । ३३ । ३४ । ३५ ॥ ॥ ॥ ॥ ॥ ॥

३६ । ३७ । ३८ । ३९ । ४० । ४१ । ४२ । ४३ । ४४ । ४५ । ४६ । ४७ । ४८।४९ । ५० परिक्षिप्तांपरिच्छन्नाम् ५१ । ५२ वासवीमैन्द्रीं रासनीमितिपाठेशब्दवतीम ५३ । ५४ महेश्वरसखंकुबेरम

समागम्याथशनकैरश्वत्थामामहाबलः ॥ तवपुत्राश्चकार्त्स्न्येनजुगुपुःशल्यमाहवे ३६ भीमसेनंत्रिभिर्विद्वाकृतवर्माशिलीमुखैः ॥ बाणवर्षेणमहताक्रुद्धरूपमवारयत्
३७ धृष्टद्युम्नंततःक्रुद्धोबाणवर्षैरपीडयत् ॥ द्रौपदेयांश्चशकुनिर्यमौचद्रौणिरभ्ययात् ३८ दुर्योधनोयुधांश्रेष्ठआहवेकेशवार्जुनौ ॥ समभ्ययादुग्रतेजाःशरैश्चाप्यहन
द्बली ३९ एवंद्वंद्वशतान्यासंस्त्वदीयानांपरैःसह ॥ घोररूपाणिचित्राणितत्रतत्रविशांपते ४० ऋक्षवर्णान्जघानाश्वान्भोजोभीमस्यसंयुगे ॥ सोऽवतीर्यरथोप
स्थाद्धताश्वात्पांडुनंदनः ४१ कालोदंडमिवोद्यम्यगदापाणिरयुध्यत ॥ प्रमुखेसहदेवस्यजघानाश्वान्समद्रराट् ४२ ततःशल्यस्यतनयंसहदेवोऽसिनाऽवधीत् ॥
गौतमःपुनराचार्योधृष्टद्युम्नमयोधयत ४३ असंभ्रांतमसंभ्रांतोयत्नवान्यत्नवत्तरम् ॥ द्रौपदेयांस्तथावीरानेकैकंदशभिःशरैः ४४ अविद्ध्यदाचार्यसुतोनातिक्रुद्धोहस
न्निव ॥ पुनश्चभीमसेनस्यजघानाश्वांस्तथाऽऽहवे ४५ सोऽवतीर्यरथात्तूर्णंहताश्वःपांडुनंदनः ॥ कालोदंडमिवोद्यम्यगदांक्रुद्धोमहाबलः ४६ पोथयामासतुरगान्रथं
चकृतवर्मणः ॥ कृतवर्मात्ववप्लुत्यरथात्तस्मादपाक्रमत् ४७ शल्योऽपिराजन्संक्रुद्धोनिघ्नन्सोमकपांडवान् ॥ पुनरेवशितैर्बाणैर्युधिष्ठिरमपीडयत् ४८ तस्यभीमोरणे
क्रुद्धःसंदश्यदशनच्छदम् ॥ विनाशायाभिसंधायगदामादायवीर्यवान् ४९ यमदंडप्रतीकाशांकालरात्रिमिवोद्यताम् ॥ गजवाजिमनुष्याणांदेहांतकरणीमति ५०
हेमपट्टपरिक्षिप्तामुल्कांप्रज्वलितामिव ॥ शैक्यांव्यालीमिवात्युग्रांवज्रकल्पामयोमयीम् ५१ चंदनागुरुपंकाक्तांप्रमदामीप्सितामिव ॥ वसामेदोपदिग्धांगींजिह्वां
वैवस्वतीमिव ५२ पटुघंटाशतरवांवासवीमशनीमिव ॥ निर्मुक्ताशीविषाकारांपृक्तांगजमदैरपि ५३ त्रासनींसर्वभूतानांस्वसैन्यपरिहर्षिणीम् ॥ मनुष्यलोकेविख्या
तांगिरिशृंगविदारणीम् ५४ ययाकैलासभवनेमहेश्वरसखंबली ॥ आह्वयामासयुद्धायभीमसेनोमहाबलः ५५ ययामायामयान्दृप्तान्सुबहून्धनदालये ॥ जघानगुह्य
कान्क्रुद्धोनदन्पार्थोमहाबलः ५६ निवार्यमाणोबहुभिर्द्रौपद्याःप्रियमास्थितः ॥ तांवज्रमणिरत्नौघकल्माषांवज्रगौरवाम् ५७ समुद्यम्यमहाबाहुःशल्यमभ्यपत
द्रणे ॥ गदयायुद्धकुशलस्तयादारुणनादया ५८ पोथयामासशल्यस्यचतुरोऽश्वान्महाजवान् ॥ ततःशल्योरणेक्रुद्धःपीनेवक्षसितोमरम् ५९ निचखाननदन्वीरो
वर्मभित्वाचसोऽभ्ययात् ॥ वृकोदरस्त्वसंभ्रांतस्तमेवोद्धृत्यतोमरम् ६० यंतारंमद्रराजस्यनिर्बिभेदततोहृदि ॥ सभिन्नवर्मारुधिरंवमन्वित्रस्तमानसः ६१ पपाताभि
मुखोदीनोमद्रराजस्त्वपाक्रमत् ॥ कृतप्रतिकृतंदृष्ट्वाशल्योविस्मितमानसः ६२ गदामाश्रित्यधर्मात्माप्रत्यमित्रमवैक्षत ॥ ततःसुमनसःपार्थाभीमसेनमपूजयन् ॥
तेदृष्ट्वाकर्मसंग्रामेघोरमक्लिष्टकर्मणः ६३ ॥ इतिश्रीमहाभारतेशल्यपर्वणिभीमसेनशल्ययुद्धेएकादशोऽध्यायः ॥ ११ ॥ ॥ ॥ ॥

५५ । ५६ । ५७ । ५८ । ५९ । ६० । ६१ । ६२ । ६३ ॥ इतिशल्यपर्वणि नीलकंठीये भारतभावदीपे एकादशोऽध्यायः ॥ ११ ॥ ॥ ॥

पतितमिति १।२ हर्यक्षंरुद्रम् ।३।४। ५।६।७।८।९ शुभ्रैर्दीप्तिमद्भिः १०।११।१२।१३।१४।१५।१६।१७।१८।१९।२०। २१ ।२२।२३। २४।२५

संजयउवाच ॥ पतितंप्रेक्ष्ययंतारंशल्यःसर्वायसींगदाम् ॥ आदायतरसाराजंस्तस्थौगिरिरिवाचलः १ तंदीप्तमिवकालाग्निंपाशहस्तमिवांतकम् ॥ सशृंग मिवकैलासंसवज्रमिववासवम् २ सशूलमिवहर्यक्षंवनेमत्तमिवद्विपम् ॥ जवेनाभ्यपतद्भीमःप्रगृह्यमहतींगदाम् ३ ततःशंखप्रणादश्चतूर्याणांचसहस्रशः ॥ सिंह नादश्चसंजज्ञेशूराणांहर्षवर्धनः ४ प्रेक्षंतःसर्वतस्तौहियोधायोधमहाद्विषौ ॥ तावकाश्चापरेचैवसाधुसाध्वित्यपूजयन् ५ नहिमद्राधिपादन्योरामाद्वायदुनंद नात् ॥ सोढुमुत्सहतेवेगंभीमसेनस्यसंयुगे ६ तथामद्राधिपस्यापिगदावेगंमहात्मनः ॥ सोढुमुत्सहतेनान्योयोधोयुधिवृकोदरात् ७ तौवृषाविवनर्दंतौमंडला निविचेरतुः ॥ आवर्त्तितौगदाहस्तौमद्रराजवृकोदरौ ८ मंडलावर्त्तमार्गेषुगदाविहरणेपुच ॥ निर्विशेषमभूद्युद्धंतयोःपुरुषसिंहयोः ९ तप्तहेममयैःशुभ्रैर्बभूवभय वर्धिनी ॥ अग्निज्वालैरिवाबद्धापट्टैःशल्यस्यसागदा १० तथैवचरतोमार्गान्मंडलेषुमहात्मनः ॥ विद्युदभ्रप्रतीकाशाभीमस्यशुशुभेगदा ११ ताडितामद्ररा जेनभीमस्यगदयागदा ॥ दह्यमानेवखेराजन्साऽसृजत्पावकार्चिषः १२ तथाभीमेनशल्यस्यताडितागदयागदा ॥ अंगारवर्षंमुमुचेतदद्भुतमिवाभवत् १३ दंतै रिवमहानागौशृंगैरिवमहर्षभौ ॥ तोत्रैरिवतदाऽन्योन्यंगदाग्राभ्यांनिजघ्नतुः १४ तौगदाभिहतैर्गात्रैःक्षणेनरुधिरोक्षितौ ॥ प्रेक्षणीयतरावास्तांपुष्पिताविवकिंशुकौ १५ गदयामद्रराजस्यसव्यदक्षिणमाहतः ॥ भीमसेनोमहाबाहुर्नचचालाचलोयथा १६ तथाभीमगदावेगैस्ताड्यमानोमुहुर्मुहुः ॥ शल्योनविव्यथेराजन्दं तिनेवमहागिरिः १७ शुश्रुवेदिक्षुसर्वासुतयोःपुरुषसिंहयोः ॥ गदानिपातसंह्रादोवज्रयोरिवनिःस्वनः १८ निवृत्यतुमहावीर्यौसमुच्छ्रितमहागदौ ॥ पुनरंतर मार्गस्थौमंडलानिविचेरतुः १९ अथाभ्येत्यपदान्यष्टौसन्निपातोऽभवत्तयोः ॥ उद्यम्यलोहदंडाभ्यामतिमानुषकर्मणोः २० पोथयंतौतदान्योन्यंमंडलानिविचेरतुः ॥ क्रियाविशेषंकृतिनौदर्शयामासतुस्तदा २१ अथोद्यम्यगदेवीरौसशृंगाविवपर्वतौ ॥ तावाजघ्नतुरन्योन्यंमंडलानिविचेरतुः २२ क्रियाविशेषकृतिनौर णभूमितलेऽचलौ ॥ तौपरस्परसंरंभाद्गदाभ्यांसुभृशाहतौ २३ युगपत्पेततुर्वीरावुभाविंद्रध्वजाविव ॥ उभयोःसेनयोर्वीरास्तदाहाहाकृतोऽभवन् २४ भृशंमर्माण्यभि हतावुभावास्तांसुविह्वलौ ॥ ततःस्वरथमारोप्यमद्राणामृषभंरणे २५ अपोवाहकृपःशल्यंतूर्णमायोधनादथ ॥ क्षीबवद्विह्वलत्वाच्चनिमेषात्पुनरुत्थितः २६ भीमसेनोगदापाणिःसमाह्वयतमद्रपम् ॥ ततस्तुतावकाःशूरानानाशस्त्रसमायुताः २७ नानावादित्रशब्देनपांडुसेनामयोधयन् ॥ भुजावुच्छ्रित्यशस्त्रंचशब्देनम हताततः २८ अभ्यद्रवन्महाराजदुर्योधनपुरोगमाः ॥ तदनीकमभिप्रेक्ष्यततस्तेपांडुनंदनाः २९ प्रययुःसिंहनादेनदुर्योधनपुरोगमान् ॥ तेषामापततांतूर्णं पुत्रस्तेभरतर्षभ ३० प्रासेनचेकितानंवैविव्याधहृदयेभृशम् ॥ सपपातरथोपस्थेतवपुत्रेणताडितः ३१ ॥ ॥

२६।२७।२८।२९।३०।३१ ॥ ॥ ॥ ॥ ॥

रुधिरौघपरिक्लिन्नःप्रविश्यविपुलंतमः ॥ चेकितानंहतंदृष्ट्वापांडवेयामहारथाः ३२ असक्तमभ्यवर्षंतशरवर्षाणिभागशः ॥ तावकानामनीकेषुपांडवाजितकाशिनः
३३ व्यचरंतमहाराजप्रेक्षणीयाःसमंततः ॥ कृपश्चकृतवर्माचसौबलश्चमहारथः ३४ अयोधयन्धर्मराजंमद्रराजपुरस्कृताः ॥ भारद्वाजस्यहंतारंभूरिवीर्यपराक्र
मम् ३५ दुर्योधनोमहाराजधृष्टद्युम्नमयोधयत् ॥ त्रिसाहस्रास्तथाराजंस्तवपुत्रेणचोदिताः ३६ अयोधयंतविजयंद्रोणपुत्रपुरस्कृताः ॥ विजयेधृतसंकल्पाःस
मरेत्यक्तजीविताः ३७ प्राविशंस्तावकाराजन्हंसाइवमहत्सरः ॥ ततोयुद्धमभूद्घोरंपरस्परवधैषिणाम् ३८ अन्योन्यवधसंयुक्तमन्योन्यप्रीतिवर्धनम् ॥ तस्मि
न्प्रवृत्तेसंग्रामेराजन्वीरवरक्षये ३९ अनिलेनेरितंघोरमुत्तस्थौपार्थिवंरजः ॥ श्रवणान्नामधेयानांपांडवानांचकीर्तनात् ४० परस्परंविजानीमोयदयुद्ध्यन्नभी
तवत् ॥ तद्रजःपुरुषव्याघ्रशोणितेनप्रशामितम् ४१ दिशश्चविमलाजातास्तस्मिंस्तमसिनाशिते ॥ तथाप्रवृत्तेसंग्रामेघोररूपेभयानके ४२ तावकानांपरेषां
चनासीत्कश्चित्पराङ्मुखः ॥ ब्रह्मलोकपराभूत्वाप्रार्थयंतोजयंयुधि ४३ सुयुद्धेनपराक्रांतानराःस्वर्गमभीप्सवः ॥ भर्तृपिंडविमोक्षार्थंभर्तृकार्यविनिश्चिताः ४४
स्वर्गसंसक्तमनसोयोधायुयुधिरेतदा ॥ नानारूपाणिशस्त्राणिविसृजंतोमहारथाः ४५ अन्योन्यमभिगर्जंतःप्रहरंतःपरस्परम् ॥ हतविध्यतगृह्णीतप्रहरध्वंनिकृं
तत ४६ इतिस्मवाचःश्रूयंतेतवतेषांचवैबले ॥ ततःशल्योमहाराजधर्मपुत्रंयुधिष्ठिरम् ४७ विव्याधनिशितैर्बाणैर्हंतुकामोमहारथम् ॥ तस्यपार्थोमहाराज
नाराचान्वैचतुर्दश ४८ मर्माण्युद्दिश्यमर्मज्ञोनिचखानहसन्निव ॥ आवार्यपांडवंबाणैर्हंतुकामोमहाबलः ४९ विव्याधसमरेक्रुद्धोबहुभिःकंकपत्रिभिः ॥ अथभूयो
महाराजशरेणानतपर्वणा ५० युधिष्ठिरंसमाजघ्नेसर्वसैन्यस्यपश्यतः ॥ धर्मराजोऽपिसंक्रुद्धोमद्रराजंमहायशाः ५१ विव्याधनिशितैर्बाणैःकंकबर्हिणवाजितैः ॥
चंद्रसेनंचसप्तत्यासूतंचनवभिःशरैः ५२ द्रुमसेनंचतुःषष्ट्यानिजघानमहारथः ॥ चक्ररक्षेहतेशल्यःपांडवेनमहात्मना ५३ निजघानततोराजंश्चेदीन्वैपंचविंश
तिम् ॥ सात्यकिंपंचविंशत्याभीमसेनंचपंचभिः ५४ माद्रीपुत्रौशतेनाजौविव्याधनिशितैःशरैः ॥ एवंविचरतस्तस्यसंग्रामेराजसत्तम ५५ संप्रैषयच्छितान्पार्थः
शरानाशीविषोपमान् ॥ ध्वजाग्रंचास्यसमरेकुंतीपुत्रोयुधिष्ठिरः ५६ प्रमुखेवर्तमानस्यभल्लेनापाहरद्रथात् ॥ पांडुपुत्रेणवैतस्यकेतुंछिन्नंमहात्मना ५७ निपतं
तमपश्यामगिरिशृंगमिवाहतम् ॥ ध्वजंनिपतितंदृष्ट्वापांडवंचव्यवस्थितम् ५८ संक्रुद्धोमद्रराजोऽभूच्छरवर्षंमुमोचह ॥ शल्यःसायकवर्षेणपर्जन्यइववृष्टिमान्
५९ अभ्यवर्षदमेयात्माक्षत्रियान्क्षत्रियर्षभः ॥ सात्यकिंभीमसेनंचमाद्रीपुत्रौचपांडवौ ६० एकैकंपंचभिर्विध्वायुधिष्ठिरमपीडयत् ॥ ततोबाणमयंजालंविततंपांडवोरसि
६१ अपश्याममहाराजमेघजालमिवोद्गतम् ॥ तस्यशल्योरणेक्रुद्धःशरैःसन्नतपर्वभिः ६२ ॥ ॥

६३ ॥ इतिशल्यपर्वणिनीलकंठीयेभारतभावदीपेद्वादशोऽध्यायः ॥ १२ ॥ ॥ ॥ ॥ पीडितेइति १ तंशल्यमेकंबहुभिःपीड्यमानंदृष्ट्वासिद्धाःप्रहर्षिताआसन्नितिसंबंधः २ साधुवादोजज्ञेअर्था

दिशःसंछादयामासप्रदिशश्चमहारथः ॥ ततोयुधिष्ठिरोराजाबाणजालेनपीडितः ॥ बभूवाद्भुतविक्रांतोजंभोवृत्रहणायथा ६३ ॥ इतिश्रीमहाभारतेशल्यपर्वणिसंकुलयुद्धेद्वादशोऽध्यायः ॥ १२ ॥ ॥ संजयउवाच ॥ पीडितेधर्मराजेतुमद्रराजेनमारिष ॥ सात्यकिर्भीमसेनश्चमाद्रीपुत्रौचपांडवौ १ परिवार्यरथैःशल्यंपीडयामासुराहवे ॥ तमेकंबहुभिर्दृष्ट्वापीड्यमानंमहारथैः २ साधुवादोमहान्जज्ञेसिद्धाश्चासन्प्रहर्षिताः ॥ आश्चर्यमित्यभाषंतमुनयश्चापिसंगताः ३ भीमसेनोरणेशल्यंशल्यभूतंपराक्रमे ॥ एकेनविद्ध्वाबाणेनपुनर्विव्याधसप्तभिः ४ सात्यकिश्चशतेनैनंधर्मपुत्रपरीप्सया ॥ मद्रेश्वरमवाकीर्यसिंहनादमथानदत् ५ नकुलःपंचभिश्चैनंसहदेवश्चपंचभिः ॥ विद्ध्वातंतुपुनस्तूर्णंततोविव्याधसप्तभिः ६ सतुशूरोरणेयत्तःपीडितस्तैर्महारथैः ॥ विकृष्यकार्मुकंघोरंवेगघ्नंभारसाधनम् ७ सात्यकिंपंचविंशत्याशल्योविव्याधमारिष ॥ भीमसेनंतुसप्तत्यानकुलंसप्तभिस्तथा ८ ततःसविशिखंचापंसहदेवस्यधन्विनः ॥ छित्त्वाभल्लेनसमरेविव्याधैनंत्रिसप्तभिः ९ सहदेवस्तुसमरेमातुलंभूरिवर्चसम् ॥ सज्यमन्यद्धनुःकृत्वापंचभिःसमताडयत् १० शरैराशीविषाकारैर्ज्वलज्ज्वलनसन्निभैः ॥ सारथिंचास्यसमरेशरेणानतपर्वणा ११ विव्याधभृशसंक्रुद्धस्तंवैभूयस्त्रिभिःशरैः ॥ भीमसेनस्तुसप्तत्यासात्यकिर्नवभिःशरैः १२ धर्मराजस्तथाषष्ट्यागात्रेशल्यंसमार्पयत् ॥ ततःशल्योमहाराजनिर्विद्धस्तैर्महारथैः १३ सुस्रावरुधिरंगात्रैर्गैरिकंपर्वतोयथा ॥ तांश्चसर्वान्महेष्वासान्पंचभिःपंचभिःशरैः १४ विव्याधतरसाराजंस्तदद्भुतमिवाभवत् ॥ ततोऽपरेणभल्लेनधर्मपुत्रस्यमारिष १५ धनुश्चिच्छेदसमरेसज्ज्यंससुमहारथः ॥ अथान्यद्धनुरादायधर्मपुत्रोयुधिष्ठिरः १६ साश्वसूतध्वजरथंशल्यंप्राच्छादयच्छरैः ॥ सच्छाद्यमानःसमरेधर्मपुत्रस्यसायकैः १७ युधिष्ठिरमथाविध्यद्दशभिर्निशितैःशरैः ॥ सात्यकिस्तुततःक्रुद्धोधर्मपुत्रेशरार्दिते १८ मद्राणामधिपंशूरंशरैर्विव्याधपंचभिः ॥ ससात्यकेःप्रचिच्छेदक्षुरप्रेणमहद्धनुः १९ भीमसेनमुखांस्तांश्चत्रिभिस्त्रिभिरताडयत् ॥ तस्यक्रुद्धोमहाराजसात्यकिःसत्यविक्रमः २० तोमरंप्रेषयामासस्वर्णदंडंमहाधनम् ॥ भीमसेनोऽथनाराचंज्वलंतमिवपन्नगम् २१ नकुलःसमरेशक्तिंसहदेवोगदांशुभाम् ॥ धर्मराजःशतघ्नींचजिघांसुःशल्यमाहवे २२ तानापततएवाशुपंचानांवैभुजच्युतान् ॥ वारयामाससमरेशस्त्रसंघैःसमद्रराट् २३ सात्यकिप्रहितंशल्योभल्लैश्चिच्छेदतोमरम् ॥ प्रहितंभीमसेनेनशरंकनकभूषणम् २४ द्विधाचिच्छेदसमरेकृतहस्तःप्रतापवान् ॥ नकुलप्रेषितांशक्तिंहेमदंडांभयावहाम् २५ गदांचसहदेवेनशरौघैःसमवारयत् ॥ शराभ्यांचशतघ्नींतांराज्ञश्चिच्छेदभारत २६ पश्यतांपांडुपुत्राणांसिंहनादंननादच ॥ नामृष्यत्तत्रशैनेयःशत्रोर्विजयमाहवे २७ ॥ ॥

त्सिद्धानाम् ३ । ४ । ५ । ६ । ७ । ८ । ९ । १० । ११ । १२ । १३ । १४ १५ । १६ । १७ । १८ । १९ । २० । २१ । २२ । २३ । २४ । २५ सहदेवेनप्रेषितामितिपूर्वस्मात्संबध्यते २६ । २७

सारथिंचविव्याधेत्युत्तरस्मादपकृष्यते २८ । २९ । ३० । ३१ । ३२ । ३३ । ३४ । ३५ । ३६ । ३७ । ३८ । ३९।४० । ४१ । ४२ । ४३ । ४४ । ४५ । ४६ । ४७ । ४८ ॥ इतिशल्यपर्वणि

अथान्यद्धनुरादायसात्यकिःक्रोधमूर्छितः ॥ द्वाभ्यांमद्रेश्वरंविद्ध्वासारथिंचत्रिभिःशरैः २८ ततःशल्योरणेराजन्सर्वांस्तान्दशभिःशरैः ॥ विव्याधभृशसंक्रुद्धस्तोत्रैरिवमहाद्विपान् २९ तेवार्यमाणाःसमरेमद्रराज्ञामहारथाः ॥ नशेकुःसंमुखेस्थातुंतस्यशत्रुनिषूदनाः ३० ततोदुर्योधनोराजादृष्ट्वाशल्यस्यविक्रमम् निहतान्पांडवान्मेनेपंचालानथसृंजयान् ३१ ततोराजन्महाबाहुर्भीमसेनःप्रतापवान् ॥ संत्यज्यमनसाप्राणान्मद्राधिपमयोधयत् ३२ नकुलःसहदेवश्चसात्यकिश्चमहारथाः ॥ परिवार्यतदाशल्यंसमंताद्व्यकिरन्शरैः ३३ सचतुर्भिर्महेष्वासैःपांडवानांमहारथैः ॥ वृतस्तान्योधयामासमद्रराजःप्रतापवान् ३४ तस्यधर्मसुतोराजन्क्षुरप्रेणमहाहवे ॥ चक्ररक्षंजघानाशुमद्रराजस्यपार्थिवः ३५ तस्मिंस्तुनिहतेशूरेचक्ररक्षेमहारथे ॥ मद्रराजोऽपिबलवान्सैनिकानावृणोच्छरैः ३६ समावृतांस्ततस्तांस्तुराजन्वीक्ष्यस्वसैनिकान् ॥ चिंतयामाससमरेधर्मपुत्रोयुधिष्ठिरः ३७ कथंनुसमरेशक्यंतन्माधववचोमहत् ॥ नहिक्रुद्धोरणेराजन्क्षपयेतबलंमम ३८ ततःसरथनागाश्वाःपांडवाःपांडुपूर्वज ॥ मद्रराजंसमासेदुःपीडयंतःसमंततः ३९ नानाशस्त्रौघबहुलांशस्त्रवृष्टिंसमुद्यताम् ॥ व्यधमत्समरेराजामहाभ्राणीवमारुतः ४० ततःकनकपुंखांतांशल्यक्षिप्तांवियद्गताम् ॥ शरवृष्टिमपश्यामशलभानामिवायतिम् ४१ तेशरामद्रराजेनप्रेषितारणमूर्धनि ॥ संपतंतःस्मदृश्यंतेशलभानांव्रजाइव ४२ मद्रराजधनुर्मुक्तैःशरैःकनकभूषणैः ॥ निरंतरमिवाकाशंसंबभूवजनाधिप ४३ नपांडवानांनास्माकंतत्रकिंचिद्व्यदृश्यत ॥ बाणांधकारेमहतिकृतेतत्रमहाहवे ४४ मद्रराजेनबलिनालाघवाच्छरवृष्टिभिः ॥ चाल्यमानंतुतंदृष्ट्वापांडवानांबलार्णवम् ४५ विस्मयंपरमंजग्मुर्देवगंधर्वदानवाः ॥ सतुतान्सर्वतोयत्तान्शरैःसंछाद्यमारिष ४६ धर्मराजमवच्छाद्यसिंहवद्व्यनदन्मुहुः ॥ तेछन्नाःसमरेतेनपांडवानांमहारथाः ४७ नाशक्नुवंस्तदायुद्धेप्रत्युद्यातुंमहारथम् ॥ धर्मराजपुरोगास्तुभीमसेनमुखारथाः ॥ नजहुःसमरेशूरंशल्यमाहवशोभिनम् ४८ ॥ इतिश्रीमहाभारतेशल्यपर्वणिशल्ययुद्धेत्रयोदशोऽध्यायः ॥ १३ ॥ ॥

॥ संजयउवाच ॥ अर्जुनोद्रौणिनाविद्धोयुद्धेबहुभिरायसैः ॥ तस्यचानुचरैःशूरैस्त्रिगर्तानांमहारथैः १ द्रौणिंविव्याधसमरेत्रिभिरेवशिलीमुखैः ॥ तथेतरान्महेष्वासान्द्वाभ्यांद्वाभ्यांधनंजयः २ भूयश्चैवमहाराजशरवर्षैरवाकिरत् ॥ शरकंटकितास्तेतुतावकाभरतर्षभ ३ नजहुःपार्थमासाद्यताड्यमानाःशितैःशरैः ॥ अर्जुनंरथवंशेनद्रोणपुत्रपुरोगमाः ४ अयोधयंतसमरेपरिवार्यमहारथाः ॥ तैस्तुक्षिप्ताःशराराजन्कार्तस्वरविभूषिताः ५ अर्जुनस्यरथोपस्थंपूरयामासुरंजसा ॥ तथाकृष्णौमहेष्वासौवृषभौसर्वधन्विनाम् ६ शरैर्वीक्ष्यविनुन्नांगौप्रहृष्टौयुद्धदुर्मदाः ॥ कूबरंरथचक्राणिईषायोक्त्राणिवाविभो ७

नीलकंठीये भारतभावदीपे त्रयोदशोऽध्यायः ॥ १३ ॥ ॥ अर्जुनइति १ । २ । ३ । ४ । ५ । ६।७ ॥ ॥ ॥

युगंचैवानुकर्षंचशरभूतमभूत्तदा ॥ नैतादृशंदृष्टपूर्वंराजन्नैवचनःश्रुतम् ८ यादृशंतत्रपार्थस्यतावकाःसंप्रचक्रिरे ॥ सरथःसर्वतोभातिचित्रपुंखैःशितैःशरैः ९
उल्काशतैःसंप्रदीप्तंविमानमिवभूतले ॥ ततोऽर्जुनोमहाराजशरैःसन्नतपर्वभिः १० अवाकिरत्तांपृतनांमेघोवृष्ट्येवपर्वतम् ॥ तेवध्यमानाःसमरेपार्थनामांकितैः
शरैः ११ पार्थभूतममन्यंतप्रेक्षमाणास्तथाविधम् ॥ कोपोद्भूतशरज्वालोधनुःशब्दानिलोमहान् १२ सैन्येन्धनंददाहाशुतावकंपार्थपावकः ॥ चक्राणांपतताां
चापियुगानांचधरातले १३ तूणीराणांपताकानांध्वजानांचरथैःसह ॥ ईषाणामनुकर्षाणांत्रिवेणूनांचभारत १४ अक्षाणामथयोक्राणांप्रतोदानांचसर्वशः ॥
शिरसांपततांचापिकुंडलोष्णीषधारिणाम् १५ भुजानांचमहाभागस्कंधानांचसमंततः ॥ छत्राणांव्यजनैःसार्धंमुकुटानांचराशयः १६ समदृश्यंतपार्थस्यरथ
मार्गेषुभारत ॥ ततःक्रुद्धस्यपार्थस्यरथमार्गेविशांपते १७ अगम्यरूपापृथिवीमांसशोणितकर्दमा ॥ भीरूणांत्रासजननीशूराणांहर्षवर्धिनी १८ बभूवभरतश्रेष्ठ
रुद्रस्याक्रीडनंयथा ॥ हत्वातुसमरेपार्थःसहस्रेद्वेपरंतपः १९ रथानांसवरूथानांविधूमोऽग्निरिवज्वलन् ॥ यथाहिभगवानग्निर्जगद्दग्ध्वाचराचरम् २० विधूमो
दृश्यतेराजंस्तथापार्थोधनंजयः ॥ द्रौणिस्तुसमरेदृष्ट्वापांडवस्यपराक्रमम् २१ रथेनातिपताकेनपांडवंप्रत्यवारयत् ॥ तावुभौपुरुषव्याघ्रौतावुभौधन्विनांवरौ
२२ समीयतुस्तदाऽन्योन्यंपरस्परवधैषिणौ ॥ तयोरासीन्महाराजबाणवर्षंसुदारुणम् २३ जीमूतयोर्यथावृष्टिस्तपांतेभरतर्षभ ॥ अन्योन्यस्पर्धिनौतौतु
शरैःसन्नतपर्वभिः २४ ततक्षतुस्तदाऽन्योन्यंशृंगाभ्यांवृषभाविव ॥ तयोर्युद्धंमहाराजचिरंसममिवाभवत् २५ शस्त्राणांसंगमश्चैवघोरस्तत्राभवत्पुनः ॥ ततोऽ
र्जुनंद्वादशभीरुक्मपुंखैःसुतेजनैः २६ वासुदेवंचदशभिर्द्रौणिर्विव्याधभारत ॥ ततःप्रहर्षाद्बीभत्सुर्व्याक्षिपद्गांडिवंधनुः २७ मानयित्वामुहूर्तंतुगुरुपुत्रंमहाहवे ॥
व्यश्वसूतरथंचक्रेसव्यसाचीपरंतपः २८ मृदुपूर्वंततश्चैनंपुनःपुनरताडयत् ॥ हताश्वेतुरथेतिष्ठन्द्रोणपुत्रस्त्वयस्मयम् २९ मुसलंपांडुपुत्रायचिक्षेपपरिघोप
मम् ॥ तमापतंतंसहसाहेमपट्टविभूषितम् ३० चिच्छेदसप्तधावीरःपार्थःशत्रुनिबर्हणः ॥ सच्छिन्नंमुसलंदृष्ट्वाद्रौणिःपरमकोपनः ३१ आददेपरिघंघोरंनगेन्द्रशिखरोप
मम् ॥ चिक्षेपचैवपार्थायद्रौणिर्युद्धविशारदः ३२ तमंतकमिवक्रुद्धंपरिघंप्रेक्ष्यपांडवः ॥ अर्जुनस्त्वरितोजघ्नेपञ्चभिःसायकोत्तमैः ३३ सच्छिन्नःपतितोभूमौपार्थबाणै
र्महाहवे ॥ दारयन्पृथिवींद्राणांमनांसीवचभारत ३४ ततोऽपरैस्त्रिभिर्भल्लैर्द्रौणिंविव्याधपांडवः ॥ सोऽतिविद्धोबलवतापार्थेनसुमहात्मना ३५ नाकंपततदाद्रौणिःपौ
रुषेस्वेव्यवस्थितः ॥ सुरथंचततोराजन्भारद्वाजोमहारथम् ३६ अवाकिरच्छरव्रातैःसर्वक्षत्रस्यपश्यतः ॥ ततस्तुसुरथोऽप्याजौपंचालानांमहारथः ३७ रथेनमेघघोषे
५ णद्रौणिमेवाभ्यधावत ॥ विकर्षन्वैधनुःश्रेष्ठंसर्वभारसहंदृढम् ३८ ॥ ॥ ॥

ज्वलनाशीविषनिभैःशरैश्चैनमवाकिरत् ॥ सुरथंतंततःक्रुद्धमापतंतंमहारथम् ३९ चुकोपसमरेद्रौणिर्दण्डाहतइवोरगः ॥ त्रिशिखांभ्रुकुटींकृत्वासृक्किणीपरिसंलिहन् ४०
उद्वीक्ष्यसुरथंरोषाद्धनुर्ज्यामवमृज्यच ॥ मुमोचतीक्ष्णंनाराचंयमदंडोपमद्युतिम् ४१ सतस्यहृदयंभित्त्वाप्रविवेशातिवेगितः ॥ शक्राशनिरिवोत्सृष्टोविदार्यधरणीतलम्
४२ ततःसपतितोभूमौनाराचेनसमाहतः ॥ वज्रेणचयथाशृंगंपर्वतस्येवदीर्यतः ४३ तस्मिन्विनिहतेवीरेद्रोणपुत्रःप्रतापवान् ॥ आरुरोहरथंतूर्णंतमेवरथिनांवरः ४४
ततःसज्जोमहाराजद्रौणिराहवदुर्मदः ॥ अर्जुनंयोधयामाससंशप्तकवृतोरणे ४५ तत्रयुद्धंमहच्चासीदर्जुनस्यपरैःसह ॥ मध्यंदिनगतेसूर्येयमराष्ट्रविवर्धनम् ४६ तत्राश्चर्य
मपश्यामदृष्ट्वातेषांपराक्रमम् ॥ यदेकोयुगपद्वीरान्समयोधयदर्जुनः ४७ विमर्दःसुमहानासीदेकस्यबहुभिःसह ॥ शतक्रतोर्यथापूर्वंमहत्यादैत्यसेनया ४८ ॥ इतिश्रीम
हाभारतेशल्यपर्वणिसंकुलयुद्धेचतुर्दशोऽध्यायः ॥ १४ ॥ ॥ संजयउवाच ॥ दुर्योधनोमहाराजधृष्टद्युम्नश्चपार्षतः ॥ चक्रतुःसुमहद्युद्धंशरशक्तिसमाकुलम् १
तयोरासन्महाराजशरधाराःसहस्रशः ॥ अंबुदानांयथाकालेजलधाराःसमंततः २ राजाचपार्षतंविद्ध्वाशरैःपंचभिराशुगैः ॥ द्रोणहंतारमुग्रेषुंपुनर्विव्याधसप्तभिः ३ धृष्ट
द्युम्नस्तुसमरेबलवान्दृढविक्रमः ॥ सप्तत्याविशिखानांवैदुर्योधनमपीडयत् ४ पीडितंवीक्ष्यराजानंसोदर्याभरतर्षभ ॥ महत्यासेनयासार्धंपरिवव्रुःस्मपार्षतम् ५ सतैःपरि
वृतःशूरःसर्वतोऽतिरथैर्भृशम् ॥ व्यचरत्समरेराजन्दर्शयन्नस्त्रलाघवम् ६ शिखंडीकृतवर्माणंगौतमंचमहारथम् ॥ प्रभद्रकैःसमायुक्तोयोधयामासधन्विनौ ७ तत्रापिसु
महद्युद्धंघोररूपंविशांपते ॥ प्राणान्संत्यजतांयुद्धेप्राणद्यूताभिदेवने ८ शल्यःसायकवर्षाणिविमुंचन्सर्वतोदिशम् ॥ पांडवान्पीडयामाससात्यकिवृकोदरान् ९
तथातौतुयमौयुद्धेयमतुल्यपराक्रमौ ॥ योधयामासराजेंद्रवीर्येणास्त्रबलेनच १० शल्यसायकनुन्नानांपांडवानांमहामृधे ॥ त्रातारंनाध्यगच्छंतकेचित्तत्रमहारथाः
११ ततस्तुनकुलःशूरोधर्मराजेप्रपीडिते ॥ अभिदुद्राववेगेनमातुलंमाद्रनंदनः १२ संछाद्यसमरेवीरंनकुलःपरवीरहा ॥ विव्याधचैनंदशभिःस्मयमानःस्तनांतरे
१३ सर्वपारसवैर्बाणैःकर्मारपरिमार्जितैः ॥ स्वर्णपुंखैःशिलाधौतैर्धनुर्यन्त्रप्रचोदितैः १४ शल्यस्तुपीडितस्तेनस्वस्रीयेणमहात्मना ॥ नकुलंपीडयामासपत्रिभिर्न
तपर्वभिः १५ ततोयुधिष्ठिरोराजाभीमसेनोऽथसात्यकिः ॥ सहदेवश्चमाद्रेयोमद्रराजमुपाद्रवन् १६ तानापततएवाशुपूरयाणान्रथस्वनैः ॥ दिशश्चविदिशश्चै
वकंपयानांश्चमेदिनीम् १७ प्रतिजग्राहसमरेसेनापतिरमित्रजित् ॥ युधिष्ठिरंत्रिभिर्विद्ध्वाभीमसेनंचपंचभिः १८ सात्यकिंचशतेनाजौसहदेवंत्रिभिःशरैः ॥ तत
स्तुसशरंचापंनकुलस्यमहात्मनः १९ मद्रेश्वरःक्षुरप्रेणतदामारिषचिच्छिदे ॥ तदशीर्यतविच्छिन्नंधनुःशल्यस्यसायकैः २० ॥ ॥

२१।२२।२३।२४।२५ । २६ । २७ । २८ । २९ । ३० । ३१ । ३२ । ३३ । ३४ । ३५ । ३६ । ३७ । ३८ । ३९ । ४० । ४१ । ४२ । ४३ ॥ इतिशल्यपर्वणि नी० भा० पंचदशोऽध्यायः॥१५॥

अथान्यद्धनुरादायमाद्रीपुत्रोमहारथः ॥ मद्रराजरथंतूर्णंपूरयामासपत्रिभिः २१ युधिष्ठिरस्तुमद्रेशंसहदेवश्चमारिष ॥ दशभिर्दशभिर्बाणैरुरस्येनमविध्यताम् २२
भीमसेनस्तुतंषष्ट्यासात्यकिर्दशभिःशरैः ॥ मद्रराजमभिद्रुत्यजघ्नतुःकंकपत्रिभिः २३ मद्रराजस्ततःक्रुद्धःसात्यकिंनवभिःशरैः ॥ विव्याधभूयःसप्तत्याशराणांनतप
र्वणाम् २४ अथास्यसशरंचापंमुष्टौचिच्छेदमारिष ॥ हयांश्चचतुरःसंख्येप्रेषयामासमृत्यवे २५ विरथंसात्यकिंकृत्वामद्रराजोमहारथः ॥ विशिखानांशतेनैनमाज
घानसमंततः २६ माद्रीपुत्रौचसंरब्धौभीमसेनंचपांडवम् ॥ युधिष्ठिरंचकौरव्यविव्याधदशभिःशरैः २७ तत्राद्भुतमपश्याममद्रराजस्यपौरुषम् ॥ यदेनंसहिताःपार्था
नाभ्यवर्त्तंतसंयुगे २८ अथान्यंरथमास्थायसात्यकिःसत्यविक्रमः ॥ पीडितान्पांडवान्दृष्ट्वामद्रराजवशंगतान् २९ अभिदुद्राववेगेनमद्राणामधिपंबलात् ॥ आपतंतं
रथंतस्यशल्यःसमितिशोभनः ३० प्रत्युद्ययौरथेनैवमत्तोमत्तमिवद्विपम् ॥ ससन्निपातस्तुमुलोबभूवाद्भुतदर्शनः ३१ सात्यकेश्चैवशूरस्यमद्राणामधिपस्यच ॥
यादृशोवैपुरावृत्तःशंबरामरराजयोः ३२ सात्यकिःप्रेक्ष्यसमरेमद्रराजमवस्थितम् ॥ विव्याधदशभिर्बाणैस्तिष्ठतिष्ठेतिचाब्रवीत् ३३ मद्रराजस्तुसुभृशंविद्धस्तेनमहा
त्मना ॥ सात्यकिंप्रतिविव्याधचित्रपुंखैःशितैःशरैः ३४ ततःपार्थामहेष्वासाःसात्वताभिसृतंनृपम् ॥ अभ्यवर्त्तन्रथैस्तूर्णंमातुलंवधकांक्षया ३५ ततआसीत्परा
मर्दस्तुमुलःशोणितोदकः ॥ शूराणांयुध्यमानानांसिंहानामिवनर्दताम् ३६ तेषामासीन्महाराजव्यधिक्षेपःपरस्परम् ॥ सिंहानामामिषेप्सूनांकूजतामिवसंयुगे
३७ तेषांबाणसहस्रौघैराकीर्णावसुधाऽभवत् ॥ अंतरिक्षंचसहसाबाणभूतमभूत्तदा ३८ शरांधकारंसहसाकृतंतेनसमंततः ॥ अभ्रच्छायेवसंजज्ञेशरैर्मुक्तैर्महात्मभिः
३९ तत्रराजन्शरैर्मुक्तैर्निर्मुक्तैरिवपन्नगैः ॥ स्वर्णपुंखैःप्रकाशद्भिर्व्यरोचंतदिशस्तदा ४० तत्राद्भुतंपरंचक्रेशल्यःशत्रुनिबर्हणः॥ यदेकःसमरेशूरोयोधयामासवैबहून् ४१
मद्रराजभुजोत्सृष्टैःकंकबर्हिणवाजितैः ॥ संपतद्भिःशरैर्घोरैरवाकीर्यतमेदिनी ४२ तत्रशल्यरथंराजन्विचरन्तंमहाहवे ॥ अपश्यामयथापूर्वंशक्रस्यासुरसंक्षये ४३
॥ इतिश्रीमहाभारतेशल्यपर्वणिसंकुलयुद्धेपंचदशोऽध्यायः ॥ १५ ॥ ॥ संजयउवाच ॥ ततःसैन्यास्तवविभोमद्रराजपुरस्कृताः ॥ पुनरभ्यद्रवन्पार्थान्वेगेनमह
तारणे १ पीडितास्तावकाःसर्वेप्रधावंतोरणोत्कटाः ॥ क्षणेनचैवपार्थांस्तेबहुत्वात्समलोडयन् २ तेवध्यमानाःसमरेपांडवानावतस्थिरे ॥ निवार्यमाणाभीमेनपश्यतोः
कृष्णयोस्तदा ३ ततोधनंजयःक्रुद्धःकृपंसहपदानुगैः ॥ अवाकिरच्छरौघेणकृतवर्माणमेवच ४ शकुनिंसहदेवस्तुसहसैन्यमवाकिरत् ॥ नकुलःपार्श्वतःस्थित्वामद्रराजमवै
क्षत ५ द्रौपदेयानरेन्द्राश्चभूयिष्ठान्समवारयन् ॥ द्रोणपुत्रंचपांचाल्यःशिखंडीसमवारयत् ६ भीमसेनस्तुराजानंगदापाणिरवारयत् ॥ शल्यंतुसहसैन्येनकुंतीपुत्रोयुधिष्ठिरः ७

ततःसमभवत्सैन्यंसंसक्तंतत्रतत्रह ॥ तावकानांपरेषांचसंग्रामेष्वनिवर्तिनाम् ८ तत्रपश्याम्यहंकर्मशल्यस्यातिमहद्रणे ॥ यदेकःसर्वसैन्यानिपांडवानामयोधयत् ९
व्यदृश्यततदाशल्योयुधिष्ठिरसमीपतः ॥ रणेचंद्रमसोऽभ्याशेशनैश्चरइवग्रहः १० पीडयित्वातुराजानंशरैराशीविषोपमैः ॥ अभ्यधावत्पुनर्भीमंशरवर्षैरवाकिरत्
११ तस्यतल्लाघवंदृष्ट्वातथैवचकृतास्त्रताम् ॥ अपूजयन्ननीकानिपरेषांतावकानिच १२ पीड्यमानास्तुशल्येनपांडवाभृशविक्षताः ॥ प्राद्रवंतरणंहित्वाक्रोशमानेयुधि
ष्ठिरे १३ वध्यमानेष्वनीकेषुमद्रराजेनपांडवः ॥ अमर्षवशमापन्नोधर्मराजोयुधिष्ठिरः १४ ततःपौरुषमास्थायमद्रराजमताडयत् ॥ जयोवास्तुवधोवाऽस्तुकृतबुद्धि
र्महारथः १५ समाहूयाब्रवीत्सर्वान्भ्रातॄन्कृष्णंचमाधवम् ॥ भीष्मोद्रोणश्चकर्णश्चयेचान्येपृथिवीक्षितः १६ कौरवार्थेपराक्रांताःसंग्रामेनिधनंगताः ॥ यथाभागं
यथोत्साहंभवंतःकृतपौरुषाः १७ भागोवशिष्टएकोऽयंममशल्योमहारथः ॥ सोहमद्ययुधाजेतुमाशंसेमद्रकाधिपम् १८ तत्रयन्मानसंमह्यंतत्सर्वंनिगदामिवः ॥
चक्ररक्षाविमौवीरौममामाद्रवतीसुतौ १९ अजेयौवासवेनापिसमरेशूरसंमतौ ॥ साध्विमौमातुलंयुद्धेक्षत्रधर्मपुरस्कृतौ २० मदर्थंप्रतियुध्येतांमानार्हौसत्यसंगरौ ॥
मांवाशल्योरणेहंतातंवाऽहंभद्रमस्तुवः २१ इतिसत्यामिमांवाणींलोकवीरानिबोधत ॥ योत्स्येऽहंमातुलेनाद्यक्षात्रधर्मेणपार्थिवाः २२ स्वमंशमभिसंधायविजयाये
तरायच ॥ तस्यमेऽप्यधिकंशस्त्रंसर्वोपकरणानिच २३ संसज्जंतुरथेक्षिप्रंशास्त्रवद्रथयोजकाः ॥ शैनेयोदक्षिणंचक्रंधृष्टद्युम्नस्तथोत्तरम् २४ पृष्ठगोपोभवत्वद्यममपार्थो
धनंजयः ॥ पुरःसरोममाद्यास्तुभीमःशस्त्रभृतांवरः २५ एवमभ्यधिकःशल्याद्भविष्यामिमहामृधे ॥ एवमुक्तास्तथाचक्रुस्तदाराज्ञःप्रियैषिणः २६ ततःप्रहर्षःसैन्या
नांपुनरासीत्तदामृधे ॥ पंचालानांसोमकानांमत्स्यानांचविशेषतः २७ प्रतिज्ञांतांतदाराजाकृत्वामद्रेशमभ्ययात् ॥ ततःशंखांश्चभेरीश्चशतशश्चैवपुष्कलान् २८
अवादयंतपंचालाःसिंहनादांश्चनेदिरे ॥ तेऽभ्यधावंतसंरब्धामद्रराजंतरस्विनम् २९ महताहर्षजेनाथनादेनकुरुपुंगवाः ॥ ह्रादेनगजघंटानांशंखानांनिनदेनच ३०
तूर्यशब्देनमहतानादयंतश्चमेदिनीम् ॥ तान्प्रत्यगृह्णात्पुत्रस्तेमद्रराजश्चवीर्यवान् ३१ महामेघानिवबहून्शैलावस्तोदयावुभौ ॥ शल्यस्तुसमरश्लाघीधर्मराजम
रिंदमम् ३२ ववर्षशरवर्षेणशम्बरंमघवाइव ॥ तथैवकुरुराजोऽपिप्रगृह्यरुचिरंधनुः ३३ द्रोणोपदेशान्विविधान्दर्शयानोमहामनाः ॥ ववर्षशरवर्षाणिचित्रंलघुचसु
ष्ठुच ३४ नचास्यविवरंकश्चिद्ददर्शचरतोरणे ॥ तावुभौविविधैर्बाणैस्ततक्षातेपरस्परम् ३५ शार्दूलावामिषप्रेप्सूपराक्रांताविवाहवे ॥ भीमस्तुतवपुत्रेणयुद्धशौण्डेन
संगतः ३६ पांचाल्यःसात्यकिश्चैवमाद्रीपुत्रौचपांडवौ ॥ शकुनिप्रमुखान्वीरान्प्रत्यगृह्णन्समंततः ३७ तदासीत्तुमुलंयुद्धंपुनरेवजयैषिणाम् ॥ तावकानां
परेषांचराजन्दुर्मंत्रितेतव ३८ ॥ ॥ ॥ ॥ ॥

दुर्योधनस्तुभीमस्यशरेणानतपर्वणा ॥ चिच्छेदादिश्यसंग्रामेध्वजंहेमपरिष्कृतम् ३९ सकिंकिणीकजालेनमहताचारुदर्शनः ॥ पपातरुचिरःसंख्येभीमसेनस्यपश्यतः ४० पुनश्चास्यधनुश्चित्रंगजराजकरोपमम् ॥ क्षुरेणशितधारेणप्रचकर्त्तनराधिपः ४१ सच्छिन्नधन्वातेजस्वीरथशक्त्यासुतंतव ॥ बिभेदोरसिविक्रम्यसरथोपस्थआविशत् ४२ तस्मिन्मोहमनुप्राप्तेपुनरेववृकोदरः ॥ यंतुरेवशिरःकायात्क्षुरप्रेणाहरत्तदा ४३ हतसूताहयास्तस्यरथमादायभारत ॥ व्यद्रवंतदिशोराजन्हाहाकारस्तदाऽभवत् ४४ तमभ्यधावन्त्राणार्थंद्रोणपुत्रोमहारथः ॥ कृपश्चकृतवर्माचपुत्रंतेऽपिपरीप्सवः ४५ तस्मिन्विलुलितेसैन्येत्रस्तास्तस्यपदानुगाः ॥ गांडीवधन्वाविस्फार्यधनुस्तानहनच्छरैः ४६ युधिष्ठिरस्तुमद्रेशमभ्यधावदमर्षितः ॥ स्वयंसन्नोदयन्नश्वान्दंतवर्णान्मनोजवान् ४७ तत्राश्चर्यमपश्यामकुंतीपुत्रेयुधिष्ठिरे ॥ पुराभूत्वामृदुर्दांतोयत्तदादारुणोऽभवत् ४८ विवृताक्षश्चकौन्तेयोवेपमानश्चमन्युना ॥ चिच्छेदयोधान्निशितैःशरैःशतसहस्रशः ४९ यांयांप्रत्युद्ययौसेनांतांतांज्येष्ठःसपांडवः ॥ शरैरपातयद्राजन्गिरीन्वज्रैरिवोत्तमैः ५० साश्वसूतध्वजरथान्रथिनःपातयन्बहून् ॥ अक्रीडदेकोबलवान्पवनस्तोयदानिव ५१ साश्वारोहांश्चतुरगान्पत्तींश्चैवसहस्रधा ॥ व्यपोथयतसंग्रामेक्रुद्धोरुद्रःपशूनिव ५२ शून्यमायोधनंकृत्वाशरवर्षैःसमंततः ॥ अभ्यद्रवतमद्रेशंतिष्ठशल्येतिचाब्रवीत् ५३ तस्यतच्चरितंदृष्ट्वासंग्रामेभीमकर्मणः ॥ वित्रेसुस्तावकाःसर्वेशल्यस्त्वेनंसमभ्ययात् ५४ ततस्तौभृशसंक्रुद्धौप्रध्मायसलिलोद्भवौ ॥ समाहूयतदान्योन्यंभर्त्सयंतौसमीयतुः ५५ शल्यस्तुशरवर्षेणपीडयामासपांडवम् ॥ मद्रराजंतुकौन्तेयःशरवर्षैरवाकिरत् ५६ अदृश्येतांतदाराजन्कंकपत्रिभिराचितौ ॥ उद्भिन्नरुधिरौशूरौमद्रराजयुधिष्ठिरौ ५७ पुष्पितौशुशुभातेवैवसंतेकिंशुकौयथा ॥ दीप्यमानौमहात्मानौप्राणद्यूतेनदुर्मदौ ५८ दृष्ट्वासर्वाणिसैन्यानिनाध्यवस्यंस्तयोर्जयम् ॥ हत्वामद्राधिपंपार्थोभोक्ष्यतेऽद्यवसुंधराम् ५९ शल्योवापांडवंहत्वादद्याद्दुर्योधनायगाम् ॥ इतीवनिश्चयोनाभूद्योधानांतत्रभारत ६० प्रदक्षिणमभूत्सर्वंधर्मराजस्ययुध्यतः ॥ ततःशरशतंशल्योमुमोचाथयुधिष्ठिरे ६१ धनुश्चास्यशिताग्रेणबाणेननिरकृंतत ॥ सोऽन्यत्कार्मुकमादायशल्यंशरशतैस्त्रिभिः ६२ अविध्यत्कार्मुकंचास्यक्षुरेणनिरकृंतत ॥ अथास्यनिजघानाश्वांश्चतुरोनतपर्वभिः ६३ द्वाभ्यामतिशिताग्राभ्यामुभौतत्पार्ष्णिसारथी ॥ ततोस्यदीप्यमानेनपीतेननिशितेनच ६४ प्रमुखेवर्त्तमानस्यभल्लेनापाहरद्ध्वजम् ॥ ततःप्रभग्नंतत्सैन्यंदौर्योधनमरिंदम ६५ ततोमद्राधिपंद्रौणिरभ्यधावत्तथाकृतम् ॥ आरोप्यचैनंस्वरथेत्वरमाणःप्रदुद्रुवे ६६ ॥ ॥ ॥

६७ । ६८ ॥ इतिशल्यपर्वणिनीलकंठीयेभारतभावदीपेषोडशोऽध्यायः ॥ १६ ॥ ॥ ॥ अर्थेति १ । २ । ३ । ४ । ५ । ६ । ७ । ८ । ९ । १० । ११ । १२ । १३ । १४ । १५

मुहूर्त्तमिवतौगत्वानर्दमानेयुधिष्ठिरे ॥ स्मित्वाततोमद्रपतिरन्यंस्यंदनमास्थितः ६७ विधिवत्कल्पितंशुभ्रंमहांबुदनिनादिनम् ॥ सज्जयंत्रोपकरणंद्विषतांलोमहर्ष
णम् ६८ ॥ इतिश्रीमहाभारतेशल्यपर्वणिशल्ययुधिष्ठिरयुद्धेषोडशोऽध्यायः ॥ १६ ॥ ॥ संजयउवाच ॥ अथान्यद्धनुरादायबलवान्वेगवत्तरम् ॥ युधिष्ठिरंमद्र
पतिर्भित्त्वासिंहइवानदत् १ ततःसशरवर्षेणपर्जन्यइववृष्टिमान् ॥ अभ्यवर्षदमेयात्माक्षत्रियंक्षत्रियर्षभः २ सात्यकिंदशभिर्विद्ध्वाभीमसेनंत्रिभिःशरैः ॥ सहदेवंत्रिभिर्वि
द्ध्वायुधिष्ठिरमपीडयत् ३ तांस्तानन्यान्महेष्वासान्साश्वान्सरथकूबरान् ॥ अर्दयामासविशिखैरुल्काभिरिवकुंजरान् ४ कुंजरान्कुंजरारोहानश्वानश्वप्रयायिनः ॥ र
थांश्चरथिनःसार्धंजघानरथिनांवरः ५ बाहूंश्चिच्छेदतरसासायुधान्केतनानिच ॥ चकारचमहींयोधैस्तीर्णांवेदींकुशैरिव ६ तथातमरिसैन्यानिघ्नंतंमृत्युमिवांतकम् ॥
परिवव्रुर्भृशंक्रुद्धाःपांडुपंचालसोमकाः ७ तंभीमसेनश्चशिनेश्चनप्तामाद्र्याश्चपुत्रौपुरुषप्रवीरौ ॥ समागतंभीमबलेनराज्ञापर्याप्तमन्योन्यमथाह्वयंत ८ ततस्तुशूराः
समरेनरेन्द्रनरेश्वरंप्राप्ययुधांवरिष्ठम् ॥ आवार्यचैनंसमरेनृवीराजघ्नुःशरैःपत्रिभिरुग्रवेगैः ९ संरक्षितोभीमसेनेनराजामाद्रीसुताभ्यामथमाधवेन ॥ मद्राधिपंपत्रिभिरुग्र
वेगैःस्तनांतरेधर्मसुतोनिजघ्ने १० ततोरणेतावकानांरथौघाःसमीक्ष्यमद्राधिपतिंशरार्तम् ॥ पर्यावव्रुःप्रवरास्तेसुसज्जादुर्योधनस्यानुमतेपुरस्तात् ११ ततोद्रुतंमद्रजना
धिपोरणेयुधिष्ठिरंसप्तभिरभ्यविद्ध्यत् ॥ तंचापिपार्थोनवभिःपृषत्कैर्विव्याधराजंस्तुमुलेमहात्मा १२ आकर्णपूर्णायतसंप्रयुक्तैःशरैस्तदासंयतितैलधौतैः ॥ अन्योन्यमा
च्छादयतांमहारथौमद्राधिपश्चापियुधिष्ठिरश्च १३ ततस्तुतूर्णंसमरेमहारथौपरस्परस्यांतरमीक्षमाणौ ॥ शरैर्भृशंविव्यधतुर्नृपोत्तमौमहाबलौशत्रुभिरप्रधृष्यौ १४ तयो
र्धनुर्ज्यातलनिःस्वनोमहान्महेंद्रवज्राशनितुल्यनिःस्वनः ॥ परस्परंबाणगणैर्महात्मनोःप्रवर्षतोर्मद्रपपांडुवीरयोः १५ तौचेरतुर्व्याघ्रशिशुप्रकाशौमहावनेष्वामिषगृ
द्धिनाविव ॥ विषाणिनौनागवराविवोभौततक्षतुःसंयतिजातदर्पौ १६ ततस्तुमद्राधिपतिर्महात्मायुधिष्ठिरंभीमबलंप्रसह्य ॥ विव्याधवीरंहृदयेऽतिवेगंशरेण
सूर्याग्निसमप्रभेण १७ ततोऽतिविद्धोऽथयुधिष्ठिरोऽपिसुसंप्रयुक्तेनशरेणराजन् ॥ जघानमद्राधिपतिंमहात्मामुदंचलेभेऋषभःकुरूणाम् १८ ततोमुहूर्त्तादिवपार्थिवे
न्द्रोलब्ध्वासंज्ञांक्रोधसंरक्तनेत्रः ॥ शतेनपार्थंत्वरितोजघानसहस्रनेत्रप्रतिमप्रभावः १९ त्वरंस्ततोधर्मसुतोमहात्माशल्यस्यकोपान्नवभिःपृषत्कैः ॥ भित्त्वाह्युरस्तपनी
यंचवर्मजघानषड्भिस्त्वपरैःपृषत्कैः २० ततस्तुमद्राधिपतिःप्रकृष्टंधनुर्विकृष्यव्यसृजत्पृषत्कान् ॥ द्वाभ्यांशराभ्यांचतथैवराज्ञश्चिच्छेदचापंकुरुपुंगवस्य २१
नवंततोऽन्यत्समरेप्रगृह्यराजाधनुर्घोरतरंमहात्मा ॥ शल्यंतुविव्याधशरैःसमंताद्यथामहेन्द्रोनमुचिंशिताग्रैः २२ ततस्तुशल्योनवभिःपृषत्कैर्भीमस्यराज्ञश्चयुधिष्ठिरस्य ॥
निकृत्यरौक्मेपटुवर्मणीतयोर्विदारयामासभुजौमहात्मा २३ ॥ ॥ ॥

१६ । १७ । १८ । १९ । २० । २१ । २२ । २३ ॥ ॥ ॥

२४ । २५ । २६ संहननीयोदृढसंधिकोमध्योयस्यतस्मात्कायात । २७ । २८ । २९ । ३० । ३१ । ३२ । ३३ । ३४ । ३५ । ३६ । ३७ कर्मयुद्धरूपं अवशिष्टंस्वस्यभागंचनिशम्यालोच्यशल्यवधेम

ततोऽपरेणज्वलनार्कतेजसाक्षुरेणराज्ञोधनुरुन्ममाथ ॥ कृपश्चतस्यैवजघानसूतंषड्भिःशरैःसोऽभिमुखःपपात २४ मद्राधिपश्चापियुधिष्ठिरस्यशरैश्चतुर्भिर्निजघा
नवाहान् ॥ वाहांश्चहत्वाव्यकरोन्महात्मायोधक्षयंधर्मसुतस्यराज्ञः २५ तथाकृतेराजनिभीमसेनोमद्राधिपस्याथततोमहात्मा ॥ छित्वाधनुर्वेगवताशरेणद्वाभ्या
मविध्यत्सुभृशंनरेन्द्रम् २६ तथाऽपरेणास्यजहारयंतुःकायाच्छिरःसंहननीयमध्यात् ॥ जघानचाश्वांश्चतुरःसुशीघ्रंतथाभृशंकुपितोभीमसेनः २७ तमग्रणीःसर्व
धनुर्धराणामेकंचरंतंसमरेऽतिवेगम् ॥ भीमःशतेनव्यकिरच्छराणांमाद्रीपुत्रःसहदेवस्तथैव २८ तैःसायकैर्मोहितंवीक्ष्यशल्यंभीमःशरैरस्यचकर्त्तवर्म ॥ सभीमसेन
नेननिकृत्तवर्मामद्राधिपश्चर्मसहस्रतारम् २९ प्रगृह्यखड्गंचरथान्महात्माप्रस्कंद्यकुंतीसुतमभ्यधावत् ॥ छित्वारथेषांनकुलस्यसोऽथयुधिष्ठिरंभीमबलोऽभ्यधावत्
३० तंचापिराजानमथोत्पतंतंक्रुद्धंयथैवांतकमापतंतम् ॥ धृष्टद्युम्नोद्रौपदेयाःशिखंडीशिनेश्चनप्तासहसापरीयुः ३१ अथास्यचर्माप्रतिमंन्यकृंतद्भीमोमहात्मान
वभिःपृषत्कैः ॥ खड्गंचभल्लैर्निचकर्त्तमुष्टौनदन्प्रहृष्टस्तवसैन्यमध्ये ३२ तत्कर्मभीमस्यसमीक्ष्यहृष्टास्तेपांडवानांप्रवरारथौघाः ॥ नादंचचक्रुर्भृशमुत्स्मयंतःशंखां
श्चदध्मुःशशिसन्निकाशान् ३३ तेनाथशब्देनविभीषणेनतथाऽभितप्तंबलमप्रधृष्यम् ॥ कांदिग्भूतंरुधिरेणोक्षितांगंविसंज्ञकल्पंचतदाविषण्णम् ३४ समद्रराजःस
हसाविकीर्णोभीमाग्रगैःपांडवयोधमुख्यैः ॥ युधिष्ठिरस्याभिमुखंजवेनसिंहोयथामृगहेतोःप्रयातः ३५ सधर्मराजोनिहताश्वसूतःक्रोधेनदीप्तोज्वलनप्रकाशः ॥
दृष्ट्वाचमद्राधिपतिंस्मतूर्णंसमभ्यधावत्तमरिंबलेन ३६ गोविंदवाक्यंत्वरितंविचिंत्यदध्रेमतिंशल्यविनाशनाय ॥ सधर्मराजोनिहताश्वसूतोरथेतिष्ठन्शक्तिमेवाभ्यकां
क्षत् ३७ तच्चापिशल्यस्यनिशम्यकर्ममहात्मनोभागमथावशिष्टम् ॥ कृत्वामनःशल्यवधेमहात्मायथोक्तमिंद्रावरजस्यचक्रे ३८ सधर्मराजोमणिहेमदंडांजग्राहश
क्तिंकनकप्रकाशाम् ॥ नेत्रेचदीप्तेसहसाविवृत्यमद्राधिपंक्रुद्धमनानिरैक्षत् ३९ निरीक्षितोऽसौनरदेवराज्ञापूतात्मनानिर्हृतकल्मषेण ॥ आसीन्नयद्भस्मसान्मद्र
राजस्तदद्भुतंमेप्रतिभातिराजन् ४० ततस्तुशक्तिंरुचिरोग्रदंडांमणिप्रवेकोज्ज्वलितांप्रदीप्ताम् ॥ चिक्षेपवेगात्सुभृशंमहात्मामद्राधिपायप्रवरःकुरूणाम् ४१ दीप्ता
मथैनांप्रहितांबलेनसविस्फुलिंगांसहसाऽऽपतंतीम् ॥ प्रैक्षंतसर्वेकुरवःसमेतादिवोयुगांतेमहतीमिवोल्काम् ४२ तांकालरात्रीमिवपाशहस्तांयमस्यधात्रीमिवचो
ग्ररूपाम् ॥ सब्रह्मदंडप्रतिमाममोघांससर्जयत्तोयुधिधर्मराजः ४३ गंधस्रगग्र्यासनपानभोजनैरभ्यर्चितांपांडुसुतैःप्रयत्नात् ॥ सांवर्त्तकाग्निप्रतिमांज्वलंतींकृत्या
मथर्वांगिरसीमिवोग्राम् ४४ ईशानहेतोःप्रतिनिर्मितांतांत्वष्ट्रारिपूणामसुदेहभक्ष्याम् ॥ भूम्यंतरिक्षादिजलाशयानिप्रसह्यभूतानिनिहंतुमीशाम् ४५

नःकृत्वाइंद्रावरजस्यकृष्णस्ययथोक्तंवचनंचक्रेइत्यन्वयः ३८ । ३९ । ४० । ४१ । ४२ । ४३ । ४४ अंतरिक्षादीत्यादिनाऽग्निवायू ४५ ॥ ॥

४६ । ४७ । ४८ । ४९ तोयमिवसुप्रवेशांगां अप्रसक्ता अप्रतिहता नृपतेःशल्यस्य ५० । ५१ । ५२ । ५३ । ५४ । ५५ । ५६ । ५७ । ५८ । ५९ । ६० । ६१ । ६२ । ६३ । ६४ । ६५ स्वर्गात्स्वर्ग

घंटापताकांमणिवज्रनालांवैदूर्यचित्रांतपनीयदंडाम् ॥ त्वष्ट्राप्रयत्नान्नियमेनक्लृप्तांब्रह्मद्विषामंतकरीममोघाम् ४६ बलप्रयत्नादधिरूढवेगांमंत्रैश्चघोरैरभिमंत्र्ययत्नात् ॥
ससर्जमार्गेणचतांपरेणवधायमद्राधिपतेस्तदानीम् ४७ हतोऽसिपापेत्यभिगर्जमानोरुद्रोऽन्धकायांतकरंयथेषुम् ॥ प्रसार्यबाहुंसुदृढंसुपाणिंक्रोधेननृत्यन्निवधर्मराजः
४८ तांसर्वशक्त्याप्रहितांसुशक्तिंयुधिष्ठिरेणाप्रतिवार्यवीर्याम् ॥ प्रतिग्रहायाभिननर्दशल्यःसम्यग्घुतामग्निरिवाज्यधाराम् ४९ सातस्यमर्माणिविदार्यशुभ्रमुरोविशालं
चतथैवभित्त्वा ॥ विवेशगांतोयमिवाप्रसक्तायशोविशालंनृपतेर्दहंती ५० नासाक्षिकर्णास्यविनिःसृतेनप्रस्यंदताचव्रणसंभवेन ॥ संसिक्तगात्रोरुधिरेणसोऽभूत्क्रौञ्चोय
थास्कंदहतोमहाद्रिः ५१ प्रसार्यबाहूचरथाद्गतोगांसंछिन्नवर्माकुरुनंदनेन ॥ महेंद्रवाहप्रतिमोमहात्मावज्राहतंशृंगमिवाचलस्य ५२ बाहूप्रसार्याभिमुखोधर्मराजस्यम
द्रराट् ॥ ततोनिपतितोभूमाविंद्रध्वजइवोच्छ्रितः ५३ सतथाभिन्नसर्वांगोरुधिरेणसमुक्षितः ॥ प्रत्युद्गतइवप्रेम्णाभूम्यासनरपुंगवः ५४ प्रिययाकांतयाकांतःपतमानइ
वोरसि ॥ चिरंभुक्त्वावसुमतींप्रियांकांतामिवप्रभुः ५५ सर्वैरंगैःसमाश्लिष्यप्रसुप्तइवचाभवत् ॥ धर्म्येधर्मात्मनायुद्धेनिहतेधर्मसूनुना ५६ सम्यग्घुतइवस्विष्टःप्रशां
तोग्निरिवाध्वरे ॥ शक्त्याविभिन्नहृदयंविप्रविद्धायुधध्वजम् ५७ संशांतमपिमद्रेशंलक्ष्मीर्नैवविमुंचति ॥ ततोयुधिष्ठिरश्चापमादायेन्द्रधनुष्प्रभम् ५८ व्यधमद्द्विषतः
संख्येखगराडिवपन्नगान् ॥ देहान्सुनिशितैर्भल्लैरिपूणांनाशयन्क्षणात् ५९ ततःपार्थस्यबाणौघैरावृताःसैनिकास्तव ॥ निमिलिताक्षाःक्षिण्वन्तोभृशमन्योन्यमर्दिताः
६० क्षरंतोरुधिरंदेहैर्विपन्नायुधजीविताः ॥ ततःशल्येनिपतितेमद्रराजानुजोयुवा ६१ भ्रातुस्तुल्योगुणैःसर्वैरथीपांडवमभ्ययात् ॥ विव्याधचनरश्रेष्ठोनाराचैर्बहुभिस्त्व
रन् ६२ हतस्यापचितिंभ्रातुश्चिकीर्षुर्युद्धदुर्मदः ॥ तंविव्याधाशुगैःषड्भिर्धर्मराजस्त्वरन्निव ६३ कार्मुकंचास्यचिच्छेदक्षुराभ्यांध्वजमेवच ॥ ततोऽस्यदीप्यमानेनसु
दृढेनशितेनच ६४ प्रमुखेवर्त्तमानस्यभल्लेनापाहरच्छिरः ॥ सकुंडलंतद्ददृशेपतमानंशिरोरथात् ६५ पुण्यक्षयमनुप्राप्यपतन्स्वर्गादिवच्युतः ॥ तस्यापकृत्तशीर्षं
तुशरीरंपतितंरथात् ६६ रुधिरेणावसिक्तांगंदृष्ट्वासैन्यमभज्यत ॥ विचित्रकवचेतस्मिन्हतेमद्रनृपानुजे ६७ हाहाकारंत्वकुर्वाणाःकुरवोऽभिप्रदुद्रुवुः ॥ शल्यानुजंहतं
दृष्ट्वातावकास्त्यक्तजीविताः ६८ वित्रेसुःपांडवभयाद्रजोध्वस्तास्तदाभृशम् ॥ तांस्तथाभज्यमानांस्तुकौरवान्भरतर्षभ ६९ शिनेर्नप्ताकिरन्बाणैरभ्यवर्ततसात्यकिः ॥
तमायांतंमहेष्वासंदुष्प्रसह्यंदुरासदम् ७० हार्दिक्यस्त्वरितोराजन्प्रत्यगृह्णादभीतवत् ॥ तौसमेतौमहात्मानौवार्ष्णेयौवरवाजिनौ ७१ हार्दिक्यःसात्यकिश्चैवसिंहा
विवबलोत्कटौ ॥ इषुभिर्विमलाभासैश्छादयंतौपरस्परम् ७२ ॥ ॥ ॥

सुखात्च्युतोभ्रष्टः अतएवपतन्तस्मादेव ६६ । ६७ । ६८ । ६९ । ७० । ७१ । ७२ ॥ ॥ ॥

७३ । ७४ । ७५ । ७६ । ७७ । ७८ । ७९ । ८० । ८१ । ८२ । ८३ । ८४ । ८५ । ८६ । ८७ । ८८ । ८९ । ९० । ९१ ॥ इतिशल्यपर्वणिनीलकंठीयेभारतभावदीपेसप्तदशोऽध्यायः ॥ १७ ॥

अर्चिर्भिरिवसूर्यस्यदिवाकरसमप्रभौ ॥ चापमार्गबलोद्भूतान्मार्गणान्वृष्णिसिंहयोः ७३ आकाशगानपश्यामपतंगानिवशीघ्रगान् ॥ सात्यकिंदशभिर्विद्ध्वाहयांश्चा
स्यत्रिभिःशरैः ७४ चापमेकेनचिच्छेदहार्दिक्योनतपर्वणा ॥ तन्निकृत्तंधनुःश्रेष्ठमपास्यशिनिपुंगवः ७५ अन्यदादत्तवेगेनवेगवत्तरमायुधम् ॥ तदादायधनुःश्रेष्ठंवरिष्ठः
सर्वधन्विनाम् ७६ हार्दिक्यंदशभिर्बाणैःप्रत्यविध्यत्स्तनांतरे ॥ ततोरथंयुगेषांचच्छित्वाभल्लैःसुसंयतैः ७७ अश्वांस्तस्यावधीत्तूर्णमुभौचपार्ष्णिसारथी ॥ ततस्तंवि
रथंदृष्ट्वाकृपःशारद्वतःप्रभो ७८ अपोवाहततःक्षिप्रंरथमारोप्यवीर्यवान् ॥ मद्रराजेहतेराजन्विरथेकृतवर्मणि ७९ दुर्योधनबलंसर्वंपुनरासीत्पराङ्मुखम् ॥ तत्परेनान्व
बुध्यंतसैन्येनरजसाऽऽवृते ८० बलंतुहतभूयिष्ठंतत्तदासीत्पराङ्मुखम् ॥ ततोमुहूर्तात्तेऽपश्यन्रजोभौमंसमुत्थितम् ८१ विविधैःशोणितस्रावैःप्रशांतंपुरुषर्षभ ॥ ततो
दुर्योधनोदृष्ट्वाभग्नंस्वबलमंतिकात् ८२ जवेनापततःपार्थानेकःसर्वानवारयत् ॥ पांडवान्सरथान्दृष्ट्वाधृष्टद्युम्नंचपार्षतम् ८३ आनर्तंचदुराधर्षंशितैर्बाणैरवारयत् ॥
तंपरेनाभ्यवर्त्तंतमर्त्यामृत्युमिवागतम् ८४ अथान्यंरथमास्थायहार्दिक्योपिन्यवर्तत ॥ ततोयुधिष्ठिरोराजात्वरमाणोमहारथः ८५ चतुर्भिर्निजघानाश्वान्पत्रिभिःकृ
तवर्मणः ॥ विव्याधगौतमंचापिषड्भिर्भल्लैःसुतेजनैः ८६ अश्वत्थामाततोराज्ञाहताश्वंविरथीकृतम् ॥ तमपोवाहहार्दिक्यंस्वरथेनयुधिष्ठिरात् ८७ ततःशारद्वतः
षड्भिःप्रत्यविद्ध्यद्युधिष्ठिरम् ॥ विव्याधचाश्वान्निशितैस्तस्याष्टाभिःशिलीमुखैः ८८ एवमेतन्महाराजयुद्धशेषमवर्त्तत ॥ तवदुर्मंत्रितेराजन्सहपुत्रस्यभारत ८९ तस्मि
न्महेष्वासधरेविशस्तेसंग्राममध्येकुरुपुंगवेन ॥ पार्थाःसमेताःपरमप्रहृष्टाःशंखान्प्रदध्मुर्हतमीक्ष्यशल्यम् ९० युधिष्ठिरंचप्रशशंसुराजौपुराकृतेवृत्रवधेयथेन्द्रम् ॥ चक्रु
श्चनानाविधवाद्यशब्दान्निनादयन्तोवसुधांसमेताः ९१ ॥ इतिश्रीमहाभारतेशल्यपर्वणिशल्यवधेसप्तदशोऽध्यायः ॥ १७ ॥ ॥ संजयउवाच ॥ शल्येऽथनिहते
राजन्मद्रराजपदानुगाः ॥ रथाःसप्तशतावीरानिर्ययुर्महतोबलात् १ दुर्योधनस्तुद्विरदमारुह्याचलसन्निभम् ॥ छत्रेणध्रियमाणेनवीज्यमानश्चचामरैः २ नगंतव्यंनगं
तव्यमितिमद्रानवारयत् ॥ दुर्योधनेनतेवीरावार्यमाणाःपुनःपुनः ३ युधिष्ठिरंजिघांसंतःपांडूनांप्राविशन्बलम् ॥ तेतुशूरामहाराजकृतचित्ताश्चयोधने ४ धनुःशब्दं
महत्कृत्वासहायुध्यंतपांडवैः ॥ श्रुत्वाचनिहतंशल्यंधर्मपुत्रंचपीडितम् ५ मद्रराजप्रियेयुक्तैर्मद्रकाणांमहारथैः ॥ आजगामततःपार्थोगांडीवंविक्षिपन्धनुः ६
पूरयन्रथघोषेणदिशःसर्वामहारथः ॥ ततोऽर्जुनश्चभीमश्चमाद्रीपुत्रौचपांडवौ ७ सात्यकिश्चनरव्याघ्रोद्रौपदेयाश्चसर्वशः ॥ धृष्टद्युम्नःशिखंडीचपंचालाःसहसोमकैः ८
युधिष्ठिरंपरीप्संतःसमंतात्पर्यवारयन् ॥ तेसमंतात्परिवृताःपांडवाःपुरुषर्षभाः ९ ॥ ॥ ॥ ॥

शल्येइति १ । २ । ३ । ४ । ५ । ६ । ७ । ८ । ९ ॥ ॥ ॥ ॥

॥ १७ ॥ क्षोभयंतिस्मतांसेनांमकराःसागरंयथा ॥ वृक्षानिवमहावाताःकंपयंतिस्मतावकान् १० पुरोवातेनगंगेवक्षोभ्यमाणामहानदी ॥ अक्षोभ्यततदाराजन्पांडूनांध्वजि
नीततः ११ प्रस्कंद्यसेनांमहतींमहात्मानोमहारथाः ॥ बहवश्चुकुशुस्तत्रक्कसराजायुधिष्ठिरः १२ भ्रातरोवास्यतेशूरादृश्यन्तेनेहकेनच ॥ धृष्टद्युम्नोऽथशैनेयोद्रौपदेयाश्च अ०
सर्वशः १३ पंचालाश्चमहावीर्याःशिखंडीचमहारथः ॥ एवंतान्वादिनःशूरान्द्रौपदेयामहारथाः १४ अभ्यघ्नन्युयुधानश्चमद्रराजपदानुगान् ॥ चक्रैर्विमथितैःकेचित्के १८
चिच्छिन्नैर्महाध्वजैः १५ तेदृश्यंतेऽपिसमरेतावकानिहताःपरैः ॥ आलोक्यपांडवान्युद्धेयोधाराजन्समंततः १६ वार्यमाणाययुर्वेगात्पुत्रेणतवभारत ॥ दुर्योधनश्च
तान्वीरान्वारयामाससांत्वयन् १७ नचास्यशासनंकेचित्तत्रचक्रुर्महारथाः ॥ ततोगांधारराजस्यपुत्रःशकुनिरब्रवीत् १८ दुर्योधनंमहाराजवचनंवचनक्षमः ॥ किंनःसं
प्रेक्षमाणानांमद्राणांहन्यतेबलम् १९ नयुक्तमेतत्समरेत्वयितिष्ठतिभारत ॥ सहितैश्चापियोद्धव्यमित्येषसमयःकृतः २० अथकस्मात्परानेवघ्नतोमर्षयसेनृप ॥ दुर्यो
धनउवाच ॥ वार्यमाणामयापूर्वंनैतेचक्रुर्वचोमम २१ एतेविनिहताःसर्वेप्रस्कन्नाःपांडुवाहिनीम् ॥ शकुनिरुवाच ॥ नभर्तुःशासनंवीरारणेकुर्वन्त्यमर्षिताः. २२ अलं
क्रोद्धुमथैतेषांनायंकालउपेक्षितुम् ॥ यामःसर्वेचसंभूयसवाजिरथकुंजराः २३ परित्रातुंमहेष्वासान्मद्रराजपदानुगान् ॥ अन्योन्यंपरिरक्षामोयत्नेनमहतानृप २४
एवंसर्वेऽनुसंचिंत्यप्रययुर्यत्रसैनिकाः ॥ संजयउवाच ॥ एवमुक्तस्तदाराजाबलेनमहतावृतः २५ प्रययौसिंहनादेनकंपयन्निवमेदिनीम् ॥ हतविद्ध्यतगृह्णीतप्रहरध्वंनि
कृंतत २६ इत्यासीत्तुमुलःशब्दस्तवसैन्यस्यभारत ॥ पांडवास्तुरणेदृष्ट्वामद्रराजपदानुगान् २७ सहितानभ्यवर्तन्तगुल्ममास्थायमध्यमम् ॥ तेमुहूर्ताद्रणेवीराहस्ताह
स्तिविशांपते २८ निहताःप्रत्यदृश्यंतमद्रराजपदानुगाः ॥ ततोनःसंप्रयातानांहतामद्रास्तरस्विनः २९ हृष्टाःकिलकिलाशब्दमकुर्वन्सहिताःपरे ॥ उत्थितानिकबं
धानिसमदृश्यंतसर्वशः ३० पपातमहतीचोल्कामध्येनादित्यमंडलम् ॥ रथैर्भग्नैर्युगाक्षैश्चनिहतैश्चमहारथैः ३१ अश्वैर्निपतितैश्चैवसंछन्नाऽभूद्वसुंधरा ॥ वातायमानै
स्तुरगैर्युगासक्तैस्ततस्ततः ३२ अदृश्यंतमहाराजयोधास्तत्ररणाजिरे ॥ भग्नचक्रान्रथान्केचिदहरंस्तुरगारणे ३३ रथार्धंकेचिदादायदिशोदशविबभ्रमुः ॥ तत्रतत्र
व्यदृश्यंतयोक्त्रैःश्लिष्टाःस्मवाजिनः ३४ रथिनःपतमानाश्चदृश्यन्तेस्मनरोत्तमाः ॥ गगनात्प्रच्युताःसिद्धाःपुण्यानामिवसंक्षये ३५ निहतेषुचशूरेषुमद्रराजानुगेषुवै ॥
अस्मानापततश्चापिदृष्ट्वापार्थामहारथाः ३६ अभ्यवर्त्तंतवेगेनजयगृद्धाःप्रहारिणः ॥ बाणशब्दरवान्कृत्वाविमिश्रान्शंखनिःस्वनैः ३७ अस्मांस्तुपुनरासाद्यलब्ध
लक्षाःप्रहारिणः ॥ शरासनानिधुन्वानाःसिंहनादान्प्रचुक्रुशुः ३८ ततोहतमभिप्रेक्ष्यमद्रराजबलंमहत् ॥ मद्रराजंचसमरेदृष्ट्वाशूरंनिपातितम् ३९ ॥ ॥ ॥ १७ ॥

४० ॥ इतिशल्यपर्वणिनीलकंठीयेभारतभावदीपे अष्टादशोऽध्यायः ॥ १८ ॥ पातिते इति १ । २ । ३ । ४ । ५ । ६ । ७ । ८ । ९ । १० । ११ । १२ । १३ । १४ । १५

दुर्योधनबलंसर्वंपुनरासीत्पराङ्मुखम् ॥ वध्यमानंमहाराजपांडवैर्जितकाशिभिः ॥ दिशोभेजेऽथसंभ्रान्तंभ्रामितंदृढधन्विभिः ४० ॥ इतिश्रीमहाभारतेशल्यपर्वणि
संकुलयुद्धेअष्टादशोऽध्यायः ॥ १८ ॥ संजयउवाच ॥ पातितेयुधिदुर्धर्षेमद्रराजेमहारथे ॥ तावकास्तवपुत्राश्चप्रायशोविमुखाऽभवन् १ वणिजोनाविभिन्नायांयथा
ऽगाधेप्लवेऽर्णवे ॥ अपारेपारमिच्छन्तोहतेशूरेमहात्मना ॥ मद्रराजेमहाराजवित्रस्ताःशरविक्षताः २ अनाथानाथमिच्छंतोमृगाःसिंहार्दिताइव ॥ वृषायथाभग्न
शृङ्गाःशीर्णदंतायथागजाः ३ मध्याह्नेप्रत्यपायामनिर्जिताऽजातशत्रुणा ॥ नसंधातुमनीकानिनचराजन्पराक्रमे ४ आसीद्बुद्धिर्हतेशल्येभूयोयोधस्यकस्यचित् ॥ भीष्मे
द्रोणेचनिहतेसूतपुत्रेचभारत ५ यद्दुःखंतवयोधानांभयंचासीद्विशांपते ॥ तद्भयंसचनःशोकोभूयएवाभ्यवर्तत ६ निराशाश्चजयेतस्मिन्हतेशल्येमहारथे ॥ हतप्रवी
राविध्वस्तानिकृत्ताश्चशितैःशरैः ७ मद्रराजेहतेराजन्योधास्तेप्राद्रवन्भयात् ॥ अश्वानन्येगजानन्येरथानन्येमहारथाः ८ आरुह्यजवसंपन्नाःपादाताःप्राद्रवंस्तथा ॥
द्विसाहस्राश्चमातंगागिरिरूपाःप्रहारिणः ९ संप्राद्रवन्हतेशल्येअंकुशांगुष्ठनोदिताः ॥ तेरणाद्भरतश्रेष्ठतावकाःप्राद्रवन्दिशः १० धावतश्चाप्यपश्यामश्वसमाना
न्शराहतान् ॥ तान्प्रभग्नान्द्रुतान्दृष्ट्वाहतोत्साहान्पराजितान् ११ अभ्यवर्तंतपंचालाःपांडवाश्चजयैषिणः ॥ बाणशब्दरवाश्चापिसिंहनादाश्चपुष्कलाः १२
शंखशब्दश्चशूराणांदारुणःसमपद्यत ॥ दृष्ट्वातुकौरवंसैन्यंभयत्रस्तंप्रविद्रुतम् १३ अन्योन्यंसमभाषंतपंचालाःपांडवैःसह ॥ अद्यराजासत्यधृतिर्हतामित्रोयुधि
ष्ठिरः १४ अद्यदुर्योधनोहीनोदीप्तायान्नृपतिश्रियः ॥ अद्यश्रुत्वाहतंपुत्रंधृतराष्ट्रोजनेश्वरः १५ विह्वलःपतितोभूमौकिल्बिषंप्रतिपद्यताम् ॥ अद्यजानातुकौन्ते
यंसमर्थंसर्वधन्विनाम् १६ अद्यात्मानंचदुर्मेधागर्हयिष्यतिपापकृत् ॥ अद्यक्षत्तुर्वचःसत्यंस्मरतांब्रुवतोहितम् १७ अद्यप्रभृतिपार्थंचप्रेष्यभूतइवाचरन् ॥ विजाना
तुनृपोदुःखंयत्प्राप्तंपांडुनंदनैः १८ अद्यकृष्णस्यमाहात्म्यंविजानातुमहीपतिः ॥ अद्यार्जुनधनुर्घोषंघोरंजानातुसंयुगे १९ अस्त्राणांचबलंसर्वंबाह्वोश्चबलमाहवे ॥ अ
द्यज्ञास्यतिभीमस्यबलंघोरंमहात्मनः २० हतेदुर्योधनेयुद्धेशक्रेणेवासुरेबले ॥ यत्कृतंभीमसेनेनदुःशासनवधेतदा २१ नान्यःकर्ताऽस्तिलोकेऽस्मिन्नृतेभीमान्महाब
लात् ॥ अद्यज्येष्ठस्यजानीतांपांडवस्यपराक्रमम् २२ मद्रराजंहतंश्रुत्वादेवैरपिसुदुःसहम् ॥ अद्यज्ञास्यतिसंग्रामेमाद्रीपुत्रौसुदुःसहौ २३ निहतेसौबलेवीरेप्रवीरेषु
चसर्वशः ॥ कथंजयोनतेषांस्याद्येषांयोद्धाधनंजयः २४ सात्यकिर्भीमसेनश्चधृष्टद्युम्नश्चपार्षतः ॥ द्रौपद्यास्तनयाःपंचमाद्रीपुत्रौचपांडवौ २५ शिखंडीचमहेष्वासो
राजाचैवयुधिष्ठिरः ॥ येषांचजगतीनाथोनाथःकृष्णोजनार्दनः २६ कथंतेषांजयोनस्याद्येषांधर्मोव्यपाश्रयः ॥ भीष्मंद्रोणंचकर्णंचमद्रराजानमेवच २७

१६ । १७ । १८ । १९ । २० । २१ । २२ । २३ । २४ । २५ । २६ । २७ ॥ ॥ ॥

तथाऽन्यान्नृपतीन्वीरान्शतशोऽथसहस्रशः ॥ कोऽन्यःशक्तोरणेजेतुमृतेपार्थाद्युधिष्ठिरात् २८ यस्यनाथोहृषीकेशःसदासत्ययशोनिधिः ॥ इत्येवंवदमानास्तेहर्षे
णमहतायुताः २९ प्रभग्नांस्तावकान्योधान्संहृष्टाःपृष्ठतोऽन्वयुः ॥ धनंजयोरथानीकमभ्यवर्ततवीर्यवान् ३० माद्रीपुत्रौचशकुनिंसात्यकिश्चमहारथः ॥ तान्प्रे
क्ष्यद्रवतःसर्वान्भीमसेनभयार्दितान् ३१ दुर्योधनस्तदासूतमब्रवीद्विजयायच ॥ मामतिक्रमतेपार्थोधनुष्पाणिमवस्थितम् ३२ जघनेसर्वसैन्यानांममाश्वान्प्र
तिपादय ॥ जघनेयुध्यमानंहिकौन्तेयोमांसमंततः ३३ नोत्सहेदभ्यतिक्रांतुंवेलामिवमहोदधिः ॥ पश्यसैन्यंमहत्सूतपांडवैःसमभिद्रुतम् ३४ सैन्यरेणुंसमुद्धूतंपश्य
स्वैनंसमंततः ॥ सिंहनादांश्चबहुशःशृणुघोरान्भयावहान् ३५ तस्माद्याहिशनैःसूतजघनंपरिपालय ॥ मयिस्थितेचसमरेनिरुद्धेषुचपांडुषु ३६ पुनरावर्त्ततेतूर्णं
मामकंबलमोजसा ॥ तच्छ्रुत्वातवपुत्रस्यशूरार्यसदृशंवचः ३७ सारथिर्हेमसंछन्नान्शनैरश्वानचोदयत् ॥ गजाश्वरथिभिर्हीनास्त्यक्तात्मानःपदातयः ३८ एकविं
शतिसाहस्राःसंयुगायावतस्थिरे ॥ नानादेशसमुद्भूतानानानगरवासिनः ३९ अवस्थितास्तदायोधाःप्रार्थयंतोमहद्यशः ॥ तेषामापततांतत्रसंहृष्टानांपरस्परम्
४० संमर्दःसुमहान्जज्ञेघोररूपोभयानकः ॥ भीमसेनस्तदाराजन्धृष्टद्युम्नश्चपार्षतः ४१ बलेनचतुरंगेणनानादेश्यानवारयत् ॥ भीममेवाभ्यवर्ततरणेऽन्येतुपदा
तयः ४२ प्रक्ष्वेड्यास्फोट्यसंहृष्टावीरलोकंयियासवः ॥ आसाद्यभीमसेनंतुसंरब्धायुद्धदुर्मदाः ४३ धार्तराष्ट्राविनेदुर्हिनान्यामकथयन्कथाम् ॥ परिवार्यरणेभीमंनि
जघ्नुस्तेसमंततः ४४ सवध्यमानःसमरेपदातिगणसंवृतः ॥ नचचालततःस्थानान्मैनाकइवपर्वतः ४५ तेतुक्रुद्धामहाराजपांडवस्यमहारथम् ॥ निग्रहीतुंप्रवृत्ता
हियोधांश्चान्यानवारयन् ४६ अक्रुध्यतरणेभीमस्तैस्तदापर्यवस्थितैः ॥ सोवतीर्यरथात्तूर्णंपदातिःसमवस्थितः ४७ जातरूपप्रतिच्छन्नांप्रगृह्यमहतींगदाम् ॥
अवधीत्तावकान्योधान्दंडपाणिरिवांतकः ४८ विप्रहीणरथाश्वांस्तानवधीत्पुरुषर्षभः ॥ एकविंशतिसाहस्रान्पदातीन्समपोथयत् ४९ हत्वातत्पुरुषानीकंभीमःसत्य
पराक्रमः ॥ धृष्टद्युम्नंपुरस्कृत्यनचिरात्प्रत्यदृश्यत ५० पादातानिहताभूमौशिश्यिरेरुधिरोक्षिताः ॥ संभग्नाइववातेनकर्णिकाराःसुपुष्पिताः ५१ नानाशस्त्रसमा
युक्तानानाकुंडलधारिणः ॥ नानाजात्याहतास्तत्रनानादेशसमागताः ५२ पताकाध्वजसंछन्नंपदातीनांमहद्बलम् ॥ निकृत्तंविबभौरौद्रंघोररूपंभयावहम् ५३
युधिष्ठिरपुरोगाश्चसहसैन्यामहारथाः ॥ अभ्यधावन्महात्मानंपुत्रंदुर्योधनंतव ५४ तेसर्वेतावकान्दृष्ट्वामहेष्वासान्पराङ्मुखान् ॥ नात्यवर्तन्ततेपुत्रंवेलेवमकराल
यम् ५५ तदद्भुतमपश्यामतवपुत्रस्यपौरुषम् ॥ यदेकंसहिताःपार्थानशेकुरतिवर्तितुम् ५६ नातिदूरापयातंतुकृतबुद्धिंपलायने ॥ दुर्योधनःस्वकंसैन्यमब्रवी
त्कृशविक्षतम् ५७ नतंदेशंप्रपश्यामिपृथिव्यांपर्वतेषुच ॥ यत्रयातान्नवाहन्युःपांडवाःकिंसृतेनवः ५८ ॥ ॥

५९ । ६० । ६१ । ६२ । ६३ । ६४ । ६५ । ६६ । ६७ । ६८ । ६९ ॥ इतिशल्यपर्वणि नी० भा० ऊनविंशोऽध्यायः ॥ १९ ॥ ॥ सन्निवृत्तेइति १ । २ । ३ । ४ पुरापूर्वं वज्रधरस्यऐराव

अल्पंचबलमेतेषांकृष्णौचभृशविक्षतौ ॥ यदिसर्वेऽत्रतिष्ठामोध्रुवंनोविजयोभवेत् ५९ विप्रयातांस्तुवोभिन्नान्पांडवाःकृतविप्रियाः ॥ अनुसृत्यहनिष्यंतिश्रेयान्नः समरेवधः ६० शृण्वन्तुक्षत्रियाःसर्वेयावंतोऽत्रसमागताः ॥ यदाशूरंचभीरुंचमारयत्यंतकःसदा ६१ कोनमूढोनयुध्येतपुरुषःक्षत्रियोध्रुवम् ॥ श्रेयोनोभीमसेनस्यकु द्धस्याभिमुखेस्थितम् ६२ सुखःसांग्रामिकोमृत्युःक्षत्रधर्मेणयुध्यताम् ॥ मर्त्येनावश्यमर्तव्यंगृहेष्वपिकदाचन ६३ युध्यतःक्षत्रधर्मेणमृत्युरेषसनातनः ॥ हत्वेहसुख माप्नोतिहतःप्रेत्यमहत्फलम् ६४ नयुद्धधर्माच्छ्रेयान्वैपंथाःस्वर्गस्यकौरवाः ॥ अचिरेणैवताँल्लोकान्हतोयुद्धेसमश्नुते ६५ श्रुत्वातद्वचनंतस्यपूजयित्वाचपार्थिवाः ॥ पुनरेवाभ्यवर्त्तन्तपांडवानाततायिनः ६६ तानापततएवाशुव्यूढानीकाःप्रहारिणः ॥ प्रत्युद्ययुस्तदापार्थाजयगृद्धाःप्रमन्यवः ६७ धनंजयोरथेनाजावभ्यवर्त्ततवीर्य वान् ॥ विश्रुतंत्रिषुलोकेषुव्याक्षिपन्गांडिवंधनुः ६८ माद्रीपुत्रौचशकुनिंसात्यकिश्चमहाबलः ॥ जवेनाभ्यपतन्हृष्टायत्तावैतावकंबलम् ६९ ॥ इतिश्रीमहाभारते शल्यपर्वणिसंकुलयुद्धेएकोनविंशोऽध्यायः ॥ १९ ॥ ॥ संजयउवाच ॥ सन्निवृत्तेजनौघेतुशाल्वोम्लेच्छगणाधिपः ॥ अभ्यवर्त्ततसंक्रुद्धःपांडवानांमहद्बलम् १ आस्थायसुमहानागंप्रभिन्नंपर्वतोपमम् ॥ दृप्तमैरावतप्रख्यममित्रगणमर्दनम् २ योऽसौमहान्भद्रकुलप्रसूतःसुपूजितोधार्त्तराष्ट्रेणनित्यम् ॥ सुकल्पितःशास्त्रविनिश्च यज्ञैःसदोपवाह्यःसमरेषुराजन् ३ तमास्थितोराजवरोबभूवयथोदयस्थःसविताक्षपांते ॥ सतेननागप्रवरेणराजन्नभ्युद्ययौपांडुसुतान्समेतान् ४ सितैःपृषत्कैर्विददार वेगैर्महेन्द्रवज्रप्रतिमैःसुघोरैः ॥ ततःशरान्वैसृजतोमहारणेयोधांश्चराजन्नयतोयमालयम् ५ नास्यांतरंददृशुःस्वेपरेवायथापुरावज्रधरस्यदैत्याः ॥ ऐरावणस्थस्यचमू विमर्देदैत्याःपुरावासवस्येवराजन् ६ तेपाण्डवाःसोमकाःसृंजयाश्चतमेकनागंददृशुःसमंतात् ॥ सहस्रशोवैविचरंतमेकंयथामहेन्द्रस्यगजंसमीपे ७ संद्राव्यमाणंतुबलंपरे षांपरीतकल्पंविबभौसमंततः ॥ नैवावतस्थेसमरेभृशंभयाद्विमृद्यमानंतुपरस्परंतदा ८ ततःप्रभग्नासहसामहाचमूःसापांडवीतेननराधिपेन ॥ दिशश्चतस्रःसहसाविधा विताःगजेन्द्रवेगंतमपारयंती ९ दृष्ट्वाचतांवेगवतींप्रभग्नांसर्वेत्वदीयायुधियोधमुख्याः ॥ अपूजयंस्तेतुनराधिपंतंदध्मुश्चशंखान्शशिसन्निकाशान् १० श्रुत्वानिनादंत्वथ कौरवाणांहर्षाद्विमुक्तंसहशंखशब्दैः ॥ सेनापतिःपांडवसृंजयानांपांचालपुत्रोममृषेनकोपात् ११ ततस्तुतंवैद्विरदंमहात्माप्रत्युद्ययौत्वरमाणोजयाय ॥ जंभोयथाशक्र समागमेवैनागेन्द्रमैरावणमिंद्रवाह्यम् १२ तमापतंतंसहसातुदृष्ट्वापांचालपुत्रंयुधिराजसिंहः ॥ तंवैद्विपंप्रेषयामासतूर्णंवधायराजन्द्रुपदात्मजस्य १३ सतंद्विपेन्द्रंसह साऽऽपतंतमविध्यदग्निप्रतिमैःपृषत्कैः ॥ कर्मारधौतैर्निशितैर्ज्वलद्भिर्नाराचमुख्यैस्त्रिभिरुग्रवेगैः १४ ॥ ॥ ॥

७

णस्थस्यवासवस्यपुराप्रथमेचमूविमर्देदैत्याअदैत्यादेवाश्चयथाअंतरंनददृशुस्तथास्वेपरेचास्यशाल्वस्यांतरंनददृशुरित्यन्वयः इवशब्दोवाक्यालंकारे ५ । ६ । ७ । ८ । ९ । १० । ११ । १२ । १३ । १४

॥ १९ ॥ ततोऽपरान्पंचशतान्महात्मानाराचमुख्यान्विससर्जकुंभे ॥ सतैस्तुविद्धःपरमद्विपोरणेतदापरावृत्यभृशंप्रदुद्रुवे १५ तंनागराजंसहसाप्रणुन्नंविद्राव्यमाणंविनिवर्त्य अ०
शाल्वः ॥ तोत्रांकुशैःप्रेषयामासतूर्णंपंचालराजस्यरथंप्रदिश्य १६ दृष्ट्वाऽऽपतंतंसहसातुनागंधृष्टद्युम्नःस्वरथाच्छीघ्रमेव ॥ गदांप्रगृह्योग्रजवेनवीरोभूमिंप्रपन्नोभयवि २१
ह्वलांगः १७ सतंरथंहेमविभूषितांगंसाश्वंससूतंसहसाविमृद्य ॥ उत्क्षिप्यहस्तेननदन्महाद्विपोविपोथयामासवसुंधरातले १८ पांचालराजस्यसुतंचदृष्ट्वातदार्दितंनागवरेण
तेन ॥ तमभ्यधावत्सहसाजवेनभीमःशिखंडीचशिनेश्चनप्ता १९ शरैश्चवेगंसहसानिगृह्यतस्याभितोऽभ्यापततोगजस्य ॥ ससंगृहीतोरथिभिर्गजोवैचचालतैर्वार्यमाण
श्चसंख्ये २० ततःपृषत्कान्प्रववर्षराजासूर्योयथारश्मिजालंसमंतात् ॥ तैराशुगैर्वध्यमानारथौघाःप्रदुद्रुवुःसहितास्तत्रतत्र २१ तत्कर्मशाल्वस्यसमीक्ष्यसर्वेपांचालपु
त्रान्नृपसृंजयाश्च ॥ हाहाकारैर्नादयंतिस्मयुद्धेद्विपंसमंताद्रुरुधुर्नराग्र्याः २२ पांचालपुत्रस्त्वरितस्तुशूरोगदांप्रगृह्याचलशृंगकल्पाम् ॥ ससंभ्रमंभारतशत्रुघातीजवेन
वीरोऽनुससारनागम् २३ ततस्तुनागंधरणीधराभंमदंस्रवन्तंजलदप्रकाशम् ॥ गदांसमाविध्यभृशंजघानपंचालराजस्यसुतस्तरस्वी २४ सभिन्नकुंभःसहसाविनद्यमु
खात्प्रभूतंक्षतजंविमुंचन् ॥ पपातनागोधरणीधराभःक्षितिप्रकंपाच्चलितोयथाद्रिः २५ निपात्यमानेतुतदागजेन्द्रेहाहाकृतेतवपुत्रस्यसैन्ये ॥ सशाल्वराजस्यशिनिप्र
वीरोजहारभल्लेनशिरःशितेन २६ हृतोत्तमांगोयुधिसात्वतेनपपातभूमौसहनागराज्ञा ॥ यथाद्रिशृंगंसुमहत्प्रणुन्नंवज्रेणदेवाधिपचोदितेन २७ ॥ इतिश्रीमहाभारते
शल्यपर्वणिशाल्ववधेविंशतितमोऽध्यायः ॥ २० ॥ ॥ संजयउवाच ॥ तस्मिंस्तुनिहतेशूरेशाल्वेसमितिशोभने ॥ तवाभज्यद्बलंवेगाद्वातेनेवमहाद्रुमः १ तत्प्रभ
ग्नंबलंदृष्ट्वाकृतवर्मामहारथः ॥ दधारसमरेशूरःशत्रुसैन्यंमहाबलः २ सन्निवृत्तास्तुतेशूराद्दृष्ट्वासात्वतमाहवे ॥ शैलोपमंस्थिरंराजन्कीर्यमाणंशरैर्युधि ३ ततःप्रववृतेयु
द्धंकुरूणांपांडवैःसह ॥ निवृत्तानांमहाराजमृत्युंकृत्वानिवर्तनम् ४ तत्राश्चर्यमभूद्युद्धंसात्वतस्यपरैःसह ॥ यदेकोवारयामासपांडुसेनांदुरासदाम् ५ तेषामन्योन्यसुहृ
दांकृतेकर्मणिदुष्करे ॥ सिंहनादःप्रहृष्टानांदिविस्पृक्सुमहानभूत् ६ तेनशब्देनवित्रस्ताःपंचालान्भरतर्षभ ॥ शिनेर्नप्तामहाबाहुरन्वपद्यतसात्यकिः ७ ससमासाद्यरा
जानंक्षेमधूर्तिंमहाबलम् ॥ सप्तभिर्निशितैर्बाणैरनयद्यमसादनम् ८ तमायांतंमहाबाहुंप्रवपंतंशितान्शरान् ॥ जवेनाभ्यपतद्धीमान्हार्दिक्यःशिनिपुंगवम् ९ सात्व
तौचमहावीर्यौधन्विनौरथिनांवरौ ॥ अन्योन्यमभिधावेतांशस्त्रप्रवरधारिणौ १० पांडवाःसहपंचालायोधाश्चान्येनृपोत्तमाः ॥ प्रेक्षकाःसमपद्यंततयोर्घोरेसमागमे ११
नाराचैर्वत्सदन्तैश्चवृष्ण्यंधकमहारथौ ॥ अभिजघ्नतुरन्योन्यंप्रहृष्टाविवकुंजरौ १२ ॥ ॥ ॥ ॥ १९ ॥

१३ । १४ १५ । १६ । १७ । १८ । १९ । २० । २१ । २२ । २३ । २४ । २५ । २६ । २७ । २८ । २९ । ३० । ३१ । ३२ । ३३ । ३४ । ३५ । ३६ । ३७ ॥ इतिशल्यपर्वणिनीलकंठीये

चरंतौविविधान्मार्गान्हार्दिक्यशिनिपुंगवौ ॥ मुहुरंतर्दधातेतौबाणवृष्ट्यापरस्परम् १२ चापवेगबलोद्धूतान्मार्गणान्वृष्णिसिंहयोः ॥ आकाशेसमपश्यामपतंगानि
वशीघ्रगान् १४ तमेकंसत्यकर्माणमासाद्यहृदिकात्मजः ॥ अविध्यन्निशितैर्बाणैश्चतुर्भिश्चतुरोहयान् १५ सदीर्घबाहुःसंक्रुद्धस्तोत्रार्दितइवद्विपः ॥ अष्टभिःकृतव
र्माणमविद्ध्यत्परमेषुभिः १६ ततःपूर्णायतोत्सृष्टैःकृतवर्माशिलाशितैः ॥ सात्यकिंत्रिभिराहत्यधनुरेकेनचिच्छिदे १७ निकृत्तंतद्धनुःश्रेष्ठमपास्यशिनिपुंगवः ॥
अन्यदादत्तवेगेनशैनेयःसशरंधनुः १८ तदादायधनुःश्रेष्ठंवरिष्ठःसर्वधन्विनाम् ॥ आरोप्यचधनुःशीघ्रंमहावीर्योमहाबलः १९ अमृष्यमाणोधनुषश्छेदनंकृतवर्मणा ॥ कुपि
तोऽतिरथःशीघ्रंकृतवर्माणमभ्ययात् २० ततःसुनिशितैर्बाणैर्दशभिःशिनिपुंगवः ॥ जघानसूतंचाश्वांश्चध्वजंचकृतवर्मणः २१ ततोराजन्महेष्वासःकृतवर्मामहारथः ॥
हताश्वसूतंसंप्रेक्ष्यरथंहेमपरिष्कृतम् २२ रोषेणमहताऽऽविष्टःशूलमुद्यम्यमारिष ॥ चिक्षेपभुजवेगेनजिघांसुःशिनिपुंगवम् २३ तच्छूलंसात्वतोह्याजौनिर्भिद्यनिशितैः
शरैः ॥ चूर्णितंपातयामासमोहयन्निवमाधवम् २४ ततोऽपरेणभल्लेनहृद्येनंसमताडयत् ॥ युयुधेयुयुधानेनहताश्वोहतसारथिः २५ कृतवर्माकृतस्तेनधरणीमन्वप
द्यत ॥ तस्मिन्सात्यकिनावीरेद्वैरथेविरथीकृते २६ समपद्यतसर्वेषांसैन्यानांसुमहद्भयम् ॥ पुत्रस्यतवचात्यर्थंविषादःसमजायत २७ हतसूतेहताश्वेतुविरथेकृतव
र्मणि ॥ हताश्वंचसमालक्ष्यहतसूतमरिंदम २८ अभ्यधावत्कृपोराजन्जिघांसुःशिनिपुंगवम् ॥ तमारोप्यरथोपस्थेमिषतांसर्वधन्विनाम् २९ अपोवाहमहाबाहुंतूर्ण
मायोधनादपि ॥ शैनेयेऽधिष्ठितेराजन्विरथेकृतवर्मणि ३० दुर्योधनबलंसर्वंपुनरासीत्पराङ्मुखम् ॥ तत्परेनान्वबुध्यंतसैन्येनरजसाऽऽवृताः ३१ तावकाःप्रद्रुतारा
जन्दुर्योधनमृतेनृपम् ॥ दुर्योधनस्तुसंप्रेक्ष्यभग्नंस्वबलमंतिकात् ३२ जवेनाभ्यपतत्तूर्णंसर्वांश्चैकोन्यवारयत् ॥ पांडूंश्चसर्वान्संक्रुद्धोधृष्टद्युम्नंचपार्षतम् ३३ शिखंडिनं
द्रौपदेयान्पंचालानांचयेगणाः ॥ केकयान्सोमकांश्चैवसृंजयांश्चैवमारिष ३४ असंभ्रमंदुराधर्षःशितैर्बाणैरवाकिरत् ॥ अतिष्ठदाहवेयत्तःपुत्रस्तवमहाबलः ३५
यथायज्ञेमहानग्निर्मंत्रपूतःप्रकाशवान् ॥ तथादुर्योधनोराजासंग्रामेसर्वतोभवत् ३६ तंपरेनाभ्यवर्त्तंतमर्त्यामृत्युमिवाहवे ॥ अथान्यंरथमास्थायहार्दिक्यःसमपद्यत ३७
॥ इतिश्रीमहाभारतेशल्यपर्वणि सात्यकिकृतवर्मयुद्धेएकविंशोऽध्यायः ॥ २१ ॥ संजयउवाच ॥ पुत्रस्तुतेमहाराजरथस्थोरथिनांवरः ॥ दुरुत्सहोबभौयुद्धेयथारुद्रः
प्रतापवान् १ तस्यबाणसहस्रैस्तुप्रच्छन्नाह्यभवन्मही ॥ परांश्चसिषिचेबाणैर्धाराभिरिवपर्वतान् २ नचसोऽस्तिपुमान्कश्चित्पांडवानांबलार्णवे ॥ हयोगजोरथोवाऽ
पियःस्याद्बाणैरविक्षतः ३ यंयंहिसमरेयोधंप्रपश्यामिविशांपते ॥ ससबाणैश्चितोऽभूद्वैपुत्रेणतवभारत ४ यथासैन्येनरजसासमुद्धूतेनवाहिनी ॥ प्रत्यदृश्य
तसंछन्नातथाबाणैर्महात्मनः ५ ॥ ॥ ॥ ॥

भारतभावदीपे एकविंशोऽध्यायः ॥ २१ ॥ ॥ पुत्रइति १ । २ । ३ । ४ । ५ ॥ ॥ ॥ ॥

म भा.टी. ६ । ७ । ८।९ । १० । ११ । १२ । १३ । १४ । १५ । १६ । १७ । १८ । १९ । २० । २१ । २२ । २३ । २४ । २५।२६ । २७ । २८ । २९।३० । ३१ । ३२ । ३३ । ३४ । ३५ । ३६ । ३७ शल्य० ९
॥ २० ॥
अ० २२

बाणभूतामपश्यामपृथिवींपृथिवीपते ॥ दुर्योधनेनप्रकृतांक्षिप्रहस्तेनधन्विना ६ तेषुयोधसहस्रेषुतावकेषुपरेषुच ॥ एकोदुर्योधनोह्यासीत्पुमानितिमतिर्मम ७
तत्राद्भुतमपश्यामतवपुत्रस्यविक्रमम् ॥ यदेकंसहिताःपार्थानाभ्यवर्त्ततभारत ८ युधिष्ठिरंशतेनाजौविव्याधभरतर्षभ ॥ भीमसेनंचसप्तत्यासहदेवंचपंचभिः ९
नकुलंचचतुःषष्ट्याधृष्टद्युम्नंचपंचभिः ॥ सप्तभिर्द्रौपदेयांश्चत्रिभिर्विव्याधसात्यकिम् १० धनुश्चिच्छेदभल्लेनसहदेवस्यमारिष ॥ तदपास्यधनुश्छिन्नंमाद्रीपुत्रःप्र
तापवान् ११ अभ्यद्रवतराजानंप्रगृह्यान्यन्महद्धनुः ॥ ततोदुर्योधनंसंख्येविव्याधदशभिःशरैः १२ नकुलस्तुततोवीरोराजानंनवभिःशरैः ॥ घोररूपैर्महेष्वासो
विव्याधचननादच १३ सात्यकिश्चैवराजानंशरेणानतपर्वणा ॥ द्रौपदेयास्त्रिसप्तत्याधर्मराजश्चपंचभिः १४ अशीत्याभीमसेनश्चशरैराजानमार्पयन् ॥ समंतात्की
र्यमाणस्तुबाणसंघैर्महात्मभिः १५ नचचालमहाराजसर्वसैन्यस्यपश्यतः ॥ लाघवंसौष्ठवंचापिवीर्यंचापिमहात्मनः १६ अतिसर्वाणिभूतानिददृशुःसर्वमानवाः ॥
धार्त्तराष्ट्राहिराजेन्द्रयोधास्तुस्वल्पमंतरम् १७ अपश्यमानाराजानंपर्यवर्त्तंतदंशिताः ॥ तेषामापततांघोरस्तुमुलःसमपद्यत १८ क्षुब्धस्यहिसमुद्रस्यप्रावृट्का
लेयथास्वनः ॥ समासाद्यरणेतेतुराजनमपराजितम् १९ प्रत्युद्ययुर्महेष्वासाःपांडवानाततायिनः ॥ भीमसेनंरणेक्रुद्धोद्रोणपुत्रोन्यवारयत् २० नानाबाणैर्महा
राजप्रमुक्तैःसर्वतोदिशम् ॥ नाज्ञासंतरणेवीरानदिशःप्रदिशःकुतः २१ तावुभौक्रूरकर्माणावुभौभारतदुःसहौ ॥ घोररूपमयुध्येतांकृतप्रतिकृतैषिणौ २२ त्रासयं
तौदिशःसर्वाज्याक्षेपकठिनत्वचौ ॥ शकुनिस्तुरणेवीरोयुधिष्ठिरमपीडयत् २३ तस्याश्वांश्चतुरोहत्वासुबलस्यसुतोविभो ॥ नादंचकारबलवत्सर्वसैन्यानिकोपयन्
२४ एतस्मिन्नंतरेवीरंराजनमपराजितम् ॥ अपोवाहरथेनाजौसहदेवःप्रतापवान् २५ अथान्यंरथमास्थायधर्मपुत्रोयुधिष्ठिरः ॥ शकुनिंनवभिर्विद्ध्वापुनर्विव्या
धपंचभिः २६ ननादचमहानादंप्रवरःसर्वधन्विनाम् ॥ तद्युद्धमभवच्चित्रंघोररूपंचमारिष २७ प्रेक्षतांप्रीतिजननंसिद्धचारणसेवितम् ॥ उलूकस्तुमहेष्वासंनकु
लंयुद्धदुर्मदम् २८ अभ्यद्रवदमेयात्माशरवर्षैःसमंततः ॥ तथैवनकुलःशूरःसौबलस्यसुतंरणे २९ शरवर्षेणमहतासमंतात्पर्यवारयत् ॥ तौतत्रसमरेवीरौकुलपु
त्रौमहारथौ ३० योधयंतावपश्येतांकृतप्रतिकृतैषिणौ ॥ तथैवकृतवर्माणंशैनेयःशत्रुतापनः ३१ योधयन्शुशुभेराजन्बलिंशक्रइवाहवे ॥ दुर्योधनोधनुश्छित्वाधृ
ष्टद्युम्नस्यसंयुगे ३२ अथैनंछिन्नधन्वानंविव्याधनिशितैःशरैः ॥ धृष्टद्युम्नोऽपिसमरेप्रगृह्यपरमायुधम् ३३ राजानंयोधयामासपश्यतांसर्वधन्विनाम् ॥ तयोर्यु
द्धंमहच्चासीत्संग्रामेभरतर्षभ ३४ प्रभिन्नयोर्यथासक्तंमत्तयोर्वरहस्तिनोः ॥ गौतमस्तुरणेक्रुद्धोद्रौपदेयान्महाबलान् ३५ विव्याधबहुभिःशूरःशरैःसन्नतपर्वभिः ॥
तस्यतैरभवद्युद्धमिंद्रियैरिवदेहिनः ३६ घोररूपमसंवार्यंनिर्मर्यादमवर्त्तत ॥ तेचसंपीडयामासुरिन्द्रियाणीवबालिशम् ३७

॥ २० ॥

३८ । ३९ । ४० । ४१ । ४२ । ४३ । ४४ । ४५ । ४६ । ४७ । ४८ । ४९ ॥ इतिशल्यपर्वणिनीलकंठीये भारतभावदीपे द्वाविंशोऽध्यायः ॥ २२ ॥ ॥ वर्तमानेइति १ । २ । ३ । ४ । ५

सचतान्प्रतिसंरब्धःप्रत्ययोधयदाहवे ॥ एवंचित्रमभूद्युद्धंतस्यतैःसहभारत ३८ उत्थायोत्थायहियथादेहिनामिंद्रियैर्विभो ॥ नराश्चैवनरैःसार्धंदंतिनोदंतिभिस्त
था ३९ हयाहयैःसमासक्तारथिनोरथिभिःसह ॥ संकुलंचाभवद्भूयोघोररूपंविशांपते ४० इदंचित्रमिदंघोरमिदंरौद्रमितिप्रभो ॥ युद्धान्यासन्महाराजघोराणि
चबहूनिच ४१ तेसमासाद्यसमरेपरस्परमरिंदमाः ॥ व्यनदंश्चैवजघ्नुश्चसमासाद्यमहाहवे ४२ तेषांपत्रसमुद्भूतंरजस्तीव्रमदृश्यत ॥ वातेनचोद्धतंराजन्धावद्भि
श्चाश्वसादिभिः ४३ रथनेमिसमुद्भूतंनिःश्वासैश्चापिदंतिनाम् ॥ रजःसंध्याभ्रकलिलंदिवाकरपथंययौ ४४ रजसातेनसंपृक्तोभास्करोनिष्प्रभःकृतः ॥ संछादिता
ऽभवद्भूमिस्तेचशूरामहारथाः ४५ मुहूर्तादिवसंवृत्तंनीरजस्कंसमंततः ॥ वीरशोणितसिक्तायांभूमौभरतसत्तम ४६ उपाशाम्यत्ततस्तीव्रंतद्रजोघोरदर्शनम् ॥ त
तोऽपश्यमहंभूयोद्वंद्वयुद्धानिभारत ४७ यथाप्राणंयथाश्रेष्ठंमध्याह्नेवैसुदारुणम् ॥ वर्मणातत्रराजेंद्रव्यदृश्यंतोज्ज्वलःप्रभाः ४८ शब्दश्चतुमुलःसंख्येशराणांपतता
मभूत् ॥ महावेणुवनस्येवदह्यमानस्यपर्वते ४९ ॥ इतिश्रीमहाभारतेशल्यपर्वणिसंकुलयुद्धेद्वाविंशोऽध्यायः ॥ २२ ॥ ॥ संजयउवाच ॥ वर्त्तमानेतदायुद्धे
घोररूपेभयानके ॥ अभज्यतबलंतत्रतवपुत्रस्यपांडवैः १ तांस्तुयत्नेनमहतासन्निवार्यमहारथान् ॥ पुत्रस्तेयोधयामासपांडवानामनीकिनीम् २ निवृत्ताःसहसायो
धास्तवपुत्रजयैषिणः ॥ सन्निवृत्तेषुतेष्वेवंयुद्धमासीत्सुदारुणम् ३ तावकानांपरेषांचदेवासुररणोपमम् ॥ परेषांतवसैन्येवानासीत्कश्चित्पराङ्मुखः ४ अनुमानेन
युध्यंतेसंज्ञाभिश्चपरस्परम् ॥ तेषांक्षयोमहानासीद्युध्यतामितरेतरम् ५ ततोयुधिष्ठिरोराजाक्रोधेनमहतायुतः ॥ जिगीषमाणःसंग्रामेधार्त्तराष्ट्रान्सराजकान् ६ त्रिभिः
शारद्वतंविद्ध्वारुक्मपुंखैःशिलाशितैः ॥ चतुर्भिर्निजघानाश्वान्नाराचैःकृतवर्मणः ७ अश्वत्थामातुहार्दिक्यमपोवाहयशस्विनम् ॥ अथशारद्वतोऽष्टाभिःप्रत्यविध्यद्यु
धिष्ठिरम् ८ ततोदुर्योधनोराजारथान्सप्तशतान्रणे ॥ प्रैषयद्यत्रराजाऽसौधर्मपुत्रोयुधिष्ठिरः ९ तेरथारथिभिर्युक्तामनोमारुतरंहसः ॥ अभ्यद्रवंतसंग्रामेकौन्तेयस्यर
थंप्रति १० तेसमंतान्महाराजपरिवार्ययुधिष्ठिरम् ॥ अदृश्यंसायकैश्चक्रुर्मेघाइवदिवाकरम् ११ तेदृष्ट्वाधर्मराजानंकौरवेयैस्तथाकृतम् ॥ नामृष्यंतसुसंरब्धाःशिखंडीप्र
मुखारथाः १२ रथैरश्ववरैर्युक्तैःकिंकिणीजालसंवृतैः ॥ आजग्मुरथरक्षंतःकुंतीपुत्रंयुधिष्ठिरम् १३ ततःप्रववृतेरौद्रःसंग्रामःशोणितोदकः ॥ पांडवानांकुरूणांचयम
राष्ट्रविवर्धनः १४ रथान्सप्तशतान्हत्वाकुरूणामाततायिनाम् ॥ पांडवाःसहपंचालैःपुनरेवाभ्यवारयन् १५ तत्रयुद्धंमहच्चासीत्तवपुत्रस्यपांडवैः ॥ नचतत्तादृशं
दृष्टंनैवचापिपरिश्रुतम् १६ वर्तमानेतदायुद्धेनिर्मर्यादेसमंततः ॥ वध्यमानेषुयोधेषुतावकेष्वितरेषुच १७ विनदत्सुचयोधेषुशंखवर्यैश्चपूरितैः ॥ उत्कुष्टैः
सिंहनादैश्चगर्जितैश्चैवधन्विनाम् १८ ॥ ॥ ॥ ॥

६ । ७ । ८ । ९ । १० । ११ । १२ । १३ । १४ । १५ । १६ । १७ । १८ ॥

अतिप्रवृत्तेयुद्धेचच्छिद्यमानेषुमर्मसु ॥ धावमानेषुयोधेषुजयगृद्धिषुमारिष १९ संहारेसर्वतोजातेपृथिव्यांशोकसंभवे ॥ बह्वीनामुत्तमस्त्रीणांसीमंतोद्धरणेतथा २०
निमर्यादेमहायुद्धेवर्त्तमानेसुदारुणे ॥ प्रादुरासन्विनाशायतदोत्पाताःसुदारुणाः २१ चचालशब्दंकुर्वाणासपर्वतवनामही ॥ सदंडाःसोल्मुकाराजन्कीर्यमाणाःसमं
ततः २२ उल्काःपेतुर्दिवोभूमावाहत्यरविमंडलम् ॥ विष्वग्वाताःप्रादुरासन्नीचैःशर्करवर्षिणः २३ अश्रूणिमुमुचुर्नागावेपथुंचास्पृशन्भृशम् ॥ एतान्घोराननना
दृत्यसमुत्पातान्सुदारुणान् २४ पुनर्युद्धायसंयत्ताःक्षत्रियास्तस्थुरव्यथाः ॥ रमणीयेकुरुक्षेत्रेपुण्येस्वर्गंयियासवः २५ ततोगांधारराजस्यपुत्रःशकुनिरब्रवीत् ॥
युद्ध्यध्वमग्रतोयावत्पृष्ठतोहन्मिपांडवान् २६ ततोनःसंप्रयातानांमद्रयोधास्तरस्विनः ॥ हृष्टाःकिलकिलाशब्दमकुर्वंतपरेतथा २७ अस्मांस्तुपुनरासाद्यलब्ध
लक्षादुरासदाः ॥ शरासनानिधुन्वंतःशरवर्षैरवाकिरन् २८ ततोहतंपरैस्तत्रमद्रराजबलंतदा ॥ दुर्योधनबलंदृष्ट्वापुनरासीत्पराङ्मुखम् २९ गांधारराजस्तुपुन
र्वाक्यमाहततोबली ॥ निवर्त्तध्वमधर्मज्ञायुध्यध्वंकिंसृतेनवः ३० अनीकंदशसाहस्रमश्वानांभरतर्षभ ॥ आसीद्गांधारराजस्यविशालप्रासयोधिनाम् ३१ बलेन
तेनविक्रम्यवर्तमानेजनक्षये ॥ पृष्ठतःपांडवानीकमभ्यघ्नन्निशितैःशरैः ३२ तदभ्रमिववातेनक्षिप्यमाणंसमंततः ॥ अभज्यतमहाराजपांडूनांसुमहद्बलम् ३३ त
तोयुधिष्ठिरःप्रेक्ष्यभग्नंस्वबलमंतिकात् ॥ अभ्यनादयदव्यग्रःसहदेवंमहाबलम् ३४ असौसुबलपुत्रोनोजघनंपीड्यदंशितः ॥ सैन्यानिसूदयत्येषपश्यपांडवदुर्म
तिम् ३५ गच्छत्वंद्रौपदेयैश्चशकुनिंसौबलंजहि ॥ रथानीकमहंधक्ष्येपञ्चालसहितोऽनघ ३६ गच्छंतुकुंजराःसर्वेवाजिनश्चसहत्वया ॥ पादाताश्चत्रिसाहस्राःशकु
निंतैर्वृतोजहि ३७ ततोगजाःसप्तशताश्चापपाणिभिरास्थिताः ॥ पंचचाश्वसहस्राणिसहदेवश्चवीर्यवान् ३८ पादाताश्चत्रिसाहस्राद्रौपदेयाश्चसर्वशः ॥ रणेह्यभ्य
द्रवंस्तेतुशकुनिंयुद्धदुर्मदम् ३९ ततस्तुसौबलोराजन्नभ्यतिक्रम्यपांडवान् ॥ जघानपृष्ठतःसेनांजयगृद्धःप्रतापवान् ४० अश्वारोहास्तुसंरब्धाःपांडवानांतरस्विनाम् ॥
प्राविशन्सौबलानीकमभ्यतिक्रम्यतान्रथान् ४१ तेतत्रसादिनःशूराःसौबलस्यमहब्दलम् ॥ रणमध्येव्यतिष्ठंतशरवर्षैरवाकिरन् ४२ तदुद्यतगदाप्रासमकापुरुष
सेवितम् ॥ प्रावर्त्ततमहद्युद्धंराजन्दुर्मंत्रितेतव ४३ उपारमंतज्याशब्दाःप्रेक्षकारथिनोऽभवन् ॥ नहिस्वेषांपरेषांवाविशेषःप्रत्यदृश्यत ४४ शूरबाहुविसृष्टानांशक्ती
नांभरतर्षभ ॥ जोतिषामिवसंपातमपश्यन्कुरुपांडवाः ४५ ऋष्टिभिर्विमलाभिश्चतत्रतत्रविशांपते ॥ संपतंतीभिराकाशमावृतंबह्वशोभत ४६ प्रासानांपततांराजन्रू
पमासीत्समंततः ॥ शलभानामिवाकाशेतदाभरतसत्तम ४७ रुधिरोक्षितसर्वांगाविप्रविद्धैर्नियंतृभिः ॥ हयाःपरिपतंतिस्मशतशोथसहस्रशः ४८ अन्योन्यंपरिपि
ष्टाश्चसमासाद्यपरस्परम् ॥ आविक्षताःस्मदृश्यंतेवमंतोरुधिरंमुखैः ४९

५० । ५१ । ५२ । ५३ । ५४ । ५५ । ५६ । ५७ । ५८ । ५९ । ६० । ६१ । ६२ । ६३ । ६४ । ६५ । ६६ । ६७ । ६८ । ६९ । ७० । ७१ । ७२ । ७३ । ७४ । ७५ । ७६ । ७७ । ७८ । ७९ । ८०

ततोऽभवत्तमोघोरंसैन्येनरजसाऽवृते ॥ तानपाक्रमतोऽद्राक्षंतस्माद्देशादरिंदम ५० अश्वान्राजन्मनुष्यांश्चरजसासंवृतेसति ॥ भूमौनिपतिताश्चान्येवमंतोरुधिरं
बहु ५१ केशाकेशिसमालग्नानशेकुश्चेष्टितुंनराः ॥ अन्योन्यमश्वपृष्ठेभ्योविकर्षंतोमहाबलाः ५२ मल्लाइवसमासाद्यनिजघ्नुरितरेतरम् ॥ अश्वैश्चव्यपकृष्यंतबहवो
ऽत्रगतासवः ५३ भूमौनिपतिताश्चान्येबहवोविजयैषिणः ॥ तत्रतत्रव्यदृश्यंतपुरुषाःशूरमानिनः ५४ रक्तोक्षितैश्छिन्नभुजैरवकृष्टशिरोरुहैः ॥ व्यदृश्यतमही
कीर्णाशतशोऽथसहस्रशः ५५ दूरंनशक्यंतत्रासीद्गंतुमश्वेनकेनचित् ॥ साश्वारोहैर्हतैरश्वैरावृतेवसुधातले ५६ रुधिरोक्षितसन्नाहैरात्तशस्त्रैरुदायुधैः ॥ नानाप्रह
रणैर्घोरैःपरस्परवधैषिभिः ५७ सुसन्निकृष्टैःसंग्रामेहतभूयिष्ठसैनिकैः ॥ समुहूर्त्तंततोयुद्ध्वासौबलोऽथविशांपते ५८ षट्साहस्रैर्हयैःशिष्टैरपायाच्छकुनिस्ततः ॥
तथैवपांडवानीकंरुधिरेणसमुक्षितम् ५९ षट्साहस्रैर्हयैःशिष्टैरपायाच्छांतवाहनम् ॥ अश्वारोहाश्चपांडूनामब्रुवन्रुधिरोक्षिताः ६० सुसंनिकृष्टेसंग्रामेभूयिष्ठत्य
क्तजीविताः ॥ नहिशक्यंरथैर्योद्धुंकुतएवमहागजैः ६१ रथानेवरथायांतुकुंजराःकुंजरानपि ॥ प्रतियातोहिशकुनिःस्वमनीकमवस्थितः ६२ नपुनःसौबलोरा
जायुद्धमभ्यागमिष्यति ॥ ततस्तुद्रौपदेयाश्चतेचमत्तामहाद्विपाः ६३ प्रययुर्यत्रपांचाल्योधृष्टद्युम्नोमहारथः ॥ सहदेवोऽपिकौरव्यरजोमेघेसमुत्थिते ६४ एका
कीप्रययौतत्रयत्रराजायुधिष्ठिरः ॥ ततस्तेषुप्रयातेषुशकुनिःसौबलःपुनः ६५ पार्श्वतोऽभ्यहनत्क्रुद्धोधृष्टद्युम्नस्यवाहिनीम् ॥ तत्पुनस्तुमुलंयुद्धंप्राणांस्त्यक्त्वाऽभ्यवर्त्तत
६६ तावकानांपरेषांचपरस्परवधैषिणाम् ॥ तेचान्योन्यमवैक्षंतततस्मिन्वीरसमागमे ६७ योधाःपर्यपतन्राजन्शतशोऽथसहस्रशः ॥ असिभिश्छिद्यमानानांशि
रसांलोकसंक्षये ६८ प्रादुरासीन्महान्शब्दस्तालानांपततामिव ॥ विमुक्तानांशरीराणांछिन्नानांपततांभुवि ६९ सायुधानांचबाहूनामूरूणांचविशांपते ॥ आसीत्क
टकटाशब्दःसुमहाँल्लोमहर्षणः ७० निघ्नंतोनिशितैःशस्त्रैर्भ्रातॄन्पुत्रान्सखीनपि ॥ योधाःपरिपतंतिस्मयथाऽऽमिषकृतेखगाः ७१ अन्योन्यंप्रतिसंरब्धाःसमासा
द्यपरस्परम् ॥ अहंपूर्वमहंपूर्वमितिनिघ्नन्सहस्रशः ७२ संघातेनासनभ्रष्टैरश्वारोहैर्गतासुभिः ॥ हयाःपरिपतंतिस्मशतशोऽथसहस्रशः ७३ स्फुरतांप्रतिपि
ष्टानामश्वानांशीघ्रगामिनाम् ॥ स्तनतांचमनुष्याणांसन्नद्धानांविशांपते ७४ शक्त्यृष्टिप्रासशब्दश्चतुमुलःसमपद्यत ॥ भिंदतांपरमर्माणिराजन्दुर्मंत्रितेतव ७५
श्रमाभिभूताःसंरब्धाःश्रांतवाहाःपिपासवः ॥ विक्षताश्चशितैःशस्त्रैरभ्यवर्तंततावकाः ७६ मत्तारुधिरगंधेनबहवोऽत्रविचेतसः ॥ जघ्नुःपरान्स्वकांश्चैवप्राप्तान्प्राप्ताननं
तरान् ७७ बहवश्चगतप्राणाःक्षत्रियाजयगृद्धिनः ॥ भूमावभ्यपतन्राजन्शरवृष्टिभिरावृताः ७८ वृकगृध्रशृगालानांतुमुलेमोदनेऽहनि ॥ आसीद्बलक्षयोघोरस्तवपु
त्रस्यपश्यतः ७९ नराश्वकायैःसंछन्नाभूमिरासीद्विशांपते ॥ रुधिरोदकचित्राचभीरूणांभयवर्धिनी ८०

८१ । ८२ । ८३ । ८४ । ८५ । ८६ । ८७ । ८८ । ८९ । ९० । ९१ । ९२ ॥ इतिशल्यपर्वणिनीलकंठीयेभारतभावदीपेत्रयोविंशोऽध्यायः ॥ २३ ॥ ॥ ॥ तस्मिन्निति १ । ८ । ३

असिभिःपट्टिशैःशूलैस्तक्षमाणाःपुनःपुनः ॥ तावकाःपांडवेयाश्चनन्यवर्तंतभारत ८१ प्रहरंतोयथाशक्तियावत्प्राणस्यधारणम् ॥ योधाःपरिपतंतिस्मवमंतोरुधिरं
व्रणैः ८२ शिरोगृहीत्वाकेशेषुकबंधःस्मप्रदृश्यते ॥ उद्यम्यचशितंखड्गंरुधिरेणपरिप्लुतम् ८३ तथोत्थितेषुबहुषुकबंधेषुनराधिप ॥ तथारुधिरगंधेनयोधाःकश्मलमा
विशन् ८४ मंदीभूतेततःशब्देपांडवानांमहद्बलम् ॥ अल्पावशिष्टैस्तुरगैरभ्यवर्त्ततसौबलः ८५ ततोऽभ्यधावंस्त्वरिताःपांडवाजयगृद्धिनः ॥ पदातयश्चनागाश्वसा
दिनश्चोद्यतायुधाः ८६ कोष्ठकीकृत्यचाप्येनंपरिक्षिप्यचसर्वशः ॥ शस्त्रैर्नानाविधैर्जघ्नुर्युद्धपारंतितीर्षवः ८७ त्वदीयास्तांस्तुसंप्रेक्ष्यसर्वतःसमभिद्रुतान् ॥ रथाश्व
पत्तिद्विरदाःपांडवानभिदुद्रुवुः ८८ केचित्पदातयःपद्भिर्मुष्टिभिश्चपरस्परम् ॥ निजघ्नुःसमरेशूराःक्षीणशस्त्रास्ततोऽपतन् ८९ रथेभ्योरथिनःपेतुर्द्विपेभ्योहस्तिसा
दिनः ॥ विमानेभ्योदिवोभ्रष्टाःसिद्धाःपुण्यक्षयादिव ९० एवमन्योन्यमायत्तायोधाजग्मुर्महाहवे ॥ पितॄन्भ्रातॄन्वयस्यांश्चपुत्रानपितथाऽपरे ९१ एवमासीदमर्या
दंयुद्धंभरतसत्तम ॥ प्रासासिबाणकलिलेवर्तमानेसुदारुणे ९२ ॥ इतिश्री० शल्यप० संकुलयुद्धेत्रयोविंशोऽध्यायः ॥ २३ ॥ ॥ संजयउवाच ॥ तस्मिन्शब्दे
मृदौजातेपांडवैर्निहतेबले ॥ अश्वैःसप्तशतैःशिष्टैरुपावर्त्ततसौबलः १ सयात्वावाहिनींतूर्णमब्रवीत्त्वरयन्युधि ॥ युध्यध्वमितिसंहृष्टाःपुनःपुनररिंदमाः २ अपृ
च्छत्क्षत्रियांस्तत्रक्वनुराजामहाबलः ॥ शकुनेस्तद्वचःश्रुत्वातमूचुर्भरतर्षभ ३ असौतिष्ठतिकौरव्योरणमध्येमहाबलः ॥ यत्रैतत्सुमहच्छत्रंपूर्णचंद्रसमप्रभम् ४ यत्रैते
सतनुत्राणारथास्तिष्ठंतिदंशिताः ॥ यत्रैषतुमुलःशब्दःपर्जन्यनिनदोपमः ५ तत्रगच्छद्रुतंराजंस्ततोद्रक्ष्यसिकौरवम् ॥ एवमुक्तस्तुतैर्योधैःशकुनिःसौबलस्तदा ६
प्रययौतत्रयत्रासौपुत्रस्तवनराधिप ॥ सर्वतःसंवृतोवीरैःसमरेचित्रयोधिभिः ७ ततोदुर्योधनंदृष्ट्वारथानीकेव्यवस्थितम् ॥ सरथांस्तावकान्सर्वान्हर्षयन्शकुनिस्ततः ८
दुर्योधनमिदंवाक्यंहृष्टरूपोविशांपते ॥ कृतकार्यमिवात्मानंमन्यमानोऽब्रवीन्नृपम् ९ जहिराजन्रथानीकमश्वाःसर्वेजितामया ॥ नात्यक्त्वाजीवितंसंख्येशक्यो
जेतुंयुधिष्ठिरः १० हतेतस्मिन्रथानीकेपांडवेनाभिपालिते ॥ गजानेतान्हनिष्यामःपदातींश्चेतरांस्तथा ११ श्रुत्वातुवचनंतस्यतावकाजयगृद्धिनः ॥ जवेनाभ्यप
तन्हृष्टाःपांडवानामनीकिनीम् १२ सर्वेविवृततूणीराःप्रगृहीतशरासनाः ॥ शरासनानिधुन्वानाःसिंहनादान्प्रणेदिरे १३ ततोज्यातलनिर्घोषःपुनरासीद्विशांपते ॥
प्रादुरासीच्छराणांचसुमुक्तानांसुदारुणः १४ तान्समीपगतान्दृष्ट्वाजवेनोद्यतकार्मुकान् ॥ उवाचदेवकीपुत्रंकुंतीपुत्रोधनंजयः १५ चोदयाश्वानसंभ्रांतःप्रविशैतद्ब
लार्णवम् ॥ अंतमद्यगमिष्यामिशत्रूणांनिशितैःशरैः १६ अष्टादशदिनान्यद्ययुद्धस्यास्यजनार्दन ॥ वर्त्तमानस्यमहतःसमासाद्यपरस्परम् १७ अनंतकल्पाध्वजि
नीभूत्वाह्येषांमहात्मनाम् ॥ क्षयमद्यगतायुद्धेपश्यदैवंयथाविधम् १८ ॥ ॥ ॥

४ । ५ । ६ । ७ । ८ । ९ । १० । ११ । १२ । १३ । १४ । १५ । १६ । १७ । १८ ॥ ॥

१९ । २० । २१ । २२ । २३ । २४ । २५ । २६ । २७ । २८ । २९ । ३० । ३१ । ३२ । ३३ । ३४ । ३५ । ३६ । ३७ । ३८ । ३९ पापकंप्रचरिष्यति आचरिष्यतिधार्तराष्ट्रइतिशेषः ४०

समुद्रकल्पंचबलंधार्त्तराष्ट्रस्यमाधव ॥ अस्मानासाद्यसंजातंगोष्पदोपममच्युत १९ हतेभीष्मेतुसंदध्याच्छिवंस्यादिहमाधव ॥ नचतत्कृतवान्मूढोधार्त्तराष्ट्रः
सुबालिशः २० उक्तंभीष्मेणयद्वाक्यंहितंतथ्यंचमाधव ॥ तच्चापिनासौकृतवान्वीतबुद्धिःसुयोधनः २१ तस्मिंस्तुतुमुलेभीष्मेप्रच्युतेधरणीतले ॥ नजानेका
रणंकिंतुयेनयुद्धमवर्त्तत २२ मूढांस्तुसर्वथामन्येधार्त्तराष्ट्रान्सुबालिशान् ॥ पतितेशांतनोःपुत्रेयेऽकार्षुःसंयुगंपुनः २३ अनंतरंचनिहतेद्रोणेब्रह्मविदांवरे ॥ रा
धेयेचविकर्णेचनैवाशाम्यतवैशसम् २४ अल्पावशिष्टेसैन्येऽस्मिन्सूतपुत्रेचपातिते ॥ सपुत्रेवैनरव्याघ्रेनैवाशाम्यतवैशसम् २५ श्रुतायुषिहतेवीरेजलसंधेच
पौरवे ॥ श्रुतायुधेचनृपतौनैवाशाम्यतवैशसम् २६ भूरिश्रवसिशल्येचशाल्वेचैवजनार्दन ॥ आवंत्येषुचवीरेषुनैवाशाम्यतवैशसम् २७ जयद्रथेचनिहतेरा
क्षसेचाप्यलायुधे ॥ बाल्हिकेसोमदत्तेचनैवाशाम्यतवैशसम् २८ भगदत्तेहतेशूरेकांबोजेचसुदारुणे ॥ दुःशासनेचनिहतेनैवाशाम्यतवैशसम् २९ दृष्ट्वाविनि
हतान्शूरान्पृथङ्मांडलिकान्नृपान ॥ बलिनश्चरणेकृष्णनैवाशाम्यतवैशसम् ३० अक्षौहिणीपतीन्दृष्ट्वाभीमसेननिपातितान् ॥ मोहाद्वायदिवालोभान्नैवाशा
म्यतवैशसम् ३१ कोनुराजकुलेजातःकौरवेयोविशेषतः ॥ निरर्थकंमहद्वैरंकुर्यादन्यःसुयोधनात् ३२ गुणतोऽभ्यधिकान्ज्ञात्वाबलतःशौर्यतोपिवा ॥ अमूढः
कोनुयुद्ध्येतजानन्प्राज्ञोहिताहितम् ३३ यन्नतस्यमनोह्यासीत्त्वयोक्तस्यहितंवचः ॥ प्रशमेपांडवैःसार्धंसोन्यस्यशृणुयात्कथम् ३४ येनशांतनवोवीरोद्रोणो
विदुरएवच ॥ प्रत्याख्याताःशमस्यार्थेकिंनुतस्यात्रभेषजम् ३५ मौर्ख्याद्येनपितावृद्धःप्रत्याख्यातोजनार्दन ॥ तथामाताहितंवाक्यंभाषमाणाहितैषिणी ३६
प्रत्याख्याताह्यसत्कृत्यसकस्मैरोचयेद्वदन् ॥ कुलांतकरणोव्यक्तंजातएषजनार्दन ३७ तथाऽस्यदृश्यतेचेष्टानीतिश्चैवविशांपते ॥ नैषदास्यतिनोराज्यमितिमेमतिर
च्युत ३८ उक्तोहंबहुशस्तातविदुरेणमहात्मना ॥ नजीवन्दास्यतेभागंधार्त्तराष्ट्रस्तुमानद ३९ यावत्प्राणाधरिष्यंतिधार्त्तराष्ट्रस्यदुर्मतेः ॥ तावद्युष्मास्वपापेषुप्रचरि
ष्यतिपापकम् ४० नचयुक्तोन्यथाजेतुमृतेयुद्धेनमाधव ॥ इत्यब्रवीत्सदामांहिविदुरःसत्यदर्शनः ४१ तत्सर्वमद्यजानामिव्यवसायंदुरात्मनः ॥ यदुक्तंवचनंतेनविदु
रेणमहात्मना ४२ योहिश्रुत्वावचःपथ्यंजामदग्न्याद्यथातथम् ॥ अवामन्यतदुर्बुद्धिर्ध्रुवंनाशमुखेस्थितः ४३ उक्तंहिबहुशःसिद्धैर्जातमात्रेसुयोधने ॥ एनंप्राप्यदुरा
त्मानंक्षयंक्षत्रंगमिष्यति ४४ तदिदंवचनंतेषांनिरुक्तंवैजनार्दन ॥ क्षयंयाताहिराजानोदुर्योधनकृतेभृशम् ४५ सोऽद्यसर्वान्रणेयोधान्निहनिष्यामिमाधव ॥ क्षत्रि
येषुहतेष्वाशुशून्येचशिबिरेकृते ४६ वधायचात्मनोस्माभिःसंयुगंरोचयिष्यति ॥ तदन्तंहिभवेद्वैरमनुमानेनमाधव ४७ एवंपश्यामिवार्ष्णेयचिंतयन्प्रज्ञयास्वया ॥
विदुरस्यचवाक्येनचेष्टयाचदुरात्मनः ४८ ॥ ॥ ॥ ॥

४१ । ४२ । ४३ । ४४ । ४५ । ४६ । ४७ । ४८ ॥ ॥ ॥

४९ । ५० । ५१ । ५२ । ५३ । ५४ । ५५ । ५६ । ५७ । ५८ । ५९ । ६० । ६१ । ६२ । ६३ । ६४ । ६५ । ६६ ॥ इतिशल्यप० नी० भारतभावदीपे चतुर्विंशोऽध्यायः ॥ २४ ॥ ॥

तस्माद्याहिचमूंवीरयावद्धन्मिशितैःशरैः ॥ दुर्योधनंमहाबाहोवाहिनींचास्यसंयुगे ४९ क्षेममद्यकरिष्यामिधर्मराजस्यमाधव ॥ हत्वैतदुर्बलंसैन्यंधार्त्तराष्ट्रस्य
पश्यतः ५० ॥ संजयउवाच ॥ अभीषुहस्तोदाशार्हस्तथोक्तःसव्यसाचिना ॥ तद्बलौघममित्राणामभीतःप्राविशद्बलात् ५१ कुन्तखड्गशरैर्घोरंशक्तिकंटकसं
कुलम् ॥ गदापरिघपंथानंरथनागमहाद्रुमम् ५२ हयपत्तिलताकीर्णंगाहमानोमहायशाः ॥ व्यचरत्तत्रगोविंदोरथेनातिपताकिना ५३ तेहयाःपांडुराराजन्व
हंतोर्जुनमाहवे ॥ दिक्षुसर्वास्वदृश्यंतदाशार्हेणप्रचोदिताः ५४ ततःप्रायाद्रथेनाजौसव्यसाचीपरंतपः ॥ किरन्शरशतांस्तीक्ष्णान्वारिधाराघनोयथा ५५ प्रा
दुरासीन्महान्शब्दःशराणांनतपर्वणाम् ॥ इषुभिश्छाद्यमानानांसमरेसव्यसाचिना ५६ असज्जंतस्तनुत्रेषुशरौघाःप्रापतन्भुवि ॥ इंद्राशनिसमस्पर्शागांडीवप्रे
षिताःशराः ५७ नरान्नागान्समाहत्यहयांश्चापिविशांपते ॥ अपतंतरणेबाणाःपतंगाइवघोषिणः ५८ आसीत्सर्वमवच्छन्नंगांडीवप्रेषितैःशरैः ॥ नप्राज्ञायंतस
मरेदिशोवाप्रदिशोपिवा ५९ सर्वमासीज्जगत्पूर्णंपार्थनामांकितैःशरैः ॥ रुक्मपुंखैस्तैलधौतैःकर्मारपरिमार्जितैः ६० तेदह्यमानाःपार्थेनपावकेनेवकुंजराः ॥
पार्थंनप्रजहुर्घोरावध्यमानाःशितैःशरैः ६१ शरचापधरःपार्थःप्रज्वलन्निवभास्करः ॥ ददाहसमरेयोधान्कक्षमग्निरिवज्वलन् ६२ यथावनांतेवनपैर्विसृष्टःकक्षंदहेत्कृ
ष्णगतिःसुघोषः ॥ भूरिद्रुमंशुष्कलतावितानंभृशंसमृद्धोज्वलनःप्रतापी ६३ एवंसनाराचगणप्रतापीशरार्चिरुच्चावचतिग्मतेजाः ॥ ददाहसर्वांतवपुत्रसेनाममृष्य
माणस्तरसातरस्वी ६४ तस्येषवःप्राणहराःसुमुक्तानासज्जन्वैवर्मसुरुक्मपुंखाः ॥ नचद्वितीयंप्रमुमोचबाणंनरेहयेवापरमद्विपेवा ६५ अनेकरूपाकृतिभिर्हिबाणैर्महा
रथानीकमनुप्रविश्य ॥ सएवएकस्तवपुत्रस्यसेनांजघानदैत्यानिववज्रपाणिः ६६ ॥ इतिश्रीमहाभारतेशल्यपर्वणि संकुलयुद्धेचतुर्विंशोऽध्यायः ॥ २४ ॥ ॥
संजयउवाच ॥ पश्यतांयतमानानांशूराणामनिवर्तिनाम् ॥ संकल्पमकरोन्मोघंगांडीवेनधनंजयः १ इंद्राशनिसमस्पर्शान्विषह्यान्महौजसः ॥ विसृजन्दृश्यतेबाणा
न्धारामुंचन्निवांबुदः २ तत्सैन्यंभरतश्रेष्ठवध्यमानंकिरीटिना ॥ संप्रदुद्रावसंग्रामात्तवपुत्रस्यपश्यतः ३ पितॄन्भ्रातॄन्परित्यज्यवयस्यानपिचापरे ॥ हतधुर्यारथाः
केचिद्धतसूतास्तथाऽपरे ४ भग्नाक्षयुगचक्रेषाःकेचिदासन्विशांपते ॥ अन्येषांसायकाःक्षीणास्तथाऽन्येबाणपीडिताः ५ अक्षतायुगपत्केचित्प्राद्रवन्भयपीडिताः ॥
केचित्पुत्रानुपादायहतभूयिष्ठबांधवाः ६ विचुक्रुशुःपितॄंस्त्वन्येसहायानपरेपुनः ॥ बांधवांश्चनरव्याघ्रभ्रातॄन्संबंधिनस्तथा ७ दुद्रुवुःकेचिदुत्सृज्यतत्रतत्रविशांपते ॥
बहवोऽत्रभृशंविद्धामुह्यमानामहारथाः ८ निःश्वसंतिस्मदृश्यंतेपार्थबाणहतानराः ॥ तानन्येरथमारोप्यह्याश्वास्यचमुहूर्त्तकम् ९ विश्रांताश्चवितृष्णाश्चपुनर्युद्धाय
जग्मिरे ॥ तानपास्यगताःकेचित्पुनरेवयुयुत्सवः १० ॥ ॥ ॥ ॥

पश्यतामिति १ । २ । ३ । ४ । ५ । ६ । ७ । ८ । ९ । १० ॥ ॥ ॥

११ ।१२।१३ ।१४ । १५।१६ ।१७ ।१८।१९ । २०।२१। २२ । २३।२४ : २५ ।२६ । २७ ।२८ ।२९। ३०।३१। ३२। ३३ । ३४। ३५ । ३६ ।३७
कुर्वंतस्तवपुत्रस्यशासनंयुद्धदुर्मदाः ॥ पानीयमपरेपीत्वापर्याश्वास्यचवाहनम् ११ वर्माणिचसमारोप्यकेचिद्भरतसत्तम ॥ समाश्वास्यापरेभ्रातॄन्निक्षिप्यशिबिरेऽ
पिच १२ पुत्रानन्येपितॄनन्येपुनर्युद्धमरोचयन् ॥ सज्जयित्वारथान्केचिद्यथामुख्यंविशांपते १३ आप्लुत्यपांडवानीकंपुनर्युद्धमरोचयन् ॥ तेशूराःकिंकिणी
जालैःसमाच्छन्नाबभासिरे १४ त्रैलोक्यविजयेयुक्तायथादैतेयदानवाः ॥ आगम्यसहसाकेचिद्रथैःस्वर्णविभूषितैः १५ पांडवानामनीकेषुधृष्टद्युम्नमयोधयन् ॥ धृष्ट
द्युम्नोऽपिपांचाल्यःशिखंडीचमहारथः १६ नाकुलिस्तुशतानीकोरथानीकमयोधयन् ॥ पांचाल्यस्तुततःक्रुद्धःसैन्येनमहतावृतः १७ अभ्यद्रवत्सुसंक्रुद्धस्तावका
न्हंतुमुद्यतः ॥ ततस्त्वापततस्तस्यतवपुत्रोजनाधिप १८ बाणसंघाननेकान्वैप्रेषयामासभारत ॥ धृष्टद्युम्नस्ततोराजंस्तवपुत्रेणधन्विना १९ नाराचैरर्धनाराचै
र्बहुभिःक्षिप्रकारिभिः ॥ वत्सदंतैश्चबाणैश्चकर्मारपरिमार्जितैः २० अश्वांश्चचतुरोहत्वाबाह्वोरुरसिचार्पयत् ॥ सोतिविद्धोमहेष्वासस्तोत्रार्दितइवद्विपः २१ तस्याश्वां
श्चतुरोबाणैःप्रेषयामासमृत्यवे ॥ सारथेश्चास्यभल्लेनशिरःकायादपाहरत् २२ ततोदुर्योधनोराजापृष्ठमारुह्यवाजिनः ॥ अपाक्रामद्धतरथोनातिदूरमरिंदमः २३ दृष्ट्वा
तुहतविक्रांतंस्वमनीकंमहाबलः ॥ तवपुत्रोमहाराजप्रययौयत्रसौबलः २४ ततोरथेषुभग्नेषुत्रिसाहस्रामहाद्विपाः ॥ पांडवान्रथिनःसर्वान्समंतात्पर्यवारयन् २५ ते
वृताःसमरेपंचगजानीकेनभारत ॥ अशोभंतमहाराजग्रहाव्याप्ताघनैरिव २६ ततोऽर्जुनोमहाराजलब्धलक्षोमहाभुजः ॥ विनिर्ययौरथेनैवश्वेताश्वःकृष्णसारथिः २७
तैःसमंतात्परिवृतःकुंजरैःपर्वतोपमैः ॥ नाराचैर्विमलैस्तीक्ष्णैर्गजानीकमयोधयत् २८ तत्रैकबाणनिहतानपश्याममहागजान् ॥ पतितान्पात्यमानांश्चनिर्भिन्नान्स
व्यसाचिना २९ भीमसेनस्तुतान्दृष्ट्वानागान्मत्तगजोपमः ॥ करेणादायमहतींगदामभ्यपतद्बली ३० अथाप्लुत्यरथात्तूर्णंदंडपाणिरिवांतकः ॥ तमुद्यतगदंदृष्ट्वापांड
वानांमहारथम् ३१ वित्रेसुस्तावकाःसैन्याःशकृन्मूत्रेचसुस्रुवुः ॥ आविग्नंचबलंसर्वंगदाहस्तेवृकोदरे ३२ गदयाभीमसेनेनभिन्नकुंभान्रजस्वलान् ॥ धावमानानप
श्यामकुंजरान्पर्वतोपमान् ३३ प्राद्रवन्कुंजरास्तेतुभीमसेनगदाहताः ॥ पेतुरार्त्तस्वरंकृत्वाछिन्नपक्षाइवाद्रयः ३४ प्रभिन्नकुंभांस्तुबहून्द्रवमाणानितस्ततः ॥ पत
मानांश्चसंप्रेक्ष्यवित्रेसुस्तवसैनिकाः ३५ युधिष्ठिरोऽपिसंक्रुद्धोमाद्रीपुत्रौचपांडवौ ॥ गार्ध्रपत्रैःशितैर्बाणैर्निन्युर्वैयमसादनम् ३६ धृष्टद्युम्नस्तुसमरेपराजित्यनराधि
पम् ॥ अपक्रांतेतवसुतेहयपृष्ठंसमाश्रिते ३७ दृष्ट्वाचपांडवान्सर्वान्कुंजरैःपरिवारितान् ॥ धृष्टद्युम्नोमहाराजसहसासमुपाद्रवत् ३८ पुत्रःपंचालराजस्यजिघांसुःकुं
जरान्ययौ ॥ अदृष्ट्वातुरथानीकेदुर्योधनमरिंदमम् ३९ अश्वत्थामाकृपश्चैवकृतवर्माचसात्वतः ॥ अपृच्छन्क्षत्रियांस्तत्रक्वनुदुर्योधनोगतः ४० तेपश्यमानाराजानं
वर्त्तमानेजनक्षये ॥ मन्वानानिहतंतत्रतवपुत्रंमहारथाः ४१ बिवर्णवदनाभूत्वापर्यपृच्छंततेसुतम् ॥ आहुःकेचिद्धतेसूतेप्रयातोयत्रसौबलः ४२ ॥
३८ । ३९ । ४० । ४१ । ४२ ॥ ॥ ॥ ॥

हित्वापंचालराजस्यतदनीकंदुरुत्सहम् ॥ अपरेत्वब्रुवंस्तत्रक्षत्रियाभृशविक्षताः ४३ दुर्योधनेनकिंकार्यंद्रक्ष्यध्वंयदिजीवति ॥ युद्ध्यध्वंसहिताःसर्वेकिंवोराजाकरि
ष्यति ४४ तेक्षत्रियाःक्षतैर्गात्रैर्हतभूयिष्ठवाहनाः ॥ शरैःसंपीड्यमानास्तुनातिव्यक्तमथाऽब्रुवन् ४५ इदंसर्वंबलंहन्मोयेनस्मपरिवारिताः ॥ एतेसर्वेगजान्हत्वाउप
यांतिस्मपांडवाः ४६ श्रुत्वातुवचनंतेषामश्वत्थामामहाबलः ॥ भित्त्वापांचालराजस्यतदनीकंदुरुत्सहम् ४७ कृपश्चकृतवर्माचप्रययौयत्रसौबलः ॥ रथानीकंपरित्य
ज्यशूराःसुदृढधन्विनः ४८ ततस्तेषुप्रयातेषुधृष्टद्युम्नपुरस्कृताः ॥ आययुःपांडवाराजन्विनिघ्नंतःस्मतावकान् ४९ दृष्ट्वातुतानापततःसंप्रहृष्टान्महारथान् ॥ पराक्रां
तास्ततोवीरानिराशाजीवितेतदा ५० विवर्णमुखभूयिष्ठमभवत्तावकंबलम् ॥ परिक्षीणायुधान्दृष्ट्वातानहंपरिवारितान् ५१ राजन्बलेनव्यंगेनत्यक्त्वाजीवितमात्मनः ॥
आत्मनापंचमोऽयुद्ध्यंपांचालस्यबलेनह ५२ तस्मिन्देशेव्यवस्थाययत्रशारद्वतःस्थितः ॥ संप्रद्रुतावयंपंचकिरीटिशरपीडिताः ५३ धृष्टद्युम्नंमहारौद्रंतत्रनाभूद्रणोम
हान् ॥ जितास्तेनवयंसर्वेव्यपयामरणात्ततः ५४ अथापश्यंसात्यकिंतमुपायांतंमहारथम् ॥ रथैश्चतुःशतैर्वीरोमामभ्यद्रवदाहवे ५५ धृष्टद्युम्नादहंमुक्तःकथंचिच्छ्रां
तवाहनात् ॥ पतितोमाधवानीकंदुष्कृतीनरकंयथा ५६ तत्रयुद्धमभूद्घोरंमुहूर्त्तमतिदारुणम् ॥ सात्यकिस्तुमहाबाहुर्ममहत्वापरिच्छदम् ५७ जीवग्राहमगृह्णान्मां
मूर्छितंपतितंभुवि ॥ ततोमुहूर्त्तादिवतद्गजानीकमवध्यत ५८ गदयाभीमसेनेननाराचैरर्जुनेनच ॥ अभिपिष्टैर्महानागैःसमंतात्पर्वतोपमैः ५९ नातिप्रसिद्धे
वगतिःपांडवानामजायत ॥ रथमार्गंततश्चक्रेभीमसेनोमहाबलः ६० पांडवानांमहाराजव्यपाकर्षन्महागजान् ॥ अश्वत्थामाकृपश्चैवकृतवर्माचसात्वतः ६१ अप
श्यंतोरथानीकेदुर्योधनमरिंदमम् ॥ राजानंमृगयामासुस्तवपुत्रंमहारथम् ६२ परित्यज्यचपांचाल्यंप्रयातायत्रसौबलः ॥ राज्ञोऽदर्शनसंविग्नावर्त्तमानेजनक्षये ६३
इतिश्रीमहाभारतेशल्यपर्वणिदुर्योधनापयानेपंचविंशोऽध्यायः ॥ २५ ॥ ॥ संजयउवाच ॥ गजानीकेहतेतस्मिन्पाण्डुपुत्रेणभारत ॥ वध्यमानेबलेचैवभीमसेनेन
संयुगे १ चरंतंचतथादृष्ट्वाभीमसेनमरिंदमम् ॥ दंडहस्तंयथाक्रुद्धमंतकंप्राणहारिणम् २ समेत्यसमरेराजन्हतशेषाःसुतास्तव ॥ अदृश्यमानेकौरव्येपुत्रेदुर्योधनेतव ३
सोदर्याःसहिताभूत्वाभीमसेनमुपाद्रवन् ॥ दुर्मर्षणःश्रुतांतश्चजैत्रोभूरिबलोरविः ४ जयत्सेनःसुजातश्चतथादुर्विषहोऽरिहा ॥ दुर्विमोचननामाचदुष्प्रधर्षस्तथैवच ५
श्रुतर्वाचमहाबाहुःसर्वेयुद्धविशारदाः ॥ इत्येतेसहिताभूत्वातवपुत्राःसमंततः ६ भीमसेनमभिद्रुत्यरुरुधुःसर्वतोदिशम् ॥ ततोभीमोमहाराजस्वरथंपुनरास्थितः ७
मुमोचनिशितान्बाणान्पुत्राणांतवमर्मसु ॥ तेकीर्यमाणाभीमेनपुत्रास्तवमहारणे ८

पंचविंशतितमोऽध्यायः ॥ २५ ॥ ॥ गजानीकइति १ । २ । ३ । ४ । ५ । ६ । ७ । ८ ॥ २४ ॥

९ । १० । ११ । १२ । १३ । १४ । १५ । १६ । १७ । १८ । १९ । २० । २१ । २२ । २३ । २४ । २५।२६ । २७ । २८ । २९।३० । ३१ । ३२ । ३३ । ३४ । ३५ । ३६ । ३७ । ३८ । ३९

भीमसेनमुपासेदुःप्रवणादिवकुंजरम् ॥ ततःक्रुद्धोरणेभीमःशिरोदुर्मर्षणस्यह ९ क्षुरप्रेणप्रमथ्याशुपातयामासभूतले ॥ ततोऽपरेणभल्लेनसर्वावरणभेदिना १०
श्रुतांतमवधीद्भीमस्तवपुत्रंमहारथः ॥ जयत्सेनंततोविद्ध्वानाराचेनहसन्निव ११ पातयामासकौरव्यंरथोपस्थादरिंदमः ॥ सपपातरथाद्राजन्भूमौतूर्णममा
रच्च १२ श्रुतर्वातुततोभीमंक्रुद्धोविव्याधमारिष ॥ शतेनगृध्रवाजानांशराणांनतपर्वणाम् १३ ततःक्रुद्धोरणेभीमोजैत्रंभूरिबलंरविम् ॥ त्रीनेतांस्त्रिभिरानर्च्छद्वि
षाग्निप्रतिमैःशरैः १४ तेहतान्यपतन्भूमौस्यंदनेभ्योमहारथाः ॥ वसंतेपुष्पशबलानिकृत्ताइवकिंशुकाः १५ ततोऽपरेणभल्लेनतीक्ष्णेनचपरंतपः ॥ दुर्विमोचनमाहत्य
प्रेषयामासमृत्यवे १६ सहतःप्रापतद्भूमौस्वरथाद्रथिनांवरः ॥ गिरेस्तुकूटजोभग्नोमारुतेनेवपादपः १७ दुष्प्रधर्षंततश्चैवसुजातंचसुतंतव ॥ एकैकंन्यहनत्संख्येद्वा
भ्यांद्वाभ्यांचमूमुखे १८तौशिलीमुखविद्धांगौपेततूरथसत्तमौ ॥ ततःपतंतंसमरेअभिवीक्ष्यसुतंतव १९ भल्लेनपातयामासभीमोदुर्विषहंरणे ॥ सपपातहतोवाहात्पश्यतांस
र्वधन्विनाम् २० दृष्ट्वातुनिहतान्भ्रातॄन्बहूनेकेनसंयुगे ॥ अमर्षवशमापन्नःश्रुतर्वाभीममभ्ययात् २१ विक्षिपन्सुमहच्चापंकार्तस्वरविभूषितम् ॥ विसृजन्सायकांश्चैव
विषाग्निप्रतिमान्बहून् २२ सतुराजन्धनुश्छित्वापांडवस्यमहामृधे ॥ अथैनंछिन्नधन्वानंविंशत्यासमवाकिरत् २३ ततोऽन्यद्धनुरादायभीमसेनोमहाबलः ॥ अवाकिर
त्तवसुतंतिष्ठतिष्ठेतिचाब्रवीत् २४ महदासीत्तयोर्युद्धंचित्ररूपंभयानकम् ॥ यादृशंसमरेपूर्वंजंभवासवयोर्युधि २५ तयोस्तत्रशितैर्मुक्तैर्यमदंडनिभैःशरैः ॥ समाच्छन्नाध
रासर्वाखंदिशोविदिशस्तथा २६ ततःश्रुतर्वासंक्रुद्धोधनुरादायसायकैः ॥ भीमसेनंरणेराजन्बाह्वोरुरसिचार्पयत् २७ सोऽतिविद्धोमहाराजतवपुत्रेणधन्विना ॥ भीमः
संचुक्षुभेक्रुद्धःपर्वणीवमहोदधिः २८ ततोभीमोरुषाऽऽविष्टःपुत्रस्यतवमारिष ॥ सारथिंचतुरश्चाश्वान्शरैर्निन्येयमक्षयम् २९ विरथंतंसमालक्ष्यविशिखैर्लोमवा
हिभिः ॥ अवाकिरदमेयात्मादर्शयन्पाणिलाघवम् ३० श्रुतर्वाविरथोराजन्नाददेखड्गचर्मणी ॥ अथास्याददतःखड्गंशतचंद्रंचभानुमत् ३१ क्षुरप्रेणशिरःकायात्पा
तयामासपांडवः ॥ छिन्नोत्तमांगस्यततःक्षुरप्रेणमहात्मना ३२ पपातकायःसरथाद्वसुधामनुनादयन् ॥ तस्मिन्निपतितेवीरेतावकाभयमोहिताः ३३ अभ्यद्रवं
तसंग्रामेभीमसेनंयुयुत्सवः ॥ तानापततएवाशुहतशेषाद्बलार्णवात् ३४ दंशितान्प्रतिजग्राहभीमसेनःप्रतापवान् ॥ तेतुतंवैसमासाद्यपरिवव्रुःसमंततः ३५
ततस्तुसंवृतोभीमस्तावकान्निशितैःशरैः ॥ पीडयामासतान्सर्वान्सहस्राक्षइवासुरान् ३६ ततःपंचशतान्हत्वासवरूथान्महारथान् ॥ जघानकुंजरानीकंपुनःसप्तशतं
युधि ३७ हत्वाशतसहस्राणिपत्तीनांपरमेषुभिः ॥ वाजिनांचशतान्यष्टौपांडवःस्मविराजते ३८ भीमसेनस्तुकौन्तेयोहत्वायुद्धेसुतांस्तव ॥ मेनेकृतार्थ
९ मात्मानंसफलंजन्मचप्रभो ३९ ॥ ॥ ॥ ॥

४० । ४१ । ४२ ॥ इतिशल्यपर्वणिनीलकंठीये भारतभावदीपे षड्विंशोऽध्यायः ॥ २६ ॥ ॥ दुर्योधनइति १ । २ । ३ । ४ । ५ । ६ । ७ । ८ । ९ । १० । ११ । १२ । १३ । १४ । १५

तंतथायुद्ध्यमानंचविनिघ्नंतंचतावकान् ॥ ईक्षितुंनोत्सहंतेस्मतवसैन्यानराधिप ४० विद्राव्यचकुरून्सर्वांस्तांश्चहत्वापदानुगान् ॥ दोर्भ्यांशब्दंततश्चक्रेत्रासयानोमहा
द्विपान् ४१ हतभूयिष्ठयोधातुतवसेनाविशांपते ॥ किंचिच्छेषामहाराजकृपणंसमपद्यत ४२ ॥ इतिश्रीमहाभारतेशल्यपर्वणिएकादशधार्त्तराष्ट्रवधेषड्विंशोऽध्यायः
॥ २६ ॥ ॥ संजयउवाच ॥ दुर्योधनोमहाराजसुदर्शश्चापितेसुतः ॥ हतशेषौतदासंख्येवाजिमध्येव्यवस्थितौ १ ततोदुर्योधनंदृष्ट्वावाजिमध्येव्यवस्थितम् ॥ उवा
चदेवकीपुत्रःकुंतीपुत्रंधनंजयम् २ शत्रवोहतभूयिष्ठाज्ञातयःपरिपालिताः ॥ गृहीत्वासंजयंचासौनिवृत्तःशिनिपुंगवः ३ परिश्रांतश्चनकुलःसहदेवश्चभारत ॥ योधयि
त्वारणेपापान्धार्त्तराष्ट्रान्सहानुगान् ४ दुर्योधनमभित्यज्यत्रयएतेव्यवस्थिताः ॥ कृपश्चकृतवर्माचद्रौणिश्चैवमहारथः ५ असौतिष्ठतिपांचाल्यःश्रियापरमयायुतः ॥
दुर्योधनबलंहत्वासहसर्वैःप्रभद्रकैः ६ असौदुर्योधनःपार्थवाजिमध्येव्यवस्थितः ॥ छत्रेणध्रियमाणेनप्रेक्षमाणोमुहुर्मुहुः ७ प्रतिव्यूह्यबलंसर्वंरणमध्येव्यवस्थितः ॥ एनं
हत्वाशितैर्बाणैःकृतकृत्योभविष्यसि ८ गजानीकंहतंदृष्ट्वात्वांचप्राप्तमरिंदम ॥ यावन्नविद्रवंत्येतेतावज्जहिसुयोधनम् ९ यातुकश्चित्तुपांचाल्यंक्षिप्रमागम्यतामिति ॥
परिश्रांतबलस्तातनैषमुच्येतकिल्बिषी १० हत्वातवबलंसर्वंसंग्रामेधृतराष्ट्रजः ॥ जितान्पांडुसुतान्मत्वारूपंधारयतेमहत् ११ निहतंस्वबलंदृष्ट्वापीडितंचापिपांडवैः ॥
ध्रुवमेष्यतिसंग्रामेवधायैवात्मनोनृपः १२ एवमुक्तःफाल्गुनस्तुकृष्णंवचनमब्रवीत् ॥ धृतराष्ट्रसुताःसर्वेहताभीमेनमाधव १३ यावेतावास्थितौकृष्णतावद्यनभविष्यतः ॥
हतोभीष्मोहतोद्रोणःकर्णोवैकर्तनोहतः १४ मद्रराजोहतःशल्योहतःकृष्णजयद्रथः ॥ हयाःपंचशताःशिष्टाःशकुनेःसौबलस्यच १५ रथानांतुशतेशिष्टेद्वेएवतुजनार्दन ॥
दंतिनांचशतंसाग्रंत्रिसाहस्राःपदातयः १६ अश्वत्थामाकृपश्चैवत्रिगर्ताधिपतिस्तथा ॥ उलूकःशकुनिश्चैवकृतवर्माचसात्वतः १७ एतद्बलमभूच्छेषंधार्त्तराष्ट्रस्यमाधव ॥
मोक्षोननूनंकालात्तुविद्यतेभुविकस्यचित् १८ तथाविनिहतेसैन्येपश्यदुर्योधनंस्थितम् ॥ अद्याह्नाहिमहाराजोहतामित्रोभविष्यति १९ नहिमेमोक्ष्यतेकश्चित्परेषा
मिहाचिंतये ॥ येत्वद्यसमरंकृष्णनहास्यंतिमदोत्कटाः २० तान्वैसर्वान्हनिष्यामियद्यपिस्युर्नमानुषाः ॥ अद्ययुद्धेसुसंक्रुद्धोदीर्घंराज्ञःप्रजागरम् २१ अपनेष्यामिगां
धारंघातयित्वाशितैःशरैः ॥ निकृत्यावैदुराचारोयानिरत्नानिसौबलः २२ सभायामहरद्द्यूतेपुनस्तान्याहराम्यहम् ॥ अद्यताअपिरोत्स्यंतिसर्वानागपुरेस्त्रियः २३ श्रुत्वा
पतींश्चपुत्रांश्चपांडवैर्निहतान्युधि ॥ समाप्तमद्यवैकर्मसर्वंकृष्णभविष्यति २४ अद्यदुर्योधनोदीप्तांश्रियंप्राणांश्चमोक्ष्यति ॥ नापयातिभयात्कृष्णसंग्रामाद्यदिचेन्मम
२५ निहतंविद्धिवार्ष्णेयधार्त्तराष्ट्रंसुबालिशम् ॥ ममह्येतदशक्तंवैवाजिवृंदमरिंदम २६ ॥ ॥

१६ । १७ । १८ । १९ । २० । २१ । २२ । २३ । २४ । २५ । २६ ॥ ॥ ॥ ॥

२७ । २८ । २९ । ३० । ३१ । ३२ । ३३ । ३४ ३५ । ३६ । ३७ । ३८ । ३९ । ४० । ४१ । ४२ । ४३ । ४४ । ४५ । ४६ । ४७ । ४८ । ४९ । ५० । ५१

सोढुंज्यातलनिर्घोषंयाहियावन्निहन्म्यहम् ॥ एवमुक्तस्तुदाशार्हःपांडवेनयशस्विना २७ अचोदयद्धयानराजन्दुर्योधनबलंप्रति ॥ तदनीकमभिप्रेक्ष्यत्रयःसज्जामहा
रथाः २८ भीमसेनोऽर्जुनश्चैवसहदेवश्चमारिष ॥ प्रययुःसिंहनादेनदुर्योधनजिघांसया २९ तान्प्रेक्ष्यसहितान्सर्वान्जवेनोद्यतकार्मुकान् ॥ सौबलोऽभ्यद्रवद्युद्धेपांड
वानाततायिनः ३० सुदर्शनस्तवसुतोभीमसेनंसमभ्ययात् ॥ सुशर्माशकुनिश्चैवयुयुधातेकिरीटिना ३१ सहदेवंतवसुतोहयपृष्ठगतोऽभ्ययात् ॥ ततोहियत्नतः
क्षिप्रंतवपुत्रोजनाधिप ३२ प्रासेनसहदेवस्यशिरसिप्राहरद्भृशम् ॥ सोऽपाविशद्रथोपस्थेतवपुत्रेणताडितः ३३ रुधिराप्लुतसर्वांगआशीविषइवश्वसन् ॥ प्रतिलभ्य
ततःसंज्ञांसहदेवोविशांपते ३४ दुर्योधनंशरैस्तीक्ष्णैःसंक्रुद्धःसमवाकिरत् ॥ पार्थोऽपियुधिविक्रम्यकुंतीपुत्रोधनंजयः ३५ शूराणामश्वपृष्ठेभ्यःशिरांसिनिचकर्तह ॥
तदनीकंतदापार्थोव्यधमद्बहुभिःशरैः ३६ पातयित्वाहयान्सर्वांस्त्रिगर्तानांरथान्ययौ ॥ ततस्तेसहिताभूत्वात्रिगर्तानांमहारथाः ३७ अर्जुनंवासुदेवंचशरवर्षैरवाकि
रन् ॥ सत्यकर्माणमाक्षिप्यक्षुरप्रेणमहायशाः ३८ ततोऽस्यस्यंदनस्येषांचिच्छेदपांडुनंदनः ॥ शिलाशितेनचविभोक्षुरप्रेणमहायशाः ३९ शिरश्चिच्छेदसहसातप्त
कुंडलभूषणम् ॥ सत्येषुमथचादत्तयोधानांमिषतांततः ४० यथासिंहोवनेराजन्मृगंपरिबुभुक्षितः ॥ तंनिहत्यततःपार्थःसुशर्माणंत्रिभिःशरैः ४१ विद्ध्वातानहनत्सर्वा
न्रथान्रुक्मविभूषितान् ॥ ततःप्रायात्त्वरन्पार्थोदीर्घकालंसुसंवृतम् ४२ मुंचन्क्रोधविषंतीक्ष्णंप्रस्थलाधिपतिंप्रति ॥ तमर्जुनःपृषत्कानांशतेनभरतर्षभ ४३ पूर
यित्वाततोवाहान्प्राहरत्तस्यधन्विनः ॥ ततःशरंसमादाययमदंडोपमंतदा ४४ सुशर्माणंसमुद्दिश्यचिक्षेपाशुहसन्निव ॥ सशरःप्रेषितस्तेनक्रोधदीप्तेनधन्विना ४५
सुशर्माणंसमासाद्यबिभेदहृदयंरणे ॥ सगतासुर्महाराजपपातधरणीतले ४६ नंदयन्पांडवान्सर्वान्व्यथयंश्चापितावकान् ॥ सुशर्माणंरणेहत्वापुत्रानस्यमहारथान् ४७
सप्तचाष्टौचत्रिंशच्चसायकैरनयत्क्षयम् ॥ ततोऽस्यनिशितैर्बाणैःसर्वान्हत्वापदानुगान् ४८ अभ्यगाद्भारतींसेनांहतशेषांमहारथः ॥ भीमस्तुसमरेक्रुद्धःपुत्रंतवजना
धिप ४९ सुदर्शनमदृश्यंतंशरैश्चक्रेहसन्निव ॥ ततोऽस्यप्रहसन्क्रुद्धःशिरःकायादपाहरत् ५० क्षुरप्रेणसुतीक्ष्णेनसहतःप्रापतद्भुवि ॥ तस्मिंस्तुनिहतेवीरेततस्तस्य
पदानुगाः ५१ परिवव्रूरणेभीमंकिरंतोविविधान्शरान् ॥ ततस्तुनिशितैर्बाणैस्तवानीकंवृकोदरः ५२ इंद्राशनिसमस्पर्शैःसमंतात्पर्यवाकिरत् ॥ ततःक्षणेनतद्भीमो
न्यहनद्भरतर्षभः ५३ तेषुतूत्साद्यमानेषुसेनाध्यक्षामहारथाः ॥ भीमसेनंसमासाद्यततोऽयुद्ध्यंतभारत ५४ सतान्सर्वान्शरैर्घोरैरवाकिरतपांडवः ॥ तथैवतावकाराज
न्पांडवेयान्महारथान् ५५ शरवर्षेणमहतासमंतात्पर्यवारयन् ॥ व्याकुलंतदभूत्सर्वंपांडवानांपरैःसह ५६ ॥ ॥ ॥

५२ । ५३ । ५४ । ५५ । ५६ ॥ ॥ ॥ ॥

५७ ॥ इतिशल्यपर्वणिनीलकंठीये भारतभावदीपे सप्तविंशतितमोऽध्यायः ॥ २७ ॥ ॥ तस्मिन्निति १ । २ । ३ । ४ । ५ । ६ रणेवीरशब्दविशिष्टे ७ । ८ । ९ । १० । ११ । १२

तावकानांचसमरेपांडवेयैर्युयुत्सताम् ॥ तत्रयोधास्तदापेतुःपरस्परसमाहताः ॥ उभयोःसेनयोराजन्संशोचंतःस्मबांधवान् ५७ ॥ इतिश्रीमहाभारतेशल्यपर्वणिसु
शर्मवधेसप्तविंशोऽध्यायः ॥ २७ ॥ ॥ संजयउवाच ॥ तस्मिन्प्रवृत्तेसंग्रामेगजवाजिनरक्षये ॥ शकुनिःसौबलोराजन्सहदेवंसमभ्ययात् १ ततोस्यापततस्तूर्णंसह
देवःप्रतापवान् ॥ शरौघान्प्रेषयामासपतंगानिवशीघ्रगान् २ उलूकश्चरणेभीमंविव्याधदशभिःशरैः ॥ शकुनिश्चमहाराजभीमंविद्ध्वात्रिभिःशरैः ३ सायकानांनवत्या
वैसहदेवमवाकिरत् ॥ तेशूराःसमरेराजन्समासाद्यपरस्परम् ४ विव्यधुर्निशितैर्बाणैःकंकबर्हिणवाजितैः ॥ स्वर्णपुंखैःशिलाधौतैराकर्णप्रहितैःशरैः ५ तेषांचापभुजो
त्सृष्टाशरवृष्टिर्विशांपते ॥ आच्छादयद्दिशःसर्वाधाराइवपयोमुचः ६ ततःक्रुद्धोरणेभीमःसहदेवश्चभारत ॥ चेरतुःकदनंसंख्येकुर्वंतौसुमहाबलौ ७ ताभ्यांशरशतैश्छन्नं
तद्बलंतवभारत ॥ सांधकारमिवाकाशमभवत्तत्रतत्रह ८ अश्वैर्विपरिधावद्भिःशरच्छन्नैर्विशांपते ॥ तत्रतत्रवृतोमार्गोविकर्षद्भिर्हतान्बहून् ९ निहतानांहयानांचसहैव
हयसादिभिः ॥ वर्मभिर्विनिकृत्तैश्चप्रासैश्छिन्नैश्चमारिष १० ऋष्टिभिःशक्तिभिश्चैवसासिप्रासपरश्वधैः ॥ संछन्नापृथिवीजज्ञेकुसुमैःशबलाइव ११ योधास्तत्रमहारा
जसमासाद्यपरस्परम् ॥ व्यचरंतरणेक्रुद्धाविनिघ्नन्तःपरस्परम् १२ उद्वृत्तनयनैरोषात्संदष्टौष्ठपुटैर्मुखैः ॥ सकुंडलैर्महीच्छन्नापद्मकिंजल्कसन्निभैः १३ भुजैश्छिन्नैर्महारा
जनागराजकरोपमैः ॥ सांगदैःसतनुत्रैश्चसासिप्रासपरश्वधैः १४ कबंधैरुत्थितैश्छिन्नैर्नृत्यद्भिश्चापरैर्युधि ॥ क्रव्यादगणसंछन्नाघोराऽभूत्पृथिवीविभो १५ अल्पावशि
ष्टेसैन्येतुकौरवेयान्महाहवे ॥ प्रहृष्टाःपांडवाभूत्वानिन्यिरेयमसादनम् १६ एतस्मिन्नंतरेशूरःसौबलेयःप्रतापवान् ॥ प्रासेनसहदेवस्यशिरसिप्राहरद्भृशम् १७ सवि
ह्वलोमहाराजरथोपस्थउपाविशत् ॥ सहदेवंतथादृष्ट्वाभीमसेनःप्रतापवान् १८ सर्वसैन्यानिसंक्रुद्धोवारयामासभारत ॥ निर्बिभेदचनाराचैःशतशोऽथसहस्रशः १९
विनिर्भिद्याकरोच्चैवसिंहनादमरिंदमः ॥ तेनशब्देनवित्रस्ताःसर्वेसहयवारणाः २० प्राद्रवन्सहसाभीताःशकुनेश्चपदानुगाः ॥ प्रभग्नानथतान्दृष्ट्वाराजादुर्योधनोऽब्रवीत्
२१ निवर्तध्वमधर्मज्ञायुध्यध्वंकिंसृतेनवः ॥ इहकीर्तिंसमाधायप्रेत्यलोकान्समश्नुते २२ प्राणान्जहातियोधीरोयुद्धेपृष्ठमदर्शयन् ॥ एवमुक्तास्तुतेराज्ञासौबलस्यपदा
नुगाः २३ पांडवानभ्यवर्तंतमृत्युंकृत्वानिवर्तनम् ॥ द्रवद्भिस्तत्रराजेन्द्रकृतःशब्दोऽतिदारुणः २४ क्षुब्धसागरसंकाशाःक्षुभिताःसर्वतोऽभवन् ॥ तांस्ततःपुरतोदृ
ष्ट्वासौबलस्यपदानुगान् २५ प्रत्युद्ययुर्महाराजपांडवाविजयोद्यताः ॥ प्रत्याश्वस्यचदुर्धर्षःसहदेवोविशांपते २६ शकुनिंदशभिर्विद्ध्वाहयांश्चास्यत्रिभिःशरैः ॥ धनु
श्चिच्छेदचशरैःसौबलस्यहसन्निव २७ अथान्यद्धनुरादायशकुनिर्युद्धदुर्मदः ॥ विव्याधनकुलंषष्ट्याभीमसेनंचसप्तभिः २८ ॥ ॥

१३ । १४ । १५ । १६ । १७ । १८ । १९ । २० । २१ । २२ । २३ । २४ । २५ । २६ । २७ । २८ ॥ ॥ ॥

२९ । ३० । ३१ । ३२ । ३३ । ३४ । ३५ । ३६ । ३७ । ३८ । ३९ । ४० । ४१ । ४२ । ४३ । ४४ । ४५ । ४६ । ४७ । ४८ । ४९ । ५० । ५१ । ५२ । ५३ । ५४ । ५५ । ५६ । ५७ । ५८ । ५९

उलूकोऽपिमहाराजभीमंविव्याधसप्तभिः ॥ सहदेवंचसप्तत्यापरीप्सन्पितरंरणे २९ तंभीमसेनःसमरेविव्याधनवभिःशरैः ॥ शकुनिंचचतुःषष्ट्यापार्श्वस्थांश्चत्रिभिस्त्रि
भिः ३० तेहन्यमानाभीमेननाराचैस्तैलपायितैः ॥ सहदेवंरणेक्रुद्धाश्छादयन्शरवृष्टिभिः ३१ पर्वतंवारिधाराभिःसविद्युतइवांबुदाः ॥ ततोऽस्यापततःशूरःसह
देवःप्रतापवान् ३२ उलूकस्यमहाराजभल्लेनापाहरच्छिरः ॥ सजगामरथाद्भूमिंसहदेवेनपातितः ३३ रुधिराप्लुतसर्वांगोनंदयन्पांडवान्युधि ॥ पुत्रंतुनिहतंदृष्ट्वाशकु
निस्तत्रभारत ३४ साश्रुकंठोविनिःश्वस्यक्षत्तुर्वाक्यमनुस्मरन् ॥ चिंतयित्वामुहूर्तंसबाष्पपूर्णेक्षणःश्वसन् ३५ सहदेवंसमासाद्यत्रिभिर्विव्याधसायकैः ॥ तानपा
स्यशरान्मुक्तान्शरसंघैःप्रतापवान् ३६ सहदेवोमहाराजधनुश्चिच्छेदसंयुगे ॥ छिन्नेधनुषिराजेंद्रशकुनिःसौबलस्तदा ३७ प्रगृह्यविपुलंखड्गंसहदेवायप्राहिणोत् ॥ त
मापतंतंसहसाघोररूपंविशांपते ३८ द्विधाचिच्छेदसमरेसौबलस्यहसन्निव ॥ असिंदृष्ट्वातथाच्छिन्नंप्रगृह्यमहतींगदाम् ३९ प्राहिणोत्सहदेवायसामोघान्यपतद्भुवि ॥
ततःशक्तिंमहाघोरांकालरात्रीमिवोद्यताम् ४० प्रेषयामाससंक्रुद्धःपांडवंप्रतिसौबलः ॥ तामापतंतींसहसाशरैःकनकभूषणैः ४१ त्रिधाचिच्छेदसमरेसहदेवोहसन्निव ॥
सापपातत्रिधाच्छिन्नाभूमौकनकभूषणा ४२ शीर्यमाणायथादीप्तागगनाद्वैशतन्हदा ॥ शक्तिंविनिहतांदृष्ट्वासौबलंचभयार्दितम् ४३ दुद्रुवुस्तावकाःसर्वेभयेजातेससौ
बलाः ॥ अथोत्कुष्टंमहच्चासीत्पांडवैर्जितकाशिभिः ४४ धार्त्तराष्ट्रास्ततःसर्वेप्रायशोविमुखाऽभवन् ॥ तान्वैविमनसोदृष्ट्वामाद्रीपुत्रःप्रतापवान् ४५ शरैरनेकसाहस्रैर्वा
रयामाससंयुगे ॥ ततोगांधारकैर्गुप्तंपुष्टैरश्वैर्जयेधृतम् ४६ आससादरणेयांतंसहदेवोऽथसौबलम् ॥ स्वमंशमवशिष्टंतंसंस्मृत्यशकुनिंनृप ४७ रथेनकांचनांगेनसह
देवःसमभ्ययात् ॥ अधिज्यंबलवत्कृत्वाव्याक्षिपन्सुमहद्धनुः ४८ ससौबलमभिद्रुत्यगार्ध्रपत्रैःशिलाशितैः ॥ भृशमभ्यहनत्क्रुद्धस्तोत्रैरिवमहाद्विपम् ४९ उवाचचैनं
मेधावीविगृह्यस्मारयन्निव ॥ क्षत्रधर्मेस्थिरोभूत्वायुध्यस्वपुरुषोभव ५० यत्तदाहृष्यसेमूढग्लहन्नक्षैःसभातले ॥ फलमद्यप्रपश्यस्वकर्मणस्तस्यदुर्मते ५१ निहता
स्तेदुरात्मानोयेऽस्मानवहसन्पुरा ॥ दुर्योधनःकुलांगारःशिष्टस्त्वंचास्यमातुलः ५२ अद्यतेनिहनिष्यामिक्षुरेणोन्मथितंशिरः ॥ वृक्षात्फलमिवाविद्धंलगुडेनप्रमाथि
ना ५३ एवमुक्त्वामहाराजसहदेवोमहाबलः ॥ संक्रुद्धोरणशार्दूलोवेगेनाभिजगामतम् ५४ अभिगम्यसुदुर्धर्षःसहदेवोयुधांपतिः ॥ विकृष्यबलवच्चापंक्रोधेनप्रज्वल
न्निव ५५ शकुनिंदशभिर्विद्ध्वाचतुर्भिश्चास्यवाजिनः ॥ छत्रंध्वजंधनुश्चास्यच्छित्वासिंहइवानदत् ५६ छिन्नध्वजधनुश्छत्रःसहदेवेनसौबलः ॥ कृतोविद्धश्चबहुभिःसर्व
मर्मसुसायकैः ५७ ततोभूयोमहाराजसहदेवःप्रतापवान् ॥ शकुनेःप्रेषयामासशरवृष्टिंदुरासदाम् ५८ ततस्तुक्रुद्धःसुबलस्यपुत्रोमाद्रीसुतंसहदेवंविमर्दे ॥ प्रासेनजां
बूनदभूषणेनजिघांसुरेकोऽभिपपातशीघ्रम् ५९

६० । ६१ । ६२ । ६३ । ६४ । ६५ । ६६ । ६७ । ६८ ॥ इतिशल्यपर्वणि नी० भा० अष्टाविंशोऽध्यायः ॥ २८ ॥ ततःक्रुद्धइति १ । २ । ३ । ४ । ५ । ६ । ७ । ८ । ९ । १०

माद्रीसुतस्तस्यसमुद्यतंतंप्रासंसुवृत्तौचभुजौरणाग्रे ॥ भल्लैस्त्रिभिर्युगपत्संचकर्त्तननादचोच्चैस्तरसाऽऽजिमध्ये ६० तस्याशुकारीसुसमाहितेनसुवर्णपुंखेनदृढायसेन ॥
भल्लेनसर्वावरणातिगेनशिरःशरीरात्प्रममाथभूयः ६१ शरेणकार्त्तस्वरभूषितेनदिवाकराभेणसुसंहितेन ॥ हृतोत्तमांगोयुधिपांडवेनपपातभूमौसुबलस्यपुत्रः ६२ सत
च्छिरोवेगवताशरेणसुवर्णपुंखेनशिलाशितेन ॥ प्रावेरयत्कुपितःपांडुपुत्रोयत्तत्कुरूणामनयस्यमूलम् ६३ भुजौसुवृत्तौप्रचकर्त्तवीरःपश्चात्कबंधंरुधिरावसिक्तम् ॥ वि
स्पंदमानंनिपपातघोरंरथोत्तमात्पार्थिवपार्थिवस्य ६४ हृतोत्तमांगंशकुनिंसमीक्ष्यभूमौशयानंरुधिरार्द्रगात्रम् ॥ योधास्त्वदीयाभयनष्टसत्वादिशःप्रजग्मुःप्रगृहीतश
स्त्राः ६५ प्रविद्रुताःशुष्कमुखाविसंज्ञागांडीवघोषेणसमाहताश्च ॥ भयार्दिवाभग्नरथाश्वनागाःपदातयश्चैवसधार्त्तराष्ट्राः ६६ ततोरथाच्छकुनिंपातयित्वामुदान्विताभा
रतपांडवेयाः ॥ शंखान्प्रदध्मुःसमरेऽतिहृष्टाःसकेशवाःसैनिकान्हर्षयंतः ६७ तंचापिसर्वेप्रतिपूजयंतोदृष्ट्वाब्रुवाणाःसहदेवमाजौ ॥ दिष्ट्याहतोनैकृतिकोमहात्मास
हात्मजोवीररणेत्वयेति ६८ ॥ इतिश्रीम० श० शकुन्युलूकवधेअष्टाविंशोऽध्यायः ॥ २८ ॥ अथन्हदप्रवेशपर्व ॥ संजयउवाच ॥ ततःक्रुद्धामहाराजसौबलस्यप
दानुगाः ॥ त्यक्त्वाजीवितमाक्रंदेपांडवान्पर्यवारयन् १ तानर्जुनःप्रत्यगृह्णात्सहदेवोजयेधृतः ॥ भीमसेनश्चतेजस्वीक्रुद्धाशीविषदर्शनः २ शक्त्यृष्टिप्रासहस्तानांसह
देवंजिघांसताम् ॥ संकल्पमकरोन्मोघंगांडीवेनधनंजयः ३ संगृहीतायुधान्बाहून्योधानामभिधावताम् ॥ भल्लैश्चिच्छेदबीभत्सुःशिरांस्यपिहयानपि ४ तेहयाः
प्रत्यपद्यंतवसुधांविगतासवः ॥ चरतालोकवीरेणप्रहताःसव्यसाचिना ५ ततोदुर्योधनोराजादृष्ट्वास्वबलसंक्षयम् ॥ हतशेषान्समानीयक्रुद्धोरथगणान्बहून् ६ कुंज
रांश्चहयांश्चैवपादातांश्चसमंततः ॥ उवाचसहितान्सर्वान्धार्त्तराष्ट्रइदंवचः ७ समासाद्यरणेसर्वान्पांडवान्ससुहृद्गणान् ॥ पांचाल्यंचापिसबलंहत्वाशीघ्रंन्यवर्त्तत ८ त
स्यतेशिरसागृह्यवचनंयुद्धदुर्मदाः ॥ अभ्युद्ययूरणेपार्थांस्तवपुत्रस्यशासनात् ९ तानभ्यापततःशीघ्रंहतशेषान्महारणे ॥ शरैराशीविषाकारैःपांडवाःसमवाकिरन् १०
तत्सैन्यंभरतश्रेष्ठमुहूर्त्तेनमहात्मभिः ॥ अवध्यतरणंप्राप्यत्रातारंनाभ्यविंदत ११ प्रतिष्ठमानंतुभयान्नावतिष्ठतिदंशितम् ॥ अश्वैर्विपरिधावद्भिःसैन्येनरजसावृते १२
नप्राज्ञायंतसमरेदिशःसप्रदिशस्तथा ॥ ततस्तुपांडवानीकान्निःसृत्यबहवोजनाः १३ अभ्यघ्नंस्तावकान्युद्धेमुहूर्त्तादिवभारत ॥ ततोनिःशेषमभवत्तत्सैन्यंतवभारत १४
अक्षौहिण्यःसमेतास्तुतवपुत्रस्यभारत ॥ एकादशहतायुद्धेताःप्रभोपांडुसृंजयैः १५ तेषुराजसहस्रेषुतावकेषुमहात्मसु ॥ एकोदुर्योधनोराजन्नदृश्यतभृशंक्षतः १६ ततो
वीक्ष्यदिशःसर्वादृष्ट्वाशून्यांचमेदिनीम् ॥ विहीनःसर्वयोधैश्चपांडवान्वीक्ष्यसंयुगे १७ मुदितान्सर्वतःसिद्धान्नदमानान्समंततः ॥ बाणशब्दरवांश्चैवश्रुत्वातेषांमहात्मनाम् १८

१९ । २० । २१ । २२ । २३ । २४ । २५ । २६ । २७ । २८ । २९ । ३० । ३१ । ३२ । ३३ । ३४ । ३५ । ३६ । ३७ । ३८ । ३९ । ४० । ४१ । ४२ । ४३ । ४४ । ४५ । ४६ । ४७ । ४८

दुर्योधनोमहाराजकश्मलेनाभिसंवृतः ॥ अपयानेमनश्चक्रेविहीनबलवाहनः १९ ॥ धृतराष्ट्रउवाच ॥ निहतेमामकेसैन्येनिःशेषेशिबिरेकृते ॥ पांडवानांबलेसू
तकिंनुशेषमभूत्तदा २० एतन्मेपृच्छतोब्रूहिकुशलोह्यसिसंजय ॥ यच्चदुर्योधनोमंदःकृतवांस्तनयोमम २१ बलक्षयंतथादृष्ट्वासएकःपृथिवीपतिः ॥ संजयउ
वाच ॥ रथानांद्वेसहस्रेतुसप्तनागशतानिच २२ पंचचाश्वसहस्राणिपत्तीनांचशतंशताः ॥ एतच्छेषमभूद्राजन्पांडवानांमहद्बलम् २३ परिगृह्यहियद्युद्धेधृष्ट
द्युम्नोव्यवस्थितः ॥ एकाकीभरतश्रेष्ठततोदुर्योधनोनृपः २४ नापश्यत्समरेकंचित्सहायंरथिनांवरः ॥ नर्दमानान्परान्दृष्ट्वास्वबलस्यचसंक्षयम् २५ तथा
दृष्ट्वामहाराजएकःसपृथिवीपतिः ॥ हतंस्वहयमुत्सृज्यप्राङ्मुखःप्राद्रवद्भयात् २६ एकादशचमूभर्त्तापुत्रोदुर्योधनस्तव ॥ गदामादायतेजस्वीपदातिःप्रस्थि
तोह्रदम् २७ नातिदूरंततोगत्वापद्भ्यामेवनराधिपः ॥ सस्मारवचनंक्षत्तुर्धर्मशीलस्यधीमतः २८ इदंनूनंमहाप्राज्ञोविदुरोदृष्टवान्पुरा ॥ महद्वैशसमस्माकं
क्षत्रियाणांचसंयुगे २९ एवंविचिंतयानस्तुप्रविविक्षुर्ह्रदंनृपः ॥ दुःखसंतप्तहृदयोदृष्ट्वाराजन्बलक्षयम् ३० पांडवास्तुमहाराजधृष्टद्युम्नपुरोगमाः ॥ अभ्यद्रवं
तसंक्रुद्धास्तवराजन्बलंप्रति ३१ शक्त्यृष्टिप्रासहस्तानांबलानामभिगर्जताम् ॥ संकल्पमकरोन्मोघंगांडीवेनधनंजयः ३२ तान्हत्वानिशितैर्बाणैःसामात्यान्स
हबन्धुभिः ॥ रथेश्वेतहयेतिष्ठन्नर्जुनोबह्वशोभत ३३ सुबलस्यहतेपुत्रेसवाजिरथकुंजरे ॥ महावनमिवच्छिन्नमभवत्तावकंबलम् ३४ अनेकशतसाहस्रेबलेदुर्योधन
स्यह ॥ नान्योमहारथोराजन्जीवमानोव्यदृश्यत ३५ द्रोणपुत्रादृतेवीरात्तथैवकृतवर्मणः ॥ कृपाच्चगौतमाद्राजन्पार्थिवाच्चतवात्मजात् ३६ धृष्टद्युम्नस्तुमांदृ
ष्ट्वाहसन्सात्यकिमब्रवीत् ॥ किमनेनगृहीतेननानेनार्थोऽस्तिजीवता ३७ धृष्टद्युम्नवचःश्रुत्वाशिनेर्नप्तामहारथः ॥ उद्यम्यनिशितंखड्गंहंतुंमामुद्यतस्तदा ३८ त
मागम्यमहाप्राज्ञःकृष्णद्वैपायनोऽब्रवीत् ॥ मुच्यतांसंजयोजीवन्नहंतव्यःकथंचन ३९ द्वैपायनवचःश्रुत्वाशिनेर्नप्ताकृतांजलिः ॥ ततोमामब्रवीन्मुक्त्वास्वस्ति
संजयसाधय ४० अनुज्ञातस्त्वहंतेनन्यस्तवर्मानिरायुधः ॥ प्रातिष्ठंयेननगरंसायाह्नेरुधिरोक्षितः ४१ क्रोशमात्रमपक्रांतंगदापाणिमवस्थितम् ॥ एकंदुर्योधनं
राजन्नपश्यंभृशविक्षतम् ४२ सतुमामश्रुपूर्णाक्षोनाशक्नोदभिवीक्षितुम् ॥ उपप्रैक्षतमांदृष्ट्वातथादीनमवस्थितम् ४३ तंचाहमपिशोचंतंदृष्ट्वैकाकिनमाहवे ॥
मुहूर्त्तंनाशकंवक्तुमतिदुःखपरिप्लुतः ४४ ततोऽस्मैतदहंसर्वमुक्तवान्ग्रहणंतदा ॥ द्वैपायनप्रसादाच्चजीवतोमोक्षमाहवे ४५ समुहूर्त्तमिवध्यात्वाप्रतिलभ्यच
चेतनाम् ॥ भ्रातॄंश्चसर्वसैन्यानिपर्यपृच्छतमांततः ४६ तस्मैतदहमाचक्षेसर्वंप्रत्यक्षदर्शिवान् ॥ भ्रातॄंश्चनिहतान्सर्वान्सैन्यंचविनिपातितम् ४७ त्रयःकिलरथाः
शिष्टास्तावकानांनराधिप ॥ इतिप्रस्थानकालेमांकृष्णद्वैपायनोऽब्रवीत् ४८ ॥ ॥

॥ २८ ॥ सदीर्घमिवनिःश्वस्यप्रत्यवेक्ष्यपुनःपुनः ॥ असौमांपाणिनास्पृष्ट्वापुत्रस्तेपर्यभाषत ४९ त्वदन्योनेहसंग्रामेकश्चिज्जीवतिसंजय ॥ द्वितीयंनेहपश्यामिससहाया अ० २९
श्चपांडवाः ५० ब्रूयाःसंजयराजानंप्रज्ञाचक्षुषमीश्वरम् ॥ दुर्योधनस्तवसुतःप्रविष्टोहृदमित्युत ५१ सुहृद्भिस्तादृशैर्हीनःपुत्रैर्भ्रातृभिरेवच ॥ पांडवैश्चहृतेराज्ये
कोनुजीवेतमादृशः ५२ आचक्षीथाःसर्वमिदंमांचमुक्तंमहाहवात् ॥ अस्मिंस्तोयहृदेगुप्तंजीवंतंभृशविक्षतम् ५३ एवमुक्त्वामहाराजप्राविशत्तंमहाहृदम् ॥ अ
स्तंभयततोयंचमाययामनुजाधिपः ५४ तस्मिन्हृदंप्रविष्टेतुत्रीन्रथान्श्रांतवाहनान् ॥ अपश्यंसहितानेकस्तंदेशंसमुपेयुषः ५५ कृपंशारद्वतंवीरंद्रौणिंचर
थिनांवरम् ॥ भोजंचकृतवर्माणंसहितान्शरविक्षतान् ५६ तेसर्वेमामभिप्रेक्ष्यतूर्णमश्वाननोदयन् ॥ उपयायतुमामूचुर्दिष्ट्याजीवसिसंजय ५७ अपृच्छंश्चैव
मांसर्वेपुत्रंतवजनाधिपम् ॥ कच्चिद्दुर्योधनोराजासनोजीवतिसंजय ५८ आख्यातवानहंतेभ्यस्तदाकुशलिनंनृपम् ॥ तच्चैवसर्वमाचक्षंयन्मांदुर्योधनोऽब्रवीत्
५९ हृदंचैवाहमाचक्षंयंप्रविष्टोनराधिपः ॥ अश्वत्थामातुतद्राजन्निशम्यवचनंमम ६० तंहृदंविपुलंप्रेक्ष्यकरुणंपर्यदेवयत् ॥ अहोधिङ्नसजानातिजीवतोऽस्मा
न्नराधिपः ६१ पर्याप्ताहिवयंतेनसहयोधयितुंपरान् ॥ तेतुतत्रचिरंकालंविलप्यचमहारथाः ६२ प्राद्रवन्रथिनांश्रेष्ठादृष्ट्वापांडुसुतान्रणे ॥ तेतुमांरथमारोप्यकृ
पस्यसुपरिष्कृतम् ६३ सेनानिवेशमाजग्मुर्हतशेषास्त्रयोरथाः ॥ तत्रगुल्माःपरित्रस्ताःसूर्येचास्तमितेसति ६४ सर्वेविचुक्रुशुःश्रुत्वापुत्राणांतवसंक्षयम् ॥
ततोवृद्धामहाराजयोषितांरक्षिणोनराः ६५ राजदारानुपादायप्रययुर्नगरंप्रति ॥ तत्रविक्रोशमानानांरुदतीनांचसर्वशः ६६ प्रादुरासीन्महान्शब्दःश्रुत्वातद्बल
संक्षयम् ॥ ततस्तायोषितोराजन्रुदत्योवैमुहुर्मुहुः ६७ कुरर्यइवशब्देननादयंत्योमहीतलम् ॥ आजघ्नुःकरजैश्चापिपाणिभिश्चशिरांस्युत ६८ लुलुचुश्चतदाके
शान्क्रोशत्यस्तत्रतत्रह ॥ हाहाकारनिनादिन्योविनिघ्नंत्यउरांसिच ६९ शोचंत्यस्तत्ररुरुदुःक्रंदमानाविशांपते ॥ ततोदुर्योधनामात्याःसाश्रुकंठाभृशा
तुराः ७० राजदारानुपादायप्रययुर्नगरंप्रति ॥ वेत्रव्यासक्तहस्ताश्चद्वाराध्यक्षाविशांपते ७१ शयनीयानिशुभ्राणिस्पर्ध्यास्तरणवंतिच ॥ समादाययुस्तूर्णं
नगरंदाररक्षिणः ७२ आस्थायाश्वतरीयुक्तान्स्यंदनानपरेपुनः ॥ स्वान्स्वान्दारानुपादायप्रययुर्नगरंप्रति ७३ अदृष्टपूर्वायानार्योभास्करेणापिवेश्मसु ॥ दह
शुस्तामहाराजजनायाताःपुरंप्रति ७४ ताःस्त्रियोभरतश्रेष्ठसौकुमार्यसमन्विताः ॥ प्रययुर्नगरंतूर्णंहतस्वजनबांधवाः ७५ आगोपालाविपालेभ्योद्रवंतोनग
रंप्रति ॥ ययुर्मनुष्याःसंभ्रांताभीमसेनभयार्दिताः ७६ अपिचैषांभयंतीव्रंपार्थेभ्योऽभूत्सुदारुणम् ॥ प्रेक्षमाणास्तदाऽन्योन्यमाधावन्नगरंप्रति ७७ तस्मिंस्त ॥ २८ ॥
थावर्त्तमानेविद्रवेभृशदारुणे ॥ युयुत्सुःशोकसंमूढःप्राप्तकालमचिंतयत् ७८ ॥ ॥

७९ । ८० । ८१ । ८२ । ८३ । ८४ । ८५ । ८६ । ८७ । ८८ । ८९ । ९० । ९१ । ९२ । ९३ । ९४ । ९५ । ९६ । ९७ । ९८ । ९९ । १०० । १ । २ । ३ । ४ । १०५ ॥ इतिशल्यपर्वणि

जितोदुर्योधनःसंख्येपांडवैर्भीमविक्रमैः ॥ एकादशचमूभर्त्ताभ्रातरश्वास्यसूदिताः ७९ हताश्वकुरवःसर्वेभीष्मद्रोणपुरःसराः ॥ अहमेकोविमुक्तस्तुभाग्ययोगाद्यदृच्छया ८० विद्रुतानिचसर्वाणिशिबिराणिसमंततः ॥ इतस्ततःपलायंतेहतनाथाहतौजसः ८१ अदृष्टपूर्वादुःखार्त्ताभयव्याकुललोचनाः ॥ हरिणइववित्रस्तावीक्षमाणा दिशोदश ८२ दुर्योधनस्यसचिवायेकेचिद्वशेषिताः ॥ राजदारानुपादायप्रययुर्नगरंप्रति ८३ प्राप्तकालमहंमन्येप्रवेशंतैःसहप्रभो ॥ युधिष्ठिरमनुज्ञाप्यभीमसेनंतथैवच ८४ एतमर्थमहाबाहुरुभयोःसन्यवेदयन् ॥ तस्यप्रीतोभवद्राजानित्यकरुणंवदिता ८५ परिष्वज्यमहाबाहुर्वैश्यापुत्रंव्यसर्जयत् ॥ ततःसरथमास्थायद्रुतमश्वानचोदयत् ८६ संवाहयितवांश्वापिगजदारान्पुरंप्रति ॥ तैश्वेवसहितःक्षिप्रमस्तंगच्छतिभास्करे ८७ प्रविष्टोहास्तिनपुरंबाष्पकंठोश्रुलोचनः ॥ अपश्यतमहाप्राज्ञविदुरंसा श्रुलोचनम् ८८ सज्ञःसमीपान्निक्रांतंशोकोपहतचेतसम् ॥ तमब्रवीसत्यधृतिःप्रणतंत्वग्रतःस्थितम् ८९ दिष्ट्याकुरुक्षयेत्रत्तेअस्मिस्वंपुत्रजीवसि ॥ विनाराज्ञःप्रवे शादुकिमसित्वमिहागतः ९० एतद्वैकारणंसर्वेविस्तरेणनिवेदय ॥ युयुत्सुरुवाच ॥ निहतेशकुनौतत्रसंज्ञातिसुतबांधवे ९१ हतशेषपरीवारोराजादुर्योधनस्ततः स्वकंमहयमुत्स्रृज्यप्राङ्मुखःप्राद्रवद्ब्रयाव ९२ अपक्रांतुनृपतौस्कंधावारनिवेशनात् ॥ भयव्याकुलितंसवैप्राद्रवद्ब्रनगरंप्रति ९३ ततोराज्ञःकलत्राणिभ्रातृणांचास्यस वेतः ॥ वाहनेषुम्समारोप्यअध्यक्षाःप्राद्रवन्भयात् ९४ ततोहंसमनुज्ञाप्यगजानेन्सहकेशवम् ॥ प्रविष्टोहास्तिनपुरंरक्षन्लोकान्प्रधावितान् ९५ एतच्छ्रुत्वातुवचनंवैश्या पुत्रेणभाषितम् ॥ प्राप्तकालमितिज्ञात्वाविदुरःसर्वधर्मविव ९६ अपूजयदमेयात्मायुयुत्सुंवाक्यमब्रवीत् ॥ प्राप्तकालमिदंसर्वेब्रुवताभरतक्षये ९७ रक्षितःकुलधर्मश्वसा नुक्रोशतयात्वया ॥ दिष्ट्यात्वानिहसंग्रामादस्माद्वीरक्षयात्पुरम् ९८ समागतमपश्यामहंअंशुमंतमिवप्रजाः ॥ अंधस्यनृपतेर्यष्टिलुंघस्यादीर्घदर्शिनः ९९ बहुशोया च्यमानस्यैदेवोपहतचेतसः ॥ त्वमेकोव्यसनार्तस्यधिग्रियसेपुत्रसर्वथा १०० अद्यत्वमिहविश्रांतःश्वोऽभिगंतायुधिष्ठिरम् ॥ एतावदुक्वावचनंविदुरःसाश्रुलोचनः १ युयुत्सुंसमनुप्राप्यप्रविवेशनृपक्षयम् ॥ पौरजानपदैर्दुःखाद्धाहेतिभ्रशनादितम् २ निरानंदंगनश्रीकंहृताराममिवाशयम् ॥ शून्यरूपमपध्वस्तंदुःखाद्धुःखतरोऽभवत् ३ विदुरःसर्वधर्मज्ञोविक्लवेनांतरात्मना ॥ विवेशनगरंराजन्निश्वसशनैःशनैः ४ युयुत्सुरपितारांत्रिस्वगृहेन्यवसत्तदा॥वंद्यमानःस्वकैश्वापिनाभ्यनंदत्सुदुःखितः॥चिंतयानः क्षयंतीव्रंभरतानांपरस्परम् १०५ ॥ इतिश्रीमहाभारतेशल्यपर्वणि हृदप्रवेशपर्वणिएकोनत्रिंशोऽध्यायः ॥ २९ ॥ ॥ समाप्तंचहृदप्रवेशपर्व ॥ अतःपरंगदायुद्धपर्व ॥

नीलकंठीये भारतभावदीपे एकोनत्रिंशोध्यायः ॥ २९ ॥ ॥ ॥ ॥ ॥

हतेषुसर्वसैन्येषुपांडुपुत्रैरणाजिरेइत्यारभ्य शोकसंविग्नमनसश्चिताध्यानपराऽभवन्नित्यंतःशल्यपर्वशेषोगदापर्वाख्यस्तस्यतात्पर्यं सर्वनाशेऽपिजीवितंदुस्त्यजं पराभूतमपिशत्रुंशूरानत्यजन्तीतिच १ । २ । ३

॥ धृतराष्ट्रउवाच ॥ हतेषुसर्वसैन्येषुपांडुपुत्रैरणाजिरे ॥ ममसैन्यावशिष्टास्तेकिमकुर्वतसंजय १ कृतवर्माकृपश्चैवद्रोणपुत्रश्चवीर्यवान् ॥ दुर्योधनश्चमंदात्माराजाकिमकरोत्तदा २ ॥ संजयउवाच ॥ संप्राद्रवत्सुदारेषुक्षत्रियाणांमहात्मनाम् ॥ विद्रुतेशिबिरेशून्येभृशोद्विग्नास्त्रयोरथाः ३ निशम्यपांडुपुत्राणांतदावैजयिनांस्वनम् ॥ विद्रुतंशिबिरंदृष्ट्वासायान्हेराजगृद्धिनः ४ स्थानंनारोचयंस्तत्रततस्तेन्हदमभ्ययुः ॥ युधिष्ठिरोऽपिधर्मात्माभ्रातृभिःसहितोरणे ५ हृष्टःपर्यचरद्राजन्दुर्योधनवधेप्सया ॥ मार्गमाणास्तुसंक्रुद्धास्तवपुत्रंजयैषिणः ६ यत्नतोऽन्वेषमाणास्तेनैवापश्यन्जनाधिपम् ॥ सहितीव्रेणवेगेनगदापाणिरपाक्रमत् ७ तंन्हदंप्राविशच्चापिविष्टभ्यापःस्वमायया ॥ यदातुपांडवाःसर्वेसुपरिश्रांतवाहनाः ८ ततःस्वशिबिरंप्राप्यव्यतिष्ठंतससैनिकाः ॥ ततःकृपश्चद्रौणिश्चकृतवर्माचसात्वतः ९ सन्निविष्टेषुपार्थेषुप्रयातास्तंह्रदंशनैः ॥ तेतंह्रदंसमासाद्ययत्रशेतेजनाधिपः १० अभ्यभाषंतदुर्धर्षंराजानंसुप्तमंभसि ॥ राजन्नुत्तिष्ठयुद्ध्यस्वसहास्माभिर्युधिष्ठिरम् ११ जित्वावापृथिवींभुंक्ष्वहतोवास्वर्गमाप्नुहि ॥ तेषामपिबलंसर्वंहतंदुर्योधनत्वया १२ प्रतिविद्धाश्चभूयिष्ठंयेशिष्टास्तत्रसैनिकाः ॥ नतेवेगंविषहितुंशक्तास्तवविशांपते १३ अस्माभिरपिगुप्तस्यतस्मादुत्तिष्ठभारत ॥ ॥ दुर्योधनउवाच ॥ ॥ दिष्ट्यापश्यामिवोमुक्तानीदृशात्पुरुषक्षयात् १४ पांडुकौरवसंमर्दाज्जीवमानान्नरर्षभान् ॥ विजेष्यामोवयंसर्वेविश्रांताविगतक्लमाः १५ भवंतश्चपरिश्रांतावयंचभृशविक्षताः ॥ उदीर्णंचबलंतेषांतेनयुद्धंनरोचये १६ नत्वेतदद्भुतंवीरायद्वोमहदिदंमनः ॥ अस्मासुचपराशक्तिर्नतुकालःपराक्रमे १७ विश्रम्यैकांनिशामद्यभवद्भिःसहितोरणे ॥ प्रतियोत्स्याम्यहंशत्रून्श्वोनमेऽस्त्यत्रसंशयः १८ ॥ संजयउवाच ॥ एवमुक्तोऽब्रवीद्द्रौणीराजानंयुद्धदुर्मदम् ॥ उत्तिष्ठराजन्भद्रंतेविजेष्यामोवयंपरान् १९ इष्टापूर्तेनदानेनसत्येनचजयेनच ॥ शपेराजन्यथाह्यद्यनिहनिष्यामिसोमकान् २० मास्मयज्ञकृतांप्रीतिमाप्नुयांसज्जनोचिताम् ॥ यदीमांरजनींव्युष्टांनहिहन्मिपरान्रणे २१ नाहत्वासर्वपांचालान्विमोक्ष्येकवचंविभो ॥ इतिसत्यंब्रवीम्येतत्तन्मेशृणुजनाधिप २२ तेषुसंभाषमाणेषुव्याधास्तंदेशमाययुः ॥ मांसभारपरिश्रांताःपानीयार्थंयदृच्छया २३ तेहिनित्यंमहाराजभीमसेनस्यलुब्धकाः ॥ मांसभारानुपाजन्हुर्भक्त्यापरमयाविभो २४ तेतत्रधिष्ठितास्तेषांसर्वंतद्वचनंरहः ॥ दुर्योधनवचश्चैवशुश्रुवुःसंगतामिथः २५ तेपिसर्वेमहेष्वासाअयुद्धार्थिनिकौरवे ॥ निर्बंधंपरमंचक्रुस्तदावैयुद्धकांक्षिणः २६ तांस्तथासमुदीक्ष्याथकौरवाणांमहारथान् ॥ अयुद्धमनसंचैवराजानंस्थितमंभसि २७ तेषांश्रुत्वाचसंवादंराज्ञश्चसलिलेसतः ॥ व्याधाभ्यजानन्राजेन्द्रसलिलस्थंसुयोधनम् २८ ॥ ॥ ॥ ॥

४ । ५ । ६ । ७ । ८ । ९ । १० । ११ । १२ । १३ । १४ । १५ । १६ । १७ । १८ । १९ । २० यज्ञकृतांप्रीतिं यज्ञादिजस्यपुण्यस्यफलम् २१ । २२ । २३ । २४ । २५ । २६ । २७ । २८

२९ । ३० । ३१ । ३२ । ३३ । ३४ । ३५ । ३६ । ३७ नष्टमदृश्यत्वंगतं लीनमित्यर्थः ३८ । ३९ । ४० । ४१ । ४२ । ४३ । ४४ । ४५ । ४६ । ४७ । ४८ । ४९ । ५० । ५१ । ५२

तेपूर्वेपांडुपुत्रेणपृष्टाह्यासन्सुतंतव ॥ यदृच्छोपगतास्तत्रराजानंपरिमार्गता २९ ततस्तेपांडुपुत्रस्यस्मृत्वातद्भाषितंतदा ॥ अन्योन्यमब्रुवन्राजन्मृगव्याधाःशनैरिव
३० दुर्योधनंख्यापयामोधनंदास्यतिपांडवः ॥ अव्यक्तमिहनःख्यातोह्रदेदुर्योधनोनृपः ३१ तस्माद्गच्छामहेसर्वेयत्रराजायुधिष्ठिरः ॥ आख्यातुंसलिलेसुप्तंदुर्योधन
ममर्षणम् ३२ धृतराष्ट्रात्मजंतस्मैभीमसेनायधीमते ॥ शयानंसलिलेसर्वेकथयामोधनुर्भृते ३३ सनोदास्यतिसुप्रीतोधनानिबहुलान्युत ॥ किंनोमांसेनशुष्केणपरि
क्लिष्टेनशोषिणा ३४ एवमुक्तातुतेव्याधाःसंप्रहृष्टाधनार्थिनः ॥ मांसभारानुपादायप्रययुःशिबिरंप्रति ३५ पांडवाऽपिमहाराजलब्धलक्षाःप्रहारिणः ॥ अपश्यमानाः
समरेदुर्योधनमवस्थितम् ३६ निकृतेस्तस्यपापस्यतेपारंगमनेप्सवः ॥ चारान्संप्रेषयामासुःसमंतात्तद्रणाजिरे ३७ आगम्यतुततःसर्वेनष्टंदुर्योधनंनृपम् ॥ न्यवेदयं
तसहिताधर्मराजस्यसैनिकाः ३८ तेषांतद्वचनंश्रुत्वाचाराणांभरतर्षभ ॥ चिंतामभ्यगमत्तीव्रांनिशश्वासचपार्थिवः ३९ अथस्थितानांपांडूनांदीनानांभरतर्षभ ॥ त
स्माद्देशादपक्रम्यत्वरितालुब्धकाविभो ४० आजग्मुःशिबिरंहृष्टादृष्ट्वादुर्योधनंनृपम् ॥ वार्यमाणाःप्रविष्टाश्चभीमसेनस्यपश्यतः ४१ तेतुपांडवमासाद्यभीमसेनंमहाब
लम् ॥ तस्मैतत्सर्वमाचख्युर्यद्वृत्तंयच्चवैश्रुतम् ४२ ततोवृकोदरोराजन्दत्वातेषांधनंबहु ॥ धर्मराजायतत्सर्वमाचचक्षेपरंतपः ४३ असौदुर्योधनोराजन्विज्ञातोमम
लुब्धकैः ॥ संस्तभ्यसलिलंशेतेयस्यार्थेपरितप्यसे ४४ तद्वचोभीमसेनस्यप्रियंश्रुत्वाविशांपते ॥ अजातशत्रुःकौन्तेयोहृष्टोऽभूत्सहसोदरैः ४५ तंचश्रुत्वामहेष्वासंप्र
विष्टंसलिलह्रदे ॥ क्षिप्रमेवततोऽगच्छन्पुरस्कृत्यजनार्दनम् ४६ ततःकिलकिलाशब्दःप्रादुरासीद्विशांपते ॥ पांडवानांप्रहृष्टानांपंचालानांचसर्वशः ४७ सिंहनादांस्त
तश्चक्रुःक्ष्वेडाश्चभरतर्षभ ॥ त्वरिताःक्षत्रियाराजन्जग्मुर्द्वैपायनंह्रदम् ४८ ज्ञातःपापोधार्तराष्ट्रोदृष्टश्चेत्यसकृद्रणे ॥ प्राक्रोशन्सोमकास्तत्रहृष्टरूपाःसमंततः ४९ ते
षामाशुप्रयातानांरथानांतत्रवेगिनाम् ॥ बभूवतुमुलःशब्दोदिवस्पृक्पृथिवीपते ५० दुर्योधनंपरीप्संतस्तत्रतत्रयुधिष्ठिरम् ॥ अन्वयुस्त्वरितास्तेवैराजानंश्रांतवाह
नाः ५१ अर्जुनोभीमसेनश्चमाद्रीपुत्रौचपांडवौ ॥ धृष्टद्युम्नश्चपांचाल्यःशिखंडीचापराजितः ५२ उत्तमौजायुधामन्युःसात्यकिश्चमहारथः ॥ पंचालानांचयेशिष्टाद्रौ
पदेयाश्चभारत ५३ हयाश्चसर्वेनागाश्चशतशश्चपदातयः ॥ ततःप्राप्तोमहाराजधर्मराजःप्रतापवान् ५४ द्वैपायनंह्रदंघोरंयत्रदुर्योधनोऽभवत् ॥ शीतामलजलंहृद्यंद्वि
तीयमिवसागरम् ५५ माययासलिलंस्तभ्ययत्राभूत्तेस्थितःसुतः ॥ अत्यद्भुतेनविधिनादैवयोगेनभारत ५६ सलिलांतर्गतःशेतेदुर्दर्शःकस्यचित्प्रभो ॥ मानुषस्यम
नुष्येन्द्रगदाहस्तोजनाधिपः ५७ ततोदुर्योधनोराजासलिलांतर्गतोवसन् ॥ शुश्रुवेतुमुलंशब्दंजलदोपमनिःस्वनम् ५८ युधिष्ठिरश्चराजेन्द्रतंह्रदंसहसोदरैः ॥
आजगाममहाराजतवपुत्रवधायवै ५९ ॥ ॥ ॥ ॥ ॥ ॥

५३ । ५४ । ५५ । ५६ । ५७ । ५८ । ५९ ॥ ॥ ॥ ॥

६० । ६१ अपयास्यामहेत्वदन्वेषणभिया ६२ । ६३ । ६४ । ६५ । ६६ । ६७ । ६८ ॥ इतिशल्यपर्वांतर्गतगदापर्वणि नीलकंठीये भारतभावदीपे त्रिंशोऽध्यायः ॥ ३० ॥ ॥ ततइति १ । २
३ । ४ । ५ जीवितेप्सुंदुर्योधनंविज्ञायकदाचिद्राज्यार्धंयुधिष्ठिरस्तस्मैदास्यतीत्याशंक्यभगवांस्तंबोधयतिदुर्योधनवधार्थी मायाविनइत्यादिना । क्रियाभ्युपायैः शत्रुक्रियानुरूपैःप्रतीकारैर्धर्म्यैरधर्म्यैर्वेत्यर्थः । एते

महताशंखनादेनरथनेमिस्वनेनच ॥ ऊर्ध्वंधुन्वन्महारेणुंकंपयंश्चापिमेदिनीम् ६० यौधिष्ठिरस्यसैन्यस्यश्रुत्वाशब्दंमहारथाः ॥ कृतवर्माकृपोद्रौणीराजानमिदमब्रुवन्
६१ इमेह्यायांतिसंहृष्टाःपांडवाजितकाशिनः ॥ अपयास्यामहेतावदनुजानातुनोभवान् ६२ दुर्योधनस्तुतच्छ्रुत्वातेषांतत्रतरस्विनाम् ॥ तथेत्युक्त्वाह्रदंतंवैमाययाऽस्तं
भयत्प्रभो ६३ तेत्वनुज्ञाप्यराजानंभृशंशोकपरायणाः ॥ जग्मुर्दूरेमहाराजकृपप्रभृतयोरथाः ६४ तेगत्वादूरमध्वानंन्यग्रोधंप्रेक्ष्यमारिष ॥ न्यविशंतभृशंश्रांताश्चिंत
यंतोनृपंप्रति ६५ विष्टभ्यसलिलंसुप्तोधार्तराष्ट्रोमहाबलः ॥ पांडवाश्चापिसंप्राप्तास्तंदेशंयुद्धमीप्सवः ६६ कथंनुयुद्धंभविताकथंराजाभविष्यति ॥ कथंनुपांडवाराज
न्प्रतिपत्स्यंतिकौरवम् ६७ इत्येवंचिंतयानास्तुरथेभ्योऽश्वान्विमुच्यते ॥ तत्रासांचक्रिरेराजन्कृपप्रभृतयोरथाः ६८ ॥ इतिश्रीमहाभारतेशल्यपर्वांतर्गतगदापर्वणि
त्रिंशोऽध्यायः ॥ ३० ॥ ॥ संजयउवाच ॥ ततस्तेष्वपयातेषुरथेषुत्रिषुपांडवाः ॥ तेह्रदंप्रत्यपद्यंतयत्रदुर्योधनोऽभवत् १ आसाद्यचकुरुश्रेष्ठतदाद्वैपायनंह्रदम् ॥
स्तंभितंधार्तराष्ट्रेणदृष्ट्वातंसलिलाशयम् २ वासुदेवमिदंवाक्यमब्रवीत्कुरुनंदनः ॥ पश्येमांधार्तराष्ट्रेणमायामप्सुप्रयोजिताम् ३ विष्टभ्यसलिलंशेतेनास्यमानुषतोभ
यम् ॥ दैवींमायामिमांकृत्वासलिलांतर्गतोह्ययम् ४ निकृत्यानिकृतिप्रज्ञोनमेजीवन्विमोक्ष्यते ॥ यद्यस्यसमरेसाह्यंकुरुतेवज्रभृत्स्वयम् ५ तथाप्येनंहतंयुद्धेलोकाद्र
क्ष्यंतिमाधव ॥ वासुदेवउवाच ॥ मायाविनइमांमायांमाययाजहिभारत ६ मायावीमाययावध्यःसत्यमेतद्युधिष्ठिर ॥ क्रियाभ्युपायैर्बहुभिर्मायामप्सुप्रयोज्यच ७
जहित्वंभरतश्रेष्ठमायात्मानंसुयोधनम् ॥ क्रियाभ्युपायैरिन्द्रेणनिहतादैत्यदानवाः ८ क्रियाभ्युपायैर्बहुभिर्बलिर्बद्धोमहात्मना ॥ क्रियाभ्युपायैर्बहुभिर्हिरण्याक्षोमहासुरः ९
हिरण्यकशिपुश्चैवक्रिययैवनिषूदितौ ॥ वृत्रश्चनिहतोराजन्क्रिययैवनसंशयः १० तथापौलस्त्यतनयोरावणोनामराक्षसः ॥ रामेणनिहतोराजन्सानुबंधःसहानुगः
११ क्रिययायोगमास्थायतथात्वमपिविक्रम ॥ क्रियाभ्युपायैर्निहतौमयाराजन्पुरातनौ १२ तारकश्चमहादैत्योविप्रचित्तिश्चवीर्यवान् ॥ वातापिरिल्वलश्चैवत्रिशिरा
श्चतथाविभो १३ सुंदोपसुंदावसुरौक्रिययैवनिषूदितौ ॥ क्रियाभ्युपायैरिन्द्रेणत्रिदिवंभुज्यतेविभो १४ क्रियाबलवतीराजन्नान्यत्किंचिद्युधिष्ठिर ॥ दैत्याश्चदानवा
श्चैवराक्षसाःपार्थिवास्तथा १५ क्रियाभ्युपायैर्निहताःक्रियांतस्मात्समाचर ॥ संजयउवाच ॥ इत्युक्तोवासुदेवेनपांडवःसंशितव्रतः १६ जलस्थंतंमहाराजतवपुत्रंम
हाबलम् ॥ अभ्यभाषतकौन्तेयःप्रहसन्निवभारत १७ सुयोधनकिमर्थोऽयमारंभोऽप्सुकृतस्त्वया ॥ सर्वंक्षत्रंघातयित्वास्वकुलंचविशांपते १८ ॥

तुच्छलंकारिणश्छलैरेवहंतव्याइतिभावः ६ । ७ । ८ । ९ । १० । ११ विक्रमविक्रमंकुरुष्व १२ । १३ । १४ । १५ । १६ । १७ । १८ ॥ ॥ ॥

१९ । २० । २१ । २२ । २३ अयुद्धंयुद्धवर्जनं अव्यवस्थानंविशेषेणावस्थानंराज्येवास्वर्गेवास्थितिर्व्यवस्थानंतदभावश्चैतद्द्वयंक्षत्रियस्यनधर्मइत्यर्थः २४ । २५ । २६ ।२७ ब्रूहीति । हेशूरेतिसाधिक्षेपसंबो
धनम् ययावृत्त्यानिमित्तभूतया वानप्रस्थत्वेनवान्यस्तशस्त्रत्वेनवाक्लीबत्वेनवा त्वंसंगरंत्यजसितांवृत्तिंब्रूहि नत्वंवानप्रस्थोऽसिराज्यार्थित्वात् नापिन्यस्तशस्त्रोगदाधारित्वात् परिशेषात् क्लीबोऽस्मीतिमाभाषस्व

जलाशयंप्रविष्टोऽद्यवांछन्जीवितमात्मनः ॥ उत्तिष्ठराजन्युध्यस्वसहास्माभिःसुयोधन १९ सतेदर्पोनरश्रेष्ठसचमानःक्वतेगतः ॥ यस्त्वंसंस्तभ्यसलिलंभीतोराजन्
व्यवस्थितः २० सर्वेत्वांशूरइत्येवंजनाजल्पंतिसंसदि ॥ व्यर्थंतद्भवतोमन्येशौर्यंसलिलशायिनः २१ उत्तिष्ठराजन्युध्यस्वक्षत्रियोऽसिकुलोद्भवः ॥ कौरवेयोविशेषेण
कुलंजन्मचसंस्मर २२ सकथंकौरवेवंशेप्रशंसन्जन्मचात्मनः ॥ युद्धाद्भीतस्ततस्तोयंप्रविश्यप्रतितिष्ठसि २३ अयुद्धमव्यवस्थानंनैषधर्मःसनातनः ॥ अनार्यजुष्टम
स्वर्ग्यंरणेराजन्पलायनम् २४ कथंपारमगत्वाहियुद्धेत्वंवैजिजीविषुः ॥ इमान्निपतितान्दृष्ट्वापुत्रान्भ्रातॄन्पितॄंस्तथा २५ संबंधिनोवयस्यांश्चमातुलान्बांधवांस्तथा ॥
घातयित्वाकथंतातह्रदेतिष्ठसिसांप्रतम् २६ शूरमानीनशूरस्त्वंमृषावदसिभारत ॥ शूरोऽहमितिदुर्बुद्धेसर्वलोकस्यशृण्वतः २७ नहिशूराःपलायंतेशत्रून्दृष्ट्वाकथंचन ॥
ब्रूहिवात्वंययावृत्त्याशूरत्यजसिसंगरम् २८ सत्वमुत्तिष्ठयुध्यस्वविनीयभयमात्मनः ॥ घातयित्वासर्वसैन्यंभ्रातॄंश्चैवसुयोधन २९ नेदानींजीवितेबुद्धिःकार्याधर्मचिकी
र्षया ॥ क्षत्रधर्ममुपाश्रित्यत्वद्विधेनसुयोधन ३० यत्तुकर्णमुपाश्रित्यशकुनिंचापिसौबलम् ॥ अमर्त्यइवसंमोहात्त्वमात्मानंनबुद्धवान् ३१ तत्पापंसुमहत्कृत्वाप्रति
युध्यस्वभारत ॥ कथंहित्वद्विधोमोहाद्रोचयेतपलायनम् ३२ क्वतेतत्पौरुषंयातंक्वचमानःसुयोधन ॥ क्वचविक्रांततायाताक्वचविस्फूर्जितंमहत् ३३ क्वतेकृतास्त्रताया
ताकिंचशेषेजलाशये ॥ सत्वमुत्तिष्ठयुध्यस्वक्षत्रधर्मेणभारत ३४ अस्मांस्तुवापराजित्यप्रशाधिपृथिवीमिमाम् ॥ अथवानिहतोऽस्माभिर्भूमौस्वप्स्यसिभारत ३५
एषतेपरमोधर्मःसृष्टोधात्रामहात्मना ॥ तंकुरुष्वयथातथ्यंराजाभवमहारथ ३६ ॥ संजयउवाच ॥ एवमुक्तोमहाराजधर्मपुत्रेणधीमता ॥ सलिलस्थस्तवसुतइदंवचन
मब्रवीत् ३७ ॥ दुर्योधनउवाच ॥ नैतच्चित्रंमहाराजयद्भीःप्राणिनमाविशेत् ॥ नचप्राणभयाद्भीतोव्यपयातोऽस्मिभारत ३८ अरथश्चानिषंगीचनिहतःपार्ष्णिसार
थिः ॥ एकश्चाप्यगणःसंख्येप्रत्याश्वासमरोचयम् ३९ नप्राणहेतोर्नभयान्नविषादाद्विशांपते ॥ इदमंभःप्रविष्टोऽस्मिश्रमात्त्विदमनुष्ठितम् ४० त्वंचाश्वसिहिकौन्तेय
येचाप्यनुगतास्तव ॥ अहमुत्थायवःसर्वान्प्रतियोत्स्यामिसंयुगे ४१ ॥ युधिष्ठिरउवाच ॥ आश्वस्ताएवसर्वेस्मचिरंत्वांमृगयामहे ॥ तदिदानींसमुत्तिष्ठयुध्यस्वेह
सुयोधन ४२ हत्वावासमरेपार्थान्स्फीतंराज्यमवाप्नुहि ॥ निहतोवारणेऽस्माभिर्वीरलोकमवाप्स्यसि ४३ ॥ दुर्योधनउवाच ॥ यदर्थंराज्यमिच्छामिकुरूणांकुरुनं
दन ॥ तइमेनिहताःसर्वेभ्रातरोमजनेश्वर ४४ ॥ ॥ ॥ ॥

युद्धंकुर्वितिभावः २८ विनीयत्यक्त्वा २९ । ३० । ३१ । ३२ पौरुषंयत्नः विक्रान्तताशौर्यं विस्फूर्जितंगर्जनम् ३३ । ३४ । ३५ । ३६ । ३७नैतदिति। प्राणेनरक्षितव्येनहेतुनाभीर्भयंमामांमनुष्यमाविशेदि
तिब्रुवन्नैतच्चित्रमपितुप्राणिनांस्वाभाविकोयंधर्मः परंतुमय्येतन्नास्तीत्याह नचेति ३८ । ३९ प्राणहेतोर्जीवितार्थित्वात् भयात्बंधनादित्रासात् विषादात्शोकाभिभूतत्वात् ४० । ४१ । ४२ । ४३ । ४४

४५ । ४६ । ४७ । ४८ । ४९ । ५० । ५१ । ५२ । ५३ । ५४ । ५५ । ५६ । ५७ । ५८ । ५९ । ६० । ६१ । ६२ । ६३ । ६४ । ६५ । ६६

क्षीणरत्नांचपृथिवींहतक्षत्रियपुंगवाम् ॥ नह्युत्सहाम्यहंभोक्तुंविधवामिवयोषितम् ४५ अद्यापित्वहमाशंसेत्वांविजेतुंयुधिष्ठिर ॥ भंक्त्वापांचालपांडूनामुत्साहंभरत
र्षभ ४६ नत्विदानीमहंमन्येकार्ययुद्धेनकर्हिचित ॥ द्रोणेकर्णेचसंशांतेनिहतेचपितामहे ४७ अस्त्विदानीमियंराजन्केवलापृथिवीतव ॥ असहायोहिकोराजारा
ज्यमिच्छेत्प्रशासितुम् ४८ सुहृदस्तादृशान्हित्वापुत्रान्भ्रातॄन्पितॄनपि ॥ भवद्भिश्चहृतेराज्येकोनुजीवेतमादृशः ४९ अहंवनंगमिष्यामिह्यजिनैःप्रतिवासितः ॥
रतिर्हिनास्तिमेराज्येहतपक्षस्यभारत ५० हतबांधवभूयिष्ठाहताश्वाहतकुंजरा ॥ एषातेपृथिवीराजन्भुंक्ष्वैनांविगतज्वरः ५१ वनमेवगमिष्यामिवसानोमृगचर्म
णी ॥ नहिमेनिर्जनस्यास्तिजीवितेऽद्यस्पृहाविभो ५२ गच्छत्वंभुंक्ष्वराजेंद्रपृथिवींनिहतेश्वराम् ॥ हतयोधांनष्टरत्नांक्षीणवृत्तिर्यथासुखम् ५३ ॥ संजय
उवाच ॥ ॥ दुर्योधनंतवसुतंसलिलस्थंमहायशाः ॥ श्रुत्वातुकरुणंवाक्यमभाषतयुधिष्ठिरः ५४ ॥ ॥ युधिष्ठिरउवाच ॥ ॥ आर्तप्रलापान्मातातसलिलस्थः
प्रभाषिथाः ॥ नैतन्मनसिमेराजन्वाशितंशकुनेरिव ५५ यदिवापिसमर्थःस्यास्त्वंदानायसुयोधन ॥ नाहमिच्छेयमवनिंत्वयादत्तांप्रशासितुम् ५६ अधर्मेणनगृ
ह्णीयांत्वयादत्तांमहीमिमाम् ॥ नहिधर्मःस्मृतोराजन्क्षत्रियस्यप्रतिग्रहः ५७ त्वयादत्तांनचेच्छेयंपृथिवीमखिलामहम् ॥ त्वांतुयुद्धेविनिर्जित्यभोक्ताऽस्मिवसुधा
मिमाम् ५८ अनीश्वरश्चपृथिवींकथंत्वंदातुमिच्छसि ॥ त्वयेयंपृथिवीराजन्किन्नदत्तातदैवहि ५९ धर्मतोयाचमानानांप्रशमार्थंकुलस्यनः ॥ वार्ष्णेयंप्रथमंरा
जन्प्रत्याख्यायमहाबलम् ६० किमिदानींददासित्वंकोहितेचित्तविभ्रमः ॥ अभियुक्तस्तुकोराजादातुमिच्छेद्धिमेदिनीम् ६१ नत्वमद्यमहींदातुमीशःकौरवनं
दन ॥ आच्छेत्तुंवाबलाद्राजन्सकथंदातुमिच्छसि ६२ मांतुनिर्जित्यसंग्रामेपालयेमांवसुंधराम् ॥ सूच्यग्रेणापियद्भूमेरपिभिद्येतभारत ६३ तन्मात्रमपितन्मह्यं
नददातिपुराभवान् ॥ सकथंपृथिवीमेतांप्रददासिविशांपते ६४ सूच्यग्रंनात्यजःपूर्वंसकथंत्यजसिक्षितिम् ॥ एवमैश्वर्यमासाद्यप्रशास्यपृथिवीमिमाम् ६५ कोहि
मूढोव्यवस्येतशत्रोर्दातुंवसुंधराम् ॥ त्वंतुकेवलमौर्ख्येणविमूढोनावबुध्यसे ६६ पृथिवींदातुकामोऽपिजीवितेनविमोक्ष्यसे ॥ अस्मान्वात्वंपराजित्यप्रशाधिपृथिवीमिमाम्
६७ अथवानिहतोऽस्माभिर्व्रजलोकाननुत्तमान् ॥ आवयोर्जीवतोराजन्मयिचत्वयिचध्रुवम् ६८ संशयःसर्वभूतानांविजयेनोभविष्यति ॥ जीवितंतवदुष्प्रज्ञमयि
संप्रतिवर्तते ६९ जीवयेयमहंकामंनतुत्वंजीवितुंक्षमः ॥ दहनेहिकृतोयत्नस्त्वयाऽस्मासुविशेषतः ७० आशीविषैर्विषैश्चापिजलेचापिप्रवेशनैः ॥ त्वयाविनिकृताराज
न्राज्यस्यहरणेनच ७१ अप्रियाणांचवचनैर्द्रौपद्याःकर्षणेनच ॥ एतस्मात्कारणात्पापजीवितंतेनविद्यते ७२ ॥ ॥

६७ । ६८ । ६९ । ७० । ७१ । ७२ ॥ ॥ ॥

७३ ॥ इतिशल्यांतर्गतगदापर्वणिनीलकंठीये भारतभावदीपे एकत्रिंशोऽध्यायः ॥ ३१ ॥ एवमिति १ । २ यस्येति । आतपत्रेणदुर्योधनःसूर्याद्रक्षितइत्येषप्रवादोऽपियस्यनसहेतइतिभावः ३
४ । ५ । ६ । ७ । ८ । ९ परिद्यूनःपरिश्रांतः १० । ११ । १२ । १३ । १४ । १५ । १६ । १७ । १८ । १९ । २० । २१ । २२ । २३ । २४ । २५ । २६ हत्वैकं अस्मा

उत्तिष्ठोत्तिष्ठयुध्यस्वयुद्धेश्रेयोभविष्यति ॥ एवंतुविविधावाचोजययुक्ताःपुनःपुनः ॥ कीर्तयंतिस्मतेवीरास्तत्रतत्रजनाधिप ७३ ॥ इतिश्रीमहाभारतेशल्यांतर्गतगदा
पर्वणिसुयोधनयुधिष्ठिरसंवादेएकत्रिंशोऽध्यायः ॥ ३१ ॥ ॥ धृतराष्ट्रउवाच ॥ एवंसंतर्ज्यमानस्तुममपुत्रोमहीपतिः ॥ प्रकृत्यामन्युमान्वीरःकथमासीत्परंतपः १
नहिसंतर्जनातेनश्रुतपूर्वाकथंचन ॥ राजभावेनमान्यश्चसर्वलोकस्यसोऽभवत् २ यस्यातपत्रच्छायाऽपिस्वकाभानोस्तथाप्रभा ॥ खेदायैवाभिमानित्वात्सहेत्सैवंकथं
गिरः ३ इयंचपृथिवीसर्वासम्लेच्छाटविकाभृशम् ॥ प्रसादाद्ध्रियतेयस्यप्रत्यक्षंतवसंजय ४ सतथातर्जमानस्तुपांडुपुत्रैर्विशेषतः ॥ विहीनश्चस्वकैर्भृत्यैर्निर्जनेचावृतो
भृशम् ५ सश्रुत्वाकटुकावाचोजययुक्ताःपुनःपुनः ॥ किमब्रवीत्पांडवेयांस्तन्ममाचक्ष्वसंजय ६ ॥ संजयउवाच ॥ तर्ज्यमानस्तदाराजन्नुदकस्थस्तवात्मजः ॥ युधिष्ठिरे
णराजेन्द्रभ्रातृभिःसहितनह ७ श्रुत्वासकटुकावाचोविषमस्थोनराधिपः ॥ दीर्घमुष्णंचनिःश्वस्यसलिलस्थःपुनःपुनः ८ सलिलांतर्गतोराजाधुन्वन्हस्तौपुनःपुनः ॥ मन
श्चकारयुद्धायराजानंचाभ्यभाषत ९ यूयंससुहृदःपार्थाःसर्वेसरथवाहनाः ॥ अहमेकःपरिद्यूनोविरथोहतवाहनः १० आत्तशस्त्रैरथोपेतैर्बहुभिःपरिवारितः ॥ कथमेकः
पदातिःसन्नशस्त्रोयोद्धुमुत्सहे ११ एकैकेनतुमांयूयंयोधयध्वंयुधिष्ठिर ॥ नह्येकोबहुभिर्वीरैर्न्याय्योयोधयितुंयुधि १२ विशेषतोविकवचःश्रांतश्चापत्समाश्रितः ॥ भृशंवि
शस्तगात्रश्चश्रांतवाहनसैनिकः १३ नमेत्वत्तोभयंराजन्नचपार्थाद्वृकोदरात् ॥ फाल्गुनाद्वासुदेवाद्वापंचालेभ्योऽथवापुनः १४ यमाभ्यांयुयुधानाद्वायेचान्येतवसै
निकाः ॥ एकःसर्वानहंक्रुद्धोवारयिष्येयुधिस्थितः १५ धर्ममूलासतांकीर्तिर्मनुष्याणांजनाधिप ॥ धर्मंचैवेहकीर्त्तिंचपालयन्प्रब्रवीम्यहम् १६ अहमुत्थायसर्वान्वैप्रति
योत्स्यामिसंयुगे ॥ अनुगम्यागतान्सर्वानृतून्संवत्सरोयथा १७ अद्यवःसरथान्साश्वानशस्त्रोविरथोऽपिसन् ॥ नक्षत्राणीवसर्वाणिसवितारात्रिसंक्षये १८ तेजसाना
शयिष्यामिस्थिरीभवतपांडवाः ॥ अद्यानृण्यंगमिष्यामिक्षत्रियाणांयशस्विनाम् १९ बाह्लीकद्रोणभीष्माणांकर्णस्यचमहात्मनः ॥ जयद्रथस्यशूरस्यभगदत्तस्यचो
भयोः २० मद्रराजस्यशल्यस्यभूरिश्रवसएवच ॥ पुत्राणांभरतश्रेष्ठशकुनेःसौबलस्यच २१ मित्राणांसुहृदांचैवबांधवानांतथैवच ॥ आनृण्यमद्यगच्छामिहत्वात्वांभ्रा
तृभिःसह २२ एतावदुक्त्वावचनंविरराजमजनाधिपः ॥ युधिष्ठिरउवाच ॥ ॥ दिष्ट्यात्वमपिजानीषेक्षत्रधर्मंसुयोधन २३ दिष्ट्यातेवर्ततेबुद्धिर्युद्धायैवमहा
भुज ॥ दिष्ट्याशूरोऽसिकौरव्यदिष्ट्याजानासिसंगरम् २४ यस्त्वमेकोहिनःसर्वान्संगरेयोद्धुमिच्छसि ॥ एकएकेनसंगम्ययत्तेसंमतमायुधम् २५ तत्त्वमादाययुध्यस्वप्रे
क्षकास्तेवयंस्थिताः ॥ स्वयमिष्टंचतेकामंवीरभूयोददाम्यहम् २६ हत्वैकंभवतोराज्यंहतोवास्वर्गमाप्नुहि ॥ दुर्योधनउवाच ॥ एकश्चेद्योद्धुमाक्रंदेशूरोऽद्यममदीयताम् २७

कंपंचानांमध्येएकमपिहत्वात्वंराज्यंप्राप्स्यसीत्यर्थः २७ ॥ ॥ ॥

२८ । २९ । ३० । ३१ । ३२ । ३३ । ३४ । ३५ । ३६ । ३७ । ३८ । ३९ । ४० । ४१ । ४२ । ४३ । ४४ । ४५ । ४६ । ४७ । ४८ । ४९ । ५० । ५१ । ५२ । ५३ । ५४ । ५५ क्षत्रधर्मे

आयुधानामियंचापिव्रतात्वत्संमतेगदा ॥ हंतैकंभवतामेकःशक्यंमांयोऽभिमन्यते २८ पदातिर्गदयासंख्येसयुध्यतुमयासह ॥ वृत्तानिरथयुद्धानिविचित्राणिपदे
पदे २९ इदमेकंगदायुद्धंभवत्वद्याद्भुतंमहत् ॥ अस्त्राणामपिपर्यायंकर्तुमिच्छंतिमानवाः ३० युद्धानामपिपर्यायोभवत्वनुमतेतव ॥ गदयात्वांमहाबाहोविजेष्यामिस
हानुजम् ३१ पंचालान्सृंजयांश्चैवयेचान्येतवसैनिकाः ॥ नहिमेसंभ्रमोजातुशक्रादपियुधिष्ठिर ३२ ॥ युधिष्ठिरउवाच ॥ उत्तिष्ठोत्तिष्ठगांधारेमांयोधयसुयोधन ॥ एकए
केनसंगम्यसंयुगेगदयाबली ३३ पुरुषोभवगांधारेयुध्यस्वसुसमाहितः ॥ अद्यतेजीवितंनास्तियद्यपींद्रोऽपितवाश्रयः ३४ ॥ संजयउवाच ॥ एतत्सनरशार्दूलोनामृष्य
ततवात्मजः ॥ सलिलांतर्गतःश्वभ्रेमहानागइवश्वसन् ३५ तथाऽसौवाक्प्रतोदेनतुद्यमानःपुनःपुनः ॥ वचोनममृषेराजन्नुत्तमाश्वःकशामिव ३६ संक्षोभ्यसलिलंवे
गाद्गदामादायवीर्यवान् ॥ अद्रिसारमयींगुर्वींकांचनांगदभूषणाम् ३७ अंतर्जलात्समुत्तस्थौनागेन्द्रइवनिःश्वसन् ॥ सभित्त्वास्तंभितंतोयंस्कंधेकृत्वाऽऽयसींगदाम् ३८
उदतिष्ठतपुत्रस्तेप्रतपन्रश्मिवानिव ॥ ततःशैक्यायसींगुर्वींजातरूपपरिष्कृताम् ३९ गदांपरामृशद्धीमान्धार्तराष्ट्रोमहाबलः ॥ गदाहस्तंतुतंदृष्ट्वासशृंगमिवपर्वतम्
४० प्रजानामिवसंक्रुद्धंशूलपाणिमिवस्थितम् ॥ सगदोभारतोभातिप्रतपन्भास्करोयथा ४१ तमुत्तीर्णंमहाबाहुंगदाहस्तमरिंदमम् ॥ मेनिरेसर्वभूतानिदंडपाणिमि
वांतकम् ४२ वज्रहस्तंयथाशक्रंशूलहस्तंयथाहरम् ॥ ददृशुःसर्वपंचालाःपुत्रंतवजनाधिप ४३ तमुत्तीर्णंतुसंप्रेक्ष्यसमहृष्यंतसर्वशः ॥ पंचालाःपांडवेयाश्चतेऽन्योन्य
स्यतलान्ददुः ४४ अवहासंतुतंमत्वापुत्रोदुर्योधनस्तव ॥ उद्वृत्यनयनेक्रुद्धोदिधक्षुरिवपांडवान् ४५ त्रिशिखांभ्रुकुटींकृत्वासंदष्टदशनच्छदः ॥ प्रत्युवाचततस्तान्वै
पांडवान्सहकेशवान् ४६ ॥ दुर्योधनउवाच ॥ अस्यावहासस्यफलंप्रतिभोक्ष्यथपांडवाः ॥ गमिष्यथहताःसद्यःसपंचालायमक्षयम् ४७ संजयउवाच ॥ उत्थितश्च
जलात्तस्मात्पुत्रोदुर्योधनस्तव ॥ अतिष्ठतगदापाणीरुधिरेणसमुक्षितः ४८ तस्यशोणितदिग्धस्यसलिलेनसमुक्षितम् ॥ शरीरंस्मतदाभातिस्रवन्निवमहीधरः ४९ त
मुद्यतगदंवीरंमेनिरेतत्रपांडवाः ॥ वैवस्वतमिवक्रुद्धंकिंकरोद्यतपाणिनम् ५० समेघनिनदोहर्षान्नर्दन्निवचगोवृषः ॥ आजुहावततःपार्थान्गदयायुधिवीर्यवान् ५१
॥ दुर्योधनउवाच ॥ एकैकेनचमांयूयमासीदतयुधिष्ठिर ॥ नह्येकोबहुभिर्न्याय्योवीरोयोधयितुंयुधि ५२ न्यस्तवर्माविशेषेणश्रांतश्चाप्सुपरिप्लुतः ॥ भृशंविक्ष
तगात्रश्चहतवाहनसैनिकः ५३ अवश्यमेवयोद्धव्यंसर्वैरेवमयासह ॥ युक्तंत्वयुक्तमित्येतद्वेत्सित्वंचैवसर्वदा ५४ ॥ युधिष्ठिरउवाच ॥ माभूदियंतवप्रज्ञाकथमेवंसु
योधन ॥ यदाऽभिमन्युंबहवोजघ्नुर्युधिमहारथाः ५५ क्षत्रधर्मंभृशंक्रूरंनिरपेक्षंसुनिर्घृणम् ॥ अन्यथातुकथंहन्युरभिमन्युंतथागतम् ५६ सर्वेभवंतोधर्मज्ञाःसर्वेशूरा
स्तनुत्यजः ॥ न्यायेनयुध्यतांप्रोक्ताशक्रलोकगतिःपरा ५७ ॥ ॥ ॥ ॥ ॥ ॥

अस्तीतिशेषः । धर्मोऽस्त्रीपुण्यआचारेइतिमेदिनी ५६ । ५७ ॥ ॥ ॥ ॥ ॥

५८ । ५९ । ६० । ६१ । ६२ । ६३ । ६४ । ६५ । ६६ । ६७ । ६८ । ६९ । ७० । ७१ ॥ इतिशल्यांतर्गदापर्वणिनीलकंठीयेभारतभावदीपेद्वात्रिंशोऽध्यायः ॥ ३२ ॥ एवमिति १ । २ । ३

यद्येकस्तुनहंतव्योबहुभिर्धर्मएवतु ॥ तदाऽभिमन्युंबहवोनिजघ्नुस्त्वन्मतेकथम् ५८ सर्वोविमृशतेजंतुःकृच्छ्रस्थोधर्मदर्शनम् ॥ पदस्थःपिहितंद्वारंपरलोकस्यपश्य
ति ५९ आमुंचकवचंवीरमूर्धजान्यमयस्वच ॥ यच्चान्यदपितेनास्तितदप्यादत्स्वभारत ६० इममेकंचतेकामंवीरभूयोददाम्यहम् ॥ पंचानांपांडवेयानांयेनत्वंयोद्धु
मिच्छसि ६१ तंहत्वावैभवान्राजाहतोवास्वर्गमाप्नुहि ॥ ऋतेचजीविताद्वीरयुद्धेकिंकुर्मतेप्रियम् ६२ ॥ संजयउवाच ॥ ततस्तवसुतोराजन्वर्मजग्राहकांचनम् ॥
विचित्रंचशिरस्त्राणंजांबूनदपरिष्कृतम् ६३ सोऽवबद्धशिरस्त्राणःशुभकांचनवर्मभृत् ॥ रराजराजन्पुत्रस्तेकांचनःशैलराडिव ६४ सन्नद्धःसगदोराजन्सज्जःसंग्राममू
र्धनि ॥ अब्रवीत्पांडवान्सर्वान्पुत्रोदुर्योधनस्तव ६५ भ्रातॄणांभवतामेकोयुध्यतांगदयामया ॥ सहदेवेनवायोत्स्येभीमेननकुलेनवा ६६ अथवाफाल्गुनेनाद्यत्वयावा
भरतर्षभ ॥ योत्स्येऽहंसंगरंप्राप्यविजेष्येचरणाजिरे ६७ अहमद्यगमिष्यामिवैरस्यांतंसुदुर्गमम् ॥ गदयापुरुषव्याघ्रहेमपट्टनिबद्धया ६८ गदायुद्धेनमेकश्चित्सदृशो
स्तीतिचिंतये ॥ गदयावोहनिष्यामिसर्वानेवसमागतान् ६९ नमेसमर्थाःसर्वेवैयोद्धुंनान्येनकेचन ॥ नयुक्तमात्मनावक्तुमेवंगर्वोद्धतंवचः ॥ अथवासफलंह्येतत्करि
ष्येभवतःपुरः ७० अस्मिन्मुहूर्तेसत्यंवामिथ्यावैतद्भविष्यति ॥ गृह्णातुचगदांयोवैयोत्स्यतेऽद्यमयासह ७१ ॥ इतिश्रीमहाभारतेशल्यपर्वांतर्गतगदापर्वणियुधिष्ठिरदु
र्योधनसंवादेद्वात्रिंशोऽध्यायः ॥ ३२ ॥ ॥ संजयउवाच ॥ एवंदुर्योधनेराजन्गर्जमानेमुहुर्मुहुः ॥ युधिष्ठिरस्यसंक्रुद्धोवासुदेवोऽब्रवीदिदम् १ यदिनामह्ययंयुद्धेव
रयेत्त्वांयुधिष्ठिर ॥ अर्जुनंनकुलंचैवसहदेवमथापिवा २ किमिदंसाहसंराजंस्त्वयाव्याहृतमीदृशम् ॥ एकमेवनिहत्याजौभवराजाकुरुष्विति ३ नसमर्थानहंमन्येगदा
हस्तस्यसंयुगे ॥ एतेनहिकृतायोग्यावर्षाणीहत्रयोदश ४ आयसेपुरुषेराजन्भीमसेनजिघांसया ॥ कथंनामभवेत्कार्यमस्माभिर्भरतर्षभ ५ साहसंकृतवांस्त्वंतुह्यनु
क्रोशान्नृपोत्तम ॥ नान्यमस्यानुपश्यामिप्रतियोद्धारमाहवे ६ ऋतेवृकोदरात्पार्थात्सचनातिकृतश्रमः ॥ तदिदंद्यूतमारब्धंपुनरेवयथापुरा ७ विषमंशकुनेश्चैवतवचैव
विशांपते ॥ बलीभीमःसमर्थश्चकृतीराजासुयोधनः८ बलवान्वाकृतीवेतिकृतीराजन्विशिष्यते ॥ सोयंराजंस्त्वयाशत्रुःसमेपथिनिवेशितः ९ न्यस्तश्चात्मासुविषमेकृ
च्छ्रमापादितावयम् ॥ कोनुसर्वान्विनिर्जित्यशत्रूनेकेनवैरिणा १० कृच्छ्रप्राप्तेनचतथाहारयेद्राज्यमागतम् ॥ पणित्वाचैकपाणेनरोचयेदेवमाहवम् ११
नहिपश्यामितंलोकेयोऽद्यदुर्योधनंरणे ॥ गदाहस्तंविजेतुंवैशक्तःस्यादमरोऽपिहि १२ नत्वंभीमोननकुलःसहदेवोऽथफाल्गुनः ॥ जेतुंन्यायेनशक्तोवै
कृतीराजासुयोधनः १३ ॥ ॥ ॥ ॥

योग्याअभ्यासः । योग्यःप्रवीणेत्याद्युपक्रम्यत्त्रयभ्यासार्कयोषितोरितिमेदिनी ४ । ५ । ६ शकुनेश्चतवचयथापुरातथैवेदमितिद्वयोःसंबंधः ७ । ८ । ९ । १० । ११ । १२ । १३ ॥ ॥ ॥

१४ । १५ इतिकथंवदसेइत्यनुकर्षणीयम् १६ । १७। १८ । १९।२० ।२१ । २२ ।२३ । २४ । २५। २६।२७ २८।२९ ।३०।३१ ।३२।३३।३४।३५।३६।३७

सकथंवदसेशत्रुंयुध्यस्वगदयेतिहि ॥ एकंचनोनिहत्याजौभवराजेतिभारत १४ वृकोदरंसमासाद्यसंशयोवैजयेहिनः ॥ न्यायतोयुध्यमानानांकृतीह्येषमहाबलः १५ एकं वास्मान्निहत्यत्वंभवराजेतिवैपुनः॥ नूनंनराज्यभागेषापांडोःकुंत्याश्चसंततिः १६अत्यंतवनवासायसृष्टाभैक्ष्यायवापुनः॥ भीमसेनउवाच॥ मधुसूदनमाकार्षीर्विषादंयदुनंदन१७ अद्यपारंगमिष्यामिवैरस्यभृशदुर्गमम् ॥ अहंसुयोधनंसंख्येहनिष्यामिनसंशयः १८ विजयोवैध्रुवःकृष्णधर्मराजस्यदृश्यते ॥ अध्यर्धेनगुणेनेयंगदागुरुतरीमम १९ नतथाधार्तराष्ट्रस्यमाऽकार्षीर्माधवव्यथाम् ॥ अहमेनंहिगदयासंयुगेयोद्धुमुत्सहे २० भवंतःप्रेक्षकाःसर्वेममसंतुजनार्दन ॥ सामरानपिलोकांस्त्रीन्नानाशस्त्रधरान्युधि २१ योधयेयंरणेकृष्णकिमुताद्यसुयोधनम् ॥ संजयउवाच ॥ तथासंभाषमाणंतुवासुदेवोवृकोदरम् २२ हृष्टःसंपूजयामासवचनंचेदमब्रवीत् ॥ त्वामाश्रित्य महाबाहोधर्मराजोयुधिष्ठिरः २३ निहतारिःस्वकांदीप्तांश्रियंप्राप्तोनसंशयः ॥ त्वयाविनिहताःसर्वेधृतराष्ट्रसुतारणे २४ राजानोराजपुत्राश्चनागाश्वविनिपातिताः ॥ कलिंगमागधाःप्राच्यागांधाराःकुरवस्तथा २५ त्वामासाद्यमहायुद्धेनिहताःपांडुनंदन ॥ हत्वादुर्योधनंचापिप्रयच्छोर्वींससागराम् २६ धर्मराजायकौन्तेययथाविष्णुःशचीपतेः ॥ त्वांचप्राप्यरणेपापोधार्तराष्ट्रोविनंक्ष्यति २७ त्वमस्यसक्थिनीभंक्त्वाप्रतिज्ञांपालयिष्यसि ॥ यत्नेनतुसदापार्थयोद्धव्योधृतराष्ट्रजः २८ कृतीचबलवांश्चैवयुद्धशौंडश्चनित्यदा ॥ ततस्तुसात्यकीराजन्पूजयामासपांडवम् २९ पंचालाःपांडवेयाश्चधर्मराजपुरोगमाः ॥ तद्वचोभीमसेनस्यसर्वएवाभ्यपूजयन् ३० ततोभीमबलोभीमोयुधिष्ठिरमथाब्रवीत् ॥ सृंजयैःसहतिष्ठंतंतपंतमिवभास्करम् ३१ अहमेतेनसंगम्यसंयुगेयोद्धुमुत्सहे ॥ नहिशक्तोरणेजेतुंमामेषपुरुषाधमः ३२ अद्यक्रोधंविमोक्ष्यामिनिहितंहृदयेभृशम् ॥ सुयोधनेधार्तराष्ट्रेखांडवेग्निमिवार्जुनः ३३ शल्यमद्योद्धरिष्यामितवपांडवहृच्छयम् ॥ निहत्यगदयापापमद्यराजन्सुखीभव ३४ अद्यकीर्तिमयींमालांप्रतिमोक्ष्येतवानघ ॥ प्राणान्श्रियंचराज्यंचमोक्ष्यतेऽद्यसुयोधनः ३५ राजाचधृतराष्ट्रोऽद्यश्रुत्वापुत्रंमयाहतम् ॥ स्मरिष्यत्यशुभंकर्मयत्तच्छकुनिबुद्धिजम् ३६ इत्युक्त्वाभरतश्रेष्ठोगदामुद्यम्यवीर्यवान् ॥ उदतिष्ठतयुद्धायशक्रोवृत्रमिवाह्वयन् ३७ तदाह्वानममृष्यन्वैतवपुत्रोऽतिवीर्यवान् ॥ प्रत्युपस्थितएवाशुमत्तोमत्तमिवद्विपम् ३८ गदाहस्तंतवसुतंयुद्धायसमुपस्थितम् ॥ ददृशुःपडवाःसर्वेकैलासमिवशृंगिणम् ३९ तमेकाकिनमासाद्यधार्तराष्ट्रंमहाबलम् ॥ वियूथमिवमातंगंसमहृष्यंतपांडवाः ४० नसंभ्रमोनचभयंनचग्लानिर्नचव्यथा ॥ आसीद्दुर्योधनस्यापिस्थितःसिंहइवाहवे ४१ समुद्यतगदंदृष्ट्वाकैलासमिवशृंगिणम् ॥ भीमसेनस्तदाराजन्दुर्योधनमथाब्रवीत् ४२ राज्ञाऽपिधृतराष्ट्रेणत्वयाचास्मासुयत्कृतम् ॥ स्मरतद्दुष्कृतंकर्मयद्वृत्तंवारणावते ४३ द्रौपदीचपरिक्लिष्टासभामध्येरजस्वला ॥ द्यूतेयद्विजितोराजाशकुनेर्बुद्धिनिश्चयात् ४४ ॥ ॥

१२ ३८।३९।४०।४१।४२।४३।४४ ॥ ॥ ॥ ॥

४५ । ४६ । ४७ । ४८ । ४९ । ५० ।५१ ।५२ । ५३ । ५४ । ५५ । ५६ । ५७ । ५८ ॥ इतिशल्यांतर्गतगदाप० नी० भा० त्रयस्त्रिंशोऽध्यायः ॥ ३३ ॥ ॥ ॥ तस्मिन्युद्धेइति ॥
१ । २ । ३ । ४ । ५ चत्वारिंशदहान्यद्यद्रेचमेनिःमृतस्यवै । पुष्येणसंप्रयातोऽस्मिश्रवणेपुनरागतइति । ननुश्रवणेऽग्रयुद्धसमाप्तिर्दृश्यते तदनुपातेनयुद्धारंभोमृगशीर्षेभवितुंयुज्यतेअष्टादशाहानि
युद्धमभूदितिवचनात्एवंचयुद्धारंभंप्रकृत्यभीष्मपर्वणिसंजयवाक्यंमघाविषयगःसोमस्तदिनंसंप्रपद्यतेक्षिमघायांयुद्धारंभप्रदर्शकंविरुध्यते । तथात्वेरेवत्यांयुद्धसमाप्त्यापत्तेरित्युपक्रमोपसंहारयोर्विरोधो दुःसमाधेय

यानिचान्यानिदुष्टात्मन्पापानिकृतवानसि ॥ अनागःसुचपार्थेषुतस्यपश्यमहत्फलम् ४५ त्वत्कृतेनिहतःशेतेशरतल्पेमहायशाः ॥ गांगेयोभरतश्रेष्ठःसर्वेषांनः
पितामहः ४६ हतोद्रोणश्चकर्णश्चहतःशल्यःप्रतापवान् ॥ वैरस्यचादिकर्ताऽसौशकुनिर्निहतोरणे ४७ भ्रातरस्तेहताःशूराःपुत्राश्चसहसैनिकाः ॥ राजानश्चहताः
शूराःसमरेष्वनिवर्तिनः ४८ एतेचान्येचनिहताबहवःक्षत्रियर्षभाः ॥ प्रातिकामीतथापापोद्रौपद्याःक्लेशकृद्धतः ४९ अवशिष्टस्त्वमेवैकःकुलघ्नोऽधमपूरुषः ॥ त्वामप्य
द्यहनिष्यामिगदयानात्रसंशयः ५० अद्यतेऽहंरणेदर्पंसर्वंनाशयितानृप ॥ राज्याशांविपुलांराजन्पांडवेषुचदुष्कृतम् ५१ ॥ दुर्योधनउवाच ॥ किंकत्थितेनबहुनायु
द्ध्यस्वाद्यमयासह ॥ अद्यतेऽहंविनेष्यामियुद्धश्रद्धांवृकोदर ५२ किंनपश्यसिमांपापगदायुद्धेव्यवस्थितम् ॥ हिमवच्छिखराकारांप्रगृह्यमहतींगदाम् ५३ गदिनंको
ऽद्यमांपापहंतुमुत्सहतेरिपुः ॥ न्यायतोयुद्ध्यमानस्यदेवेष्वपिपुरंदरः ५४ मात्वथागर्जकौन्तेयशारदाभ्रमिवाजलम् ॥ दर्शयस्वबलंयुद्धेयावत्तत्तेऽद्यविद्यते ५५ तस्य
तद्वचनंश्रुत्वापांडवाःसहसृंजयाः ॥ सर्वेसंपूजयामासुस्तद्वचोविजिगीषवः ५६ उन्मत्तमिवमातंगंतलशब्देनमानवाः ॥ भूयःसंहर्षयामासूराजन्दुर्योधनंनृपम् ५७
बृंहंतिकुंजरास्तत्रहयाहेषंतिचासकृत् ॥ शस्त्राणिसंप्रदीप्यंतेपांडवानांजयैषिणाम् ५८ ॥ इतिश्रीमहाभारतेशल्यपर्वांतर्गतगदापर्वणिभीमसेनदुर्योधनसंवादेत्रयस्त्रिंशो
ऽध्यायः ॥ ३३ ॥ ॥ संजयउवाच ॥ तस्मिन्युद्धेमहाराजसुसंवृत्तेसुदारुणे ॥ उपविष्टेषुसर्वेषुपांडवेषुमहात्मसु १ ततस्तालध्वजोरामस्तयोर्युद्धउपस्थिते ॥
श्रुत्वातच्छिष्ययोराजन्नाजगामहलायुधः २ तंदृष्ट्वापरमप्रीताःपांडवाःसहकेशवाः ॥ उपगम्योपसंगृह्यविधिवत्प्रत्यपूजयन् ३ पूजयित्वाततःपश्चादिदंवचनमब्रुवन्॥
शिष्ययोःकौशलंयुद्धेपश्यरामेतिपार्थिव ४ अब्रवीत्तदारामोदृष्ट्वाकृष्णंसपांडवम् ॥ दुर्योधनंचकौरव्यगदापाणिमवस्थितम् ५ चत्वारिंशदहान्यद्यद्वेचमेनिःसृत
स्यवै ॥ पुष्येणसंप्रयातोऽस्मिश्रवणेपुनरागतः ६ शिष्ययोर्वैगदायुद्धंद्रष्टुकामोऽस्मिमाधव ॥ ततस्तदागदाहस्तौदुर्योधनवृकोदरौ ७ युद्धभूमिंगतौवीरावुभावेवरा
जतुः ॥ ततोयुधिष्ठिरोराजापरिष्वज्यहलायुधम् ८ स्वागतंकुशलंचास्मैपर्यपृच्छद्यथातथम् ॥ कृष्णौचापिमहेष्वासावभिवाद्यहलायुधम् ९

इतिचेत्सत्यं उपसंहारस्यनिर्णीतार्थकत्वात्तदनुरोधेनोपक्रमस्यनेयत्वान्मघाविषयगइत्यस्यायमर्थः अत्रमघाशब्देनतत्सहचराःपितरोलक्ष्यंतेमघानक्षत्रंपितरोदेवतेतिश्रुतेरितिमघायांपितृसंबंधित्वावधारणात्तेनयु
द्धेमृतानामुत्तमदेहप्रदानार्थंचंद्रस्तदापितृलोकेसन्निहितोऽभूदिति स्वर्गिणांदिव्यदेहलाभश्चंद्राधीनइतिशास्त्रप्रसिद्धं युद्धारंभस्तुमृगशीर्षेइतिभीष्मपर्वणिनिपुणतरमुपपादितंतन्नविस्मर्तव्यं ६ । ७ रराजतुःरेजतुः ८।९

१० । ११ । १२ । १३ । १४ । १५ । १६ । १७ । १८ । १९ । २० । २१ । २२ ॥ इतिशल्यगदापर्वणि नीलकंठीये भारतभावदीपे चतुस्त्रिंशोऽध्यायः ॥ ३४ ॥ ॥ पूर्वमेवेति १ । २ । ३

सस्वजातेपरिप्रीतौप्रियमाणौयशस्विनौ ॥ माद्रीपुत्रौतथाशूरौद्रौपद्याःपंचचात्मजाः १० अभिवाद्यस्थिताराजन्रौहिणेयंमहाबलम् ॥ भीमसेनोऽथबलवान्पुत्रस्तवजनाधिप ११ तथैवचोद्यतगदोपूजयामासतुर्बलम् ॥ स्वागतेनचतेतत्रप्रतिपूज्यसमंततः १२ पश्ययुद्धंमहाबाहोइतितेराममब्रुवन् ॥ एवमूचुर्महात्मानंरौहिणेयंनराधिपाः १३ परिष्वज्यतदारामःपांडवान्सहसृंजयान् ॥ अपृच्छत्कुशलंसर्वान्पार्थिवांश्चामितौजसः १४ तथैवतेसमासाद्यपप्रच्छुस्तमनामयम् ॥ प्रत्यभ्यर्च्यहलीसर्वान्क्षत्रियांश्चमहात्मनः १५ कृत्वाकुशलसंयुक्तांसंविदंचयथावयः ॥ जनार्दनंसात्यकिंचप्रेम्णासपरिषस्वजे १६ मूर्ध्निचैतावुपाघ्रायकुशलंपर्यपृच्छत ॥ तौचतंविधिवद्राजन्पूजयामासतुर्गुरुम् १७ ब्रह्माणमिवदेवेशमिंद्रोपेन्द्रौमुदाऽन्वितौ ॥ ततोऽब्रवीद्धर्मसुतोरौहिणेयमरिंदमम् १८ इदंभ्रात्रोर्महायुद्धंपश्यरामेतिभारत ॥ तेषांमध्येमहाबाहुःश्रीमान्केशवपूर्वजः १९ न्यविशत्परमप्रीतःपूज्यमानोमहारथैः ॥ सबभौराजमध्यस्थोनीलवासाःसितप्रभः २० दिवीवनक्षत्रगणैःपरिकीर्णोनिशाकरः ॥ ततस्तयोःसंनिपातस्तुमुलोलोमहर्षणः २१ आसीदंतकरोराजन्वैरस्यतवपुत्रयोः २२ ॥ इतिश्रीमहाभारतेशल्यपर्वांतर्गतगदापर्वणिबलदेवागमनेचतुस्त्रिंशोऽध्यायः ॥ ३४ ॥ ॥ जनमेजयउवाच ॥ पूर्वमेवयदारामस्तस्मिन्युद्धउपस्थिते ॥ आमंत्र्यकेशवंयातोवृष्णिभिःसहितःप्रभुः १ साहाय्यंधार्तराष्ट्रस्यनचकर्ताऽस्मिकेशव ॥ नचैवपांडुपुत्राणांगमिष्यामियथागतम् २ एवमुक्तातदारामोयातःक्षत्रनिबर्हणः ॥ तस्यचागमनंभूयोब्रह्मन्शंसितुमर्हसि ३ आख्याहिमेविस्तरशःकथंरामउपस्थितः ॥ कथंचदृष्टवान्युद्धंकुशलोह्यसिसत्तम ४ ॥ वैशंपायनउवाच ॥ उपप्लव्येनिविष्टेषुपांडवेषुमहात्मसु ॥ प्रेषितोधृतराष्ट्रस्यसमीपंमधुसूदनः ५ शमंप्रतिमहाबाहोहितार्थंसर्वदेहिनाम् ॥ सगत्वाहास्तिनपुरंधृतराष्ट्रंसमेत्यच ६ उक्तवान्वचनंतथ्यंहितंचैवविशेषतः ॥ नचतत्कृतवान्राजायथाऽऽख्यातंहितत्पुरा ७ अनवाप्यशमंतत्रकृष्णःपुरुषसत्तमः ॥ आगच्छतमहाबाहुरुपप्लव्यंजनाधिप ८ ततःप्रत्यागतःकृष्णोधार्तराष्ट्रविसर्जितः ॥ अक्रियायांनरव्याघ्रपांडवानिदमब्रवीत् ९ नकुर्वंतिवचोमह्यंकुरवःकालनोदिताः ॥ निर्गच्छध्वंपांडवेयाःपुष्येणसहितामया १० ततोविभज्यमानेषुबलेषुबलिनांवरः ॥ प्रोवाचभ्रातरंकृष्णंरौहिणेयोमहामनाः ११ तेषामपिमहाबाहोसाहाय्यंमधुसूदन ॥ क्रियतामितितत्कृष्णोनास्यचक्रेवचस्तदा १२ ततोमन्युपरीतात्माजगामयदुनंदनः ॥ तीर्थयात्रांहलधरःसरस्वत्यांमहायशाः १३ मैत्रनक्षत्रयोगेस्मसहितःसर्वयादवैः ॥ आश्रयामासभोजस्तुदुर्योधनमरिंदमः १४ युयुधानेनसहितोवासुदेवस्तुपांडवान् ॥ रौहिणेयेगतेशूरेपुष्येणमधुसूदनः १५ पांडवेयान्पुरस्कृत्यययावभिमुखःकुरून् ॥ गच्छन्नेवपथिस्थस्तुरामःप्रेष्यानुवाचह १६ ॥ ॥

४ । ५ । ६ । ७ । ८ अक्रियायांमंधिकार्यानिष्पत्तौ ९ । १० । ११ । १२ । १३ मैत्रनक्षत्रयोगेअनुराधायां भोजःकृतवर्मा १४ पुष्येणहिपांडवेभ्यःप्रयाणमनुराधातस्तीर्थयात्रार्थमितिविवेकः १५ । १६

१७ । १८ । १९ । २० । २१ । २२ । २३ । २४ । २५ । २६ । २७ । २८ । २९ । ३० । ३१ । ३२ विपणिःपण्यवीथिका आपणाःहट्टाः पण्यानिविक्रेयद्रव्यानि ३३ । ३४ । ३५ । ३६।३७

संभारांस्तीर्थयात्रायांसर्वोपकरणानिच ॥ आनयध्वंद्वारकायामग्नीन्वैयाजकांस्तथा १७ सुवर्णरजतंचैवधेनूर्वासांसिवाजिनः ॥ कुंजरांश्चरथांश्चैवखरोष्ट्रंवाहनानि
च १८ क्षिप्रमानीयतांसर्वंतीर्थहेतोःपरिच्छदम् ॥ प्रतिस्रोतःसरस्वत्यागच्छध्वंशीघ्रगामिनः १९ ऋत्विजश्चानयध्वंवैशतशश्चद्विजर्षभान् ॥ एवंसंदिश्यतुप्रे
ष्यान्बलदेवोमहाबलः २० तीर्थयात्रांययौराजन्कुरूणांवैशसेतदा ॥ सरस्वतींप्रतिस्रोतःसमंतादभिजग्मिवान् २१ ऋत्विग्भिश्चसुहृद्भिश्चतथाऽन्यैर्द्विजसत्तमैः ॥
रथैर्गजैस्तथाऽश्वैश्चप्रेष्यैश्चभरतर्षभ २२ गोखरोष्ट्रप्रयुक्तैश्चयानैश्चबहुभिर्वृतः ॥ श्रांतानांक्लांतवपुषांशिशूनांविपुलायुषाम् २३ देशेदेशेतुदेयानिदानानिविवि
धानिच ॥ अर्चायैचार्थिनांराजन्क्लृप्तानिबहुशस्तथा २४ तानियानीहदेशेषुप्रतीक्षंतिस्मभारत ॥ बुभुक्षितानामर्थायक्लृप्तमन्नंसमंततः २५ योयोयत्रद्विजोभो
ज्यंभोक्तुंकामयतेतदा ॥ तस्यतस्यतुतत्रैवमुपजह्रुस्तदानृप २६ तत्रतत्रस्थिताराजन्रौहिणेयस्यशासनात् ॥ भक्ष्यपेयस्यकुर्वंतिराशींस्तत्रसमंततः २७ वासांसि
चमहार्हाणिपर्यंकास्तरणानिच ॥ पूजार्थंतत्रक्लृप्तानिविप्राणांसुखमिच्छताम् २८ यत्रयःस्वदतेविप्रःक्षत्रियोवाऽपिभारत ॥ तत्रतत्रतुतस्यैवसर्वंक्लृप्तमदृश्यत २९
यथासुखंजनःसर्वोयातितिष्ठतिवैतदा ॥ यातुकामस्ययानानिपानानितृषितस्यच ३० बुभुक्षितस्यचान्नानिस्वादूनिभरतर्षभ ॥ उपजह्रुर्नरास्तत्रवस्त्राण्याभरणा
निच ३१ सपंथाःप्रबभौराजन्सर्वस्यैवसुखावहः ॥ स्वर्गोपमस्तदावीरनराणांतत्रगच्छताम् ३२ नित्यप्रमुदितोपेतःस्वादुभक्ष्यःशुभान्वितः ॥ विपण्यापण
पण्यानांनानाजनशतैर्वृतः ॥ नानाद्रुमलतोपेतोनानारत्नविभूषितः ३३ ततोमहात्मानियमेस्थितात्मापुण्येषुतीर्थेषुवसूनिराजन् ॥ ददौद्विजेभ्यःक्रतुदक्षिणा
श्चयदुप्रवीरोहलभृत्प्रतीतः ३४ दोग्ध्रीश्चधेनूश्चसहस्रशोवैसुवाससःकांचनबद्धशृंगीः ॥ हयांश्चनानाविधदेशजातान्यानानिदासांश्चशुभान्द्विजेभ्यः ३५ रत्ना
निमुक्तामणिविद्रुमंचाप्यग्र्यंसुवर्णंरजतंसुशुद्धम् ॥ अयस्मयंताम्रमयंचभांडंददौद्विजातिप्रवरेषुरामः ३६ एवंसवित्तंप्रददौमहात्मासरस्वतीतीर्थवरेषुभूरि ॥ ययौ
क्रमेणाप्रतिमप्रभावस्ततःकुरुक्षेत्रमुदारवृत्तिः ३७ ॥ जनमेजयउवाच ॥ सारस्वतानांतीर्थानांगुणोत्पत्तिंवदस्वमे ॥ फलंचद्विपदांश्रेष्ठकर्मनिर्वृत्तिमेवच ३८ यथा
क्रमेणभगवंस्तीर्थानामनुपूर्वशः ॥ ब्रह्मन्ब्रह्मविदांश्रेष्ठपरंकौतूहलंहिमे ३९ ॥ वैशंपायनउवाच ॥ तीर्थानांचफलंराजन्गुणोत्पत्तिंचसर्वशः ॥ मयोच्यमानं
वैपुण्यंशृणुराजेन्द्रकृत्स्नशः ४० पूर्वंमहाराजयदुप्रवीरऋत्विग्सुहृद्विप्रगणैश्चसार्धम् ॥ पुण्यंप्रभासंसमुपाजगामयत्रोडुराडयक्ष्मणाक्लिश्यमानः ४१ विमुक्तशा
पःपुनराप्यतेजःसर्वंजगद्भासयतेनरेन्द्र ॥ एवंतुतीर्थप्रवरंपृथिव्यांप्रभासनात्तस्यततःप्रभासः ४२ ॥ ॥

गुणान्रमणीयत्वादीन् उत्पत्तिंसंभवं कर्मनिर्वृत्तितीर्थयात्राविधिसिद्धिम् ३८ यथाक्रमेणतीर्थक्रमापेक्षया अनुपूर्वशःगुणोत्पत्त्यादिक्रमापेक्षया ३९ । ४० । ४१ प्रभासः प्रभासत्वम् ४२ ॥

४३ । ४४ । ४५ । ४६ । ४७ । ४८ । ४९ । ५० । ५१ । ५२ । ५३ । ५४ । ५५ । ५६ त्रिरोचन हेविशेषेणरोचमान त्वं माशाप्स्येनवरोचनांयथाऽहंशापेननहरामितथायतस्वेत्यर्थः ५७ । ५८

॥ जनमेजयउवाच ॥ कथंतुभगवान्सोमोयक्ष्मणासमगृह्यत ॥ कथंचतीर्थप्रवरेतस्मिंश्चंद्रोन्वमज्जत ४३ कथमाप्लुत्यतास्मिंस्तुपुनराप्यायितःशशी ॥ एतन्मे सर्वमाचक्ष्वविस्तरेणमहामुने ४४ ॥ वैशंपायनउवाच ॥ दक्षस्यतनयास्तातप्रादुरासन्विशांपते ॥ ससप्तविंशतिंकन्यादक्षःसोमायवैददौ ४५ नक्षत्रयोगनिरताः संख्यानार्थंचताऽभवन् ॥ पत्न्योवैतस्यराजेन्द्रसोमस्यशुभकर्मणः ४६ तास्तुसर्वाविशालाक्ष्योरूपेणाप्रतिमाभुवि ॥ अत्यरिच्यततासांतुरोहिणीरूपसंपदा ४७ ततस्तस्यांसभगवान्प्रीतिंचक्रेनिशाकरः ॥ साऽस्यहृद्याबभूवाथतस्मात्तांबुभुजेसदा ४८ पुराहिसोमोराजेन्द्ररोहिण्यामवसत्परम् ॥ ततस्ताःकुपिताःसर्वानक्षत्राख्यामहात्मनः ४९ तागत्वापितरंप्राहुःप्रजापतिमतंद्रिताः ॥ सोमोवसतिनास्मासुरोहिणींभजतेसदा ५० तावयंसहिताःसर्वास्त्वत्सकाशेप्रजेश्वर ॥ वत्स्यामोनियताहारास्तपश्चरणतत्पराः ५१ श्रुत्वातासांतुवचनंदक्षःसोममथाब्रवीत् ॥ समंवर्तस्वभार्यासुमात्वाऽधर्मोमहानस्पृशेत् ५२ तास्तुसर्वाऽब्रवीद्दक्षोगच्छध्वंशशिनोऽन्तिकम् ॥ समंवत्स्यतिसर्वासुचंद्रमाममशासनात् ५३ विसृष्टास्तास्तथाजग्मुःशीतांशुभवनंतदा ॥ तथाऽपिसोमोभगवान्पुनरेवमहीपते ५४ रोहिणींनिवसत्येवप्रीयमाणोमुहुर्मुहुः ॥ ततस्ताःसहिताःसर्वाभूयःपितरमब्रुवन् ५५ तवशुश्रूषणेयुक्तावत्स्यामोहितवांतिके ॥ सोमोवसतिनास्मासुनाकरोद्वचनंतव ५६ तासांतद्वचनंश्रुत्वादक्षःसोममथाब्रवीत् ॥ समंवर्तस्वभार्यासुमात्वांशप्स्येविरोचन ५७ अनादृत्यतुतद्वाक्यंदक्षस्यभगवान्शशी ॥ रोहिण्यासार्धमवसत्ततस्ताःकुपिताःपुनः ५८ गत्वाचपितरंप्राहुःप्रणम्यशिरसातदा ॥ सोमोवसतिनास्मासुतस्मान्नःशरणंभव ५९ रोहिण्यामेवभगवान्सदावसतिचंद्रमाः ॥ नत्वद्वचोगणयतिनास्मासुस्नेहमिच्छति ६० तस्मान्नस्त्राहिसर्वावैयथानःसोमआविशेत् ॥ तच्छ्रुत्वाभगवान्क्रुद्धोयक्ष्माणंपृथिवीपते ६१ ससर्जरोषात्सोमायसचोडुपतिमाविशत् ॥ सयक्ष्मणाऽभिभूतात्माक्षीयताहरहःशशी ६२ यत्नंचाप्यकरोद्राजन्मोक्षार्थंतस्ययक्ष्मणः ॥ इष्टेष्टिभिर्महाराजविविधाभिर्निशाकरः ६३ नचामुच्यतशापाद्वैक्षयंचैवाभ्यगच्छत ॥ क्षीयमाणेततःसोमेओषध्योनप्रजज्ञिरे ६४ निरास्वादरसाःसर्वाहतवीर्याश्चसर्वशः ॥ ओषधीनांक्षयेजातेप्राणिनामपिसंक्षयः ६५ कृशाश्चासन्प्रजाःसर्वाःक्षीयमाणेनिशाकरे ॥ ततोदेवाःसमागम्यसोममूचुर्महीपते ६६ किमिदंभवतोरूपमीदृशंनप्रकाशते ॥ कारणंब्रूहिनःसर्वयेनेदंतेमहद्भयम् ६७ श्रुत्वातुवचनंत्वत्तोविधास्यामस्ततोवयम् ॥ एवमुक्तःप्रत्युवाचसर्वास्तान्शशलक्षणः ६८ शापस्यलक्षणंचैवयक्ष्माणंचतथाऽऽत्मनः ॥ देवास्तथावचःश्रुत्वागत्वादक्षमथाब्रुवन् ६९ ॥ ॥ ॥ ॥ ॥ ॥

५९ । ६० । ६१ । ६२ । ६३ । ६४ । ६५ । ६६ । ६७ । ६८ शापस्यलक्षणं कारणं ६९ ॥ ॥

७० । ७१ । ७२ । ७३ । ७४ । ७५ । ७६ । ७७ । ७८ । ७९ । ८० । ८१ । ८२ । ८३ । ८४ । ८५ । ८६ । ८७ । ८८ । ८९ । ९० ॥ इति शल्यांतर्गतगदापर्वणि नीलकंठीये भारतभावदीपे

प्रसीदभगवन्सोमेशापोऽयंविनिवर्त्यताम् ॥ असौहिचंद्रमाःक्षीणःकिंचिच्छेषोहिलक्ष्यते ७० क्षयाच्चैवास्यदेवेशप्रजाश्चैवगताःक्षयम् ॥ वीरुदोषधयश्चैवबीजानिवि
विधानिच ७१ तेषांक्षयेक्षयोऽस्माकंविनास्माभिर्जगच्चकिम् ॥ इतिज्ञात्वालोकगुरोप्रसादंकर्तुमर्हसि ७२ एवमुक्तस्ततोदेवान्प्राहवाक्यंप्रजापतिः ॥ नैतच्छक्यंममव
चोव्यावर्तयितुमन्यथा ७३ हेतुनातुमहाभागानिवर्तिष्यतिकेनचित् ॥ समंवर्ततुसर्वासुशशीभार्यासुनित्यशः ७४ सरस्वत्यावरेतीर्थेउन्मज्जन्शशलक्षणः ॥ पुनर्व
र्धिष्यतेदेवास्तद्वैसत्यंवचोमम ७५ मासार्धंचक्षयंसोमोनित्यमेवगमिष्यति ॥ मासार्धंतुसदावृद्धिंसत्यमेतद्वचोमम ७६ समुद्रंपश्चिमंगत्वासरस्वत्यब्धिसंगमम् ॥
आराधयतुदेवेशंततःकांतिमवाप्स्यति ७७ सरस्वतींततःसोमःसजगामर्षिशासनात् ॥ प्रभासंप्रथमंतीर्थंसरस्वत्याजगामह ७८ अमावास्यांमहातेजास्तत्रोन्मज्जन्म
हाद्युतिः ॥ लोकान्प्रभासयामासशीतांशुत्वमवापच ७९ देवास्तुसर्वेराजेन्द्रप्रभासंप्राप्यपुष्कलम् ॥ सोमेनसहिताभूत्वादक्षस्यप्रमुखेऽभवन् ८० ततःप्रजापतिःसर्वा
विससर्जाथदेवताः ॥ सोमंचभगवान्प्रीतोभूयोवचनमब्रवीत् ८१ माऽवमंस्थाःस्त्रियःपुत्रमाचविप्रान्कदाचन ॥ गच्छयुक्तःसदाभूत्वाकुरुवैशासनंमम ८२ सविसृष्टो
महाराजजगामाथस्वमालयम् ॥ प्रजाश्चमुदिताभूत्वापुनस्तस्थुर्यथापुरा ८३ एवंतेसर्वमाख्यातंयथाशप्तोनिशाकरः ॥ प्रभासंचयथातीर्थंतीर्थानांप्रवरंमहत् ८४ अ
मावास्यांमहाराजनित्यशःशशलक्षणः ॥ स्नात्वाह्याप्यायतेश्रीमान्प्रभासेतीर्थउत्तमे ८५ अतश्चैतत्प्रजानंतिप्रभासमितिभूमिप ॥ प्रभांहिपरमांलेभेतस्मिन्नुन्मज्ज्य
चंद्रमाः ८६ ततस्तुचमसोद्भेदमच्युतस्त्वगमद्बली ॥ चमसोद्भेदइत्येवंयंजनाःकथयंत्युत ८७ तत्रदत्त्वाचदानानिविशिष्टानिहलायुधः ॥ उषित्वारजनीमेकांस्ना
त्वाचविधिवत्तदा ८८ उदपानमथागच्छत्त्वरावान्केशवाग्रजः॥ आद्यंस्वस्त्ययनंचैवयत्रावाप्यमहत्फलम् ८९ स्निग्धत्वादोषधीनांचभूमेश्चजनमेजय ॥ जानंतिसिद्धा
राजेन्द्रनष्टामपिसरस्वतीम् ९० ॥ इतिश्रीमहाभारते शल्यांतर्गतगदापर्वणि बलदेवतीर्थयात्रायांप्रभासोत्पत्तिकथनेपंचत्रिंशोऽध्यायः ॥ ३५ ॥ ॥ वैशंपा
यनउवाच ॥ तस्मान्नदीगतंचापिह्युदपानंयशस्विनः ॥ त्रितस्यचमहाराजजगामाथहलायुधः १ तत्रदत्त्वाबहुद्रव्यंपूजयित्वातथाद्विजान् ॥ उपस्पृश्यचतत्रैवप्रहृष्टो
मुसलायुधः २ तत्रधर्मपरोभूत्वात्रितःसतुमहातपाः ॥ कूपेचवसतातेनसोमःपीतोमहात्मना ३ तत्रचैनंसमुत्सृज्यभ्रातरौजग्मतुर्गृहान् ॥ ततस्तौवैशशापाथत्रि
तोब्राह्मणसत्तमः ४ ॥ जनमेजयउवाच ॥ उदपानंकथंब्रह्मन्कथंचसुमहातपाः ॥ पतितःकिंचसंत्यक्तोभ्रातृभ्यांद्विजसत्तम ५ कूपेकथंचहित्वैनंभ्रातरौजग्मतुर्गृहान्॥
कथंचयाजयामासपपौसोमंचवैकथम् ६ एतदाचक्ष्वमेब्रह्मन्श्रोतव्यंयदिमन्यसे ॥ वैशंपायनउवाच ॥ आसन्पूर्वयुगेराजन्मुनयोभ्रातरस्त्रयः ७ ॥ ॥

पंचत्रिंशोऽध्यायः ॥ ३५ ॥ तस्मादिति १ । २ । ३ । ४ । ५ याजयामासस्वार्थेणिच यागंकृतवान् ६ । ७ ॥ ॥ ॥ ॥

८ । ९ । १० । ११ । १२ । १३ । १४ । १५ । १६ पशूनप्रतिपश्वर्थं दक्षिणार्थागाःप्राप्तुमित्यर्थः १७ । १८ । १९ । २० । २१ । २२ । २३ । २४ । २५ । २६ । २७ । २८

एकतश्चद्वितश्चैवत्रितश्चादित्यसन्निभाः ॥ सर्वेप्रजापतिसमाःप्रजावंतस्तथैवच ८ ब्रह्मलोकजिताःसर्वेतपसाब्रह्मवादिनः ॥ तेषांतुतपसाप्रीतोनियमेनदमेनच ९ अभवद्गौतमोनित्यंपिताधर्मरतःसदा ॥ सतुदीर्घेणकालेनतेषांप्रीतिमवाप्यच १० जगामभगवान्स्थानमनुरूपमिवात्मनः ॥ राजानस्तस्ययेह्यासन्याज्याराजन्महात्मनः ११ तेसर्वेस्वर्गतेतस्मिंस्तस्यपुत्रानपूजयन् ॥ तेषांतुकर्मणाराजंस्तथाचाध्ययनेनच १२ त्रितःसश्रेष्ठतांप्रापयथैवास्यपितातथा ॥ तथासर्वेमहाभागामुनयःपुण्यलक्षणाः १३ अपूजयन्महाभागंयथाऽस्यपितरंतथा ॥ कदाचिद्धिततोराजन्भ्रातरावेकतद्वितौ १४ यज्ञार्थंचक्रतुश्चिंतांतथावित्तार्थमेवच ॥ तयोर्बुद्धिःसमभवत्त्रितंगृह्यपरंतप १५ याज्यान्सर्वानुपादायप्रतिगृह्यपशूंस्ततः ॥ सोमंपास्यामहेहृष्टाःप्राप्ययज्ञंमहाफलम् १६ चक्रुश्चैवंतथाराजन्भ्रातरस्त्रयएवच ॥ तथातेतुपरिक्रम्ययाज्यान्सर्वान्पशून्प्रति १७ याजयित्वाततोयाज्यान्लब्ध्वातुसुबहून्पशून् ॥ याज्येनकर्मणातेनप्रतिगृह्यविधानतः १८ प्राचींदिशंमहात्मानअजग्मुस्तेमहर्षयः ॥ त्रितस्तेषांमहाराजपुरस्ताद्यातिहृष्टवत् १९ एकतश्चद्वितश्चैवपृष्ठतःकालयन्पशून् ॥ तयोश्चिंतासमभवद्दृष्ट्वापशुगणंमहत् २० कथंचस्युरिमागावआवाभ्यांहिविनात्रितम् ॥ तावन्योन्यंसमाभाष्यएकतश्चद्वितश्चह २१ यदूचतुर्मिथःपापौतन्निबोधजनेश्वर ॥ त्रितोयज्ञेषुकुशलस्त्रितोवेदेषुनिष्ठितः २२ अन्यास्तुबहुलागावस्त्रितःसमुपलप्स्यते ॥ तदावांसहितौभूत्वागाःप्रकाल्यव्रजावहे २३ त्रितोऽपिगच्छतांकाममावाभ्यांवैविनाकृतः ॥ तेषामागच्छतांरात्रौपथिस्थानांवृकोऽभवत् २४ तत्रकूपोविदूरेऽभूत्सरस्वत्यास्तटेमहान् ॥ अथत्रितोवृकंदृष्ट्वापथितिष्ठंतमग्रतः २५ तद्भयादपसर्पन्वैतस्मिन्कूपेपपातह ॥ अगाधेसुमहाघोरेसर्वभूतभयंकरे २६ त्रितस्ततोमहाराजकूपस्थोमुनिसत्तमः ॥ आर्तनादंततश्चक्रेतौतुशुश्रुवतुर्मुनी २७ तंज्ञात्वापतितंकूपेभ्रातरावेकतद्वितौ ॥ वृकत्रासाच्चलोभाच्चसमुत्सृज्यप्रजग्मतुः २८ भ्रातृभ्यांपशुलुब्धाभ्यामुत्सृष्टःसमहातपाः ॥ उदपानेतदाराजन्निर्जलेपांसुसंवृते २९ त्रितआत्मानमालक्ष्यकूपेवीरुत्तृणावृते ॥ निमग्नंभरतश्रेष्ठनरकेदुष्कृतीयथा ३० सबुद्ध्याऽगणयत्प्राज्ञोमृत्योर्भीतोह्यसोमपः ॥ सोमःकथंतुपातव्यइहस्थेनमयाभवेत् ३१ सएवमभिनिश्चित्यतस्मिन्कूपेमहातपाः ॥ ददर्शवीरुधंतत्रलंबमानांयदृच्छया ३२ पांशुग्रस्तेततःकूपेविचिंत्यसलिलंमुनिः ॥ अग्नीन्संकल्पयामासहोत्रेचात्मानमेवच ३३ ततस्तांवीरुधंसोमंसंकल्प्यसुमहातपाः ॥ ऋचोयजूंषिसामानिमनसाऽचिंतयन्मुनिः ३४ ग्रावाणःशर्कराःकृत्वाप्रचक्रेभिषवंनृप ॥ आज्यंचसलिलंचक्रेभागांश्चत्रिदिवौकसाम् ३५ सोमस्याभिषवंकृत्वाचकारविपुलंध्वनिम् ॥ सचाविशद्दिवंराजन्पुनःशब्दस्त्रितस्यवै ३६ समवाप्यचतंयज्ञंयथोक्तंब्रह्मवादिभिः ॥ वर्तमानेमहायज्ञेत्रितस्यसुमहात्मनः ३७

२९ । ३० । ३१ । ३२ । ३३ । ३४ । ३५ । ३६ । ३७ ॥ ॥ ॥

३८ । ३९ । ४० । ४१ । ४२ । ४३ । ४४ । ४५ । ४६ । ४७ । ४८ । ४९ । ५० । ५१ । ५२ । ५३ । ५४ ॥ इतिशल्यांतर्गतगदापर्वणिनीलकंठीये भारतभावदीपे षट्त्रिंशोऽध्यायः ॥ ३६ ॥

आविग्नंत्रिदिवंसर्वंकारणंचनबुध्यते ॥ ततःसुतुमुलंशब्दंशुश्रावाथबृहस्पतिः ३८ श्रुत्वाचैवाब्रवीत्सर्वान्देवान्देवपुरोहितः ॥ त्रितस्यवर्ततेयज्ञस्तत्रगच्छामहेसु
राः ३९ सहिक्रुद्धःसृजेदन्यान्देवानपिमहातपाः ॥ तच्छ्रुत्वावचनंतस्यसहिताःसर्वदेवताः ४० प्रययुस्तत्रयत्रासौत्रितयज्ञःप्रवर्तते ॥ तेतत्रगत्वाविबुधास्तंकूपं
यत्रसत्रितः ४१ ददृशुस्तंमहात्मानंदीक्षितंयज्ञकर्मसु ॥ दृष्ट्वाचैनंमहात्मानंश्रियापरमयायुतम् ४२ ऊचुश्चैनंमहाभागंप्राप्ताभागार्थिनोवयम् ॥ अथाब्रवीदृषिर्देवान्पश्य
ध्वंमांदिवौकसः ४३ अस्मिन्प्रतिभयेकूपेनिमग्नंनष्टचेतसम् ॥ ततस्त्रितोमहाराजभागांस्तेषांयथाविधि ४४ मंत्रयुक्तान्समददत्तेचप्रीतास्तदाऽभवन् ॥ ततोयथावि
धिप्राप्तान्भागान्प्राप्यदिवौकसः ४५ प्रीतात्मानोददुस्तस्मैवरान्यान्मनसेच्छति ॥ सतुवव्रेवरंदेवांस्त्रातुमर्हथमामितः ४६ यश्चेहोपस्पृशेत्कूपेससोमपगतिंलभेत् ॥
तत्रचोर्मिमतीराजन्नुत्पपातसरस्वती ४७ तयोत्क्षिप्तःसमुत्तस्थौपूजयंस्त्रिदिवौकसः ॥ तथेतिचोक्त्वाविबुधाजग्मूराजन्यथागताः ४८ त्रितश्चाभ्यागमत्प्रीतःस्वमेवनि
लयंतदा ॥ क्रुद्धस्तुससमासाद्यतावृषीभ्रातरौतदा ४९ उवाचपरुषंवाक्यंशशापचमहातपाः ॥ पशुलुब्धौयुवांयस्मान्मामुत्सृज्यप्रधावितौ ५० तस्माद्वृकाकृतीरौ
द्रौदंष्ट्रिणावभितश्चरौ ॥ भवितारौमयाशप्तौपापेनानेनकर्मणा ५१ प्रसवश्चैवयुवयोर्गोलांगूलर्क्षवानराः ॥ इत्युक्तेनतदातेनक्षणादेवविशांपते ५२ तथाभूतावदृश्ये
तांवचनात्सत्यवादिनः ॥ तत्राप्यमितविक्रांतःस्पृष्ट्वातोयंहलायुधः ५३ दत्त्वाचविविधान्दायान्पूजयित्वाचवैद्विजान् ॥ उदपानंचतंवीक्ष्यप्रशस्यचपुनःपुनः ॥
नदीगतमदीनात्माप्राप्तोविनशनंतदा ५४ ॥ इतिश्रीमहाभारतेशल्यपर्वांतर्गतगदापर्वणिबलदेवती० त्रिताख्यानेषट्त्रिंशोऽध्यायः ॥ ३६ ॥ ॥ वैशंपायन
उवाच ॥ ततोविनशनंराजन्जगामाथहलायुधः ॥ शूद्राभीरान्प्रतिद्वेषाद्यत्रनष्टासरस्वती १ तस्मात्तुऋषयोनित्यंप्राहुर्विनशनेतिच ॥ यत्राप्युपस्पृश्यबलःसरस्व
त्यांमहाबलः २ सुभूमिकंततोऽगच्छत्सरस्वत्यास्तटेवरे ॥ तत्रचाप्सरसःशुभ्रानित्यकालमतंद्रिताः ३ क्रीडाभिर्विमलाभिश्चक्रीडंतिविमलाननाः ॥ तत्रदेवाःसगं
धर्वामासिमासिजनेश्वर ४ अभिगच्छंतितत्तीर्थंपुण्यंब्राह्मणसेवितम् ॥ तत्रादृश्यंतगंधर्वास्तथैवाप्सरसांगणाः ५ समेत्यसहिताराजन्यथाप्राप्तंयथासुखम् ॥ तत्रमोदं
तिदेवाश्चपितरश्चसवीरुधः ६ पुण्यैःपुष्पैःसदादिव्यैःकीर्यमाणाःपुनःपुनः ॥ आक्रीडभूमिःसाराजंस्तासामप्सरसांशुभा ७ सुभूमिकेतिविख्यातासरस्वत्यास्तटे
वरे ॥ तत्रस्नात्वाचदत्त्वाचवसुविप्रायमाधवः ८ श्रुत्वागीतंचतद्दिव्यंवादित्राणांचनिःस्वनम् ॥ छायाश्चविपुलादृष्ट्वादेवगंधर्वरक्षसाम् ९ गंधर्वाणांततस्तीर्थमागच्छ
द्रोहिणीसुतः ॥ विश्वावसुमुखास्तत्रगंधर्वास्तपसाऽन्विताः १० नृत्यवादित्रगीतंचकुर्वंतिसुमनोरमम् ॥ तत्रदत्त्वाहलधरोविप्रेभ्योविविधंवसु ११ अजाविकंगोखरो
ष्ट्रंसुवर्णंरजतंतथा ॥ भोजयित्वाद्विजान्कामैःसंतर्प्यचमहाधनैः १२ ॥ ॥

ततइति १ । २ शुभ्राः शुचयः ३ । ४ । ५ । ६ । ७ । ८ । ९ । १० । ११ । १२ ॥ ॥ ॥

१३ । १४ । १५ । १६ कालज्ञानंप्रतिकालज्ञानार्थं १७ । १८ । १९ शंखंशंखनामानं २० नगंवृक्षं २१ । २२ । २३ । २४ । २५ । २६ । २७ । २८ । २९ । ३० । ३१ । ३२ । ३३ । ३४

प्रययौसहितोविप्रैःस्तूयमानश्चमाधवः ॥ तस्माद्गंधर्वतीर्थाच्चमहाबाहुररिंदमः १३ गर्गस्रोतोमहातीर्थमाजगामैककुंडली ॥ तत्रगर्गेणवृद्धेनतपसाभावितात्मना १४ कालज्ञानगतिश्चैवज्योतिषांचव्यतिक्रमः ॥ उत्पातादारुणाश्चैवशुभाश्चजनमेजय १५ सरस्वत्याःशुभेतीर्थेविदितावैमहात्मना ॥ तस्यनाम्नाचतत्तीर्थंगर्गस्रोतइति स्मृतम् १६ तत्रगर्गंमहाभागंऋषयःसुव्रतानृप ॥ उपासांचक्रिरेनित्यंकालज्ञानंप्रतिप्रभो १७ तत्रगत्वामहाराजबलःश्वेतानुलेपनः ॥ विधिवद्धिधनंदत्त्वामुनीनां भावितात्मनाम् १८ उच्चावचांस्तथाभक्ष्यान्विप्रेभ्योविप्रदायसः ॥ नीलवासास्तदागच्छच्छंखतीर्थंमहायशाः १९ तत्रापश्यन्महाशंखंमहामेरुमिवोच्छ्रितम् ॥ श्वेतपर्वतसंकाशंऋषिसंघैर्निषेवितम् २० सरस्वत्यास्तटेजातंनगंतालध्वजोबली ॥ यक्षाविद्याधराश्चैवराक्षसाश्चामितौजसः २१ पिशाचाश्चामितबलायत्रसिद्धाःस हस्रशः ॥ तेसर्वेह्यशनंत्यक्त्वाफलंतस्यवनस्पतेः २२ व्रतैश्चनियमैश्चैवकालेकालेस्मभुंजते ॥ प्राप्तैश्चनियमैस्तैस्तैर्विचरंतःपृथक्पृथक् २३ अदृश्यमानामनुजैर्व्य चरन्पुरुषर्षभ ॥ एवंख्यातोनरव्याघ्रलोकेस्मिन्सवनस्पतिः २४ ततस्तीर्थंसरस्वत्याःपावनंलोकविश्रुतम् ॥ तस्मिंश्चयदुशार्दूलोदत्त्वातीर्थेपयस्विनीः २५ ताम्राय सानिभांडानिवस्त्राणिविविधानिच ॥ पूजयित्वाद्विजांश्चैवपूजितश्चतपोधनैः २६ पुण्यंद्वैतवनंराजन्नाजगामहलायुधः ॥ तत्रगत्वामुनीन्दृष्ट्वानानावेषधरान्बलः २७ आप्लुत्यसलिलेचापिपूजयामासवैद्विजान् ॥ तथैवदत्त्वाविप्रेभ्यःपरिभोगान्सुपुष्कलान् २८ ततःप्रायाद्बलोराजन्दक्षिणेनसरस्वतीम् ॥ गत्वाचैवंमहाबाहुर्नातिदूरे महायशाः २९ धर्मात्मानागधन्वानंतीर्थमागमदच्युतः ॥ यत्रपन्नगराजस्यवासुकेःसन्निवेशनम् ३० महाद्युतेर्महाराजबहुभिःपन्नगैर्वृतम् ॥ ऋषीणांहिसहस्राणितत्र नित्यंचतुर्दश ३१ यत्रदेवाःसमागम्यवासुकिंपन्नगोत्तमम् ॥ सर्वपन्नगराजानमभ्यषिंचन्यथाविधि ३२ पन्नगेभ्योभयंतत्रविद्यतेनस्मपौरव ॥ तत्रापिविविधंदत्त्वावि प्रेभ्योरत्नसंचयान् ३३ प्रायात्प्राचींदिशंतत्रतत्रतीर्थान्यनेकशः ॥ सहस्रशतसंख्यानिप्रथितानिपदेपदे ३४ आप्लुत्यतत्रतीर्थेषुयथोक्तंतत्रचर्षिभिः ॥ कृत्वोपवा सनियमंदत्त्वादानानिसर्वशः ३५ अभिवाद्यमुनींस्तान्वैतत्रतीर्थनिवासिनः ॥ उद्दिष्टमार्गःप्रययौयत्रभूयःसरस्वती ३६ प्राङ्मुखंवैनिवर्त्ततेवृष्टिर्वातहतायथा ॥ ऋषीणांनैमिषेयाणामवेक्षार्थंमहात्मनाम् ३७ निवृत्तांतांसरिच्छ्रेष्ठांतत्रदृष्ट्वातुलांगली ॥ बभूवविस्मितोराजन्बलःश्वेतानुलेपनः ३८ ॥ जनमेजयउवाच ॥ कस्मा त्सरस्वतीब्रह्मन्निवृत्ताप्राङ्मुखीभवत् ॥ व्याख्यातमेतदिच्छामिसर्वमध्वर्युसत्तम ३९ कस्मिंश्चित्कारणेतत्रविस्मितोयदुनंदनः ॥ निवृत्ताहेतुनाकेनकथमेवसरिद्वरा ४० ॥ वैशंपायनउवाच ॥ पूर्वंकृतयुगेराजन्नैमिषेयास्तपस्विनः ॥ वर्तमानेसुविपुलेसत्रेद्वादशवार्षिके ४१ ॥ ॥ ॥

३५ । ३६ अपेक्षार्थमिष्टसिद्ध्यर्थम् ३७ । ३८ इच्छामिश्रोतुमितिशेषः ३९ । ४० । ४१ ॥ ॥ ॥ ॥

४२ । ४३ । ४४ । ४५ । ४६ । ४७ । ४८ । ४९ । ५० । ५१ यज्ञोपवीतैःयज्ञसूत्रैः तीर्थत्रेताग्नीनामुतरभागंतीर्थत्वेनश्रौतेप्रसिद्धं निर्मिमायनिर्मायेत्यर्थः ५२ निराशंसरस्वतीजललाभेऽन्यर्थः ५३ कुंजान

ऋषयोबहवोराजंस्तत्सत्रमभिपेदिरे ॥ उषित्वाचमहाभागास्तस्मिन्सत्रेयथाविधि ४२ निवृत्तेनैमिषेयेवैसत्रेद्वादशवार्षिके ॥ आजग्मुर्ऋषयस्तत्रबहवस्तीर्थकार
णात् ४३ ऋषीणांबहुलत्वात्तुसरस्वत्याविशांपते ॥ तीर्थानिनगरायंतेकूलेवैदक्षिणेतदा ४४ समंतपंचकंयावत्तावत्तेद्विजसत्तमाः ॥ तीर्थलोभान्नरव्याघ्रनद्यास्ती
रंसमाश्रिताः ४५ जुह्वतांतत्रतेषांतुमुनीनांभावितात्मनाम् ॥ स्वाध्यायेनातिमहताबभूवुःपूरितादिशः ४६ अग्निहोत्रैस्ततस्तेषांक्रियमाणैर्महात्मनाम् ॥ अशोभत
सरिच्छ्रेष्ठादीप्यमानैःसमंततः ४७ वालखिल्यामहाराजअश्मकुट्टाश्चतापसाः ॥ दंतोलूखलिनश्चान्येप्रसंख्यानास्तथापरे ४८ वायुभक्षाजलाहाराःपर्णभक्षाश्चताप
साः ॥ नानानियमयुक्ताश्चतथास्थंडिलशायिनः ४९ आसन्वैमुनयस्तत्रसरस्वत्याःसमीपतः ॥ शोभयंतःसरिच्छ्रेष्ठांगंगामिवदिवौकसः ५० शतशश्चसमापेतु
र्ऋषयःसत्रयाजिनः ॥ तेऽवकाशंनदद्दृशुःसरस्वत्यामहाव्रताः ५१ ततोयज्ञोपवीतैस्तेतत्तीर्थंनिर्मिमायवै ॥ जुहुवुश्चाग्निहोत्रांश्चचक्रुश्चविविधाःक्रियाः ५२ तत
स्तमृषिसंघातंनिराशंचिंतयान्वितम् ॥ दर्शयामासराजेन्द्रतेषामर्थेसरस्वती ५३ ततःकुंजान्बहून्कृत्वासन्निवृत्तासरस्वती ॥ ऋषिणांपुण्यतपसांकारुण्याज्जनमे
जय ५४ ततोनिवृत्त्यराजेन्द्रतेषामर्थेसरस्वती ॥ भूयःप्रतीच्यभिमुखीप्रसुस्रावसरिद्वरा ५५ अमोघागमनंकृत्वातेषांभूयोव्रजाम्यहम् ॥ इत्यद्भुतंमहच्चक्रेतदाराजन्म
हानदी ५६ एवंसकुंजोराजन्वैनैमिषीयइतिस्मृतः ॥ कुरुश्रेष्ठकुरुक्षेत्रेकुरुध्वमहतींक्रियाम् ५७ तत्रकुंजान्बहून्दृष्ट्वानिवृत्तांचसरस्वतीम् ॥ बभूवविस्मयस्तत्ररामस्या
थमहात्मनः ५८ उपस्पृश्यतुतत्रापिविधिवद्यदुनंदनः ॥ दत्त्वादायान्द्विजातिभ्योभांडानिविविधानिच ५९ भक्ष्यंभोज्यंचविविधंब्राह्मणेभ्यःप्रदायच ॥ ततः
प्रायाद्बलोराजन्पूज्यमानोद्विजातिभिः ६० सरस्वतीतीर्थवरंनानाद्विजगणायुतम् ॥ बदरेंगुदकाश्मर्यप्लक्षाश्वत्थबिभीतकैः ६१ कंकोलैश्चपलाशैश्चकरीरैःपीलुभि
स्तथा ॥ सरस्वतीतीर्थरुहैस्तरुभिर्विविधैस्तथा ६२ करूषकवरैश्चैवबिल्वैराम्रातकैस्तथा ॥ अतिमुक्तकषंडैश्चपारिजातैश्चशोभितम् ६३ कदलीवनभूयिष्ठंदृष्टिकांतं
मनोहरम् ॥ वाय्वंबुफलपर्णादैर्दंतोलूखलिकैरपि ६४ तथाऽश्मकुट्टैर्वानेयैर्मुनिभिर्बहुभिर्वृतम् ॥ स्वाध्यायघोषसंघुष्टंमृगयूथशताकुलम् ६५ अहिंस्रैर्धर्मपरमैर्नृभिर
त्यर्थसेवितम् ॥ सप्तसारस्वतंतीर्थमाजगामहलायुधः ॥ यत्रमंकणकःसिद्धस्तपस्तेपेमहामुनिः ६६ ॥ इतिश्रीमहाभारतेशल्यपर्वांतर्गतगदापर्वणिबलदेवतीर्थ०सा
रस्वतोपाख्यानेसप्तत्रिंशोऽध्यायः ॥ ३७ ॥ ॥ जनमेजयउवाच ॥ सप्तसारस्वतंकस्मात्कश्चमंकणकोमुनिः ॥ कथंसिद्धःसभगवान्कश्चास्यनियमोऽभवत् १

आत्मनोवासस्थानानितीर्थविशेषानित्यर्थः ५४ । ५५ । ५६ । ५७ । ५८ । ५९ । ६० । ६१ । ६२ । ६३ । ६४ । ६५ । ६६ ॥ इतिशल्यान्तर्गतदापर्वणिनीलकंठीये भारतभावदीपेसप्त
त्रिंशोऽध्यायः ३७ ॥ सप्तेति १ ॥ ॥ ॥ ॥

२ । ३ । ४।५। ६।७।८।९ । १०।११ । १२।१३।१४।१५।१६ ससमहःस्मृतवंतः १७।१८।१९ गयेषुगयदेशेषु २०।२१।२२ ।२३।२४।२५ सुरेणुरुद्देशेषष्ठीयद्यपितथा

कस्यवंशेसमुत्पन्नःकिंचाधातंद्विजोत्तम ॥ एतदिच्छाम्यहंश्रोतुंविधिवद्द्विजसत्तम २ ॥ वैशंपायनउवाच ॥ राजन्सप्तसरस्वत्योयाभिर्व्याप्तमिदंजगत् ॥ आहूताब
लवद्भिर्हितत्रतत्रसरस्वती ३ सुप्रभाकांचनाक्षीचविशालाचमनोरमा ॥ सरस्वतीचौघवतीसुरेणुर्विमलोदका ४ पितामहस्यमहतोवर्तमानेमहामखे ॥ वितते
यज्ञवाटेचसंसिद्धेषुद्विजातिषु ५ पुण्याहघोषैर्विमलैर्वेदानांनिनदैस्तथा ॥ देवेषुचैवव्यग्रेषुतस्मिन्यज्ञविधौतदा ६ तत्रैचैवमहाराजदीक्षितेप्रपितामहे ॥ यजत
स्तस्यसत्रेणसर्वकामसमृद्धिना ७ मनसाचिंतिताह्यर्थाधर्मार्थकुशलैस्तदा ॥ उपतिष्ठंतिराजेन्द्रद्विजातींस्तत्रतत्रह ८ जगुश्चतत्रगंधर्वानन्नृतुश्चाप्सरोगणाः ॥ वादित्रा
णिचदिव्यानिवादयामासुरंजसा ९ तस्ययज्ञस्यसंपत्त्यातुतुषुर्देवताअपि ॥ विस्मयंपरमंजग्मुःकिमुमानुषयोनयः १० वर्तमानेतथायज्ञेपुष्करस्थेपितामहे ॥ अब्रु
वन्नृषयोराजन्नायंयज्ञोमहागुणः ११ नदृश्यतेसरिच्छ्रेष्ठायस्मादिहसरस्वती ॥ तच्छ्रुत्वाभगवान्प्रीतःसस्माराथसरस्वतीम् १२ पितामहेनयजताआहूतापुष्करे
षुवै ॥ सुप्रभानामराजेन्द्रनाम्नातत्रसरस्वती १३ तांदृष्ट्वामुनयस्तुष्टास्त्वरायुक्तांसरस्वतीम् ॥ पितामहंमानयंतींक्रतुंतेबहुमेनिरे १४ एवमेषासरिच्छ्रेष्ठापुष्करेषु
सरस्वती ॥ पितामहार्थंसंभूतातुष्ट्यर्थंचमनीषिणाम् १५ नैमिषेमुनयोराजन्समागम्यसमासते ॥ तत्रचित्राःकथाह्यासन्वेदंप्रतिजनेश्वर १६ यत्रतेमुनयोह्या
सन्नानास्वाध्यायवेदिनः ॥ तेसमागम्यमुनयःस्मस्मरुर्वैसरस्वतीम् १७ सातुध्यातामहाराजऋषिभिःसत्रयाजिभिः ॥ समागतानांराजेन्द्रसहायार्थंमहात्मनाम् १८
आजगाममहाभागातत्रपुण्यासरस्वती ॥ नैमिषेकांचनाक्षीतुमुनीनांसत्रयाजिनाम् १९ आगतासरितांश्रेष्ठातत्रभारतपूजिता ॥ गयस्ययजमानस्यगयेष्वे
वमहाक्रतुम् २० आहूतासरितांश्रेष्ठागययज्ञेसरस्वती ॥ विशालांतुगयस्याहुर्ऋषयःसंशितव्रताः २१ सरित्साहिमवत्पार्श्वात्प्रस्रुताशीघ्रगामिनी ॥ औद्दालके
स्तथायज्ञेयजतस्तस्यभारत २२ समेतेसर्वतःस्फीतेमुनीनांमंडलेतदा ॥ उत्तरेकोसलाभागेपुण्येराजन्महात्मनः २३ उद्दालकेनयजतापूर्वंध्यातासरस्वती ॥
आजगामसरिच्छ्रेष्ठातंदेशंमुनिकारणात् २४ पूज्यमानामुनिगणैर्वल्कलाजिनसंवृतैः ॥ मनोरमेऽतिविख्यातासाहितैर्मनसाकृता २५ सुरेणुर्ऋषभद्वीपेपुण्येराज
र्षिसेविते ॥ कुरोश्चयजमानस्यकुरुक्षेत्रेमहात्मनः २६ आजगाममहाभागासरिच्छ्रेष्ठासरस्वती ॥ ओघवत्यपिराजेन्द्रवसिष्ठेनमहात्मना २७ समाहूताकुरु
क्षेत्रेदिव्यतोयासरस्वती ॥ दक्षेणयजताचापिगंगाद्वारेसरस्वती २८ सुरेणुरितिविख्याताप्रस्रुताशीघ्रगामिनी ॥ विमलोदाभगवतीब्रह्मणायजतापुनः २९
समाहूतायथौतत्रपुण्येहैमवतेगिरौ ॥ एकीभूतास्ततस्तास्तुतस्मिंस्तीर्थेसमागताः ३० ॥ ॥

पिपंचमेस्थानेकीर्त्यश्लोकानांपौर्वापर्यंवाविज्ञेयम् २६ । २७ । २८ । २९ । ३० ॥

३१ । ३२ । ३३ स्नायंतींस्नातीं ३४ । ३५ । ३६ मरुतांप्राणवायूनामेकोनपंचाशतां एतेषांतपसामरुतोऽदित्यामुत्पन्नाइतिकल्पांतरविषयोऽयमर्थः ३७ इदमत्यद्भुतंराजन्नित्यस्यतात्पर्यंयोगेनसिद्धस्यका
यस्य परिणामांतरंह्रासवृध्यादिकंनजायतेऽतस्तत्रप्रविष्टोऽन्नरसोऽपरिणममाणएवदेहान्निःसंरति । तंदृष्ट्वाआत्मनःसिद्धकायत्वंमत्वामंकणकोगर्वेणनृत्यतितदेवक्षयशून्यत्वंदेहस्यमहतीयोगसिद्धिःदेहस्यभस्म

सप्तसारस्वतंतीर्थंततस्तुप्रथितंभुवि ॥ इतिसप्तसरस्वत्योनामतःपरिकीर्तिताः ३१ सप्तसारस्वतंचैवतीर्थंपुण्यंतथास्मृतम् ॥ शृणुमंकणकस्यापिकौमारब्रह्म
चारिणः ३२ आपगामवगाढस्यराजन्प्रक्रीडितंमहत् ॥ दृष्ट्वायदृच्छयातत्रस्त्रियमंभसिभारत ३३ स्नायंतींरुचिरापांगींदिग्वाससमनिंदिताम् ॥ सरस्वत्यांम
हाराजचस्कंदेवीर्यमंभसि ३४ तद्रेतःसतुजग्राहकलशेवैमहातपाः ॥ सप्तधाप्रविभागंतुकलशस्थंजगामह ३५ तत्रर्षयःसप्तजाताजज्ञिरेमरुतांगणाः ॥ वायुवेगो
वायुबलोवायुहावायुमंडलः ३६ वायुज्वालोवायुरेतावायुचक्रश्चवीर्यवान् ॥ एवमेतेसमुत्पन्नामरुतांजनयिष्णवः ३७ इदमत्यद्भुतंराजन्शृणुवाश्चर्यतरंभुवि ॥
महर्षेश्चरितंयादृक्त्रिषुलोकेषुविश्रुतम् ३८ पुरामंकणकःसिद्धःकुशाग्रेणेतिनःश्रुतम् ॥ क्षतःकिलकरेराजंस्तस्यशाकरसोऽस्रवत् ३९ सवैशाकरसंदृष्ट्वाहर्षावि
ष्टःप्रनृत्तवान् ॥ ततस्तस्मिन्प्रनृत्तेवैस्थावरंजंगमंचयत् ४० प्रनृत्तमुभयंवीरतेजसातस्यमोहितम् ॥ ब्रह्मादिभिःसुरैराजन्नृषिभिश्चतपोधनैः ४१ विज्ञप्तो
वैमहादेवऋषेरर्थेनराधिप ॥ नायंनृत्येद्यथादेवतथात्वंकर्तुमर्हसि ४२ ततोदेवोमुनिंदृष्ट्वाहर्षाविष्टमतीवह ॥ सुराणांहितकामार्थंमहादेवोऽभ्यभाषत ४३ भोभोब्राह्मण
धर्मज्ञकिमर्थंनृत्यतेभवान् ॥ हर्षस्थानंकिमर्थंचतदेवमधिकंमुने ४४ तपस्विनोधर्मपथेस्थितस्यद्विजसत्तम ॥ ऋषिरुवाच ॥ किंनपश्यसिमेब्रह्मन्कराच्छाकरसंस्रुत
म् ४५ यंदृष्ट्वासंप्रनृत्तोवैहर्षेणमहताविभो ॥ तंप्रहस्याब्रवीद्देवोमुनिंरागेणमोहितम् ४६ अहंनविस्मयंविप्रगच्छामीतिप्रपश्यमाम् ॥ एवमुक्त्वामुनिश्रेष्ठंमहादेवे
नधीमता ४७ अंगुल्यग्रेणराजेन्द्रस्वांगुष्ठस्ताडितोऽभवत् ॥ ततोभस्मक्षताद्राजन्निर्गतंहिमसन्निभम् ४८ तद्दृष्ट्वाव्रीडितोराजन्ससमुनिःपादयोर्गतः ॥ मेनेदेवंमहादेवमि
दंचोवाचविस्मितः ४९ नान्यंदेवादहंमन्येरुद्रात्परतरंमहत् ॥ सुरासुरस्यजगतोगतिस्त्वमसिशूलधृक् ५० त्वयासृष्टमिदंविश्वंवदंतीहमनीषिणः ॥ त्वामेवसर्वंविश
तिपुनरेवयुगक्षये ५१ देवैरपिनशक्यस्त्वंपरिज्ञातुंकुतोमया ॥ त्वयिसर्वेस्मदृश्यंतेभावायेजगतिस्थिताः ५२ त्वामुपासंतवरदंदेवाब्रह्मादयोऽनघ ॥ सर्वस्त्वमसिदेवानां
कर्ताकारयिताचह ५३ त्वत्प्रसादात्सुराःसर्वेमोदंतीहाकुतोभयाः ॥ एवंस्तुत्वामहादेवंसऋषिःप्रणतोऽभवत् ५४ यदिदंचापलंदेवकृतमेतत्स्मयादिकम् ॥ ततःप्रसादया
मित्वांतपोमेनक्षरेदिति ५५ ततोदेवःप्रीतमनास्तमृषिंपुनरब्रवीत् ॥ तपस्तेवर्धतांविप्रमत्प्रसादात्सहस्रधा ५६ आश्रमेचेहवत्स्यामित्वयासार्धमहंसदा ॥ सप्तसारस्वते
चास्मिन्योमामर्चिष्यतेनरः ५७ नतस्यदुर्लभंकिंचिद्भवितेहपरत्रवा ॥ सारस्वतंचतेलोकंगमिष्यंतिनसंशयः ५८ ॥ ॥

भूतत्वंतुमहीयसीसिद्धिरित्येतद्रुद्रोदर्शयंस्तस्यगर्वंपरिहरतीति ३८ । ३९ । ४० । ४१ । ४२ । ४३ । ४४ । ४५ । ४६ । ४७ । ४८ । ४९।५०।५१।५२।५३।५४ स्मयादिकं गर्वादिकम् ५५।५६।५७।५८

५१ इति शल्यांतर्गतगदा० नीलकंठीये भारतभा० अष्टत्रिंशोऽध्यायः ॥ ३८ ॥ ॥ ॥ उषित्वेति १ । २ । ३ । ४ । ५ । ६ । ७ । ८ । ९ । १० । ११ । । १२ । १३ । १४ । १५

एतन्मंकणकस्यापिचरितंभूरितेजसः ॥ सहिपुत्रःसुकन्यायामुत्पन्नोमातरिश्वना ५९ ॥ इतिश्रीमहाभारतेश० गदा० बलदेवती०सारस्वतोपाख्यानेअष्टत्रिंशोऽध्यायः ॥ ३८ ॥ वैशंपायनउवाच ॥ उषित्वातत्ररामस्तुसंपूज्याश्रमवासिनः ॥ तथामंकणकेप्रीतिंशुभांचक्रेहलायुधः १ दत्वादानंद्विजातिभ्योरजनींतामुपोष्यच ॥ पूजितोमुनिसंघैश्चप्रातरुत्थायलांगली २ अनुज्ञाप्यमुनीन्सर्वान्स्पृष्ट्वातोयंचभारत ॥ प्रययौत्वरितोरामस्तीर्थहेतोर्महाबलः ३ ततस्त्वौशनसंतीर्थमाजगामहलायुधः ॥ कपालमोचनंनामयत्रमुक्तोमहामुनिः ४ महताशिरसाराजन्ग्रस्तजंघोमहोदरः ॥ राक्षसस्यमहाराजरामक्षिप्तस्यवैपुरा ५ तत्रपूर्वंतपस्तप्तंकाव्येनसुमहात्मना ॥ यत्रास्यनीतिरखिलाप्रादुर्भूतामहात्मनः ६ यत्रस्थश्चिंतयामासदैत्यदानवविग्रहम् ॥ तत्प्राप्यचबलोराजंस्तीर्थप्रवरमुत्तमम् ७ विधिवद्वैददौवित्तंब्राह्मणानांमहात्मनाम् ॥ ॥ जनमेजयउवाच ॥ ॥ कपालमोचनंब्रह्मन्कथंयत्रमहामुनिः ८ मुक्तःकथंचास्यशिरोलग्नंकेनचहेतुना ॥ वैशंपायनउवाच ॥ पुरावैदण्डकारण्येराघवेणमहात्मना ९ वसताराजशार्दूलराक्षसान्शमयिष्यता ॥ जनस्थानेशिरश्छिन्नंराक्षसस्यदुरात्मनः १० क्षुरेणशितधारेणउत्पपातमहावने ॥ महोदरस्यतल्लग्नंजंघायांवैयदृच्छया ११ वनेविचरतोराजन्नस्थिभित्त्वास्फुरत्तदा ॥ सतेनलग्नेनतदाद्विजातिर्नशशाकह १२ अभिगंतुंमहाप्राज्ञस्तीर्थान्यायतनानिच ॥ सपूतिनाविस्रवतावेदनार्तोमहामुनिः १३ जगामसर्वतीर्थानिपृथिव्यांचेतिनःश्रुतम् ॥ सगत्वासरितःसर्वाःसमुद्रांश्चमहातपाः १४ कथयामासतत्सर्वमृषीणांभावितात्मनाम् ॥ आप्लुत्यसर्वतीर्थेषुनचमोक्षमवाप्तवान् १५ सतुशुश्राववित्रेंद्रमुनीनांवचनंमहत् ॥ सरस्वत्यास्तीर्थवरंख्यातमौशनसंतदा १६ सर्वपापप्रशमनंसिद्धिक्षेत्रमनुत्तमम् ॥ सतुगत्वाततस्तत्रतीर्थमौशनसंद्विजः १७ ततऔशनसेतीर्थेतस्योपस्पृशतस्तदा ॥ तच्छिरश्चरणंमुक्त्वापपातांतर्जलेतदा १८ विमुक्तस्तेनशिरसापरंसुखमवापह ॥ सचाप्यंतर्जलेमूर्धाजगामादर्शनंविभो १९ ततःसविशिराराजन्पूतात्मावीतकल्मषः ॥ आजगामाश्रमंप्रीतःकृतकृत्योमहोदरः २० सोऽथगत्वाऽऽश्रमंपुण्यंविप्रमुक्तोमहातपाः ॥ कथयामासतत्सर्वमृषीणांभावितात्मनाम् २१ तेश्रुत्वावचनंतस्यततस्तीर्थस्यमानद ॥ कपालमोचनमितिनामचक्रुःसमागताः २२ सचापितीर्थप्रवरंपुनर्गत्वामहानृषिः ॥ पीत्वापयःसुविपुलंसिद्धिमायात्तदामुनिः २३ तत्रदत्वाबहून्दायान्विप्रान्संपूज्यमाधवः ॥ जगामवृष्णिप्रवरोरुषङ्गोराश्रमंतदा २४ यत्रतप्तंतपोघोरमार्ष्टिषेणेनभारत ॥ ब्राह्मण्यंलब्धवांस्तत्रविश्वामित्रोमहामुनिः २५ सर्वकामसमृद्धंचतदाश्रमपदंमहत् ॥ मुनिभिर्ब्राह्मणैश्चैवसेवितंसर्वदाविभो २६ ततोहलधरःश्रीमान्ब्राह्मणैःपरिवारितः ॥ जगामतत्रराजेन्द्ररुषङ्गुस्तनुमत्यजत् २७ रुषङ्गुर्ब्राह्मणोवृद्धस्तपोनित्यश्चभारत ॥ देहन्यासेकृतमनाविचिंत्यबहुधातदा २८

१६ । १७ । १८ । १९ । २० । २१ । २२ । २३ । २४ । २५ । २६ । २७ । २८ ॥ ॥ ॥ ॥

२९ । ३० । ३१ । ३२ । ३३ श्वोमरणंतपेत् अक्षयंस्वर्गमाप्नोतीत्यर्थः ३४ । ३५ ब्राह्मणंब्रह्मसंघातोवेदसमूहइतियावत् ततःस्वार्थेष्यञ् 'ब्राह्मणंब्रह्मसंघाते' इति मेदिनि ३६ । ३७ । ३८ ॥ इतिशल्यांतर्गत

ततःसर्वानुपादायतनयान्वैमहातपाः॥ रुषङ्गुरब्रवीत्तत्रनयध्वंमांपृथूदकम् २९ विज्ञायातीतवयसंरुषङ्गुंतेतपोधनाः ॥ तंचतीर्थमुपानिन्युःसरस्वत्यास्तपोधनम् ३०
सतैःपुत्रैस्तदाधीमानानीतोवैसरस्वतीम् ॥ पुण्यांतीर्थशतोपेतांविप्रसंघैर्निषेविताम् ३१ सतत्रविधिनाराजन्नाप्लुत्यसुमहातपाः ॥ ज्ञात्वातीर्थगुणांश्चैवप्राहेदमृषि
सत्तमः ३२ सुप्रीतःपुरुषव्याघ्रसर्वान्पुत्रानुपासतः ॥ सरस्वत्युत्तरेतीरेयस्त्यजेदात्मनस्तनुम् ३३ पृथूदकेजप्यपरोनैनंश्वोमरणंतपेत् ॥ तत्राप्लुत्यसधर्मात्माउपस्पृ
श्यहलायुधः ३४ दत्त्वाचैवबहून्दायान्विप्राणांविप्रवत्सलः ॥ ससर्जयत्रभगवाँल्लोकाँल्लोकपितामहः ३५ यत्रार्ष्टिषेणःकौरव्यब्राह्मण्यंसंशितव्रतः ॥ तपसामह
ताराजन्प्राप्तवानृषिसत्तमः ३६ सिंधुद्वीपश्चराजर्षिर्देवापिश्चमहातपाः ॥ ब्राह्मण्यंलब्धवान्यत्रविश्वामित्रस्तथामुनिः ३७ महातपस्वीभगवानुग्रतेजामहातपाः ॥
तत्राजगामबलवान्बलभद्रःप्रतापवान् ३८ ॥ इतिश्रीमहाभारते शल्यपर्वांतर्गतगदाप० बलदेवतीर्थयात्रायांसारस्वतोपाख्यानेऊनचत्वारिंशोऽध्यायः ॥ ३९ ॥
॥ जनमेजयउवाच ॥ कथमार्ष्टिषेणोभगवान्विपुलंतप्तवांस्तपः ॥ सिंधुद्वीपःकथंचापिब्राह्मण्यंलब्धवांस्तदा १ देवापिश्चकथंब्रह्मन्विश्वामित्रश्चसत्तम ॥ तन्म
माचक्ष्वभगवन्परंकौतूहलंहिमे २ ॥ वैशंपायनउवाच ॥ पुराकृतयुगेराजन्नार्ष्टिषेणोद्विजोत्तमः ॥ वसन्गुरुकुलेनित्यंनित्यमध्ययनेरतः ३ तस्यराजन्गुरुकुलेव
सतोनित्यमेवच ॥ समाप्तिंनागमद्विद्यानापिवेदाविशांपते ४ सनिर्विण्णस्ततोराजंस्तपस्तेपेमहातपाः ॥ ततोऽवैतपसातेनप्राप्यवेदाननुत्तमान् ५ सविद्वान्वेदयुक्त
श्चसिद्धश्चाप्यृषिसत्तमः ॥ तत्रतीर्थेवरान्प्रादात्त्रीनेवसुमहातपाः ६ अस्मिंस्तीर्थेमहानद्याअद्यप्रभृतिमानवः ॥ आप्लुतोवाजिमेधस्यफलंप्राप्स्यतिपुष्कलम् ७
अद्यप्रभृतिनैवात्रभयंव्यालाद्भविष्यति ॥ अपिचाल्पेनकालेनफलंप्राप्स्यतिपुष्कलम् ८ एवमुक्त्वामहातेजाजगामत्रिदिवंमुनिः ॥ एवंसिद्धःसभगवानार्ष्टिषेणःप्र
तापवान् ९ तस्मिन्नेवतदातीर्थेसिंधुद्वीपःप्रतापवान् ॥ देवापिश्चमहाराजब्राह्मण्यंप्रापतुर्महत् १० तथाचकौशिकस्ताततपोनित्योजितेन्द्रियः ॥ तपसावैसुतप्तेन
ब्राह्मणत्वमवाप्तवान् ११ गाधिर्नाममहानासीत्क्षत्रियःप्रथितोभुवि ॥ तस्यपुत्रोऽभवद्राजन्विश्वामित्रःप्रतापवान् १२ सराजाकौशिकस्तातमहायोग्यभवत्किल ॥
सपुत्रमभिषिच्याथविश्वामित्रंमहातपाः १३ देहन्यासेमनश्चक्रेतमूचुःप्रणताःप्रजाः ॥ नगंतव्यंमहाप्राज्ञत्राहिचास्मान्महाभयात् १४ एवमुक्तःप्रत्युवाचततोगाधिः
प्रजास्ततः ॥ विश्वस्यजगतोगोप्ताभविष्यतिसुतोमम १५ इत्युक्त्वातुततोगाधिर्विश्वामित्रंनिवेश्यच ॥ जगामत्रिदिवंराजन्विश्वामित्रोऽभवन्नृपः १६ नसशक्नोतिपृ
थिवींयत्नवानपरिरक्षितुम् ॥ ततःशुश्रावराजासराक्षसेभ्योमहाभयम् १७ निर्ययौनगराच्चापिचतुरंगबलान्वितः ॥ सगत्वादूरमध्वानंवसिष्ठाश्रममभ्ययात् १८

गदापर्वणिनीलकंठीये भारतभावदीपे ऊनचत्वारिंशोऽध्यायः ॥ ३९ ॥ कथमिति १ । २ । ३ । ४ । ५ । ६ । ७ । ८ । ९ । १० । ११ । १२ । १३ । १४ । १५ । १६ । १७ । १८

१९ । २० । २१ । २२ । २३ । २४ । २५ । २६ । २७ । २८ । २९ । ३० । ३१ । ३२ । ३३ ॥ इतिशल्यांतर्गतगदाप० नीलकंठीयेभारतभा० चत्वारिंशोऽध्यायः ॥ ४० ॥ ब्रह्मयोनेःब्राह्मण्योत्पादकात्तीर्थाद्‌वाकीर्णंनामदाल्भ्यसेवितंत्तीर्थंजगाम १ तस्यावाकीर्णत्वमाहजुहावेत्यादिना अत्राकीर्यंतेनीचैरवपात्यंतेशत्रवोऽस्मिन्नित्यवाकीर्णमित्यर्थः वैचित्रवीर्यिणःविचित्रवीर्यएववैचित्रवीर्यःसपितृत्वेनास्त्यस्यतस्यैवेत्यर्थः

तस्यतेसैनिकाराजंश्चक्रुस्तत्रानयान्बहून् ॥ ततस्तुभगवान्विप्रोवसिष्ठोऽऽश्रममभ्ययात् १९ ददृशेऽथततःसर्वंभज्यमानंमहावनम् ॥ तस्यक्रुद्धोमहाराजवसिष्ठोमुनिसत्तमः २० सृजस्वशबरान्घोरानितिस्वांगामुवाचह ॥ तथोक्तासाऽसृजद्धेनुःपुरुषान्घोरदर्शनान् २१ तेतुतद्बलमासाद्यबभंजुःसर्वतोदिशम् ॥ तच्छ्रुत्वाविद्रुतंसैन्यंविश्वामित्रस्तुगाधिजः २२ तपःपरंमन्यमानस्तपस्येवमनोदधे ॥ सोऽस्मिंस्तीर्थवरेराजन्सरस्वत्याःसमाहितः २३ नियमैश्चोपवासैश्चकर्षयन्देहमात्मनः ॥ जलाहारोवायुभक्षःपर्णाहारश्चसोऽभवत् २४ तथास्थंडिलशायीचयेचान्येनियमाःपृथक् ॥ असकृत्तस्यदेवास्तुव्रतविघ्नंप्रचक्रिरे २५ नचास्यनियमाद्बुद्धिरपयातिमहात्मनः ॥ ततःपरेणयत्नेनतप्त्वाबहुविधंतपः २६ तेजसाभास्कराकारोगाधिजःसमपद्यत ॥ तपसातुतथायुक्तंविश्वामित्रंपितामहः २७ अमन्यतमहातेजावरदोवरमस्यतत् ॥ सतुवव्रेवरंराजन्स्यामहंब्राह्मणस्त्विति २८ तथेतिचाब्रवीद्ब्रह्मासर्वलोकपितामहः ॥ सलब्ध्वातपसोग्रेणब्राह्मणत्वंमहायशाः २९ विचचारमहींकृत्स्नांकृतकामःसुरोपमः ॥ तस्मिंस्तीर्थवरेरामःप्रदायविविधंवसु ३० पयस्विनीस्तथाधेनूर्यानानिशयनानिच ॥ अथवस्त्राण्यलंकारंभक्ष्यंपेयंचशोभनम् ३१ अददन्मुदितोराजन्पूजयित्वाद्विजोत्तमान् ॥ ययौराजंस्ततोरामोबकस्याश्रममंतिकात् ३२ यत्रतेपेतपस्तीव्रंदाल्भ्योबकइतिश्रुतिः ३३ ॥ इतिश्रीम० श० गदाप० बलदेवतीर्थयात्रायांसारस्वतोपाख्यानेचत्वारिंशोऽध्यायः ॥ ४० ॥ वैशंपायनउवाच ॥ ब्रह्मयोनेरवाकीर्णंजगामयदुनंदनः ॥ यत्रदाल्भ्योबकोराजन्नाश्रमस्थोमहातपाः १ जुहावधृतराष्ट्रस्यराष्ट्रंवैचित्रवीर्यिणः ॥ तपसाघोररूपेणकर्षयन्देहमात्मनः २ क्रोधेनमहताऽऽविष्टोधर्मात्मावैप्रतापवान् ॥ पुराहिनैमिषीयाणांसत्रेद्वादशवार्षिके ३ वृत्तेविश्वजितोऽन्तेवैपंचालानृषयोऽगमन् ॥ तत्रेश्वरमयाचंतदक्षिणार्थंमनस्विनः ४ बलान्वितान्वत्सतरान्निर्व्याधीनेकविंशतिम् ॥ तानब्रवीद्बकोदाल्भ्योविभजध्वंपशूनिति ५ पशूनेतानहंत्यक्त्वाभिक्षिष्येराजसत्तमम् ॥ एवमुक्त्वाततोराजन्नृषीन्सर्वान्प्रतापवान् ६ जगामधृतराष्ट्रस्यभवनंब्राह्मणोत्तमः ॥ ससमीपगतोभूत्वाधृतराष्ट्रंजनेश्वरम् ७ अयाचतपशून्दाल्भ्यःसचैनंरुषितोऽब्रवीत् ॥ यदृच्छयामृतादृष्ट्वागास्तदानृपसत्तमः ८ एतान्पशून्नयक्षिप्रंब्रह्मबंधोयदीच्छसि ॥ ऋषिस्तथावचःश्रुत्वाचिंतयामासधर्मवित् ९ अहोबतनृशंसंवैवाक्यमुक्तोऽस्मिसंसदि ॥ चिंतयित्वामुहूर्तंनरोषाविष्टोद्विजोत्तमः १० मतिंचक्रेविनाशायधृतराष्ट्रस्यभूपतेः ॥ सतूत्कृत्यमृतानांवैमांसानिमुनिसत्तमः ११ जुहावधृतराष्ट्रस्यराष्ट्रंनरपतेःपुरा ॥ अवाकीर्णेसरस्वत्यास्तीर्थेप्रज्वाल्यपावकम् १२ ॥

२ प्रतापवान्राष्ट्रंजुहावेतिसंबंधः सत्रेवृत्तेनिवृत्तेसतीत्युत्तरेणसंबंधः ३ पंचालान्विश्वजितोयज्ञस्यान्तेअगमन् पंचालराजानंययुरित्यर्थः ईश्वरंपंचालराजम् ४ । ५ एतान्पंचालराजदत्तान् स्वयंतत्रभागंनगृहीतवानित्यर्थः ६ । ७ यदृच्छयेति गाःबलीवर्दान्धेनूश्च ८ । ९ । १० । ११ । १२ ॥ ॥

१३ । १४ । १५ । १६ । १७ । १८ । १९ । २० । २१ । २२ । २३ । २४ । २५ । २६ । २७ । २८ तत्रतीर्थेइति शत्रुनाशकामैस्तत्रहोमजपादि कर्तव्यमित्याख्यानतात्पर्यम् २९ । ३० । ३१ ।

बकोदाल्भ्योमहाराजनियमंपरमंस्थितः ॥ संतैरेवजुहावास्यराष्ट्रंमांसैर्महातपाः १३ तस्मिंस्तुविधिवत्सत्रेसंप्रवृत्तेसुदारुणे ॥ अक्षीयतततोराष्ट्रंधृतराष्ट्रस्यपार्थिव १४
ततःप्रक्षीयमाणंतद्राष्ट्रंतस्यमहीपतेः ॥ छिद्यमानंयथाऽनन्तंवनंपरशुनाविभो १५ बभूवापद्गतंतच्चव्यवकीर्णमचेतनम् ॥ दृष्ट्वातथावकीर्णंतुराष्ट्रंसमनुजाधिपः १६
बभूवदुर्मनाराजंश्चिंतयामासचप्रभुः ॥ मोक्षार्थमकरोद्यत्नंब्राह्मणैःसहितःपुरा १७ नचश्रेयोऽध्यगच्छत्तुक्षीयतेराष्ट्रमेवच ॥ यदासपार्थिवःखिन्नस्तेचविप्रास्तदाऽनघ १८
यदाचापिनशक्नोतिराष्ट्रंमोक्षयितुंनृप ॥ अथवैप्राश्निकांस्तत्रपप्रच्छजनमेजय १९ ततोवैप्राश्निकाःप्राहुःपशुंविप्रकृतस्त्वया ॥ मांसैरभिजुहोतीतितवराष्ट्रंमुनिर्बकः २०
तेनतेहूयमानस्यराष्ट्रस्यास्यक्षयोमहान् ॥ तस्यैतत्तपसःकर्मयेनतेऽह्यलयोमहान् २१ अपांकुंजेसरस्वत्यास्तंप्रसादयपार्थिव ॥ सरस्वतींततोगत्वासराजाबकमब्रवीत् २२
निपत्यशिरसाभूमौप्रांजलिर्भरतर्षभ ॥ प्रसादयेत्वांभगवन्नपराधंक्षमस्वमे २३ ममदीनस्यलुब्धस्यमौर्ख्येणहतचेतसः ॥ त्वंगतिस्त्वंचमेनाथःप्रसादंकर्तुमर्हसि २४
तंतथाविलपंतंतुशोकोपहतचेतसम् ॥ दृष्ट्वातस्यकृपाजज्ञेराष्ट्रंतस्यव्यमोचयत् २५ ऋषिःप्रसन्नस्तस्याभूत्संरंभंचविहायसः ॥ मोक्षार्थंतस्यराज्यस्यजुहावपुनराहुतिम् २६
मोक्षयित्वाततोराष्ट्रंप्रतिगृह्यपशून्बहून् ॥ हृष्टात्मानैमिषारण्यंजगामपुनरेवसः २७ धृतराष्ट्रोऽपिधर्मात्मास्वस्थचेतामहामनाः ॥ स्वमेवनगरंराजन्प्रतिपेदेमहर्द्धिमत् २८
तत्रतीर्थेमहाराजबृहस्पतिरुदारधीः ॥ असुराणामभावायभवायचदिवौकसाम् २९ मांसैरभिर्जुहावेष्टिमक्षीयंततताेऽसुराः ॥ दैवतैरपिसंभग्नाजितकाशिभिराहवे ३०
तत्रापिविधिवद्दत्वाब्राह्मणेभ्योमहायशाः ॥ वाजिनःकुंजरांश्चैवरथांश्चाश्वतरीयुतान् ३१ रत्नानिचमहार्हाणिधनंधान्यंचपुष्कलम् ॥ ययौतीर्थंमहाबाहुर्यायातंपृथिवीपते
३२ तत्रयज्ञेययातेश्चमहाराजसरस्वती ॥ सर्पिःपयश्चसुस्रावनाहुषस्यमहात्मनः ३३ तत्रेष्ट्वापुरुषव्याघ्रोययातिःपृथिवीपतिः ॥ अक्रामदूर्ध्वंमुदितोलेभेलोकांश्चपुष्क
लान् ३४ पुनस्तत्रचराज्ञस्तुययातेर्यजतःप्रभोः ॥ औदार्यंपरमंकृत्वाभक्तिंचात्मनिशाश्वतीम् ३५ ददौकामान्ब्राह्मणेभ्योयान्यान्योमनसेच्छति ॥ योयत्रस्थितएवेह
आहूतोयज्ञसंस्तरे ३६ तस्यतस्यसरिच्छ्रेष्ठागृहादिशयनादिकम् ॥ षड्रसंभोजनंचैवदानंनानाविधंतथा ३७ तेमन्यमानाराज्ञस्तुसंप्रदानमनुत्तमम् ॥ राजानंतु
ष्टुवुःप्रीतादत्वाचैवाशिषःशुभाः ३८ तत्रदेवाःसगंधर्वाःप्रीतायज्ञस्यसंपदा ॥ विस्मितामानुषाश्चासन्दृष्ट्वातांयज्ञसंपदम् ३९ ततस्तालकेतुर्महाधर्मकेतुर्महात्माकृतात्मामहा
दाननित्यः ॥ वसिष्ठापवाहंमहाभीमवेगंधृतात्माजितात्मासमभ्याजगाम ४० ॥ इतिश्रीमहाभारते शल्यपर्वांतर्गतगदापर्वणि बलदेवतीर्थयात्रायां सारस्वतोपा
ख्यानेएकचत्वारिंशोऽध्यायः ॥ ४१ ॥ ॥ ॥ ॥ ॥

३२ । ३३ । ३४ । ३५ । ३६ । ३७ । ३८ । ३९ । ४० ॥ इ०श०ग०नी०भा०एकचत्वारिंशोऽध्यायः ॥ ४१ ॥ ॥ ॥

वसिष्ठस्येति । अपां प्रवाहस्तीरे सरस्वतेऽनेनेत्यपवाहस्तीर्थविशेषः १. कथ्यतित्वयिकथयतिमति २ । ३ । ४ । ६ । ६ । ७ । ८ । ९ । १० । ११ । १२ । १३ । १४ । १५ । १६

॥ जनमेजयउवाच ॥ वसिष्ठस्यापवाहोऽसौभीमवेगःकथंनुसः ॥ किमर्थंचसरिच्छ्रेष्ठातमृषिंप्रत्यवाहयत् १ कथमस्याऽभवद्वैरंकारणंकिंचतत्प्रभो ॥ शंसपृष्टोमहा
प्राज्ञनहितृप्यामिकथ्यति २ ॥ वैशंपायनउवाच ॥ विश्वामित्रस्यविप्रर्षेर्वसिष्ठस्यचभारत ॥ भृशंवैरमभूद्राजंस्तपःस्पर्धाकृतंमहत् ३ आश्रमोवैवसिष्ठस्यस्थाणु
तीर्थेऽभवन्महान् ॥ पूर्वतःपार्श्वतश्चासीद्विश्वामित्रस्यधीमतः ४ यत्रस्थाणुर्महाराजतप्तवान्परमंतपः ॥ तत्रास्यकर्मतद्घोरंप्रवदंतिमनीषिणः ५ यत्रेष्ट्वाभगवान्स्था
णुःपूजयित्वासरस्वतीम् ॥ स्थापयामासतत्तीर्थंस्थाणुतीर्थमितिप्रभो ६ तत्रतीर्थेसुराःस्कंदमभ्यषिंचन्नराधिप ॥ सैनापत्येनमहतासुरारिविनिबर्हणम् ७ तस्मि
न्सारस्वतेतीर्थेविश्वामित्रोमहामुनिः ॥ वसिष्ठंचालयामासतपसोग्रेणतच्छृणु ८ विश्वामित्रवसिष्ठौतावहन्यहनिभारत ॥ स्पर्धांतपःकृतांतीव्रांचक्रतुस्तौतपोधनौ
९ तत्राप्यधिकसंतापोविश्वामित्रोमहामुनिः ॥ दृष्ट्वातेजोवसिष्ठस्यचिंतामभिजगामह १० तस्यबुद्धिरियंह्यासीद्धर्मनित्यस्यभारत ॥ इयंसरस्वतीतूर्णंमत्समीपंत
पोधनम् ११ आनयिष्यतिवेगेनवसिष्ठंतपतांवरम् ॥ इहागतंद्विजश्रेष्ठंहनिष्यामिनसंशयः १२ एवंनिश्चित्यभगवान्विश्वामित्रोमहामुनिः ॥ सस्मारसरितांश्रेष्ठांक्रो
धसंरक्तलोचनः १३ साध्यातामुनिनातेनव्याकुलत्वंजगामह ॥ जज्ञेचैनंमहावीर्यंमहाकोपंचभाविनी १४ ततएनंवेपमानाविवर्णाप्रांजलिस्तदा ॥ उपतस्थेमुनि
वरंविश्वामित्रंसरस्वती १५ हतवीरायथानारीसाऽभवद्दुःखिताभृशम् ॥ ब्रूहिकिंकरवाणीतिप्रोवाचमुनिसत्तमम् १६ तामुवाचमुनिःक्रुद्धोवसिष्ठंशीघ्रमानय ॥
यावदेनंनिहन्म्यद्यतच्छ्रुत्वाव्यथितानदी १७ प्रांजलिंतुततःकृत्वापुंडरीकनिभेक्षणा ॥ प्राकंपतभृशंभीतावायुनेवाहतालता १८ तथारूपांतुतांदृष्ट्वामुनिराहमहा
नदीम् ॥ अविचारंवसिष्ठंत्वमानयस्वांतिकंमम १९ सातस्यवचनंश्रुत्वाज्ञात्वापापंचिकीर्षितम् ॥ वसिष्ठस्यप्रभावंचजानंत्यप्रतिमंभुवि २० साऽभिगम्यवसि
ष्ठंचइदमर्थमचोदयत् ॥ यदुक्तासरितांश्रेष्ठाविश्वामित्रेणधीमता २१ उभयोःशापयोर्भीतावेपमानापुनःपुनः ॥ चिंतयित्वामहाशापमृषिवित्रासिताभृशम् २२
तांकृशांचविवर्णांचदृष्ट्वाचिंतासमन्विताम् ॥ उवाचराजन्धर्मात्मावसिष्ठोद्विपदांवरः २३ वसिष्ठउवाच ॥ पाह्यात्मानंसरिच्छ्रेष्ठेवहमांशीघ्रगामिनी ॥ विश्वामित्रः
शपेद्धित्वांमाकृथास्त्वंविचारणाम् २४ तस्यतद्वचनंश्रुत्वाकृपाशीलस्यसासरित् ॥ चिंतयामासकौरव्यकिंकृत्वासुकृतंभवेत् २५ तस्याश्चिंतासमुत्पन्नावसिष्ठो
मय्यतीवहि ॥ कृतवान्हिदयांनित्यंतस्यकार्यंहितंमया २६ अथकूलेस्वकेराजन्जपंतमृषिसत्तमम् ॥ जुह्वानंकौशिकंप्रेक्ष्यसरस्वत्यभ्यचिंतयत् २७ इद
मंतरमित्येवंततःसासरितांवरा ॥ कूलापहारमकरोत्स्वेनवेगेनसासरित् २८ तेनकूलापहारेणमैत्रावरुणिरौह्यत ॥ उह्यमानःसतुष्टावतदाराजन्सरस्वतीम् २९ पिताम
हस्यसरसःप्रवृत्ताऽसिसरस्वति ॥ व्याप्तंचेदंजगत्सर्वंतवैवांभोभिरुत्तमैः ३० ॥ ॥

१७ । १८ । १९ । २० । २१ । २२ । २३ । २४ । २५ । २६ । २७ । २८ । २९ । ३० ॥

वयंऋषयः त्वत्तोऽधीमहि वेदान् कदाचिदनावृष्ट्यामृतेषुऋषिषुसंप्रदायोच्छेदेसतीतिभावः ३१ । ३२ । ३३ । ३४ । ३५ । ३६ । ३७ । ३८ रक्षोग्रामणिसंमतमित्यत्र-हस्वत्वमार्षम् ३९ । ४० । ४१

त्वमेवाकाशगादेविमेघेषुसृजसेपयः ॥ सर्वाश्चापस्त्वमेवेतित्वत्तोवयमधीमहि ३१ पुष्टिर्द्युतिस्तथाकीर्त्तिःसिद्धिर्बुद्धिरुमातथा ॥ त्वमेववाणीस्वाहात्वंतवायत्तमिदंज
गत् ३२ त्वमेवसर्वभूतेषुवससीहचतुर्विधा ॥ एवंसरस्वतीराजंस्तूयमानामहर्षिणा ३३ वेगेनोवाहतंविप्रंविश्वामित्राश्रमंप्रति ॥ न्यवेदयतचाभीक्ष्णंविश्वामित्रायतंमु
निम् ३४ तमानीतंसरस्वत्यादृष्ट्वाकोपसमन्वितः ॥ अथान्वेषत्प्रहरणंवसिष्ठांतकरंतदा ३५ तंतुक्रुद्धमभिप्रेक्ष्यब्रह्मवध्याभयान्नदी ॥ अपोवाहवसिष्ठंतुप्राचींदिशमतं
द्रिता ३६ उभयोःकुर्वतीवाक्यंवंचयित्वाचगाधिजम् ॥ ततोऽपवाहितंदृष्ट्वावसिष्ठमृषिसत्तमम् ३७ अब्रवीद्दुःखसंक्रुद्धोविश्वामित्रोह्यमर्षणः ॥ यस्मान्मांत्वंसरिच्छ्रे
ष्ठेवंचयित्वापुनर्गता ३८ शोणितंवहकल्याणिरक्षोग्रामणिसंमतम् ॥ ततःसरस्वतीशप्ताविश्वामित्रेणधीमता ३९ अवहच्छोणितोन्मिश्रंतोयंसंवत्सरंतदा ॥ अथर्ष
यश्चदेवाश्चगंधर्वाप्सरसस्तदा ४० सरस्वतींतथादृष्ट्वाबभूवुर्भृशदुःखिताः ॥ एवंवसिष्ठापवाहोलोकेख्यातोजनाधिप ॥ आगच्छच्चपुनर्मार्गंस्वमेवसरितांवरा ४१ ॥
इतिश्रीमहाभारतेशल्यपर्वांतर्गतगदापर्वणिबलदेवती० सारस्व० द्विचत्वारिंशोऽध्यायः ॥ ४२ ॥ ॥ वैशंपायनउवाच ॥ साशप्तातेनक्रुद्धेनविश्वामित्रेणधी
मता ॥ तस्मिंस्तीर्थवरेशुभ्रेशोणितंसमुपावहत् १ अथाजग्मुस्ततोराजन्राक्षसास्तत्रभारत ॥ तत्रतेशोणितंसर्वेपिबंतःसुखमासते २ तृप्ताश्चसुभृशंतेनसुखिताविग
तज्वराः ॥ नृत्यंतश्चहसंतश्चयथास्वर्गजितस्तथा ३ कस्यचित्त्वथकालस्यऋषयःसुतपोधनाः ॥ तीर्थयात्रांसमाजग्मुःसरस्वत्यांमहीपते ४ तेषुसर्वेषुतीर्थेषुस्वाप्लुत्य
मुनिपुंगवाः ॥ प्राप्यप्रीतिंपरांचापितपोलुब्धाविशारदाः ५ प्रययुर्हिततोराजन्येनतीर्थमसृग्वहम् ॥ अथागम्यमहाभागास्तत्तीर्थंदारुणंतदा ६ दृष्ट्वातोयंसरस्वत्याः
शोणितेनपरिप्लुतम् ॥ पीयमानंचरक्षोभिर्बहुभिर्नृपसत्तम ७ तान्दृष्ट्वाराक्षसान्राजन्मुनयःसंशितव्रताः ॥ परित्राणेसरस्वत्याःपरंयत्नंप्रचक्रिरे ८ तेतुसर्वेमहाभागाः
समागम्यमहाव्रताः ॥ आहूयसरितांश्रेष्ठामिदंवचनमब्रुवन् ९ कारणंब्रूहिकल्याणिकिमर्थंतेह्रदोह्ययम् ॥ एवमाकुलतांयातःश्रुत्वाऽध्यास्यामहेवयम् १० ततःसास
र्वमाचष्टयथावृत्तंप्रवेपती ॥ दुःखितामथतांदृष्ट्वाऊचुस्तेवैतपोधनाः ११ कारणंश्रुतमस्माभिःशापश्चैवश्रुतोऽनघे ॥ करिष्यंतितुयत्प्राप्तंसर्वएवतपोधनाः १२ एवमु
क्त्वासरिच्छ्रेष्ठामूचुस्तेऽथपरस्परम् ॥ विमोचयामहेसर्वेशापादेतांसरस्वतीम् १३ तेसर्वेब्राह्मणाराजंस्तपोभिर्नियमैस्तथा ॥ उपवासैश्चविविधैर्यमैःकष्टव्रतैस्तथा १४
आराध्यपशुभर्तारंमहादेवंजगत्पतिम् ॥ मोक्षयामासुस्तांदेवींसरिच्छ्रेष्ठांसरस्वतीम् १५ तेषांतुसाप्रभावेणप्रकृतिस्थासरस्वती ॥ प्रसन्नसलिलाजज्ञेयथापूर्वंतथैवहि
१६ निर्मुक्ताचसरिच्छ्रेष्ठाविबभौसायथापुरा ॥ दृष्ट्वातोयंसरस्वत्यामुनिभिस्तैस्तथाकृतम् १७ ॥ ॥ ॥

॥ इतिश० ग० प० नी० भा० द्विचत्वारिंशोऽध्यायः ॥ ४२ ॥ ॥ साशप्तेति १ । २ । ३ । ४ । ५ । ६ । ७ । ८ । ९ अध्यास्यामहेअध्यवसायंकरिष्यामहे १० । ११ । १२ । १३ । १४ । १५ । १६ । १७

। १८ । १९ । २० । २१ । २२ । २३ । २४ । २५ । २६ । २७ । २८ । २९ । ३० । ३१ । ३२ । ३३ । ३४ । ३५ । ३६ । ३७ । ३८ । ३९ । ४० । ४१ । ४२ । ४३ । ४४ । ४५ । ४६

तानेवशरणंजग्मूराक्षसाःक्षुधितास्तथा ॥ कृत्वांजलिंततोराजन्राक्षसाःक्षुधयाऽर्दिताः १८ ऊचुस्तान्वैमुनीन्सर्वान्कृपायुक्तान्पुनःपुनः ॥ वयंचक्षुधिताश्चैवध
र्मांद्धीनाश्चशाश्वतान् १९ नचनःकामकारोऽयंयद्वयंपापकारिणः ॥ युष्माकंचाप्रसादेनदुष्कृतेनचकर्मणा २० यत्पापंवर्धतेऽस्माकंयतःस्मोब्रह्मराक्षसाः ॥
योषितांचैवपापेनयोनिदोषकृतेनच २१ एवंहिवैश्यशूद्राणांक्षत्रियाणांतथैवच ॥ येब्राह्मणान्प्रद्विषंतितेभवन्तीहराक्षसाः २२ आचार्यमृत्विजंचैवगुरुंवृद्धजनं
तथा ॥ प्राणिनोयेऽवमन्यन्तेतेभवंतीहराक्षसाः २३ तत्कुरुध्वमिहास्माकंतारणंद्विजसत्तमाः ॥ शक्ताभवंतःसर्वेषांलोकानामपितारणे २४ तेषांतुवचनंश्रुत्वा
तुष्टुवुस्तांमहानदीम् ॥ मोक्षार्थंरक्षसांतेषामूचुःप्रयतमानसाः २५ क्षतंकीटावपन्नंचयच्चोच्छिष्टाचितंभवेत् ॥ सकेशमवधूतंचरुदितोपहतंचयत् २६ एभिःसंसृ
ष्टमन्नंचभागोऽसौरक्षसामिह ॥ तस्माज्ज्ञात्वासदाविद्वानेतान्यत्नाद्विवर्जयेत् २७ राक्षसान्नमसौभुङ्क्तेयोभुङ्क्तेह्यन्नमीदृशम् ॥ शोधयित्वाततस्तीर्थमृषयस्तेतपोधनाः
२८ मोक्षार्थंराक्षसानांचनदींतांप्रत्यचोदयन् ॥ महर्षीणांमतंज्ञात्वाततःसासरितांवरा २९ अरुणामानयामासस्वांतनुंपुरुषर्षभ ॥ तस्यांतेराक्षसाःस्नात्वातनूः
स्त्यक्त्वादिवंगताः ३० अरुणायांमहाराजब्रह्मवध्यापहाहिसा ॥ एतमर्थमभिज्ञायदेवराजःशतक्रतुः ३१ तस्मिंस्तीर्थेवरेस्नात्वाविमुक्तःपाप्मनाकिल ॥ जन
मेजयउवाच ॥ किमर्थंभगवाञ्शक्रोब्रह्मवध्यामवाप्तवान् ३२ कथमस्मिंश्चतीर्थेवैआप्लुत्याकल्मषोऽभवत् ॥ वैशंपायनउवाच ॥ शृणुष्वैतदुपाख्यानंयथावृत्तंज
नेश्वर ३३ यथाबिभेदसमयंनमुचेर्वासवःपुरा ॥ नमुचिर्वासवाद्भीतःसूर्यरश्मिंसमाविशत् ३४ तेनेन्द्रःसख्यमकरोत्समयंचेदमब्रवीत् ॥ नचार्द्रेणनशुष्केणनरात्रौ
नापिचाहनि ३५ वधिष्याम्यसुरश्रेष्ठसखेसत्येनतेशपे ॥ एवंसकृत्वासमयंदृष्ट्वानीहारमीश्वरः ३६ चिच्छेदास्यशिरोराजन्नपांफेनेनवासवः ॥ तच्छिरोनमुचे
श्छिन्नंपृष्ठतःशक्रमन्वियात् ३७ भोभोमित्रहन्पापेतिब्रुवाणंशक्रमंतिकात् ॥ एवंसशिरसातेनचोद्यमानःपुनःपुनः ३८ पितामहायसंतप्तएतमर्थंन्यवेदयत् ॥ तम
ब्रवील्लोकगुरुररुणायांयथाविधि ३९ इष्ट्वोपस्पृशदेवेन्द्रतीर्थेपापभयापहे ॥ एषापुण्यजलाशक्रकृतामुनिभिरेवतु ४० निगूढमस्यागमनमिहासीत्पूर्वमेवतु ॥ ततोऽ
भ्येत्यारुणांदेवींप्लावयामासवारिणा ४१ सरस्वत्याऽरुणायाश्चपुण्योऽयंसंगमोमहान् ॥ इहत्वंयजदेवेन्द्रददंदानान्यनेकशः ४२ अत्राप्लुत्यसुघोरात्त्वंपातकाद्विप्रमो
क्ष्यसे ॥ इत्युक्तःससरस्वत्याःकुंजेवैजनमेजय ४३ इष्ट्वायथावद्बलभिदरुणायामुपास्पृशत् ॥ समुक्तःपाप्मनातेनब्रह्मवध्याकृतेनच ४४ जगामसंहृष्टमनास्त्रिदिवं
त्रिदशेश्वरः ॥ शिरस्तच्चापिनमुचेस्तत्रैवाप्लुत्यभारत ॥ लोकान्कामदुघान्प्राप्तमक्षयान्राजसत्तम ४५ ॥ वैशंपायनउवाच ॥ तत्राप्युपस्पृश्यबलोमहात्मादत्वाचदा
१६ नानिपृथग्विधानि ॥ अवाप्यधर्मंपरमार्थकर्माजगामसोमस्यमहत्सुतीर्थम् ४६ ॥ ॥ ॥ ॥

४७ । ४८ । ४९ ॥ इतिशल्यांतर्गतगदापर्वणिनीलकंठीये भारतभावदीपेत्रिचत्वारिंशोऽध्यायः ॥ ४३ ॥ ॥ सरस्वत्याइति १ । २ । ३ । ४ । ५ । ६ । ७ । ८ । ९ । १० । ११ । १२ । १३

यत्रायजद्राजसूयेनसोमःसाक्षात्पुराविधिवत्पार्थिवेन्द्रः ॥अत्रिर्धीमान्विप्रमुख्योबभूवहोतायस्मिन्क्रतुमुख्येमहात्मा ४७ यस्यान्तेऽभूत्सुमहद्दानवानांदैतेयानांराक्षसा
नांचदेवैः ॥ यस्मिन्युद्धंतारकाख्यंसुतीव्रंयत्रस्कंदस्तारकाख्यंजघान ४८ सैनापत्यंलब्धवान्देवतानांमहासेनोयत्रदैत्यांतकर्त्ता ॥ साक्षाच्चैवंन्यवसत्कार्तिकेयःसदा
कुमारोयत्रसप्लक्षराजः ४९ ॥ इतिश्रीम० शल्य० गदापर्वणि बलदेवतीर्थयात्रायांसारस्व० त्रिचत्वारिंशोऽध्यायः ॥ ४३ ॥ जनमेजयउवाच ॥ सरस्वत्याःप्रभा
वोऽयमुक्तस्तेद्विजसत्तम ॥ कुमारस्याभिषेकंतुब्रह्मन्व्याख्यातुमर्हसि १ यस्मिन्देशेचकालेचयथाचवदतांवर ॥ यैश्चाभिषिक्तोभगवान्विधिनायेनचप्रभुः २ स्कंदो
यथाचदैत्यानामकरोत्कदनंमहत् ॥ तथामेसर्वमाचक्ष्वपरंकौतूहलंहिमे ३ ॥ वैशंपायनउवाच ॥ कुरुवंशस्यसदृशंकौतूहलमिदंतव ॥ हर्षमुत्पादयत्येववचोमेजन
मेजय ४ हंततेकथयिष्यामिशृण्वानस्यनराधिप ॥ अभिषेकंकुमारस्यप्रभावंचमहात्मनः ५ तेजोमाहेश्वरंस्कन्नमग्नौप्रपतितंपुरा ॥ तत्सर्वभक्षोभगवान्नाशकद्दग्धुम
क्षयम् ६ तेनासीदतितेजस्वीदीप्तिमान्हव्यवाहनः ॥ नचैवधारयामासगर्भंतेजोमयंतदा ७ सगंगामभिसंगम्यनियोगाद्ब्रह्मणःप्रभुः ॥ गर्भमाहितवान्दिव्यंभास्क
रोपमतेजसम् ८ अथगंगाऽपितंगर्भमसहंतीविधारणे ॥ उत्ससर्जगिरौरम्येहिमवत्यमरार्चिते ९ सतत्रववृधेलोकानावृत्त्यज्वलनात्मजः ॥ ददृशुर्ज्वलनाकारंतंगर्भम
थकृत्तिकाः १० शरस्तंबेमहात्मानमनलात्मजमीश्वरम् ॥ ममायमितिताःसर्वाःपुत्रार्थिन्योऽभिचुक्रुशुः ११ तासांविदित्वाभावंतंमातॄणांभगवान्प्रभुः ॥ प्रस्नुतानां
पयःषड्भिर्वदनैरपिबत्तदा १२ तंप्रभावंसमालक्ष्यतस्यबालस्यकृत्तिकाः ॥ परंविस्मयमापन्नादेव्योदिव्यवपुर्धराः १३ यत्रोत्सृष्टःसभगवान्गंगयागिरिमूर्द्धनि ॥
सशैलकांचनःसर्वःसंबभौकुरुसत्तम १४ वर्धताचैवगर्भेणपृथिवीतेनरंजिता ॥ अतश्चसर्वेसंवृत्तागिरयःकांचनाकराः १५ कुमारःसुमहावीर्यःकार्तिकेयइतिस्मृतः ॥
गांगेयःपूर्वमभवन्महायोगबलान्वितः १६ शमेनतपसाचैववीर्येणचसमन्वितः ॥ ववृधेऽतीवराजेन्द्रचंद्रवत्प्रियदर्शनः १७ सतस्मिन्कांचनेदिव्येशरस्तंबेश्रिया
वृतः ॥ स्तूयमानःसदाशेतेगंधर्वैर्मुनिभिस्तथा १८ तथैतमन्वनृत्यंतदेवकन्याःसहस्रशः ॥ दिव्यवादित्रनृत्यज्ञाःस्तुवंत्यश्चारुदर्शनाः १९ अन्वास्तेचनदीदेवंगं
गावैसरितांवरा ॥ दधारपृथिवीचैनंबिभ्रतीरूपमुत्तमम् २० जातकर्मादिकास्तत्रक्रियाश्चक्रेबृहस्पतिः ॥ वेदश्चैनंचतुर्मूर्तिरुपतस्थेकृतांजलिः २१ धनुर्वेदश्चतुष्पा
दःशस्त्रग्रामःससंग्रहः ॥ तत्रैनंसमुपातिष्ठत्साक्षाद्वाणीचकेवला २२ सददर्शमहावीर्यंदेवदेवमुमापतिम् ॥ शैलपुत्र्यासमासीनंभूतसंघशतैर्वृतम् २३ निकायाभूतसं
घानांपरमाद्भुतदर्शनाः ॥ विकृताविकृताकाराविकृताभरणध्वजाः २४ व्याघ्रसिंहर्क्षवदनाबिडालमकराननाः ॥ वृषदंशमुखाश्चान्येगजोष्ट्रवदनास्तथा २५ उलूक
वदनाःकेचिद्गृध्रगोमायुदर्शनाः॥ क्रौञ्चपारावतनिभैर्वदनैरांकवैरपि २६ ॥ ॥ ॥ ॥ ॥

१४ । १५ । १६ । १७ । १८ । १९ । २० । २१ । २२ । २३ । २४ बिडालवृषदंशौमार्जारजातिभेदौतत्सदृशाननौ २५ । २६ ॥ ॥ ॥

२७ । २८ । २९ । ३० । ३१ । ३२ । ३३ । ३४ । ३५ । ३६ । ३७ तस्यस्कंदस्यपृष्ठतःपश्चात्शाखविशाखनैगमेयाःआसन्तेस्कंदेनमहचत्वारः ३८ । ३९ । ४० । ४१ अद्भुतमदृष्टपूर्वम् ४२ । ४३

श्वाविच्छल्यकगोधानामजैडकगवांतथा ॥ सदृशानिवपूंष्यन्येतत्रतत्र्यधारयन् २७ केचिच्छैलांबुदप्रख्याश्चक्रोद्यतगदायुधाः ॥ केचिदंजनपुंजाभाःकेचि
च्छ्वेताचलप्रभाः २८ सप्तमातृगणाश्चैवसमाजग्मुर्विशांपते ॥ साध्याविश्वेऽथमरुतोवसवःपितरस्तथा २९ रुद्रादित्यास्तथासिद्धाभुजगादानवाःखगाः ॥ ब्र
ह्मास्वयंभूर्भगवान्सपुत्रःसहविष्णुना ३० शक्रस्तथाऽभ्ययाद्द्रष्टुंकुमारवरमच्युतम् ॥ नारदप्रमुखाश्चापिदेवगंधर्वसत्तमाः ३१ देवर्षयश्चसिद्धाश्चबृहस्पतिपु
रोगमाः ॥ पितरोजगतःश्रेष्ठादेवानामपिदेवताः ३२ तेऽपितत्रसमाजग्मुर्यामाधामाश्चसर्वशः ॥ सतुबालोऽपिबलवान्महायोगबलान्वितः ३३ अभ्याजगामदे
वेशंशूलहस्तंपिनाकिनम् ॥ तमाव्रजंतमालक्ष्यशिवस्यासीन्मनोगतम् ३४ युगपच्छैलपुत्र्याश्चगंगायाःपावकस्यच ॥ कंनुपूर्वमयंबालोगौरवादभ्युपैष्यति ३५
अपिमामितिसर्वेषांतेषामासीन्मनोगतम् ॥ तेषामेतमभिप्रायंचतुर्णामुपलक्ष्यसः ३६ युगपद्योगमास्थायससर्जविविधास्तनूः ॥ ततोऽभवच्चतुर्मूर्तिःक्षणेनभग
वान्प्रभुः ३७ तस्यशाखोविशाखश्चनैगमेयश्चपृष्ठतः ॥ एवंसकृत्वाह्यात्मानंचतुर्धाभगवान्प्रभुः ३८ यतोरुद्रस्ततःस्कंदोजगामाद्भुतदर्शनः ॥ विशाखस्तुययौयेनदेवी
गिरिवरात्मजा ३९ शाखोययौसभगवान्वायुमूर्तिर्विभावसुम् ॥ नैगमेयोऽगमद्गंगांकुमारःपावकप्रभः ४० सर्वेभासुरदेहास्तेचत्वारःसमरूपिणः ॥ तान्समभ्ययुरव्य
ग्रास्तदद्भुतमिवाभवत् ४१ हाहाकारोमहानासीद्देवदानवरक्षसाम् ॥ तद्दृष्ट्वामहदाश्चर्यमद्भुतंलोमहर्षणम् ४२ ततोरुद्रश्चदेवीचपावकश्चपितामहम् ॥ गंगयासहिताः
सर्वेप्रणिपेतुर्जगत्पतिम् ४३ प्रणिपत्यततस्तेतुविधिवद्राजपुंगव ॥ इदमूचुर्वचोराजन्कार्तिकेयप्रियेप्सया ४४ अस्यबालस्यभगवन्नाधिपत्यंयथेप्सितम् ॥ अस्मत्प्रि
यार्थंदेवेशसदृशंदातुमर्हसि ४५ ततःसभगवान्धीमान्सर्वलोकपितामहः ॥ मनसाचिंतयामासकिमयंलभतामिति ४६ ऐश्वर्याणिचसर्वाणिदेवगंधर्वरक्षसाम् ॥ भूत
यक्षविहंगानांपन्नगानांचसर्वशः ४७ पूर्वमेवादिदेशासौनिकायेषुमहात्मनाम् ॥ समर्थंचतमैश्वर्येमहामतिरमन्यत ४८ ततोमुहूर्तंसध्यात्वादेवानांश्रेयसिस्थितः ॥ सेना
पत्यंददौतस्मैसर्वभूतेषुभारत ४९ सर्वदेवनिकायानांयेराजानःपरिश्रुताः ॥ तान्सर्वान्व्यादिदेशास्मैसर्वभूतपितामहः ५० ततःकुमारमादायदेवाब्रह्मपुरोगमाः ॥ अ
भिषेकार्थमाजग्मुःशैलेन्द्रंसहितास्ततः ५१ पुण्यांहैमवतींदेवींसरिच्छ्रेष्ठांसरस्वतीम् ॥ समंतपंचकेयावैत्रिषुलोकेषुविश्रुता ५२ तत्रतीरेसरस्वत्याःपुण्येसर्वगुणान्विते ॥
निषेदुर्देवगंधर्वाःसर्वेसंपूर्णमानसाः ५३ ॥ इतिश्रीम० शल्यपर्वांतर्गतगदापर्वणिबलदेवतीर्थ० सारस्वत० कुमाराभिषेकोपक्रमेचतुश्चत्वारिंशोऽध्यायः ॥ ४४ ॥ ॥
वैशंपायनउवाच ॥ ततोऽभिषेकसंभारान्सर्वान्संभृत्यशास्त्रतः ॥ बृहस्पतिःसमिद्धेग्नौजुहावाग्निंयथाविधि १ ॥ ॥

४४ । ४५ । ४६ । ४७ । ४८ । ४९ । ५० । ५१ । ५२ । ५३ ॥ ॥ इतिशल्यांतर्गतगदाप० नी० भारतभाव० चतुश्चत्वारिंशोऽध्यायः ॥ ४४ ॥ ततइति १. ॥ ॥

ततोहिमवतादत्तेमणिप्रवरशोभिते ॥ दिव्यरत्नाचितेपुण्येनिषण्णंपरमासने २ सर्वमंगलसंभारैर्विधिमंत्रपुरस्कृतम् ॥ आभिषेचनिकंद्रव्यंगृहीत्वादेवतागणाः ३ इंद्राविष्णूमहावीर्यौसूर्याचंद्रमसौतथा ॥ धाताचैवविधाताचतथाचैवानिलानलौ ४ पूष्णाभगेनार्यम्णाचअंशेनचविवस्वता ॥ रुद्रश्चसहितोधीमान्मित्रेणवरुणेनच ५ रुद्रैर्वसुभिरादित्यैरश्विभ्यांचवृतःप्रभुः ॥ विश्वेदेवैर्मरुद्भिश्चसाध्यैश्चपितृभिःसह ६ गंधर्वैरप्सरोभिश्चयक्षराक्षसपन्नगैः ॥ देवर्षिभिरसंख्यातैस्तथाब्रह्मर्षिभिस्तथा ७ वैखानसैर्वालखिल्यैर्वाय्वाहारैर्मरीचिपैः ॥ भृगुभिश्चांगिरोभिश्चयतिभिश्चमहात्मभिः ८ सर्पैर्विद्याधरैःपुण्यैर्योगसिद्धैस्तथावृतः ॥ पितामहःपुलस्त्यश्चपुलहश्चमहातपाः ९ अंगिराःकश्यपोऽत्रिश्चमरीचिर्भृगुरेवच ॥ क्रतुर्हरःप्रचेताश्चमनुर्दक्षस्तथैवच १० ऋतवश्चग्रहाश्चैवज्योतींषिचविशांपते ॥ मूर्तिमत्यश्चसरितोवेदाश्चैवसनातनाः ११ समुद्राश्चह्रदाश्चैवतीर्थानिविविधानिच ॥ पृथिवीद्यौर्दिशश्चैवपादपाश्चजनाधिप १२ अदितिर्देवमाताचह्रीःश्रीःस्वाहासरस्वती ॥ उमाशचीसिनीवालीतथाचानुमतिःकुहूः १३ राकाचधिषणाचैवपत्न्यश्चान्यादिवौकसाम् ॥ हिमवांश्चैवविंध्यश्चमेरुश्चानेकशृंगवान् १४ ऐरावतःसानुचरःकलाःकाष्ठास्तथैवच ॥ मासार्धमासाऋतवस्तथारात्र्यहनीनृप १५ उच्चैःश्रवाहयश्रेष्ठोनागराजश्चवासुकिः ॥ अरुणोगरुडश्चैववृक्षाश्चौषधिभिःसह १६ धर्मश्चभगवान्देवःसमाजग्मुर्हिसंगताः ॥ कालोयमश्चमृत्युश्चयमस्यानुचराश्चये १७ बहुलत्वाच्चनोक्तायेविविधादेवतागणाः ॥ तेकुमाराभिषेकार्थंसमाजग्मुस्ततस्ततः १८ जगृहुस्तेतदाराजन्सर्वएवदिवौकसः ॥ आभिषेचनिकंभांडंमंगलानिचसर्वशः १९ दिव्यसंभारसंयुक्तैःकलशैःकांचनैर्नृप ॥ सरस्वतीभिःपुण्याभिर्दिव्यतोयाभिरेवतु २० अभ्यषिंचन्कुमारंवैसंप्रहृष्टादिवौकसः ॥ सेनापतिंमहात्मानमसुराणांभयंकरम् २१ पुरायथामहाराजवरुणंवैजलेश्वरम् ॥ तथाऽभ्यषिंचद्भगवान्सर्वलोकपितामहः २२ कश्यपश्चमहातेजायेचान्येलोककीर्तिताः ॥ तस्मैब्रह्माददौप्रीतोबलिनोवातरंहसः २३ कामवीर्यधरान्सिद्धान्महापारिषदान्प्रभुः ॥ नंदिसेनंलोहिताक्षंघंटाकर्णंचसंमतम् २४ चतुर्थमस्यानुचरंख्यातंकुमुदमालिनम् ॥ तत्रस्थाणुर्महातेजामहापारिषदंप्रभुः २५ मायाशतधरंकामंकामवीर्यबलान्वितम् ॥ ददौस्कंदायराजेन्द्रसुरारिविनिबर्हणम् २६ सहिदेवासुरेयुद्धेदैत्यानांभीमकर्मणाम् ॥ जघानदोर्भ्यांसंक्रुद्धःप्रयुतानिचतुर्दश २७ तथादेवाददुस्तस्मैसेनांनैर्ऋतसंकुलाम् ॥ देवशत्रुक्षयकरीमजय्यांविष्णुरूपिणीम् २८ जयशब्दंतथाचक्रुर्देवाःसर्वेसवासवाः ॥ गंधर्वायक्षरक्षांसिमुनयःपितरस्तथा २९ ततःप्रादादनुचरौयमकालोपमावुभौ ॥ उन्माथश्चप्रमाथश्चमहावीर्यौमहाद्युती ३० सुभ्राजोभास्वरश्चैवयौतौसूर्यानुयायिनौ ॥ तौसूर्यःकार्तिकेयायददौप्रीतःप्रतापवान् ३१ कैलासशृंगसंकाशौश्वेतमाल्यानुलेपनौ ॥ सोमोऽप्यनुचरौप्रादान्मणिंसुमणिमेवच ३२

३३ । ३४ । ३५ । ३६ । ३७ । ३८ । ३९ ४० । ४१ । ४२ । ४३ । ४४ । ४५ । ४६ । ४७ । ४८ । ४९ । ५० । ५१ । ५२ । ५३ । ५४ । ५५

ज्वालाजिह्वंतथाज्योतिरात्मजायहुताशनः ॥ ददावनुचरौशूरौपरसैन्यप्रमाथिनौ ३३ परिघंचवटंचैवभीमंचसुमहाबलम् ॥ दहतिंदहनंचैवप्रचंडौवीर्यसंमतौ ३४
अंशोऽप्यनुचरान्पंचददौस्कंदायधीमते ॥ उत्क्रोशंपंचकंचैववज्रदंडधरावुभौ ३५ ददावनलपुत्रायवासवःपरवीरहा ॥ तौहिशत्रून्महेन्द्रस्यजघ्नतुःसमरेबहून् ३६ चक्रं
विक्रमकंचैवसंक्रमंचमहाबलम् ॥ स्कंदायत्रीननुचरान्ददौविष्णुर्महायशाः ३७ वर्धनंनंदनंचैवसर्वविद्याविशारदौ ॥ स्कंदायददतुःप्रीतावश्विनौभिषजांवरौ ३८
कुंदंचकुसुमंचैवकुमुदंचमहायशाः ॥ डंबराडंबरौचैवददौधातामहात्मने ३९ चक्रानुचक्रौबलिनौमेघचक्रौबलोत्कटौ ॥ ददौत्वष्टामहामायौस्कंदायानुचरावुभौ ४०
सुव्रतंसत्यसंधंचददौमित्रोमहात्मने ॥ कुमारायमहात्मानौतपोविद्याधरौप्रभुः ४१ सुदर्शनीयौवरदौत्रिषुलोकेषुविश्रुतौ ॥ सुव्रतंचमहात्मानंशुभकर्माणमेवच ४२
कार्तिकेयायसंप्रादाद्विधातालोकविश्रुतौ ॥ पाणीतकंकालिकंचमहामायाविनावुभौ ४३ पूषाचपार्षदौप्रादात्कार्तिकेयायभारत ॥ बलंचातिबलंचैवमहावक्त्रौमहा
बलौ ४४ प्रददौकार्तिकेयायवायुर्भरतसत्तम ॥ यमंचातियमंचैवतिमिवक्त्रौमहाबलौ ४५ प्रददौकार्तिकेयायवरुणःसत्यसंगरः ॥ सुवर्चसंमहात्मानंतथैवाप्य
तिवर्चसम् ४६ हिमवान्प्रददौराजन्हुताशनसुतायवै ॥ कांचनंचमहात्मानंमेघमालिनमेवच ४७ ददावनुचरौमेरुरग्निपुत्रायभारत ॥ स्थिरंचातिस्थिरंचैवमेरुरे
वापरौददौ ४८ महात्मात्वग्निपुत्रायमहाबलपराक्रमौ ॥ उच्छृंगंचातिशृंगंचमहापाषाणयोधिनौ ४९ प्रददावग्निपुत्रायविंध्यःपारिषदावुभौ ॥ संग्रहंविग्रहंचैव
समुद्रोऽपिगदाधरौ ५० प्रददावग्निपुत्रायमहापारिषदावुभौ ॥ उन्मादंशंकुकर्णंचपुष्पदंतंतथैवच ५१ प्रददावग्निपुत्रायपार्वतीशुभदर्शना ॥ जयंमहाजयंचैवनागौ
ज्वलनसूनवे ५२ प्रददौपुरुषव्याघ्रवासुकिःपन्नगेश्वरः ॥ एवंसाध्याश्वरुद्राश्ववसवःपितरस्तथा ५३ सागराःसरितश्चैवगिरयश्चमहाबलाः ॥ ददुःसेनागणाध्यक्षान्
शूलपट्टिशधारिणः ५४ दिव्यप्रहरणोपेतान्नानावेषविभूषितान् ॥ शृणुनामानिचाप्येषांयेऽन्येस्कंदस्यसैनिकाः ५५ विविधायुधसंपन्नाश्चित्राभरणभूषिताः ॥ शंकु
कर्णोनिकुंभश्वपद्मःकुमुदएवच ५६ अनंतोद्वादशभुजस्तथाकृष्णोपकृष्णकौ ॥ घ्राणश्रवाःकपिस्कंधःकांचनाक्षोजलंधमः ५७ अक्षःसंतर्जनोराजन्कुनदीकस्तमा
न्तकृत् ॥ एकाक्षोद्वादशाक्षश्चतथैवैकजटःप्रभुः ५८ सहस्रबाहुर्विकटोव्याघ्राक्षःक्षितिकंपनः ॥ पुण्यनामासुनामाचसुचक्रःप्रियदर्शनः ५९ परिश्रुतःकोकनदःप्रिय
माल्यानुलेपनः ॥ अजोदरोगजशिराःस्कंधाक्षःशतलोचनः ६० ज्वालाजिह्वःकरालाक्षःशितिकेशोजटीहरिः ॥ परिश्रुतःकोकनदःकृष्णकेशोजटाधरः ६१ चतुर्द
ंष्ट्रोष्टजिह्वश्चमेघनादःपृथुश्रवाः ॥ विद्युताक्षोधनुर्वक्त्रोजाठरोमारुताशनः ६२ उदाराक्षोरथाक्षश्चवज्रनाभोवसुप्रभः ॥ समुद्रवेगोराजेन्द्रशैलकंपीतथैवच ६३ वृषोमे
षःप्रवाहश्चतथानंदोपनंदकौ ॥ धूम्रःश्वेतःकलिंगश्चसिद्धार्थोवरदस्तथा ६४ ॥ ॥ ॥

५६ । ५७ । ५८ । ५९ । ६० । ६१ । ६२ । ६३ । ६४ ॥ ॥

प्रियकश्चैवनंदश्चगोनंदश्चप्रतापवान् ॥ आनंदश्चप्रमोदश्चस्वस्तिकोध्रुवकस्तथा ६५ क्षेमवाहःसुवाहश्चसिद्धपात्रश्चभारत ॥ गोव्रजःकनकापीडोमहापारि
षदेश्वरः ६६ गायनोहसनश्चैवबाणःखड्गश्चविर्यवान् ॥ वैतालीगतितालीचतथाकथकवातिकौ ६७ हंसजःपंकदिग्धांगःसमुद्रोन्मादनश्चह ॥ रणोत्कटःप्रहा
सश्चश्वेतसिद्धश्चनंदनः ६८ कालकंठःप्रभासश्चतथाकुंभांडकोदरः ॥ कालकक्षःसितश्चैवभूतानांमथनस्तथा ६९ यज्ञवाहःसुवाहश्चदेवयाजीचसोमपः ॥
मज्जनश्चमहातेजाःक्रथक्राथौचभारत ७० तुहरश्चतुहारश्चचित्रदेवश्चवीर्यवान् ॥ मधुरःसुप्रसादश्चकिरीटीचमहाबलः ७१ वत्सलोमधुवर्णश्चकलशोदरएव
च ॥ धर्मदोमन्मथकरःसूचीवक्रश्चवीर्यवान् ७२ श्वेतवक्रःसुवक्रश्चचारुवक्रश्चपांडुरः ॥ दंडबाहुःसुबाहुश्चरजःकोकिलकस्तथा ७३ अचलःकनकाक्षश्चबा
लानामपियःप्रभुः ॥ संचारकःकोकनदोगृध्रपत्रश्चजंबुकः ७४ लोहाजवक्रोजवनःकुंभवक्रश्चकुंभकः ॥ स्वर्णग्रीवश्चकृष्णौजाहंसवक्रश्चचंद्रभः ७५ पाणिकू
र्चाश्चशंबूकःपंचवक्रश्चशिक्षकः ॥ चाषवक्रश्चजंबूकःशाकवक्रश्चकुंजलः ७६ योगयुक्तामहात्मानःसततंब्राह्मणप्रियाः ॥ पैतामहामहात्मानोमहापारिषदाश्चये
७७ यौवनस्थाश्चबालाश्चवृद्धाश्चजनमेजय ॥ सहस्रशःपारिषदाःकुमारमवतस्थिरे ७८ वक्त्रैर्नानाविधैर्येतुशृणुतान्जनमेजय ॥ कूर्मकुक्कुटवक्त्राश्चशशोलू
कमुखास्तथा ७९ खरोष्ट्रवदनाश्चान्येवराहवदनास्तथा ॥ मार्जारशशवक्त्राश्चदीर्घवक्त्राश्चभारत ८० नकुलोलूकवक्त्राश्चकाकवक्त्रास्तथाऽपरे ॥ आखुबभ्रुक
वक्त्राश्चमयूरवदनास्तथा ८१ मत्स्यमेषाननाश्चान्येअजाविमहिषाननाः ॥ ऋक्षशार्दूलवक्त्राश्चद्वीपिसिंहाननास्तथा ८२ भीमागजाननाश्चैवतथानक्रमुखा
श्चये ॥ गरुडाननाःकंकमुखावृककाकमुखास्तथा ८३ गोखरोष्ट्रमुखाश्चान्येवृषदंशमुखास्तथा ॥ महाजठरपादांगास्तारकाक्षाश्चभारत ८४ पारावतमुखा
श्चान्येतथावृषमुखाःपरे ॥ कोकिलाभाननाश्चान्येश्येनतित्तिरिकाननाः ८५ कृकलासमुखाश्चैवविरजोम्बरधारिणः ॥ व्यालवक्त्राःशूलमुखाश्चंडवक्त्राःशुभान
नाः ८६ आशीविषाश्चीरधरागोनासावदनास्तथा ॥ स्थूलोदराःकृशांगाश्चस्थूलांगाश्चकृशोदराः ८७ ह्रस्वग्रीवामहाकर्णानानाव्यालविभूषणाः ॥ गजेन्द्रचर्मवसना
स्तथाकृष्णाजिनांबराः ८८ स्कंधेमुखामहाराजतथाऽप्युदरतोमुखाः ॥ पृष्ठेमुखाहनुमुखास्तथाजंघामुखाअपि ८९ पार्श्वाननाश्चबहवोनानादेशमुखास्तथा ॥
तथाकीटपतंगानांसदृशास्यागणेश्वराः ९० नानाव्यालमुखाश्चान्येबहुबाहुशिरोधराः ॥ नानावृक्षभुजाःकेचित्कटिशीर्षास्तथाऽपरे ९१ भुजंगभोगवदनानानागुल्म
निवासिनः ॥ चीरसंवृतगात्राश्चनानाकनकवाससः ९२ नानावेषधराश्चैवनानामाल्यानुलेपनाः ॥ नानावस्त्रधराश्चैवचर्मवाससएवच ९३ उष्णीषिणोमुकुटिनःसु
ग्रीवाश्चसुवर्चसः ॥ किरीटिनःपंचशिखास्तथाकांचनमूर्धजाः ९४ त्रिशिखाद्विशिखाश्चैवतथासप्तशिखाःपरे ॥ शिखंडिनोमुकुटिनोमुंडाश्चजटिलास्तथा ९५ ॥ ४५ ॥

९६ । ९७ । ९८ । ९९ । १०० । १ । २ । ३ । ४ । ५ । ६ । ७ । ८ । ९ । १० । ११ । १२ । १३ । १४ । ११५ ॥ इतिशल्यपर्वांतर्गतगदापर्वणि नीलकंठीयेभार० पंचचत्वारिंशो

चित्रमालाधराःकेचित्केचिद्रोमाननास्तथा ॥ विग्रहैकरसानित्यमजेयाःसुरसत्तमैः ९६ कृष्णानिर्मांसवक्त्राश्चदीर्घपृष्ठास्तनूदराः ॥ स्थूलपृष्ठाह्रस्वपृष्ठाःप्रलंबोदरमेहनाः ९७ महाभुजाह्रस्वभुजाह्रस्वगात्राश्चवामनाः ॥ कुब्जाश्चह्रस्वजंघाश्चहस्तिकर्णशिरोधराः ९८ हस्तिनासाःकूर्मनासावृकनासास्तथाऽपरे ॥ दीर्घोच्छ्वासादीर्घजंघाविकरालाह्यधोमुखाः ९९ महादंष्ट्राह्रस्वदंष्ट्राश्चतुर्दंष्ट्रास्तथाऽपरे ॥ वारणेन्द्रनिभाश्चान्येभीमाराजन्सहस्रशः १०० सुविभक्तशरीराश्चदीप्तिमंतःस्वलंकृताः ॥ पिंगाक्षाःशंकुकर्णाश्चरक्तनासाश्चभारत १ पृथुदंष्ट्रामहादंष्ट्राःस्थूलौष्ठाहरिमूर्धजाः ॥ नानापादौष्ठदंष्ट्राश्चनानाहस्तशिरोधराः २ नानाचर्मभिराच्छन्नानानाभाषाश्चभारत ॥ कुशलादेशभाषासुजल्पंतोऽन्योन्यमीश्वराः ३ हृष्टाःपरिपतंतिस्ममहापारिषदास्तथा ॥ दीर्घग्रीवादीर्घनखादीर्घपादशिरोभुजाः ४ पिंगाक्षानीलकंठाश्चलंबकर्णाश्चभारत ॥ वृकोदरनिभाश्चैवकेचिदंजनसन्निभाः ५ श्वेताक्षालोहितग्रीवाःपिंगाक्षाश्चतथापरे ॥ कल्माषाबहवोराजंश्चित्रवर्णाश्चभारत ६ चामरापीडकनिभाःश्वेतलोहितराजयः ॥ नानावर्णाःसवर्णाश्चमयूरसदृशप्रभाः ७ पुनःप्रहरणान्येषांकीर्त्यमानानिमेशृणु ॥ शेषैःकृतःपारिषदैरायुधानांपरिग्रहः ८ पाशोद्यतकराःकेचिद्व्यादितास्याःखराननाः ॥ पृथ्वाक्षानीलकंठाश्चतथापरिघबाहवः ९ शतघ्नीचक्रहस्ताश्चतथामुसलपाणयः ॥ असिमुद्गरहस्ताश्चदंडहस्ताश्चभारत ११० गदाभुशुंडिहस्ताश्चतथातोमरपाणयः ॥ आयुधैर्विविधैर्घोरैर्महात्मानोमहाजवाः ११ महाबलामहावेगामहापारिषदास्तथा ॥ अभिषेकंकुमारस्यदृष्ट्वाहृष्टारणप्रियाः १२ घंटाजालपिनद्धांगानन्तृतुस्तेमहौजसः ॥ एतेचान्येचबहवोमहापारिषदान्नृप १३ उपतस्थुर्महात्मानंकार्तिकेयंयशस्विनम् ॥ दिव्याश्चाप्यांतरिक्षाश्चपार्थिवाश्चानिलोपमाः १४ व्यादिष्टादैवतैःशूराःस्कंदस्यानुचराऽभवन् ॥ तादृशानांसहस्राणिप्रयुतान्यर्बुदानिच ॥ अभिषिक्तंमहात्मानंपरिवार्योपतस्थिरे १५ ॥ इतिश्रीमहाभारतेशल्यपर्वांतर्गतगदापर्वणिबलराम० सारस्व० स्कंदाभिषेकेपंचचत्वारिंशोऽध्यायः ॥ ४५ ॥ ॥ ॥ वैशंपायनउवाच ॥ शृणुमातृगणान्राजन्कुमारानुचरानिमान् ॥ कीर्त्यमानान्मयावीरसपत्नगणसूदनान् १ यशस्विनीनांमातॄणांशृणुनामानिभारत ॥ याभिर्व्याप्तास्त्रयोलोकाःकल्याणीभिश्चभागशः २ प्रभावताविशालाक्षीपालितागोस्तनीतथा ॥ श्रीमतीबहुलाचैवतथैवबहुपुत्रिका ३ अप्सुजाताचगोपालीबृहदंबालिकातथा ॥ जयावतीमालतिकाध्रुवरत्नाऽभयंकरी ४ वसुदामाचदामाचविशोकानंदिनीतथा ॥ एकचूडामहाचूडाचक्रनेमिश्चभारत ५ उत्तेजनीजयत्सेनाकमलाक्ष्यथशोभना ॥ शत्रुंजयातथाचैवक्रोधनाशलभीखरी ६ माधवीशुभवक्त्राचतीर्थसेनिश्चभारत ॥ गीतप्रियाचकल्याणीरुद्ररोमाऽमितशना ७ मेघस्वनाभोगवतीसुभ्रूश्चकनकावती ॥ अलाताक्षीवीर्यवतीविद्युज्जिह्वाचभारत ८

पद्मावतीसुनक्षत्राकंदराबहुयोजना ॥ संतानिकाचकौरव्यकमलाचमहाबला ९ सुदामाबहुदामाचसुप्रभाचयशस्विनी ॥ नृत्यप्रियाचराजेन्द्रशतोलूखलमेखला १०
शतघंटाशतानंदाभगनंदाचभाविनी ॥ वपुष्मतीचंद्रशीताभद्रकालीचभारत ११ ऋक्षांबिकानिष्कुटिकावामाचत्वरवासिनी ॥ सुमंगलास्वस्तिमतीबुद्धिकामाज
यप्रिया १२ धनदासुप्रसादाचभवदाचजलेश्वरी ॥ एडीभेडीसमेडीचवेतालजननीतथा १३ कंडूतिःकालिकाचैवदेवमित्राचभारत ॥ वसुश्रीःकोटराचैवचित्रसेनात
थाऽचला १४ कुक्कुटिकाशंखलिकातथाशकुनिकानृप ॥ कुंडारिकाकौकुलिकाकुंभिकाऽथशतोदरी १५ उत्क्राथिनीजलेलाचमहावेगाचकंकणा ॥ मनो
जवाकंटकिनीप्रघसापूतनातथा १६ केशयंत्रीत्रुटिर्वामाक्रोशनाथऽतडित्प्रभा ॥ मंदोदरीचमुंडीचकोटरामेघवाहिनी १७ सुभगालंबिनीलंबाताम्रचूडाविका
शिनी ॥ ऊर्ध्ववेणीधराचैवपिंगाक्षीलोहमेखला १८ पृथुवस्त्रामधुलिकामधुकुंभातथैवच ॥ पक्षालिकामत्कुलिकाजरायुर्जर्जरानना १९ ख्यातादहदहा
चैवतथाधमधमानृप ॥ खंडखंडाचराजेन्द्रपूषणामणिकुट्टिका २० अमोघाचैवकौरव्यतथालंबपयोधरा ॥ वेणुवीणाधराचैवपिंगाक्षीलोहमेखला २१ शशो
लूकमुखीकृष्णाखरजंघामहाजवा ॥ शिशुमारमुखीश्वेतालोहिताक्षीविभीषणा २२ जटालिकाकामचरीदीर्घजिह्वाबलोत्कटा ॥ कालेहिकावामनिकामुकुटाचैवभा
रत २३ लोहिताक्षीमहाकायाहरिपिंडाचभूमिप ॥ एकत्वचासुकुसुमाकृष्णकर्णीचभारत २४ क्षुरकर्णीचतुष्कर्णीकर्णप्रावरणातथा ॥ चतुष्पथनिकेताचगोक
र्णीमहिषानना २५ खरकर्णीमहाकर्णीभेरीस्वनमहास्वना ॥ शंखकुंभश्रवाश्चैवभगदाचमहाबला २६ गणाचसुगणाचैवतथाऽभीत्यथकामदा ॥ चतुष्पथरता
चैवभूतितीर्थाऽन्यगोचरी २७ पशुदावित्तदाचैवसुखदाचमहायशाः ॥ पयोदागोमहिषदासुविशालाचभारत २८ प्रतिष्ठासुप्रतिष्ठाचरोचमानासुरोचना ॥ नौ
कर्णीमुखकर्णीचविशिरामंथिनीतथा २९ एकचंद्रामेघकर्णामेघमालाविरोचना ॥ एताश्चान्याश्चबहवोमातरोभरतर्षभ ३० कार्तिकेयानुयायिन्योनानारूपाः
सहस्रशः ॥ दीर्घनख्योदीर्घदंत्योदीर्घतुंड्यश्चभारत ३१ सबलामधुराश्चैवयौवनस्थाःस्वलंकृताः ॥ माहात्म्येनचसंयुक्ताःकामरूपधरास्तथा ३२ निर्मांसगात्र्यः
श्वेताश्चतथाकांचनसन्निभाः ॥ कृष्णमेघनिभाश्चान्याधूम्राश्चभरतर्षभ ३३ अरुणाभामहाभोगादीर्घकेश्यःसितांबराः ॥ ऊर्ध्ववेणीधराश्चैवपिंगाक्ष्योलंबमेखलाः ३४
लंबोदर्योलंबकर्णास्तथालंबपयोधराः ॥ ताम्राक्ष्यस्ताम्रवर्णाश्चहर्यक्ष्यश्चतथाऽपराः ३५ वरदाःकामचारिण्योनित्यंप्रमुदितास्तथा ॥ याम्यारौद्रास्तथासौम्याःकौ
बेर्योऽथमहाबलाः ३६ वारुण्योऽथचमाहेंद्र्यस्तथाऽऽग्नेय्यःपरंतप ॥ वायव्यश्चाथकौमार्योब्राह्म्यश्चभरतर्षभ ३७ वैष्णव्यश्चतथासौर्योवाराह्यश्चमहाबलाः ॥ रूपे
णाप्सरसांतुल्यामनोहार्योमनोरमाः ३८ ॥ ॥ ॥ ॥ ॥

३९ । ४० । ४१ । ४२।४३ । ४४ । ४५ । ४६ । ४७ । ४८ । ४९ । ५० । ५१ । ५२ । ५३ । ५४ । ५५ । ५६ । ५७ । ५८ । ५९ । ६० । ६१ । ६२ । ६३ । ६४ । ६५ । ६६ । ६७ । ६८ ।६९

परपुष्टोपमावाक्येतथध्येयाधनदोपमाः ॥ शक्रवीर्योपमायुद्धेदीप्त्यावह्निसमास्तथा ३९ शत्रूणांविग्रहेनित्यंभयदास्ताभवंत्युत ॥ कामरूपधराश्चैवजवेवायुसमास्तथा
४० अचिंत्यबलवीर्याश्चतथाऽचिंत्यपराक्रमाः ॥ वृक्षचत्वरवासिन्यश्चतुष्पथनिकेतनाः ४१ गुहाश्मशानवासिन्यःशैलप्रस्रवणालयाः ॥ नानाभरणधारिण्योनाना
माल्यांबरास्तथा ४२ नानाविचित्रवेषाश्चनानाभाषास्तथैवच ॥ एतेचान्येचबहवोगणाःशत्रुभयंकराः ४३ अनुजग्मुर्महात्मानंत्रिदशेंद्रस्यसंमते ॥ ततःशक्त्यस्त्रम
ददद्भगवान्पाकशासनः ४४ गुहायराजशार्दूलविनाशायसुरद्विषाम् ॥ महास्वनांमहाघंटांद्योतमानांसितप्रभाम् ४५ अरुणादित्यवर्णांचपताकांभरतर्षभ ॥ ददौप
शुपतिस्तस्मैसर्वभूतमहाचमूम् ४६ उग्रांनानाप्रहरणांतपोवीर्यबलान्विताम् ॥ अजेयांस्वगणैर्युक्तांनाम्नासेनांधनंजयाम् ४७ रुद्रतुल्यबलैर्युक्तांयोधानामयुतैस्त्रिभिः ॥
नसाविजानातिरणात्कदाचिद्विनिवर्तितुम् ४८ विष्णुर्ददौवैजयंतींमालांबलविवर्धिनीम् ॥ उमाददौविरजसीवाससीरविसप्रभे ४९ गंगाकमंडलुंदिव्यममृतोद्भवमुत्त
मम् ॥ ददौप्रीत्याकुमारायदण्डंचैवबृहस्पतिः ५० गरुडोदयितंपुत्रंमयूरंचित्रबर्हिणम् ॥ अरुणस्ताम्रचूडंचप्रददौचरणायुधम् ५१ नागंतुवरुणोराजाबलवीर्य
समन्वितम् ॥ कृष्णाजिनंततोब्रह्माब्रह्मण्यायददौप्रभुः ५२ समरेषुजयंचैवप्रददौलोकभावनः ॥ सैनापत्यमनुप्राप्यस्कंदोदेवगणस्यह ५३ शुशुभेज्वलितोऽ
र्चिष्मान्द्वितीयइवपावकः ॥ ततःपारिषदैश्चैवमातृभिश्चसमन्वितः ५४ ययौदैत्यविनाशायह्लादयन्सुरपुंगवान् ॥ सासेनानैर्ऋतीभीमासघंटोच्छ्रितकेतना ५५
सभेरिशंखमुरजासायुधासपताकिनी ॥ शारदीद्यौरिवाभातिज्योतिर्भिरिवशोभिता ५६ ततोदेवनिकायास्तेनानाभूतगणास्तथा ॥ वादयामासुरव्यग्राभेरीःशं
खांश्चपुष्कलान् ५७ पटहान्झर्झरांश्चैवक्रकचान्गोविषाणिकान् ॥ आडंबरान्गोमुखांश्चडिंडिमांश्चमहास्वनान् ५८ तुष्टुवुस्तेकुमारंतुसर्वेदेवाःसवासवाः ॥
जगुश्चदेवगंधर्वानन्नृतुश्चाप्सरोगणाः ५९ ततःप्रीतोमहासेनस्त्रिदशेभ्योवरंददौ ॥ रिपून्हंताऽस्मिसमरेयेवोवधचिकीर्षवः ६० प्रतिगृह्यवरंदेवास्तस्माद्विबुधस
त्तमात् ॥ प्रीतात्मानोमहात्मानोमेनिरेनिहतान्रिपून् ६१ सर्वेषांभूतसंघानांहर्षान्नादःसमुत्थितः ॥ अपूरयतलोकांस्त्रीन्वरेदत्तेमहात्मना ६२ सनिर्ययौ
महासेनोमहत्यासेनयावृतः ॥ वधाययुधिदैत्यानांरक्षार्थंचदिवौकसाम् ६३ व्यवसायोजयोधर्मःसिद्धिर्लक्ष्मीर्धृतिःस्मृतिः ॥ महासेनस्यसैन्यानामग्रेजग्मुर्न
राधिप ६४ सतयाभीमयादेवःशूलमुद्गरहस्तया ॥ ज्वलितालातधारिण्याचित्राभरणवर्मया ६५ गदामुसलनाराचशक्तितोमरहस्तया ॥ दृप्तसिंहनिनादिन्या
विनद्यप्रययौगुहः ६६ तंदृष्ट्वासर्वदैतेयाराक्षसादानवास्तथा ॥ व्यद्रवंतदिशःसर्वाभयोद्विग्नाःसमंततः ६७ अभ्यद्रवंतदेवास्तान्विविधायुधपाणयः ॥ दृष्ट्वाचसततः
क्रुद्धःस्कंदस्तेजोबलान्वितः ६८ शक्त्यस्त्रंभगवान्भीमंपुनःपुनरवाकिरत् ॥ आदधच्चात्मनस्तेजोहविषेद्धइवानलः ६९

७० । ७१ । ७२ । ७३ । ७४ । ७५ । ७६ । ७७ । ७८ । ७९ । ८० । ८१ । ८२ । ८३ । ८४ । ८५ । ८६ । ८७ । ८८ । ८९ । ९० । ९१ । ९२ । ९३ । ९४ । ९५ । ९६ । ९७ 'तस्मैमृदित

अभ्यस्यमानेशक्त्यस्त्रेस्कंदेनामिततेजसा ॥ उल्काज्वालामहाराजपपातवसुधातले ७० संह्रादयंतश्चतथानिर्घाताश्चापतन्क्षितौ ॥ यथांतकालसमयेसुघो
राःस्युस्तथानृप ७१ क्षिप्ताह्येकायदाशक्तिःसुघोराऽनलसूनुना ॥ ततःकोट्योविनिष्पेतुःशक्तीनांभरतर्षभ ७२ ततःप्रीतोमहासेनोजघानभगवान्प्रभुः ॥
दैत्येन्द्रंतारकंनाममहाबलपराक्रमम् ७३ वृतंदैत्यायुतैर्वीरैर्बलिभिर्दशभिर्नृप ॥ महिषंचाष्टभिःपद्मैर्वृतंसंख्येनिजघ्निवान् ७४ त्रिपादंचायुतशतैर्जघानदशभि
र्वृतम् ॥ ह्रदोदरंनिखर्वैश्चवृतंदशभिरीश्वरः ७५ जघानानुचरैःसार्धंविविधायुधपाणिभिः ॥ तथाऽकुर्वंतविपुलंनादंवध्यत्सुशत्रुषु ७६ कुमारानुचराराजन्पू
रयंतोदिशोदश ॥ ननृतुश्चववल्गुश्चजहसुश्चमुदाऽन्विताः ७७ शक्त्यस्त्रस्यतुराजेन्द्रततोऽर्चिर्भिःसमंततः ॥ त्रैलोक्यंत्रासितंसर्वंजृंभमाणाभिरेवच ७८ दग्धाः
सहस्रशोदैत्यानादैःस्कंदस्यचापरे ॥ पताकयाऽवधूताश्चहताःकेचित्सुरद्विषः ७९ केचिद्घंटारवत्रस्तानिषेदुर्वसुधातले ॥ केचित्प्रहरणैश्छिन्नाविनिष्पेतुर्गता
युषः ८० एवंसुरद्विषोऽनेकान्बलवानाततायिनः ॥ जघानसमरेवीरःकार्तिकेयोमहाबलः ८१ बाणोनामाथदैतेयोबलेःपुत्रोमहाबलः ॥ क्रौंचंपर्वतमाश्रित्यदेवसंघा
नबाधत ८२ तमभ्ययान्महासेनःसुरशत्रुमुदारधीः ॥ सकार्तिकेयस्यभयात्क्रौञ्चंशरणमीयिवान् ८३ ततःक्रौञ्चंमहामन्युःक्रौञ्चनादनिनादितम् ॥ शक्त्याबिभेदभग
वान्कार्तिकेयोऽग्निदत्तया ८४ सशालस्कंधशबलंत्रस्तवानरवारणम् ॥ प्रोड्डीनोद्भ्रान्तविहगंविनिष्पतितपन्नगम् ८५ गोलांगूलर्क्षसंघैश्चद्रवद्भिरनुनादितम् ॥ कुरंगम
विनिर्घोषनिनादितवनांतरम् ८६ विनिष्पतद्भिःशरभैःसिंहैश्चसहसाद्रुतैः ॥ शोच्यामपिदशांप्राप्तोरराजेवसपर्वतः ८७ विद्याधराःसमुत्पेतुस्तस्यशृंगनिवासिनः ॥
किन्नराश्चसमुद्विग्नाःशक्तिपातरवोद्धताः ८८ ततोदैत्याविनिष्पेतुःशतशोऽथसहस्रशः ॥ प्रदीप्तात्पर्वतश्रेष्ठाद्विचित्राभरणस्रजः ८९ तान्निजघ्नुरतिक्रम्यकुमारानुचरा
मृधे ॥ सचैवभगवान्क्रुद्धोदैत्येन्द्रस्यसुतंतदा ९० सहानुजंजघानाशुवृत्रंदेवपतिर्यथा ॥ बिभेदक्रौञ्चंशक्त्याचपावकिःपरवीरहा ९१ बहुधाचैकधाचैवकृत्वाऽऽत्मानंमहा
बलः ॥ शक्तिःक्षिप्तारणेतस्यपाणिमेतिपुनःपुनः ९२ एवंप्रभावोभगवांस्ततोभूयश्चपावकिः ॥ शौर्याद्द्विगुणयोगेनतेजसायशसाश्रिया ९३ क्रौञ्चस्तेनविनिर्भिन्नोदै
त्याश्चशतशोहताः ॥ ततःसभगवान्देवोनिहत्यविबुधद्विषः ९४ सभज्यमानोविबुधैःपरंहर्षमवापह ॥ ततोदुंदुभयोराजन्नेदुःशंखाश्चभारत ९५ मुमुचुर्देवयोषाश्चपुष्प
वर्षमनुत्तमम् ॥ योगिनामीश्वरंदेवंशतशोऽथसहस्रशः ९६ दिव्यगंधमुपादायववौपुण्यश्चमारुतः ॥ गंधर्वास्तुष्टुवुश्चैनंयज्वानश्चमहर्षयः ९७ केचिदेनंव्यवस्यंतिपि
तामहसुतंप्रभुम् ॥ सनत्कुमारंसर्वेषांब्रह्मयोनिंतमग्रजम् ९८ केचिन्महेश्वरसुतंकेचित्पुत्रंविभावसोः ॥ उमायाःकृत्तिकानांचगंगायाश्चवदंत्युत ९९ ॥

कषायायतमसस्पारंदर्शयतिभगवान्सनत्कुमारस्तंस्कंदइत्याचक्षते' इतिछांदोग्येश्रुतंस्कंदस्यपूर्वपरिग्रहमाह केचिदिति ९८ । ९९ ॥ ॥ ॥

१०० । १ । २ । ३ । ४ । ५ ६ । ७ । १०८ इतिशल्यांतर्गतगदापर्वणिनीलकंठीये भारतभावदीपे षट्चत्वारिंशोऽध्यायः ॥ ४६ ॥ ॥ ॥ अत्यद्भुतमिति १ । २ । ३ । ४ । ५ । ६

एकधाचद्विधाचैवचतुर्धाचमहाबलम् ॥ योगिनामीश्वरंदेवंशतशोऽथसहस्रशः १०० एतत्तेकथितंराजन्कार्तिकेयाभिषेचनम् ॥ शृणुचैवसरस्वत्यास्तीर्थवर्यस्य
पुण्यताम् १ बभूवतीर्थप्रवरंहतेषुसुरशत्रुषु ॥ कुमारेणमहाराजत्रिविष्टपमिवापरम् २ ऐश्वर्याणिचतत्रस्थोददावीशःपृथक्पृथक् ॥ ददौनैर्ऋतमुख्येभ्यस्त्रैलोक्यं
पावकात्मजः ३ एवंसभगवांस्तस्मिंस्तीर्थेदैत्यकुलांतकः ॥ अभिषिक्तोमहाराजदेवसेनापतिःसुरैः ४ तैजसंनामतत्तीर्थंयत्रपूर्वमपांपतिः ॥ अभिषिक्तःसुरगणैर्व
रुणोभरतर्षभ ५ अस्मिंस्तीर्थवरेस्नात्वास्कंदंचाभ्यर्च्यलांगली ॥ ब्राह्मणेभ्योददौरुक्मंवासांस्याभरणानिच ६ उषित्वारजनींतत्रमाधवःपरवीरहा ॥ पूज्यतीर्थवरंतच्च
स्पृष्ट्वातोयंचलांगली ७ हृष्टःप्रीतमनाश्चैवह्यभवन्माधवोत्तमः ॥ एतत्तेसर्वमाख्यातंयन्मांत्वंपरिपृच्छसि ॥ यथाभिषिक्तोभगवान्स्कंदोदेवैःसमागतैः १०८
॥ इतिश्रीमहाभारतेशल्यपर्वांतर्गतगदापर्वणिबलदेव० सारस्वतो० तारकवधेषट्चत्वारिंशोऽध्यायः ॥ ४६ ॥ ॥ जनमेजयउवाच ॥ अत्यद्भुतमिदंब्रह्मन्श्रुतवान
स्मितत्त्वतः ॥ अभिषेकंकुमारस्यविस्तरेणयथाविधि १ यच्छ्रुत्वापूतमात्मानंविजानामितपोधन ॥ प्रहृष्टानिचरोमाणिप्रसन्नंचमनोमम २ अभिषेकंकुमारस्यदैत्यानां
चवधंतथा ॥ श्रुत्वामेपरमाप्रीतिर्भूयःकौतूहलंहिमे ३ अपांपतिःकथंह्यस्मिन्नभिषिक्तःपुरासुरैः ॥ तन्मेब्रूहिमहाप्राज्ञकुशलोह्यसिसत्तम ४ ॥ वैशंपायनउवाच ॥
शृणुराजन्निदंचित्रंपूर्वकल्पेयथातथम् ॥ आदौकृतयुगेराजन्वर्तमानेयथाविधि ५ वरुणंदेवताःसर्वाःसमेत्येदमथाब्रुवन् ॥ यथाऽस्मान्सुरराट्शक्रोभयेभ्यःपातिसर्व
दा ६ तथात्वमपिसर्वासांसरितांवैपतिर्भव ॥ वासश्चतेसदादेवसागरेमकरालये ७ समुद्रोऽयंतववशेभविष्यतिनदीपतिः ॥ सोमेनसार्धंचतवहानिवृद्धीभविष्यतः ८
एवमस्त्वितितान्देवान्वरुणोवाक्यमब्रवीत् ॥ समागम्यततःसर्वेवरुणंसागरालयम् ९ आपांपतिंप्रचक्रुर्हिविधिदृष्टेनकर्मणा ॥ अभिषिच्यततोदेवावरुणंयादसांपतिम्
१० जग्मुःस्वान्येवस्थानानिपूजयित्वाजलेश्वरम् ॥ अभिषिक्तस्ततोदेवैर्वरुणोऽपिमहायशाः ११ सरितःसागरांश्चैवनदांश्चापिसरांसिच ॥ पालयामासविधिनाय
थादेवाञ्शतक्रतुः १२ ततस्तत्राप्युपस्पृश्यदत्वाचविविधंवसु ॥ अग्नितीर्थंमहाप्राज्ञोजगामाथप्रलंबहा १३ नष्टोनदृश्यतेयत्रशमीगर्भेहुताशनः ॥ लोकालोकविनाशे
चप्रादुर्भूतेतदाऽनघ १४ उपतस्थुःसुरायत्रसर्वलोकपितामहम् ॥ अग्निःप्रणष्टोभगवान्कारणंचनविद्महे १५ सर्वभूतक्षयोराजन्संपादयविभोऽनलम् ॥ ॥ जनमेज
यउवाच ॥ किमर्थंभगवानग्निःप्रणष्टोलोकभावनः १६ विज्ञातश्चकथंदेवैस्तन्ममाचक्ष्वतत्त्वतः ॥ वैशंपायनउवाच ॥ भृगोःशापाद्भृशंभीतोजातवेदाःप्रतापवान् १७
शमीगर्भमथासाद्यननाशभगवांस्ततः ॥ प्रणष्टेतुतदावह्नौदेवाःसर्वेसवासवाः १८ अन्वेषंततदानष्टंज्वलनंभृशदुःखिताः ॥ ततोऽग्नितीर्थमासाद्यशमीगर्भस्थमेवहि १९

७ । ८ । ९ । १० । ११ । १२ । १३ । १४ । १५ । १६ । १७ । १८ । १९ ॥ ॥ ॥

२० । २१ । २२ । २३ । २४ ऐलविलःकुबेरः २५ । २६ । २७ । २८ । २९ । ३० । ३१ । ३२ । ३३ ॥ इतिशल्यांतर्गतगदा० नीलकंठीये भारतभा० सप्तचत्वारिंशोऽध्यायः ॥ ४७ ॥ ॥ ॥

ददृशुर्ज्वलनंतत्रवसमानंयथाविधि ॥ देवाःसर्वेनरव्याघ्रबृहस्पतिपुरोगमाः २० ज्वलनंतंसमासाद्यप्रीताऽभूवन्सवासवाः ॥ पुनर्यथागतंजग्मुःसर्वभक्षश्चसोऽभवत्
२१ भृगोःशापान्महाभागयदुक्तंब्रह्मवादिना ॥ तत्राप्याप्लुत्यमतिमान्ब्रह्मयोनिंजगामह २२ ससर्जभगवान्यत्रसर्वलोकपितामहः ॥ तत्राप्लुत्यततोब्रह्मासहदेवैःप्रभुः
पुरा २३ ससर्जतीर्थानितथादेवतानांयथाविधि ॥ तत्रस्नात्वाचदत्वाचवसूनिविविधानिच २४ कौबेरंप्रययौतीर्थंतत्रतप्त्वामहत्तपः ॥ धनाधिपत्यंसंप्राप्तोराजत्रै
लविलःप्रभुः २५ तत्रस्थमेवतंराजन्धनानिनिधयस्तथा ॥ उपतस्थुर्नरश्रेष्ठतत्तीर्थंलांगलीबलः २६ गत्वादत्वाचविधिवद्ब्राह्मणेभ्योधनंददौ ॥ ददृशेतत्रतत्स्था
नंकौबेरंकाननोत्तमे २७ पुरायत्रतपस्तप्तंविपुलंसुमहात्मना ॥ यक्षराज्ञाकुबेरेणवरालब्धाश्चपुष्कलाः २८ धनाधिपत्यंसख्यंचरुद्रेणामिततेजसा ॥ सुरत्वंलोक
पालत्वंपुत्रंचनलकूबरम् २९ यत्रलेभेमहाबाहोधनाधिपतिरंजसा ॥ अभिषिक्तश्चतत्रैवसमागम्यमरुद्गणैः ३० वाहनंचास्यतद्दत्तंहंसयुक्तंमनोजवम् ॥ विमानंपुष्प
कंदिव्यंनैर्ऋतैश्वर्यमेवच ३१ तत्राप्लुत्यबलोराजन्दत्वादायांश्चपुष्कलान् ॥ जगामत्वरितोरामस्तीर्थंश्वेतानुलेपनः ३२ निषेवितंसर्वसत्वैर्नाम्नाबदरपाचनम् ॥ ना
नर्तुकवनोपेतंसदापुष्पफलंशुभम् ३३ ॥ इतिश्रीमहाभारतेशल्यपर्वांतर्गतगदापर्वणिबलदेवती० सारस्वतोपा० सप्तचत्वारिंशोऽध्यायः ॥ ४७ ॥ ॥ वैशंपाय
नउवाच ॥ ततस्तीर्थवरंरामोययौबदरपाचनम् ॥ तपस्विसिद्धचरितंयत्रकन्याधृतव्रता १ भरद्वाजस्यदुहितारूपेणाप्रतिमाभुवि ॥ श्रुतावतीनामविभोकुमारीब्र
ह्मचारिणी २ तपश्चचारसात्युग्रंनियमैर्बहुभिर्वृता ॥ भर्तामेदेवराजःस्यादितिनिश्चित्यभामिनी ३ समास्तस्याव्यतिक्रांताबह्व्यःकुरुकुलोद्वह ॥ चरंत्यानियमां
स्तांस्तान्स्त्रीभिस्तीव्रान्सुदुश्चरान् ४ तस्यास्तुतेनवृत्तेनतपसाचविशांपते ॥ भक्त्याचभगवान्प्रीतःपरयापाकशासनः ५ आजगामाश्रमंतस्यास्त्रिदशाधिपतिःप्रभुः ॥
आस्थायरूपंविप्रर्षेर्वसिष्ठस्यमहात्मनः ६ सातंदृष्ट्वोग्रतपसंवसिष्ठंतपतांवरम् ॥ आचारैर्मुनिभिर्दृष्टैःपूजयामासभारत ७ उवाचनियमज्ञाचकल्याणीसाप्रियंवदा ॥
भगवन्मुनिशार्दूलकिमाज्ञापयसिप्रभो ८ सर्वमद्ययथाशक्तितवदास्यामिसुव्रत ॥ शक्रभक्त्याचतेपाणिंनदास्यामिकथंचन ९ व्रतैश्चनियमैश्चैवतपसाचतपोधन ॥
शक्रस्तोषयितव्योवैमयात्रिभुवनेश्वरः १० इत्युक्तोभगवान्देवःस्मयन्निवनिरीक्ष्यताम् ॥ उवाचनियमंज्ञात्वासांत्वयन्निवभारत ११ उग्रंतपश्चरसिवैविदितामेऽसिसु
व्रते ॥ यदर्थमयमारंभस्तवकल्याणिहृद्गतः १२ तच्चसर्वंयथाभूतंभविष्यतिवरानने ॥ तपसालभ्यतेसर्वंयथाभूतंभविष्यति १३ यथास्थानानिदिव्यानिविबुधानां
शुभानने ॥ तपसातानिप्राप्याणितपोमूलंमहत्सुखम् १४ इतिकृत्वातपोघोरंदेहंसंन्यस्यमानवाः ॥ देवत्वंयांतिकल्याणिशृणुष्वेकंवचोमम १५

ततइति १ । २ । ३ । ४ । ५ । ६ । ७ । ८ । ९ । १० । ११ । १२ । १३ । १४ । १५ ॥ ॥

१६ । १७ । १८ । १९ । २० । २१ । २२ दग्धाविति उपावर्तयतानग्रेऽप्रसारितवती २३ यतोऽनिंदितायोगधर्मेणनिर्दोषाअतोनाचिंतयदिति स्वपादसंवर्धनक्षमाऽपिदाहपदांसेहेइतिधैर्योक्तिः

पंचचैतानिसुभगेबदराणिशुभव्रते ॥ पक्ष्यन्तु भगवान्जगामबलसूदनः १६ आमंत्र्यतांतुकल्याणींततोजप्यंजजापसः ॥ अविदूरेततस्तस्मादाश्रमात्तीर्थमुत्तमम् १७ इंद्रतीर्थेतिविख्यातांत्रिषुलोकेषुमानद ॥ तस्यजिज्ञासनार्थंसभगवान्पाकशासनः १८ बदराणामपचनंचकारविबुधाधिपः ॥ ततःप्रतप्तासाराजन्वाग्यताविगत क्लमा १९ तत्पराशुचिसंवीतापावकेसमधिश्रयत् ॥ अपचद्राजशार्दूलबदराणिमहाव्रता २० तस्याःपचंत्याःसुमहान्कालोऽगात्पुरुषर्षभ ॥ नचस्मतान्यपच्यंतदि नंचक्षयमभ्यगात् २१ हुताशनेनदग्धश्चयस्तस्याःकाष्ठसंचयः ॥ अकाष्ठमग्निंसादृष्ट्वास्वशरीरमथादहत् २२ पादौप्रक्षिप्यसापूर्वंपावकेचारुदर्शना ॥ दग्धौदग्धौपुनः पादावुपावर्तयतानघ २३ चरणौदह्यमानौचनाचिंतयदनिंदिता ॥ कुर्वाणादुष्करंकर्ममहर्षिप्रियकाम्यया २४ नवैमनस्यंतस्यास्तुमुखभेदोऽथवाऽभवत् ॥ शरीरम ग्निनाऽऽदीप्यजलमध्येवहर्षिता २५ तच्चास्यावचनंनित्यमवर्तद्धृदिभारत ॥ सर्वथाबदराण्येवपक्तव्यानीतिकन्यका २६ सातन्मनसिकृत्वैवमहर्षेर्वचनंशुभा ॥ अप चद्बदराण्येवनचापच्यंतभारत २७ तस्यास्तुचरणौवह्निर्ददाहभगवान्स्वयम् ॥ नचतस्यामनोदुःखंस्वल्पमप्यभवत्तदा २८ अथतत्कर्मदृष्ट्वाऽस्याःप्रीतस्त्रिभुवनेश्वरः ॥ ततःसंदर्शयामासकन्यायैरूपमात्मनः २९ उवाचचसुरश्रेष्ठस्तांकन्यांसुदृढव्रताम् ॥ प्रीतोस्मितेशुभेभक्त्यातपसानियमेनच ३० तस्माद्योऽभिमतःकामःसतेसंपत्स्य तेशुभे ॥ देहंत्यक्त्वामहाभागेत्रिदिवेमयिवत्स्यसि ३१ इदंचतेतीर्थवरंस्थिरंलोकेभविष्यति ॥ सर्वपापापहंसुभ्रुनाम्नाबदरपाचनम् ३२ विख्यातंत्रिषुलोकेषुब्रह्मर्षिभिर भिप्लुतम् ॥ अस्मिन्खलुमहाभागेशुभेतीर्थवरेऽनघे ३३ त्यक्त्वासप्तर्षयोजग्मुर्हिमवंतमरुंधतीम् ॥ ततस्तेवैमहाभागागत्वातत्रसुसंशिताः ३४ वृत्त्यर्थंफलमूलानिस माहर्तुंययुःकिल ॥ तेषांवृत्त्यर्थिनांतत्रवसतांहिमवद्वने ३५ अनावृष्टिरनुप्राप्तातदाद्वादशवार्षिकी ॥ तेकृत्वाचाश्रमंतत्रन्यवसंततपस्विनः ३६ अरुंधत्यपिकल्याणी तपोनित्याऽभवत्तदा ॥ अरुंधतींततोदृष्ट्वातीव्रंनियममास्थिताम् ३७ अथागमत्त्रिनयनःसुप्रीतोवरदस्तदा ॥ ब्राह्मंरूपंततःकृत्वामहादेवोमहायशाः ३८ तामभ्येत्या ब्रवीद्देवोभिक्षामिच्छाम्यहंशुभे ॥ प्रत्युवाचततःसातंब्राह्मणंचारुदर्शना ३९ क्षीणोऽन्नसंचयोविप्रबदराणीहभक्षय ॥ ततोब्रवीन्महादेवःपचस्वैतानिसुव्रते ४० इत्युक्तासाऽपचत्तानिब्राह्मणप्रियकाम्यया ॥ अधिश्रित्यसमिद्धेऽग्नौबदराणियशस्विनी ४१ दिव्यामनोरमाःपुण्याःकथाःशुश्रावसातदा ॥ अतीतासा त्वनावृष्टिर्घोराद्वादशवार्षिकी ४२ अनश्नंत्याःपचंत्याश्चशृण्वंत्याश्चकथाःशुभाः ॥ दिनोपमःसतस्याऽथकालोतीतःसुदारुणः ४३ ततस्तुमुनयःप्राप्ताःफला न्यादायपर्वतात् ॥ ततःसभगवान्प्रीतःप्रोवाचारुंधतींततः ४४ ॥ ॥ ॥ ॥

२४ । २५ । २६ । २७ । २८ । २९ । ३० । ३१ । ३२ । ३३ । ३४ । ३५ । ३६ । ३७ । ३८ । ३९ । ४० । ४१ । ४२ । ४३ । ४४ ॥ ॥ ॥

४५ । ४६ । ४७ । ४८ । ४९ । ५० । ५१ । ५२ । ५३ । ५४ विशेषःसमर्पितोबन्धौदेहोऽपिन्यस्तः पादयोःसमर्पणादितिभावः ५५ । ५६ । ५७ । ५८ । ५९ । ६० । ६१ । ६२ । ६३

॥ ४९ ॥ उपसर्पस्वधर्मज्ञेयथापूर्वमिमानृषीन् ॥ प्रीतोऽस्मितवधर्मज्ञेतपसानियमेनच ४५ ततःसंदर्शयामासस्वरूपंभगवान्हरः ॥ ततोब्रवीत्तदातेभ्यस्तस्याश्चचरितं
महत् ४६ भवद्भिर्हिमवत्पृष्ठेयत्तपःसमुपार्जितम् ॥ अस्याश्चयत्तपोविप्रानसमंतन्मतंमम ४७ अनयाहितपस्विन्यातपस्तप्तंसुदुश्चरम् ॥ अनश्नंत्यापचं अ०
त्याचसमाद्वादशपारिताः ४८ ततःप्रोवाचभगवांस्तामेवारुंधतींपुनः ॥ वरंवृणीष्वकल्याणियत्तेऽभिलषितंहृदि ४९ साब्रवीत्पृथुताम्राक्षीदेवंसप्तर्षिसंसदि ॥ ४९
भगवान्यदिमेप्रीतस्तीर्थंस्यादिदमद्भुतम् ५० सिद्धदेवर्षिदयितंनाम्नाबदरपाचनम् ॥ तथास्मिन्देवदेवेशत्रिरात्रमुषितःशुचिः ५१ प्राप्नुयादुपवासेनफलंद्वाद
शवार्षिकम् ॥ एवमस्त्वितितांदेवःप्रत्युवाचतपस्विनीम् ५२ सप्तर्षिभिःस्तुतोदेवस्ततोलोकंययौतदा ॥ ऋषयोविस्मयंजग्मुस्तांदृष्ट्वाचाप्यरुंधतीम् ५३ अश्रां
तांचाविवर्णांचक्षुत्पिपासाऽसमायुताम् ॥ एवंसिद्धिःपराप्राप्ताअरुंधत्याविशुद्धया ५४ यथात्वयामहाभागेमदर्थेसंशितव्रते ॥ विशेषोहित्वयाभद्रेव्रतेह्यस्मिन्स
मर्पितः ५५ तथाचेदंददाम्यद्यनियमेनसुतोषितः ॥ विशेषंतवकल्याणिप्रयच्छामिवरंवरे ५६ अरुंधत्यावरस्तस्यायोदत्तोवैमहात्मना ॥ तस्यचाहंप्रभावेनतवक
ल्याणितेजसा ५७ प्रवक्ष्यामिपरंभूयोवरमत्रयथाविधि ॥ यस्त्वेकांरजनींतीर्थेवत्स्यतेसुसमाहितः ५८ सस्नात्वाप्राप्स्यतेलोकान्देहन्यासात्सुदुर्लभान् ॥ इत्यु
क्त्वाभगवान्देवःसहस्राक्षःप्रतापवान् ५९ श्रुतावतींततःपुण्यांजगामत्रिदिवंपुनः ॥ गतेवज्रधरेराजंस्तत्रवर्षंपपातह ६० पुष्पाणांभरतश्रेष्ठदिव्यानांपुण्यगंधि
नाम् ॥ देवदुन्दुभयश्चापिनेदुस्तत्रमहास्वनाः ६१ मारुतश्चववौपुण्यःपुण्यगंधोविशांपते ॥ उत्सृज्यतुशुभादेहंजगामास्यचभार्यताम् ६२ तपसोग्रेणतंलब्ध्वातेनरे
मेसहाच्युत ॥ जनमेजयउवाच ॥ कातस्याभगवान्माताक्वसंवृद्धाचशोभना ६३ श्रोतुमिच्छाम्यहंविप्रपरंकौतूहलंहिमे ॥ वैशंपायनउवाच ॥ भरद्वाजस्य
विप्रर्षेःस्कन्नंरेतोमहात्मनः ६४ दृष्ट्वाऽप्सरसमायांतींघृताचींपृथुलोचनाम् ॥ सतुजग्राहतद्रेतःकरेणजपतांवरः ६५ तदापतत्पर्णपुटेतत्रसासंभवत्सुता ॥ तस्या
स्तुजातकर्मादिकृत्वासर्वंतपोधनः ६६ नामचास्याःसकृतवान्भरद्वाजोमहामुनिः ॥ श्रुतावतीतिधर्मात्मादेवर्षिगणसंसदि ॥ स्वेचतामाश्रमेन्यस्यजगामहिम
वद्वनम् ६७ तत्राप्युपस्पृश्यमहानुभावोवसूनिदत्वाचमहाद्विजेभ्यः ॥ जगामतीर्थंसुसमाहितात्माशक्रस्यवृष्णिप्रवरस्तदानीम् ६८ ॥ इ०महा०श०गदाप०
बलदेवतीर्थ०सारस्वतो०बदरपाचनतीर्थकथनेअष्टचत्वारिंशोऽध्यायः ॥ ४८ ॥ ॥ वैशंपायनउवाच ॥ इंद्रतीर्थंततोगत्वायदूनांप्रवरोबलः ॥ विप्रेभ्योधनरत्ना
निददौस्नात्वायथाविधि १ तत्रह्यमरराजोऽसावीजेक्रतुशतेनच ॥ बृहस्पतेश्चदेवेशःप्रददौविपुलंधनम् २ ॥ ॥

६४ । ६५ । ६६ । ६७ । ६८ ॥ इतिशल्यांतर्गतगदापर्वणिनीलकंठीये भारतभावदीपे अष्टचत्वारिंशोऽध्यायः ॥ ४८ ॥ ॥ इंद्रतीर्थमिति १ । २ ॥ ॥

जारूथ्यान्पुष्टान ३ । ४।५।६।७।८।९ साजाविअजाभिरविभिश्चसहितंदानम् १० । ११ आनयामासमुनीनित्यनुषज्यतेराजसूयंकर्तुमितिशेषः १२ । १३ । १४ । १५ । १६ । १७। १८ ।१९

निरर्गलान्सजारूथ्यान्सर्वान्विविधदक्षिणान् ॥ आजहारक्रतूंस्तत्रयथोक्तान्वेदपारगैः ३ तान्क्रतून्भरतश्रेष्ठशतक्रत्वोमहाद्युतिः ॥ पूरयामासविधिवत्ततःख्यातः
शतक्रतुः ४ तस्यनाम्नाचतत्तीर्थंशिवंपुण्यंसनातनम् ॥ इंद्रतीर्थमितिख्यातंसर्वपापप्रमोचनम् ५ उपस्पृश्यचतत्रापिविधिवन्मुसलायुधः ॥ ब्राह्मणान्पूजयि
त्वाचसदाऽऽच्छादनभोजनैः ६ शुभंतीर्थवरंतस्माद्रामतीर्थंजगामह ॥ यत्ररामोमहाभागोभार्गवःसुमहातपाः ७ असकृत्पृथिवींजित्वाहतक्षत्रियपुंगवाम् ॥ उ
पाध्यायंपुरस्कृत्यकश्यपंमुनिसत्तमम् ८ अयजद्वाजपेयेनसोऽश्वमेधशतेनच ॥ प्रददौदक्षिणांचैवपृथिवींवैससागराम् ९ दत्त्वाचदानंविविधंनानारत्नसमन्वितम् ॥
सगोहस्तिकदासीकंसाजाविगतवान्वनम् १० पुण्येतीर्थवरेतत्रदेवब्रह्मर्षिसेविते ॥ मुनींश्चैवाभिवाद्याथयमुनातीर्थमागमत् ११ यत्रानयामासतदाराजसूयंमही
पते ॥ पुत्रोऽदितेर्महाभागोवरुणोवैसितप्रभः १२ तत्रनिर्जित्यसंग्रामेमानुषान्दैवतास्तथा ॥ वरंक्रतुंसमाजह्रेवरुणःपरवीरहा १३ तस्मिन्क्रतुवरेवृत्तेसंग्रामःसमजा
यत ॥ देवानांदानवानांचत्रैलोक्यस्यभयावहः १४ राजसूयेक्रतुश्रेष्ठेनिवृत्तेजनमेजय ॥ जायतेसुमहाघोरःसंग्रामःक्षत्रियान्प्रति १५ तत्रापिलांगलीदेवऋषीनभ्य
र्च्यपूजया ॥ इतरेभ्योऽप्यदाद्दानमर्थिभ्यःकामदोविभुः १६ वनमालीततोहृष्टःस्तूयमानोमहर्षिभिः ॥ तस्मादादित्यतीर्थंचजगामकमलेक्षणः १७ यत्रेष्ट्वाभगवा
न्ज्योतिर्भास्करोराजसत्तम ॥ ज्योतिषामाधिपत्यंचप्रभावंचाभ्यपद्यत १८ तस्यानद्यास्तुतीरेवैसर्वेदेवाःसवासवाः ॥ विश्वेदेवाःसमरुतोगंधर्वाप्सरसश्चह १९
द्वैपायनःशुकश्चैवकृष्णश्चमधुसूदनः ॥ यक्षाश्चराक्षसाश्चैवपिशाचाश्चविशांपते २० एतेचान्येचबहवोयोगसिद्धाःसहस्रशः ॥ तस्मिंस्तीर्थेसरस्वत्याःशिवेपुण्येपरं
तप २१ तत्रहत्वापुराविष्णुरसुरौमधुकैटभौ ॥ आप्लुत्यभरतश्रेष्ठतीर्थप्रवरउत्तमे २२ द्वैपायनश्चधर्मात्मातत्रैवाप्लुत्यभारत ॥ संप्राप्यपरमंयोगंसिद्धिंचपरमांगतः
२३ असितोदेवलश्चैवतस्मिन्नेवमहातपाः ॥ परमंयोगमास्थायऋषिर्योगमवाप्तवान् २४ ॥ इतिश्रीमहाभारतेशल्यपर्वांतर्गतगदापर्वणिबलदेवती० सारस्वतो० ए
कोनपंचाशत्तमोऽध्यायः ॥ ४९ ॥ ॥ ॥ वैशंपायनउवाच ॥ तस्मिन्नेवतुधर्मात्मावसतिस्मतपोधनः ॥ गार्हस्थ्यंधर्ममास्थायह्यसितोदेवलःपुरा १ धर्म
नित्यःशुचिर्दान्तोन्यस्तदंडोमहातपाः ॥ कर्मणामनसावाचासमःसर्वेपुजंतुषु २ अक्रोधनोमहाराजतुल्यनिंदात्मसंस्तुतिः ॥ प्रियाप्रियेतुल्यवृत्तिर्यमवत्समदर्शनः ३
कांचनेलोष्ठभावेचसमदर्शीमहातपाः ॥ देवानपूजयन्नित्यमतिथींश्चद्विजैःसह ४ ब्रह्मचर्यरतोनित्यंसदाधर्मपरायणः ॥ ततोऽभ्येत्यमहाभागयोगमास्थायभिक्षुकः ५
जैगीषव्योमुनिर्धीमांस्तास्मिंस्तीर्थेसमाहितः ॥ देवलस्याश्रमेराजन्न्यवसत्समहाद्युतिः ६ ॥ ॥ ॥ ॥ ॥

२० । २१ । २२ । २३ । २४ ॥ इतिशल्यपर्वांतर्गतगदापर्वणि नीलकंठीयेभारतभावदीपे एकोनपंचाशत्तमोऽध्यायः ॥ ४९ ॥ ॥ तस्मिन्निति १ । २ । ३ । ४ । ५ । ६ ॥

॥ ५० ॥ योगनित्योमहाराजसिद्धिंप्राप्तोमहातपाः ॥ तंतत्रवसमानंतुजैगीषव्यंमहामुनिम् ७ देवलोदर्शयन्नेवनैवायुंजतधर्मतः ॥ एवंतयोर्महाराजदीर्घकालोव्यतिक्रमत् ८ अ०
जैगीषव्यंमुनिवरंनददर्शाथदेवलः ॥ आहारकालेमतिमान्परिव्राड्जनमेजय ९ उपातिष्ठतधर्मज्ञोभैक्षकालेसदेवलम् ॥ सदृष्ट्वाभिक्षुरूपेणप्राप्तंतत्रमहामुनिम् १० गौ ५०
रवंपरमंचक्रेप्रीतिंचविपुलांतथा ॥ देवलस्तुयथाशक्तिपूजयामासभारत ११ ऋषिदृष्टेनविधिनासमाबह्वीःसमाहितः ॥ कदाचित्तस्यनृपतेदेवलस्यमहात्मनः १२
चिंतासुमहतीजातामुनिंदृष्ट्वामहाद्युतिम् ॥ समास्तुसमतिक्रांताबह्व्यःपूजयतोमम १३ नचायमलसोभिक्षुरभ्यभाषतकिंचन ॥ एवंविगणयन्नेवसजगाममहोदधिम्
१४ अंतरिक्षचरःश्रीमान्कलशंगृह्यदेवलः ॥ गच्छन्नेवसधर्मात्मासमुद्रंसरितांपतिम् १५ जैगीषव्यंततोऽपश्यद्गतंप्रागेवभारत ॥ ततःसविस्मयश्चिंतांजगामाथामित
प्रभः १६ कथंभिक्षुरयंप्राप्तःसमुद्रेस्नातएवच ॥ इत्येवंचिंतयामासमहर्षिरसितस्तदा १७ स्नात्वासमुद्रेविधिवच्छुचिर्जप्यंजजापसः ॥ कृतजप्याह्निकःश्रीमानाश्रमं
चजगामह १८ कलशंजलपूर्णंवैगृहीत्वाजनमेजय ॥ ततःसप्रविशन्नेवस्वमाश्रमपदंमुनिः १९ आसीनमाश्रमेतत्रजैगीषव्यमपश्यत ॥ नव्याहरतिचैवैनंजैगीषव्यः
कथंचन २० काष्ठभूतोश्रमपदेवसतिस्ममहातपाः ॥ तंदृष्ट्वाचाप्लुतंतोयेसागरेसागरोपमम् २१ प्रविष्टमाश्रमंचापिपूर्वमेवददर्शसः ॥ असितोदेवलोराजंश्चिंतयामा
सबुद्धिमान् २२ दृष्ट्वाप्रभावंतपसोजैगीषव्यस्ययोगजम् ॥ चिंतयामासराजेन्द्रतदासमुनिसत्तमः २३ मयादृष्टःसमुद्रेचआश्रमेचकथंत्वयम् ॥ एवंविगणयन्नेवसमु
निर्मंत्रपारगः २४ उत्पपाताश्रमात्तस्मादन्तरिक्षंविशांपते ॥ जिज्ञासार्थंतदाभिक्षोर्जैगीषव्यस्यदेवलः २५ सोन्तऽरिक्षचरान्सिद्धान्समपश्यत्समाहितान् ॥ जै
गीषव्यंचतैःसिद्धैःपूज्यमानमपश्यत २६ ततोऽसितःसुसंरब्धोव्यवसायीदृढव्रतः ॥ अपश्यद्वैदिवंयातंजैगीषव्यंसदेवलः २७ तस्मात्तुपितृलोकंतंव्रजंतंसोऽन्वप
श्यत ॥ पितृलोकाच्चतंयातंयाम्यंलोकमपश्यत २८ तस्मादपिसमुत्पत्यसोमलोकमभिप्लुतम् ॥ व्रजंतमन्वपश्यत्सजैगीषव्यंमहामुनिम् २९ लोकान्समुत्पतंतंतु
शुभानेकांतयाजिनाम् ॥ ततोऽग्निहोत्रिणांलोकांस्ततश्चाप्युत्पपातह ३० दर्शंचपौर्णमासंचयेयजंतितपोधनाः ॥ तेभ्यःसददृशेधीमाँल्लोकेभ्यःपशुयाजिनाम् ३१
व्रजंतंलोकममलमपश्यद्देवपूजितम् ॥ चातुर्मास्यैर्बहुविधैर्यजंतेयेतपोधनाः ३२ तेषांस्थानंततोयातंतथाग्निष्टोमयाजिनाम् ॥ अग्निष्टुतेनचतथायेयजंतितपोधनाः३३
तत्स्थानमनुसंप्राप्तमन्वपश्यतदेवलः ॥ वाजपेयंक्रतुवरंतथाबहुसुवर्णकम् ३४ आहरंतिमहाप्राज्ञास्तेषांलोकेष्वपश्यत ॥ यजंतेराजसूयेनपुंडरीकेणचैवये ३५ तेषां
लोकेष्वपश्यच्चजैगीषव्यंसदेवलः ॥ अश्वमेधंक्रतुवरंनरमेधंतथैवच ३६ आहरंतिनरश्रेष्ठास्तेषांलोकेष्वपश्यत ॥ सर्वमेधंचदुष्प्रापंतथासौत्रामणिंचये ३७ ॥ ५० ॥

३८ । ३९ । ४० । ४१ ४२ ; ४३ । ४४ । ४५ ४६ भूतार्थं यथाभूतार्थं ४७ । ४८ उत्पपातब्रह्मलोकंगंतुमितिशेषः पपातचगमनात् ४९ । ५० । ५१ । ५२ । ५३ । ५४ । ५५ संन्यासेकृता

तेषांलोकेष्वपश्यच्चजैगीषव्यंसदेवलः ॥ द्वादशाहैश्चसत्रैश्चयजंतेविविधैर्नृप ३८ तेषांलोकेष्वपश्यच्चजैगीषव्यंसदेवलः ॥ मैत्रावरुणयोर्लोकानादित्यानांतथैवच ३९
स्लोकतामनुप्राप्तमपश्यत्ततोऽसितः ॥ रुद्राणांचवसूनांचस्थानंयच्चबृहस्पतेः ४० तानिसर्वाण्यतीतानिसमपश्यत्ततोऽसितः ॥ आरुह्यचगवांलोकंप्रयातोब्रह्मस
त्रिणाम् ४१ लोकानपश्यद्गच्छंतंजैगीषव्यंततोऽसितः ॥ त्रीँल्लोकानपरान्विप्रमुत्पतंतंस्वतेजसा ४२ पतिव्रतानांलोकांश्चव्रजंतंसोऽन्वपश्यत ॥ ततोमुनि
वरंभूयोजैगीषव्यमथासितः ४३ नान्वपश्यतलोकस्थमंतर्हितमरिंदम ॥ सोऽचिंतयन्महाभागोजैगीषव्यस्यदेवलः ४४ प्रभावंसुव्रतत्वंचसिद्धिंयोगस्यचा
तुलाम् ॥ असितोऽपृच्छततदासिद्धाँल्लोकेषुसत्तमान् ४५ प्रयतःप्रांजलिर्भूत्वाधीरस्तान्ब्रह्मसत्रिणः ॥ जैगीषव्यंनपश्यामितंशंसध्वंमहौजसम् ४६ एतदिच्छा
म्यहंश्रोतुंपरंकौतूहलंहिमे ॥ ॥ सिद्धाऊचुः ॥ शृणुदेवलभूतार्थंशंसतांनोदृढव्रत ४७ जैगीषव्यःसवैलोकंशाश्वतंब्रह्मणोगतः ॥ ॥ वैशंपायनउवाच ॥ सश्रु
त्वावचनंतेषांसिद्धानांब्रह्मसत्रिणाम् ४८ असितोदेवलस्तूर्णमुत्पपातपपातच ॥ ततःसिद्धास्तऊचुर्हिदेवलंपुनरेवह ४९ नदेवलगतिस्तत्रतवगंतुंतपोधन ॥
ब्रह्मणःसदनेविप्रजैगीषव्योयदाप्तवान् ५० ॥ वैशंपायनउवाच ॥ तेषांतद्वचनंश्रुत्वासिद्धानांदेवलःपुनः ॥ आनुपूर्व्येणलोकांस्तान्सर्वानवततारह ५१ स्वमाश्रम
पदंपुण्यमाजगामपतत्रिवत् ॥ प्रविशन्नेवचापश्यज्जैगीषव्यंसदेवलः ५२ ततोबुद्ध्याव्यगणयद्देवलोधर्मयुक्तया ॥ दृष्ट्वाप्रभावंतपसोजैगीषव्यस्ययोगजम् ५३ ततो
ऽब्रवीन्महात्मानंजैगीषव्यंसदेवलः ॥ विनयावनतोराजन्नुपसर्प्यमहामुनिम् ५४ मोक्षधर्मंसमास्थातुमिच्छेयंभगवन्नहम् ॥ तस्यतद्वचनंश्रुत्वाउपदेशंचकारसः ५५
विधिंचयोगस्यपरंकार्याकार्यस्यशास्त्रतः ॥ संन्यासकृतबुद्धिंतंततोदृष्ट्वामहातपाः ५६ सर्वाश्चास्यक्रियाश्चक्रेविधिदृष्टेनकर्मणा ॥ संन्यासेकृतबुद्धिंतंभूतानिपितृभिः
सह ५७ ततोदृष्ट्वाप्ररुरुदुःकोस्मान्संविभजिष्यति ॥ देवलस्तुवचःश्रुत्वाभूतानांकरुणंतथा ५८ दिशोदशव्याहरतांमोक्षंत्यक्तुंमनोदधे ॥ ततस्तुफलमूलानिपवित्रा
णिचभारत ५९ पुष्पाण्योषधयश्चैवरोरूयंतिसहस्रशः ॥ पुनर्नोदेवलःक्षुद्रोनूनंछेत्स्यतिदुर्मतिः ६० अभयंसर्वभूतेभ्योयोदत्त्वानावबुध्यते ॥ ततोभूयोव्यग
णयत्स्वबुद्ध्या मुनिसत्तमः ६१ मोक्षेगार्हस्थ्यधर्मेवाकिंनुश्रेयस्करंभवेत् ॥ इतिनिश्चित्यमनसादेवलोराजसत्तम ६२ त्यक्त्वागार्हस्थ्यधर्मंसमोक्षधर्ममरोचयत् ॥ ए
वमादीनिसंचिंत्यदेवलोनिश्चयात्ततः ६४ प्राप्तवान्परमांसिद्धिंपरंयोगंचभारत ॥ ततोदेवाःसमागम्यबृहस्पतिपुरोगमाः ६४ जैगीषव्यंतपश्चास्यप्रशंसंतितपस्विनः ॥
अथाब्रवीदृषिवरोदेवान्वैनारदस्तथा ६५ ॥ ॥ ॥ ॥ ॥

बुद्धिर्येनतं ५६ सर्वाःक्रियाउत्सर्गेष्ट्यादयः ५७ । ५८ मोक्षंसंन्यासंत्यक्तुंमनोदधे उत्स्रष्टानामग्नीनांपुनराधानंकर्तुमैच्छत् ५९ । ६० ६१ । ६२ । ६३ । ३४ । ६५ ॥

जैगीषव्येतत्त्वविदितपोनास्ति पूर्वस्यतपसोदग्धत्वात्क्रियमाणस्यचाश्लेषात् तथाचश्रुतीभवतः ' तद्यथैषीकतूलमग्नौप्रोतंप्रदूयेतैवंहास्यसर्वेपाप्मानःप्रदूयंते तद्यथापुष्करपलाशेआपोनश्लिष्यंतएवमेवामुष्मि

जैगीषव्येतपोनास्तिविस्मापयतियोऽसितम् ॥ तमेवंवादिनंधीरंप्रत्यूचुस्तेदिवौकसः ६६ नैवमित्यवशंसंतोजैगीषव्यंमहामुनिम् ॥ नातःपरतरंकिंचित्तुल्यम
स्तिप्रभावतः ६७ तेजसस्तपसश्चास्ययोगस्यचमहात्मनः ॥ एवंप्रभावोधर्मात्माजैगीषव्यस्तथासितः ॥ तयोरिदंस्थानवरंतीर्थंचैवमहात्मनोः ६८ तत्राप्युपस्पृश्यत
तोमहात्मादत्वाचवित्तंहलभृद्द्विजेभ्यः ॥ अवाप्यधर्मंपरमार्थकर्माजगामसोमस्यमहत्सुतीर्थम् ६९ ॥ इतिश्रीमहाभारतेश० ग० बलदेवती० सारस्व० पंचाशत्त
मोऽध्यायः ॥ ५० ॥ ॥ वैशंपायनउवाच ॥ यत्रेजिवानुडुपतीराजसूयेनभारत ॥ तस्मिंस्तीर्थेमहानासीत्संग्रामस्तारकामयः १ तत्राप्युपस्पृश्यबलोदत्वादानानि
चात्मवान् ॥ सारस्वतस्यधर्मात्मामुनेस्तीर्थंजगामह २ तत्रद्वादशवार्षिक्यामनावृष्ट्यांद्विजोत्तमान् ॥ वेदानध्यापयामासपुरासारस्वतोमुनिः ३ ॥ जनमेजयउ
वाच ॥ कथंद्वादशवार्षिक्यामनावृष्ट्यांद्विजोत्तमान् ॥ ऋषीनध्यापयामासपुरासारस्वतोमुनिः ४ ॥ वैशंपायनउवाच ॥ आसीत्पूर्वंमहाराजमुनिर्धीमान्महा
तपाः ॥ दधीचइतिविख्यातोब्रह्मचारीजितेंद्रियः ५ तस्यातितपसःशक्रोबिभेतिसततंविभो ॥ नसलोभयितुंशक्यःफलैर्बहुविधैरपि ६ प्रलोभनार्थंतस्याथप्राहि
णोत्पाकशासनः ॥ दिव्यामप्सरसंपुण्यांदर्शनीयामलंबुषाम् ७ तस्यतर्पयतोदेवान्सरस्वत्यांमहात्मनः ॥ समीपतोमहाराजसोपातिष्ठतभाविनी ८ तांदिव्यवपुषं
दृष्ट्वातस्यर्षेर्भावितात्मनः ॥ रेतःस्कन्नंसरस्वत्यांतत्साजग्राहनिम्नगा ९ कुक्षौचाप्यदधद्दृष्ट्वातद्रेतःपुरुषर्षभ ॥ सादधारचतंगर्भंपुत्रहेतोर्महानदी १० सुषुवेचापिसम
येपुत्रंसासरितांवरा ॥ जगामपुत्रमादायतमृषिंप्रतिचप्रभो ११ ऋषिसंसदितंदृष्ट्वासानदीमुनिसत्तमम् ॥ ततःप्रोवाचराजेंद्रददतीपुत्रमस्यतम् १२ ब्रह्मर्षेतवपुत्रोऽयं
त्वद्भक्त्याधारितोमया ॥ दृष्ट्वातेप्सरसंरेतोयत्स्कन्नंप्रागलंबुषाम् १३ तत्कुक्षिणावैब्रह्मर्षेत्वद्भक्त्याधृतवत्यहम् ॥ नविनाशमिदंगच्छेत्त्वत्तेजइतिनिश्चयात् १४ प्रति
गृह्णीष्वपुत्रंस्वंमयादत्तमनिंदितम् ॥ इत्युक्तःप्रतिजग्राहप्रीतिंचावापपुष्कलाम् १५ स्वसुतंचाप्यजिघ्रंतंमूर्ध्निप्रेम्णाद्विजोत्तमः ॥ परिष्वज्यचिरंकालंतदाभरतसत्तम
१६ सरस्वत्यैवरंप्रादात्प्रीयमाणोमहामुनिः ॥ विश्वेदेवाःसपितरोगंधर्वाप्सरसांगणाः १७ तृप्तिंयास्यंतिसुभगेतर्प्यमाणास्तवांभसा ॥ इत्युक्त्वासतुतुष्टाववचोभिर्वै
महानदीम् १८ प्रीतःपरमहृष्टात्मायथावच्छृणुपार्थिव ॥ प्रस्रुतासिमहाभागेसरसोब्रह्मणःपुरा १९ जानंतित्वांसरिच्छ्रेष्ठेमुनयःसंशितव्रताः ॥ ममप्रियकरीचापि
सततंप्रियदर्शने २० तस्मात्सारस्वतःपुत्रोमहांस्तेवरवर्णिनि ॥ तवैवनाम्नाप्रथितःपुत्रस्तेलोकभावनः २१ सारस्वतइतिख्यातोभविष्यतिमहातपाः ॥ एषद्वादश
वार्षिक्यामनावृष्ट्यांद्विजर्षभान् २२ ॥ ॥ ॥ ॥ ॥

न्पापंकर्मनाश्लिष्यते ' इति ६६ । ६७ असितःदेवलः ६८ । ६९ ॥ इतिशल्यांतर्गतगदाप० नी० भारतभावदीपेपंचाशत्तमोऽध्यायः ॥ ५० ॥ यत्रेति १ । २ । ३ । ४ । ५ । ६ । ७ । ८ । ९
१० । ११ । १२ । १३ । १४ । १५ । १६ । १७ । १८ । १९ । २० । २१ । २२ ॥ ॥ ॥

२३ । २४ । २५ । २६ । २७ । २८ । २९ । ३० । ३१ परमर्षिणादधीचिना सदेहस्तपसासंभृतः ३२ । ३३ अस्यमुनेः ३४ तेनतदस्थिजेनवज्रेण ३५ नवतीर्नवदशाधिकामष्टशतीम् ३६ । ३७ । ३८

सारस्वतोमहाभागेवेदानध्यापयिष्यति ॥ पुण्याभ्यश्चसरिद्भ्यस्त्वंसदापुण्यतमाशुभे २३ भविष्यसिमहाभागेमत्प्रसादात्सरस्वति ॥ एवंसासंस्तुताऽनेनवरंलब्ध्वामहा
नदी २४ पुत्रमादायमुदिताजगामभरतर्षभ ॥ एतस्मिन्नेवकालेतुविरोधेदेवदानवैः २५ शक्रःप्रहरणान्वेषीलोकांस्त्रीन्विचचारह ॥ नचोपलेभेभगवाञ्छक्रःप्रहरणंतदा
२६ यद्वैतेषांभवेद्योग्यंवधायविबुधद्विषाम् ॥ ततोऽब्रवीत्सुरान्शक्रोनमेशक्यामहासुराः २७ ऋतेऽस्थिभिर्दधीचस्यनिहंतुंत्रिदशद्विषः ॥ तस्माद्गत्वाऋ
षिश्रेष्ठोयाच्यतांसुरसत्तमाः २८ दधीचास्थीनिदेहीतितैर्वधिष्यामहेरिपून् ॥ सचतैर्याचितोऽस्थीनियत्नादृषिवरस्तदा २९ प्राणत्यागंकुरुश्रेष्ठचकारैवाविचारयन् ॥
सलोकानक्षयान्प्राप्तोदेवप्रियकरस्तदा ३० तस्यास्थिभिरथोशक्रःसंप्रहृष्टमनास्तदा ॥ कारयामासदिव्यानिनानाप्रहरणानिच ३१ गदावज्राणिचक्राणिगुरून्दंडांश्च
पुष्कलान् ॥ सहितीव्रेणतपसासंभृतःपरमर्षिणा ३२ प्रजापतिसुतेनाथभृगुणालोकभावनः॥ अतिकायःसतेजस्वीलोकसारोविनिर्मितः ३३ जज्ञेशैलगुरुःप्रांशुर्महिम्नाप्र
थितःप्रभुः॥ नित्यमुद्विजतेचास्यतेजसःपाकशासनः ३४ तेनवज्रेणभगवान्मंत्रयुक्तेनभारत ॥ भृशंक्रोधविसृष्टेनब्रह्मतेजोद्भवेनच ३५ दैत्यदानववीराणांजघाननवतीर्नव॥
अथकालेव्यतिक्रांतेमहत्यतिभयंकरे ३६ अनावृष्टिरनुप्राप्ताराजन्द्वादशवार्षिकी ॥ तस्यांद्वादशवार्षिक्यामनावृष्ट्यांमहर्षयः ३७ वृत्त्यर्थंप्राद्रवन्राजन्क्षुधार्ताःसर्व
तोदिशम् ॥ दिग्भ्यस्तान्प्रद्रुतान्दृष्ट्वामुनिःसारस्वतस्तदा ३८ गमनायमतिंचक्रेतंप्रोवाचसरस्वती ॥ नगंतव्यमितःपुत्रतवाहारमहंसदा ३९ दास्यामिमत्स्यप्रवरानु
ष्यतामिहभारत ॥ इत्युक्तस्तर्पयामाससपितृन्देवतास्तथा ४० आहारमकरोन्नित्यंप्राणान्वेदांश्चधारयन् ॥ अथतस्यामनावृष्ट्यामतीतायांमहर्षयः ४१ अन्योन्यंप
रिपप्रच्छुःपुनःस्वाध्यायकारणात् ॥ तेषांक्षुधापरीतानांनष्टावेदाऽभिधावताम् ४२ सर्वेषामेवराजेन्द्रनकश्चित्प्रतिभानवान् ॥ अथकश्चिदृषिस्तेषांसारस्वतमुपेयिवान्
४३ कुर्वाणंसंशितात्मानंस्वाध्यायमृषिसत्तमम् ॥ सगत्वाऽचष्टतेभ्यश्चसारस्वतमतिप्रभम् ४४ स्वाध्यायममरप्रख्यंकुर्वाणंविजनेवने ॥ ततःसर्वेसमाजग्मुस्तत्रराज
न्महर्षयः ४५ सारस्वतंमुनिश्रेष्ठमिदमूचुःसमागताः ॥ अस्मानध्यापयस्वेतितानुवाचततोमुनिः ४६ शिष्यत्वमुपगच्छध्वंविधिवद्धिममेत्युत ॥ तत्राब्रुवन्मुनिगणा
बालस्त्वमसिपुत्रक ४७ सतानाहनमेधर्मोनश्येदितिपुनर्मुनीन् ॥ योह्यधर्मेणवैब्रूयाद्गृह्णीयाद्योऽप्यधर्मतः ४८ हीयेतांतावुभौक्षिप्रंस्यातांवावैरिणावुभौ ॥ नहायनैर्नप
लितैर्नवित्तेननबंधुभिः ४९ ऋषयश्चक्रिरेधर्मंयोऽनूचानःसनोमहान् ॥ एतच्छ्रुत्वावचस्तस्यमुनयस्तेविधानतः ५० तस्माद्वेदाननुप्राप्यपुनर्धर्मंप्रचक्रिरे ॥ षष्टिर्मुनि
सहस्राणिशिष्यत्वंप्रतिपेदिरे ५१ सारस्वतस्यविप्रर्षेर्वेदस्वाध्यायकारणात् ॥ मुष्टिंमुष्टिंततःसर्वेदर्भाणांतेह्युपाहरन् ॥ तस्यासनार्थंविप्रर्षेर्बालस्यापिवशेस्थिताः ५२

१८ ३९ । ४० । ४१ । ४२ । ४३ । ४४ । ४५ । ४६ । ४७ । ४८ । ४९ । ५० । ५१ । ५२ ॥ ॥ ॥ ॥

५३ ॥ इतिशल्यपर्वांतर्गतगदापर्वणिनीलकंठीये भारतभावदीपएकपंचाशत्तमोऽध्यायः ॥ ५१ ॥ ॥ कथमिति १ । २ । ३ । ४ । ५ । ६ । ७ । ८ । ९ । १० । ११ । १२ । १३ । १४ । १५

तत्रापिदत्वावसुरौहिणेयोमहाबलः केशवपूर्वजोऽथ ॥ जगामतीर्थंमुदितः क्रमेणख्यातंमहद्वृद्धकन्यास्मयत्र ५३ ॥ इतिश्रीमहाभारतेशल्यपर्वांतर्गतगदापर्वणिबल देवतीर्थ० सारस्व० एकपंचाशत्तमोऽध्यायः ॥ ५१ ॥ ॥ जनमेजयउवाच ॥ कथंकुमारीभगवंस्तपोयुक्ताह्यभूत्पुरा ॥ किमर्थंचतपस्तेपेकोवाऽस्यानियमोऽ भवत् ॥ १ सुदुष्करमिदंब्रह्मंस्त्वत्तः श्रुतमनुत्तमम् ॥ आख्याहितत्त्वमखिलंयथातपसिसास्थिता २ ॥ वैशंपायनउवाच ॥ ऋषिरासीन्महावीर्यःकुणिर्गर्गोमहाय शाः ॥ सतप्त्वाविपुलंराजंस्तपोवैतपतांवरः ३ मनसाऽथसुतांसुभ्रूंसमुत्पादितवान्विभुः ॥ तांचदृष्ट्वामुनिःप्रीतःकुणिर्गर्गोमहायशाः ४ जगामत्रिदिवंराजन्संत्य ज्येहकलेवरम् ॥ सुभ्रूःसाह्यथकल्याणीपुंडरीकनिभेक्षणा ५ महतातपसोग्रेणकृत्वाऽऽश्रममनिंदिता ॥ उपवासैःपूजयंतीपितॄन्देवांश्चसापुरा ६ तस्यास्तुतपसो ग्रेणमहान्कालोऽत्यगान्नृप ॥ सापित्रादीयमानापितत्रनैच्छदनिंदिता ७ आत्मनःसदृशंसातुभर्तारंनान्वपश्यत ॥ ततःसातपसोग्रेणपीडयित्वाऽऽत्मनस्तनुम् ८ पितृदेवार्चनरताबभूवविजनेवने ॥ साऽऽत्मानंमन्यमानाऽपिकृतकृत्यंश्रमान्विता ९ वार्धकेनचराजेन्द्रतपसाचैवकर्शिता ॥ सानाशकद्यदागंतुंपदात्पदमपिस्वयम् १० चकारगमनेबुद्धिंपरलोकायवैतदा ॥ मोक्तुकामांतुतांदृष्ट्वाशरीरंनारदोऽब्रवीत् ११ असंस्कृतायाःकन्यायाःकुतोलोकास्तवानघे ॥ एवंतुश्रुतमस्माभिर्देवलो केमहाव्रते १२ तपःपरमकंप्राप्तंनतुलोकास्त्वयाजिताः ॥ तन्नारदवचःश्रुत्वासाऽब्रवीदृषिसंसदि १३ तपसोऽर्धंप्रयच्छामिपाणिग्राहस्यसत्तम ॥ इत्युक्तेचास्याज ग्राहपाणिंगालवसंभवः १४ ऋषिःप्राक्श्रृंगवान्नामसमयंचेममब्रवीत् ॥ समयेनतवाद्याहंपाणिंस्प्रक्ष्यामिशोभने १५ यद्येकरात्रंवस्तव्यंत्वयासहमयेतिह ॥ तथे तिसाप्रतिश्रुत्यतस्मैपाणिंददौतदा १६ यथादृष्टेनविधिनाहुत्वाचाग्निंविधानतः ॥ चक्रेचपाणिग्रहणंतस्योद्वाहंचगालविः १७ सारात्रावभवद्राजंस्तरुणीवरवर्णि नी ॥ दिव्याभरणवस्त्राचदिव्यगंधानुलेपना १८ तांदृष्ट्वागालविःप्रीतोदीपयंतीमिवश्रिया ॥ उवासचक्षपामेकांप्रभातेसाऽब्रवीच्चतम् १९ यस्त्वयासमयोविप्रकृ तोमेतपतांवर ॥ तेनोषिताऽस्मिभद्रंतेस्वस्तितेस्तुव्रजाम्यहम् २० सानिर्गताब्रवीद्भूयोयोऽस्मिंस्तीर्थेसमाहितः ॥ वसतेरजनीमेकांतर्पयित्वादिवौकसः २१ चत्वारिंशतमष्टौचद्वौचाष्टौसम्यगाचरेत् ॥ योब्रह्मचर्यंवर्षाणिफलंतस्यलभेतसः २२ एवमुक्त्वाततःसाध्वीदेहंत्यक्त्वादिवंगता ॥ ऋषिरप्यभवद्दीनस्तस्यारूपंवि चिंतयन् २३ समयेनतपोऽर्धंचकृच्छ्रात्प्रतिगृहीतवान् ॥ साधयित्वातदात्मानंतस्याःसगतिमन्वियात् २४ दुःखितोभरतश्रेष्ठतस्यारूपबलात्कृतः ॥ एतत्तेवृद्धकन्या याव्याख्यातंचरितंमहत् २५ तथैवब्रह्मचर्यंचस्वर्गस्यचगतिःशुभा ॥ तत्रस्थश्चापिशुश्रावहतंशल्यंहलायुधः २६ ॥ ॥

१६ । १७ । १८ । १९ । २० । २१ चत्वारिंशतमष्टौचेतिप्रतिवेदंद्वादशवर्षाणीतिवेदचतुष्टयाध्ययनायाष्टाचत्वारिंशद्वर्षाणि । ततोद्वौवत्सरौस्नातकेनगुरोरानृण्यार्थंसेवाकार्याततोऽष्टवार्षिकींकन्यांपरिणीय तस्यायौवनावधिअष्टवर्षाणीत्यष्टपंचाशद्वर्षाणिब्रह्मचर्यंसर्वस्येष्टम् २२ । २३ । २४ । २५ । २६ ॥ ॥ ॥ ॥

२७ । २८ । २९ ॥इतिश०ग०नी०भा०द्विपंचाशत्तमोऽध्यायः ॥५२॥ प्रजापतेरिति १ । २ । ३ । ४।५ । ६ । ७ । ८ । ९ । १० । ११ । १२ । १३ । १४ । १५ । १६ । १७ ब्रह्मणःक्षयंनिवासं १८ । १९

तत्रापिदत्वादानानिद्विजातिभ्यःपरंतपः ॥ शुश्रावशल्यंसंग्रामेनिहतंपांडवैस्तदा २७ समंतपंचकद्वारात्ततोनिष्क्रम्यमाधवः ॥ पप्रच्छर्षिगणान्रामःकुरुक्षेत्रस्ययत्फलम् २८ तेपृष्टायदुसिंहेनकुरुक्षेत्रफलंविभो ॥ समाचख्युर्महात्मानस्तस्मैसर्वंयथातथम् २९ ॥ इतिश्रीमहाभारतेशल्यप० गदाप० बलदेवतीर्थ०सारस्वतो० द्विपंचाशत्तमोऽध्यायः ॥ ५२ ॥ ऋषयऊचुः ॥ प्रजापतेरुत्तरवेदिरुच्यतेसनातनंरामसमंतपंचकम् ॥ समीजिरेयत्रपुरादिवौकसोवरेणसत्रेणमहावरप्रदाः १ पुराचराजर्षिवरेणधीमताबहूनिवर्षाण्यमितेनतेजसा ॥ प्रकृष्टमेतत्कुरुणामहात्मनाततःकुरुक्षेत्रमितीहपप्रथे २ ॥ रामउवाच ॥ किमर्थंकुरुणाकृष्टंक्षेत्रमेतन्महात्मना ॥ एतदिच्छाम्यहंश्रोतुंकथ्यमानंतपोधनाः ३ ॥ ऋषयऊचुः ॥ पुराकिलकुरुंरामकर्षंतंसततोत्थितम् ॥ अभ्येत्यशक्रस्त्रिदिवात्पर्यपृच्छतकारणम् ४ ॥ इंद्रउवाच ॥ किमिदंवर्ततेराजन्प्रयत्नेनपरेणच ॥ राजर्षेकिमभिप्रेत्ययेनेयंकृष्यतेक्षितिः ५ ॥ कुरुरुवाच ॥ इहयेपुरुषाःक्षेत्रेमरिष्यंतिशतक्रतो ॥ तेगमिष्यंतिसुकृताँल्लोकान्पापविवर्जितान् ६ अवहस्यततःशक्रोजगामत्रिदिवंपुनः ॥ राजर्षिरप्यनिर्विण्णःकर्षत्येववसुंधराम् ७ आगम्यागम्यचैवैनंभूयोभूयोऽवहस्यच ॥ शतक्रतुरनिर्विण्णंपृष्ट्वापृष्ट्वाजगामह ८ यदातुतपसोग्रेणचकर्षवसुधांनृपः ॥ ततःशक्रोऽब्रवीद्देवान्राजर्षेर्यच्चिकीर्षितम् ९ एतच्छ्रुत्वाऽब्रुवन्देवाःसहस्राक्षमिदंवचः ॥ वरेणच्छंद्यतांशक्रराजर्षिर्यदिशक्यते १० यदिह्यत्रप्रमीतावैस्वर्गंगच्छंतिमानवाः ॥ अस्माननिष्ट्वाक्रतुभिर्भागोनोनभविष्यति ११ आगम्यचततःशक्रस्तदाराजर्षिमब्रवीत् ॥ अलंखेदेनभवतःक्रियतांवचनंमम १२ मानवायेनिराहारादेहंत्यक्ष्यंत्यतंद्रिताः ॥ युधिवानिहताःसम्यगपितिर्यग्गतानृप १३ तेस्वर्गभाजोराजेन्द्रभविष्यंतिमहामते ॥ तथाऽस्त्वितिततोराजाकुरुःशक्रमुवाचह १४ ततस्तमभ्यनुज्ञाप्यप्रहृष्टेनांतरात्मना ॥ जगामत्रिदिवंभूयःक्षिप्रंबलनिषूदनः १५ एवमेतद्यदुश्रेष्ठकृष्टंराजर्षिणापुरा ॥ शक्रेणचाभ्यनुज्ञातंब्रह्माद्यैश्चसुरैस्तथा १६ नातःपरतरंपुण्यंभूमेःस्थानंभविष्यति ॥ इहतप्स्यंतियेकेचित्तपःपरमकंनराः १७ देहत्यागेनतेसर्वेयास्यंतिब्रह्मणःक्षयम् ॥ येपुनःपुण्यभाजोवैदानंदास्यंतिमानवाः १८ तेषांसहस्रगुणितंभविष्यत्यचिरेणवै ॥ येचेहनित्यंमनुजानिवत्स्यंतिशुभैषिणः १९ यमस्यविषयंतेतुनद्रक्ष्यंतिकदाचन ॥ यक्ष्यंतियेचक्रतुभिर्महद्भिर्मनुजेश्वराः २० तेषांत्रिविष्टपेवासोयावद्भूमिर्धरिष्यति ॥ अपिचात्रस्वयंशक्रोजगौगाथांसुराधिपः २१ कुरुक्षेत्रनिबद्धांवैतांशृणुष्वहलायुध ॥ पांसवोपिकुरुक्षेत्राद्वायुनासमुदीरिताः ॥ अपिदुष्कृतकर्माणंनयंतिपरमांगतिम् २२ सुरर्षभाब्राह्मणसत्तमाश्चतथानृगाद्यानरदेवमुख्याः ॥ इष्ट्वामहार्हैःक्रतुभिर्नृसिंहसंत्यज्यदेहान्सुगतिंप्रपन्नाः २३ तरंतुकारंतुकयोर्यदंतरंरामह्रदानांचमचक्रुकस्यच ॥ एतत्कुरुक्षेत्रसमंतपंचकंप्रजापतेरुत्तरवेदिरुच्यते २४ शिवंमहापुण्यमिदंदिवौकसांसुसंमतंसर्वगुणैःसमन्वितम् ॥ अतश्चसर्वेनिहतानृपारणेयास्यंतिपुण्यांगतिमक्षयांसदा २५ ॥ ॥

२० । २१ । २२ । २३ । २४ सारस्वतानांतीर्थानांवर्णनंकुरुक्षेत्रमाहात्म्यज्ञापनार्थम् । तदपितत्रमृतानामन्येषामपिस्वर्गंतिप्रदंकिमुतक्षत्रधर्मेणमृतानामित्येतदर्थं तदेवोपसंहरन्दर्शयतिअतश्चेति २५

२६ ॥ इतिशल्यपर्वांतर्गतगदापर्वणि नी० भा० त्रिपंचाशत्तमोऽध्यायः ॥ ५३ ॥ ॥ ॥ कुरुक्षेत्रमिति ॥ १ । २ । ३ । ४ । ५ । ६ । ७ । ८ । ९ । १० । ११ । १२ । १३

इत्युवाचस्वयंशक्रःसहब्रह्मादिभिस्तथा ॥ तच्चानुमोदितंसर्वैर्ब्रह्मविष्णुमहेश्वरैः २६ ॥ इतिश्रीम०शल्यपर्वांतर्गतग० बलदेवती० सारस्व०कुरुक्षेत्रकथनेत्रिपंचाश
त्तमोऽध्यायः ॥ ५३ ॥ ॥ वैशंपायनउवाच ॥ कुरुक्षेत्रंततोदृष्ट्वादत्वादायांश्चसात्वतः ॥ आश्रमंसुमहद्दिव्यमगमज्जनमेजय १ मधूकाम्रवणोपेतंप्लक्षन्यग्रोधसं
कुलम् ॥ चिरबिल्वयुतंपुण्यंपनसार्जुनसंकुलम् २ तंदृष्ट्वायादवश्रेष्ठःप्रवरंपुण्यलक्षणम् ॥ पप्रच्छतानृषीन्सर्वान्कस्याश्रमवरस्त्वयम् ३ तेतुसर्वेमहात्मानमूचूरा
जन्हलायुधम् ॥ शृणुविस्तरशोरामयस्यायंपूर्वमाश्रमः ४ अत्रविष्णुःपुरादेवस्तप्तवांस्तपउत्तमम् ॥ अत्रास्यविधिवद्यज्ञाःसर्वेवृत्ताःसनातनाः ५ अत्रैवब्राह्मणीसि
द्धाकौमारब्रह्मचारिणी ॥ योगयुक्तादिवंयातातपःसिद्धातपस्विनी ६ बभूवश्रीमतीराजन्शांडिल्यस्यमहात्मनः॥सुताधृतव्रतासाध्वीनियताब्रह्मचारिणी ७ सातुत
प्त्वातपोघोरंदुश्चरंस्त्रीजनेनह ॥ गतास्वर्गंमहाभागादेवब्राह्मणपूजिता ८ श्रुत्वाऋषीणांवचनमाश्रमंतंजगामह ॥ ऋषींस्तानभिवाद्याथपार्श्वेहिमवतोऽच्युतः ९
संध्याकार्याणिसर्वाणिनिर्वर्त्यारुरुहेऽचलम् ॥ नातिदूरंततोगत्वानगंतालध्वजोबली १० पुण्यंतीर्थवरंदृष्ट्वाविस्मयंपरमंगतः ॥ प्रभावंचसरस्वत्याःप्लक्षप्रस्रवणंबलः
११ संप्राप्तःकारपवनंप्रवरंतीर्थमुत्तमम् ॥ हलायुधस्तत्रचापिदत्वादानंमहाबलः १२ आप्लुतःसलिलेपुण्येसुशीतेविमलेशुचौ ॥ संतर्पयामासपितॄन्देवांश्चरणदु
र्मदः १३ तत्रोष्यैकांतुरजनींयतिभिर्ब्राह्मणैःसह ॥ मित्रावरुणयोःपुण्यंजगामाश्रममच्युतः १४ इंद्रोऽग्निरर्यमाचैवयत्रप्राक्प्रीतिमाप्नुवन् ॥ तंदेशंकारपवनाद्यमु
नायांजगामह १५ स्नात्वातत्रचधर्मात्मापरांप्रीतिमवाप्यच ॥ ऋषिभिश्चैवसिद्धैश्चसहितोवैमहाबलः १६ उपविष्टःकथाःशुभ्राःशुश्रावयदुपुंगवः ॥ तथातुतिष्ठतां
तेषांनारदोभगवानृषिः १७ आजगामाथतंदेशंयत्ररामोव्यवस्थितः ॥ जटामंडलसंवीतःस्वर्णचीरोमहातपाः १८ हेमदंडधरोराजन्कमंडलुधरस्तथा ॥ कच्छपीं
सुखशब्दांतांगृह्यवीणांमनोरमाम् १९ नृत्येगीतेचकुशलोदेवब्राह्मणपूजितः ॥ प्रकर्ताकलहानांचनित्यंचकलहप्रियः २० तंदेशमगमद्यत्रश्रीमान्रामोव्यवस्थि
तः ॥ प्रत्युत्थायचतंसम्यक्पूजयित्वायतव्रतम् २१ देवर्षिपर्यपृच्छत्सयथावृत्तंकुरून्प्रति ॥ ततोऽस्याकथयद्राजन्नारदःसर्वधर्मवित् २२ सर्वमेतद्यथावृत्तमतीव
कुरुसंक्षयम् ॥ ततोऽब्रवीद्रौहिणेयोनारदंदीनयागिरा २३ किमवस्थंतुतत्क्षत्रंयेतुतत्राभवन्नृपाः ॥ श्रुतमेतन्मयापूर्वंसर्वमेवतपोधन २४ विस्तरश्रवणेजातंकौतूहल
मतीवमे ॥ नारदउवाच ॥ पूर्वमेवहतोभीष्मोद्रोणःसिंधुपतिस्तथा २५ हतोवैकर्तनःकर्णःपुत्राश्चास्यमहारथाः॥ भूरिश्रवारौहिणेयमद्रराजश्चवीर्यवान् २६ एतेचा
न्येचबहवस्तत्रतत्रमहाबलाः ॥ प्रियान्प्राणान्परित्यज्यजयार्थंकौरवस्यवै २७ राजानोराजपुत्राश्चसमरेष्वनिवर्तिनः ॥ अहतांस्तुमहाबाहोशृणुमेतत्रमाधव २८

१४ । १५ । १६ । १७ । १८ । १९ । २० । २१ । २२ । २३ । २४ । २५ । २६ । २७ । २८ ॥ ॥ ॥ ॥

२९ । ३० । ३१ । ३२ । ३३ । ३४ । ३५ । ३६ । ३७ । ३८ । ३९ । ४० । ४१ ॥ इतिशल्यपर्वांतर्गतगदापर्वणिनीलकंठीयेभारतभावदीपेचतुष्पंचाशत्तमोऽध्यायः ॥ ५४ ॥ ॥

धार्त्तराष्ट्रबलेशेषास्त्रयःसमितिमर्दनाः॥ कृपश्चकृतवर्माचद्रोणपुत्रश्चवीर्यवान् २९ तेपिवैविद्रुतारामदिशोदशभयात्तदा ॥ दुर्योधनोहतेशल्यविद्रुतेषुकृपादिषु ३० ह्रदंद्वै
पायनंनामविवेशभृशदुःखितः॥ शयानंधार्त्तराष्ट्रंतुसलिलेस्तंभितेतदा ३१ पांडवाःसहकृष्णेनवाग्भिरुग्राभिरार्दयन् ॥ सतुद्यमानोबलवान्वाग्भीरामसमंततः ३२ उत्थितः
सह्रदाद्वीरःप्रगृह्यमहतींगदाम् ॥ सचाप्युपगतोयोद्धुंभीमेनसहसांप्रतम् ३३ भविष्यतितयोरद्ययुद्धंरामसुदारुणम् ॥ यदिकौतूहलंतेऽस्तिव्रजमाधवमाचिरम् ३४ प
श्ययुद्धंमहाघोरंशिष्ययोर्यदिमन्यसे ॥ वैशंपायनउवाच ॥ नारदस्यवचःश्रुत्वातानभ्यर्च्यद्विजर्षभान् ३५ सर्वान्विसर्जयामासयेतेनाभ्यागताःसह ॥ गम्यतांद्वारकां
चेतिसोन्वशादनुयायिनः ३६ सोऽवतीर्याचलश्रेष्ठात्प्लक्षप्रस्रवणाच्छुभात् ॥ ततःप्रीतमनारामःश्रुत्वातीर्थफलंमहत् ॥ विप्राणांसन्निधौश्लोकमगायदिममच्युतः ३७
सरस्वतीवाससमाकुतोरतिःसरस्वतीवाससमाःकुतोगुणाः ॥ सरस्वतींप्राप्यदिवंगताजनाःसदास्मरिष्यंतिनदींसरस्वतीम् ३८ सरस्वतीसर्वनदीषुपुण्यासरस्वतीलोकशु
भावहासदा ॥ सरस्वतींप्राप्यजनाःसुदुष्कृतंसदानशोचंतिपरत्रचेहच ३९ ततोमुहुर्मुहुःप्रीत्याप्रेक्षमाणःसरस्वतीम् ॥ हयैर्युक्तंरथंशुभ्रमातिष्ठतपरंतपः ४० सशीघ्रगा
मिनातेनरथेनयदुपुंगवः ॥ दिदृक्षुरभिसंप्राप्तःशिष्ययुद्धमुपस्थितम् ४१ ॥ इतिश्रीमहाभारतेशल्यप० गदापर्वणिबलदेवतीर्थयात्रायांसारस्वतोपाख्यानेचतुष्पंचाश
त्तमोऽध्यायः ॥ ५४ ॥ ॥ वैशंपायनउवाच ॥ एवंतदभवद्युद्धंतुमुलंजनमेजय ॥ यत्रदुःखान्वितोराजाधृतराष्ट्रोऽब्रवीदिदम् १ ॥ धृतराष्ट्रउवाच ॥ रामंसंनिहितं
दृष्ट्वागदायुद्धउपस्थिते ॥ ममपुत्रःकथंभीमंप्रत्ययुध्यतसंजय २ ॥ संजयउवाच ॥ रामसान्निध्यमासाद्यपुत्रोदुर्योधनस्तव ॥ युद्धकामोमहाबाहुःसमहृष्यतवीर्यवान्
३ दृष्ट्वालांगलिनंराजाप्रत्युत्थायचभारत ॥ प्रीत्यापरमयायुक्तःसमभ्यर्च्ययथाविधि ४ आसनंचददौतस्मैपर्यपृच्छदनामयम् ॥ ततोयुधिष्ठिरंरामोवाक्यमेतदुवाचह
५ मधुरंधर्मसंयुक्तंशूराणांहितमेवच ॥ मयाश्रुतंकथयतामृषीणांराजसत्तम ६ कुरुक्षेत्रंपरंपुण्यंपावनंस्वर्ग्यमेवच ॥ दैवतैर्ऋषिभिर्जुष्टंब्राह्मणैश्चमहात्मभिः ७ तत्रवैयो
त्स्यमानायेदेहंत्यक्ष्यंतिमानवाः ॥ तेषांस्वर्गेध्रुवोवासःशक्रेणसहमारिष ८ तस्मात्समंतपंचकमितोयामद्रुतंनृप ॥ प्रथितोत्तरवेदीसादेवलोकेप्रजापतेः ९ तस्मिन्महा
पुण्यतमेत्रैलोक्यस्यसनातने ॥ संग्रामेनिधनंप्राप्यध्रुवंस्वर्गोभविष्यति १० तथेत्युक्त्वामहाराजकुंतीपुत्रोयुधिष्ठिरः ॥ समंतपंचकंवीरःप्रायादभिमुखःप्रभुः ११
ततोदुर्योधनोराजाप्रगृह्यमहतींगदाम् ॥ पद्भ्याममर्षीद्युतिमानगच्छत्पांडवैःसह १२ तथायांतंगदाहस्तंवर्मणाचापिदंशितम् ॥ अंतरिक्षचरादेवाःसाधुसाध्वित्यपूज
यन् १३ वातिकाश्चारणायेतुदृष्ट्वातेहर्षमागताः ॥ सपांडवैःपरिवृतःकुरुराजस्तवात्मजः १४ मत्तस्येवगजेन्द्रस्यगतिमास्थायसोऽव्रजत् ॥ ततःशंखनिनादेनभेरीणां
चमहास्वनैः १५ सिंहनादैश्चशूराणांदिशःसर्वाःप्रपूरिताः ॥ ततस्तेतुकुरुक्षेत्रंप्राप्तानरवरोत्तमाः १६ ॥ ॥ ॥

एवमिति १ । २ । ३ । ४ । ५ । ६ । ७ । ८ । ९ । १० । ११ । १२ । १३ वातिकाःवातेनसहगच्छंतिआकाशचारिणः चारणाःसिद्धविशेषाः १४ । १५ । १६ ॥

प्रतीच्यभिमुखमित्यत्रप्रतीयेतिपाठेप्रतिगत्यान्योन्याभिमुखंप्रातिभट्येनप्राप्येत्यर्थः स्वयनंसुगदितं १७ अनिरिणेअनूषरे अनिघृणेइतिपाठेनिहीनयाघृणयाकथमहंभ्रातरंवधिष्यामीत्येवंरूपयाकरुणयारहिते अतएवसमरेनिष्ठुरत्वंप्रशस्यतेस्वर्गहेतुत्वात् १८ । १९ । २० । २१ । २२ । २३ । २४ । २५ । २६ । २७ । २८ । २९ । ३० । ३१ वासितासंगमेएककरिणीसंगमार्थंदृप्तौमोहितौ ३२ । ३३ । ३४

प्रतीच्यभिमुखंदेशंयथोद्दिष्टंसुतेनते ॥ दक्षिणेनसरस्वत्याःस्वयनंतीर्थमुत्तमम् १७ तस्मिन्देशेत्वनिरिणेतेतुयुद्धमरोचयन् ॥ ततोभीमोमहाकोटिंगदांगृह्याथवर्म भृत् १८ बिभ्रद्रूपंमहाराजसदृशंहिगरुत्मतः ॥ अवबद्धशिरस्त्राणःसंख्येकांचनवर्मभृत् १९ रराजराजन्पुत्रस्तेकांचनःशैलराडिव ॥ वर्मभ्यांसंयतौवीरौभीमदुर्यो धनावुभौ २० संयुगेचप्रकाशेतेसंरब्धाविवकुंजरौ ॥ रणमंडलमध्यस्थौभ्रातरौतौनरर्षभौ २१ अशोभेतांमहाराजचंद्रसूर्याविवोदितौ ॥ तावन्योऽन्यंनिरीक्षेतां क्रुद्धाविवमहाद्विपौ २२ दहंतौलोचनैराजन्परस्परवधैषिणौ ॥ संप्रहृष्टमनाराजन्गदामादायकौरवः २३ सृक्किणीसंलिहन्राजन्क्रोधरक्तेक्षणःश्वसन् ॥ ततोदु र्योधनोराजन्गदामादायवीर्यवान् २४ भीमसेनमभिप्रेक्ष्यगजोगजमिवाह्वयत् ॥ अद्रिसारमयींभीमस्तथैवादायवीर्यवान् २५ आह्वयामासनृपतिंसिंहंसिंहोयथाव ने ॥ तावुद्यतगदापाणीदुर्योधनवृकोदरौ २६ संयुगेचप्रकाशेतांगिरीसशिखराविव ॥ तावुभौसमतिक्रुद्धावुभौभीमपराक्रमौ २७ उभौशिष्यौगदायुद्धेरौहिणेयस्य धीमतः ॥ उभौसदृशकर्माणौमयवासवयोरिव २८ तथासदृशकर्माणौवरुणस्यमहाबलौ ॥ वासुदेवस्यरामस्यतथावैश्रवणस्यच २९ सदृशौतौमहाराजमधुकैट भयोर्युधि ॥ उभौसदृशकर्माणौतथासुंदोपसुंदयोः ३० रामरावणयोश्चैववालिसुग्रीवयोस्तथा ॥ तथैवकालस्यसमौमृत्योश्चैवपरंतपौ ३१ अन्योन्यमभिधावंतौ मत्ताविवमहाद्विपौ ॥ वासितासंगमेदृप्तौशरदीवमदोत्कटौ ३२ उभौक्रोधविषंदीप्तंवमंतावुरगाविव ॥ अन्योन्यमभिसंरब्धौप्रेक्षमाणावरिंदमौ ३३ उभौभरतशार्दूलौ विक्रमेणसमन्वितौ ॥ सिंहाविवदुराधर्षौगदायुद्धविशारदौ ३४ नखदंष्ट्रायुधौवीरौव्याघ्राविवदुरुत्सहौ ॥ प्रजासंहरणेक्षुब्धौसमुद्राविवदुस्तरौ ३५ लोहितांगाविव क्रुद्धौप्रतपंतौमहारथौ ॥ पूर्वपश्चिमजौमेघौप्रेक्षमाणावरिंदमौ ३६ गर्जमानौसुविषमंक्षरंतौप्रावृषीवहि ॥ रश्मियुक्तौमहात्मानौदीप्तिमन्तौमहाबलौ ३७ ददृशातेकुरु श्रेष्ठौकालसूर्याविवोदितौ ॥ व्याघ्राविवसुसंरब्धौगर्जन्ताविवतोयदौ ३८ जहृषातेमहाबाहूसिंहकेसरिणाविव ॥ गजाविवसुसंरब्धौज्वलिताविवपावकौ ३९ ददृशाते महात्मानौसशृंगाविवपर्वतौ ॥ रोषात्प्रस्फुरमाणोष्ठौनिरीक्षंतौपरस्परम् ४० तौसमेतौमहात्मानौगदाहस्तौनरोत्तमौ ॥ उभौपरमसंहृष्टावुभौपरमसंमतौ ४१ सद श्वाविवहेषंतौबृंहंताविवकुंजरौ ॥ वृषभाविवगर्जंतौदुर्योधनवृकोदरौ ४२ दैत्याविवबलोन्मत्तौरेजतुस्तौनरोत्तमौ ॥ ततोदुर्योधनोराजन्निदमाहयुधिष्ठिरम् ४३ भ्रातृ भिःसहितंचैवकृष्णेनचमहात्मना ॥ रामेणामितवीर्येणवाक्यंशौटीर्यसम्मतम् ४४ केकयैःसृंजयैर्दृप्तंपंचालैश्चमहात्मभिः ॥ इदंव्यवसितंयुद्धंममभीमस्यचोभयोः ४५

३५ लोहितांगौद्वौकुजाविवेत्यभूतोपमा ३६ । ३७ । ३८ जहृषातेहर्षंप्रापतुः ३९ । ४० । ४१ । ४२ । ४३ शौटीर्यसंमतंगर्वयुक्तम् ४४ । ४५ ॥ ॥

४६ । ४७ । ४८ । ४९ । ५० । ५१ इतिशल्यांतर्गतगदापर्वणिनीलकंठीये भारतभावदीपे पंचपंचाशत्तमोऽध्यायः ॥ ५५ ॥ ततइति १ । २ । ३ । ४ । ५ । ६ । ७ । ८ । ९ । १० । ११

उपोपविष्टाःपश्यध्वंसहितैर्नृपपुंगवैः ॥ श्रुत्वादुर्योधनवचःप्रत्यपद्यंततत्तथा ४६ ततःसमुपविष्टंतत्सुमहद्राजमंडलम् ॥ विराजमानंददृशेदिवीवादित्यमंडलम् ४७
तेषांमध्येमहाबाहुःश्रीमान्केशवपूर्वजः ॥ उपविष्टोमहाराजपूज्यमानःसमंततः ४८ शुशुभेराजमध्यस्थोनीलवासाःसितप्रभः ॥ नक्षत्रैरिवसंपूर्णोवृतोनिशिनिशाकरः
४९ तौतथातुमहाराजगदाहस्तौसुदुःसहौ ॥ अन्योन्यंवाग्भिरुग्राभिस्तक्ष्माणौव्यवस्थितौ ५० अप्रियाणिततोऽन्योन्यमुक्त्वातौकुरुसत्तमौ ॥ उदीक्षंतौस्थितौतत्र
वृत्रशक्रौयथाऽऽहवे ५१ ॥ इतिश्रीमहाभारतेशल्यपर्वांतर्गतगदाप० युद्धारंभेपंचपंचाशत्तमोऽध्यायः ॥ ५५ ॥ वैशंपायनउवाच ॥ ततोवाग्युद्धमभवत्तुमुलं
जनमेजय ॥ यत्रदुःखान्वितोराजाधृतराष्ट्रोऽब्रवीदिदम् १ धिगस्तुखलुमानुष्यंयस्यनिष्ठेयमीदृशी ॥ एकादशचमूभर्तायत्रपुत्रोममानव २ आज्ञाप्यसर्वान्नृपतीन्भु
क्त्वाचेमांवसुंधराम् ॥ गदामादायवेगेनपदातिःप्रस्थितोरणे ३ भूत्वाहिजगतोनाथोह्यनाथइवमेसुतः ॥ गदामुद्यम्ययोयातिकिमन्यद्भागधेयतः ४ अहोदुःखं
महत्प्राप्तंपुत्रेणममसंजय ॥ एवमुक्त्वासदुःखार्तोविरराममजनाधिपः ५ ॥ संजयउवाच ॥ समेघनिनदोहर्षान्निनदन्निवगोवृषः ॥ आजुहावततदापार्थंयुद्धाययुधि
वीर्यवान् ६ भीममाह्वयमानेतुकुरुराजेमहात्मनि ॥ प्रादुरासन्सुघोराणिरूपाणिविविधान्युत ७ ववुर्वाताःसनिर्घाताःपांसुवर्षंपपातच ॥ बभूवुश्चदिशःसर्वास्ति
मिरेणसमावृताः ८ महास्वनाःसुनिर्घातास्तुमुलालोमहर्षणाः ॥ पेतुस्तथोल्काःशतशःस्फोटयंत्योनभस्तलात् ९ राहुश्चाग्रसदादित्यमपर्वणिविशांपते ॥ चकंपेच
महाकंपंपृथिवीसवनद्रुमा १० दीप्ताश्चवाताःप्रववुर्नीचैःशर्करकर्षिणः ॥ गिरीणांशिखराण्येवन्यपतंतमहीतले ११ मृगाबहुविधाकाराःसंपतंतिदिशोदश ॥ दीप्ताः
शिवाश्चाप्यनदन्घोररूपाःसुदारुणाः १२ निर्घाताश्चमहाघोराबभूवुर्लोमहर्षणाः ॥ दीप्तायांदिशिराजेंद्रमृगाश्चाशुभवेदिनः १३ उदपानगताश्चापोव्यवर्धन्तसमंततः ॥
अशरीरामहानादाःश्रूयंतेस्मतदानृप १४ एवमादीनिदृष्ट्वाऽथनिमित्तानिवृकोदरः ॥ उवाचभ्रातरंज्येष्ठंधर्मराजंयुधिष्ठिरम् १५ नैषशक्तोरणेजेतुंमंदात्मामांसुयोधनः ॥
अद्यक्रोधंविमोक्ष्यामिनिगूढंहृदयेचिरम् १६ सुयोधनेकौरवेंद्रेखांडवेपावकोयथा ॥ शल्यमद्योद्धरिष्यामितवपांडवहृच्छयम् १७ निहत्यगदयापापमिमंकुरुकुला
धमम् ॥ अद्यकीर्तिमयींमालांप्रतिमोक्ष्याम्यहंत्वयि १८ हत्वेमंपापकर्माणंगदयारणमूर्धनि ॥ अद्यास्यशतधादेहंभिनद्मिगदयाऽनया १९ नायंप्रवेष्टानगरंपुनर्वा
रणसाह्वयम् ॥ सर्पोत्सर्गस्यशयनेविषदानस्यभोजने २० प्रमाणकोट्यांपातस्यदाहस्यजतुवेश्मनि ॥ सभायामवहासस्यसर्वस्वहरणस्यच २१ वर्षमज्ञातवासस्यव
नवासस्यचानघ ॥ अद्यांतमेषांदुःखानांगंताऽहंभरतर्षभ २२ एकाह्नाविनिहत्येमंभविष्याम्यात्मनोऽनृणः ॥ अद्यायुर्धार्तराष्ट्रस्यदुर्मतेरकृतात्मनः २३

१९
१२ । १३ । १४ । १५ । १६ । १७ । १८ । १९ । २० । २१ । २२ । २३ ॥ ॥ ॥

२४ । २५ । २६ । २७ । २८ । २९ । ३० । ३१ । ३२ । ३३ । ३४ । ३५ । ३६ । ३७ । ३८ । ३९ । ४० । ४१ ४२ । ४३ । ४४ । ४५ । ४६ ॥ इतिशल्यपर्वान्तर्गतगदापर्वणि

समाप्तंभरतश्रेष्ठमातापित्रोश्चदर्शनम् ॥ अद्यसौख्यंतुराजेन्द्रकुरुराजस्यदुर्मतेः २४ समाप्तंचमहाराजनारीणांदर्शनंपुनः ॥ अद्यायंकुरुराजस्यशांतनोःकुलपां
सनः २५ प्राणान्श्रियंचराज्यंचत्यक्त्वाशेष्यतिभूतले ॥ राजाचधृतराष्ट्रोऽद्यश्रुत्वापुत्रंनिपातितम् २६ स्मरिष्यत्यशुभंकर्मयत्तच्छकुनिबुद्धिजम् ॥ इत्युक्त्वा
राजशार्दूलगदामादायवीर्यवान् २७ अभ्यतिष्ठतयुद्धायशक्रोवृत्रमिवाह्वयन् ॥ तमुद्यतगदंदृष्ट्वाकैलासमिवशृंगिणम् २८ भीमसेनःपुनःक्रुद्धोदुर्योधनमुवाचह ॥ राज्ञ
श्चधृतराष्ट्रस्यतथात्वमपिचात्मनः २९ स्मरतद्दुष्कृतंकर्मयद्वृत्तंवारणावते ॥ द्रौपदीचपरिक्लिष्टासभामध्येरजस्वला ३० द्यूतेचवंचितोराजायत्त्वयासौबलेनच ॥ वनेदुः
खंचयत्प्राप्तमस्माभिस्त्वत्कृतंमहत् ३१ विराटनगरेचैवयोन्यंतरगतैरिव ॥ तत्सर्वंपातयाम्यद्यदिष्ट्याद्दृष्टोऽसिदुर्मते ३२ त्वत्कृतेऽसौहतःशेतेशरतल्पेप्रतापवान् ॥
गांगेयोरथिनांश्रेष्ठोनिहतोयाज्ञसेनिना ३३ हतोद्रोणश्चकर्णश्चतथाशल्यःप्रतापवान् ॥ वैराग्नेरादिकर्ताऽसौशकुनिःसौबलोहतः ३४ प्रातिकामीततःपापोद्रौपद्याःक्लेश
कृद्धतः ॥ भ्रातरस्तेहताःसर्वेशूराविक्रांतयोधिनः ३५ एतेचान्येचबहवोनिहतास्त्वत्कृतेनृपाः ॥ त्वामद्यनिहनिष्यामिगदयानात्रसंशयः ३६ इत्येवमुच्चैराजें
द्रभाषमाणंवृकोदरम् ॥ उवाचगतभीराजन्पुत्रस्तेसत्यविक्रमः ३७ किंकत्थनेनबहुनायुध्यस्वत्वंवृकोदर ॥ अद्यतेऽहंविनेष्यामियुद्धश्रद्धांकुलाधम ३८ नहि
दुर्योधनःक्षुद्रकेनचित्त्वद्विधेनवै ॥ शक्यस्त्रासयितुंवाचायथाऽन्यःप्राकृतोनरः ३९ चिरकालेप्सितंदिष्ट्याहृदयस्थमिदंमम ॥ त्वयासहगदायुद्धंत्रिदशैरुपपादितम् ४०
किंवाचाबहुनोक्तेनकत्थितेनचदुर्मते ॥ वाणीसंपद्यतामेषाकर्मणामाचिरंकृथाः ४१ तस्यतद्वचनंश्रुत्वासर्वएवाभ्यपूजयन् ॥ राजानःसोमकाश्चैवयेतत्रासन्समागताः
४२ ततःसंपूजितःसर्वैःसंप्रहृष्टतनूरुहः ॥ भूयोधीरांमतिंचक्रेयुद्धायकुरुनंदनः ४३ उन्मत्तमिवमातंगंतलशब्दैर्नराधिपाः ॥ भूयःसंहर्षयांचक्रुर्दुर्योधनममर्षणम् ४४
तंमहात्मामहात्मानंगदामुद्यम्यपांडवः ॥ अभिदुद्राववेगेनधार्तराष्ट्रंवृकोदरः ४५ बृंहंतिकुंजरास्तत्रहयाहेषंतिचासकृत् ॥ शस्त्राणिचाप्यदीप्यंतपांडवानांजयैषिणाम्
४६ ॥ इतिश्रीमहाभारतेशल्यपर्वांतर्गतगदापर्वणिगदायुद्धारंभेषट्पंचाशत्तमोऽध्यायः ॥ ५६ ॥ ॥ संजयउवाच ॥ ततोदुर्योधनोदृष्ट्वाभीमसेनंतथागतम् ॥ प्रत्यु
द्ययावदीनात्मावेगेनमहतानदन् १ समापेततुरन्योन्यंशृंगिणौवृषभाविव ॥ महानिर्घातघोषश्चप्रहाराणामजायत २ अभवच्चतयोर्युद्धंतुमुलंलोमहर्षणम् ॥ जिगीष
तोर्यथाऽन्योन्यमिंद्रप्रह्लादयोरिव ३ रुधिरोक्षितसर्वांगौगदाहस्तौमनस्विनौ ॥ ददृशातेमहात्मानौपुष्पिताविवकिंशुकौ ४ तथातस्मिन्महायुद्धेवर्तमानेसुदारुणे ॥
खद्योतसंघैरिवखंदर्शनीयंव्यरोचत ५ तथातस्मिन्वर्तमानेसंकुलेतुमुलेभृशम् ॥ उभावपिपरिश्रांतौयुध्यमानावरिंदमौ ६ तौमुहूर्तंसमाश्वस्यपुनरेवपरंतपौ ॥
अभ्यहारयतान्योऽन्यंसंप्रगृह्यगदेशुभे ७ ॥ ॥ ॥ ॥

नीलकंठीये भारतभावदीपे षट्पंचाशत्तमोऽध्यायः ॥ ५६ ॥ ॥ ततइति १ । २ । ३ । ४ । ५ । ६ अभ्यहारयतान्योन्यंपरस्परमभ्यहारयतांगदेआजिघ्रहीषातां संधिरार्षः ७ ॥ ॥

८।९।१० अंतरं गतिविशेषं ११।१२।१३।१४ मंडलानिशत्रोःपरिवेष्टनानिपरितोभ्रमणानि १५। १६ गतंशत्रोःसंमुखगमनं प्रत्यागतं आभिमुख्यमत्यजतएवापसरणं १७ अस्त्रयंत्राणिकंचिन्मर्मदेशमाक्षिप्ययेनशत्रोरुत्क्षेपणंमपक्षेपणंचक्रियतेतदस्त्रयंत्रं अस्यतेक्षिप्यतेऽनेनेत्यस्त्रंतच्चतद्यंत्रंनिग्रहणंचास्त्रयंत्रमितिसमासः। स्थानानितेषामेवोपयोगीनिमर्मदेशादीनि। परिधावनंवेगेनसव्यापसव्यकरणं १८ अभिद्रवणंवेगे

तौतुदृष्ट्वामहावीर्यौसमाश्वस्तौनरर्षभौ ॥ बलिनौवारणौयद्वद्वासितार्थेमदोत्कटौ ८ समानवीर्यौसंप्रेक्ष्यप्रगृहीतगदावुभौ ॥ विस्मयंपरमंजग्मुर्देवगंधर्वमानवाः ९ प्रगृहीतगदौदृष्ट्वादुर्योधनवृकोदरौ ॥ संशयःसर्वभूतानांविजयेसमपद्यत १० समागम्यततोभूयोभ्रातरौबलिनांवरौ ॥ अन्योन्यस्यांतरप्रेप्सूप्रचक्रातेऽन्तरंप्रति ११ यमदंडोपमांगुर्वीमिंद्राशनिमिवोद्यताम् ॥ ददृशुःप्रेक्षकाराजन्रौद्रींविशसनींगदाम् १२ आविद्धचतोगदांतस्यभीमसेनस्यसंयुगे ॥ शब्दःसुतुमुलोघोरोमुहूर्तंसमपद्यत १३ आविद्धचन्तमरिंप्रेक्ष्यधार्त्तराष्ट्रोऽथपांडवम् ॥गदामतुलवेगांतांविस्मितःसंबभूवह १४ चरंश्चविविधान्मार्गान्मंडलानिचभारत ॥ अशोभतततदावीरोभूयएववृकोदरः १५ तौपरस्परमासाद्ययत्तावन्योन्यरक्षणे ॥ मार्जाराविवभक्षार्थेततक्षातेमुहुर्मुहुः १६ अचरद्भीमसेनस्तुमार्गान्बहुविधांस्तथा ॥ मंडलानिविचित्राणिगतप्रत्यागतानिच १७ अस्त्रयंत्राणिचित्राणिस्थानानिविविधानिच ॥ परिमोक्षंप्रहाराणांवर्जनंपरिधावनम् १८ अभिद्रवणमाक्षेपमवस्थानंसविग्रहम् ॥ परिवर्तनसंवर्तमवप्लुतमुपप्लुतम् १९ उपन्यस्तमपन्यस्तंगदायुद्धविशारदौ ॥ एवंतौविचरंतौतुन्यघ्नतांवैपरस्परम् २० वंचयानौपुनश्चैवचेरतुःकुरुसत्तमौ ॥ विक्रीडंतौसुबलिनौमंडलानिविचेरतुः २१ तौदर्शयंतौसमरेयुद्धक्रीडांसमंततः ॥ गदाभ्यांसहसान्योन्यमाजघ्नतुररिंदमौ २२ परस्परंसमासाद्यदंष्ट्राभ्यांद्विरदौयथा ॥ अशोभेतांमहाराजशोणितेनपरिप्लुतौ २३ एवंतदभवद्युद्धंघोररूपंपरंतप ॥ परिवृत्तेऽहनिक्रूरंवृत्रवासवयोरिव २४ गदाहस्तौततस्तौतुमंडलावस्थितौबली ॥ दक्षिणंमंडलंराजन्धार्त्तराष्ट्रोभ्यवर्तत २५ सव्यंतुमंडलंतत्रभीमसेनोऽभ्यवर्तत ॥ तथातुचरतस्तस्यभीमस्यरणमूर्धनि २६ दुर्योधनोमहाराजपार्श्वदेशेऽभ्यताडयत् ॥ आहतस्तुततोभीमःपुत्रेणतवभारत २७ आविद्धयतगदांगुर्वींप्रहारंतमचिंतयन् ॥ इंद्राशनिसमांघोरांयमदंडमिवोद्यताम् २८ ददृशुस्तेमहाराजभीमसेनस्यतांगदाम् ॥ आविध्यंतंगदांदृष्ट्वाभीमसेनंतवात्मजः २९ समुद्यम्यगदांघोरांप्रत्यविध्यत्परंतपः ॥ गदामारुतवेगेनतवपुत्रस्यभारत ३० शब्दआसीत्सुतुमुलस्तेजश्चसमजायत ॥ सचरन्विविधान्मार्गान्मंडलानिचभागशः ३१ समशोभततेजस्वीभूयोभीमात्सुयोधनः ॥ आविद्धासर्ववेगेनभीमेनमहतीगदा ३२ सधूमंसार्चिषंचाग्निंमुमोचोग्रमहास्वना ॥ आधूतांभीमसेनेनगदांदृष्ट्वासुयोधनः ३३ अद्रिसारमयींगुर्वीमाविध्यन्बह्वशोभत ॥ गदामारुतवेगंहिदृष्ट्वातस्यमहात्मनः ३४ ॥ ॥

नाभ्यागमनं। आक्षेपंपरयत्नस्यतत्पातनहेतुतासंपादनं। अवस्थानमचांचल्यं सविग्रहंशत्रावुत्थितेपुनस्तेनसहयुद्धकरणं। परिवर्तनंशत्रुंप्रहर्तुंपरितःप्रसरणं। संवर्तंशत्रुप्रसरणस्यावरोधनं। अवप्लुतंप्रहारवंचनार्थंनम्रीभूयनिःसरणं। उपप्लुतंतदेवार्वाग्गमनयुक्तं १९ उपन्यस्तंउपेत्यायुधप्रक्षेपः। अपन्यस्तंपरावृत्यपृष्ठतःकृतेनहस्तेनशत्रोस्ताडनं २०। २१। २२।२३।२४।२५।२६।२७।२८।२९।३०।३१।३२।३३। ३४

३५ । ३६ । ३७ । ३८ । ३९ । ४० । ४१ । ४२ । ४३ । ४४ । ४५ । ४६ । ४७ । ४८ आस्थायेति कौशिकानकुशउन्मत्तस्तदाचरितान्मार्गानास्थाय पुनःपुनरुत्पतनेनवंचनेनचभीममुन्मत्तीकृत्यगदयाताड

भयंविवेशपांडूंस्तुसर्वानेवससोमकान् ॥ तौदर्शयंतौसमरेयुद्धक्रीडांसमंततः ३५ गदाभ्यांसहसाऽन्योन्यमाजघ्नतुररिंदमौ ॥ तौपरस्परमासाद्यदंष्ट्राभ्यांद्विरदौयथा
३६ अशोभेतांमहाराजशोणितेनपरिप्लुतौ ॥ एवंतदभवद्युद्धंघोररूपमसंवृतम् ३७ परिवृत्तेऽहनिक्रूरंवृत्रवासवयोरिव ॥ दृष्ट्वाव्यवस्थितंभीमंतवपुत्रोमहाबलः ३८
चरंश्चित्रतरान्मार्गान्कौंतेयमभिदुद्रुवे ॥ तस्यभीमोमहावेगांजांबूनदपरिष्कृताम् ३९ अतिक्रुद्धस्यक्रुद्धस्तुताडयामासतांगदाम् ॥ सविस्फुलिंगोनिर्ह्रादस्तयोस्त
त्राभिघातजः ४० प्रादुरासीन्महाराजसृष्टयोर्वज्रयोरिव ॥ वेगवत्यातयातत्रभीमसेनप्रमुक्तया ४१ निपतंत्यामहाराजपृथिवीसमकंपत ॥ तांनामृष्यतकौरव्योगदां
प्रतिहतांरणे ४२ मत्तोद्विपइवक्रुद्धःप्रतिकुंजरदर्शनात् ॥ ससव्यंमंडलंराजाउद्भ्राम्यकृतनिश्चयः ४३ आजघ्नेमूर्ध्निकौन्तेयंगदयाभीमवेगया ॥ तयात्वभिहतोभीमः
पुत्रेणतवपांडवः ४४ नाकंपतमहाराजतदद्भुतमिवाभवत् ॥ आश्चर्यंचापितद्राजन्सर्वसैन्यान्यपूजयन् ४५ यद्गदाभिहतोभीमोनाकंपतपदात्पदम् ॥ ततोगुरुतरां
दीप्तांगदांहेमपरिष्कृताम् ४६ दुर्योधनायव्यसृजद्भीमोभीमपराक्रमः ॥ तंप्रहारमसंभ्रांतोलाघवेनमहाबलः ४७ मोघंदुर्योधनश्चक्रेतत्राभूद्विस्मयोमहान् ॥ सातु
मोघागदाराजन्पतंतीभीमचोदिता ४८ चालयामासपृथिवींमहानिर्घातनिःस्वना ॥ आस्थायकौशिकान्मार्गानुत्पतन्सपुनःपुनः ४९ गदानिपातंप्रज्ञायभीमसेनं
चवंचितम् ॥ वंचयित्वातदाभीमंगदयाकुरुसत्तमः ५० ताडयामाससंक्रुद्धोवक्षोदेशेमहाबलः ॥ गदयानिहतोभीमोमुह्यमानोमहारणे ५१ नाभ्यमन्यतकर्तव्यं
पुत्रेणाभ्याहतस्तव ॥ तस्मिंस्तथावर्तमानेराजन्सोमकपांडवाः ५२ भृशोपहतसंकल्पानहृष्टमनसोऽभवन् ॥ सतुतेनप्रहारेणमातंगइवरोषितः ५३ हस्तिवद्धस्ति
संकाशमभिदुद्रावतेसुतम् ॥ ततस्तुतरसाभीमोगदयातनयंतव ५४ अभिदुद्राववेगेनसिंहोवनगजंयथा ॥ उपसृत्यतुराजानंगदामोक्षविशारदः ५५ आविध्यतग
दांराजन्समुद्दिश्यसुतंतव ॥ अताडयद्भीमसेनःपार्श्वेदुर्योधनंतदा ५६ सविह्वलःप्रहारेणजानुभ्यामगमन्महीम् ॥ तस्मिन्कुरुकुलश्रेष्ठेजानुभ्यामवनींगते ५७ उदतिष्ठ
त्ततोनादःसृञ्जयानांजगत्पते ॥ तेषांतुनिनदंश्रुत्वासृंजयानांनरर्षभः ५८ अमर्षाद्भरतश्रेष्ठपुत्रस्तेसमकुप्यत ॥ उत्थायतुमहाबाहुर्महानागइवश्वसन् ५९ दिधक्षन्निवने
त्राभ्यांभीमसेनमवैक्षत ॥ ततःसभरतश्रेष्ठोगदापाणिरभिद्रवन् ६० प्रमथिष्यन्निवशिरोभीमसेनस्यसंयुगे ॥ समहात्मामहात्मानंभीमंभीमपराक्रमः ६१ अताडयच्छं
खदेशेनचचालाचलोपमः ॥ सभूयःशुशुभेपार्थस्ताडितोगदयारणे ॥ उद्भिन्नरुधिरोराजन्प्रभिन्नइवकुंजरः ६२ ततोगदांवीरहणीमयोमयींप्रगृह्यवज्राशनितुल्यनिः
स्वनाम् ॥ अताडयच्छत्रुममित्रकर्षणोबलेनविक्रम्यधनंजयाग्रजः ६३ ॥ ॥ ॥ ॥

यामासेतिद्वयोःसंबंधः ४९ । ५० । ५१ । ५२ नहृष्टमनसःखिन्नचेतसः ५३ । ५४ । ५५ । ५६ । ५७ । ५८ । ५९ । ६० । ६१ शंखदेशेललाटप्रान्ते ६२ । ६३ ॥ ॥ ॥

६४ । ६५ । ६६ । ६७ नेदुषांनादंकृतवनीनाम ६८ । ६९ । ७० ॥ इतिशल्यपर्वांतर्गतगदा० नीलकंठीये भारतभा० सप्तपंचाशत्तमोऽध्यायः ॥ ५७ ॥ ॥ समुदीर्णमिति १ । २ । ३ । ४ । ५

सभीमसेनाभिहतस्तवात्मजःपपातसंकंपितदेहबंधनः ॥ सुपुष्पितोमारुतवेगताडितोवनेयथाशालइवावघूर्णितः ६४ ततःप्रणेदुर्जहृषुश्चपांडवाःसमीक्ष्यपुत्रंपतितंक्षि
तौतव ॥ ततःसुतस्तेप्रतिलभ्यचेतनांसमुत्पपातद्विरदोयथाह्रदात् ६५ सपार्थिवोनित्यममर्षितस्तदामहारथःशिक्षितवत्परिभ्रमन् ॥ अताडयत्पांडवमग्रतःस्थितंस
विह्वलांगोजगतीमुपास्पृशत् ६६ ससिंहनादंविननादकौरवोनिपात्यभूमौयुधिभीममोजसा ॥ बिभेदचैवाशनितुल्यमोजसागदानिपातेनशरीररक्षणम् ६७ ततोऽन्त
रिक्षेनिनदोमहानभूद्दिवौकसामप्सरसांचनेदुषाम् ॥ पपातचोच्चैरमरप्रवेरितंविचित्रपुष्पोत्करवर्षमुत्तमम् ६८ ततःपरानाविशदुत्तमंभयंसमीक्ष्यभूमौपतितंनरोत्तमम् ॥
अहीयमानंचबलेनकौरवंनिशाम्यभेदंसुदृढस्यवर्मणः ६९ ततोमुहूर्तादुपलभ्यचेतनांप्रमृज्यवक्त्रंरुधिराक्तमात्मनः ॥ धृतिंसमालंब्यविवृत्तलोचनोबलेनसंस्तभ्यवृ
कोदरःस्थितः ७० ॥ इतिश्रीमहाभारतेशल्यपर्वांतर्गतगदापर्वणि गदायुद्धेसप्तपंचाशत्तमोऽध्यायः ॥ ५७ ॥ ॥ ॥ संजयउवाच ॥ समुदीर्णंततोदृष्ट्वासंग्रा
मंकुरुमुख्ययोः ॥ अथाब्रवीदर्जुनस्तुवासुदेवंयशस्विनम् १ अनयोर्वीरयोर्युद्धेकोज्यायान्भवतोमतः ॥ कस्यवाकोगुणोभूयानेतद्वदजनार्दन २ ॥ वासुदेवउवाच ॥
उपदेशोऽनयोस्तुल्योभीमस्तुबलवत्तरः ॥ कृतीयत्नपरस्त्वेषधार्तराष्ट्रोवृकोदरात् ३ भीमसेनस्तुधर्मेणयुध्यमानोनजेष्यति ॥ अन्यायेनतुयुध्यन्वैहन्यादेवसुयोध
नम् ४ माययानिर्जितादेवैरसुराइतिनःश्रुतम् ॥ विरोचनस्तुशक्रेणमाययानिर्जितःसखे ५ माययाचाक्षिपत्तेजोवृत्रस्यबलसूदनः ॥ तस्मान्मायामयंभीमआतिष्ठतुप
राक्रमम् ६ प्रतिज्ञातंचभीमेनद्यूतकालेधनंजय ॥ ऊरूभेत्स्यामितेसंख्येगदयेतिसुयोधनम् ७ सोऽयंप्रतिज्ञांतांचापिपालयत्वरिकर्षणः ॥ मायाविनंतुराजानंमाययै
वनिकृंततु ८ यद्येषबलमास्थायन्यायेनप्रहरिष्यति ॥ विषमस्थस्ततोराजाभविष्यतियुधिष्ठिरः ९ पुनरेवतुवक्ष्यामिपांडवैतन्निबोधमे ॥ धर्मराजापराधेनभयंनःपु
नरागतम् १० कृत्वाहिसुमहत्कर्महत्वाभीष्ममुखान्कुरून् ॥ जयःप्राप्तोयशःप्राग्र्यंवैरंचप्रतियातितम् ११ तदेवंविजयःप्राप्तःपुनःसंशयितःकृतः ॥ अबुद्धिरेषामह
तीधर्मराजस्यपांडव १२ यदेकविजयेयुद्धंपणितंघोरमीदृशम् ॥ सुयोधनःकृतीवीरएकायनगतस्तथा १३ अपिचोशनसागीतःश्रूयतेऽयंपुरातनः ॥ श्लोकस्त
त्त्वार्थसहितस्तन्मेनिगदतःशृणु १४ पुनरावर्तमानानांभग्नानांजीवितैषिणाम् ॥ भेतव्यमरिशेषाणामेकायनगताहिते १५ साहसोत्पतितानांचनिराशानांचजी
विते ॥ नशक्यमग्रतःस्थातुंशक्रेणापिधनंजय १६ सुयोधनमिमंभग्नंहतसैन्यंह्रदंगतम् ॥ पराजितंवनप्रेप्सुंनिराशंराज्यलंभने १७ कोन्वेषसंयुगेप्राज्ञःपुनर्द्वंद्वेसमा
ह्वयेत् ॥ अपिनोनिर्जितंराज्यंनहरेतसुयोधनः १८ यस्त्रयोदशवर्षाणिगदयाकृतनिश्रमः ॥ चरत्यूर्ध्वंचतिर्यक्चभीमसेनजिघांसया १९

६ । ७ । ८ । ९ । १० । ११ । १२ । १३ । १४ । १५ । १६ । १७ । १८ । १९ ॥ ॥

एनंचेन्नमहाबाहुरन्यायेनहनिष्यति ॥ एषवःकौरवोराजाधार्तराष्ट्रोभविष्यति २० धनंजयस्तुश्रुत्वैतत्केशवस्यमहात्मनः ॥ प्रेक्षतोभीमसेनस्यसव्यमूरुमताड
यत् २१ गृह्यसंज्ञांततोभीमोगदयाव्यचरद्रणे ॥ मंडलानिविचित्राणियमकानीतराणिच २२ दक्षिणंमंडलंसव्यंगोमूत्रकमथापिच ॥ व्यचरत्पांडवोराजन्नरिं
संमोहयन्निव २३ तथैवतवपुत्रोऽपिगदामार्गविशारदः ॥ व्यचरल्लघुचित्रंचभीमसेनजिघांसया २४ आधुन्वन्तौगदेघोरेचंदनागुरुरूषिते ॥ वैरस्यान्तंपरीप्सन्तौ
रणेकुद्धाविवांतकौ २५ अन्योन्यंतौजिघांसंतौप्रवीरौपुरुषर्षभौ ॥ युयुधातेगरुत्मन्तौयथानागामिषैषिणौ २६ मंडलानिविचित्राणिचरतोर्नृपभीमयोः ॥ गदा
संपातजास्तत्रप्रजज्ञुःपावकार्चिषः २७ समंप्रहरतोस्तत्रशूरयोर्बलिनोर्मृधे ॥ क्षुब्धयोर्वायुनाराजन्द्वयोरिवसमुद्रयोः २८ तयोःप्रहरतोस्तुल्यंमत्तकुंजरयोरिव ॥
गदानिर्घातसंह्रादःप्रहाराणामजायत २९ तस्मिंस्तदासंप्रहारेदारुणेसंकुलेभृशम् ॥ उभावपिपरिश्रांतौयुध्यमानावरिंदमौ ३० तौमुहूर्तंसमाश्वस्यपुनरेवपरंतप ॥
अभ्यहारयतांकुद्धौप्रगृह्यमहतीगदे ३१ तयोःसमभवद्युद्धंघोररूपमसंवृतम् ॥ गदानिपातैराजेन्द्रतक्षतोर्वैपरस्परम् ३२ समरेप्रद्रुतौतौतुवृषभाक्षौतरस्विनौ ॥
अन्योन्यंजघ्नतुर्वीरौपंकस्थौमहिषाविव ३३ जर्जरीकृतसर्वांगौरुधिरेणाभिसंप्लुतौ ॥ ददृशातेहिमवतिपुष्पिताविवकिंशुकौ ३४ दुर्योधनस्तुपार्थेनविवरेसंप्रद
र्शिते ॥ ईषदुन्मिषमाणस्तुसहसाप्रससारह ३५ तमभ्याशगतंप्राज्ञोरणेप्रेक्ष्यवृकोदरः ॥ अवाक्षिपद्गदांतस्मिन्वेगेनमहताबली ३६ आक्षिपंतंतुतंदृष्ट्वापुत्रस्तव
विशांपते ॥ अवासर्पत्ततःस्थानात्सामोघान्यपतद्भुवि ३७ मोक्षयित्वाप्रहारंतंसुतस्तवससंभ्रमात् ॥ भीमसेनंचगदयाप्राहरत्कुरुसत्तम ३८ तस्यविस्यंदमानेनरु
धिरेणामितौजसः ॥ प्रहारगुरुपाताच्चमूर्छेवसमजायत ३९ दुर्योधनोनतंवेदपीडितंपांडवंरणे ॥ धारयामासभीमोपिशरीरमतिपीडितम् ४० अमन्यतस्थितंह्येनं
प्रहरिष्यंतमाहवे ॥ अतोनप्राहरत्तस्मैपुनरेवतवात्मजः ४१ ततोमुहूर्तमाश्वस्यदुर्योधनमुपस्थितम् ॥ वेगेनाभ्यपतद्राजन्भीमसेनःप्रतापवान् ४२ तमापतंतंसं
प्रेक्ष्यसंरब्धममितौजसम् ॥ मोघमस्यप्रहारंतंचिकीर्षुर्भरतर्षभ ४३ अवस्थानेमतिंकृत्वापुत्रस्तवमहामनाः ॥ इयेषोत्पतितुंराजञ्छलयिष्यन्वृकोदरम् ४४ अबु
ध्यद्भीमसेनस्तुराज्ञस्तस्यचिकीर्षितम् ॥ अथास्यसमभिद्रुत्यसमुत्क्रुश्यचसिंहवत् ४५ सृत्यावंचयतोराजन्पुनरेवोत्पतिष्यतः॥ ऊरुभ्यांप्राहिणोद्राजन्गदांवेगेनपांडवः
४६ सावज्रनिष्पेषसमाप्रहिताभीमकर्मणा ॥ ऊरूदुर्योधनस्याथबभंजप्रियदर्शनौ ४७ सपपातनरव्याघ्रोवसुधामनुनादयन् ॥ भग्नोरुर्भीमसेनेनपुत्रस्तवमहीपते ४८
ववुर्वाताःसनिर्घाताःपांशुवर्षंपपातच ॥ चचालपृथिवीचापिसवृक्षक्षुपपर्वता ४९ तस्मिन्निपतितेवीरेपत्यौसर्वमहीक्षिताम् ॥ महास्वनापुनर्दीप्तासनिर्घाताभयंकरी ५०
पपातचोल्कामहतीपतितेपृथिवीपतौ ॥ तथाशोणितवर्षंचपांशुवर्षंचभारत ५१ ॥ ॥ ॥ ॥

५२ । ५३ । ५४ । ५५ । ५६ । ५७ । ५८ । ५९ । ६० । ६१ । ६२ । ६३ ॥ इतिशल्यपर्वांतर्गतगदापर्वणिनीलकंठीये भा० अष्टपंचाशत्तमोऽध्यायः ॥ ५८ ॥ तन्नइति १ । २ । ३ । ४ । ५ । ६ । ७

ववर्षमघवांस्तत्रतवपुत्रेनिपातिते ॥ यक्षाणांराक्षसानांचपिशाचानांतथैवच ५२ अंतरिक्षेमहानादःश्रूयतेभरतर्षभ ॥ तेनशब्देनघोरेणमृगाणामथपक्षिणाम्
५३ जज्ञेघोरतरःशब्दोबहूनांसर्वतोदिशम् ॥ येतत्रवाजिनःशेषागजाश्चमनुजैःसह ५४ मुमुचुस्तेमहानादंतवपुत्रेनिपातिते ॥ भेरीशंखमृदंगानामभवच्चस्वनो
महान् ५५ अंतर्भूमिगतश्चैवतवपुत्रेनिपातिते ॥ बहुपादैर्बहुभुजैःकबंधैर्घोरदर्शनैः ५६ नृत्यद्भिर्भयदैर्व्याप्तादिशस्तत्राभवन्नृप ॥ ध्वजवंतोऽस्त्रवंतश्चशस्त्रवं
तस्तथैवच ५७ प्राकंपंततताराजंस्तवपुत्रेनिपातिते ॥ ह्रदाःकूपाश्चरुधिरमुद्वेमुर्नृपसत्तम ५८ नद्यश्चसुमहावेगाःप्रतिस्रोतोवहाऽभवन् ॥ पुल्लिंगाइवनार्य
स्तुस्त्रीलिंगाःपुरुषाऽभवन् ५९ दुर्योधनेतदाराजन्पतितेतनयेतव ॥ दृष्ट्वातानद्भुतोत्पातान्पंचालाःपांडवैःसह ६० आविग्नमनसःसर्वेबभूवुर्भरतर्षभ ॥ ययु
र्देवायथाकामंगंधर्वाप्सरसस्तथा ६१ कथयंतोऽद्भुतंयुद्धंसुतयोस्तवभारत ॥ तथैवसिद्धाराजेन्द्रतथावातिकचारणाः ६२ नरसिंहौप्रशंसंतौविप्रजग्मुर्यथागतम्
६३ ॥ इतिश्रीमहाभारतेशल्यपर्वांतर्गतगदापर्वणि दुर्योधनवधेअष्टपंचाशत्तमोऽध्यायः ॥ ५८ ॥ संजयउवाच ॥ तंपातितंततोदृष्ट्वामहाशालमिवोद्ग
तम् ॥ प्रहृष्टमनसःसर्वेददृशुस्तत्रपांडवाः १ उन्मत्तमिवमातंगंसिंहेनविनिपातितम् ॥ ददृशुर्हृष्टरोमाणःसर्वेतेचापिसोमकाः २ ततोदुर्योधनंहत्वाभीमसेनः
प्रतापवान् ॥ पातितंकौरवेन्द्रंतमुपगम्येदमब्रवीत् ३ गौगौरितिपुरामंदद्रौपदीमेकवाससम् ॥ यत्सभायांहसन्नस्मांस्तदावदसिदुर्मते ४ तस्यावहासस्यफल
मद्यत्वंसमवाप्नुहि ॥ एवमुक्त्वासवामेनपदामौलिमुपास्पृशत् ५ शिरश्चराजसिंहस्यपादेनसमलोडयत् ॥ तथैवक्रोधसंरक्तोभीमःपरबलार्दनः ६ पुनरेवाब्रवी
द्वाक्यंयत्तच्छृणुनराधिप ॥ येऽस्मान्पुरोपनृत्यंतमूढागौरितिगौरिति ७ तान्वयंप्रतिनृत्यामःपुनर्गौरितिगौरिति ॥ नास्माकंनिकृतिर्वह्निर्नाक्षद्यूतंनवंचना ॥
स्वबाहुबलमाश्रित्यप्रबाधामोवयंरिपून् ८ सोऽवाप्यवैरस्यपरस्यपारंवृकोदरःप्राहशनैःप्रहस्य ॥ युधिष्ठिरंकेशवसृंजयांश्चधनंजयंमाद्रवतीसुतौच ९ रजस्वलां
द्रौपदीमानयन्येयेचाप्यकुर्वंतसदस्यवस्त्राम् ॥ तान्पश्यध्वंपांडवैर्धार्तराष्ट्रान्रणेहतांस्तपसायाज्ञसेन्याः १० येनःपुराषंढतिलानवोचन्क्रूराराज्ञोधृतराष्ट्रस्यपुत्राः ॥
तेनोहताःसगणाःसानुबंधाःकामंस्वर्गंनरकंवापतामः ११ पुनश्चराज्ञःपतितस्यभूमौसतांगदांस्कंधगतांप्रगृह्य ॥ वामेनपादेनशिरःप्रमृद्यदुर्योधनंनैकृतिकंन्यवोचत् १२
हृष्टेनराजन्कुरुसत्तमस्यक्षुद्रात्मनाभीमसेनेनपादम् ॥ दृष्ट्वाकृतंमूर्धनिनाभ्यनंदन्धर्मात्मानःसोमकानांप्रबर्हाः १३ तवपुत्रंतथाहत्वाकत्थमानंवृकोदरम् ॥ नृत्यमानंच
बहुशोधर्मराजोऽब्रवीदिदम् १४ गतोऽसिवैरस्यानृण्यंप्रतिज्ञापूरितात्वया ॥ शुभेनाथाशुभेनैवकर्मणाविरमाधुना १५ माशिरोऽस्यपदामर्दीर्माधर्मस्तेऽतिगोभवेत् ॥
राजाज्ञातिर्हतश्चायंनैतन्न्याय्यंतवानघ १६ ॥ ॥ ॥

 ८ । ९ । १० । ११ । १२ । १३ । १४ । १५ । १६ ॥ ॥ ॥

१७ । १८ । १९ । २० । २१ । २२ । २३ । २४ । २५ । २६ । २७ । २८ । २९ । ३० । ३१ ॥ इ०श०ग० नी०भा०एकोनषष्टितमोऽध्यायः ॥ ५९ ॥ अधर्मेणेति १ । २ । ३ । ४ । ५

एकादशचमूनाथंकुरूणामधिपंतथा ॥ मास्प्राक्षीर्भीमपादेनराजानंज्ञातिमेवच १७ हतबंधुर्हतामात्योभ्रष्टसैन्योहतोमृधे ॥ सर्वाकारेणशोच्योऽयंनावहास्योऽयमी
श्वरः १८ विध्वस्तोऽयंहतामात्योहतभ्राताहतप्रजः ॥ उत्सन्नपिंडोभ्राताचनैतन्न्याय्यंकृतंत्वया १९ धार्मिकोभीमसेनोऽसावित्याहुस्त्वांपुराजनाः ॥ सकस्माद्भी
मसेनत्वंराजानमधितिष्ठसि २० इत्युक्त्वाभीमसेनंतुसाश्रुकंठोयुधिष्ठिरः ॥ उपसृत्याब्रवीद्दीनोदुर्योधनमरिंदमम् २१ तातमन्युर्नतेकार्योनात्माशोच्यस्त्वयातथा ॥
नूनंपूर्वकृतंकर्मसुघोरमनुभूयते २२ धात्रोपदिष्टंविषमंनूनंफलमसंस्कृतम् ॥ यद्वयंत्वांजिघांसामस्त्वंचास्मान्कुरुसत्तम २३ आत्मनोह्यपराधेनमहद्व्यसनमीदृशम् ॥
प्राप्तवानसियल्लोभान्मदाद्बाल्याच्चभारत २४ घातयित्वावयस्यांश्चभ्रातॄनथपितॄंस्तथा ॥ पुत्रान्पौत्रांस्तथाचान्यांस्ततोऽसिनिधनंगतः २५ तवापराधादस्माभि
र्भ्रातरस्तेनिपातिताः ॥ निहताज्ञातयश्चापिदिष्टंमन्येदुरत्ययम् २६ आत्मानशोचनीयस्तेश्लाघ्योमृत्युस्तवानघ ॥ वयमेवाधुनाशोच्याःसर्वावस्थासुकौरव २७
कृपणंवर्तयिष्यामस्तैर्हीनाबंधुभिःप्रियैः ॥ भ्रातॄणांचैवपुत्राणांतथावैशोकविह्वलाः २८ कथंद्रक्ष्यामिविधवावधूःशोकपरिप्लुताः ॥ त्वमेकःसुस्थितोराजन्स्वर्गेतेनिलयो
ध्रुवः २९ वयंनरकसंज्ञंवैदुःखंप्राप्स्यामदारुणम् ॥ स्नुषाश्चप्रस्नुषाश्चैवधृतराष्ट्रस्यविह्वलाः ॥ गर्हयिष्यंतिनोननूंविधवाःशोककर्शिताः ३० ॥ संजयउवाच ॥ एव
मुक्त्वासुदुःखार्तोनिशश्वाससपार्थिवः ॥ विललापचिरंचापिधर्मपुत्रोयुधिष्ठिरः ३१ ॥ इतिश्रीमहाभारतेशल्यपर्वांतर्गतगदापर्वणि युधिष्ठिरविलापेएकोनषष्टितमोऽ
ध्यायः ॥ ५९ ॥ ॥ धृतराष्ट्रउवाच ॥ अधर्मेणहतंदृष्ट्वाराजानंमाधवोत्तमः ॥ किमब्रवीत्तदासूतबलदेवोमहाबलः १ गदायुद्धविशेषज्ञोगदायुद्धविशारदः ॥ कृतवा
न्रौहिणेयोयत्तन्ममाचक्ष्वसंजय २ ॥ संजयउवाच ॥ शिरस्यभिहतंदृष्ट्वाभीमसेनेनतेसुतम् ॥ रामःप्रहरतांश्रेष्ठश्चुक्रोधबलवद्बली ३ ततोमध्येनरेन्द्राणामूर्ध्वबाहुर्हला
युधः ॥ कुर्वन्नार्तस्वरंघोरंधिग्धिग्भीमेत्युवाचह ४ अहोधिग्यदधोनाभेःप्रहृतंधर्मविग्रहे ॥ नैतदृष्टंगदायुद्धेकृतवान्यद्वृकोदरः ५ अधोनाभ्यानहंतव्यमितिशास्त्रस्य
निश्चयः ॥ अयंत्वशास्त्रविन्मूढःस्वच्छंदात्संप्रवर्तते ६ तस्यतत्तद्ब्रुवाणस्यरोषःसमभवन्महान् ॥ ततोराजानमालोक्यरोषसंरक्तलोचनः ७ बलदेवोमहाराजततोवचन
मब्रवीत् ॥ नचैषपतितःकृष्णकेवलंमत्समोऽसमः ८ आश्रितस्यतुदौर्बल्यादाश्रयःपरिभर्त्स्यते ॥ ततोलांगलमुद्यम्यभीममभ्यद्रवद्बली ९ तस्योर्ध्वबाहोःसदृशंरूप
मासीन्महात्मनः ॥ बहुधातुविचित्रस्यश्वेतस्येवमहागिरेः १० तमुत्पतंतंजग्राहकेशवोविनयान्वितः ॥ बाहुभ्यांपीनवृत्ताभ्यांप्रयत्नाद्बलवद्बली ११ सितासितौयदु
वरौशुशुभातेऽधिकंतदा ॥ नभोगतौयथाराजंश्चंद्रसूर्यौदिनक्षये १२ उवाचचैनंसंरब्धंशमयन्निवकेशवः ॥ आत्मवृद्धिर्मित्रवृद्धिर्मित्रमित्रोदयस्तथा १३

६ । ७ । ८ । ९ । १० । ११ । १२ आत्मेति आत्मवृद्धिः १ शत्रुक्षयः २ स्वमित्रस्यवृद्धिः ३ शत्रुमित्रस्यक्षयः ४ स्वमित्रमित्रस्यवृद्धिः ५ शत्रुमित्रमित्रस्यक्षः ६ एवंषड्विधाआत्मनोवृद्धिः १३

विपरीतंआत्मक्षयशत्रुवृद्ध्यादिकंइदमेवषट्कम् १४ प्रकृतेमित्रवृद्धिरेवात्मवृद्धिरित्याह अस्माकमिति १५ । १६ भंक्ताभंक्ष्येइतिप्रतिज्ञापालनरूपत्वादप्यधोनाभिप्रहारोनाधर्मइत्यर्थः १७ । १८ यौनःयोनिनि
मित्तःसंबंधः अस्माकंपितामहःपांडवानांमातामहश्चैकइतियौनसंबंधः एवमर्जुनेजामातृत्वादिरपि सुखहार्दैः अन्योन्यसुखप्रदैःसौहार्दैःस्नेहेनचेत्यर्थः १९ सीरभृद्रामः२० धर्मइति। नियच्छतिनियमयेतिअर्थकामा

विपरीतंद्विषतस्त्वेतत्षड्विधात्वृद्धिरात्मनः ॥ आत्मन्यपिचमित्रेचविपरीतंयदाभवेत् १४ तदाविद्यान्मनोग्लानिमाशुशांतिकरोभवेत् ॥ अस्माकंसहजंमित्रंपांडवाः शुद्धपौरुषाः १५ स्वकाःपितृष्वसुःपुत्रास्तेपरैर्निकृताभृशम् ॥ प्रतिज्ञापालनंधर्मःक्षत्रियस्येहवेद्म्यहम् १६ सुयोधनस्यगदयाभंक्ताऽस्म्यूरूमहाहवे ॥ इतिपूर्वं प्रतिज्ञातंभीमेनहिसभातले १७ मैत्रेयेणाभिशप्तश्चपूर्वमेवमहर्षिणा ॥ ऊरूतेभेत्स्यतेभीमोगदयेतिपरंतप १८ अतोदोषंनपश्यामिमाकुद्धचस्वप्रलंबहन् ॥ यौनः स्वैःसुखहार्दैश्चसंबंधःसहपांडवैः १९ तेषांवृद्धयाहिवृद्धिर्नोमाक्रुधःपुरुषर्षभ ॥ वासुदेववचःश्रुत्वासीरभृत्प्राहधर्मवित् २० धर्मःसुचरितःसद्भिःसचद्वाभ्यांनिय च्छति ॥ अर्थश्चात्यर्थलुब्धस्यकामश्चातिप्रसंगिणः २१ धर्मार्थौधर्मकामौचकामार्थौचाप्यपीडयन् ॥ धर्मार्थकामान्योऽभ्येतिसोत्यंतंसुखमश्नुते २२ तदिदं व्याकुलंसर्वंकृतंधर्मस्यपीडनात् ॥ भीमसेनेनगोविंदकामंत्वंतुयथाऽऽत्थमाम् २३ ॥ कृष्णउवाच ॥ अरोषणोहिधर्मात्मासततंधर्मवत्सलः ॥ भवान्प्रख्यायतेलोकेत स्मात्संशाम्यमाक्रुधः २४ प्राप्तंकलियुगंविद्धिप्रतिज्ञांपांडवस्यच ॥ आनृण्यंयातुवैरस्यप्रतिज्ञायाश्चपांडवः २५ ॥ संजयउवाच ॥ ॥ धर्मच्छलमपिश्रुत्वा केशवात्सविशांपते ॥ नैवप्रीतमनारामोवचनंप्राहसंसदि २६ हत्वाऽधर्मेणराजानंधर्मात्मानंसुयोधनम् ॥ जिह्मयोधीतिलोकेऽस्मिन्ख्यातिंयास्यतिपांडवः २७ दुर्योधनोऽपिधर्मात्मागतिंयास्यतिशाश्वतीम् ॥ ऋजुयोधीहतोराजाधार्तराष्ट्रोनराधिपः २८ युद्धदीक्षांप्रविश्याजौरणयज्ञंवितत्यच ॥ हुत्वाऽऽत्मानममित्राग्नौप्राप चावभृथंयशः २९ इत्युक्त्वारथमास्थायरौहिणेयःप्रतापवान् ॥ श्वेताभ्रशिखराकारःप्रययौद्वारकांप्रति ३० पंचालाश्चसवार्ष्णेयाःपांडवाश्चविशांपते ॥ रामे द्वारवतींयातेनातिप्रमनसोऽभवन् ३१ ततोयुधिष्ठिरंदीनंचिंतापरमधोमुखम् ॥ शोकोपहतसंकल्पंवासुदेवोऽब्रवीदिदम् ३२ ॥ ॥ वासुदेवउवाच ॥ ॥ धर्मराजकिमर्थंत्वमधर्ममनुमन्यसे ॥ हतबंधोर्यदेतस्यपतितस्यविचेतसः ३३ दुर्योधनस्यभीमेनमृद्यमानंशिरःपदा ॥ उपप्रेक्षसिकस्मात्त्वंधर्मज्ञःसन्नराधिप ३४ ॥ ॥ युधिष्ठिरउवाच ॥ ॥ नममैतत्प्रियंकृष्णयद्राजानंवृकोदरः ॥ पदामूर्ध्न्यस्पृशत्क्रोधान्नचहृष्येकुलक्षये ३५ निकृत्यानिकृतानित्यंधृतराष्ट्रसुतैर्वयम् ॥ बहूनि परुषाण्युक्त्वावनंप्रस्थापिताःस्मह ३६ भीमसेनस्यतद्दुःखमतीवहृदिवर्तते ॥ इतिसंचिन्त्यवार्ष्णेयमयैतत्समुपेक्षितम् ३७ तस्माद्धत्वाऽकृतप्रज्ञंलुब्धंकामवशानु गम् ॥ लभतांपांडवःकामंधर्मेऽधर्मेचवाकृते ३८ ॥ ॥ ॥ ॥ ॥

भ्यांधर्मःसंकोचमेतीत्यर्थः २१ धर्मार्थौकामेनापीडयन् कामार्थौधर्मेणचापीडयन्नित्यर्थः २२ कामंयथेष्टंत्वंमांप्रतिउक्तवानसिनतुधर्म्यंयत्नोऽर्थलुब्धेनभीमेनधर्मस्यपीडनात्पूर्वोक्तोमार्गोव्याकुलीकृतइत्यर्थः २३
२४ प्राप्तमिति कलियुगारंभएतावत्पापंनातीवखेदावहमितिभावः २५ । २६ । २७ । २८ । २९ । ३० । ३१ । ३२ । ३३ । ३४ । ३५ । ३६ । ३७ । ३८ ॥ ॥

३९ । ४० । ४१ । ४२ । ४३ । ४४ । ४५ । ४६ । ४७ ।४८॥ इतिशल्यपर्वान्तर्गतगदापर्वणिनीलकंठीयेभारतभावदीपेषष्टितमोऽध्यायः ॥ ६० ॥ ॥ हतमिति १ । २ । ३ । ४ । ५ । ६ । ७ । ८

॥ संजयउवाच ॥ इत्युक्तेधर्मराजेनवासुदेवोऽब्रवीदिदम् ॥ काममस्त्वेतदितिवैकृच्छ्राद्यदुकुलोद्वहः ३९ इत्युक्तोवासुदेवेनभीमप्रियहितैषिणा ॥ अन्वमोदतत
त्सर्वंयद्भीमेनकृतंयुधि ४० भीमसेनोऽपिहत्वाजौतवपुत्रममर्षणः ॥ अभिवाद्याग्रतःस्थित्वासंप्रहृष्टःकृतांजलिः ४१ प्रोवाचसुमहातेजाधर्मराजंयुधिष्ठिरम् ॥
हर्षादुत्फुल्लनयनोजितकाशीविशांपते ४२ तवाद्यपृथिवीसर्वाक्षेमानिहतकंटका ॥ तांप्रशाधिमहाराजस्वधर्ममनुपालय ४३ यस्तुकर्ताऽस्यवैरस्यनिकृत्यानिकृति
प्रियः ॥ सोऽयंविनिहतःशेतेपृथिव्यांपृथिवीपते ४४ दुःशासनप्रभृतयःसर्वेतेचोग्रवादिनः ॥ राधेयःशकुनिश्चैवहताश्चतवशात्रवः ४५ सेयंरत्नसमाकीर्णामहीस
वनपर्वता ॥ उपावृत्तामहाराजत्वामद्यनिहतद्विषम् ४६ ॥ युधिष्ठिरउवाच ॥ गतोवैरस्यनिधनंहतोराजासुयोधनः ॥ कृष्णस्यमतमास्थायविजितेयंवसुंधरा ४७
दिष्ट्यागतस्त्वमानृण्यंमातुःकोपस्यचोभयोः ॥ दिष्ट्याजयसिदुर्धर्षदिष्ट्याशत्रुर्निपातितः ४८ ॥ इतिश्रीम० श० ग० बलदेवसांत्वनेषष्टितमोऽध्यायः ॥ ६० ॥
धृतराष्ट्रउवाच ॥ हतंदुर्योधनंदृष्ट्वाभीमसेनेनसंयुगे ॥ पांडवाःसृंजयाश्चैवकिमकुर्वतसंजय १ ॥ संजयउवाच ॥ हतंदुर्योधनंदृष्ट्वाभीमसेनेनसंयुगे ॥ सिंहेनेवमहारा
जमत्तंवनगजंयथा २ प्रहृष्टमनसस्तत्रकृष्णेनसहपांडवाः ॥ पंचालाःसृंजयाश्चैवनिहतेकुरुनंदने ३ आविध्यन्नुत्तरीयाणिसिंहनादांश्चनेदिरे ॥ नैतान्हर्षसमावि
ष्टानियंसेहेवसुंधरा ४ धनूंष्यन्येव्याक्षिपंतज्याश्चाप्यन्येतथाऽक्षिपन् ॥ दध्मुरन्येमहाशंखानन्येजघ्नुश्चदुंदुभीन् ५ चिक्रीडुश्चतथैवान्येजहसुश्चतवाहिताः ॥ अ
ब्रुवंश्चासकृद्वीराभीमसेनमिदंवचः ६ दुष्करंभवताकर्मरणेऽद्यसुमहत्कृतम् ॥ कौरवेन्द्रंरणेहत्वागदयाऽतिकृतश्रमम् ७ इन्द्रेणेवहिवृत्रस्यवधंपरमसंयुगे ॥ त्वया
कृतममन्यंतशत्रोर्वधमिमंजनाः ८ चरन्तंविविधान्मार्गान्मण्डलानिचसर्वशः ॥ दुर्योधनमिमंशूरंकोऽन्योहन्याद्वृकोदरात् ९ वैरस्यचगतःपारंत्वमिहान्यैःसुदुर्ग
मम् ॥ अशक्यमेतदन्येनसंपादयितुमीदृशम् १० कुंजरेणेवमत्तेनवीरसंग्राममूर्धनि ॥ दुर्योधनशिरोदिष्ट्यापादेनमृदितंत्वया ११ सिंहेनमहिषस्येवकृत्वासंगरमु
त्तमम् ॥ दुःशासनस्यरुधिरंदिष्ट्यापीतंत्वयाऽनघ १२ येविप्रकुर्वन्राजानंधर्मात्मानंयुधिष्ठिरम् ॥ मूर्ध्नितेषांकृतःपादोदिष्ट्यातेस्वेनकर्मणा १३ अमित्राणामधि
ष्ठानाद्वधाद्दुर्योधनस्यच ॥ भीमदिष्ट्यापृथिव्यांतेप्रथितंसुमहद्यशः १४ एवंनूनंहतेवृत्रेशक्रंनन्दंतिबंदिनः॥ तथात्वांनिहतामित्रंवयंनंदामभारत १५ दुर्योधनवधेया
निरोमाणिहृषितानिनः ॥ अद्यापिनविकृष्यंतेतानितद्विद्धिभारत १६ इत्यब्रुवन्भीमसेनंवातिकास्तत्रसंगताः ॥ तान्हृष्टान्पुरुषव्याघ्रान्पंचालान्पाण्डवैःसह १७
ब्रुवतोऽसदृशंतत्रप्रोवाचमधुसूदनः ॥ नन्याय्यंनिहतंशत्रुंभूयोहंतुंनराधिपाः १८ असकृद्वाग्भिरुग्राभिर्निहतोह्येषमंदधीः ॥ तदैवैषहतःपापोयदैवनिरपत्रपः १९ ॥ ५९ ॥

९ । १० । ११ । १२ । १३ । १४ । १५ । १६ । १७ । १८ । १९ ॥ ॥ ॥ ॥ ॥

२० । २१ अतिभुम्नेनअन्यंतंनामितेन २२।२३ । २४ । २५ । २६ । २७ । २८ । २९ । ३० । ३१ । ३२ । ३३ । ३४ । ३५ । ३६ । ३७ । ३८ । ३९ । ४० । ४१ । ४२ । ४३ । ४४

लुब्धःपापसहायश्चसुहृदांशासनातिगः ॥ बहुशोविदुरद्रोणकृपगांगेयसृंजयैः २० पांडुभ्यःप्रार्थ्यमानोऽपिपित्र्यमंशंनदत्तवान् ॥ नैषयोग्योऽद्यमित्रंवाशत्रुर्वापुरुषा
धमः २१ किमनेनातिभुम्नेनवाग्भिःकाष्ठसधर्मणा ॥ रथेष्वारोहतक्षिप्रंगच्छामोवसुधाधिपाः २२ दिष्ट्याहतोऽयंपापात्मासामात्यज्ञातिबांधवः ॥ इतिश्रुत्वात्वधिक्षे
पंकृष्णाद्दुर्योधनोनृपः २३ अमर्षवशमापन्नउदतिष्ठद्विशांपते ॥ स्फिग्देशेनोपविष्टःसदोर्भ्यांविष्टभ्यमेदिनीम् २४ दृष्टिंभ्रूसंकटांकृत्वावासुदेवेन्यपातयत् ॥ अर्धोन्नत
शरीरस्यरूपमासीन्नृपस्यतु २५ क्रुद्धस्याशीविषस्येवच्छिन्नपुच्छस्यभारत ॥ प्राणांतकरिणींघोरांवेदनामप्यचिंतयन् २६ दुर्योधनोवासुदेवंवाग्भिरुग्राभिरार्दयत् ॥
कंसदासस्यदायादनतेलज्जास्त्यनेनवै२७ अधर्मेणगदायुद्धेयदहंविनिपातितः ॥ ऊरूभिंधीतिभीमस्यस्मृतिंमिथ्याप्रयच्छता २८ किंनविज्ञातमेतन्मेयदर्जुनमवोचथाः ॥
घातयित्वामहीपालानृजुयुद्धान्सहस्रशः २९ जिह्मैरुपायैर्बहुभिर्नतेलज्जानतेघृणा ॥ अहन्यहनिशूराणांकुर्वाणःकदनंमहत् ३० शिखंडिनंपुरस्कृत्यघातितस्तेपिता
महः ॥ अश्वत्थाम्नःसनामानंहत्वानागंसुदुर्मते ३१ आचार्योन्यासितःशस्त्रंकिंतन्नविदितंमया ॥ सचानेनन्नृशंसेनधृष्टद्युम्नेनवीर्यवान् ३२ पात्यमानस्त्वयादृष्टोनचैनं
त्वमवारयः ॥ वधार्थंपांडुपुत्रस्ययाचितांशक्तिमेवच ३३ घटोत्कचेव्यंसयतःकस्त्वत्तःपापकृत्तमः ॥ छिन्नहस्तःप्रायगतस्तथाभूरिश्रवाबली ३४ त्वयाऽभिसृष्टेनहतः
शैनेयेनमहात्मना ॥ कुर्वाणश्चोत्तमंकर्मकर्णःपार्थजिगीषया ३५ व्यंसनेनाश्वसेनस्यपन्नगेन्द्रस्यवैपुनः ॥ पुनश्चपतितेचक्रेव्यसनार्तःपराजितः ३६ पातितःसमरेकर्ण
श्चक्रव्यग्रोग्रणीर्नृणाम् ॥ यदिमांचापिकर्णंचभीष्मद्रोणौचसंयुतौ ३७ ऋजुनाप्रतियुध्येथानतेस्याद्विजयोध्रुवम् ॥ त्वयापुनरनार्येणजिह्ममार्गेणपार्थिवाः ३८ स्वध
र्ममनुतिष्ठंतोवयंचान्येचघातिताः ॥ वासुदेवउवाच ॥ हतस्त्वमसिगांधारेसभ्रातृसुतबांधवः ३९ सगणःससुहृच्चैवपापंमार्गमनुष्ठितः ॥ तवैवदुष्कृतैर्वीरौभीष्मद्रोणौ
निपातितौ ४० कर्णश्चनिहतःसंख्येतवशीलानुवर्तकः ॥ याच्यमानंमयामूढपित्र्यमंशंनदित्ससि ४१ पांडवेभ्यःस्वराज्यंचलोभाच्छकुनिनिश्चयात् ॥ विषंतेभीमसे
नायदत्तंसर्वेचपांडवाः ४२ प्रदीपिताजतुगृहेमात्रासहसुदुर्मते ॥ सभायांयाज्ञसेनीचकृष्टाद्यूतेरजस्वला ४३ तदैवतावद्दुष्टात्मन्वध्यस्त्वंनिरपत्रप ॥ अनक्षज्ञंचधर्मज्ञं
सौबलेनाक्षवेदिना ४४ निकृत्यायत्पराजैषीस्तस्मादसिहतोरणे ॥ जयद्रथेनपापेनयत्कृष्णाक्लेशितावने ४५ यातेषुमृगयांचैवतृणबिंदोरथाश्रमम् ॥ अभिमन्युश्चय
द्बालएकोबहुभिराहवे ४६ त्वद्दोषैर्निहतःपापतस्मादसिहतोरणे ॥ यान्यकार्याणिचास्माकंकृतानीतिप्रभाषसे ४७ वैगुण्येनतवात्यर्थंसर्वंहितदनुष्ठितम् ॥ बृहस्पतेरु
शनसोनोपदेशःश्रुतस्त्वया ४८ वृद्धानोपासिताश्चैवहितंवाक्यंनतेश्रुतम् ॥ लोभेनातिबलेनत्वंतृष्णयाचवशीकृतः ४९ ॥ ॥

४५ । ४६ । ४७ । ४८ । ४९ ॥ ॥ ॥ ॥

५० । ५१ । ५२ । ५३ । ५४ । ५५ । ५६ । ५७ । ५८ । ५९ । ६० । ६१ । ६२ । ६३ । ६४ । ६५ । ६६ । ६७ । ६८ । ६९ । ७० । ७१ ॥ इतिशल्यपर्वांतर्गतगदापर्वणिनीलकंठीये भारतभाव

कृतवानस्यकार्याणिविपाकस्तस्यभुज्यताम् ॥ ॥ दुर्योधनउवाच ॥ अधीतंविधिवद्दत्तंभूःप्रशास्तासमसागरा ५० मूर्ध्निस्थितममित्राणांकोनुस्वंततरोमया ॥
यदिष्टंक्षत्रबंधूनांस्वधर्ममनुपश्यताम् ५१ तदिदंनिधनंप्राप्तंकोनुस्वंततरोमया ॥ देवार्हामानुषाभोगाःप्राप्ताअसुलभानृपैः ५२ ऐश्वर्यंचोत्तमंप्राप्तंकोनुस्वंततरोमया ॥
ससुहृत्सानुगश्चैवस्वर्गंगताऽहमच्युत ५३ यूयंनिहतसंकल्पाःशोचंतोवर्तयिष्यथ ॥ ॥ संजयउवाच ॥ अस्यवाक्यस्यनिधनेकुरुराजस्यधीमतः ५४ अपतत्सुम
हद्वर्षंपुष्पाणांपुण्यगंधिनाम् ॥ अवादयंतगंधर्वावादित्रंसुमनोहरम् ५५ जगुश्चाप्सरसोराज्ञोयशःसंबद्धमेवच ॥ सिद्धाश्चमुमुचुर्वाचःसाधुसाध्वितिपार्थिव ५६ ववौ
चसुरभिर्वायुःपुण्यगंधोमृदुःसुखः ॥ व्यराजंश्चदिशःसर्वानभोवैदूर्यसन्निभम् ५७ अत्यद्भुतानितेदृष्ट्वावासुदेवपुरोगमाः ॥ दुर्योधनस्यपूजांतुदृष्ट्वाव्रीडामुपागमन् ५८
हतांश्चाधर्मतःश्रुत्वाशोकार्ताःशुशुचुर्हिते ॥ भीष्मंद्रोणंतथाकर्णंभूरिश्रवसमेवच ५९ तांस्तुचिंतापरान्दृष्ट्वापांडवान्दीनचेतसः ॥ प्रोवाचेदंवचःकृष्णोमेघदुंदुभिनिः
स्वनः ६० नैषशक्योऽतिशीघ्रास्त्रस्तेचसर्वेमहारथाः ॥ ऋजुयुद्धेनविक्रांताहन्तुंयुष्माभिराहवे ६१ नैषशक्यःकदाचित्तुहन्तुंधर्मेणपार्थिवः ॥ तेवाभीष्ममुखाःसर्वेम
हेष्वासामहारथाः ६२ मयानेकैरुपायैस्तुमायायोगेनचासकृत् ॥ हतास्तेसर्वएवाजौभवतांहितमिच्छता ६३ यदिनैवंविधंजातुकुर्यांजिह्ममहंरणे ॥ कुतोवोविजयो
भूयःकुतोराज्यंकुतोधनम् ६४ तेहिसर्वेमहात्मानश्चत्वारोऽतिरथाभुवि ॥ नशक्याधर्मतोहन्तुंलोकपालैरपिस्वयम् ६५ तथैवायंगदापाणिर्धार्तराष्ट्रोगतक्लमः ॥ नश
क्योधर्मतोहन्तुंकालेनापीहदंडिना ६६ नचवोहृदिकर्तव्यंयदयंघातितोरिपुः ॥ मिथ्यावध्यास्तथोपायैर्बहवःशत्रवोधिकाः ६७ पूर्वैरनुगतोमार्गोदेवैरसुरघातिभिः ॥
सद्भिश्चानुगतःपंथाःससर्वैरनुगम्यते ६८ कृतकृत्याश्चसायाह्नेनिवासंरोचयामहे ॥ साश्वनागरथाःसर्वेविश्रमामोनराधिपाः ६९ वासुदेववचःश्रुत्वातदानींपांडवैः
सह ॥ पंचालाभृशसंहृष्टाविनेदुःसिंहसंघवत् ७० ततःप्राध्मापयन्शंखान्पांचजन्यंचमाधवः ॥ हृष्टादुर्योधनंदृष्ट्वानिहतंपुरुषर्षभ ७१ ॥ इतिश्रीमहाभारते शल्यप
र्वांतर्गतगदापर्वणि कृष्णपांडवदुर्योधनसंवादेएकषष्टितमोऽध्यायः ॥ ६१ ॥ ॥ संजयउवाच ॥ ततस्तेप्रययुःसर्वेनिवासायमहीक्षितः ॥ शंखान्प्रध्मापयंतोवै
हृष्टाःपरिघबाहवः १ पांडवान्गच्छतश्चापिशिबिरंनोविशांपते ॥ महेष्वासोऽन्वगात्पश्चाद्युयुत्सुःसात्यकिस्तथा २ धृष्टद्युम्नःशिखंडीचद्रौपदेयाश्चसर्वशः ॥ सर्वेचा
न्येमहेष्वासाययुःस्वशिबिराण्युत ३ ततस्तेप्राविशन्पार्थाहतत्विट्कंहतेश्वरम् ॥ दुर्योधनस्यशिबिरंरंगवद्विसृतेजने ४ गतोत्सवंपुरमिवहृतनागमिवह्र
दम् ॥ स्त्रीवर्षवरभूयिष्ठंवृद्धामात्यैरधिष्ठितम् ५ तत्रैतान्पर्युपातिष्ठन्दुर्योधनपुरःसराः ॥ कृतांजलिपुटाराजन्काषायमलिनांबराः ६ ॥ ॥
दीपे एकषष्टितमोऽध्यायः ॥ ६१ ॥ ॥ ततइति १ । २ । ३ । ४ । ५ । ६ ॥ ॥ ॥ ॥

टी० १ एतदग्रे 'नमेविषादोभीमेनपादेनशिरआहतम् ॥ काकावाकंकगृध्रावानिधास्यंतिपदंक्षणात्'इत्यधिकम् ।

शिबिरंसमनुप्राप्यकुरुराजस्यपांडवाः ॥ अवतेरुर्महाराजरथेभ्योरथसत्तमाः ७ ततोगांडीवधन्वानमभ्यभाषतकेशवः ॥ स्थितःप्रियहितेनित्यमतीवभरतर्षभ
८ अवरोपयगांडीवमक्षयौचमहेषुधी ॥ अथाहमवरोक्ष्यामिपश्चाद्भरतसत्तम ९ स्वयंचैवावरोहत्वमेतच्छ्रेयस्तवानघ ॥ तच्चाकरोत्तथावीरःपांडुपुत्रोधनंजयः १०
अथपश्चात्ततःकृष्णोरश्मीनुत्सृज्यवाजिनाम् ॥ अवारोहतमेधावीरथाद्गांडीवधन्वनः ११ अथावतीर्णेभूतानामीश्वरेसुमहात्मनि ॥ कपिरंतर्दधेदिव्योध्वजोगांडी
वधन्वनः १२ सदग्धोद्रोणकर्णाभ्यांदिव्यैरस्त्रैर्महारथः ॥ अथादीप्तोग्निनाह्याशुप्रजज्वालमहीपते १३ सोपासंगःसरश्मिश्चसाश्वःसयुगबंधुरः ॥ भस्मीभूतोऽपत
द्भूमौरथोगांडीवधन्वनः १४ तंतथाभस्मभूतंतुदृष्ट्वापांडुसुताःप्रभो ॥ अभवन्विस्मिताराजन्नर्जुनश्चेदमब्रवीत् १५ कृतांजलिःसप्रणयंप्रणिपत्याभिवाद्यह ॥ गो
विंदकस्माद्भगवन्रथोदग्धोऽयमग्निना १६ किमेतन्महदाश्चर्यमभवद्यदुनंदन ॥ तन्मेब्रूहिमहाबाहोश्रोतव्यंयदिमन्यसे १७ ॥ वासुदेवउवाच ॥ अस्त्रैर्बहुविधैर्दग्धः
पूर्वमेवायमर्जुन ॥ मदधिष्ठितत्वात्समरेनविशीर्णःपरंतप १८ इदानींतुविशीर्णोऽयंदग्धोब्रह्मास्त्रतेजसा ॥ मयाविमुक्तःकौन्तेयत्वय्यपद्यकृतकर्मणि १९ ईषदुत्स्मय
मानस्तुभगवान्केशवोऽरिहा ॥ परिष्वज्यचराजानंयुधिष्ठिरमभाषत २० दिष्ट्याजयसिकौन्तेयदिष्ट्यातेशत्रवोजिताः ॥ दिष्ट्यागांडीवधन्वाचभीमसेनश्चपांडवः
२१ त्वंचापिकुशलीराजन्माद्रीपुत्रौचपांडवौ ॥ मुक्तावीरक्षयादस्मात्संग्रामान्निहतद्विषः २२ क्षिप्रमुत्तरकालानिकुरुकार्याणिभारत ॥ उपयातमुपप्लव्यंसहगां
डीवधन्वना २३ आनीयमधुपर्कंमांयत्पुरात्वमवोचथाः ॥ एषभ्रातासखाचैवतवकृष्णधनंजयः २४ रक्षितव्योमहाबाहोसर्वास्वापत्स्वितिप्रभो ॥ तवचैव
ब्रुवाणस्यतथेत्येवाहमब्रुवम् २५ ससव्यसाचीगुप्तस्तेविजयीचजनेश्वर ॥ भ्रातृभिःसहराजेन्द्रशूरःसत्यपराक्रमः २६ मुक्तोवीरक्षयादस्मात्संग्रामाल्लोमहर्षणात् ॥
एवमुक्तस्तुकृष्णेनधर्मराजोयुधिष्ठिरः २७ हृष्टरोमामहाराजप्रत्युवाचजनार्दनम् ॥ युधिष्ठिरउवाच ॥ प्रमुक्तंद्रोणकर्णाभ्यांब्रह्मास्त्रमरिमर्दन २८ कस्त्व
दन्यःसहेत्साक्षादपिवज्रीपुरंदरः ॥ भवतस्तुप्रसादेनसंशप्तकगणाजिताः २९ महारणगतःपार्थोयच्चनासीत्पराङ्मुखः ॥ तथैवचमहाबाहोपर्यायैर्बहुभिर्मया
३० कर्मणामनुसंतानंतेजसश्चगतीःशुभाः ॥ उपप्लव्येमहर्षिर्मेकृष्णद्वैपायनोऽब्रवीत् ३१ यतोधर्मस्ततःकृष्णोयतःकृष्णस्ततोजयः ॥ इत्येवमुक्तेतेवीराःशिबिरंतव
भारत ३२ प्रविश्यप्रत्यपद्यंतकोशरत्नर्धिसंचयान् ॥ रजतंजातरूपंचमणीनथचमौक्तिकान् ३३ भूषणान्यथमुख्यानिकंबलान्यजिनानिच ॥ दासीदासमसंख्येयंरा
ज्योपकरणानिच ३४ तेप्राप्यधनमक्षय्यंत्वदीयंभरतर्षभ ॥ उदक्रोशन्महाभागानरेन्द्रविजितारयः ३५ तेतुवीराःसमाश्वस्यवाहनान्यवमुच्यच ॥ अतिष्ठंतमुहुःसर्वेपां
२१ डवाःसात्यकिस्तथा ३६ अथाब्रवीन्महाराजवासुदेवोमहायशाः ॥ अस्माभिर्मंगलार्थायवस्तव्यंशिबिराद्बहिः ३७ ॥

म. भा. टी. ३८ । ३९ । ४० । ४१ । ४२ । ४३ । ४४ । ४५ । ४६ ॥ इतिशल्यपर्वांतर्गतगदापर्वणिनीलकंठीयेभारतभावदीपेद्विषष्टितमोऽध्यायः ॥ ६२ ॥ ॥ ॥ ॥ किमर्थमिति । श०ग०९

॥ ६१ ॥ तथेत्युक्त्वाहितेसर्वेपांडवाःसात्यकिस्तथा ॥ वासुदेवेनसहितामंगलार्थंबहिर्ययुः ३८ तेसमासाद्यसरितंपुण्यामोघवतींनृप ॥ न्यवसन्नथतांरात्रिंपांडवाहतशत्रवः ३९ अ०
युधिष्ठिरस्ततोराजाप्राप्तकालमचिंतयत् ॥ तत्रतेगमनंप्राप्तंरोचतेतवमाधव ४० गांधार्याःक्रोधदीप्तायाःप्रशमार्थमरिंदम ॥ हेतुकारणयुक्तैश्चवाक्यैःकालसमीरितैः ४१ ६३
क्षिप्रमेवमहाभागगांधारींप्रशमिष्यसि॥ पितामहश्चभगवान्व्यासस्तत्रभविष्यति४२ततःसंप्रेषयामासुर्यादवंनागसाह्वयम् ॥ सचप्रायाज्जवेनाशुवासुदेवःप्रतापवान्४३
दारुकंरथमारोप्ययेनराजांबिकासुतः ॥ तमूचुःसंप्रयास्यंतंशैब्यसुग्रीववाहनम् ४४ प्रत्याश्वासयगांधारींहतपुत्रांयशस्विनीम् ॥ सप्रायात्पांडवैरुक्तस्तत्पुरंसात्वतांवरः
४५ आससादततःक्षिप्रंगांधारींनिहतात्मजाम् ४६ ॥ इतिश्रीमहाभारते शल्यपर्वांतर्गतगदापर्वणि वासुदेवप्रेषणे द्विषष्टितमोऽध्यायः ॥ ६२ ॥ ॥ जनमे
जयउवाच ॥ किमर्थंद्विजशार्दूलधर्मराजोयुधिष्ठिरः ॥ गांधार्याःप्रेषयामासवासुदेवंपरंतपम् १ यदापूर्वंगतःकृष्णःशमार्थंकौरवान्प्रति ॥ नचतंलब्धवान्कामंततोयु
द्धमभूदिदम् २ निहतेषुतुयोधेषुहतेदुर्योधनेतदा ॥ पृथिव्यांपांडवेयस्यनिःसपत्नेकृतेयुधि ३ विद्रुतेशिबिरेशून्येप्राप्तेयशसिचोत्तमे ॥ किंनुतत्कारणंब्रह्मन्येनकृ
ष्णोगतःपुनः ४ नचैतत्कारणंब्रह्मन्नल्पंविप्रतिभातिमे ॥ यत्रागमदमेयात्मास्वयमेवजनार्दनः ५ तत्त्वतोवैसमाचक्ष्वसर्वमध्वर्युसत्तम ॥ यच्चात्रकारणंब्रह्मन्कार्यस्या
स्यविनिश्चये६ ॥ वैशंपायनउवाच ॥ त्वद्युक्तोऽयमनुप्रश्नोयन्मांपृच्छसिपार्थिव ॥ तत्तेऽहंसंप्रवक्ष्यामियथावद्भरतर्षभ ७ हतंदुर्योधनंदृष्ट्वाभीमसेनेनसंयुगे ॥ व्युत्क्रम्यसम
यंराजन्धार्तराष्ट्रंमहाबलम् ८ अन्यायेनहतंदृष्ट्वागदायुद्धेनभारत ॥ युधिष्ठिरंमहाराजमहद्भयमथाविशत् ९ चिंतयानोमहाभागांगांधारींतपसान्विताम् ॥ घोरेण
तपसायुक्तांत्रैलोक्यमपिसादहेत् १० तस्यचिंतयमानस्यबुद्धिःसमभवत्तदा ॥ गांधार्याःक्रोधदीप्तायाःपूर्वंप्रशमनंभवेत् ११ साहिपुत्रवधंश्रुत्वाकृतमस्माभिरीदृशम् ॥
मानसेनाग्निनाक्रुद्धाभस्मसान्नःकरिष्यति १२ कथंदुःखमिदंतीव्रंगांधारीसंप्रसहिष्यति ॥ श्रुत्वाविनिहतंपुत्रंछलेनाजिह्मयोधिनम् १३ एवंविचिंत्यबहुधाभयशोकसम
न्वितः ॥ वासुदेवमिदंवाक्यंधर्मराजोऽभ्यभाषत १४ तवप्रसादाद्गोविंदराज्यंनिहतकंटकम् ॥ अप्राप्यंमनसाऽपीदंप्राप्तमस्माभिरच्युत १५ प्रत्यक्षंमेमहाबाहो
संग्रामेलोमहर्षणे ॥ विमर्दःसुमहान्प्राप्तस्त्वयायादवनंदन १६ त्वयादेवासुरेयुद्धेवधार्थममरद्विषाम् ॥ यथासाह्यंपुरादत्तंहताश्चविबुधद्विषः १७ साह्यंतथामहाबाहो
दत्तमस्माकमच्युत ॥ सारथ्येनचवार्ष्णेयभवताहिधृतावयम् १८ यदिनत्वंभवेन्नाथःफाल्गुनस्यमहारणे ॥ कथंशक्योरणेजेतुंभवेदेषबलार्णवः १९ गदाप्रहाराविपु
लाःपरिघैश्चापिताडनम् ॥ शक्तिभिर्भिन्दिपालैश्चतोमरैःसपरश्वधैः २० ॥ ॥ ॥

१ । २ । ३ । ४ । ५ । ६ । ७ । ८ । ९ । १० । ११ । १२ । १३ । १४ । १५ । १६ । १७ । १८ । १९ । २० ॥ ॥ ॥ ॥ ६१ ॥

२१ । २२ । २३ । २४ । २५ । २६ । २७ हेतुकारणसंयुक्तैःहेतबोदृष्टाअपराधाः कारणानिअदृष्टान्यवश्यंभावीनितैर्युक्तानितैः २८ । २९ । ३० । ३१ । ३२ प्रायादगच्छत् ३३ । ३४ । ३५

अस्मत्कृतेत्वयाकृष्णवाचःसुपरुषाःश्रुताः ॥ शस्त्राणांचनिपातावैवज्रस्पर्शोपमारणे २१ तेचतेसफलाजाताहतेदुर्योधनेऽच्युत ॥ तत्सर्वेनयथानश्येत्पुनःकृष्णत थाकुरु २२ संदेहदोलांप्राप्तंनश्चेतःकृष्णजयेसति ॥ गांधार्याहिमहाबाहोक्रोधंबुद्धयस्वमाधव २३ साहिनित्यंमहाभागातपसोग्रेणकर्शिता ॥ पुत्रपौत्रवधंश्रुत्वा ध्रुवंनःसंप्रधक्ष्यति २४ तस्याःप्रसादनंवीरप्राप्तकालंमतंमम ॥ कश्चतांक्रोधताम्राक्षींपुत्रव्यसनकर्शिताम् २५ वीक्षितुंपुरुषःशक्तस्त्वामृतेपुरुषोत्तम ॥ तत्रमे गमनंप्राप्तंरोचतेतवमाधव २६ गांधार्याःक्रोधदीप्तायाःप्रशमार्थमरिंदम ॥ त्वंहिकर्ताविकर्ताचलोकानांप्रभवाव्ययः २७ हेतुकारणसंयुक्तैर्वाक्यैःकालसमीरितैः ॥ क्षिप्रमेवमहाबाहोगांधारींशमयिष्यसि २८ पितामहश्चभगवान्कृष्णस्तत्रभविष्यति ॥ सर्वथातेमहाबाहोगांधार्याःक्रोधनाशनम् २९ कर्तव्यंसात्वतांश्रेष्ठपांडवानां हितार्थिना ॥ धर्मराजस्यवचनंश्रुत्वायदुकुलोद्वहः ३० आमंत्र्यदारुकंप्राहरथःसज्जोविधीयताम् ॥ केशवस्यवचःश्रुत्वात्वरमाणोऽथदारुकः ३१ न्यवेदयद्रथंसज्जंके शवायमहात्मने ॥ तंरथंयादवश्रेष्ठःसमारुह्यपरंतपः ३२ जगामहास्तिनपुरंत्वरितःकेशवोविभुः ॥ ततःप्रायान्महाराजमाधवोभगवान्रथी ३३ नागसाह्वयमा साद्यप्रविवेशचवीर्यवान् ॥ प्रविश्यनगरंवीरोरथघोषेणनादयन् ३४ विदितंधृतराष्ट्रस्यसोऽवतीर्यरथोत्तमात् ॥ अभ्यगच्छददीनात्माधृतराष्ट्रनिवेशनम् ३५ पूर्वं चाभिगतंतत्रसोऽपश्यदृषिसत्तमम् ॥ पादौप्रपीडयकृष्णस्यराज्ञश्चापिजनार्दनः ३६ अभ्यवादयदव्यग्रोगांधारींचापिकेशवः ॥ ततस्तुयादवश्रेष्ठोधृतराष्ट्रमधोक्षजः ३७ पाणिमालंब्यराजेन्द्रसुस्वरंप्ररुरोदह ॥ समुहूर्तादिवोत्सृज्यबाष्पंशोकसमुद्भवम् ३८ प्रक्षाल्यवारिणानेत्रेह्याचम्यचयथाविधि ॥ उवाचप्रस्तुतंवाक्यंधृतराष्ट्रम रिंदमः ३९ नतेऽस्त्यविदितंकिंचिद्भूतस्यतवभारत ॥ कालस्यचयथावृत्तंतत्तेसुविदितंप्रभो ४० यदिदंपांडवैःसर्वैस्तवचित्तानुरोधिभिः ॥ कथंकुलक्षयोनस्यात्त थाक्षत्रस्यभारत ४१ भ्रातृभिःसमयंकृत्वाक्षांतवान्धर्मवत्सलः ॥ द्यूतच्छलजितैःशुद्धैर्वनवासोऽभ्युपागतः ४२ अज्ञातवासचर्याचनानावेषसमावृतैः ॥ अन्येश्चब हवःक्लेशास्त्वशक्तैरिवसर्वदा ४३ मयाचस्वयमागम्ययुद्धकालउपस्थिते ॥ सर्वलोकस्यसान्निध्येग्रामांस्त्वंपंचयाचितः ४४ त्वयाकालोपसृष्टेनलोभतोनापव र्जिताः ॥ तवापराधान्नृपतेसर्वंक्षत्रंक्षयंगतम् ४५ भीष्मेणसोमदत्तेनबाल्हीकेनकृपेणच ॥ द्रोणेनचसपुत्रेणविदुरेणचधीमता ४६ याचितस्त्वंशमंनित्यंनचतत्कृ तवानसि ॥ कालोपहतचित्ताहिसर्वेमुह्यंतिभारत ४७ यथामूढोभवान्पूर्वमस्मिन्नर्थेसमुद्यते ॥ किमन्यत्कालयोगाद्धिदिष्टमेवपरायणम् ४८ माचदोषान्महाप्राज्ञ पांडवेषुनिवेशय ॥ अल्पोऽप्यतिक्रमोनास्तिपांडवानांमहात्मनाम् ४९ धर्मतोन्यायतश्चैवस्नेहतश्चपरंतप ॥ एतत्सर्वंतुविज्ञायह्यात्मदोषकृतंफलम् ५०

कृष्णस्यव्यासस्य ३६ । ३७ । ३८ । ३९ । ४० । ४१ । ४२ । ४३ । ४४ । ४५ । ४६ । ४७ । ४८ । ४९ । ५० ॥ ॥ ॥

॥ ५१ । ५२ । ५३ । ५४ । ५५ । ५६ । ५७ । ५८ । ५९ । ६० । ६१ । ६२ । ६३ । ६४ । ६५ । ६६ । ६७ । ६८ । ६९ । ७० । ७१ । ७२ । ७३ । ७४ । ७५ । ७६ । ७७ । ७८ ॥

असूयांपांडुपुत्रेषुनभवान्कर्तुमर्हति ॥ कुलंवंशश्चपिंडाश्चयच्चपुत्रकृतंफलम् ५१ गांधार्यास्तववैनाथपांडवेषुप्रतिष्ठितम् ॥ त्वंचैवकुरुशार्दूलगांधारीचयशस्विनी ५२
माशुचोनरशार्दूलपांडवान्प्रतिकिल्बिषम् ॥ एतत्सर्वमनुध्यायआत्मनश्चव्यतिक्रमम् ५३ शिवेनपांडवान्पाहिनमस्तेभरतर्षभ ॥ जानासिचमहाबाहोधर्मराजस्य
यात्वयि ५४ भक्तिर्भरतशार्दूलस्नेहश्चापिस्वभावतः ॥ एतच्चकदनंकृत्वाशत्रूणामपकारिणाम् ५५ दह्यतेसदिवारात्रौनचशर्माधिगच्छति ॥ त्वांचैवनरशार्दूलगांधा
रींचयशस्विनीम् ५६ सशोचन्नरशार्दूलःशांतिंनैवाधिगच्छति ॥ ह्रियाचपरयाऽऽविष्टोभवंतंनाधिगच्छति ५७ पुत्रशोकाभिसंतप्तंबुद्धिव्याकुलितेन्द्रियम् ॥ एव
मुक्त्वामहाराजधृतराष्ट्रंयदूत्तमः ५८ उवाचपरमंवाक्यंगांधारींशोककर्शिताम् ॥ सौबलेयिनिबोधत्वंयत्त्वांवक्ष्यामितच्छृणु ५९ त्वत्समानास्तिलोकेऽस्मिन्नद्यसी
मंतिनीशुभे ॥ जानासिचयथाराज्ञिसभायांममसन्निधौ ६० धर्मार्थसहितंवाक्यमुभयोःपक्षयोर्हितम् ॥ उक्तवत्यसिकल्याणिनचतेतनयैःकृतम् ६१ दुर्योधनस्त्व
याचोक्तोजयार्थीपरुषंवचः ॥ शृणुमूढवचोमह्यंयतोधर्मस्ततोजयः ६२ तदिदंसमनुप्राप्तंतववाक्यंनृपात्मजे ॥ एवंविदित्वाकल्याणिमास्मशोकेमनःकृथाः ६३ पां
डवानांविनाशायमातेबुद्धिःकदाचन ॥ शक्ताचासिमहाभागेपृथिवींसचराचराम् ६४ चक्षुषाक्रोधदीप्तेननिर्दग्धुंतपसोबलात् ॥ वासुदेववचःश्रुत्वागांधारीवाक्यमब्र
वीत् ६५ एवमेतन्महाबाहोयथावदसिकेशव ॥ आधिभिर्दह्यमानायामतिःसंचलितामम ६६ सामेऽव्यवस्थिताश्रुत्वातववाक्यंजनार्दन ॥ राज्ञस्त्वंधस्यवृद्धस्यह
तपुत्रस्यकेशव ६७ त्वंगतिःसहितैर्वीरैःपांडवैर्द्विपदांवरः ॥ एतावदुक्त्वावचनंमुखंप्रच्छाद्यवाससा ६८ पुत्रशोकाभिसंतप्तागांधारीप्ररुरोदह ॥ ततएनांमहाबाहुःकेश
वःशोककर्शिताम् ६९ हेतुकारणसंयुक्तैर्वाक्यैराश्वासयत्प्रभुः ॥ समाश्वास्यचगांधारींधृतराष्ट्रंचमाधवः ७० द्रौणिसंकल्पितंभावमवबुद्ध्यतकेशवः ॥ ततस्त्वरितउ
त्थायपादौमूर्ध्नाप्रणम्यच ७१ द्वैपायनस्यराजेन्द्रततःकौरवमब्रवीत ॥ आपृच्छेत्वांकुरुश्रेष्ठमाचशोकेमनःकृथाः ७२ द्रौणेःपापोऽस्त्यभिप्रायस्तेनास्मिसहसोत्थितः ॥
पांडवानांवधेरात्रौबुद्धिस्तेनप्रदर्शिता ७३ एतच्छ्रुत्वातुवचनंगांधार्यासहितोऽब्रवीत् ॥ धृतराष्ट्रोमहाबाहुःकेशवंकेशिसूदनम् ७४ शीघ्रंगच्छमहाबाहोपांडवान्परि
पालय ॥ भूयस्त्वयासमेष्यामिक्षिप्रमेवजनार्दन ७५ प्रायात्ततस्तुत्वरितोदारुकेणसहाच्युतः ॥ वासुदेवेगतेराजन्धृतराष्ट्रंजनेश्वरम् ७६ आश्वासयदमेयात्माव्या
सोलोकनमस्कृतः ॥ वासुदेवोऽपिधर्मात्माकृतकृत्योजगामह ७७ शिबिरंहास्तिनपुराद्दिदृक्षुःपांडवान्नृप ॥ आगम्यशिबिरंरात्रौसोऽभ्यगच्छतपांडवान् ॥ तच्चते
भ्यःसमाख्यायसहितस्तैःसमाहितः ७८ ॥ इतिश्रीमहाभारते शल्यपर्वांतर्गतगदापर्वणि धृतराष्ट्रगांधारीसमाश्वासने त्रिषष्टितमोऽध्यायः ॥ ६३ ॥ ॥ ॥

इतिशल्यपर्वांतर्गतगदापर्वणि नीलकंठीये भारतभावदीपे त्रिषष्टितमोऽध्यायः ॥ ६३ ॥ ॥ ॥ ॥ ॥

अधिष्ठितइति । शौटीरःशूरः सएवशौटीर्यमात्मानंमन्यतेशौटीर्यमानी १ । २ । ३ । ४ । ५ । ६ । ७ । ८ । ९ । १० । ११ । १२ । १३ । १४ । १५ । १६ । १७ । १८ । १९

॥ धृतराष्ट्रउवाच ॥ अधिष्ठितःपदामूर्ध्निभग्नसक्थोमहींगतः ॥ शौटीर्यमानीपुत्रोमेकिमभाषतसंजय १ अत्यर्थंकोपनोराजाजातवैरश्चपांडुषु ॥ व्यसनंपरमंप्राप्तःकि
माहपरमाहवे २ ॥ संजयउवाच ॥ शृणुराजन्प्रवक्ष्यामियथावृत्तंनराधिप ॥ राज्ञायदुक्तंभग्नेनतस्मिन्व्यसनआगते ३ भग्नसक्थोनृपोराजन्पांसुनासोऽवगुंठितः ॥
यमयन्मूर्धजांस्तत्रवीक्ष्यचैवदिशोदश ४ केशान्नियम्ययत्नेननिःश्वसन्नुरगोयथा ॥ संरंभाश्रुपरीताभ्यांनेत्राभ्यामभिवीक्ष्यमाम् ५ बाहूधरण्यांनिष्पिष्यमुहुर्मत्तइव
द्विपः ॥ प्रकीर्णान्मूर्धजान्धुन्वन्दन्तैर्दन्तानुपस्पृशन् ६ गर्हयन्पांडवंज्येष्ठंनिःश्वस्येदमथाब्रवीत् ॥ भीष्मेशांतनवेनाथेकर्णेशस्त्रभृतांवरे ७ गौतमेशकुनौचापिद्रोणेचा
स्त्रभृतांवरे ॥ अश्वत्थाम्नितथाशल्येशूरेचकृतवर्मणि ८ इमामवस्थांप्राप्तोऽस्मिकालोहिदुरतिक्रमः ॥ एकादशचमूभर्तासोहमेतांदशांगतः ९ कालंप्राप्यमहाबाहोन
कश्चिदतिवर्तते ॥ आख्यातव्यंमदीयानांयेऽस्मिन्जीवंतिसंयुगे१० यथाऽहंभीमसेनेनव्युत्क्रम्यसमयंहतः ॥ बहूनिसुनृशंसानिकृतानिखलुपांडवैः ११ भूरिश्रवसिकर्णेच
भीष्मेद्रोणेचश्रीमति ॥ इदंचाकीर्तिजंकर्मनृशंसैःपांडवैःकृतम् १२ येनतेसत्सुनिर्वेदंगमिष्यंतिहिमेमतिः ॥ काप्रीतिःसत्वयुक्तस्यकृत्वोपाधिकृतंजयम् १३ कोवास
मयभेत्तारंबुधःसंमंतुमर्हति ॥ अधर्मेणजयंलब्ध्वाकोनुहृष्येतपंडितः १४ यथासंहृष्यतेपापःपांडुपुत्रोवृकोदरः ॥ किन्नुचित्रमितस्त्वद्यभग्नसक्थस्ययन्मम १५ क्रु
द्धेनभीमसेनेनपादेनमृदितंशिरः ॥ प्रतपंतंश्रियाजुष्टंवर्तमानंचबन्धुषु १६ एवंकुर्यान्नरोयोहिसवैसंजयपूजितः ॥ अभिज्ञौयुद्धधर्मस्यममपातापिताचमे १७ तौहिसं
जयदुःखार्तौविज्ञाप्यौवचनाद्धिमे ॥ इष्टंभृत्याभृताःसम्यग्भूःप्रशास्तासमसागरा १८ मूर्ध्निस्थितममित्राणांजीवतामेवसंजय ॥ दत्तादायायथाशक्तिमित्राणांचप्रियंकृ
तम् १९ अमित्राबाधिताःसर्वेकोनुस्वंततरोमया ॥ मानिताबांधवाःसर्वेवश्यःसंपूजितोजनः २० त्रितयंसेवितंसर्वंकोनुस्वंततरोमया ॥ आज्ञप्तंनृपमुख्येषुमानःप्राप्तः
सुदुर्लभः २१ आजानेयैस्तथायातंकोनुस्वंततरोमया ॥ यातानिपरराष्ट्राणिनृपाभुक्ताश्चदासवत् २२ प्रियेभ्यःप्रकृतंसाधुकोनुस्वंततरोमया ॥ अधीतंविधि
वद्दत्तंप्राप्तमायुर्निरामयम् २३ स्वधर्मेणजितालोकाःकोनुस्वंततरोमया ॥ दिष्ट्यानाहंजितःसंख्येपरान्प्रेष्यवदाश्रितः २४ दिष्ट्यामेविपुलालक्ष्मीर्मृतेत्वन्यगता
विभो ॥ यदिष्टंक्षत्रबंधूनांस्वधर्ममनुतिष्ठताम् २५ निधनंतन्मयाप्राप्तंकोनुस्वंततरोमया ॥ दिष्ट्यानाहंपरावृत्तोवैरात्प्राकृतवज्जितः २६ दिष्ट्यानवि
मतिंकांचिद्भजित्वातुपराजितः ॥ सुप्तंवाथप्रमत्तंवायथाहन्याद्विषेणवा २७ एवंव्युत्क्रांतधर्मेणव्युत्क्रम्यसमयंहतः ॥ अश्वत्थामामहाभागःकृतवर्माचसात्वतः २८

मयामत्तः २० । २१ । २२ । २३ । २४ । २५ । २६ । २७ । २८ ॥ ॥ ॥

२९ वार्तिकान् वार्ताहारिणः ३० । ३१ । ३२ । ३३ । ३४ । ३५ । ३६ । ३७ चार्वाकोब्राह्मणवेषधारीराक्षसः ३८ अपचितिंप्रतीकारं ३९ । ४० । ४१ । ४२ । ४३ ॥ इतिशल्यांतर्गतगदापर्वणि

कृपःशारद्वतश्चैववक्तव्यावचनान्मम ॥ अधर्मेणप्रवृत्तानांपांडवानामनेकशः २९ विश्वासंसमयघ्नानांनयूयंगंतुमर्हथ ॥ वार्तिकांश्चाब्रवीद्राजापुत्रस्तेसत्यविक्रमः ३०
अधर्माद्भीमसेनेननिहतोऽहंयथारणे ॥ सोहंद्रोणंस्वर्गगतंकर्णशल्यावुभौतथा ३१ वृषसेनंमहावीर्यंशकुनिंचापिसौबलम् ॥ जलसंधंमहावीर्यंभगदत्तंचपार्थिवम् ३२
सोमदत्तंमहेष्वासंसैन्धवंचजयद्रथम् ॥ दुःशासनपुरोगांश्चभ्रातॄनात्मसमांस्तथा ३३ दौःशासनिंचविक्रांतंलक्ष्मणंचात्मजावुभौ ॥ एतांश्चान्यांश्चसुबहून्मदीयांश्चस
हस्रशः ३४ पृष्ठतोऽनुगमिष्यामिसार्थहीनोयथाऽध्वगः ॥ कथंभ्रातॄन्हतान्श्रुत्वाभर्तारंचस्वसामम ३५रोरूयमाणादुःखार्तादुःशलासाभविष्यति ॥ स्नुषाभिःप्रस्नुषा
भिश्चवृद्धोराजापितामम ३६ गांधारीसहितश्चैवकांगतिंप्रतिपत्स्यति ॥ नूनंलक्ष्मणमाताऽपिहतपुत्राहतेश्वरा ३७ विनाशंयास्यतिक्षिप्रंकल्याणीपृथुलोचना ॥
यदिजानातिचार्वाकःपरिव्राड्वाग्विशारदः ३८ करिष्यतिमहाभागोध्रुवंचापचितिंमम ॥ समंतपंचकेपुण्येत्रिषुलोकेषुविश्रुते ३९ अहंनिधनमासाद्यलोकान्प्राप्स्यामि
शाश्वतान् ॥ ततोजनसहस्राणिबाष्पपूर्णानिमारिष ४० प्रलापंनृपतेःश्रुत्वाव्यद्रवंतदिशोदश ॥ ससागरवनाघोरापृथिवीसचराचरा ४१ चचालाथसनिर्ह्रादादिश
श्चैवाविलाभवन् ॥ तेद्रोणपुत्रमासाद्ययथावृत्तंन्यवेदयन् ४२ व्यवहारंगदायुद्धेपार्थिवस्यचपातनम् ॥ तदाख्यायततःसर्वेद्रोणपुत्रस्यभारत ॥ ध्यात्वाचसुचिरंकालं
जग्मुरार्तायथागतम् ४३ ॥ इतिश्रीमहाभारतेशल्यपर्वांतर्गतगदापर्वणिदुर्योधनविलापेचतुःषष्टितमोऽध्यायः ॥ ६४ ॥ ॥ संजयउवाच ॥ वार्तिकाणांस
काशात्तुश्रुत्वादुर्योधनंहतम् ॥ हतशिष्टास्ततोराजन्कौरवाणांमहारथाः १ विनिर्भिन्नाःशितैर्बाणैर्गदातोमरशक्तिभिः ॥ अश्वत्थामाकृपश्चैवकृतवर्माचसात्वतः २
त्वरिताजवनैरश्वैरायोधनमुपागमन् ॥ तत्रापश्यन्महात्मानंधार्तराष्ट्रंनिपातितम् ३ प्रभग्नंवायुवेगेनमहाशालंयथावने ॥ भूमौविचेष्टमानंतंरुधिरेणसमुक्षितम् ४
महागजमिवारण्येव्याधेनविनिपातितम् ॥ विवर्तमानंबहुशोरुधिरौघपरिप्लुतम् ५ यदृच्छयानिपतितंचक्रमादित्यगोचरम् ॥ महावातसमुत्थेनसंशुष्कमिवसा
गरम् ६ पूर्णचंद्रमिवव्योम्नितुषारावृतमंडलम् ॥ रेणुध्वस्तंदीर्घभुजंमातंगमिवविक्रमे ७ वृतंभूतगणैर्घोरैःक्रव्यादैश्चसमंततः ॥ यथाधनंलिप्समानैर्भृत्यैर्नृप
तिसत्तमम् ८ भ्रुकुटीकृतवक्त्रांतंक्रोधादुद्वृत्तचक्षुषम् ॥ सामर्षंतंनरव्याघ्रंव्याघ्रंनिपतितंयथा ९ तेतंदृष्ट्वामहेष्वासंभूतलेपतितंनृपम् ॥ मोहमभ्यागमन्सर्वेकृप
प्रभृतयोरथाः १० अवतीर्यरथेभ्यश्चप्राद्रवन्राजसन्निधौ ॥ दुर्योधनंचसंप्रेक्ष्यसर्वेभूमावुपाविशन् ११ ततोद्रौणिर्महाराजबाष्पपूर्णेक्षणःश्वसन् ॥ उवाचभ
रतश्रेष्ठंसर्वलोकेश्वरेश्वरम् १२ ननूनंविद्यतेसत्यंमानुषेकिंचिदेवहि ॥ यत्रत्वंपुरुषव्याघ्रशेषेपांसुषुरूषितः १३ ॥ ॥

नीलकंठीये भारतभावदीपे चतुःषष्टितमोऽध्यायः ॥ ६४ ॥ वार्तिकाणामिति १ । २ । ३ । ४ । ५ चक्रमादित्यगोचरंसूर्यमंडलमिवेतिलुप्तोपमा ६ । ७ । ८ । ९ । १० । ११ । १२ । १३

१४ । १५ । १६ । १७ । १८ कारणान्तरेऽहइरूपेसति तेनेदृष्टसामग्रीवैयर्थ्यंजायतइतिभावः १९ । २० । २१ । २२ । २३ । २४ । २५ । २६ । २७ । २८ । २९ । ३० । ३१ । ३२ । ३३ । ३४

भूत्वाहिनृपतिःपूर्वंसमाज्ञाप्यचमेदिनीम् ॥ कथमेकोऽद्यराजेन्द्रतिष्ठमेनिर्जनेवने १४ दुःशासनंपश्यामिनापिकर्णमहारथम् ॥ नापितानसुहृदःसर्वान्किमिदं

भरतर्षभ १५ दुःखेनूनंकृतान्तस्यगतिंज्ञातुंकथंचन ॥ लोकानांचभवान्यत्रशेषेपांसुषुरूषितः १६ एषमूर्धाभिषिक्तानामग्रेगत्वापरंतपः ॥ सतृणग्रसतेपांसुंप

श्यकालस्यपर्ययम् १७ क्रुतैतदमलंछत्रंव्यजनंकचपार्थिव ॥ साचतेमहतीसेनाक्वगतापार्थिवोत्तम १८ दुर्विज्ञेयागतिर्नूनंकार्याणांकारणांतरे ॥ यद्वैलोकगुरुर्भू

स्वाभवानेतांदशांगतः १९ अध्रुवासर्वमेवेयेश्रीरुपालक्ष्यतेभृशम् ॥ भवतोऽप्यसनंदृष्ट्वाशकविस्पर्धिनोभृशम् २० तस्यतद्वचनंश्रुत्वादुःखितस्यविशेषतः ॥ उवा

चराजन्पुत्रस्तेपात्कालमिदंवचः २१ विमृज्यनेत्रेपाणिभ्यांशोकजंबाष्पमुत्सृजन् ॥ कृपादीन्सतदावीरान्सर्वानेवनराधिपः २२ ईदृशोलोकधर्मोऽयंधात्रानि

दिष्टउच्यते ॥ विनाशःसर्वभूतानांकालपर्यायमागतः २३ सोऽयंमांसमनुप्राप्तःप्रत्यक्षंभवतांहिय ॥ पृथिवींपालयित्वाअहमेतान्निधांउपागतः २४ दिष्टाचानाहंप

राष्ट्रोत्युद्वेकस्यांचिदापदि ॥ दिष्टाअहंनिहतःपापैश्छलेनैवविशेषनः २५ उत्साहश्चकृतोनित्यंमयादिष्ट्यायुयुत्सता ॥ दिष्ट्याचास्मिन्रहतोयुद्धेनिहतज्ञातिबां

धवः २६ दिष्ट्याचवोऽहंपश्यामिमुक्तान्समाजनक्षयात् ॥ स्वस्तियुक्तांश्चकल्यांश्चतन्मेप्रियमनुत्तमम् २७ माभवंतोऽत्रतप्यंतांसौहृदान्निधनेनमे ॥ यदिवेदाः

प्रमाणंवोजिताल्लोकामयाक्षया २८ मन्यमानःप्रभावंचकृष्णस्यामिततेजसः ॥ तेनच्यावितश्चाहंक्षत्रधर्मात्स्वनुष्ठितात् २९ समयासमनुप्राप्तोनास्मिशो

च्यःकथंचन ॥ कृतंभवद्भिःसदृशमनुरूपमिवात्मनः ३० यतितंविजयेनित्यंदैवंतुदुरतिक्रमम् ॥ एतावदुक्त्वावचनंबाष्पव्याकुललोचनः ३१ तूष्णींबभूवराजेन्द्रदु

र्जाऽसौविह्वलोभृशम् ॥ तथानुद्दृष्ट्वाराजानंबाष्पशोकसमन्वितम् ३२ द्रौणिःक्रोधनजज्वालयथावह्निर्जगत्क्षये ॥ सक्रोधसमाविष्टःपाणौपाणिंनिपीड्यच ३३ बाष्प

विह्वलयावाचाराजानमिदमब्रवीत् ॥ पितामेनिहतःक्षुद्रैःसुनृशंसेनकर्मणा ३४ नतथातेनतप्यामियथाराजस्त्वयाऽद्यवै ॥ श्रुणुचेदंवचोमह्यंसत्येनवदतःप्रभो ३५

इष्टपूर्तेनदानेनधर्मेणसुकृतेनच ॥ अद्याहंसर्वपंचालान्वासुदेवस्यपश्यतः ३६ सर्वोपायैर्हनिष्यामिप्रेतराजनिवेशनम् ॥ अनुज्ञांतुमहाराजभवान्मेदातुमर्हति ३७ इति

श्रुत्वावचनंद्रोणपुत्रस्यकौरवः ॥ मनसःप्रीतिजननंकृपंवचनमब्रवीत् ३८ आचार्यशीघ्रंकलशंजलपूर्णसमानय ॥ सतद्वचनमाज्ञायराज्ञोब्राह्मणसत्तमः ३९ कलशं

पूर्णमादायराज्ञोऽन्तिकमुपागमत् ॥ तमब्रवीन्महाराजपुत्रस्तवविशांपते ४० ममाज्ञयाद्विजश्रेष्ठद्रोणपुत्रोऽभिषिच्यताम् ॥ सैनापत्येनभद्रंतेममचेदिच्छसिप्रियम्

४१ राज्ञोनियोगाद्दोद्धव्यंब्राह्मणेनविशेषतः ॥ वर्तंताक्षत्रधर्मेणह्येवंधर्मविदोविदुः ४२ ॥ ॥ ॥ ॥

३५ । ३६ । ३७ । ३८ । ३९ । ४० । ४१ । ४२

४३ । ४४ । ४५ । ४६ ॥ ॥ इति शल्यपर्वान्तर्गतगदापर्वणि नीलकंठीये भारतभावदीपे पंचषष्टितमोऽध्यायः ॥ ६५ ॥ ॥ ॥ ॥

राज्ञस्तुवचनंश्रुत्वाकृपःशारद्वतस्तथा ॥ द्रौणिंराज्ञोनियोगेनसैनापत्येऽभ्यषेचयत् ४३ सोऽभिषिक्तोमहाराजपरिष्वज्यनृपोत्तमम् ॥ प्रययौसिंहनादेनदिशःसर्वा
विनादयन् ४४ दुर्योधनोऽपिराजेन्द्रशोणितेनपरिप्लुतः ॥ तांनिशांप्रतिपेदेऽथसर्वभूतभयावहाम् ४५ अपक्रम्यतुतेतूर्णंतस्मादायोधनान्नृप ॥ शोकसंविग्नमनस
श्चिताध्यानपराभवन् ४६ ॥ ॥ इति श्रीमहाभारते शतसाहस्र्यां संहितायां वैय्यासिक्यां शल्यपर्वांतर्गतगदापर्वणि अश्वत्थामसैनापत्याभिषेके पंचषष्टि
तमोऽध्यायः ॥ ६५ ॥ ॥ समाप्तं गदापर्व शल्यपर्वंच ॥ ॥ अतःपरं सौप्तिकंपर्व भविष्यति ॥ ॥ तस्यायमाद्यः श्लोकः ॥ संजयउवाच ॥ ॥ तत
स्तेसहितावीराःप्रयातादक्षिणामुखाः ॥ उपास्तमनवेलायांशिबिराभ्याशमागताः ॥ १ ॥ ॥ ॥

॥ अत्राध्यादिपर्वोक्ताध्यायसंख्यावैषम्यं श्लोकसंख्यावैषम्यं च लिपिकरप्रमादादिना द्रष्टव्यम् ॥

॥ इति श्रीमहाभारते शल्यपर्व गदापर्वंच समाप्तम् ॥

अथ श्रीमहाभारते सौप्तिक पर्वप्रारंभः

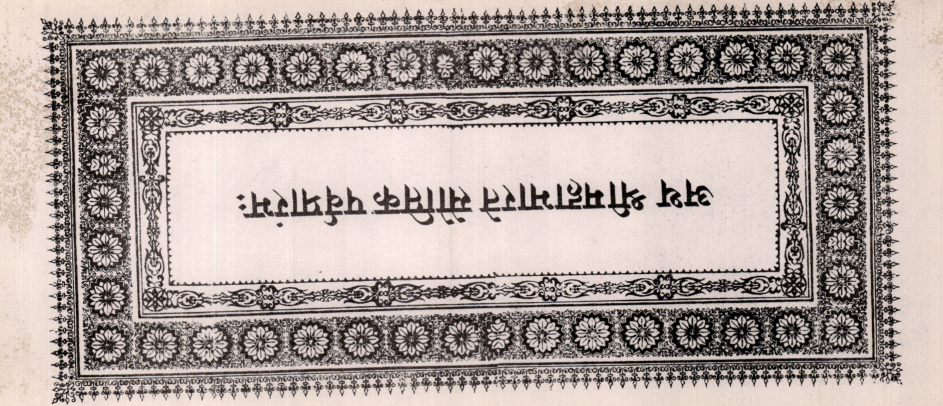

सौप्तिकपर्व १०
अश्वत्थामा
कृपाचार्य
कृतवर्मा
अश्वत्थामा
शंकर देवता

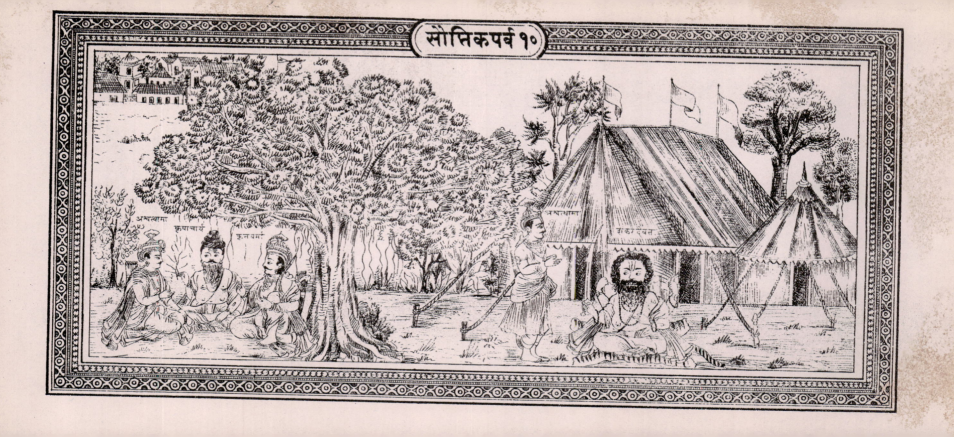

॥ महाभारतम् ॥

सौप्तिकपर्व ।

—१०—

विषयानुक्रमणिका ।

(१) **सौप्तिकपर्व**

१ अश्वत्थामादीनां शिबिराभ्याशगमनादिकं शशंस सञ्जयः। विलपन्धृतराष्ट्रोऽधर्मेण हते दुर्योधने कृतवर्मादयः किमनुवंश्चिति पप्रच्छ। पाण्डवेभ्यो भीताः कृतवर्मादयो वनं गत्वा न्यग्रोधमूल उपविष्टाः सन्तो वृत्तं कुरुपाण्डवक्षयं चिन्तयामासुः। कृपकृतवर्मणोर्निद्रितयोर्जागरितोऽश्वत्थामा तस्मिन्नेव वने बहुवायसावृते न्यग्रोधे वायसेषु सुप्तेष्वेकेनोलूकेनागत्य कृतं बहुवायसनाशादिकं ददर्श। उलूककृतं सोपधं कर्म दृष्ट्वा चिन्तयन्नश्वत्थामा रात्रौ सुप्तानां पाण्डवानां नाशकरणं निश्चित्य कृपकृतवर्मणौ प्रबोध्य तौ प्रति 'हतो दुर्योधनो राजा' इत्याद्युवाच १

२ अश्वत्थामानं प्रत्युपदेशवाक्यानि कथयन्कृपो दुर्योधनं विनिन्दन् 'धृतराष्ट्रादीन्प्रति गत्वा ते यथा कथयिष्यन्ति तथा कुर्मः' इत्याद्याह ... १

३ कृपवाक्यं श्रुत्वा शोचन्द्रौणिः कृपकृतवर्माणौ प्रति 'पुरुषे पुरुषे बुद्धिः' इत्याद्युक्त्वा क्षत्रधर्मावलम्बिनमात्मानं विनिन्दन्सुप्तान्पञ्चालादीन्हनिष्यामीत्याह स्म २

४ 'अद्य रात्रौ विश्रमस्व' इत्याद्युक्त्वा प्रशंसति कृपेऽश्वत्थामा क्रुद्धः सन्दुर्योधनोरुभङ्गमनूद्यात्मानं विकत्थयामास ... ३

५ सुप्तानां विश्वस्तानां पञ्चालादीनां वधनिवारणायोपदिशति कृपेऽश्वत्थामा पाण्डवकृतान्याय्यंवधमनूद्य तेषां नाशार्थं निर्गतः सन्स्वाभिप्रायं कथ-

यामास । कृपकृतवर्मभ्यामनु-
गतोऽश्वत्थामा पाण्डवशिबिर-
द्वारि तस्थौ ३
६ द्रौणिमवस्थितं दृष्ट्वा कृपकृत-
वर्माणौ किमकुर्वतामिति धृत-
राष्ट्रप्रश्ने कृपकृतवर्माणावामन्त्र्य
गच्छन्द्रौणिः शिबिरद्वारमाश्रित्य
तत्र स्थितं रूपान्तरधारिणं महादेवं
ददर्श। अश्वत्थामा स्वप्रेरितेष्व-
स्त्रेषु महादेवेन ग्रस्तेषु निरायुधः
कृपवाक्यमनुस्मृत्य 'ब्रुवतामप्रियं
पथ्यम्' इत्याद्युक्त्वा महादेवं
शरणं गन्तुं चिन्तयामास ... ४
७ रथादवतीर्य महादेवं स्तुव-
त्यश्वत्थाम्नि तत्समीपे काञ्चनवे-
दिः प्रादुरभूत्तत्स्याश्चोत्पन्ना महा-
भूतगणास्तं प्रत्यभाषन्त। धावतो
भूतगणान्दृष्ट्वाऽप्यव्यथमानोऽश्व-
त्थामा स्वदेहमेवोपहारत्वेन
दास्यामि इति निश्चित्य 'इममा-
त्मानमद्याहम्' इत्याद्युवाच महा-
देवं प्रति। ततो महादेवोऽश्वत्था-
मानं प्रति 'सत्यशौचार्जवत्यागैः'
इत्याद्युक्त्वा तच्छरीर आविश्य
तस्मै खड्गं च ददौ ... ५
८ अश्वत्थाम्नि प्रयाते कृपकृतव-
र्माणौ भयार्तौ न व्यवर्तेतां कश्चि-
दित्यादिके धृतराष्ट्रप्रश्ने सञ्जय-
स्तयोः शिबिरद्वारस्थितिं कथ-
यति स्म । द्वारस्थितौ कृपकृत-
वर्माणौ प्रति 'शिबिरात्पलाय-
मानो न कश्चिन्मोचनीयः' इत्या-
दिश्य शिबिरं प्रविष्टोऽश्वत्थामा
प्रथमं धृष्टद्युम्नशिबिरं प्रविश्य
पादताडनेन तमबोधयत्। उत्ति-
ष्ठन्तं धृष्टद्युम्नं पाणिभ्यां निषञ्च्श-
स्त्रेण मां जहि इति तेन: प्रार्थि-
तोऽप्यश्वत्थामा 'आचार्यघा-
तिनां लोका न सन्ति शुभाः'
इत्याद्युक्त्वा तं पशुवन्मारयित्वा
शिबिरान्तरं जगाम । एवमुत्त-
मौजसं, युधामन्युं च हत्वा सुप्ता-
न्योधान्प्रति धावन्नश्वत्थामा द्रौ-
पदीपुत्रान्दृष्ट्वा बाणान्वर्षतस्ता-
नपि हत्वा शिखण्डिनं जघान।
सञ्जयोऽश्वत्थामकृतं पाण्डवीय-
बहुसैन्यानां नाशनं निद्रान्धानां
तेषां व्याकुलत्वं द्वास्थादीनां प-
लायनादिकं चाचष्टा। द्वारि स्थि-
तौ कृपकृतवर्माणौ पलायमानान्
हत्वा शिबिरस्य प्रदेशत्रयेऽग्निं
ददतुस्तस्मिन्नेव प्रकाशेऽश्वत्था-
मा खड्गेन बहून् वीरान्नाशया-
मास। सञ्जयो हतैर्वीरैः पृथिव्या-
वरणं भयार्तानामाक्रोशादिकं,
रुधिरेण धरित्रीरजःशान्ति,
नरमांसभोजनार्थं रक्षः पिशाचा-
नामागमनं चाब्रवीत् । अश्व-
त्थामा शिबिरस्थान्सर्वान्हत्वा
बहिरागत्य कृपकृतवर्माणौ प्रति
तत्सर्वं कथयामास । द्रौणिः
पूर्वमेवैतत कुतो नाकरोदिति
धृतराष्ट्रप्रश्ने भयात्पाण्डवानां
मम सांनिध्ये कृतवानेतदित्या-
द्याह सञ्जयः। कृपादीनां परस्परा-
लिङ्गनानन्तरमश्वत्थामा स्वकीयं
कार्तार्थ्यं कथयति स्म ६
९ सञ्जयो दुर्योधनसमीपे कृपा-
दीनामागमनं तात्कालिकीं दुर्यो-
धनस्यावस्थां चाकथयत्। दुर्यो-
धननिकटे कृपविलापानन्तरम-
श्वत्थामा विलापपूर्वकमर्जुनं
निन्दन्दुर्योधनं प्रशस्यात्मानमपि
निन्दन्सौप्तिके धृष्टद्युम्नादीनां ना-
शवृत्तान्तं कथयति स्म। द्रौणि-
वाक्यश्रवणानन्तरं तत्प्रशंसा-
वाक्यं ब्रुवतो दुर्योधनस्य प्राण-
त्यागादिकं तत्समकालं स्वस्य
दिव्यदर्शित्वनाशं च जगाद
सञ्जयः । पुत्रवधं श्रुतवतो धृत-
राष्ट्रस्य चिन्तां चागदद्वैशम्पा-
यनः ६

सौप्तिकपर्वविषयानुक्रमणिका। 3

(२) ऐषीकपर्व

२० युधिष्ठिरः सौप्तिकवृत्तान्तं कथयतो धृष्टद्युम्नसारथेः सकाशाद्द्रौपदेयादीनां नाशं श्रुत्वा पतितः पुनर्लब्धसंज्ञो विलपन्द्रौपदीमानेतुं नकुलमाज्ञाप्य शिबिरमागत्य हतान्पुत्रादीन्दृष्ट्वा पुनर्मूर्छितः सन्पपात १०

११ शोकाकुलं युधिष्ठिरं दृष्ट्वा सुहृत्सु सान्त्वयत्सु नकुलेनानीता द्रौपदी पुत्रादिनाशं श्रुत्वा शोकार्ता सती भूमौ न्यपतत्। भीमेनाश्वासितायां द्रौपद्या अश्वत्थामनाशार्थकं वाक्यं श्रुत्वा 'दूरगतमश्वत्थामानं हतं त्वं कथं ज्ञास्यसि' इति युधिष्ठिरेणानुयुक्ता सा 'द्रौणिं हत्वा प्रत्यभिज्ञार्थं तस्य मणिमाहर' इत्याह स्म। 'त्रातुमर्हसि मां भीम' इत्यादिकं द्रौपदीवाक्यं श्रुत्वा भीमोऽश्वत्थामानं हन्तुं जगाम १०

१२ भीमनिवारणार्थं युधिष्ठिरं प्रति वदन् श्रीकृष्णोऽश्वत्थाम्नो ब्रह्मशिरोऽस्त्रप्राप्तिवृत्तान्तं स्वनिकटे चक्रयाचनवृत्तान्तं चाकथयत् ११

१३ निर्गतं भीमं वारयितुं रथमारुह्य पृष्ठतो धावत्स्वपि कृष्णादिषु तं वारयितुमशक्नुवत्सु वेगवद्भिरश्वैर्गच्छन्स गङ्गातीरे व्यासेन सहितं स्थितमश्वत्थामानं दृष्ट्वा तं प्रति सशरं धनुर्गृहीत्वाऽधावत्। आगच्छन्तं भीमं तत्पृष्ठत आगच्छन्तौ कृष्णार्जुनौ च दृष्ट्वोपायान्तरमनालोचयन्नश्वत्थामा पाण्डवाभावायेषीकामादाय तस्यां ब्रह्मशिरोऽस्त्रमुदीर्य चिक्षेप १२

१४ अश्वत्थाम्नोऽभिप्रायं ज्ञातवता कृष्णेन प्रेरितोऽर्जुनोऽपि तदेव दिव्यास्त्रं प्राक्षिपत्। उभयोरस्त्रतेजसा त्रस्ते त्रैलोक्ये तत्रागतौ व्यासनारदावश्वत्थामार्जुनौ प्रति 'नानाशस्त्रविदः पूर्वे' इत्याद्यूचतुः १२

१५ व्यासनारदयोर्वाक्यं श्रुत्वाऽर्जुनः 'प्रमुक्तमस्त्रमस्त्रेण' इत्याद्युक्त्वा स्वास्त्रमुपसञ्जहार। अस्त्रं संहर्तुमसमर्थेन द्रौणिना 'उत्तमव्यसनार्तेन' इत्याद्युक्तो व्यास 'अस्त्रं ब्रह्मशिरस्तात' इत्यारभ्य 'मणिं चैव प्रयच्छाद्य' इत्यायन्तमुवाच। पुनरश्वत्थाम्नो मणिप्रशंसापूर्वकं तद्दानमङ्गीकृतवतोऽमोघमेतदस्त्रं पाण्डवगर्भे विसृजामीति वाक्यमनुजज्ञे व्यासस्ततः स तदस्त्रमुत्तरागर्भे व्यसृजत १२

१६ श्रीकृष्णाश्वत्थाम्नोरुक्तिप्रत्युक्त्यनन्तरं श्रीकृष्णोऽश्वत्थाम्ने शापं दत्वोत्तरागर्भरक्षणं प्रतिजज्ञे, व्यासश्च तदन्वमोदत। मणिं दत्वाऽश्वत्थाम्नि वनं गते शिबिरमागतेषु पाण्डवेषु भीतद्रौपद्योक्तिप्रत्युक्ती १३

१७ सौप्तिके हतेषु सैन्येषु शोचन्युधिष्ठिरः श्रीकृष्णं प्रति मम पुत्रा द्रौणिना कथं हता इत्यादि पप्रच्छ। श्रीकृष्णोऽपि महादेवस्य प्रसादं कथयंस्तं प्रशंसन् सृष्टिकारणार्थं ब्राह्मकृततत्प्रेरणादिवृत्तान्तं कथयामास १४

१८ पुनर्महादेवप्रभावं कथयञ्श्रीकृष्णो देवानां यज्ञकल्पनं, तत्र स्वभागमदृष्टवतो रुद्रस्य कोपं, तद्भयाद्यज्ञस्य मृगरूपेण पलायनं, देववाक्येन महाप्रसादादिकं चाह स्म। भविष्यत्पर्वसूचनपूर्विका सौप्तिकपर्वसमाप्तिः १४

॥ समाप्तेयं सौप्तिकपर्वविषयानुक्रमणिका ॥

॥ श्रीगणेशायनमः ॥ वेदव्यासायनमः ॥ पूर्वस्मिन्पर्वण्यर्थार्थी कुटुंबनाशमनुस्त्रयमपिनश्यतीत्युक्तं इदानींपरधर्मानुगोब्राह्मणस्तद्धर्मैष्वपिनिंद्यतमंकर्मकरोतीत्युच्यते ततस्तेसहितावीराइत्यादिना सौप्तिकपर्वणि । ततःदुर्योधनेनसैनापत्येऽश्वत्थाम्नोऽभिषेकानंतरं तेअश्वत्थामकृपाचार्यकृतवर्माणः शिबिराभ्याशंशिबिरनिकटस्थंदेशंआसाद्यवाहान्विमुच्यन्यविशंतेतियोजना १ । २ । ३ । ४ अनुसारःपृष्ठगमनं प्राद्रवन्नितिपुनर्वा

॥ श्रीगणेशायनमः ॥ श्रीवेदव्यासायनमः ॥ नारायणंनमस्कृत्यनरंचैवनरोत्तमम् ॥ देवींसरस्वतींचैवततोजयमुदीरयेत् १ ॥ संजयउवाच ॥ ततस्तेसहितावी
राःप्रयातादक्षिणामुखाः ॥ उपास्तमनवेलायांशिबिराभ्याशमागताः १ विमुच्यवाहांस्त्वरिताभीताःसमभवंस्तदा ॥ गहनंदेशमासाद्यप्रच्छन्नान्यविशंतते २ से
नानिवेशमभितोनातिदूरमवस्थिताः ॥ निकृत्तानिशितैःशस्त्रैःसमंतात्क्षतविक्षताः ३ दीर्घमुष्णंचनिःश्वस्यपांडवानेवचिंतयन् ॥ श्रुत्वाचनिनदंघोरंपांडवानांज
यैषिणाम् ४ अनुसारभयाद्भीताःप्राङ्मुखाःप्राद्रवन्पुनः ॥ तेमुहूर्तात्ततोगत्वाश्रांतवाहाःपिपासिताः ५ नामृष्यंतमहेष्वासाःक्रोधामर्षवशंगताः ॥ राज्ञोवधेनसं
तप्तामुहूर्त्तंसमवस्थिताः ६ ॥ धृतराष्ट्रउवाच ॥ अश्रद्धेयमिदंकर्मकृतंभीमेनसंजय ॥ यत्सनागायुतप्राणःपुत्रोममनिपातितः ७ अवध्यःसर्वभूतानांवज्रसंहननोयु
वा ॥ पांडवैःसमरेपुत्रोनिहतोममसंजय ८ नदिष्टमभ्यतिक्रांतंशक्यंगावल्गणेनरैः ॥ यत्समेत्यरणेपार्थैःपुत्रोममनिपातितः ९ अद्रिसारमयंनूनंहृदयंममसंजय ॥
हतंपुत्रशतंश्रुत्वायन्नदीर्णंसहस्रधा १० कथंहिवृद्धमिथुनंहतपुत्रंभविष्यति ॥ नह्यहंपांडवेयस्यविषयेवस्तुमुत्सहे ११ कथंराज्ञःपिताभूत्वास्वयंराजाचसंजय ॥
प्रेष्यभूतःप्रवर्त्तेयंपांडवेयस्यशासनात् १२ आज्ञाप्यपृथिवींसर्वांस्थित्वामूर्द्धनिसंजय ॥ येनपुत्रशतंपूर्णमेकेननिहतंमम १३ कृतंसत्यंवचस्तस्यविदुरस्यमहात्मनः ॥
अकुर्वतावचस्तेनममपुत्रेणसंजय १४ कथमस्यभविष्यामिप्रेष्यभूतोदुरंतकृत् ॥ कथंभीमस्यवाक्यानिश्रोतुंशक्ष्यामिसंजय १५ अधर्मेणहतेतातपुत्रेदुर्योधनेमम ॥
कृतवर्माकृपोद्रौणिःकिमकुर्वतसंजय १६ ॥ संजयउवाच ॥ गत्वातुतावकाराजन्नातिदूरमवस्थिताः ॥ अपश्यंतवनंघोरंनानाद्रुमलतावृतम् १७ तेमुहूर्त्तंतुविश्रम्य
लब्धतोयैर्हयोत्तमैः ॥ सूर्यास्तमनवेलायांसमासेदुर्महद्वनम् १८ नानामृगगणैर्जुष्टंनानापक्षिगणावृतम् ॥ नानाद्रुमलताछन्नंनानाव्यालनिषेवितम् १९ नानातो
यैःसमाकीर्णंनानापुष्पोपशोभितम् ॥ पद्मिनीशतसंछन्नंनीलोत्पलसमायुतम् २० प्रविश्यतद्वनंघोरंवीक्षमाणाःसमंततः ॥ शाखासहस्रसंछन्नंन्यग्रोधंददृशुस्ततः २१
उपेत्यतुतदाराजन्न्यग्रोधंतेमहारथाः ॥ ददृशुर्द्विपदांश्रेष्ठाःश्रेष्ठंतंवैवनस्पतिम् २२ तेऽवतीर्यरथेभ्यश्चविप्रमुच्यचवाजिनः ॥ उपस्पृश्ययथान्यायंसंध्यामन्वासत
प्रभो २३ ततोऽस्तंपर्वतश्रेष्ठमनुप्राप्तेदिवाकरे ॥ सर्वस्यजगतोधात्रीशर्वरीसमपद्यत २४ ग्रहनक्षत्रताराभिःसंपूर्णाभिरलंकृतम् ॥ नभोंशुकमिवाभातिप्रेक्षणीयंसमं
ततः २५ इच्छयातेप्रवल्गंतियेसत्वारात्रिचारिणः ॥ दिवाचराश्चयेसत्वास्तेनिद्रावशमागताः २६ ॥ ॥

हान्योजयित्वेतिगम्यते ५ नामृष्यंतपिपासामपिनपरापृष्टवंतः राज्ञोदुर्योधनस्य ६ । ७ । ८ । ९ । १० । ११ । १२ । १३ । १४ । १५ । १६ । १७ । १८ । १९ । २० । २१ । २२ अन्वा
१ सतउपासितवंतः २३ । २४ अलंकृतंरजतबिंदुचित्रितं अंशुकंवस्त्रम् २५ । २६ ॥ ॥ ॥ ॥

२७ । २८ । २९ । ३० । ३१ शयनोपेतौप्रागितिशेषः ३२ । ३३ । ३४ । ३५ पर्यणामयन्परिणीतवंतआसन् ३६ । ३७ हर्यक्षंहरिन्मणिनिभलोचनं घोणानासा नखरस्तीक्ष्णनखः ३८ । ३९

रात्रिंचराणांसत्वानांनिर्घोषोऽभूत्सुदारुणः ॥ क्रव्यादाश्चप्रमुदिताघोराप्राप्ताचशर्वरी २७ तस्मिन्रात्रिमुखेघोरेदुःखशोकसमन्विताः ॥ कृतवर्माकृपोद्रौणिरुपो
पविविशुःसमम् २८ ॥ तत्रोपविष्टाःशोचन्तोन्यग्रोधस्यसमीपतः ॥ तमेवार्थमतिक्रांतंकुरुपांडवयोःक्षयम् २९ निद्रयाचपरीतांगानिषेदुर्धरणीतले ॥ श्रमेणसुदृढं
युक्ताविक्षताविविधैःशरैः ३० ततोनिद्रावशंप्राप्तौकृपभोजौमहारथौ ॥ सुखोचितावदुःखार्हौनिषण्णौधरणीतले ३१ तौतुसुप्तौमहाराजश्रमशोकसमन्वितौ ॥
महार्हशयनोपेतौभूमावेवह्यनाथवत् ३२ क्रोधामर्षवशंप्राप्तोद्रोणपुत्रस्तुभारत ॥ नवैस्मसजगामाथनिद्रांसर्पइवश्वसन् ३३ नलेभेसतुनिद्रांवैदह्यमानोहिमन्युना ॥
वीक्षांचक्रेमहाबाहुस्तद्वनंघोरदर्शनम् ३४ वीक्षमाणोवनोद्देशंनानासत्वैर्निषेवितम् ॥ अपश्यतमहाबाहुर्न्यग्रोधंवायसैर्युतम् ३५ तत्रकाकसहस्राणितांनिशांपर्यणा
मयन् ॥ सुखंस्वपंतिकौरव्यपृथक्पृथगुपाश्रयाः ३६ सुप्तेषुतेषुकाकेषुविश्रब्धेषुसमंततः ॥ सोऽपश्यत्सहसायांतमुलूकंघोरदर्शनम् ३७ महास्वनंमहाकायंहर्य
क्षंबभ्रुपिंगलम् ॥ सुदीर्घघोणानखरंसुपर्णमिववेगितम् ३८ सोऽथशब्दंमृदुंकृत्वालीयमानइवांडजः ॥ न्यग्रोधस्यततःशाखांप्रार्थयामासभारत ३९ सन्निपत्यतुशा
खायांन्यग्रोधस्यविहंगमः ॥ सुप्ताञ्जघानसुबहून्वायसान्वायसांतकः ४० केषांचिदच्छिनत्पक्षान्शिरांसिचचकर्तह ॥ चरणांश्चैवकेषांचिद्बभंजचरणायुधः ४१
क्षणेनाहनद्बल्वान्येऽस्यदृष्टिपथेस्थिताः ॥ तेषांशरीरावयवैःशरीरैश्चविशांपते ४२ न्यग्रोधमंडलंसर्वंसंछन्नंसर्वतोऽभवत् ॥ तांस्तुहत्वाततःकाकान्कौशिकोमुदितोऽ
भवत् ४३ प्रतिकृत्ययथाकामंशत्रूणांशत्रुसूदनः ॥ तद्दृष्ट्वासोपधंकर्मकौशिकेनकृतंनिशि ४४ तद्भावेकृतसंकल्पोद्रौणिरेकोऽन्वचिंतयत् ॥ उपदेशःकृतोऽनेनपक्षिणा
ममसंयुगे ४५ शत्रूणांक्षपणेयुक्तःप्राप्तःकालश्चमेमतः ॥ नाद्यशक्यामयाहंतुंपांडवाजितकाशिनः ४६ बलवंतःकृतोत्साहाःप्राप्तलक्षाःप्रहारिणः ॥ राज्ञःसकाशात्ते
षांतुप्रतिज्ञातोवधोमया ४७ पतंगाग्निसमांवृत्तिमास्थायात्मविनाशिनीम् ॥ न्यायतोयुध्यमानस्यप्राणत्यागोनसंशयः ४८ छद्मनाचभवेत्सिद्धिःशत्रूणांचक्षयो
महान् ॥ ततःसंशयितादर्थाद्योऽर्थोनिःसंशयोभवेत् ४९ तंजनाबहुमन्यंतेयेचशास्त्रविशारदाः ॥ यच्चाप्यत्रभवेद्वाक्यंगर्हितंलोकनिंदितम् ५० कर्तव्यंतन्मनुष्येणक्षत्र
धर्मेणवर्तता ॥ निंदितानिचसर्वाणिकुत्सितानिपदेपदे ५१ सोपधानिकृतान्येवपांडवैरकृतात्मभिः ॥ अस्मिन्नर्थेपुरागीताःश्रूयंतेधर्मचिंतकैः ५२ श्लोकान्यायमवे
क्षद्भिस्तत्त्वार्थास्तत्त्वदर्शिभिः ॥ परिश्रांतेविदीर्णेवाभुंजानेवाऽपिशत्रुभिः ५३ प्रस्थानेवाप्रवेशेवाप्रहर्तव्यंरिपोर्बलम् ॥ निद्रार्तमर्धरात्रेचतथानष्टप्रणायकम् ५४
भिन्नयोधंबलंयच्चद्विधायुक्तंचयद्भवेत् ॥ इत्येवंनिश्चयंचक्रेसुप्तानांनिशिमारणे ५५ ॥ ॥

४० । ४१ । ४२ । ४३ । सोपधंसकपटम् ४४ तद्भावेकपटभावे उपदेशइति । दुर्जनाचरितंमार्गंप्रमाणंकुर्वतेखलाः ॥ विश्वस्तान्हिंसितुंद्रौणिरुलूकमकरोद्गुरुम् ४५ । ४६ । ४७ । ४८ । ४९
५० । ५१ । ५२ । ५३ । ५४ । ५५ ॥ ॥ ॥ ॥

५६ । ५७ । ५८ । ५९ । ६० । ६१ । ६२ । ६३ । ६४ । ६५ । ६६ । ६७ । ६८ । ६९ ॥ इतिसौप्तिकपर्वणि नीलकंठीये भारतभावदीपे प्रथमोऽध्यायः ॥ १ ॥ ॥ श्रुतंतइति १ दैवेआस
मंतात्बद्धाः पुरुषकारेनिहीनतयाबद्धाः तेनदैवंप्रधानंपुरुषकारउपसर्जनमित्युक्तंभवति २ । ३ । ४ वर्षन्नकिंफलंनसाधयतेऽपितुसाधयत्येव कृषिंविनाऽपिवनेचराःकेवलंपर्जन्येनजीवन्तिनतुकृषी

पांडूनांसहपांचालैर्द्रौणपुत्रःप्रतापवान् ॥ सक्रूरांमतिमास्थायविनिश्चित्यमुहुर्मुहुः ५६ सुप्तौप्राबोधयत्तौतुमातुलंभोजमेवच ॥ तौप्रबुद्धौमाहात्मानौकृपभोजौ
महाबलौ ५७ नोत्तरंप्रतिपद्येतांतत्रयुक्तंह्रियावृतौ ॥ समुहूर्त्तमिवध्यात्वाबाष्पविह्वलमब्रवीत् ५८ हतोदुर्योधनोराजाएकवीरोमहाबलः ॥ यस्यार्थेवैरमस्मा
भिरासक्तंपांडवैःसह ५९ एकाकीबहुभिःक्षुद्रैराहवेशुद्धविक्रमः ॥ पातितोभीमसेनेनएकादशचमूपतिः ६० वृकोदरेणक्षुद्रेणसुनृशंसमिदंकृतम् ॥ मूर्धाभिषि
क्तस्यशिरःपादेनपरिमृद्नता ६१ विनर्दंतिचपंचालाःक्ष्वेलंतिचहसंतिच ॥ धमंतिशंखान्शतशोहृष्टाघ्नंतिचदुंदुभीन् ६२ वादित्रघोषस्तुमुलोविमिश्रःशंखनिः
स्वनैः ॥ अनिलेनेरितोघोरोदिशःपूरयतीवह ६३ अश्वानांहेषमाणानांगजानांचैवबृंहताम् ॥ सिंहनादश्चशूराणांश्रूयतेसुमहानयम् ६४ दिशंप्राचींसमाश्रित्यहृष्टा
नांगच्छतांभृशम् ॥ रथनेमिस्वनाश्चैवश्रूयंतेलोमहर्षणाः ६५ पांडवैर्धार्त्तराष्ट्राणांयदिदंकदनंकृतम् ॥ वयमेवत्रयःशिष्टाअस्मिन्महतिवैशसे ६६ केचिन्नाग
शतप्राणाःकेचित्सर्वास्त्रकोविदाः ॥ निहताःपांडवेयैस्तेमन्येकालस्यपर्ययम् ६७ एवमेतेनभाव्यंहिनूनंकार्येणतत्त्वतः ॥ यथाह्यस्येदृशीनिष्ठाकृतकार्येऽपिदुष्करे ६८
भवतोस्तुयदिप्रज्ञानमोहादपनीयते ॥ व्यापन्नेस्मिन्महत्यर्थेयन्नःश्रेयस्तदुच्यताम् ६९ ॥ इतिश्रीमहाभारते सौप्तिकेपर्वणि द्रौणिमंत्रणायांप्रथमोऽध्यायः
॥ १ ॥ ॥ कृपउवाच ॥ श्रुतंतेवचनंसर्वंयद्यदुक्तंत्वयाविभो ॥ ममापितुवचःकिंचिच्छृणुष्वाद्यमहाभुज १ आबद्धामानुषाःसर्वेनिबद्धाःकर्मणोर्द्वयोः ॥ दैवेपुरुषकारे
चपरंताभ्यांनविद्यते २ नहिदैवेनसिध्यंतिकार्याण्येकेनसत्तम ॥ नचापिकर्मणैकेनद्वाभ्यांसिद्धिस्तुयोगतः ३ ताभ्यामुभाभ्यांसर्वार्थानिबद्धाअधमोत्तमाः ॥ प्रवृत्ताश्चै
वदृश्यंतेनिवृत्ताश्चैवसर्वशः ४ पर्जन्यःपर्वतेवर्षन्किंनुसाधयतेफलम् ॥ कृष्टेक्षेत्रेतथावर्षन्किन्नसाधयतेफलम् ५ उत्थानंचाप्यदैवस्यह्यनुत्थानंचदैवतम् ॥ व्यर्थंभवतिसर्व
त्रपूर्वस्तत्रविनिश्चयः ६ सुवृष्टेचयथादेवेसम्यक्क्षेत्रेचकर्षिते ॥ बीजंमहागुणंभूयात्तथासिद्धिर्हिमानुषी ७ तयोर्दैवंविनिश्चित्यस्वयंचैवप्रवर्त्तते ॥ प्राज्ञाःपुरुषकारे
तुवर्त्तंतेदाक्ष्यमाश्रिताः ८ ताभ्यांसर्वेहिकार्यार्थामनुष्याणांनरर्षभ ॥ विचेष्टंतःस्मदृश्यंतेनिवृत्तास्तुतथैवच ९ कृतःपुरुषकारश्चसोऽपिदैवेनसिध्यति ॥ तथा
ऽस्यकर्मणःकर्तुरभिनिर्वर्त्ततेफलम् १० ॥ ॥ ॥ ॥ ॥

बलाःकेवलयाकृष्याजीवन्ति एवंपुरुषकारोदैवमपेक्षतेदैवंतुनातीवपुरुषकारापेक्षमितिभावः ५ एतदेवाह उत्थानमिति । दैवस्यप्रधानस्योत्थानंपुरुषकारोव्यर्थंभवतितथाऽनुत्थानमुत्थानहीनंदैवमपिव्यर्थमितिपक्ष
द्वयंसर्वत्रव्यवस्यति तत्रपूर्वएवपक्षःश्रेयानित्यर्थः ६ द्वयोरानुकूल्यंश्रेष्ठतरमित्याह सुवृष्टइति ७ दैवंबलवदितिशेषः यतःस्वयमपिपुरुषकारंविनाऽपिप्रवर्त्तते फलंदातुमितिशेषः । तर्हिकिंपुरुषकारेणेत्याशं
क्याह प्राज्ञाइति । पुरुषापराधनिर्दोषमात्रंतत्फलमित्यर्थः ८ विचेष्टन्तः प्रवृत्तादृश्यन्ते लोकदृष्टयेत्यर्थः ९ । १० ॥ ॥ ॥

११ । १२ कर्माकृत्वादुःखंपश्येदित्यपिप्रायशोस्ति १३ दुर्दर्शौदुर्लभौ चेष्टावान्लभतेनिश्चेष्टोनलभतइत्युत्सर्गमात्रमित्यर्थः १४ । १५ यदिति । दक्षोनिंद्यतांनयातीतिभावः १६ अदक्षस्तुपरप्रयत्नार्जितेन जीवन्नपिभोक्तुमेवायंसमर्थोनार्जयितुमितिनिंद्यतइत्याअहकुरुत्वेति १७ एतदृदैवदाक्ष्ययोःसाहित्यं अन्यथातयोरन्यतरालम्बनेन १८ एतदेवस्पष्टयति हीनमिति । पुरुषकारेणहीनं दैवोत्थानमफलमेवंदैवहीनं

उत्थानंचमनुष्याणांदक्षाणांदैववर्जितम् ॥ अफलंदृश्यतेलोकेसम्यगप्युपपादितम् ११ तत्रालसामनुष्याणांयेभवन्त्यमनस्विनः ॥ उत्थानंतेविगर्हंतिप्राज्ञानांतन्न रोचते १२ प्रायशोहिकृतंकर्मनाफलंदृश्यतेभुवि ॥ अकृत्वाचपुनर्दुःखंकर्मपश्येन्महाफलम् १३ चेष्टामकुर्वन्लभतेयदिकिंचिद्यदृच्छया ॥ योवानलभतेकृत्वा दुर्दर्शौतावुभावपि १४ शक्नोतिजीवितुंदक्षोनालसःसुखमेधते ॥ दृश्यंतेजीवलोकेऽस्मिन्दक्षाःप्रायोहितैषिणः १५ यदिदक्षःसमारंभात्कर्मणोनाश्नुतेफलम् ॥ नास्यवाच्यंभवेत्किंचिल्लब्धव्यंवाऽधिगच्छति १६ अकृत्वाकर्मयोलोकेफलंविंदंतिधिष्ठितः ॥ सतुवक्तव्यतांयातिद्वेष्योभवतिभूयशः १७ एवमेतदनादृत्यवर्त्तते यस्त्वतोऽन्यथा ॥ सकरोत्यात्मनोनर्थानेषबुद्धिमतांनयः १८ हीनंपुरुषकारेणयदिदैवेनवापुनः ॥ कारणाभ्यामथैताभ्यामुत्थानमफलंभवेत् १९ हीनंपुरुष कारेणकर्मत्विहनसिद्ध्यति ॥ दैवतेभ्योनमस्कृत्ययस्त्वर्थान्सम्यगीहते २० दक्षोदाक्षिण्यसंपन्नोनसमोघैर्विहन्यते ॥ सम्यगीहापुनरियंयोवृद्धानुपसेवते २१ आपृच्छतिचयच्छ्रेयःकरोतिचहितंवचः ॥ उत्थायोत्थायहिसदाप्रष्टव्यावृद्धसंमताः २२ तेस्मयोगेपरंमूलंतन्मूलासिद्धिरुच्यते ॥ वृद्धानांवचनंश्रुत्वायोऽभ्युत्था नंप्रयोजयेत् २३ उत्थानस्यफलंसम्यक्तदासलभतेऽचिरात् ॥ रागात्क्रोधाद्भयाल्लोभाद्योऽर्थानीहतिमानवः २४ अनीशश्चावमानीचसशीघ्रंभ्रश्यतेश्रियः ॥ सोऽयंदुर्योधनेनार्थोलुब्धेनादीर्घदर्शिना २५ असमर्थःसमारब्धोमूढत्वादविचिंतितः ॥ हितबुद्धीननादृत्यसंमंत्र्यासाधुभिःसह २६ वार्यमाणोऽकरोद्वैरंपांडवैर्गुणवत्तरैः॥ पूर्वमप्यतिदुःशीलोनधैर्यंकर्तुमर्हति २७ तपत्यर्थेविपन्नेहिमित्राणांनकृतंवचः ॥ अनुवर्त्तामहेयत्तुतंवयंपापपूरुषम् २८ अस्मानप्यनयस्तस्मात्प्राप्तोऽयंदारुणो महान् ॥ अनेनतुममाद्यापिव्यसनेनोपतापिता २९ बुद्धिश्चिंतयतेकिंचित्स्वंश्रेयोनावबुद्ध्यते ॥ मुह्यतातुमनुष्येणप्रष्टव्याःसुहृदोजनाः ३० तत्रास्यबुद्धिर्विन यस्तत्रश्रेयश्चपश्यति ॥ ततोस्यमूलंकार्याणांबुद्ध्यानिश्चित्यवैबुधाः ३१ तेऽत्रपृष्टायथाब्रूयुस्तत्कर्तव्यंतथाभवेत् ॥ तेवयंधृतराष्ट्रंचगांधारींचसमेत्यह ३२ उपपृच्छामहेगत्वाविदुरंचमहामतिम् ॥ तेपृष्टास्तुवदेयुर्यच्छ्रेयोनःसमनंतरम् ३३ तदस्माभिःपुनःकार्यमितिमेनैष्ठिकीमतिः ॥ अनारंभात्तुकार्याणांनार्थःसंपद्यतेक्वचित् ३४ ॥ ॥ ॥ ॥ ॥

पुरुषकारस्योत्थानमपितस्माद्द्वाभ्यामप्युत्थातव्यमित्यर्थः १९ कर्मदैवं फलितमाह दैवतेभ्यइति २० ईहांविष्टणोति सम्यगिति २१ । २२ योगेअलब्धलाभे २३ । २४ अनीशःअजितचित्तः अवमा नीपरमवजानन् २५ । २६ । २७ तपतिसंतापंप्राप्नोति भीमेनभग्नोरुःसन् २८ । २९ । ३० । ३१ । ३२ । ३३ । ३४ ॥ ॥

३६ ॥ इतिसौप्तिकेपर्वणिनीलकंठीयेभारतभावदीपेद्वितीयोऽध्यायः ॥ २ ॥ ॥ ॥ ॥ कृपस्येति १ । २ । ३ सर्वात्मानामित्यत्रसर्वःआत्मानामातिच्छदःसावयपः ४ । ५
८ । ९ । १० । ११ हेभोजहेकृतवर्मन् एकमेवमंबोधयन्कृपस्यमनसिअनादरंसूचयति १२ अकृतधर्मत्वात् अवमरानुरोधावइदानींममशांतिबुद्धिर्नरोचतेइत्यर्थः १३ । १४ । १५ । १६ । १७ । १८ । १९

कृतेपुरुषकारेतुयेषांकार्यंनसिद्ध्यति ॥ दैवेनोपहतास्तेतुनात्रकार्याविचारणा ३५ ॥ इतिश्रीमहाभारतेसौप्तिकेपर्वणिद्रौणिकृपसंवादेद्वितीयोऽध्यायः ॥ २ ॥
॥ संजयउवाच ॥ कृपस्यवचनंश्रुत्वाधर्मार्थसहितंशुभम् ॥ अश्वत्थामामहाराजदुःखशोकसमन्वितः १ दह्यमानस्तुशोकेनप्रदीप्तेनाग्निनायथा ॥ क्रूरंमनस्ततः
कृत्वाताबुभौप्रत्यभाषत २ पुरुषेपुरुषेबुद्धिर्यायाभवतिशोभना ॥ तुष्यंतिचपृथक्सर्वेप्रज्ञयातेस्वयास्वया ३ सर्वोहिमन्यतेलोकआत्मानंबुद्धिमत्तरम् ॥ सर्वस्या
त्माबहुमतःसर्वाऽऽत्मानंप्रशंसति ४ सर्वस्यहिस्वकाप्रज्ञासाधुवादेप्रतिष्ठिता ॥ परबुद्धिंचनिन्दन्तिस्वांप्रशंसंतिचासकृत् ५ कारणांतरयोगेनयोगेयेषांसमागतिः ॥
अन्योन्येनचतुष्यंतिबहुमन्यंतिचासकृत् ६ तस्यैवतुमनुष्यस्यसासाबुद्धिस्तदातदा ॥ कालयोगेविपर्यासंप्राप्यान्योन्यंविपद्यते ७ विचित्रत्वात्तुचित्तानांमनुष्या
णांविशेषतः ॥ चित्तवैक्लव्यमासाद्यसासाबुद्धिःप्रजायते ८ यथाहिवैद्यःकुशलोज्ञात्वाव्याधिंयथाविधि ॥ भैषज्यंकुरुतेयोगात्प्रशमार्थमितिप्रभो ९ एवंकार्यस्ययो
गार्थंबुद्धिंकुर्वंतिमानवाः ॥ प्रज्ञयाहिस्वयायुक्तास्तांचनिन्दन्तिमानवाः १० अन्ययायौवनेमर्त्योबुद्ध्याभवतिमोहितः ॥ मध्येऽन्ययाजरायांतुसोऽन्यांरोचयतेमतिम्
११ व्यसनंवामहाघोरंसमृद्धिंचापितादृशीम् ॥ अवाप्यपुरुषोभोजकुरुतेबुद्धिवैकृतम् १२ एकस्मिन्नेवपुरुषेसासाबुद्धिस्तदातदा ॥ भवत्यकृतधर्मत्वात्सातस्यैवनरो
चते १३ निश्चित्यतुयथाप्रज्ञंयांमतिंसाधुपश्यति ॥ तयाप्रकुरुतेभावंसातस्योद्योगकारिका १४ सर्वोहिपुरुषोभोजसाध्वेतदितिनिश्चितः ॥ कर्तुमारभतेप्रीतोमर
णादिषुकर्मसु १५ सर्वेहिबुद्धिमाज्ञायप्रज्ञांवापिस्वकांनराः ॥ चेष्टन्तेविविधांचेष्टांहितमित्येवजानते १६ उपजाताव्यसनजायेयमद्यमतिर्मम ॥ युवयोस्तांप्रवक्ष्या
मिममशोकविनाशिनीम् १७ प्रजापतिःप्रजाःसृष्ट्वाकर्मतासुविधायच ॥ वर्णेवर्णेसमाधत्तेह्येकैकंगुणभाग्गुणम् १८ ब्राह्मणेवेदमग्र्यंतुक्षत्रियेतेजउत्तमम् ॥ दाक्ष्यंवैश्ये
चशूद्रेचसर्ववर्णानुकूलताम् १९ अदांतोब्राह्मणोऽसाधुर्निस्तेजाःक्षत्रियोऽधमः ॥ अदक्षोनिंद्यतेवैश्यःशूद्रश्चप्रतिकूलवान् २० सोऽस्मिजातःकुलेश्रेष्ठेब्राह्मणानांसुपू
जिते ॥ मंदभाग्यतयाऽस्म्येतंक्षत्रधर्ममनुष्ठितः २१ क्षत्रधर्मंविदित्वाऽहंयदिब्राह्मण्यमाश्रितः ॥ प्रकुर्यांसुमहत्कर्मनमेतत्साधुसंमतम् २२ धारयंश्चधनुर्दिव्यंदिव्या
न्यस्त्राणिचाहवे ॥ पितरंनिहतंदृष्ट्वाकिंनुवक्ष्यामिसंसदि २३ सोऽहमद्ययथाकामंक्षत्रधर्ममुपास्यतम् ॥ गंताऽस्मिपदवींराज्ञःपितुश्चापिमहात्मनः २४ अद्य
स्वप्स्यंतिपांचालाविश्वस्ताजितकाशिनः ॥ विमुक्तयुग्यकवचाहर्षेणचसमन्विताः २५ ॥ ॥

२० । २१ विदित्वाआश्रित्य यदिब्राह्मण्यंसंश्रितःसन्शमादिरूपंसुमहत्कर्मप्रकुर्यांतन्मेसाधुसंमतंन अवलंबितस्यचक्षत्रधर्मनिर्वाहोऽवश्यंकर्तव्यइत्यर्थः २२ । २३ गंतास्मिगमिष्यामि पदवीमानृण्यम् २४ । २५

२६ । २७ । २८ । २९ । ३० । ३१ । ३२ । ३३ । ३४ । ३५ । ३६ ॥ इतिसौप्तिकेपर्वणिनीलकंठीयेभारतभावदीपेतृतीयोऽध्यायः ॥ ३ ॥ ॥ ॥ ॥ दिष्टयेति १ । २

जयंमत्वाऽऽत्मनश्चैवश्रांताव्यायामकर्षिताः ॥ तेषांनिशिप्रसुप्तानांसुस्थानांशिबिरेस्वके २६ अवस्कंदंकरिष्यामिशिबिरस्याद्यदुष्करम् ॥ तानवस्कंद्यशिबिरे
प्रेतभूतानचेतसः २७ सूदयिष्यामिविक्रम्यमघवानिवदानवान् ॥ अद्यतान्सहितान्सर्वान्धृष्टद्युम्नपुरोगमान् २८ सूदयिष्यामिविक्रम्यकक्षंदीप्तइवानलः ॥ निह
त्यचैवपांचालान्शांतिंलब्धाऽस्मिसत्तम २९ पांचालेषुभविष्यामिसूदयन्नद्यसंयुगे ॥ पिनाकपाणिःसंक्रुद्धःस्वयंरुद्रःपशुष्विव ३० अद्याहंसर्वपांचालान्निहत्यचनि
कृष्यच ॥ अर्दयिष्यामिसंहृष्टोरणेपाण्डुसुतांस्तथा ३१ अद्याहंसर्वपंचालैःकृत्वाभूमिंशरीरिणीम् ॥ प्रहृत्यैकैकशस्तेषुभविष्याम्यनृणःपितुः ३२ दुर्योधनस्यक
र्णस्यभीष्मसैंधवयोरपि ॥ गमयिष्यामिपांचालान्पदवीमद्यदुर्गमाम् ३३ अद्यपांचालराजस्यधृष्टद्युम्नस्यवैनिशि ॥ नचिरात्प्रमथिष्यामिपशोरिवशिरोबलात् ३४
अद्यपांचालपांडूनांशयितानात्मजान्निशि ॥ खड्गेननिशितेनाजौप्रमथिष्यामिगौतम ३५ अद्यपांचालसेनांतांनिहत्यनिशिसौप्तिके ॥ कृतकृत्यःसुखीचैवभविष्या
मिमहामते ३६ ॥ इतिश्रीमहाभारतेसौप्तिकेपर्वणिद्रौणिमंत्रणायांतृतीयोऽध्यायः ॥ ३ ॥ कृपउवाच ॥ दिष्ट्यातेप्रतिकर्तव्येमतिर्जातेयमच्युत ॥ नत्वांवारयितुं
शक्तोवज्रपाणिरपिस्वयम् १ अनुयास्यावहेत्वांतुप्रभातेसहितावुभौ ॥ अद्यरात्रौविश्रमस्वविमुक्तकवचध्वजः २ अहंत्वामनुयास्यामिकृतवर्माचसात्वतः ॥ परान
भिमुखंयांतंरथावास्थायदंशितौ ३ आवाभ्यांसहितःशत्रूञ्श्वोनिहंतासमागमे ॥ विक्रम्यरथिनांश्रेष्ठपांचालान्सपदानुगान् ४ शक्तस्त्वमसिविक्रम्यविश्रमस्वनिशा
मिमाम् ॥ चिरंतेजाग्रतस्तातस्वपतावन्निशामिमाम् ५ विश्रांतश्चविनिद्रश्चस्वस्थचित्तश्चमानद ॥ समेत्यसमरेशत्रून्वधिष्यसिनसंशयः ६ नहित्वांरथिनांश्रेष्ठंप्रगृही
तवरायुधम् ॥ जेतुमुत्सहतेशश्वदपिदेवेषुवासवः ७ कृपेणसहितंयांतंगुप्तंचकृतवर्मणा ॥ कोद्रौणिंयुधिसंरब्धंयोधयेदपिदेवराट् ८ तेवयंनिशिविश्रांताविनिद्राविगत
ज्वराः ॥ प्रभातायांरजन्यांवैनिहनिष्यामशात्रवान् ९ तवह्यस्त्राणिदिव्यानिममचैवनसंशयः ॥ सात्वतोऽपिमहेष्वासोनित्यंयुद्धेषुकोविदः १० तेवयंसहितास्ता
नसर्वान्शत्रून्समागतान् ॥ प्रसह्यसमरेहत्वाप्रीतिंप्राप्स्यामपुष्कलाम् ११ विश्रमस्वत्वमव्यग्रःस्वपचेमांनिशांसुखम् ॥ अहंचकृतवर्माचत्वांप्रयांतंनरोत्तमम् १२
अनुयास्यावसहितौधन्विनौपरतापनौ ॥ रथिनंत्वरयायांतंरथमास्थायदंशितौ १३ सगत्वाशिबिरंतेषांनामविश्राव्यचाहवे ॥ ततःकर्ताऽसिशत्रूणांयुध्यतांकदनं
महत् १४ कृत्वाचकदनंतेषांप्रभातेविमलेऽहनि ॥ विहरस्वयथाशक्रःसूदयित्वामहासुरान् १५ त्वंहिशक्तोरणेजेतुंपांचालानांवरूथिनीम् ॥ दैत्यसेनामिवक्रुद्धः
सर्वदानवसूदनः १६ मयात्वांसहितंसंख्येगुप्तंचकृतवर्मणा ॥ नसहेतविभुःसाक्षाद्वज्रपाणिरपिस्वयम् १७ ॥

३ । निहंतानिहनिष्यसि ४ । ५ । ६ । ७ । ८ । ९ । १० । । ११ । १२ । १३ । १४ । १५ । १६ । १७ ॥ ॥

नचाहंसमरेतातकृतवर्मानचैवहि ॥ अनिर्जित्यरणेपांडून्नचयास्यामिकर्हिचित् १८ हत्वाचसमरेक्रुद्धान्पंचालान्पांडुभिःसह ॥ निवर्त्तिष्यामहेसर्वेहतावास्वर्गगाव
यम् १९ सर्वोपायैःसहायास्तेप्रभातेवयमाहवे ॥ सत्यमेतन्महाबाहोप्रब्रवीमितवानघ २० एवमुक्तस्ततोद्रौणिर्मातुलेनहितंवचः ॥ अब्रवीन्मातुलंराजन्क्रोधसंरक्त
लोचनः २१ आतुरस्यकुतोनिद्रानरस्यामर्षितस्यच ॥ अर्थांश्चिंतयतश्चापिकामयानस्यवापुनः ॥ तदिदंसमनुप्राप्तंपश्यमेऽद्यचतुष्टयम् २२ पश्यभागचतुर्थो
मेस्वप्नमह्नायनाशयेत् ॥ किंनामदुःखंलोकेऽस्मिन्पितुर्वधमनुस्मरन् २३ हृदयंनिर्दहन्मेऽद्यरात्र्यहानिनशाम्यति ॥ यथाचनिहतःपापैःपितामममविशेषतः २४
प्रत्यक्षमपितसर्वंतन्मेमर्माणिकृंतति ॥ कथंहिमादृशोलोकेमुहूर्त्तमपिजीवति २५ द्रोणोहतेतियद्वाचःपंचालानांशृणोम्यहम् ॥ धृष्टद्युम्नमहत्वातुनाहंजीवितु
मुत्सहे २६ समेपितुर्वधाद्वध्यःपांचालायेचसंगताः ॥ विलापोभग्नसक्थस्ययस्तुराज्ञोमयाश्रुतः २७ सपुनर्हृदयंकस्यक्रूरस्यापिननिर्दहेत् ॥ कस्यह्यकरुणस्या
पिनेत्राभ्यामश्रुनाव्रजेत् २८ नृपतेर्भग्नसक्थस्यश्रुत्वातादृग्वचःपुनः ॥ यश्चायंमित्रपक्षोमेमयिजीवतिनिर्जितः २९ शोकंमेवर्धयत्येषवारिवेगइवार्णवम् ॥ एका
ग्रमनसोमेऽद्यकुतोनिद्राकुतःसुखम् ३० वासुदेवार्जुनाभ्यांचतानहंपरिरक्षितान् ॥ अविषह्यतमान्मन्येमहेंद्रेणापिसत्तम ३१ नचापिशक्तःसंयंतुंकोपमेतंसमुत्थि
तम् ॥ तंनपश्यामिलोकेऽस्मिन्योमांकोपान्निवर्त्तयेत् ३२ तथैवनिश्चिताबुद्धिरेषासाधुमतामम ॥ वार्तिकैःकथ्यमानस्तुमित्राणांमेपराभवः ३३ पांडवानांच
विजयोहृदयंदहतीवमे ॥ अहंतुकदनंकृत्वाशत्रूणामद्यसौप्तिके ॥ ततोविश्रमिताचैवस्वप्ताचविगतज्वरः ३४ ॥ इतिश्रीमहाभारतेसौप्तिकपर्वणिद्रौणिमंत्रणायांच
तुर्थोऽध्यायः ॥ ४ ॥ ॥ कृपउवाच ॥ शुश्रूषुरपिदुर्मेधाःपुरुषोऽनियतेन्द्रियः ॥ नालंवेदयितुंकृत्स्नौधर्मार्थावितिमेमतिः १ तथैवतावन्मेधावीविनयंयो
नशिक्षते ॥ नचकिंचनजानातिसोऽपिधर्मार्थनिश्चयम् २ चिरंह्यपिजडःशूरःपंडितंपर्युपास्यहि ॥ नसधर्मान्विजानातिदर्वीसूपरसानिव ३ मुहूर्त्तमपितंप्राज्ञः
पंडितंपर्युपास्यहि ॥ क्षिप्रंधर्मान्विजानातिजिह्वासूपरसानिव ४ शुश्रूषुस्त्वेवमेधावीपुरुषोनियतेन्द्रियः ॥ जानीयादागमान्सर्वान्ग्राह्यंचनविरोधयेत् ५ अने
यस्त्ववमानीयोदुरात्मापापपूरुषः ॥ दिष्टमुत्सृज्यकल्याणंकरोतिबहुपापकम् ६ नाथवंतंतुसुहृदःप्रतिषेधंतिपातकात् ॥ निवर्त्ततेतुलक्ष्मीवान्नालक्ष्मीवान्निवर्त्तते ७
यथाह्युच्चावचैर्वाक्यैःक्षिप्तचित्तोनियम्यते ॥ तथैवसुहृदाशक्योनशक्यस्त्ववसीदति ८ तथैवसुहृदंप्राज्ञंकुर्वाणंकर्मपापकम् ॥ प्राज्ञाःसंप्रतिषेधंतियथाशक्तिपुनःपुनः
९ सकल्याणेमनःकृत्वानियम्यात्मानमात्मना ॥ कुरुमेवचनंतातयेनपश्चान्नतप्स्यसे १० ॥ ॥ ॥

२३ । २४ । २५ । २६ । २७ । २८ । २९ । ३० । ३१ । ३२ । ३३ स्वप्तास्वप्स्यामि ३४ ॥ इतिसौप्तिकेपर्वणिनीलकंठीये भारतभावदीपेचतुर्थोऽध्यायः ॥ ४ ॥ ॥ ॥ शुश्रूषुरिति दुर्मे
धाःमूढः अनियतेतिच्छेदः १ । २ । ३ । ४ । ५ अनेयःसन्मार्गेनेतुमशक्यः दिष्टमुपदिष्टं ६ । ७ । ८ । ९ । १० ॥ ॥ ॥

११ । १२ । १३ अप्लवेइतिच्छेदः १४ । १५ । १६ । १७ विदलीकृतःदलितः १८ प्रत्यक्षमिति दुष्टोदौष्ट्येनैवजेतव्यइत्यर्थः १९ । २० । २१ । २२ अधर्मेणनाभेरधस्तात्प्रहारेण २३ । २४ वार्तिकाणां

नवधःपूज्यतेलोकेसुप्तानामिहधर्मतः ॥ तथैवापास्तशस्त्राणांविमुक्तरथवाजिनाम् ११ येचब्रूयुस्तवास्मीतियेचस्युःशरणागताः ॥ विमुक्तमूर्धजायेचयेचापि हतवाहनाः १२ अद्यस्वप्स्यंतिपंचालाविमुक्तकवचाविभो ॥ विश्वस्तारजनींसर्वेप्रेताइवविचेतसः १३ यस्तेषांतदवस्थानांद्रुह्येतपुरुषोऽनृजुः ॥ व्यक्तंस नरकेमज्जेदगाधेविपुलेऽप्लवे १४ सर्वास्त्रविदुषांलोकेश्रेष्ठस्त्वमसिविश्रुतः ॥ नचतेजातुलोकेस्मिन्सुसूक्ष्ममपिकिल्बिषम् १५ त्वंपुनःसूर्यसंकाशःश्वोभूतउ दितेरवौ ॥ प्रकाशेसर्वभूतानांविजेतायुधिशात्रवान् १६ असंभावितरूपंहित्वयिकर्मविगर्हितम् ॥ शुक्लेरक्तमिवन्यस्तंभवेदितिमतिर्मम १७ अश्वत्थामो वाच ॥ एवमेवयथाऽऽत्थत्वंमातुलेहनसंशयः ॥ तैस्तुपूर्वमयंसेतुःशतधाविदलीकृतः १८ प्रत्यक्षंभूमिपालानांभवतांचापिसन्निधौ ॥ न्यस्तशस्त्रोममपिताधृ ष्टद्युम्नेनपातितः १९ कर्णश्चपतितेचक्रेरथस्यरथिनांवरः ॥ उत्तमेव्यसनेमग्नोहतोगांडीवधन्वना २० तथाशांतनवोभीष्मोन्यस्तशस्त्रोनिरायुधः ॥ शिखंडिनं पुरस्कृत्यहतोगांडीवधन्वना २१ भूरिश्रवामहेष्वासस्तथाप्रायगतोरणे ॥ क्रोशतांभूमिपालानांयुयुधानेनपातितः २२ दुर्योधनश्चभीमेनसमेत्यगदयारणे ॥ प श्यतांभूमिपालानामधर्मेणनिपातितः २३ एकाकीबहुभिस्तत्रपरिवार्यमहारथैः ॥ अधर्मेणनरव्याघ्रोभीमसेनेनपातितः २४ विलापोभग्नसक्थस्ययोमेराज्ञःप रिश्रुतः ॥ वार्तिकाणांकथयतांसमेमर्माणिकृंतति २५ एवंचाधार्मिकाःपापाःपांचालाभिन्नसेतवः ॥ तानेवंभिन्नमर्यादान्किंभवान्नविगर्हति २६ पितृहंतॄनहंह त्वापांचालान्निशिसौप्तिके ॥ कामंकीटःपतंगोवाजन्मप्राप्यभवामिवै २७ त्वरेचाहमनेनाद्ययदिदंमेचिकीर्षितम् ॥ तस्यमेत्वरमाणस्यकुतोनिद्राकुतःसुखम् २८ नसंजातःपुमाँल्लोकेकश्चिन्नसभविष्यति ॥ योमेव्यावर्तयेदेतांवधेतेषांकृतांमतिम् २९ ॥ संजयउवाच ॥ एवमुक्त्वामहाराजद्रोणपुत्रःप्रतापवान् ॥ एकांतेयोजयित्वा श्वान्प्रायादभिमुखःपरान् ३० तमब्रूतांमहात्मानौभोजशारद्वतावुभौ ॥ किमर्थंस्यंदनोयुक्तःकिंचकार्यंचिकीर्षितम् ३१ एकसार्थंप्रयातौस्वस्त्वयासहनरर्षभ ॥ समदुःखसुखौचापिनावांशंकितुमर्हसि ३२ अश्वत्थामातुसंक्रुद्धःपितुर्वधमनुस्मरन् ॥ ताभ्यांतथ्यंतथाऽऽचख्यौयदस्यात्मचिकीर्षितम् ३३ हत्वाशतसहस्राणि योधानांनिशितैःशरैः ॥ न्यस्तशस्त्रोममपिताधृष्टद्युम्नेनपातितः ३४ तंतथैवहनिष्यामिन्यस्तधर्माणमद्यवै ॥ पुत्रंपांचालराजस्यपापंपापेनकर्मणा ३५ कथंचनि हतःपापःपांचाल्यःपशुवन्मया ॥ शस्त्रेणविजिताँल्लोकान्नाप्नुयादितिमेमतिः ३६ क्षिप्रंसन्नद्धकवचौसखड्गावात्तकार्मुकौ ॥ मामास्थायप्रतीक्षेतांरथवर्यौपरंतपौ ३७ इत्युक्त्वारथमास्थायप्रायादभिमुखःपरान् ॥ तमन्वगात्कृपोराजन्कृतवर्माचसात्वतः ३८ ॥ ॥ ॥ ॥

वार्त्ताहराणां २५ । २६ । २७ । २८ । २९ । ३० । ३१ एकसार्थंप्रयातौस्वःएकसाहित्येनप्रयत्नवंतौस्वः अस्तेर्लटउत्तमस्यद्विवचनम् ३२ । ३३ । ३४ । ३५ । ३६ । ३७ । ३८

तेप्रयाताव्यरोचंतपरानभिमुखास्त्रयः ॥ हूयमानायथायज्ञेसमिद्धाहव्यवाहनाः ३९ ययुश्चशिबिरंतेषांसंप्रसुप्तजनंविभो ॥ द्वारदेशंतुसंप्राप्यद्रौणिस्तस्थौमहारथः ४० ॥ इतिश्रीमहाभारतेसौप्तिकेपर्वणिद्रौणिगमनेपंचमोऽध्यायः ॥ ५ ॥ ॥ ॥ धृतराष्ट्रउवाच ॥ द्वारदेशेततोद्रौणिमवस्थितमवेक्ष्यतौ ॥ अकुर्वतां भोजकृपौकिंसंजयवदस्वमे १ ॥ संजयउवाच ॥ कृतवर्माणमामंत्र्यकृपंचसमहारथः ॥ द्रौणिर्मन्युपरीतात्माशिबिरद्वारमागमत् २ तत्रभूतंमहाकायंचंद्रार्कसदृशद्युतिम् ॥ सोऽपश्यद्द्वारमाश्रित्यतिष्ठंतंलोमहर्षणम् ३ वसानंचर्मवैयाघ्रंमहारुधिरविस्रवम् ॥ कृष्णाजिनोत्तरासंगंनागयज्ञोपवीतिनम् ४ बाहुभिःस्वायतैः पीनैर्नानाप्रहरणोद्यतैः ॥ बद्धांगदमहासर्पंज्वालामालाकुलाननम् ५ दंष्ट्राकरालवदनंव्यादितास्यंभयानकम् ॥ नयनानांसहस्रैश्चविचित्रैरभिभूषितम् ६ नैवतस्यवपुःशक्यंप्रवक्तुंवेषएवच ॥ सर्वथातुतदालक्ष्यस्फुटेयुरपिपर्वताः ७ तस्यास्यनासिकाभ्यांचश्रवणाभ्यांचसर्वशः ॥ तेभ्यश्चाक्षिसहस्रेभ्यःप्रादुरासन्महार्चिषः ८ तथातेजोमरीचिभ्यःशंखचक्रगदाधराः ॥ प्रादुरासन्हृषीकेशाःशतशोऽथसहस्रशः ९ तदत्यद्भुतमालोक्यभूतंलोकभयंकरम् ॥ द्रौणिरव्यथितोदिव्यैरस्त्रवर्षैरवाकिरत् १० द्रौणिमुक्ताञ्छरांस्तांस्तुतद्भूतंमहदग्रसत् ॥ उदधेरिववार्योघान्पावकोवडवामुखः ११ अग्रसत्तांस्तथाभूतंद्रौणिनाप्रहितान्शरान् ॥ अश्वत्थामातुसंप्रेक्ष्यशरौघांस्तान्निरर्थकान् १२ रथशक्तिंमुमोचासौदीप्तामग्निशिखामिव ॥ सातमाहत्यदीप्ताग्रारथशक्तिरदीर्यत १३युगांतेसूर्यमाहत्यमहोल्केवदिवश्च्युता ॥ अथहेमत्सरुंदिव्यंखड्गमाकाशवर्चसम् १४ कोशात्समुद्बबर्हाशुबिलाद्दीप्तमिवोरगम् ॥ ततःखड्गवरंधीमान्भूतायप्राहिणोत्तदा १५ सतदासाद्यभूतंवैविलयंनकुलवद्ययौ ॥ ततःसकुपितोद्रौणिरिंद्रकेतुनिभांगदाम् १६ ज्वलंतींप्राहिणोत्तस्मैभूतंतामपिचाग्रसत् ॥ ततःसर्वायुधाभावेवीक्षमाणस्ततस्ततः १७ अपश्यत्कृतमाकाशमनाकाशंजनार्दनैः ॥ तदद्भुततमंदृष्ट्वाद्रोणपुत्रोनिरायुधः १८ अब्रवीदतिसंतप्तःकृपवाक्यमनुस्मरन् ॥ ब्रुवतामप्रियंपथ्यंसुहृदांनशृणोतियः १९ सशोचत्यापदंप्राप्ययथाऽहमतिवर्त्यतौ ॥ शास्त्रदृष्टानविद्वान्यःसमतीत्यजिघांसति २० सपथःप्रच्युतोधर्मात्कुपथेप्रतिहन्यते ॥ गोब्राह्मणनृपस्त्रीषुसख्युर्मातुर्गुरोस्तथा २१ हीनप्राणजडांधेषुसुप्तभीतोत्थितेषुच ॥ मत्तोन्मत्तप्रमत्तेषुनशस्त्राणिचपातयेत् २२ इत्येवंगुरुभिःपूर्वमुपदिष्टंनृणांसदा ॥ सोऽहमुत्क्रम्यपंथानंशास्त्रदृष्टंसनातनम् २३ अमार्गेणैवमारभ्यघोरामापदमागतः ॥ तांचापदंघोरतरांप्रवदंतिमनीषिणः २४ यदुद्यम्यमहत्कृत्यंभयादपिनिवर्त्तते ॥ अशक्यंचैवतत्कर्तुंकर्मशक्तिबलादिह २५ नहिदैवाद्गरीयोवैमानुषंकर्मकथ्यते ॥ मानुष्यंकुर्वतःकर्मयदिदैवान्नसिध्यति २६ ॥ ॥ ॥

रित्यनेनालौकिकत्वंदर्शितम् ६ । ७ । ८ । ९ । १० । ११ । १२ रथशक्तिंचक्रं १३युगान्तेमिथुनराशौरंतेअतिदीप्तम् १४ । १५ । १६ । १७ अनाकाशंनिरवकाशं १८ । १९ अतिवर्त्यअतिक्रम्य

२ तौतयोःकृपकृतवर्मणोर्वाक्यमितिशेषः शास्त्रदृष्टान्अवध्यत्वेनशास्त्रेज्ञातान् समतीत्यशास्त्रमुल्लंघ्य २० । २१ । २२ । २३ । २४ । २५ । २६ ॥ ॥ ॥

२७ । २८ । २९ । ३० । ३१ । ३२ देवान् अत्यगात् देवेभ्योऽधिकः ३३ । ३४ ॥ इतिश्रीसौप्तिकेपर्वणिनीलकंठीये भारतभावदीपेषष्ठोऽध्यायः ॥ ६ ॥ ॥ ॥ एवमिति १ । २ । ३ । ४

सपथःप्रच्युतोधर्माद्विपदंप्रतिपद्यते ॥ प्रतिज्ञानंह्यविज्ञानंप्रवदंतिमनीषिणः २७ यदारभ्यक्रियांकांचिद्भयादिहनिवर्त्तते ॥ तदिदंदुष्प्रणीतेनभयंमांसमुपस्थितम् २८ नहिद्रोणसुतःसंख्येनिवर्त्तेतकथंचन ॥ इदंचसुमहद्भूतंदैवदंडमिवोद्यतम् २९ नचैतदभिजानामिचिंतयन्नपिसर्वथा ॥ ध्रुवंयेयमधर्मेमेप्रवृत्ताकलुषामतिः ३० तस्याःफलमिदंघोरंप्रतिघातायकल्पते ॥ तदिदंदैवविहितंममसंख्येनिवर्त्तनम् ३१ नान्यत्रदैवादुद्यंतमिहशक्यंकथंचन ॥ सोऽहमद्यमहादेवंप्रपद्येशरणंविभुम् ३२ दैवदंडमिमंघोरंसहिमेनाशयिष्यति ॥ कपर्दिनंदेवदेवमुमापतिमनामयम् ३३ कपालमालिनंरुद्रंभगनेत्रहरंहरम् ॥ सहिदेवोत्यगाद्देवांस्तपसाविक्रमेणच ॥ तस्माच्छरणमभ्येमिगिरिशंशूलपाणिनम् ३४ ॥ इतिश्रीमहाभारतेसौप्तिकेपर्वणिद्रौणिचिंतायांषष्ठोऽध्यायः ॥ ६ ॥ ॥ ॥ संजयउवाच ॥ एवंसंचिन्तयित्वातुद्रोणपुत्रोविशांपते ॥अवतीर्यरथोपस्थाद्दध्यौप्रणतःस्थितः १ ॥ द्रौणिरुवाच ॥ उग्रंस्थाणुंशिवंरुद्रंशर्वमीशानमीश्वरम् ॥ गिरिशंवरदंदेवंभवभावनमीश्वरम् २ शितिकंठमजंशुक्रंदक्षक्रतुहरंहरम् ॥ विश्वरूपंविरूपाक्षंबहुरूपमुमापतिम् ३श्मशानवासिनंदृप्तंमहागणपतिंविभुम् ॥ खट्वांगधारिणंरुद्रंजटिलंब्रह्मचारिणम् ४ मनसासुविशुद्धेनदुष्करेणाल्पचेतसा ॥ सोऽहमात्मोपहारेणयक्ष्येत्रिपुरघातिनम् ५ स्तुतंस्तुत्यंस्तूयमानममोघंकृत्तिवाससम् ॥ विलोहितंनीलकंठमसह्यंदुर्निवारणम् ६ शक्रंब्रह्मसृजंब्रह्मब्रह्मचारिणमेवच ॥ व्रतवंतंतपोनिष्ठमनंतंतपतांगतिम् ७ बहुरूपंगणाध्यक्षंत्र्यक्षंपारिषदप्रियम् ॥ धनाध्यक्षंक्षितिमुखंगौरीहृदयवल्लभम् ८ कुमारपितरंपिंगंगोवृषोत्तमवाहनम् ॥ तनुवाससमत्युग्रमुमाभूषणतत्परम् ९ परंपरेभ्यःपरमंपरंयस्मान्नविद्यते ॥ इष्वस्त्रोत्तमभर्त्तारंदिगंतंदेशरक्षिणम् १० हिरण्यकवचंदेवंचंद्रमौलिविभूषणम् ॥ प्रपद्येशरणंदेवंपरमेणसमाधिना ११ इमांचेदापदंघोरांतराम्यद्यसुदुष्कराम् ॥ सर्वभूतोपहारेणयक्ष्येऽहंशुचिनाशुचिम् १२ इतितस्यव्यवसितंज्ञात्वायोगात्सुकर्मणः ॥ पुरस्तात्कांचनीवेदीप्रादुरासीन्महात्मनः १३ तस्यांवेद्यांतदाराजंश्चित्रभानुरजायत ॥ सदिशोविदिशःखंचज्वालाभिरिवपूरयन् १४ दीप्तास्यनयनाश्चात्रनैकपादशिरोभुजाः ॥ रत्नचित्रांगदधराःसमुद्यतकरास्तथा १५ द्वीपशैलप्रतीकाशाःप्रादुरासन्महागणाः ॥ श्ववराहोष्ट्ररूपाश्चहयगोमायुगोमुखाः १६ ऋक्षमार्जारवदनाव्याघ्रद्वीपिमुखास्तथा ॥ काकवक्त्राःप्लवमुखाःशुकवक्त्रास्तथैवच १७ महाजगरवक्त्राश्चहंसवक्त्राःशितप्रभाः ॥ दार्वाघाटमुखाश्चापिचाषवक्त्राश्चभारत १८ कूर्मनक्रमुखाश्चैवशिशुमारमुखास्तथा ॥ महामकरवक्त्राश्चतिमिवक्त्रास्तथैवच १९ हरिवक्त्राःक्रौञ्चमुखाःकपोतेभमुखास्तथा ॥ पारावतमुखाश्चैवमद्गुवक्त्रास्तथैवच २० पाणिकर्णाःसहस्राक्षास्तथैवचमहोदराः ॥ निर्मांसाःकाकवक्त्राश्चश्येनवक्त्राश्चभारत २१

२२ । २३ । २४ । २५ । २६ । २७ । २८ । २९ । ३० । ३१ । ३२ । ३३ । ३४ । ३५ । ३६ । ३७ । ३८ बृहंतःशेफाःमेढ्रानि अंडाःवृषणाः पिंडिकाःजानुनोरधःपश्चाद्भागश्रयेपांतेबृहच्छेफांड

तथैवाशिरसोराजन्नृक्षवक्त्राश्चभारत ॥ प्रदीप्तनेत्रजिह्वाश्चज्वालावर्णास्तथैवच २२ ज्वालकेशाश्चराजेन्द्रज्वलद्रोमचतुर्भुजाः ॥ मेषवक्त्रास्तथैवान्येतथाछागमुखा
नृप २३ शंखाभाःशंखवक्त्राश्चशंखवर्णास्तथैवच ॥ शंखमालापरिकराःशंखध्वनिसमस्वनाः २४ जटाधराःपंचशिखास्तथामुंडाःकृशोदराः ॥ चतुर्दंष्ट्राश्च
तुर्जिह्वाःशंकुकर्णाःकिरीटिनः २५ मौंजीधराश्चराजेन्द्रतथाकुंचितमूर्धजाः ॥ उष्णीषिणोमुकुटिनश्चारुवक्त्राःस्वलंकृताः २६ पद्मोत्पलापीडधरास्तथामुकुट
धारिणः ॥ माहात्म्येनचसंयुक्ताःशतशोऽथसहस्रशः २७ शतघ्नीवज्रहस्ताश्चतथामुसलपाणयः ॥ भुशुंडीपाशहस्ताश्चदंडहस्ताश्चभारत २८ पृष्ठेषुबद्धेषुधय
श्चित्रबाणोत्कटास्तथा ॥ सध्वजाःसपताकाश्चसघंटाःसपरश्वधाः २९ महापाशोद्यतकरास्तथालगुडपाणयः ॥ स्थूणाहस्ताःखड्गहस्ताःसर्पोच्छ्रितकिरीटिनः ३०
महासर्पांगदधराश्चित्राभरणधारिणः ॥ रजोध्वजाःपंकदिग्धाःसर्वेशुक्लांबरस्रजः ३१ नीलांगाःपिंगलांगाश्चमुंडवक्त्रास्तथैवच ॥ भेरीशंखमृदंगांश्चझर्झरानकगो
मुखान् ३२ अवादयन्पारिषदाःप्रहृष्टाःकनकप्रभाः ॥ गायमानास्तथैवान्येनृत्यमानास्तथाऽपरे ३३ लंघयंतःप्लवंतश्चवल्गंतश्चमहारथाः ॥ धावंतोजवनामुंडाः
पवनोद्धूतमूर्धजाः ३४ मत्ताइवमहानागाविनदंतोमुहुर्मुहुः ॥ सुभीमाघोररूपाश्चशूलपट्टिशपाणयः ३५ नानाविरागवसनाश्चित्रमाल्यानुलेपनाः ॥ रत्नचित्रां
गदधराःसमुद्यतकरास्तथा ३६ हंतारोद्विषतांशूराःप्रसह्यासह्यविक्रमाः ॥ पातारोऽसृग्वसौघानांमांसांत्रकृतभोजनाः ३७ चूडालाःकर्णिकाराश्चप्रहृष्टाःपिठरोदराः ॥
अतिह्रस्वातिदीर्घाश्चप्रलंबाश्चातिभैरवाः ३८ विकटाःकाललंबोष्ठाबृहच्छेफांडपिंडिकाः ॥ महार्हनानाविकटामुंडाश्चजटिलाःपरे ३९ सार्केन्दुग्रहनक्षत्रांद्यांकुर्यु
स्तेमहीतले ॥ उत्सहेरंश्चयेहंतुंभूतग्रामंचतुर्विधम् ४० येचवीतभयानित्यंहरस्यभ्रुकुटीसहाः ॥ कामकारकरानित्यंत्रैलोक्यस्येश्वरेश्वराः ४१ नित्यानंदप्रमुदितावा
गीशावीतमत्सराः ॥ प्राप्याष्टगुणमैश्वर्ययेनयास्यंतिवैस्मयम् ४२ येषांविस्मयतेनित्यंभगवान्कर्मभिर्हरः ॥ मनोवाक्कर्मभिर्युक्तैर्नित्यमाराधितश्चयैः ४३ मनोवा
क्कर्मभिर्भक्तान्पातिपुत्रानिवौरसान् ॥ पिबंतोऽसृग्वसाश्चान्येक्रुद्धाब्रह्मद्विषांसदा ४४ चतुर्विधात्मकंसोमंयेपिबंतिचसर्वदा ॥ श्रुतेनब्रह्मचर्येणतपसाचदमेनच ४५
येसमाराध्यशूलांकंभवसायुज्यमागताः ॥ यैरात्मभूतैर्भगवान्पार्वत्याचमहेश्वरः ४६ महाभूतगणैर्भुंक्तेभूतभव्यभवत्प्रभुः ॥ नानावादित्रहसितक्ष्वेडितोत्कृष्टगर्जितैः
४७ संत्रासयंतस्तेविश्वमश्वत्थामानमभ्ययुः ॥ संस्तुवंतोमहादेवंभाःकुर्वाणाःसुवर्चसः ४८ विवर्धयिषवोद्रौणेर्महिमानंमहात्मनः ॥ जिज्ञासमानास्तत्तेजःसौप्तिकंच
दिदृक्षवः ४९ भीमोग्रपरिघालातशूलपट्टिशपाणयः ॥ घोररूपाःसमाजग्मुर्भूतसंघाःसमंततः ५० ॥ ॥ ॥

कथं तेत्वांप्रतिविश्वतःसर्वात्मनात्कृष्णंवृष्णेरीश्वरस्याविर्भावस्थानंशरीरंएतप्रविशतु ततश्चतेनशरीरेणाप्यायितस्त्वंसंगथेसंग्रामेवाजस्यवीर्यस्यदाताभव कर्मणिषष्ठी वाजं भवप्रापय भूप्राप्तावित्यस्यरूपं ५४

जनयेयुर्भयंयेस्मत्रैलोक्यस्यापिदर्शनात् ॥ तान्प्रेक्षमाणोऽपिव्यथांनचकारमहाबलः ५१ अथद्रौणिर्धनुष्पाणिर्बद्धगोधांगुलित्रवान् ॥ स्वयमेवात्मनात्मानमुपहार
मुपाहरत ५२ धनूंषिसमिधस्तत्रपवित्राणिसिताःशराः ॥ हविरात्मवतश्चात्मातस्मिन्भारतकर्मणि ५३ ततःसौम्येनमंत्रेणद्रोणपुत्रःप्रतापवान् ॥ उपहारंमहाम
न्युरथात्मानमुपाहरत् ५४ तंरुद्रंरौद्रकर्माणंरौद्रैःकर्मभिरच्युतम् ॥ अभिष्टुत्यमहात्मानमित्युवाचकृतांजलिः ५५ ॥ द्रौणिरुवाच ॥ इममात्मानमद्याहंजातमांगि
रसेकुले ॥ स्वग्नौजुहोमिभगवन्प्रतिगृह्णीष्वमांबलिम् ५६ भवद्भक्त्यामहादेवपरमेणसमाधिना ॥ अस्यामापदिविश्वात्मन्नुपाकुर्मितवाग्रतः ५७ त्वयिसर्वाणिभूता
निसर्वभूतेषुचासिवै ॥ गुणानांहिप्रधानानामेकत्वंत्वयितिष्ठति ५८ सर्वभूताश्रयविभोहविर्भूतमवस्थितम् ॥ प्रतिगृहाणमांदेवयद्यशक्याःपरेमया ५९ इत्युक्त्वाद्रौ
णिरास्थायतांवेदींदीप्तपावकाम् ॥ संत्यज्यात्मानमारुह्यकृष्णवर्त्मन्युपाविशत् ६० तमूर्ध्वबाहुंनिश्चेष्टंदृष्ट्वाहविरुपस्थितम् ॥ अब्रवीद्भगवान्साक्षान्महादेवोहस
न्निव ६१ सत्यशौचार्जवत्यागैस्तपसानियमेनच ॥ क्षांत्याभक्त्याचधृत्याचबुद्ध्याचवचसातथा ६२ यथावदहमाराद्धःकृष्णेनाक्लिष्टकर्मणा ॥ तस्मादिष्टतमःकृष्णा
दन्योममनविद्यते ६३ कुर्वतातातसंमानंत्वांचजिज्ञासतामया ॥ पांचालाःसहसागुप्तामायाश्चबहुशःकृताः ६४ कृतस्तस्यैवसंमानःपांचालान्रक्षतामया ॥ अ
भिभूतास्तुकालेननैषामद्यास्तिजीवितम् ६५ एवमुक्त्वामहात्मानंभगवानात्मनस्तनुम् ॥ आविवेशददौचास्मैविमलंखड्गमुत्तमम् ६६ अथाविष्टोभगवताभूयोजज्वा
लतेजसा ॥ वेगवांश्चाभवद्युद्धेदेवसृष्टेनतेजसा ६७ तमदृश्यानिभूतानिरक्षांसिचसमाद्रवन् ॥ अभितःशत्रुशिबिरंयांतंसाक्षादिवेश्वरम् ६८ ॥ इतिश्रीमहाभारतेसौ
प्तिकेपर्वणिद्रौणिकृतशिवार्चनेसप्तमोऽध्यायः ॥ ७ ॥ ॥ ॥ धृतराष्ट्रउवाच ॥ तथाप्रयातेशिबिरंद्रोणपुत्रेमहारथे ॥ कच्चित्कृपश्चभोजश्चभयार्तौनव्यव
र्तताम् १ कच्चिन्नवारितौक्षुद्रैरक्षिभिर्नोपलक्षितौ ॥ असह्यमितिमन्वानौननिवृत्तौमहारथौ २ कच्चिदुन्मथ्यशिबिरंहत्वासोमकपांडवान् ॥ दुर्योधनस्यपदवींगतौपर
मिकांरणे ३ पंचालैर्निहतौवीरौकच्चित्तुस्वपतांक्षितौ ॥ कच्चित्ताभ्यांकृतंकर्मतन्ममाचक्ष्वसंजय ४ ॥ संजयउवाच ॥ तस्मिन्प्रयातेशिबिरंद्रोणपुत्रेमहात्मनि ॥ कृ
पश्चकृतवर्माचशिबिरद्वार्यतिष्ठताम् ५ अश्वत्थामातुतौदृष्ट्वायत्नवंतौमहारथौ ॥ प्रहृष्टःशनकैराजन्निदंवचनमब्रवीत् ६ यत्तौभवंतौपर्याप्तौसर्वक्षत्रस्यनाशने ॥
किंपुनर्योधशेषस्यप्रसुप्तस्यविशेषतः ७ ॥ ॥ ॥ ॥ ॥ ॥

५५ । ५६ । ५७ । ५८ । ५९ । ६० । ६१ । ६२ । ६३ । ६४ । ६५ । ६६ । ६७ । ६८ ॥ इतिसौप्तिकेपर्वणिनीलकंठीयेभारतभावदीपेसप्तमोऽध्यायः ॥ ७ ॥ तथेति १ कच्चिन्नोपलक्षितावित्यत्रक
च्चिदित्यावर्त्तते २ । ३ पांचालैःपूर्वंनिहतौसंतौस्वपतांकच्चित्कोपात्स्वपतांपंचालानांकर्मवधाख्यंताभ्यांकच्चित्कृतमितिसंबंधः ४ । ५ । ६ । ७ ॥ ॥ ॥

वांयुवांप्राप्येतिशेषः ८ । ९ उद्देशझोधृष्टद्युम्नस्थलज्ञः १० । ११ । १२ । १३ । १४ । १५ । १६ । १७ । १८ । १९।२० । २१ । २२ । २३ पादाष्ठीलैःपादग्रंथिभिः पार्ष्णिघातै

अहंप्रवेक्ष्येशिबिरंचरिष्यामिचकालवत् ॥ यथानकश्चिदपिवांजीवन्मुच्येतमानवः ८तथामवद्भवांकार्यस्यादितिमेनिश्चितामतिः॥ इत्युक्त्वाप्राविशद्द्रौणिःपार्थानांशिबि
रंमहत् ९ अद्वारेणाभ्यवस्कंद्यविहायभयमात्मनः ॥ सप्रविश्यमहाबाहुरुद्देशज्ञश्चतस्यह १० धृष्टद्युम्नस्यनिलयंशनकैरभ्युपागमत् ॥ तेतुकृत्वामहत्कर्मश्रांताश्चबलवद्रणे
११ प्रसुप्ताश्चैवविध्वस्ताःसमेत्यपरिधाविताः ॥ अथप्रविश्यतद्वेश्मधृष्टद्युम्नस्यभारत १२ पांचाल्यंशयनेद्रौणिरपश्यत्सुप्तमंतिकात् ॥ क्षौमावदातेमहतिस्पर्ध्यास्तरण
संवृते १३ माल्यप्रवरसंयुक्तेधूपैश्चूर्णैश्चवासिते ॥ तंशयानंमहात्मानंविस्रब्धमकुतोभयम् १४ प्राबोधयतपादेनशयनस्थंमहीपते ॥ संबुध्यचरणस्पर्शादुत्थायरणदुर्मदः
१५ अभ्यजानादमेयात्माद्रोणपुत्रंमहारथम् ॥ तमुत्पतंतंशयनादश्वत्थामामहाबलः १६ केशेष्वालभ्यपाणिभ्यांनिष्पिपेषमहीतले ॥ सबलंतेननिष्पिष्टः
साध्वसेनचभारत १७ निद्रयाचैवपांचाल्योनाशकच्चेष्टितुंतदा ॥ द्रौणिःक्रूरंमनःकृत्वापांचाल्यमवधीत्तदा ॥ तमाक्रम्यपदाराजन्कंठेचोरसिचोभयोः १८ नदंतंवि
स्फुरंतंचपशुमारममारयत् ॥ तुदन्नखैस्तुसद्रौणिंनातिव्यक्तमुदाहरत् १९ आचार्यपुत्रशस्त्रेणजहिमांमाचिरंकृथाः ॥ त्वत्कृतेसुकृताँल्लोकान्गच्छेयंद्विपदांवर २० एव
मुक्त्वातुवचनंविररामपरंतपः ॥ सुतःपंचालराजस्यआक्रांतोबलिनाभृशम् २१तस्याव्यक्तांतुतांवाचंसंश्रुत्यद्रौणिरब्रवीत् ॥ आचार्यघातिनांलोकानसंतिकुलपांसन २२
तस्माच्छस्त्रेणनिधनंनत्वमर्हसिदुर्मते ॥ एवंब्रुवाणस्तंवीरंसिंहोमत्तमिवद्विपम् २३ मर्मस्वभ्यवधीत्क्रुद्धःपादाष्ठीलैःसुदारुणैः ॥ तस्यवीरस्यशब्देनमार्यमाणस्यवे
श्मनि २४ अबुध्यंतमहाराजस्त्रियोयेचास्यरक्षिणः ॥ तेदृष्ट्वाधर्षयंतंतमतिमानुषविक्रमम् २५ भूतमेवाध्यवस्यंतोनस्मप्रव्याहरन्भयात् ॥ तंतुतेनाभ्युपायेनगमयित्वा
यमक्षयम् २६ अध्यतिष्ठततेजस्वीरथंप्राप्यसुदर्शनम् ॥ सतस्यभवनाद्राजन्निष्क्रम्यानादयन्दिशः २७ रथेनशिबिरंप्रायाज्जिघांसुर्द्विषतोबली ॥ अपक्रांतेततस्तस्मि
न्द्रोणपुत्रेमहारथे २८ सहितैरक्षिभिःसर्वैःप्राणेदुर्योषितस्तदा ॥ राजानंनिहतंदृष्ट्वाभृशंशोकपरायणाः २९ व्याक्रोशन्क्षत्रियाःसर्वेधृष्टद्युम्नस्यभारत ॥ तासांतुतेनशब्दे
नसमीपेक्षत्रियर्षभाः ३० क्षिप्रंचसमनह्यंतकिमेतदितिचाब्रुवन् ॥ स्त्रियस्तुराजन्वित्रस्ताभारद्वाजंनिरीक्ष्यताः ३१ अब्रुवन्दीनकंठेनक्षिप्रमाद्रवतेतिवै ॥ राक्षसोवा
मनुष्योवानैनंजानीमहेवयम् ३२ हत्वापांचालराजानंरथमारुह्यतिष्ठति ॥ ततस्तेयोधमुख्याश्चसहसापर्यवारयन् ३३ सतानापततःसर्वान्रुद्रास्त्रेणव्यपोथयत् ॥ धृष्ट
द्युम्नंचहत्वासतांश्चैवास्यपदानुगान् ३४ अपश्यच्छयनेसुप्तमुत्तमौजसमंतिके ॥ तमप्याक्रम्यपादेनकंठेचोरसितेजसा ३५ तथैवमारयामासविनर्दंतमरिंदमम् ॥ युधा
मन्युश्चसंप्राप्तोमत्वातंरक्षसाहतम् ३६ गदामुद्यम्यवेगेनहृदिद्रौणिमताडयत् ॥ तमभिद्रुत्यजग्राहक्षितौचैनमपातयत् ३७ ॥ ॥

रित्यर्थः २४ । २५ । २६ । २७ । २८ । २९ । ३० । ३१ । ३२ । ३३ । ३४ । ३५ । ३६ । ३७ ॥ ॥ ॥

॥ ७ ॥ विस्फुरंतंचपशुवत्तथैवैनममारयत् ॥ तथासवीरोहत्वातंततोऽन्यान्समुपाद्रवत् ३८ संसुप्तानेवराजेन्द्रतत्रतत्रमहारथान् ॥ स्फुरतोवेपमानांश्चशमितेवपशून्मखे अ०
३९ ततोनिस्त्रिंशमादायजघानान्यान्पृथक्पृथक् ॥ भागशोविचरन्मार्गानसियुद्धविशारदः ४० तथैवगुल्मेसंप्रेक्ष्यशयानान्मध्यगौल्मिकान् ॥ श्रांतान्व्य
स्तायुधान्सर्वान्क्षणेनैवव्यपोथयत् ४१ योधानश्वान्द्विपांश्चैवप्राच्छिनत्सवरासिना ॥ रुधिरोक्षितसर्वांगःकालसृष्टइवांतकः ४२ विस्फुरद्भिश्चतैर्द्रौणिर्निस्त्रिं ॥ ८ ॥
शस्योद्यमेनच ॥ आक्षेपणेनचैवासेस्त्रिधारक्तोक्षितोऽभवत् ४३ तस्यलोहितरक्तस्यदीप्तखड्गस्ययुध्यतः ॥ अमानुषइवाकारोबभौपरमभीषणः ४४ येत्वजा
ग्रंतकौरव्यतेपिशब्देनमोहिताः ॥ निरीक्ष्यमाणाअन्योन्यंदृष्ट्वादृष्ट्वाप्रविव्यथुः ४५ तद्रूपंतस्यतेदृष्ट्वाक्षत्रियाःशत्रुकर्षिणः ॥ राक्षसंमन्यमानास्तंनयनानिन्यमीलयन्
४६ सघोररूपोव्यचरत्कालवच्छिबिरेततः ॥ अपश्यद्द्रौपदीपुत्रानवशिष्टांश्चसोमकान् ४७ तेनशब्देनवित्रस्ताधनुर्हस्तामहारथाः ॥ धृष्टद्युम्नंहतंश्रुत्वाद्रौपदेया
विशांपते ४८ अवाकिरन्शरव्रातैर्भारद्वाजमभीतवत् ॥ ततस्तेननिनादेनसंप्रबुद्धाःप्रभद्रकाः ४९ शिलीमुखैःशिखंडीचद्रोणपुत्रंसमार्दयन् ॥ भारद्वाजःसतान्दृष्ट्वा
शरवर्षाणिवर्षतः ५० ननादबलवन्नादंजिघांसुस्तान्महारथान् ॥ ततःपरमसंक्रुद्धःपितुर्वधमनुस्मरन् ५१ अवरुह्यरथोपस्थात्त्वरमाणोभिदुद्रुवे ॥ सहस्रचंद्रविमलं
गृहीत्वाचर्मसंयुगे ५२ खड्गंचविमलंदिव्यंजातरूपपरिष्कृतम् ॥ द्रौपदेयानभिद्रुत्यखड्गेनव्यधमद्बली ५३ ततःसनरशार्दूलःप्रतिविन्ध्यंमहाहवे ॥ कुक्षिदेशेऽवधीद्रा
जन्सहतोन्यपतद्भुवि ५४ प्रासेनविद्ध्वाद्रौणिंतुसुतसोमःप्रतापवान् ॥ पुनश्चासिंसमुद्यम्यद्रोणपुत्रमुपाद्रवत् ५५ सुतसोमस्यसासिंतंबाहुंछित्वानरर्षभ ॥ पुनरप्याहन
त्पार्श्वेसभिन्नहृदयोऽपतत् ५६ नाकुलिस्तुशतानीकोरथचक्रेणवीर्यवान् ॥ दोर्भ्यामुत्क्षिप्यवेगेनवक्षस्येनमताडयत् ५७ अताडयच्छतानीकंमुक्तचक्रंद्विजस्तुसः ॥
सविह्वलोययौभूमिंततोऽस्यापाहारच्छिरः ५८ श्रुतकर्मातुपरिघंगृहीत्वासमताडयत् ॥ अभिद्रुत्यययौद्रौणिंसव्येसफलकेभृशम् ५९ सतुतंश्रुतकर्माणमास्येजघ्नेवरा
सिना ॥ सहतोन्यपतद्भूमौविमूढोविकृताननः ६० तेनशब्देनवीरस्तुश्रुतकीर्तिर्महारथः ॥ अश्वत्थामानमासाद्यशरवर्षैरवाकिरत् ६१ तस्यापिशरवर्षाणिचर्मणाप्रति
वार्यसः ॥ सकुंडलंशिरःकायात्भ्राजमानमुपाहरत् ६२ ततोभीष्मनिहंतारंसहसर्वैःप्रभद्रकैः ॥ अहनत्सर्वतोवीरंनानाप्रहरणैर्बली ६३ शिलीमुखेनचान्येनभ्रुवोर्मध्ये
समार्पयत् ॥ सतुक्रोधसमाविष्टोद्रोणपुत्रोमहाबलः ६४ शिखंडिनंसमासाद्यद्विधाचिच्छेदसोऽसिना ॥ शिखंडिनंततोहत्वाक्रोधाविष्टःपरंतपः ६५ ॥

उच्छलंतितैस्त्रिभिःप्रकारैरेवरक्तोक्षितोनतुस्वदेहस्यान्येनप्रहारादित्यर्थः ४३ । ४४ । ४५ । ४६ । ४७ । ४८ । ४९ । ५० । ५१ । ५२ । ५३ । ५४ । ५५ । ५६ । ५७ । ५८ । फलकेऽताडयतदित्य ॥ ७ ॥
न्वयः ५९ । ६० । ६१ । ६२ । ६३ । ६४ । ६५ ॥ ॥ ॥ ॥ ॥

६६ । ६७ । ६८ । ६९ । ७० । ७१ । ७२ । ७३ । ७४ । ७५ । ७६ । ७७ । ७८ । ७९ पांडुसृंजयान्पांडवसंबंधिनःसृंजयान् पांडोर्गोत्रापत्याःसृंजयाश्चतान्वा ८० । ८१ । ८२ । ८३

प्रभद्रकगणान्सर्वानभिदुद्राववेगवान् ॥ यच्चशिष्टंविराटस्यबलंतुभृशमाद्रवत् ६६ द्रुपदस्यचपुत्राणांपौत्राणांसुहृदामपि ॥ चकारकदनंघोरंदृष्ट्वादृष्ट्वामहाबलः
६७ अन्यानन्यांश्चपुरुषानभिसृत्याभिसृत्यच ॥ न्यकृंतदसिनाद्रौणिरसिमार्गविशारदः ६८ कालींरक्तास्यनयनांरक्तमाल्यानुलेपनाम् ॥ रक्तांबरधरामेकांपाश
हस्तांकुटुंबिनीम् ६९ ददृशुःकालरात्रिंतेगायमानामवस्थिताम् ॥ नराश्वकुंजरान्पाशैर्बद्ध्वाघोरैःप्रतस्थुषीम् ७० वहंतींविविधान्प्रेतान्पाशबद्धान्विमूर्धजान् ॥
तथैवचसदाराजन्न्यस्तशस्त्रान्महारथान् ७१ स्वप्नेसुप्तान्नयंतींतांरात्रिष्वन्यासुमारिष ॥ ददृशुर्योधमुख्यास्तेघ्नंतंद्रौणिंचसर्वदा ७२ यतःप्रभृतिसंग्रामःकुरु
पांडवसेनयोः ॥ ततःप्रभृतितांकन्यामपश्यन्द्रौणिमेवच ७३ तांस्तुदैवहतान्पूर्वंपश्चाद्द्रौणिर्न्यपातयत् ॥ त्रासयन्सर्वभूतानिविनदन्भैरवान्रवान् ७४ तदनु
स्मृत्यतेवीरादर्शनंपूर्वकालिकम् ॥ इदंतदित्यमन्यंतदैवेनोपनिपीडिताः ७५ ततस्तेननिनादेनप्रत्यबुध्यंतधन्विनः ॥ शिबिरेपांडवेयानांशतशोथसहस्रशः ७६
सोच्छिनत्कस्यचित्पादौजघनंचैवकस्यचित् ॥ कांश्चिद्बिभेदपार्श्वेषुकालसृष्टइवांतकः ७७ अत्युग्रप्रतिपिष्टैश्चनदद्भिश्चभृशोत्कटैः ॥ गजाश्वमथितैश्चान्यैर्मही
कीर्णाऽभवत्प्रभो ७८ क्रोशतांकिमिदंकोऽयंकःशब्दःकिंनुकिंकृतम् ॥ एवंतेषांतथाद्रौणिरंतकःसमपद्यत ७९ अपेतशस्त्रसन्नाहान्संनद्धान्पांडुसृंजयान् ॥ प्राहि
णोन्मृत्युलोकायद्रौणिःप्रहरतांवरः ८० ततस्तच्छस्त्रवित्रस्ताउत्पतंतोभयातुराः ॥ निद्रांधानष्टसंज्ञाश्चतत्रतत्रनिलिल्यिरे ८१ ऊरुस्तंभगृहीताश्चकश्मलाभिहतौ
जसः ॥ विनदंतोभृशंत्रस्ताःसमासीदन्परस्परम् ८२ ततोरथंपुनर्द्रौणिरास्थितोभीमनिःस्वनम् ॥ धनुष्पाणिःशरैरन्यान्प्रेषयद्वैयमक्षयम् ८३ पुनरुत्पततश्चापि
दूरादपिनरोत्तमान् ॥ शूरान्संपततश्चान्यान्कालरात्र्यैन्यवेदयत् ८४ तथैवस्यंदनाग्रेणप्रमथन्सविधावति ॥ शरवर्षैश्चविविधैरवर्षच्छात्रवांस्ततः ८५ पुनश्चसुवि
चित्रेणशतचंद्रेणचर्मणा ॥ तेनचाकाशवर्णेनतथाऽचरतसोऽसिना ८६ तथासशिबिरंतेषांद्रौणिराहवदुर्मदः ॥ व्यक्षोभयतराजेन्द्रमहाह्रदमिवद्विपः ८७ उत्पेतुस्तेन
शब्देनयोधाराजन्विचेतसः ॥ निद्रार्त्ताश्चभयार्त्ताश्चव्यधावंतततस्ततः ८८ विस्वरंचुक्रुशुश्चान्येबह्वबद्धंतथाऽवदन् ॥ नचस्मप्रत्यपद्यंतशस्त्राणिवसनानिच ८९ विमु
क्तकेशाश्चाप्यन्येनाभ्यजानन्परस्परम् ॥ उत्पतंतोऽपतन्श्रांताःकेचित्तत्राभ्रमंस्तदा ९० पुरीषमसृजन्केचित्केचिन्मूत्रंप्रसुस्रुवुः ॥ बंधनानिचराजेन्द्रसंछिद्यतुरगाद्विपाः
९१ समंपर्यपतंश्चान्येकुर्वंतोमहदाकुलम् ॥ तत्रकेचिन्नराभीताव्यलीयंतमहीतले ९२ तथैवतान्निपतितानपिंषन्गजवाजिनः ॥ तस्मिंस्तथावर्त्तमानेरक्षांसिपुरुषर्षभ
९३ हृष्टानिव्यनदन्नुच्चैर्मुदाभरतसत्तम ॥ सशब्दःपूरितोराजन्भूतसंघैर्मुदायुतैः ९४ अपूरयद्दिशःसर्वादिवंचातिमहान्स्वनः ॥ तेषामार्त्तरवंश्रुत्वावित्रस्तागजवाजिनः ९५

मुक्ताःपर्यपतन्राजन्मृद्नन्तःशिबिरेजनम् ॥ तैस्तत्रपरिधावद्भिश्चरणोदीरितंरजः ९६ अकरोच्छिबिरेतेषांरजन्यांद्विगुणंतमः ॥ तस्मिंस्तमसिसंजातेप्रमूढाः
सर्वतोजनाः ९७ नाजानन्पितरःपुत्रान्भ्रातॄन्भ्रातरएवच ॥ गजोगजानतिक्रम्यनिर्मनुष्याहयाहयान् ९८ अताडयंस्तथाऽभंजंस्तथाऽमृद्नंश्चभारत ॥ ते
भग्नाःप्रपतंतिस्मनिघ्नंतश्चपरस्परम् ९९ न्यपातयंस्तथाचान्यान्पातयित्वातदाऽपिषन् ॥ विचेतसःसनिद्राश्चतमसाचावृतानराः १०० जघ्नुःस्वानेवतत्रा
थकालेनैवप्रचोदिताः ॥ त्यक्त्वाद्वाराणिचद्वास्थास्तथागुल्मानिगौल्मिकाः १ प्राद्रवंतयथाशक्तिकांदिशीकाविचेतसः ॥ विप्रनष्टाश्चतेऽन्योन्यंनाजानंततथा
विभो २ क्रोशंतस्तातपुत्रेतिदैवोपहतचेतसः ॥ पलायतांदिशःस्तेषांस्वानप्युत्सृज्यबांधवान् ३ गोत्रनामभिरन्योन्यमाक्रंदंततजनाः ॥ हाहाकारंचकु
र्वाणाःपृथिव्यांशेरतेपरे ४ तान्बुद्ध्वारणमध्येऽसौद्रोणपुत्रोन्यवारयत् ॥ तत्रापरेवध्यमानामुहुर्मुहुरचेतसः ५ शिबिरान्निष्पतंतिस्मक्षत्रियाभयपीडिताः ॥
तांस्तुनिष्पतितांस्त्रस्तान्शिबिराज्जीवितैषिणः ६ कृतवर्माकृपश्चैवद्वारदेशेनिजघ्नतुः ॥ विस्रस्तयंत्रकवचान्मुक्तकेशान्कृतांजलीन् ७ वेपमानान्क्षितौभीता
न्नैवकांश्चिदमुच्यताम् ॥ नामुच्यततयोःकश्चिन्निष्क्रांतःशिबिराद्बहिः ८ कृपश्चैवमहाराजहार्दिक्यश्चैवदुर्मतिः ॥ भूयश्चैवचिकीर्षंतौद्रोणपुत्रस्यतौप्रियम् ९
त्रिषुदेशेषुददतुःशिबिरस्यहुताशनम् ॥ ततःप्रकाशेशिबिरेखड्गेनपितृनंदनः ११० अश्वत्थामामहाराजव्यचरत्कृतहस्तवत् ॥ कांश्चिदापततोवीरानपरांश्चैवधा
वतः ११ व्ययोजयतखड्गेनप्राणैर्द्विजवरोत्तमः ॥ कांश्चिद्योधान्सखड्गेनमध्येसंछिद्यवीर्यवान् १२ अपातयद्द्रोणपुत्रःसंरब्धस्तिलकांडवत् ॥ निनदद्भिर्भृशायस्तै
र्नराश्वद्विरदोत्तमैः १३ पतितैरभवत्कीर्णामेदिनीभरतर्षभ ॥ मानुषाणांसहस्रेषुहतेषुपतितेषुच १४ उदतिष्ठन्कबंधानिबहून्युत्थायचापतन् ॥ सायुधान्सांगदा
न्बाहून्विचकर्तशिरांसिच १५ हस्तिहस्तोपमानूरून्हस्तान्पादांश्चभारत ॥ पृष्ठच्छिन्नान्पार्श्वच्छिन्नान्शिरश्छिन्नांस्तथाऽपरान् १६ समहात्माऽकरोद्द्रौणिःकांश्चि
च्चापिपराङ्मुखान् ॥ मध्यदेशेनरानन्यांश्चिच्छेदान्यांश्चकर्णतः १७ अंसदेशेनिहत्यान्यान्कायेप्रावेशयच्छिरः ॥ एवंविचरतस्तस्यनिघ्नतःसुबहून्नरान् १८ तमसा
रजनीघोराबभौदारुणदर्शना ॥ किंचित्प्राणैश्चपुरुषैर्हतैश्चान्यैःसहस्रशः १९ बहुनाचगजाश्वेनभूरभूद्भीमदर्शना ॥ यक्षरक्षःसमाकीर्णेरथाश्वद्विपदारुणे १२० क्रुद्धेन
द्रोणपुत्रेणसंछन्नाःप्रापतन्भुवि ॥ भ्रातॄनन्येपितॄनन्येपुत्रानन्येविचुक्रुशुः २१ केचिदूचुर्नतत्क्रुद्धैर्धार्तराष्ट्रैःकृतंरणे ॥ यत्कृतंनःप्रसुप्तानांरक्षोभिःक्रूरकर्मभिः २२
असान्निध्याद्धिपार्थानामिदंवःकदनंकृतम् ॥ नचासुरैर्नगंधर्वैर्नयक्षैर्नचराक्षसैः २३ शक्योविजेतुंकौन्तेयोगोप्तायस्यजनार्दनः ॥ ब्रह्मण्यःसत्यवाग्दांतःसर्वभूता
नुकंपकः २४ नचसुप्तंप्रमत्तंवान्यस्तशस्त्रंकृतांजलिम् ॥ धावंतंमुक्तकेशंवाहंतिपार्थोधनंजयः २५ ॥ ॥

२६ । २७ ।२८। २९ । ३० ।३१।३२ । ३३ । ३४ । ३५ । ३६ । ३७ । ३८ भृशाशिताःभृशंसंतर्पिताः । दंत्यपाठेअसगतिदीप्त्यादानेष्वित्यस्यत्राऽरूपं भृशमुद्दीपिताइत्यर्थः ३९ विकुक्षिकाःविपुलकु

तदिदंनःकृतंघोरंरक्षोभिःक्रूरकर्मभिः ॥ इतिलालप्यमानाःस्मशेरतेबहवोजनाः २६ स्तनतांचमनुष्याणामपरेषांचकूजताम् ॥ ततोमुहूर्त्तात्प्राशाम्यत्सशब्द
स्तुमुलोमहान् २७ शोणितव्यतिषिक्तायांवसुधायांचभूमिप ॥ तद्रजस्तुमुलंघोरंक्षणेनांतरधीयत २८ सचेष्टमानानुद्विग्नान्निरुत्साहान्सहस्रशः ॥ न्यपात
यन्नरान्क्रुद्धःपशून्पशुपतिर्यथा २९ अन्योन्यंसंपरिष्वज्यशयानान्द्रवतोऽपरान् ॥ संलीनान्युध्यमानांश्चसर्वान्द्रौणिरपोथयत् १३० दह्यमानाहुताशेनव
ध्यमानाश्चतेनते ॥ परस्परंतदायोधाननयद्यमसादनम् ३१ तस्यारजन्यास्त्वर्धेनपांडवानांमहद्बलम् ॥ गमयामासराजेंद्रद्रौणिर्यमनिवेशनम् ३२ निशा
चराणांसत्वानांरात्रिःसाहर्षवर्द्धिनी ॥ आसीन्नरगजाश्वानांरौद्रीक्षयकरीभृशम् ३३ तत्रादृश्यंतरक्षांसिपिशाचाश्चपृथग्विधाः ॥ खादंतोनरमांसानिपिबंतः
शोणितानिच ३४ करालाःपिंगलाश्चैवशैलदंताराजस्वलाः ॥ जटिलादीर्घशंखाश्चपंचपादामहोदराः १३५ पश्चादंगुलयोरूक्षाविरूपाभैरवस्वनाः ॥ घंटाजा
लावसक्ताश्चनीलकंठाविभीषणाः ३६ सपुत्रदाराःसक्रूराःसुदुर्दशाःसुनिर्घृणाः ॥ विविधानिचरूपाणितत्रादृश्यंतरक्षसाम् ३७ पीत्वाचशोणितंहृष्टाःप्रानृत्य
न्गणशोपरे ॥ इदंपरमिदंमेध्यमिदंस्वाद्वितिचाब्रुवन् ३८ मेदोमज्जास्थिरक्तानांवसानांचभृशाशिताः ॥ परेमांसानिखादंतःक्रव्यादामांसजीविनः ३९ वसाश्चैवा
परेपीत्वापर्यधावन्विकुक्षिकाः ॥ नानावक्त्रास्तथारौद्राःक्रव्यादाःपिशिताशनाः १४० अयुतानिचतत्रासन्प्रयुतान्यर्बुदानिच ॥ रक्षसांघोररूपाणांमहतांक्रूरक
र्मणाम् ४१ मुदितानांवितृप्तानांतस्मिन्महतिवैशसे ॥ समेतानिबहून्यासन्भूतानिचजनाधिप ४२ प्रत्यूषकालेशिबिरात्प्रतिगंतुमियेषसः ॥ नृशोणितावसिक्त
स्यद्रौणेरासीदसित्सरुः ४३ पाणिनासहसंश्लिष्टएकीभूतइवप्रभो ॥ दुर्गमांपदवींगत्वाविरराजजनक्षये ४४ युगांतेसर्वभूतानिभस्मकृत्वेवपावकः ॥ यथाप्रतिज्ञंतत्क
र्मकृत्वाद्रौणायनिःप्रभो ४५ दुर्गमांपदवींगच्छन्पितुरासीद्गतज्वरः ॥ यथैवसंसुप्तजनेशिबिरेप्राविशन्निशि ४६ तथैवहत्वानिःशब्देनिश्चक्रामनरर्षभः ॥ निष्क्रम्य
शिबिरात्तस्मात्ताभ्यांसंगम्यवीर्यवान् ४७ आचख्यौकर्मतत्सर्वंहृष्टःसंहर्षयन्विभो ॥ तावथाचख्यतुस्तस्मैप्रियंप्रियकरौतदा ४८ पांचालान्सृंजयांश्चैवविनिकृत्ता
न्सहस्रशः ॥ प्रीत्याचोच्चैरुदक्रोशंस्तथैवास्फोटयंस्तलान् ४९ एवंविधाहिसारात्रिःसोमकानांजनक्षये ॥ प्रसुप्तानांप्रमत्तानामासीत्सुभृशदारुणा १५० असंशयंहि
कालस्यपर्यायोदुरतिक्रमः ॥ तादृशानिहतायत्रकृत्वाऽस्माकंजनक्षयम् ५१ ॥ धृतराष्ट्रउवाच ॥ ॥ प्रागेवसुमहत्कर्मद्रौणिरेतन्महारथः ॥
नाकरोदीदृशंकस्मान्मत्पुत्रविजयेधृतः ५२ ॥ ॥ ॥ ॥ ॥

क्षयः १४० । ४१ । ४२ । ४३ । ४४ । ४५ । ४६ । ४७ । ४८ । ४९ । ५० । ५१ । ५२ ॥ ॥ ॥ ॥

म.भा.टी. ॥ ५३।५४।५५ । ५६ । ५७ । ५८ । १५९ ॥ इतिसौप्तिकेपर्वणिनीलकंठीये भारतभावदीपेअष्टमोऽध्यायः ॥ ८ ॥ ॥ ॥ ॥ तेहत्वेति १ । २ । ३ । ४ चिखादिपून्भक्षयितुमिच्छून् सौ० १०

॥ ९ ॥ अथकस्माद्धतेक्षुद्रंकर्मेदंकृतवानसौ ॥ द्रोणपुत्रोमहात्मासतन्मेशंसितुमर्हसि ५३ संजयउवाच ॥ तेषांनूनंभयान्नासौकृतवान्कुरुनंदन ॥ असान्निध्याद्धिपार्थानांके अ०
शवस्यचधीमतः ५४ सात्यकेश्चापिकर्मेदंद्रोणपुत्रेणसाधितम् ॥ कोहितेषांसमक्षंतान्हन्यादपिमरुत्पतिः ५५ एतदीदृशकंवृत्तंराजन्सुप्तजनेविभो ॥ ततोजनक्षयंकृत्वा ९
पांडवानांमहात्ययम् ५६ दिष्ट्यादिष्ट्येवचान्योन्यंसमेत्योचुर्महारथाः ॥ पर्यष्वजत्ततोद्रौणिस्ताभ्यांसंप्रतिनंदितः ५७ इदंहर्षात्तुसुमहदाददेवाक्यमुत्तमम् ॥ पां
चालानिहताःसर्वेद्रौपदेयाश्चसर्वशः ५८ सोमकामत्स्यशेषाश्चसर्वेविनिहतामया ॥ इदानींकृतकृत्याःस्मयामतत्रैवमाचिरम् ॥ यदिजीवतिनोराजातस्मैशं
सामहेवयम् १५९ ॥ इतिश्रीमहाभारतेसौप्तिकेपर्वणि रात्रियुद्धेपांचालादिवधेऽष्टमोऽध्यायः ॥ ८ ॥ ॥ संजयउवाच ॥ तेहत्वासर्वपांचालान्द्रौपदेयां
श्चसर्वशः ॥ आगच्छन्सहितास्तत्रयत्रदुर्योधनोहतः १ गत्वाचैनमपश्यंतकिंचित्प्राणंजनाधिपम् ॥ ततोरथेभ्यःप्रस्कंद्यपरिवव्रुस्तवात्मजम् २ तंभग्नस
क्थंराजेन्द्रकृच्छ्रप्राणमचेतसम् ॥ वमंतंरुधिरंवक्त्रादपश्यन्वसुधातले ३ वृतंसमंताद्बहुभिःश्वापदैर्घोरदर्शनैः ॥ शालावृकगणैश्चैवभक्षयिष्यद्भिरंतिकात् ४
निवारयंतंकृच्छ्रात्तान्श्वापदांश्चिखादिपून् ॥ विचेष्टमानंमह्यांचसुभृशंगाढवेदनम् ५ तंशयानंतथादृष्ट्वाभूमौसुरुधिरोक्षितम् ॥ हतशिष्टास्त्रयोवीराःशो
कार्त्ताःपर्यवारयन् ६ अश्वत्थामाकृपश्चैवकृतवर्माचसात्वतः ॥ तैस्त्रिभिःशोणितादिग्धैर्निःश्वसद्भिर्महारथैः ७ शुशुभेसवृतोराजावेदीत्रिभिरिवाग्निभिः ॥ ते
तंशयानंसंप्रेक्ष्यराजानमतथोचितम् ८ अविषह्येनदुःखेनततस्तेरुरुदुस्त्रयः ॥ ततस्तुरुधिरंहस्तैर्मुखान्निमृज्यतस्यहि ॥ रणेराज्ञःशयानस्यकृपणंपर्यदेव
यन् ९ ॥ कृपउवाच ॥ नदैवस्यातिभारोऽस्तियदयंरुधिरोक्षितः ॥ एकादशचमूभर्त्ताशेतेदुर्योधनोहतः १० पश्यचामीकराभस्यचामीकरविभूषिताम् ॥
गदांगदाप्रियस्येमांसमीपेपतितांभुवि ११ इयमेनंगदाशूरंनजहातिरणेरणे ॥ स्वर्गायापिव्रजंतंहिनजहातियशस्विनम् १२ पश्येमांसहवीरेणजांबूनदवि
भूषिताम् ॥ शयानांशयनेहर्म्येभार्यांप्रीतिमतीमिव १३ योऽयंमूर्धाभिषिक्तानामग्रेजातःपरंतपः ॥ सहतोग्रसतेपांसून्पश्यकालस्यपर्ययम् १४ येनाजौ
निहताभूमावशेरतहतद्विषः ॥ सभूमौनिहतःशेतेकुरुराजःपरैरयम् १५ भयान्नमंतिराजानोयस्यस्मशतसंघशः ॥ सवीरशयनेशेतेक्रव्याद्भिःपरिवारितः
१६ उपासतद्विजाःपूर्वमर्थहेतोर्यमीश्वरम् ॥ उपासतेचतंह्यद्यक्रव्यादामांसहेतवः १७ ॥ ॥

॥ ९ ॥

५ । ६ । ७ । ८ । ९ । १० । ११ । १२ । १३ । १४ । १५ । १६ मांसहेतवःमांसार्थिनः १७ ॥ ॥ ॥

॥ संजयउवाच ॥ तंशयानंकुरुश्रेष्ठंततोभरतसत्तम ॥ अश्वत्थामासमालोक्यकरुणंपर्यदेवयत १८ आहुस्त्वांराजशार्दूलमुख्यंसर्वधनुष्मताम् ॥ धनाध्यक्षोपमंयुद्धेशिष्यंसंकर्षणस्यच १९ कथंविवरमद्राक्षीद्भीमसेनस्तवानघ ॥ बलिनंकृतिनंनित्यंसचपापात्मवान्नृप २० कालोनूनंमहाराजलोकेऽस्मिन्बलवत्तरः ॥ पश्यामोनिहतंत्वांचभीमसेनेनसंयुगे २१ कथंत्वांसर्वधर्मज्ञंक्षुद्रःपापोवृकोदरः ॥ निकृत्याहतवान्मंदोनूनंकालोदुरत्ययः २२ धर्मयुद्धेह्यधर्मेणसमाहूयौजसामृधे ॥ गदयाभीमसेनेननिर्भिन्नेसक्थिनीतव २३ अधर्मेणहतस्याजौमृद्यमानंपदाशिरः ॥ यउपेक्षितवान्क्षुद्रंधिक्कृष्णंधिग्युधिष्ठिरम् २४ युद्धेष्वपवदिष्यंतियोधानूनंवृकोदरम् ॥ यावत्स्थास्यंतिभूतानिनिकृत्याह्यसिपातितः २५ ननुरामोऽब्रवीद्राजंस्त्वांसदायदुनंदनः ॥ दुर्योधनसमोनास्तिगदयाइतिवीर्यवान् २६ श्लाघतेत्वांहिवार्ष्णेयोराजसंसत्सुभारत ॥ सशिष्योममकौरव्योगदायुद्धइतिप्रभो २७ यांगतिंक्षत्रियस्याहुःप्रशस्तांपरमर्षयः ॥ हतस्याभिमुखस्याजौप्राप्तस्त्वमसितांगतिम् २८ दुर्योधननशोचामित्वामहंपुरुषर्षभ ॥ हतपुत्रौतुशोचामिगांधारींपितरंचते २९ भिक्षुकौविचरिष्येतेशोचंतौपृथिवीमिमाम् ॥ धिगस्तुकृष्णंवार्ष्णेयमर्जुनंचापिदुर्मतिम् ३० धर्मज्ञमानिनौयौत्वांवध्यमानमुपेक्षताम् ॥ पांडवाश्चापितेसर्वेकिंवक्ष्यंतिनराधिप ३१ कथंदुर्योधनोऽस्माभिर्हतइत्यनपत्रपाः ॥ धन्यस्त्वमसिगांधारेयस्त्वमायोधनेहतः ३२ प्रायशोऽभिमुखःशत्रून्धर्मेणपुरुषर्षभ ॥ हतपुत्राहिगांधारीनिहतज्ञातिबांधवा ३३ प्रज्ञाचक्षुश्चदुर्धर्षःकांगतिंप्रतिपत्स्यते ॥ धिगस्तुकृतवर्माणंमांकृपंचमहारथम् ३४ येवयंनगताःस्वर्गंत्वांपुरस्कृत्यपार्थिवम् ॥ दातारंसर्वकामानांरक्षितारंप्रजाहितम् ३५ यद्वयंनानुगच्छामस्त्वांधिगस्मान्नराधमान् ॥ कृपस्यतववीर्येणममचैवपितुश्चमे ३६ सभृत्यानांनरव्याघ्ररत्नवंतिगृहाणिच ॥ तवप्रसादादस्माभिःसमित्रैःसहबांधवैः ३७ अवाप्ताःक्रतवोमुख्याबहवोभूरिदक्षिणाः ॥ कुतश्चापीदृशंपापाःप्रवर्तिष्यामहेवयम् ३८ यादृशेनपुरस्कृत्यत्वंगतःसर्वपार्थिवान् ॥ वयमेवत्रयोराजन्गच्छंतंपरमांगतिम् ३९ यद्वैत्वांनानुगच्छामस्तेनधक्ष्यामहेवयम् ॥ तत्स्वर्गहीनाहीनार्थाःस्मरंतःसुकृतस्यते ४० किंनामतद्भवेत्कर्मयेनत्वांनव्रजामवै ॥ दुःखंनूनंकुरुश्रेष्ठचरिष्याममहीमिमाम् ४१ हीनानांनस्त्वयाराजन्कुतःशांतिःकुतःसुखम् ॥ गत्वैवतुमहाराजसमेत्यचमहारथान् ४२ यथाज्येष्ठंयथाश्रेष्ठंपूजयेर्वचनान्मम ॥ आचार्यंपूजयित्वाचकेतुंसर्वधनुष्मताम् ४३ हतंमयाद्यशंसेथाधृष्टद्युम्नंनराधिप ॥ परिष्वजेथाराजानंबाल्हिकंसुमहारथम् ४४ सैन्धवंसोमदत्तंचभूरिश्रवसमेवच ॥ तथापूर्वगतानन्यान्स्वर्गेपार्थिवसत्तमान् ४५ अस्मद्वाक्यात्परिष्वज्यसंपृच्छेस्त्वमनामयम् ४६ ॥ संजयउवाच ॥ इत्येवमुक्त्वाराजानंभग्नसक्थमचेतनम् ॥ अश्वत्थामासमुद्वीक्ष्यपुनर्वचनमब्रवीत् ४७ ॥ ॥ ॥

४८ । ४९ । ५० । ५१ । ५२ । ५३ नमेऽकरोदिति । पापः कंठगतप्राणोऽप्यभिनंदतिपापिनम् ॥ द्रौणिंप्रसुप्तबालघ्नंपांसुभुक्कुरुराडिव ५४ । ५५ । ५६ । ५७ । ५८ । ५९ । ६० । ६१ । ६२ । ६३

दुर्योधनजीवसित्वंवाक्यंश्रोत्रसुखंशृणु ॥ सप्तपांडवतःशेषाधार्त्तराष्ट्रास्त्रयोवयम् ४८ तेचैवभ्रातरःपंचवासुदेवोऽथसात्यकिः ॥ अहंचकृतवर्माचकृपःशारद्व
तस्तथा ४९ द्रौपदेयाहताःसर्वेधृष्टद्युम्नस्यचात्मजाः ॥ पांचालानिहताःसर्वेमत्स्यशेषंचभारत ५० कृतेप्रतिकृतंपश्यहतपुत्राहिपांडवाः ॥ सौप्तिकेशिबिरं
तेषांहतंसनरवाहनम् ५१ मयाचपापकर्माऽसौधृष्टद्युम्नोमहीपते ॥ प्रविश्यशिबिरंरात्रौपशुमारेणमारितः ५१ दुर्योधनस्तुतांवाचंनिशम्यमनसःप्रियाम् ॥
प्रतिलभ्यपुनश्चेतइदंवचनमब्रवीत् ५३ नमेऽकरोत्तद्गांगेयोनकर्णोनचतेपिता ॥ यत्त्वयाकृपभोजाभ्यांसहितेनाद्यमेकृतम् ५४ सचसेनापतिःक्षुद्रोहतःसार्धं
शिखंडिना ॥ तेनमन्येमघवतासममात्मानमद्यवै ५५ स्वस्तिप्राप्नुतभद्रंवःस्वर्गेनःसंगमःपुनः ॥ इत्येवमुक्त्वातूष्णींसकुरुराजोमहामनाः ५६ प्राणानुपास्र
जद्वीरःसुहृदांदुःखमुत्सृजन् ॥ अपाक्रामद्दिवंपुण्यांशरीरंक्षितिमाविशत् ५७ एवंतेनिधनंयातःपुत्रोदुर्योधनोनृप ॥ अग्रेयात्वारणेशूरःपश्चाद्विनिहतःपरैः
५८ तथैवतेपरिष्वक्ताःपरिष्वज्यचतेनृपम् ॥ पुनःपुनःप्रेक्षमाणाःस्वकानारुरुहूरथान् ५९ इत्येवंद्रोणपुत्रस्यनिशम्यकरुणांगिरम् ॥ प्रत्यूषकालेशोकार्त्ताः
प्राद्रवन्नगरंप्रति ६० एवमेषक्षयोवृत्तःकुरुपांडवसेनयोः ॥ घोरोविशसनोरौद्रोराजन्दुर्मंत्रितेतव ६१ तवपुत्रेगतेस्वर्गेशोकार्त्तस्यममानघ ॥ ऋषिदत्तंप्रन
ष्टंतद्दिव्यदर्शित्वमद्यवै ६२ ॥ वैशंपायनउवाच ॥ इतिश्रुत्वासनृपतिःपुत्रस्यनिधनंतदा ॥ निःश्वस्यदीर्घमुष्णंचततश्चिंतापरोऽभवत् ६३ ॥ इतिश्रीमहा
भारतेसौप्तिकेपर्वणिदुर्योधनप्राणत्यागेनवमोऽध्यायः ॥ ९ ॥ ॥ अथैषीकपर्व ॥ वैशंपायनउवाच ॥ तस्यांरात्र्यांव्यतीतायांधृष्टद्युम्नस्यसारथिः ॥ शशं
सधर्मराजायसौप्तिकेकदनंकृतम् १ ॥ सूतउवाच ॥ द्रौपदेयाहताराजन्द्रुपदस्यात्मजैःसह ॥ प्रमत्तानिशिविश्वस्ताःस्वपंतःशिबिरेस्वके २ कृतवर्मणानृशं
सेनगौतमेनकृपेणच ॥ अश्वत्थाम्नाचपापेनहतंवःशिबिरंनिशि ३ एतैर्नरगजाश्वानांप्रासशक्तिपरश्वधैः ॥ सहस्राणिनिकृंतद्भिर्निःशेषंतेबलंकृतम् ४ छिद्य
मानस्यमहतोवनस्येवपरश्वधैः ॥ शुश्रुवेसुमहान्शब्दोबलस्यतवभारत ५ अहमेकोऽवशिष्टस्तुतस्मात्सैन्यान्महामते ॥ मुक्तःकथंचिद्धर्मात्मन्व्यग्राच्चकृत
वर्मणः ६ तच्छ्रुत्वावाक्यमशिवंकुन्तीपुत्रोयुधिष्ठिरः ॥ पपातमह्यांदुर्धर्षःपुत्रशोकसमन्वितः ७ पतंतंतमतिक्रम्यपरिजग्राहसात्यकिः ॥ भीमसेनोऽर्जुनश्चैव
माद्रीपुत्रौचपांडवौ ८ लब्धचेतास्तुकौन्तेयःशोकविह्वलयागिरा ॥ जित्वाशत्रून्जितःपश्चात्पर्यदेवयदार्त्तवत् ९ दुर्विदागतिरर्थानामपियेदिव्यचक्षुषः ॥ जीय
मानाजयंत्यन्येजयमानावयंजिताः १० हत्वाभ्रातृन्वयस्यांश्चपितृन्पुत्रान्सुहृद्गणान् ॥ बंधूनमात्यान्पौत्रांश्चजित्वासर्वान्जितावयम् ११ ॥

॥ इतिसौप्तिकेपर्वणिनीलकंठीयेभारतभावदीपेनवमोऽध्यायः ॥ ९ ॥ ॥ जयेनहर्षतामनुपदमेवशोकभयेप्रवर्त्ततेइतिदर्शयन्नैषीकमारभते तस्यामिति १ । २ । ३ । ४ । ५ । ६ । ७ अतिक्रम्यधैर्यमर्यादां
त्यक्त्वापतंतम् ८ । ९ अन्येशत्रवः जयमानाः जयंतः जितानांजयो जयतांपराजयःफलतोऽभूदितिमहदाश्चर्यमित्यर्थः १० । ११ ॥ ॥ ॥

१२ । १३ । १४ । १५ व्यमुंचंतमुक्ताः कर्णस्यकर्णात् प्रमादादस्मत्कृतादसान्निध्यात् १६ । १७ । १८ । १९ तनुत्राणिनानाविधानिशस्त्राणिचतेषांहोमःप्रक्षेपोयत्रतंतनुत्रनानाविधशस्त्रहोमम् २०

अनर्थोह्यर्थसंकाशस्तथाऽनर्थोऽर्थदर्शनः ॥ जयोऽयमजयाकारोजयस्तस्मात्पराजयः १२ यज्जित्वातप्यतेपश्चादापन्नइवदुर्मतिः ॥ कथंमन्येतविजयंततो जिततरःपरैः १३ येषामर्थायपापंस्याद्विजयस्यसुहृद्वधैः ॥ निर्जितैरप्रमत्तैर्हिविजिताजितकाशिनः १४ कर्णिनालीकदंष्ट्रस्यखड्गजिह्वस्यसंयुगे ॥ चापव्यात्तस्यरौद्रस्यज्यातलस्वननादिनः १५ क्रुद्धस्यनरसिंहस्यसंग्रामेष्वपलायिनः ॥ येव्यमुंचंतकर्णस्यप्रमादात्तइमेहताः १६ रथह्रदंशरवर्षोर्मिमंतंरत्नाचितंवाहनवाजियुक्तम् ॥ शक्त्यृष्टिमीनध्वजनागनक्रंशरासनावर्त्तमहेषुफेनम् १७ संग्रामचंद्रोदयवेगवेलंद्रोणार्णवंज्यातलनेमिघोषम् ॥ येतेरुरुच्चावचशस्त्रनौभिस्तेराजपुत्रानिहताःप्रमादात् १८ नहिप्रमादात्परमस्तिकश्चिद्वधोनराणामिहजीवलोके ॥ प्रमत्तमर्थाहिनरंसमंतात्त्यजंत्यनर्थाश्चसमाविशंति १९ ध्वजोत्तमाग्रोच्छ्रितधूमकेतुंशरार्चिषंकोपमहासमीरम् ॥ महाधनुर्ज्यातलनेमिघोषंतनुत्रनानाविधशस्त्रहोमम् २० महाचमूकक्षदवाभिपन्नंमहाहवेभीष्ममयाग्निदाहम् ॥ येसेहुरात्तायुधतीक्ष्णवेगंतेराजपुत्रानिहताःप्रमादात् २१ नहिप्रमत्तेननरेणशक्यंविद्यातपःश्रीर्विपुलंयशोवा ॥ पश्याप्रमादेननिहत्यशत्रून्सर्वान्महेन्द्रंसुखमेधमानम् ॥ २२ इंद्रोपमान्पार्थिवपुत्रपौत्रान्पश्याविशेषेणहतान्प्रमादात् ॥ तीर्त्वासमुद्रंवणिजःसमृद्धामग्नाःकुनद्यामिवहेलमानाः २३ अमर्षितैर्येनिहताःशयानानिःसंशयंतेत्रिदिवंप्रपन्नाः ॥ कृष्णांतुशोचामिकथंनुसाध्वीशोकार्णवंसाऽद्यविशत्यभीता २४ भ्रातॄंश्चपुत्रांश्चहतान्निशम्यपांचालराजंपितरंचवृद्धम् ॥ ध्रुवंविसंज्ञापतितापृथिव्यांसाशोष्यतेशोककृशांगयष्टिः २५ तच्छोकजंदुःखमपारयंतीकथंभविष्यत्युचितासुखानाम् ॥ पुत्रक्षयभ्रातृवधप्रणुन्नाप्रदह्यमानेनहुताशनेन २६ इत्येवमार्त्तःपरिदेवयन्सराजाकुरूणांनकुलंबभाषे ॥ गच्छानयैनामिहमंदभाग्यांसमातृपक्षामितिराजपुत्रीम् २७ माद्रीसुतस्तत्परिगृह्यवाक्यंधर्मेणधर्मप्रतिमस्यराज्ञः ॥ ययौरथेनालयमाशुदेव्याःपंचालराजस्यचयत्रदाराः २८ प्रस्थाप्यमाद्रीसुतमाजमीढःशोकार्दितस्तैःसहितःसुहृद्भिः ॥ रोरूयमाणःप्रययौसुतानामायोधनंभूतगणानुकीर्णम् २९ सतत्प्रविश्याशिवमुग्ररूपंददर्शपुत्रान्सुहृदःसखींश्च ॥ भूमौशयानान्रुधिरार्द्रगात्रान्विभिन्नदेहान्प्रहृतोत्तमांगान् ३० सतांस्तुदृष्ट्वाभृशमार्तरूपोयुधिष्ठिरोधर्मभृतांवरिष्ठः ॥ उच्चैःप्रचुक्रोशचकौरवाग्र्यःपपातचोर्व्यांसगणोविसंज्ञः ३१ ॥ इ० म० सौ० ऐ० युधिष्ठिरशिबिरप्रवेशेदशमोऽध्यायः ॥ १० ॥ वैशंपायनउवाच ॥ दृष्ट्वानिहतान्संख्येपुत्रान्पौत्रान्सखींस्तथा ॥ महादुःखपरीतात्माबभूवजनमेजय १ ततस्तस्यमहान्शोकःप्रादुरासीन्महात्मनः ॥ स्मरतःपुत्रपौत्राणांभ्रातॄणांस्वजनस्यह २ तमश्रुपरिपूर्णाक्षंवेपमानमचेतसम् ॥ सुहृदोभृशसंविग्नाःसांत्वयांचक्रिरेतदा ३ ॥

भीष्ममयंभीष्मप्रधानमग्निदाहंभीष्मरूपेणाग्निनादाहमित्यर्थः तेसेहिरेसोढवंतः २१ । २२ । २३ । २४ । २५ । २६ । २७ । २८ । २९ । ३० । ३१ ॥ इतिसौप्तिकेपर्वणि नीलकंठीये भारतभावदीपे दशमोऽध्यायः ॥ १० ॥ ॥ ॥ ॥ ॥ सदृष्ट्वेति १ । २ । ३ ॥ ॥

४ । ५ । ६ । ७ । ८ । ९ दिष्ट्येति । पुत्रनाशापेक्षया राज्यप्राप्तिसुखं तव महदित्यधिक्षेपः १० । ११ । १२ । १३ । १४ । १५ । १६ । १७ । १८ । १९ । २० । २१ । २२ । २३ । २४ । २५

ततस्तस्मिन्क्षणेकल्पोरथेनादित्यवर्चसा ॥ नकुलःकृष्णयासार्धमुपायात्परमार्त्तया ४ उपप्लव्यंगतासातुश्रुत्वासुमहदप्रियम् ॥ तदाविनाशंसर्वेषांपुत्राणांव्य
थिताऽभवत् ५ कंपमानेवकदलीवातेनाभिसमीरिता ॥ कृष्णाराजानमासाद्यशोकार्त्तान्यपतद्भुवि ६ बभूववदनंतस्याःसहसाशोककर्षितम् ॥ फुल्लपद्मपलाशा
क्ष्यास्तमोग्रस्तइवांशुमान् ७ ततस्तांपतितांदृष्ट्वासंरंभीसत्यविक्रमः ॥ बाहुभ्यांपरिजग्राहसमुत्पत्यवृकोदरः ८ सासमाश्वसितातेनभीमसेनेनभामिनी ॥
रुदतीपांडवंकृष्णासाहिभारतमब्रवीत् ९ दिष्ट्याराजन्नवाप्येमामखिलांभोक्ष्यसेमहीम् ॥ आत्मजान्क्षत्रधर्मेणसंप्रदाययमायवै १० दिष्ट्यात्वंकुशलीपार्थमत्तमा
तंगगामिनीम् ॥ अवाप्यपृथिवींकृत्स्नांसौभद्रंनस्मरिष्यसि ११ आत्मजान्क्षत्रधर्मेणश्रुत्वाशूरान्निपातितान् ॥ उपप्लव्येमयासार्धंदिष्ट्यात्वंनस्मरिष्यसि १२
प्रसुप्तानांवधंश्रुत्वाद्रौणिनापापकर्मणा ॥ शोकस्तपतिमांपार्थहुताशनइवाश्रयम् १३ तस्यपापकृतोद्रौणेर्नचेदद्यत्वयारणे ॥ ह्रियतेसानुबंधस्ययुधिविक्रम्यजी
वितम् १४ इहैवप्रायमासिष्येतन्निबोधतपांडवाः ॥ नचेत्फलमवाप्नोतिद्रौणिःपापस्यकर्मणः १५ एवमुक्त्वाततःकृष्णापांडवंप्रत्युपाविशत् ॥ युधिष्ठिरंयाज्ञसेनी
धर्मराजंयशस्विनी १६ दृष्ट्वोपविष्टांराजर्षिःपांडवोमहिषींप्रियाम् ॥ प्रत्युवाचसधर्मात्माद्रौपदींचारुदर्शनाम् १७ धर्म्यंधर्मेणधर्मज्ञप्राप्तास्तेनिधनंशुभे ॥ पुत्रास्ते
भ्रातरश्चैवतान्नशोचितुमर्हसि १८ सकल्याणिवनंदुर्गंदूरंद्रौणिरितोगतः ॥ तस्यत्वंपातनंसंख्येकथंज्ञास्यसिशोभने १९ ॥ द्रौपद्युवाच ॥ द्रोणपुत्रस्यसहजोमणिः
शिरसिमेश्रुतः ॥ निहत्यसंख्येतंपापंपश्येयंमणिमाहृतम् २० राजन्शिरसितेकृत्वाजीवेयमितिमेमतिः ॥ इत्युक्त्वापांडवंकृष्णाराजानंचारुदर्शना २१ भीमसेनमथा
गत्यपरमंवाक्यमब्रवीत् ॥ त्रातुमर्हसिमांभीमक्षत्रधर्ममनुस्मरन् २२ जहितंपापकर्माणंशंबरंमघवानिव ॥ नहितेविक्रमेतुल्यःपुमानस्तीहकश्चन २३ श्रुतंत
त्सर्वलोकेषुपरमव्यसनेयथा ॥ द्वीपोऽभूस्त्वंहिपार्थानांनगरेवारणावते २४ हिडिंबदर्शनेचैवतथात्वमभवोगतिः ॥ तथाविराटनगरेकीचकेनभृशार्दिताम् २५
मामप्युद्धृतवान्कृच्छात्पौलोमींमघवानिव ॥ यथैतान्यकृथाःपार्थमहाकर्माणिवैपुरा २६ तथाद्रौणिममित्रघ्नंविनिहत्यसुखीभव ॥ तस्याबहुविधंदुःखंनिशम्यप
रिदेवितम् २७ नचामर्षतकौन्तेयोभीमसेनोमहाबलः ॥ सकांचनविचित्रांगमारुरोहमहारथम् २८ आदायरुचिरंचित्रंसमार्गणगुणंधनुः ॥ नकुलंसारथिंकृत्वाद्रो
णपुत्रवधेधृतः २९ विस्फार्यसशरंचापंतूर्णमश्वानचोदयत् ॥ तेहयाःपुरुषव्याघ्रचोदितावातरंहसः ३० वेगेनत्वरिताजग्मुर्हरयःशीघ्रगामिनः ॥ शिबिरात्स्वाद्गृही
त्वासरथस्यपदमच्युतः ३१ ॥ इतिश्रीमहाभारते सौप्तिकेपर्वणि ऐषीकेपर्वणि द्रौणिवधार्थं भीमसेनगमनेएकादशोऽध्यायः ॥ ११ ॥ ॥ ॥

२६ । २७ । २८ । २९ । ३० पदं गमनमार्गचिन्हं गृहीत्वाऽऽलक्ष्य ३१ ॥ इतिसौप्तिकेपर्वणिनीलकंठीये भारतभावदीपे एकादशोऽध्यायः ॥ ११ ॥ ॥

तस्मिन्निति १ आक्रंदे संग्रामे २ । ३ । ४ । ५ । ६ । ७ । ८ स्थातास्थास्यसि ९ । १० । ११ । १२ । १३ । १४ । १५ । १६ । १७ । १८ मेमह्यंदातुमिच्छसितेनविनाऽपिगृहाण

॥ वैशंपायनउवाच ॥ तस्मिन्प्रयातेदुर्धर्षेयदूनामृषभस्ततः ॥ अब्रवीत्पुण्डरीकाक्षःकुंतीपुत्रंयुधिष्ठिरम् १ एषपांडवतेभ्रातापुत्रशोकपरायणः ॥ जिघांसुर्द्रौणिमा
क्रंदेएकएवाभिधावति २ भीमःप्रियस्तेसर्वेभ्योभ्रातृभ्योभरतर्षभ ॥ तंकृच्छ्रगतमद्यत्वंकस्मान्नाभ्युपपद्यसे ३ यत्तदाऽऽचष्टपुत्रायद्रोणःपरपुरंजयः ॥ अस्त्रंब्रह्मशि
रोनामदहेतपृथिवीमपि ४ तन्महात्मामहाभागःकेतुःसर्वधनुष्मताम् ॥ प्रत्यपादयदाचार्यःप्रीयमाणोधनंजयम् ५ तंपुत्रोऽप्येकएवैनमन्वयाचदमर्षणः ॥ ततःप्रो
वाचपुत्रायनातिहृष्टमनाइव ६ विदितंचापलंह्यासीदात्मजस्यदुरात्मनः ॥ सर्वधर्मविदाचार्यःसोऽन्वशात्स्वसुतंततः ७ परमापद्गतेनापिनस्मतातत्वयारणे ॥ इदम
स्त्रंप्रयोक्तव्यंमानुषेषुविशेषतः ८ इत्युक्तवान्गुरुःपुत्रंद्रोणःपश्चादथोक्तवान् ॥ नत्वंजातुसतांमार्गेस्थातेतिपुरुषर्षभ ९ सतदाज्ञायदुष्टात्मापितुर्वचनमप्रियम् ॥ निरा
शःसर्वकल्याणैःशोकात्पर्यचरन्महीम् १० ततस्तदाकुरुश्रेष्ठवनस्थेत्वयिभारत ॥ अवसद्द्वारकामेत्यवृष्णिभिःपरमार्चितः ११ सकदाचित्समुद्रांतेवसन्द्वारवतीमनु ॥
एकएकंसमागम्यमामुवाचहसन्निव १२ यत्तदुग्रंतपःकृष्णचरन्सत्यपराक्रमः ॥ अगस्त्याद्भारताचार्यःप्रत्यपद्यतमेपिता १३ अस्त्रंब्रह्मशिरोनामदेवगंधर्वपूजितम् ॥
तदद्यमयिदाशार्हयथापितरिमेतथा १४ अस्मत्तस्तदुपादायदिव्यमस्त्रंयदूत्तम ॥ ममाप्यस्त्रंप्रयच्छत्वंचक्रंरिपुहणंरणे १५ सराजन्प्रीयमाणेनमयाऽप्युक्तःकृतांजलिः ॥
याचमानःप्रयत्नेनमत्तोऽस्त्रंभरतर्षभ १६ देवदानवगंधर्वमनुष्यपतगोरगाः ॥ नसमाममवीर्यस्यशतांशेनापिपिंडिताः १७ इदंधनुरियंशक्तिरिदंचक्रमियंगदा ॥ यद्यदि
च्छसिचेदस्त्रंमत्तस्तत्तद्ददामिते १८ यच्छक्नोषिसमुद्यंतुंप्रयोक्तुमपिवारणे ॥ तद्गृहाणविनाऽस्त्रेणयन्मेदातुमभीप्ससि १९ ससुनाभंसहस्रारंवज्रनाभमयस्मयम् ॥ वव्रेचक्रं
महाभागोमत्तःस्पर्धन्मयासह २० गृहाणचक्रमित्युक्तोमयातुतदनंतरम् ॥ जग्राहोत्पत्यसहसाचक्रंसव्येनपाणिना २१ नचैनमशकत्स्थानात्संचालयितुमप्युत ॥
अथैनंदक्षिणेनापिग्रहीतुमुपचक्रमे २२ सर्वयत्नबलेनापिगृह्णन्नेवमिदंततः ॥ ततःसर्वबलेनापियदैनंनशशाकह २३ उद्धर्तुंवाचालयितुंद्रौणिःपरमदुर्मनाः ॥ कृत्वायत्नं
परिश्रांतःसन्यवर्तत भारत २४ निवृत्तमनसंतस्मादभिप्रायाद्विचेतसम् ॥ अहमामंत्र्यसंविग्नमश्वत्थामानमब्रुवम् २५ यःसदैवमनुष्येषुप्रमाणंपरमंगतः ॥ गांडीवध
न्वाश्वेताश्वःकपिप्रवरकेतनः २६ यःसाक्षाद्देवदेवेशंशितिकंठमुमापतिम् ॥ द्वंद्वयुद्धेपराजिष्णुस्तोषयामाससशंकरम् २७ यस्मात्प्रियतरोनास्तिममान्यःपुरुषोभुवि ॥
नादेयंयस्यमेकिंचिदपिदाराःसुतास्तथा २८ तेनापिसुहृदाब्रह्मन्पार्थेनाक्लिष्टकर्मणा ॥ नोक्तपूर्वमिदंवाक्यंयत्त्वंमामभिभाषसे २९ ब्रह्मचर्यंमहद्घोरंतीर्त्वाद्वादशवा
र्षिकम् ॥ हिमवत्पार्श्वमास्थाययोमयातपसार्जितः ३० ॥ ॥ ॥

त्वदीयेऽस्त्रेममेच्छानास्तीतिभावः १९ । २० । २१ । २२ । २३ । २४ । २५ । २६ । २७ । २८ । २९ । ३० ॥ ॥

॥ १२ ॥ समानव्रतचारिण्यांरुक्मिण्यांयोऽन्वजायत ॥ सनत्कुमारस्तेजस्वीप्रद्युम्नोनाममेसुतः ३१ तेनाप्येतन्महद्दिव्यंचक्रमप्रतिमंरणे ॥ नप्रार्थितमभून्मूढयदिदं
प्रार्थितंत्वया ३२ रामेणातिबलेनैतन्नोक्तपूर्वंकदाचन ॥ नगदेननसांबेनयदिदंप्रार्थितंत्वया ३३ द्वारकावासिभिश्चान्यैर्वृष्ण्यंधकमहारथैः ॥ नोक्तपूर्वमिदं अ०
जातुयदिदंप्रार्थितंत्वया ३४ भारताचार्यपुत्रस्त्वंमानितःसर्वयादवैः ॥ चक्रेणरथिनांश्रेष्ठकंनुतातयुयुत्ससे ३५ एवमुक्तोमयाद्रौणिर्मामिदंप्रत्युवाचह ॥ प्रयु १३
ज्यभवतेपूजांयोत्स्येकृष्णत्वयासह ३६ प्रार्थितंतेमयाचक्रंदेवदानवपूजितम् ॥ अजेयःस्यामितिविभोसत्यमेतद्ब्रवीमिते ३७ त्वत्तोऽहंदुर्लभंकाममनवाप्यैवके
शव ॥ प्रतियास्यामिगोविंदशिवेनाभिवदस्वमाम् ३८ एतत्सुभीमंभीमानामृषभेणत्वयाधृतम् ॥ चक्रमप्रतिचक्रेणभुविनान्योऽभिपद्यते ३९ एतावदुक्त्वा
द्रौणिर्मांयुग्यानश्वान्धनानिच ॥ आदायोपययौकालेरत्नानिविविधानिच ४० ससंरंभीदुरात्माचचपलःक्रूरएवच ॥ वेदचास्त्रंब्रह्मशिरस्तस्माद्रक्ष्योवृकोदरः ४१
॥ इतिश्रीमहाभारते सौप्तिकपर्वणिऐषीकेपर्वणि युधिष्ठिरकृष्णसंवादेद्वादशोऽध्यायः ॥ १२ ॥ ॥ वैशंपायनउवाच ॥ एवमुक्त्वायुधांश्रेष्ठःसर्वयादवनंदनः ॥
सर्वायुधवरोपेतमारुरोहरथोत्तमम् १ युक्तंपरमकांबोजैस्तुरगैर्हेममालिभिः ॥ आदित्योदयवर्णस्यधुरंरथवरस्यतु २ दक्षिणामवहच्छैब्यःसुग्रीवःसव्यतोऽभवत्
पार्ष्णिवाहौतुतस्यास्तांमेघपुष्पबलाहकौ ३ विश्वकर्मकृतादिव्यारत्नधातुविभूषिता ॥ उच्छ्रितेवरथेमायाध्वजयष्टिरदृश्यत ४ वैनतेयःस्थितस्तस्यांप्रभामंडलरश्मि
वान् ॥ तस्यसत्यवतःकेतुर्भुजगारिरदृश्यत ५ अथारोहद्धृषीकेशःकेतुःसर्वधनुष्मताम् ॥ अर्जुनःसत्यकर्माचकुरुराजोयुधिष्ठिरः ६ अशोभेतांमहात्मानौदाशार्हमभि
तःस्थितौ ॥ रथस्थंशार्ङ्गधन्वानमश्विनाविववासवम् ७ तावुपारोप्यदाशार्हःस्यंदनंलोकपूजितम् ॥ प्रतोदेनजवोपेतान्परमाश्वानचोदयत् ८ तेहयाःसहसोत्पेतुर्गृ
हीत्वास्यंदनोत्तमम् ॥ आस्थितंपांडवेयाभ्यांयदूनामृषभेणच ९ वहतांशार्ङ्गधन्वानमश्वानांशीघ्रगामिनाम् ॥ प्रादुरासीन्महान्शब्दःपक्षिणांपततामिव १० तेस
मार्च्छन्नरव्याघ्राःक्षणेनभरतर्षभ ॥ भीमसेनंमहेष्वासंसमनुद्रुत्यवेगिताः ११ क्रोधदीप्तंतुकौन्तेयंद्विषदर्थेसमुद्यतम् ॥ नाशक्नुवन्वारयितुंसमेत्यापिमहारथाः १२ सते
षांप्रेक्षतामेवश्रीमतांदृढधन्विनाम् ॥ ययौभागीरथीतीरंहरिभिर्भृशवेगितैः १३ यत्रस्मश्रूयतेद्रौणिःपुत्रहंतामहात्मनाम् ॥ सददर्शमहात्मानमुदकांतेयशस्विनम् १४
कृष्णद्वैपायनंव्यासमासीनमृषिभिःसह ॥ तंचैवक्रूरकर्माणंघृताक्तंकुशचीरिणम् १५ रजसाध्वस्तमासीनंददर्शद्रौणिमंतिके ॥ तमभ्यधावत्कौन्तेयःप्रगृह्यसशरंधनुः १६
भीमसेनोमहाबाहुस्तिष्ठतिष्ठेतिचाब्रवीत् ॥ सदृष्ट्वाभीमधन्वानंप्रगृहीतशरासनम् १७ भ्रातरौपृष्ठतश्चास्यजनार्दनरथेस्थितौ ॥ व्यथितात्माऽभवद्द्रौणिःप्राप्तंचेदममन्यत
१८ सतद्दिव्यमदीनात्मापरमास्त्रमचिंतयत् ॥ जग्राहचसचैषीकांद्रौणिःसव्येनपाणिना १९ ॥ ॥ ॥

२० अपांडवायपांडवानामभावाय २१ । २२ ॥ इतिसौप्तिकेपर्वणिनीलकंठीयेभारतभावदीपे त्रयोदशोऽध्यायः ॥ १३ ॥ ॥ ॥ इंगितेनेति १ । २ । ३ । ४ । ५ । ६ । ७ । ८ । ९

सतामापदमासाद्यदिव्यमस्त्रमुदैरयत् ॥ अमृष्यमाणस्तान्शूरान्दिव्यायुधधरान्स्थितान् २० अपांडवायेतिरुषाव्यसृजद्दारुणंवचः ॥ इत्युक्त्वाराजशार्दूलद्रोणपुत्रःप्रतापवान् २१ सर्वलोकप्रमोहार्थंतदस्त्रंप्रमुमोचह ॥ ततस्तस्यामिषीकायांपावकःसमजायत ॥ प्रधक्ष्यन्निवलोकांस्त्रीन्कालांतकयमोपमः २२ ॥ इति श्रीमहाभारतेसौप्तिकेपर्वणिऐषीकेपर्वणिब्रह्मशिरोस्त्रत्यागेत्रयोदशोऽध्यायः ॥ १३ ॥ ॥ वैशंपायनउवाच ॥ इंगितेनैवदाशार्हस्तमभिप्रायमादितः ॥ द्रौणेर्बुद्ध्वा महाबाहुरर्जुनंप्रत्यभाषत १ अर्जुनार्जुनयद्दिव्यमस्त्रंतेहृदिवर्त्तते ॥ द्रोणोपदिष्टंतस्यायंकालःसंप्रतिपांडव २ भ्रातृणामात्मनश्चैवपरित्राणायभारत ॥ विसृजे त्त्वमप्याजावस्त्रमस्त्रनिवारणम् ३ केशवेनैवमुक्तोऽथपांडवःपरवीरहा ॥ अवातरद्रथात्तूर्णंप्रगृह्यसशरंधनुः ४ पूर्वमाचार्यपुत्रायततोऽनंतरमात्मने ॥ भ्रातृ भ्यश्चैवसर्वेभ्यःस्वस्तीत्युक्त्वापरंतपः ५ देवताभ्योनमस्कृत्यगुरुभ्यश्चैवसर्वशः ॥ उत्ससर्जशिवंध्यायन्नस्त्रमस्त्रेणशाम्यताम् ६ ततस्तदस्त्रंसहसासृष्टंगांडीव धन्वना ॥ प्रजज्वालमहार्चिष्मद्युगांतानलसन्निभम् ७ तथैवद्रोणपुत्रस्यतदस्त्रंतिग्मतेजसः ॥ प्रजज्वालमहाज्वालंतेजोमंडलसंवृतम् ८ निर्घाताबहवश्चा सन्पेतुरुल्काःसहस्रशः ॥ महद्भयंचभूतानांसर्वेषांसमजायत ९ सशब्दमभवद्व्योमज्वालामालाकुलंभृशम् ॥ चचालचमहीकृत्स्नासपर्वतवनद्रुमा १० तेत्वस्त्रते जसीलोकांस्तापयंतीव्यवस्थिते ॥ महर्षीसहितौतत्रदर्शयामासतुस्तदा ११ नारदःसर्वभूतात्माभरतानांपितामहः ॥ उभौशमयितुंवीरौभारद्वाजधनंजयौ १२ तौमु नीसर्वधर्मज्ञौसर्वभूतहितैषिणौ ॥ दीप्तयोरस्त्रयोर्मध्येस्थितौपरमतेजसौ १३ तदंतरमथाधृष्यावुपगम्ययशस्विनौ ॥ आस्तामृषिवरौतत्रज्वलिताविवपावकौ १४ प्राणभृद्भिरनाधृष्यौदेवदानवसंमतौ ॥ अस्त्रतेजःशमयितुंलोकानांहितकाम्यया १५ ॥ ऋषीऊचतुः ॥ नानाशस्त्रविदःपूर्वेयेऽप्यतीतामहारथाः ॥ नैतदस्त्रंमनुष्ये षुतैःप्रयुक्तंकथंचन ॥ किमिदंसाहसंवीरौकृतवंतौमहात्ययम् १६ ॥ इतिश्रीमहाभारते सौप्तिकेपर्वणि ऐषीकेपर्वणि अर्जुनास्त्रत्यागेचतुर्दशोऽध्यायः ॥ १४ ॥ ॥ ॥ वैशंपायनउवाच ॥ दृष्ट्वैवनरशार्दूलतावग्निसमतेजसौ ॥ संजहारशरंदिव्यंत्वरमाणोधनंजयः १ उवाचभरतश्रेष्ठतावृषीप्रांजलिस्तदा ॥ प्रमुक्तमस्त्रमस्त्रेणशा म्यतामितिवैमया २ संहृतेपरमास्त्रेऽस्मिन्सर्वानस्मानशेषतः ॥ पापकर्माध्रुवंद्रौणिःप्रधक्ष्यत्यस्त्रतेजसा ३ यदत्रहितमस्माकंलोकानांचैवसर्वथा ॥ भवंतौदेवसंकाशौ तथासंमंतुमर्हतः ४ इत्युक्त्वासंजहारास्त्रंपुनरेवधनंजयः ॥ संहारोदुष्करस्तस्यदेवैरपिहिसंयुगे ५ विसृष्टस्यरणेतस्यपरमास्त्रस्यसंग्रहे ॥ अशक्तःपांडवादन्यःसाक्षा दपिशतक्रतुः ६ ब्रह्मतेजोद्भवंतद्धिविसृष्टमकृतात्मना ॥ नशक्यमावर्त्तयितुंब्रह्मचारिव्रताद्दते ७ ॥ ॥

१० । ११ । १२ । १३ । १४ । १५ । १६ ॥ इतिसौप्तिकपर्वणि नीलकंठीये भारतभावदीपे चतुर्दशोऽध्यायः ॥ १४ ॥ ॥ दृष्ट्वेति १ । २ । ३ । ४ । ५ । ६ । ७

म.भा.टी. अचीर्णब्रह्मचर्योयःसृष्ट्वाऽऽवर्त्तयतेपुनः ॥ तदस्त्रंसानुबंधस्यमूर्धानंतस्यकृंतति ८ ब्रह्मचारीव्रतीचापिदुरवापमवाप्यतत् ॥ परमव्यसनार्तोऽपिनार्जुनोऽस्त्रंव्य सौ० १०
॥ १३ ॥ मुंचत ९ सत्यव्रतधरःशूरोब्रह्मचारीचपांडवः ॥ गुरुवर्तीचतेनास्त्रंसंजहारार्जुनःपुनः १० द्रौणिरप्यथसंप्रेक्ष्यतावृषीपुरतःस्थितौ ॥ नशशाकपुनर्घोरमस्त्रं
संहर्तुमोजसा ११ अशक्तःप्रतिसंहारेपरमास्त्रस्यसंयुगे ॥ द्रौणिर्दीनमनाराजन्द्वैपायनमभाषत १२ उत्तमव्यसनार्तेनप्राणत्राणमभीप्सुना ॥ मयैतदस्त्रमुत्सृष्टंभी अ०
मसेनभयान्मुने १३ अधर्मश्चकृतोऽनेनधार्त्तराष्ट्रंजिघांसता ॥ मिथ्याचारेणभगवन्भीमसेनेनसंयुगे १४ अतःसृष्टमिदंब्रह्मन्मयाऽस्त्रमकृतात्मना ॥ तस्यभूयो ॥ १५ ॥
द्यसंहारंकर्तुंनाहमिहोत्सहे १५ निसृष्टंहिमयादिव्यमेतदस्त्रंदुरासदम् ॥ अपांडवायेतिमुनेवह्नितेजोऽनुमंत्र्यवै १६ तदिदंपांडवेयानामंतकायाभिसंहितम् ॥
अद्यपांडुसुतान्सर्वान्जीविताद्भ्रंशयिष्यति १७ कृतंपापमिदंब्रह्मन्रोषाविष्टेनचेतसा ॥ वधमाशास्यपार्थानांमयाऽस्त्रंसृजतारणे १८ ॥ व्यासउवाच ॥ अस्त्रं
ब्रह्मशिरस्तातविद्वान्पार्थोधनंजयः ॥ उत्सृष्टवान्नरोषेणननाशायतवाहवे १९ अस्त्रमस्त्रेणतुरणेतवसंशमयिष्यता ॥ विसृष्टमर्जुनेनेदंपुनश्चप्रतिसंहृतम् २० ब्रह्मास्त्रमप्यवा
प्यैतदुपदेशात्पितुस्तव ॥ क्षत्रधर्मान्महाबाहुर्नाकंपतधनंजयः २१ एवंधृतिमतःसाधोःसर्वास्त्रविदुषःसतः ॥ सभ्रातृबंधोःकस्मात्त्वंवधमस्यचिकीर्षसि २२ अस्त्रंब्रह्म
शिरोयत्रपरमास्त्रेणवध्यते ॥ समाद्वादशपर्जन्यस्तद्राष्ट्रंनाभिवर्षति २३ एतदर्थंमहाबाहुःशक्तिमानपिपांडवः ॥ नविहन्यात्तदस्त्रंतुप्रजाहितचिकीर्षया २४ पांडवास्त्वं
चराष्ट्रंचसदासंरक्ष्यमेवहि ॥ तस्मात्संहरदिव्यंत्वमस्त्रमेतन्महाभुज २५ अरोषस्तवचैवास्तुपार्थाःसंतुनिरामयाः ॥ नह्यधर्मेणराजर्षिःपांडवोजेतुमिच्छति २६ मणिंचै
वप्रयच्छाद्ययस्तेशिरसितिष्ठति ॥ एतदादायतेप्राणान्प्रतिदास्यंतिपांडवाः २७ ॥ द्रौणिरुवाच ॥ पांडवैर्यानिरत्नानियच्चान्यत्कौरवैर्धनम् ॥ अवाप्तमिहतेभ्योऽयंम
णिर्ममविशिष्यते २८ यमाबध्यभयंनास्तिशस्त्रव्याधिक्षुधाश्रयम् ॥ देवेभ्योदानवेभ्योवानागेभ्योवाकथंचन २९ नचरक्षोगणभयंनतस्करभयंतथा ॥ एवंवीर्योमणि
रयंनमेत्याज्यःकथंचन ३० यत्तुमेभगवानाहतन्मेकार्यमनंतरम् ॥ अयंमणिरयंचाहमीषिकातुपतिष्यति ३१ गर्भेषुपांडवेयानाममोघंचैतदुत्तमम् ॥ नचशक्तोऽस्मि
भगवन्संहर्तुंपुनरुद्यतम् ३२ एतदस्त्रमतश्चैवगर्भेषुविसृजाम्यहम् ॥ नचवाक्यंभगवतोनकरिष्येमहामुने ३३ ॥ व्यासउवाच ॥ एवंकुरुनचान्यातुबुद्धिःकार्यात्वयाऽ
नघ ॥ गर्भेषुपांडवेयानांविसृज्यैतदुपारम ३४ ॥ वैशंपायनउवाच ॥ ततःपरममस्त्रंतुद्रौणिरुद्यतमाहवे ॥ द्वैपायनवचःश्रुत्वागर्भेषुप्रमुमोचह ३५ ॥ इतिश्रीमहा
भारतेसौप्तिकेपर्वणि ऐषीकेपर्वणिब्रह्मशिरोस्त्रस्यपांडवेयगर्भप्रवेशनेपंचदशोऽध्यायः ॥ १५ ॥ ॥ ॥ ॥

२४ । २५ । २६ । २७ । २८ । २९ । ३० । ३१ । ३२ । ३३ । ३४ । ३५ ॥ इतिसौप्तिकेपर्वणिनीलकंठीये भारतभावदीपेपंचदशोऽध्यायः ॥ १५ ॥ ॥
॥ १३ ॥

तदेति १ । २ । ३ । ४ । ५ । ६ । ७ । ८ । ९ । १० संविदंसंलापं ११ । १२ । १३ । १४ । १५ । १६ । १७ । १८ । १९ । २० । २१ प्रयोपेतांमरणार्थयोनियमस्तेनोपेतां २२ । २३ इष्टाम

॥ वैशंपायनउवाच ॥ तदाऽऽज्ञायहृषीकेशोविसृष्टंपापकर्मणा ॥ हृष्यमाणइदंवाक्यंद्रौणिंप्रत्यब्रवीत्तदा १ विराटस्यसुतांपूर्वंस्नुषांगांडीवधन्वनः ॥ उपप्लव्यगतां दृष्ट्वाव्रतवान्ब्राह्मणोऽब्रवीत् २ परिक्षीणेषुकुरुषुपुत्रस्तवभविष्यति ॥ एतदस्यपरिक्षित्त्वंगर्भस्थस्यभविष्यति ३ तस्यतद्वचनंसाधोःसत्यमेतद्भविष्यति ॥ परिक्षि द्भविताह्येषांपुनर्वंशकरःसुतः ४ एवंब्रुवाणंगोविन्दंसात्वतांप्रवरंतदा ॥ द्रौणिःपरमसंरब्धःप्रत्युवाचेदमुत्तरम् ५ नैतदेवंयथात्थत्वंपक्षपातेनकेशव ॥ वचनंपुण्डरीका क्षनचमद्वाक्यमन्यथा ६ पतिष्यतितदस्त्रंहिगर्भेतस्यामयोद्यतम् ॥ विराटदुहितुःकृष्णयंत्वंरक्षितुमिच्छसि ७ ॥ श्रीभगवानुवाच ॥ अमोघःपरमास्त्रस्यपातस्त स्यभविष्यति ॥ सतुगर्भोमृतोजातोदीर्घमायुरवाप्स्यति ८ त्वांतुकापुरुषंपापंविदुःसर्वेमनीषिणः ॥ असकृत्पापकर्माणंबालजीवितघातकम् ९ तस्मात्त्वमस्यपाप स्यकर्मणःफलमाप्नुहि ॥ त्रीणिवर्षसहस्राणिचरिष्यसिमहीमिमाम् १० अप्राप्नुवन्क्वचित्कांचित्संविदंजातुकेनचित् ॥ निर्जनानसहायस्त्वंदेशान्प्रविचरिष्यसि ११ भवित्रीनहितेक्षुद्रजनमध्येषुसंस्थितिः ॥ पूयशोणितगंधीचदुर्गकांतारसंश्रयः १२ विचरिष्यसिपापात्मासर्वव्याधिसमन्वितः ॥ वयःप्राप्यपरिक्षित्तुवेदव्रतमवाप्य च १३ कृपाच्छारद्वताच्छूरःसर्वास्त्राण्युपपत्स्यते ॥ विदित्वापरमास्त्राणिक्षत्रधर्मव्रतेस्थितः १४ षष्टिंवर्षाणिधर्मात्मावसुधांपालयिष्यति ॥ इतश्चोर्ध्वंमहाबाहुः कुरुराजोभविष्यति १५ परिक्षिन्नामनृपतिर्मिषतस्तेसुदुर्मते ॥ अहंतंजीवयिष्यामिदग्धंशस्त्राग्नितेजसा ॥ पश्यमेतपसोवीर्यंसत्यस्यचनराधम १६ ॥ व्यासउवाच ॥ यस्मादनादृत्यकृतंत्वयाऽस्मान्कर्मदारुणम् ॥ ब्राह्मणस्यसतश्चैवयस्मात्तेवृत्तमीदृशम् १७ तस्माद्यद्देवकीपुत्रउक्तवानुत्तमंवचः ॥ असंशयंतेतद्भावित्क्षत्रधर्मस्त्व याऽऽश्रितः १८ ॥ अश्वत्थामोवाच ॥ सहैवभवताब्रह्मन्स्थास्यामिपुरुषेष्विह ॥ सत्यवागस्तुभगवानयंचपुरुषोत्तमः १९ ॥ वैशंपायनउवाच ॥ प्रदायाथमणिंद्रौ णिःपांडवानांमहात्मनाम् ॥ जगामविमनास्तेषांसर्वेषांपश्यतांवनम् २० पांडवाश्चापिगोविंदंपुरस्कृत्यहतद्विषः ॥ कृष्णद्वैपायनंचैवनारदंचमहामुनिम् २१ द्रोणपु त्रस्यसहजंमणिमादायसत्वराः ॥ द्रौपदीमभ्यधावंतप्रायोपेतांमनस्विनीम् २२ ॥ वैशंपायनउवाच ॥ ततस्तेपुरुषव्याघ्राःसदश्वैरनिलोपमैः ॥ अभ्ययुःसहदाशार्हाः शिबिरंपुनरेवहि २३ अवतीर्यरथेभ्यस्तुत्वरमाणामहारथाः ॥ ददृशुर्द्रौपदींकृष्णामार्त्तामार्त्ततराःस्वयम् २४ तामुपेत्यनिरानंदांदुःखशोकसमन्विताम् ॥ परिवार्यव्य तिष्ठंतपांडवाःसहकेशवाः २५ ततोराज्ञाऽभ्यनुज्ञातोभीमसेनोमहाबलः ॥ प्रददौतंमणिंदिव्यंवचनंचेदमब्रवीत् २६ अयंभद्रेतवमणिःपुत्रहंतुर्जितःसते ॥ उत्तिष्ठशो कमुत्सृज्यक्षात्रधर्ममनुस्मर २७ प्रयाणेवासुदेवस्यशमार्थमसितेक्षणे ॥ यान्युक्तानित्वयाभीरुवाक्यानिमधुघातिनि २८ ॥ ॥

श्वत्थाम्नःपराभवेन आर्तांपुत्रादेःशोकेन २४ । २५ । २६ । २७ मधुघातिनिमधुदैत्यहंतरि २८ ॥ ॥ ॥

२९ । ३० । ३१ विवक्षतांवक्तुमिच्छतांवाच्याःनिंद्याःनैवस्म ३२ । ३३ । ३४ । ३५ । ३६ । ३७ ॥ इतिसौप्तिकेपर्वणिनीलकंठीयेभारतभावदीपेषोडशोऽध्यायः ॥ १६ ॥ हतेष्विति १ । २ । ३ । ४
५। ६ । ७ । ८ 'तरतिशोकमात्मवित्' इतिश्रुतेर्युधिष्ठिरादीनांशोकमपनिनीषुरात्मज्ञानमाह आदिरिति । यथाकनकंकुंडलादेरादिर्मध्यमंतश्चैवंरुद्रोऽपिजगतइत्यर्थः । तर्हिसांख्याभिमतप्रधानवदचेतनःस्यादित्या

नैवमेपतयःसंतिनपुत्राभ्रातरोनच ॥ नवैत्वमितिगोविंदशममिच्छतिराजनि २९ उक्तवत्यसितीव्राणिवाक्यानिपुरुषोत्तमम् ॥ क्षत्रधर्मानुरूपाणितानिसंस्मर्तुमर्हसि
३० हतोदुर्योधनःपापोराज्यस्यपरिपंथिकः ॥ दुःशासनस्यरुधिरंपीतंविस्फुरतोमया ३१ वैरस्यगतमानृण्यंनस्मवाच्याविवक्षताम् ॥ जित्वामुक्तोद्रोणपुत्रोब्राह्मण्या
द्गौरवेणच ३२ यशोऽस्यपतितंदेविशरीरंत्ववशेषितम् ॥ वियोजितश्चमणिनाभ्रंशितश्चायुधंभुवि ३३ ॥ द्रौपद्युवाच ॥ केवलानृण्यमाप्ताऽस्मिगुरुपुत्रोगुरुर्मम ॥
शिरस्येतंमणिंराजाप्रतिबध्नातुभारत ३४ तंगृहीत्वाततोराजाशिरस्येवाकरोत्तदा ॥ गुरोरुच्छिष्टमित्येवद्रौपद्यावचनादपि ३५ ततोदिव्यंमणिवरंशिरसाधारयन्प्रभुः
॥ शुशुभेसतदाराजासचंद्रइवपर्वतः ३६ उत्तस्थौपुत्रशोकार्त्ताततःकृष्णामनस्विनी ॥ कृष्णंचापिमहाबाहुःपरिपप्रच्छधर्मराट् ३७ ॥ इतिश्रीमहाभारतेसौप्तिकेपर्वणि
ऐषीकेपर्वणिद्रौपदीसांत्वनायांषोडशोऽध्यायः ॥ १६ ॥ वैशंपायनउवाच ॥ हतेषुसर्वसैन्येषुसौप्तिकेतैरथैस्त्रिभिः ॥ शोचन्युधिष्ठिरोराजादाशार्हमिदमब्रवीत् १ कथं
नुकृष्णपापेनक्षुद्रेणाकृतकर्मणा ॥ द्रौणिनानिहताःसर्वेममपुत्रामहारथाः २ तथाकृतास्त्रविक्रांतासहस्रशतयोधिनः ॥ द्रुपदस्यात्मजाश्चैवद्रोणपुत्रेणपातिताः ३ यस्यद्रो
णोमहेष्वासोनप्रादादाहवेमुखम् ॥ निजघ्नेरथिनांश्रेष्ठंधृष्टद्युम्नंकथंनुसः ४ किंनुतेनकृतंकर्मतथायुक्तंनरर्षभ ॥ यदेकःसमरेसर्वानवधीन्नोगुरोःसुतः ५ ॥ श्रीभगवानु
वाच ॥ नूनंसदेवदेवानामीश्वरेश्वरमव्ययम् ॥ जगामशरणंद्रौणिरेकस्तेनावधीद्बहून् ६ प्रसन्नोहिमहादेवोदद्यादमरतामपि ॥ वीर्यंचगिरिशोदद्याद्येनेंद्रमपिशातयेत्
७ वेदाहंहिमहादेवंतत्त्वेनभरतर्षभ ॥ यानिचास्यपुराणानिकर्माणिविविधानिच ८ आदिरेषहिभूतानांमध्यमंतश्चभारत ॥ विचेष्टितेजगच्चेदंसर्वमस्यैवकर्मणा ९ एवं
सिसृक्षुर्भूतानिददर्शप्रथमंविभुः ॥ पितामहोऽब्रवीच्चैनंभूतानिसृजमाचिरम् १० हरिकेशस्तथेत्युक्त्वाभूतानांदोषदर्शिवान् ॥ दीर्घकालंतपस्तेपेमग्नोऽम्भसिमहातपाः
११ सुमहांतंततःकालंप्रतीक्ष्यैनंपितामहः ॥ स्रष्टारंसर्वभूतानांससर्जमनसाऽपरम् १२ सोऽब्रवीत्पितरंदृष्ट्वागिरिशंसुप्तमंभसि ॥ यदिमेनाग्रजोऽस्त्यन्यस्ततःस्रक्ष्या
म्यहंप्रजाः १३ तमब्रवीत्पितानास्तित्वदन्यःपुरुषोऽग्रजः ॥ स्थाणुरेषजलेमग्नोविस्रब्धःकुरुवैकृतम् १४ भूतान्यन्वसृजत्सप्तदक्षादींस्तुप्रजापतीन् ॥
यैरिमंव्यकरोत्सर्वंभूतग्रामंचतुर्विधम् १५ ॥ ॥ ॥ ॥

शंक्याह विचेष्टेतइति । 'कोह्येवान्यात्कःप्राण्यात् यदेषआकाशआनंदोनस्यात्' इतिश्रुतेः प्राणापानचेष्टाऽपीश्वराधीनाकिमुतमरणमारणादिरितिसर्वस्येश्वराधीनत्वात्नकृताकृताभ्यांपुरुषेणसंतापःकार्यइतिभावः
९ नकेवलंवयमेवास्यकर्मणाचेष्टांकुर्मोऽपितुब्रह्मादयोऽपीत्याहएवमित्यादिना । प्रथमंरुद्रंतमोमयं विभुस्त्रिगुणमयईश्वरः १० । ११ अपरंचतुर्मुखंरजोमयं १२ । १३ वैकृतंविकारं १४ । १५ ॥

१६ त्रातुरक्षतु १७ । १८ । १९।२० लिंगंप्रसवसामर्थ्यं मेढ्ररूपेणअविध्यतभूमौपातितवान् एतदेवपूजितंतत्सर्वसिद्धिप्रदमास्तिकानांभविष्यतीत्यभिप्रायेण २१।२२। २३ । २४ तपसेति । मेममतपसाजलवास
रूपेणप्रजार्थमन्नंजातंअन्नादन्नमित्येवंरूपेणओषध्योबीजांकुरसंतानक्रमेणपरिवर्त्तन्ते एवमेवान्नाद्रेतोद्वाराप्रजाश्चपरिवर्तन्तेऽतःप्रवाहरूपेणसृष्टिस्थितिकार्ययोर्निर्वाहेसातत्येनप्रवृत्तेकिमीश्वरेणेत्यभिप्रायेणलिंगेऽनादृ
तेसतिईश्वरस्तिरोधानंप्राप्तवानित्यर्थः २५ । २६ ॥ इतिसौप्तिकेपर्वणिनीलकंठीयेभारतभावदीपे सप्तदशोऽध्यायः ॥ १७ ॥ ॥ ततइति । ईश्वरतिरोधानानंतरंदेवयुगेकृतयुगेविनाऽपीश्वराराधनंप्रजाः
स्वाभाविकैरेवशमदमादिभिःकृतकृत्याअभूवन् अतीतेतुदेवयुगेनिरीश्वरास्ताःकेवलेनकर्मणैवफलसिद्धिमिच्छंत्योयज्ञमकल्पयन् १ । २ रुद्रंईश्वरंयज्ञस्यफलदातारम् ३ 'योवाएतदक्षरंगार्ग्यविदित्वाऽस्मिँ

ताःसृष्टमात्राःक्षुधिताःप्रजाःसर्वाःप्रजापतिम् ॥ विभक्षयिषवोराजन्सहसाप्राद्रवंस्तदा १६ समक्ष्यमाणस्त्राणार्थीपितामहमुपाद्रवत् ॥ आभ्योमांभगवांस्त्रातुवृत्तिरासांवि
धीयताम् १७ ततस्ताभ्योददावन्नमोषधीःस्थावराणिच ॥ जंगमानिचभूतानिदुर्बलानिबलीयसाम् १८ विहितान्नाःप्रजास्तास्तुजग्मुःसृष्टायथागतम् ॥ ततोववृधिरेरा
जन्प्रीतिमत्यःस्वयोनिषु १९ भूतग्रामेविवृद्धेतुतुष्टेलोकगुरावपि ॥ उदतिष्ठज्जलाज्ज्येष्ठःप्रजाश्चेमाददर्शसः २० बहुरूपाःप्रजासृष्टाविवृद्धाश्चस्वतेजसा ॥ चुक्रोधभग
वान्रुद्रोलिंगंस्वंचाप्यविध्यत २१ तत्प्रविद्धंतथाभूमौतथैवप्रत्यतिष्ठत ॥ तमुवाचाव्ययोब्रह्मावचोभिःशमयन्निव २२ किंकृतंसलिलेशर्वचिरकालस्थितेनते ॥ किम
र्थंचेदमुत्पाद्यलिंगंभूमौप्रवेशितम् २३ सोऽब्रवीज्जातसंरंभस्तथालोकगुरुर्गुरुम् ॥ प्रजाःसृष्टाःपरेणेमाःकिंकरिष्याम्यनेनवै २४ तपसाऽधिगतंचान्नंप्रजार्थेमेपिता
मह ॥ ओषध्यःपरिवर्त्तेरन्यथैवंसततंप्रजाः २५ एवमुक्त्वासंसक्रोधोजगामविमनाभवः ॥ गिरेर्मुंजवतःपादंतपस्तप्तुंमहातपाः २६ ॥ इतिश्रीमहाभारतेसौप्तिकेपर्वणि
ऐषीकेपर्वणि युधिष्ठिरकृष्णसंवादेसप्तदशोऽध्यायः ॥ १७ ॥ ॥ श्रीभगवानुवाच ॥ ततोदेवयुगेऽतीतेदेवावैसमकल्पयन् ॥ यज्ञंवेदप्रमाणेनविधिवद्यष्टुमी
प्सवः १ कल्पयामासुरथतेसाधनानिहवींषिच ॥ भागार्हादेवताश्चैवयज्ञियंद्रव्यमेवच २ तावैरुद्रमजानंत्योयाथातथ्येनदेवताः ॥ नाकल्पयंतदेवस्यस्थाणोर्भागंनरा
धिप ३ सोऽकल्प्यमानेभागेतुकृत्तिवासामखेऽमरैः ॥ ततःसाधनमन्विच्छन्धनुरादौससर्जह ४ लोकयज्ञःक्रियायज्ञोगृहयज्ञःसनातनः ॥ पंचभूतनृयज्ञश्चजज्ञेसर्वमि
दंजगत् ५ लोकयज्ञैर्नृयज्ञैश्चकपर्दीविदधेधनुः ॥ धनुःसृष्टमभूत्तस्यपंचकिष्कुप्रमाणतः ६ ॥ ॥ ॥

ल्लोकेयजतिजुहोतिददातितपस्तप्यतेऽन्तवदेवास्यतद्भवति' इतिश्रुतेरीश्वराराधनहीनोयज्ञोऽन्तवानित्येतद्दर्शयतिआख्यायिकामुखेनैवसोऽकल्प्यमानेइत्यादिना । साधनंयज्ञनाशकम् ४ लोकयज्ञोलोकेषणासर्वो
मांसाधुमेवजानात्वितिवासनारूपः । क्रियायज्ञः गर्भाधानादिसंस्काररूपः । गृहयज्ञःपत्नीसाध्याग्निहोत्रादिः । पंचभूतनृयज्ञःपंचभूतानांगुणैःशब्दादिभिर्यानृणांप्रीतिस्तद्रूपः विषयजंसुखमित्यर्थः एतैरे
वचतुर्भिर्यज्ञैःसर्वंजगत्स्रष्टम् ५ तत्रपध्यमयोःशास्त्रोक्तयोर्यज्ञयोर्नाशार्थंप्रथमचरमयज्ञाभ्यामीश्वरोधनुःकृतवान् । किष्कुर्हस्तः । पंचहस्तंपंचविषयप्रमाणं लोकवासनादेहवासनाख्यशब्दादित्रिष
यपंचकात्परतोनास्तीत्यर्थः ६ ॥ ॥ ॥ ॥ ॥

वषट्कारसंज्ञेनगृहयज्ञेनतेउभेवासनेकिंचित्संकोचंगच्छतइतिसतस्यवासनाद्वयरूपस्यधनुषोज्यास्थानीयः यानितुयज्ञांगानिचत्वारिअर्थित्वंसमर्थत्वंविद्वत्त्वंशास्त्रेणपर्युदस्तत्वंचतानितस्यधनुषःलोकदेहवासनारूप
स्यसन्नहनेदार्ढ्यायअभवन् ७ यतःयज्ञांगानिलोकेषणादौविनियुक्तानिमूढैस्ततोहेतोःमहादेवःक्रुद्धोयज्ञंजघानेत्यादिस्पष्टार्थम् ८ । ९ । १० । ११ । १२ रौद्रेणअहंकारेणदर्पेणवाऽहमेवयज्वादा
ताविज्ञातेत्येवंरूपेण यज्ञोयज्ञात्पूर्वंअपक्रांतंमुख्याद्विविदिषंतियज्ञेनेत्यादिशास्त्रोक्तादात्मविविदिषाख्यात्फलात्भ्रष्टः १३ किंचित्कालंफलंभुंजानोदिवियजमानरूपेणव्यराजत तथापितेनकःलात्मनारुद्रे
णान्वीयमानःसन् ततोऽप्यपक्रांतः स्वर्गात्च्युतोऽभूदित्यर्थः १४ अपक्रांतेयज्ञेयज्ञफलेभुक्तेसतित्रीह्यादौगर्भवासादौचजातेयज्ञपतौ सुरान्इंद्रियाणि संज्ञानप्रत्यभात्मूढान्यभूवन् हेयोपादेयविवेकशू
न्यान्यभूवन्नित्यर्थः १५ त्र्यंबकइति । त्रीणिश्रवणमनननिदिध्यासनानिअंबकानिगमकानियस्यसपरमेश्वरः । सवितुर्यज्ञप्रसोतुर्देहस्य बाहूकर्मकरणहेतू । तथाभगस्यनेत्रेमनसःसंकल्पौअहमिदंकरिष्ये

वषट्कारोऽभवज्ज्यातुधनुषस्तस्यभारत ॥ यज्ञांगानिचचत्वारितस्यसंनहनेऽभवन् ७ ततःक्रुद्धोमहादेवस्तदुपादायकार्मुकम् ॥ आजगामाथतत्रैवयत्रदेवाः
समीजिरे ८ तमात्तकार्मुकंदृष्ट्वाब्रह्मचारिणमव्ययम् ॥ विव्यथेपृथिवीदेवीपर्वताश्चचकंपिरे ९ नववौपवनश्चैवनाग्निर्जज्वालवैधितः ॥ व्यभ्रमच्चापिसंविग्नंदिविन
क्षत्रमंडलम् १० नबभौभास्करश्चापिसोमःश्रीमुक्तमंडलः ॥ तिमिरेणाकुलंसर्वमाकाशंचाभवद्वृतम् ११ अभिभूतास्ततोदेवाविषयान्नप्रजज्ञिरे ॥ नप्रत्यभाच्चय
ज्ञःसदेवतास्त्रेसिरेतथा १२ ततःसयज्ञंविव्याधरौद्रेणहृदिपत्रिणा ॥ अपक्रांतस्ततोयज्ञोमृगोभूत्वासपावकः १३ सतुतेनैवरूपेणदिव्यंप्राप्यव्यराजत ॥ अन्वी
यमानोरुद्रेणयुधिष्ठिरनभस्तले १४ अपक्रांतेततोयज्ञेसंज्ञानप्रत्यभात्सुरान् ॥ नष्टसंज्ञेषुदेवेषुनप्राज्ञायतकिंचन १५ त्र्यंबकःसवितुर्बाहूभगस्यनयनेतथा ॥ पूष्ण
श्चदशनान्क्रुद्धोधनुष्कोट्याव्यशातयत् १६ प्राद्रवंततोदेवायज्ञांगानिचसर्वशः ॥ केचित्तत्रैवघूर्णंतोगतासवइवाभवन् १७ सतुविद्राव्यतत्सर्वंशितिकंठोऽवहस्य
च ॥ अवष्टभ्यधनुष्कोटिंरुरोधविबुधांस्ततः १८ ततोवागमरैरुक्ताज्यांतस्यधनुषोऽच्छिनत् ॥ अथतत्सहसाराजंश्छिन्नज्यंविस्फुरद्धनुः १९ ततोविधनुषंदेवा
देवश्रेष्ठमुपागमन् ॥ शरणंसहयज्ञेनप्रसादंचाकरोत्प्रभुः २० ततःप्रसन्नोभगवान्स्थाप्यकोपंजलाशये ॥ सजलंपावकोभूत्वाशोषयत्यनिशंप्रभो २१ भगस्यनयने
चैवबाहूचसवितुस्तथा ॥ प्रादात्पूष्णश्चदशनान्पुनर्यज्ञांश्चपांडव २२ ॥ ॥ ॥

इत्येवंरूपौविहितप्रतिषिद्धरूपौ । पूष्णोदशनान्वागिंद्रियस्थानानिमंत्रांश्चेत्यर्थः । एतानिसर्वाणिधनुष्कोट्यापूर्वोक्तयालोकेषणयाव्यशातयत १६ । १७ एवंयज्ञेनष्टेऽपिधनुष्कोटिमपिपुण्याभावात्पूर्वो
क्तांरुरोध तनोलोकदेहयोरपिरंजनंकुंठितमभूदित्यर्थः १८ ततोऽमरैरुक्तावाक्विविदिषंतियज्ञेनेतिपूर्वोक्तादेववाणी ज्यांश्रौतयज्ञरूपां धनुषःपूर्वोक्तवासनाद्वयात्मकात् अच्छिनत्दूरीचकार निष्कामंईश्वरप्री
त्यर्थंयज्ञंकारितवतीत्यर्थः १९ विधनुषंकाम्यकर्महीनंदेवमात्मानंदेवाइंद्रियाण्युपागमन्चित्तशुद्ध्यतिशयादात्मवश्यान्यभूवन् । ततश्चईश्वरस्तैःशरणीकृतःप्रसन्नोऽभूत् २० कोपंरजस्तमोरूपं जलाशये
मूर्द्धाचत्ते २१ ततःसात्विकोयज्ञःप्रवृत्तइत्याह भगस्येति । पूर्ववदित्यर्थः २२ ॥ ॥ ॥ ॥

सर्वाणिहवींषिसर्वाणिकर्माणिइश्वरार्पितान्येवाकुर्वन्नित्यर्थः २१ । २४ । २५ फलितमाह नतदिति । ईश्वरस्यवशेसर्वमितिज्ञात्वाशोकंमाकार्षीरितिभावः २६ ॥ इतिसौप्तिकेपर्वणिनीलकंठीयेभार

ततःसुस्थमिदंसर्वंबभूवपुनरेवहि ॥ सर्वाणिचहवींष्यस्यदेवाभागमकल्पयन् १३ तस्मिन्क्रुद्धेऽभवत्सर्वमसुस्थंभुवनंप्रभो ॥ प्रसन्नेचपुनःसुस्थंप्रसन्नोऽस्यचवीर्यवान् २४ ततस्तेनिहताःसर्वेतवपुत्रामहारथाः ॥ अन्येचबहवःशूराःपांचालस्यपदानुगाः २५ नतन्मनसिकर्त्तव्यंनचतद्द्रौणिनाकृतम् ॥ महादेवप्रसादेनकुरुकार्यमनंतरम् २६ ॥ इतिश्रीमहाभारते शतसाहस्र्यांसंहितायां वैयासिक्यां सौप्तिकैषीकपर्वणिअष्टादशोऽध्यायः ॥ १८ ॥ ॥ ॥ ॥ ॥
॥ ऐषीकंपर्वसमाप्तम् ॥ ॥ पर्वद्वयमिदंसंलग्नम् ॥ ॥ अस्यानंतरंस्त्रीपर्वभविष्यति तस्यायमाद्यःश्लोकः ॥ ॥ जनमेजयउवाच ॥ ॥ हतेदुर्योधनेचैवहतेसैन्येचसर्वशः ॥ ॥ धृतराष्ट्रोमहाराजश्रुत्वाकिमकरोन्मुने ॥ १ ॥ ॥ ॥ ॥

तभावदीपे अष्टादशोऽध्यायः ॥ १८ ॥ ॥ ॥ ॥ ॥ ॥ ॥ समाप्तमिदंसौप्तिकंपर्व ॥ ॥ ॥ ॥

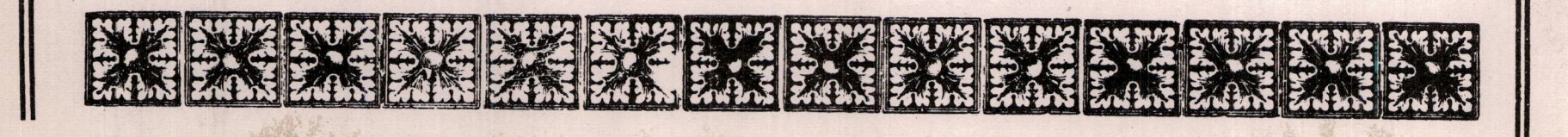

॥ इति श्रीमहाभारते सौप्तिकपर्व समाप्तम् ॥

अथ श्रीमहाभारते स्त्रीपर्वप्रारंभः

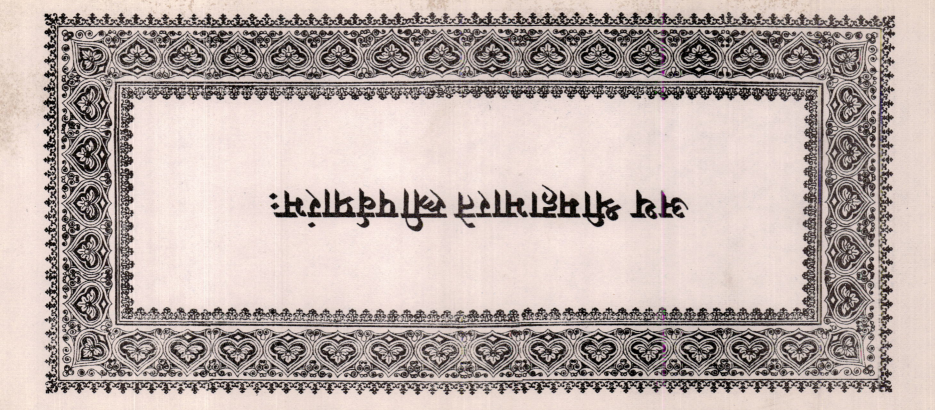

स्त्रीपर्व ११

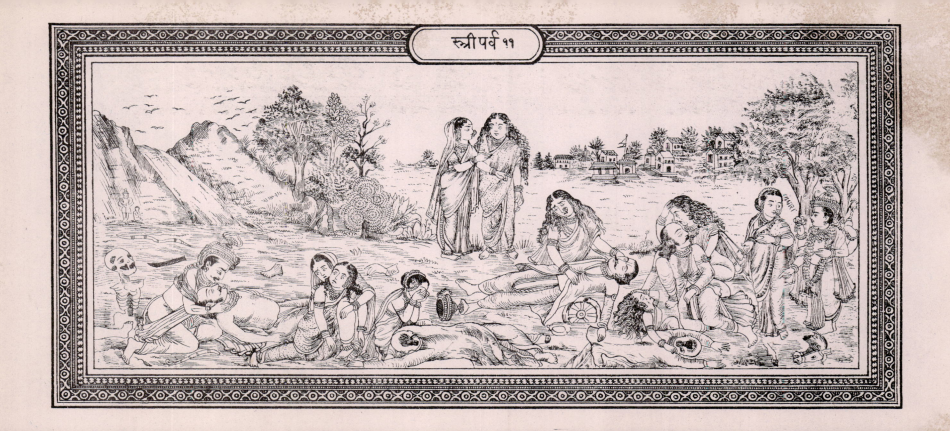

॥ महाभारतम् ॥

स्त्री-पर्व ।

-११-

विषयानुक्रमणिका ।

(१) जलप्रदानिकपर्व

१ दुर्योधने हते धृतराष्ट्रः किमकरोदिति जनमेजयप्रश्ने धृतराष्ट्रस्य सन्तापादिकं सञ्जयकृतं तत्सान्त्वनं पुनः शोकार्दितस्य तस्य पतनं चाह स्म वैशम्पायनः। विलपतो धृतराष्ट्रस्य शोकं निवारयन्सञ्जयो दुर्योधनं तं च विनिन्दन्नाश्वासयति स्म ... १

२ विदुरस्य धृतराष्ट्रं प्रति 'उत्तिष्ठ राजन् किं शेषे' इत्यादिकं प्रबोधवाक्यम् १

३ विदुरवाक्येन विशोको धृतराष्ट्रः 'कथं नु मानसैर्दुःखैः प्रमुच्यन्ते तु पण्डिताः' इति पप्रच्छ। विदुरो 'यतो यतो मनो—दुःखात्' इत्यादिना तत्त्वमुपदिदेश २

४ कथं संसारगहनामित्यादिके धृतराष्ट्रप्रश्ने विदुरस्तदुत्तरत्वेन भूतानां जन्मप्रभृतिमरणपर्यन्तं वृत्तान्तं कथयित्वा धर्मपालनेन परमगतिप्राप्तिमाह स्म ... २

५ 'यदिदं धर्मगहनम्' इत्यादिके धृतराष्ट्रप्रश्ने संसारगहनकथनं प्रतिज्ञाय वनोपमानकथनेन तत्सूचयन्नाह विदुरः ३

६ अहो खलु महद्दुःखमित्यादिके धृतराष्ट्रप्रश्ने विदुरो मोक्षविकल्पितोपमानभूतकान्तारादिशब्दानामर्थं विवृणोति स्म ... ३

७ पुनर्धृतराष्ट्रप्रश्ने विदुरः संसारगहनवृत्तये तत्त्वमुपदिदेश ३

८ पुनः शोकसंतप्तो धृतराष्ट्रः पतित्वा पुनर्लब्धसंज्ञो यदा विललाप तदा व्यासस्तं प्रति दैवकृतेरपरिहार्यत्वं कथयित्वा प्रत्यक्षतः श्रुतं देवानां कार्यं कथयितुं प्रतिजज्ञे। इन्द्रसभायां भारसंहारं प्रार्थयन्तीं पृथ्वीं प्रति

महाभारते-
२

'धृतराष्ट्रस्य ज्येष्ठः पुत्रस्ते कार्यं करिष्यति' इत्यादिकं विष्णुवाक्यं कलेरंशेन दुर्योधनजन्मादिकं राजसूये नारदोक्तं चाभिधाय धृतराष्ट्रं सान्त्वयामास व्यासः। एतदुपदेशेन समाश्वस्तं धृतराष्ट्रमालक्ष्य व्यासोऽन्तर्दधे ४

९ व्यासे गते धृतराष्ट्रः किमकरोदिति जनमेजयप्रश्ने वैशम्पायनस्योत्तरम्। आगतस्य सञ्जयस्य प्रेतकार्यकरणविषयकं वाक्यं श्रुत्वा पतितं धृतराष्ट्रं प्रति विदुरः पुनरुपदिदेश ५

१० विदुरवाक्यं श्रुत्वा गान्धार्यादीनामानयनार्थमाज्ञाप्य धृतराष्ट्रो यानमारुरोह। आज्ञानुरोधेन कुन्त्यादिभिः सहागतायां गान्धार्यां रुदतीभिः स्त्रीभिः परिवृतो धृतराष्ट्रो युद्धस्थानं गन्तुं निर्जगाम ५

११ नगराद्बहिः क्रोशमात्रे प्रदेशे मिलिताः कृपाश्वत्थामकृतवर्माणो धृतराष्ट्राय वृत्तान्तं निवेद्य गान्धार्यै च पुत्राणां निधनं सौप्तिकवृत्तान्तं चावेद्य पाण्डवभयात्स्वस्थानानि जग्मुः ... ६

१२ नगरान्निर्गतं धृतराष्ट्रं श्रुत्वा भ्रातृसहितो युधिष्ठिरः स्त्रीभिः सहिता द्रौपदी च प्रत्युद्गम्य धृतराष्ट्रवन्दनादि चक्रतुः। युधिष्ठिरमालिङ्ग्यालिङ्गनच्छलेन भीमनाशेच्छया तमालिङ्गितुं प्रवृत्तो धृतराष्ट्रस्तदभिप्रायज्ञेन श्रीकृष्णेन भीममाक्षिप्य पुरस्कृतां लौहीं भीमप्रतिमामालिङ्ग्य तां चूर्णीकृत्य मेदिन्यां पपात। ततो गतक्रोधं धृतराष्ट्रं प्रति 'मा शुचो धृतराष्ट्र त्वम्' इत्याद्युवाच श्रीकृष्णः ६

१३ कृतशौचो धृतराष्ट्रो 'राजन्नधीता वेदास्ते' इत्यादिकं श्रीकृष्णवाक्यं श्रुत्वा तदनुमान्य भीमादीन्स्वगात्रैः स्पृष्ट्वा तत्तत्कल्याणमुवाच ७

१४ ततो गान्धारीं प्रति गतेषु पाण्डवेषु तस्याः पाण्डवशापदानाभिप्रायं ज्ञात्वा तत्कालमागतेन व्यासेन सान्त्विता सा 'भगवन्नाभ्यसूयामि' इत्याद्युवाच तं प्रति ७

१५ गान्धार्या वाक्यं श्रुत्वा तां सान्त्वयतो भीमस्य तस्याश्चोक्तिप्रत्युक्ती। युधिष्ठिरमन्विष्यन्तीं गान्धारीं प्रति शापभीतः स आत्मानं विनिन्दन्नुवाच। अङ्गुल्यग्रे गान्धारीदृष्टिपातेन कुनखित्वं प्राप्तो युधिष्ठिरस्तदनुज्ञया कुन्तीसमीपमाजगाम। विलपन्तीं द्रौपदीमाश्वास्य तया सहागतां कुन्तीं प्रति 'मैवं पुत्रीति शोकार्ता' इत्याद्युवाच गान्धारी ७

(२) स्त्रीविलापपर्व

१६ व्यासप्रसादलब्धया दिव्यदृष्ट्या गान्धारी युद्धस्थानं ददर्श। धृतराष्ट्रादिष्वप्यायोधनं द्रष्टुमागतेषु विलपन्ती गान्धारी कृष्णं प्रति 'पश्यैताः पुण्डरीकाक्ष' इत्याद्युवाच ८

१७ हतं दुर्योधनं दृष्ट्वा पतिता गान्धारी पुनर्लब्धसंज्ञा सती दुर्योधनमालिङ्ग्य विलपन्ती श्रीकृष्णं प्रति 'उपस्थितेऽस्मिन् संग्रामे' इत्याद्युक्त्वा दुर्योधनपत्नीं दृष्ट्वा पुनर्विललाप ९

१८ निहतान्पुत्रान्दृष्ट्वा गान्धारी श्रीकृष्णं प्रति 'पश्य माधव पुत्रान्मे' इत्याद्युक्त्वा विलपन्तीः स्त्रियो दुःशासनं च दृष्ट्वा पुनर्विललाप १०

१९ विकर्णं दुर्मुखादींश्च दृष्टवत्या गान्धार्या विलापः १०

स्त्रीपर्वविषयानुक्रमणिका। ३

२० अभिमन्युं दृष्ट्वा विलपन्ती गान्धारी श्रीकृष्णं प्रति, विलपन्तीमुत्तरां विराटे हते विलपन्तीस्ताः स्त्रियश्च दर्शयामास ... ११

२१ कर्णं दृष्टवत्या गान्धार्या विलापः ११

२२ आवन्त्यं जयद्रथं च दृष्टवत्या गान्धार्या विलापः १२

२३ शल्य-भगदत्त-भीष्म-द्रोणानां दर्शनेन गान्धारीविलापः ...१२

२४ भूरिश्रवसं दृष्ट्वा विलपन्ती गान्धारी सोमदत्तोद्देशेन विलपन्तीस्तत्पत्नीर्यूपध्वजमुद्दिश्य च विलपन्तीस्तत्स्त्रियश्च श्रीकृष्णं प्रति दर्शयित्वा शकुनिदर्शनेन विलपति स्म १३

२५ काम्बोजं मागधं धृष्टद्युम्नपुत्रादीन्विन्दानुविन्दादींश्च सर्वान् हतान् दृष्ट्वा विलापवाक्यानि वदन्ती गान्धारी शोकेन मूर्छिता सती भूम्यां पपात। पुनर्लब्धसंज्ञा गान्धारी मरणोन्मुखानामेषां समर्थेनापि त्वयोपेक्षा कृतेत्यादिना सर्वं दोषं श्रीकृष्ण आरोप्य 'त्वमपि सर्वान्स्वज्ञातीन्हत्वा कुत्सितं मरणं प्राप्स्यसि' इति तं शशाप। श्रीकृष्णो 'जानेऽहमेतदप्येवम्' इत्यादिना गान्धारीदत्तं शापमनुमनुते स्म ... १३

(३) श्राद्धपर्व

२६ कृष्णेन प्रबोधिता गान्धारी तूष्णीं बभूव। धृतराष्ट्रेण, हतानां वीराणां संख्यायां पृष्टायां युधिष्ठिरस्तां कथयित्वा मृतानां गतीश्च कथयति स्म। पुनः 'केन ज्ञानबलेनैवं पुत्र पश्यसि सिद्धवत्' इति धृतराष्ट्रेण पृष्टो युधिष्ठिरो वनवासे लोमशाल्लब्धाया अनुस्मृतिविद्याया बलेनेत्याद्याह स्म। हतानां प्रेतकार्यकरणार्थमाज्ञप्तो धृतराष्ट्रेण युधिष्ठिरस्तदर्थं धौम्यादीनादिश्य दुर्योधनादीनां तानि कारयति स्म ... १४

२७ धृतराष्ट्रं पुरस्कृत्य गङ्गातीरे आगत्य युधिष्ठिरादयः सर्वेषामुदकदानं चक्रुः। उदकदानसमये कुन्त्या 'सूर्यात्सकाशान्मय्युत्पन्नस्तव ज्येष्ठो भ्राता कर्ण इति तस्मै त्वमेवोदकदानं कुरु' इत्यादिष्टो युधिष्ठिरो भ्रातरं कर्णं ज्ञात्वा विलपंस्तस्मा उदकदानं चकार। भविष्यत्पर्वसूचनपूर्वका स्त्रीपर्वसमाप्तिः १५

॥ समाप्तेयं स्त्रीपर्वविषयानुक्रमणिका ॥

श्रीगणेशायनमः ॥ ॥ एवंतत्त्वदृष्ट्याशोकोनकर्तव्यइत्युक्तं लोकदृष्ट्याऽपिसनकार्यइत्याह हतेदुर्योधनेचैवेत्यादिनाऽध्यायेनैकेन १ । २ अन्योन्यकारितात्पांडवानांगर्भेब्रह्मशिरोऽस्त्रंपतत्वित्यश्वत्थाम्ना शापोदत्तः । सहस्रवर्षाणिगलत्कुष्ठोभविष्यसीत्यश्वत्थाम्नःकृष्णेनशापोदत्तइत्यर्थः ३ । ४ । ५ । ६ शून्याराजभिर्हीना केवलाउपरतोत्सवा ७ आनुपूर्व्येणेति आदौहतानामादावेव पश्चाद्धतानांप

॥ श्रीगणेशायनमः ॥ ॥ श्रीवेदव्यासायनमः ॥ ॥ नारायणंनमस्कृत्यनरंचैवनरोत्तमम् ॥ देवींसरस्वतींचैवततोजयमुदीरयेत् १ ॥ जनमेजयउवाच ॥ हते दुर्योधनेचैवहतेसैन्येचसर्वशः ॥ धृतराष्ट्रोमहाराजश्रुत्वाकिमकरोन्मुने १ तथैवकौरवोराजाधर्मपुत्रोमहामनाः ॥ कृपप्रभृतयश्चैवकिमकुर्वततेत्रयः २ अश्वत्थाम्नःश्रुतंकर्मशापादन्योन्यकारितात् ॥ वृत्तांतमुत्तरंब्रूहियदभाषतसंजयः ३ ॥ वैशंपायनउवाच ॥ हतेपुत्रशतेदीनंछिन्नशाखमिवद्रुमम् ॥ पुत्रशोकाभिसंतप्तंधृतराष्ट्रंमहीपतिम् ४ ध्यानमूकत्वमापन्नंचिंतयासमभिप्लुतम् ॥ अभिगम्यमहाराजसंजयोवाक्यमब्रवीत् ५ किंशोचसिमहाराजनास्तिशोकेसहायता ॥ अक्षौहिण्योहताश्चाष्टौदशचैवविशांपते ६ निर्जनेयंवसुमतीशून्यासंप्रतिकेवला ॥ नानादिग्भ्यःसमागम्यनानादेश्यानराधिपाः ७ सहैवतवपुत्रेणसर्वेवैनिधनंगताः ॥ पितॄणांपुत्रपौत्राणांज्ञातीनांसुहृदांतथा ॥ गुरूणांचानुपूर्व्येणप्रेतकार्याणिकारय ८ ॥ वैशंपायनउवाच ॥ तच्छ्रुत्वाऽकरुणंवाक्यंपुत्रपौत्रवधार्दितः ॥ पपातभुविदुर्धर्षोवाताहतइवद्रुमः ९ ॥ धृतराष्ट्रउवाच ॥ हतपुत्रोहतामात्योहतसर्वसुहृज्जनः ॥ दुःखंनूनंभविष्यामिविचरन्पृथिवीमिमाम् १० किंनुबंधुविहीनस्यजीवितेनममाद्यवै ॥ लूनपक्षस्यइवमेजराजीर्णस्यपक्षिणः ११ हृतराज्योहतबंधुर्हतचक्षुश्चवैतथा ॥ नभ्राजिष्येमहाप्राज्ञक्षीणरश्मिरिवांशुमान् १२ नकृतंसुहृदांवाक्यंजामदग्न्यस्यजल्पतः ॥ नारदस्यचदेवर्षेःकृष्णद्वैपायनस्यच १३ सभामध्येतुकृष्णेनयच्छ्रेयोऽभिहितंमम ॥ अलंवैरेणतेराजन्पुत्रःसंगृह्यतामिति १४ तच्चवाक्यमकृत्वाऽहंभृशंतप्यामिदुर्मतिः ॥ नहिश्रोतास्मिभीष्मस्यधर्मयुक्तंप्रभाषितम् १५ दुर्योधनस्यचतथावृषभस्येवनर्दतः ॥ दुःशासनवधंश्रुत्वाकर्णस्यचविपर्ययम् १६ द्रोणसूर्योपरागंचहृदयंमेविदीर्यते ॥ नस्मराम्यात्मनःकिंचित्पुरासंजयदुष्कृतम् १७ यस्येदंफलमद्येहमयामूढेनभुज्यते ॥ नूनंव्यपकृतंकिंचिन्मयापूर्वेषुजन्मसु १८ येनमांदुःखभागेषुधाताकर्मसुयुक्तवान् ॥ परिणामश्चवयसःसर्वबंधुक्षयश्चमे १९ सुहृन्मित्रविनाशश्चदैवयोगादुपागतः ॥ कोऽन्योस्तिदुःखिततरोमत्तोऽन्योहिपुमान्भुवि २० तन्ममाद्यैवपश्यंतुपांडवाःसंशितव्रताः ॥ विवृतंब्रह्मलोकस्यदीर्घमध्वानमास्थितम् २१ ॥ वैशंपायनउवाच ॥ तस्यलालप्यमानस्यबहुशोकंवितन्वतः ॥ शोकापहंनरेंद्रस्यसंजयोवाक्यमब्रवीत् २२ शोकंराजन्व्यपनुदश्रुतास्तेवेदनिश्चयाः ॥ शास्त्रागमाश्चविविधावृद्धेभ्योनृपसत्तम २३ सृंजयेपुत्रशोकार्तेयदूचुर्मुनयःपुरा ॥ यथायौवनजंदर्पमास्थितेतेसुतेनृप २४ नत्वयासुहृदांवाक्यंब्रुवतामवधारितम् ॥ स्वार्थश्चनकृतःकश्चिल्लुब्धेनफलगृद्धिना २५ ॥ ॥

श्चादेवेतिपौर्वापर्येण प्रेतानांपरेतानां कार्याणिवारलौकिकानिकर्माणि ८ । ९ दुःखंयथास्यात्तथाभविष्यामि १० । ११ । १२ । १३ । १४ श्रोताऽस्मिश्रुतवानस्मि १५ विपर्ययं विनाशम् १६ । १७ । १८ । १९ । २० तन्मामिति । अद्यैवप्राणत्यागंकरिष्यामीत्यर्थः २१ वितन्वतः विरचयतः २२ । २३ । २४ । २५ ॥ ॥

अवृत्तेतिच्छेदः २६ । २७ शल्यश्चमंत्रीतिपूर्वेणान्वयः २८ । २९ । ३० ब्रुवन् दुर्योधनआसीदितिशेषः ३१ । ३२ । ३३ । ३४ । ३५ । ३६ प्रपातंपर्वताग्राद्भ्रंशम् ३७ परंमोक्षं ३८ । ३९ । ४०
४१ । ४२ दहंतिशोकाइत्यर्थात् मन्युर्दैन्यं 'मन्युर्दैन्येक्रतौक्रुधि'इत्यमरः । आत्मानंचित्तं आत्मनाधैर्येणधारय प्राणान्मात्याक्षीरित्यर्थः ४३ । ४४ ॥ इतिस्त्रीपर्वणिनीलकंठीये भारतभावदीपे प्रथमोऽ

असिनैवैकधारेणस्वबुद्ध्यातुविचेष्टितम् ॥ प्रायशोऽवृत्तसंपन्नाःसततंपर्युपासिताः २६ यस्यदुःशासनोमंत्रीराधेयश्चदुरात्मवान् ॥ शकुनिश्चैवदुष्टात्माचित्रसेनश्चदुर्मे
तिः २७ शल्यश्चयेनवैसर्वशल्यभूतंकृतंजगत् ॥ कुरुवृद्धस्यभीष्मस्यगान्धार्याविदुरस्यच २८ द्रोणस्यचमहाराजकृपस्यचशरद्वतः ॥ कृष्णस्यचमहाबाहोनारदस्य
चधीमतः २९ ऋषीणांचतथाऽन्येषांव्यासस्यामिततेजसः ॥ नकृतंतेनवचनंतवपुत्रेणभारत ॥ नधर्मःसत्कृतःकश्चिन्नित्यंयुद्धमभीप्सता ३० अल्पबुद्धिरहंकारीनि
त्यंयुद्धमितिब्रुवन् ॥ क्रूरोदुर्मर्षणोनित्यमसंतुष्टश्चवीर्यवान् ३१ श्रुतवानसिमेधावीसत्यवांश्चैवनित्यदा ॥ नमुह्यंतीदृशाःसंतोबुद्धिमंतोभवादृशाः ३२ नधर्मःसत्कृतः
कश्चित्तवपुत्रेणमारिष ॥ क्षपिताःक्षत्रियाःसर्वेशत्रूणांवर्धितंयशः ३३ मध्यस्थोहित्वमप्यासीर्नक्षमंकिंचिदुक्तवान् ॥ दुर्धरेणत्वयाभारस्तुलयानसमंधृतः ३४ आदा
वेवमनुष्येणवर्तितव्यंयथाक्षमम् ॥ यथानातीतमर्थंवैपश्चात्तापेनयुज्यते ३५ पुत्रगृद्ध्यात्वयाराजन्प्रियंतस्यचिकीर्षितम् ॥ पश्चात्तापमिमंप्राप्तोनत्वंशोचितुमर्हसि
३६ मधुयःकेवलंदृष्ट्वाप्रपातंनानुपश्यति ॥ सभ्रष्टोमधुलोभेनशोचत्येवंयथाभवान् ३७ अर्थान्नशोचन्प्राप्नोतिनशोचन्विंदतेफलम् ॥ नशोचन्श्रियमाप्नोतिनशोचन्वि
न्दतेपरम् ३८ स्वयमुत्पादयित्वाऽग्निंवस्त्रेणपरिवेष्टयन् ॥ दह्यमानोमनस्तापंभजतेनसपंडितः ३९ त्वयैवससुतेनायंवाक्यवायुसमीरितः ॥ लोभाज्येनचसंसिक्तोज्वलि
तःपार्थपावकः ४० तस्मिन्समिद्धेपतिताःशलभाइवतेसुताः ॥ तान्वैशराग्निनिर्दग्धान्नत्वंशोचितुमर्हसि ४१ यच्चाश्रुपातात्कलिलंवदनंवहसेनृप ॥ अशास्त्रदृष्टमेत
द्धिनप्रशंसंतिपंडिताः ४२ विस्फुलिंगाइवह्येतान्दहंतिकिलमानवान् ॥ जहीहिमन्युंबुद्ध्यावैधारयात्मानमात्मना ४३ ॥ वैशंपायनउवाच ॥ एवमाश्वासितस्तेन
संजयेनमहात्मना ॥ विदुरोभूयएवाहबुद्धिपूर्वंपरंतप ४४ ॥ इतिश्रीमहाभारतेस्त्रीपर्वणिजलप्रदानिकपर्वणिविशोककरणेप्रथमोऽध्यायः ॥ १ ॥ ॥ वैशंपाय
नउवाच ॥ ततोऽमृतसमैर्वाक्यैर्ह्लादयन्पुरुषर्षभम् ॥ वैचित्रवीर्यंविदुरोयदुवाचनिबोधतत् १ ॥ विदुरउवाच ॥ उत्तिष्ठराजन्किंशेषेधारयात्मानमात्मना ॥ एषावैस
र्वसत्वानांलोकेश्वरपरागतिः २ सर्वेक्षयांतानिचयाःपतनांताःसमुच्छ्रयाः ॥ संयोगाविप्रयोगांतामरणांतंचजीवितम् ३ यदाशूरंचभीरुंचयमःकर्षतिभारत ॥ तत्किं
नयोत्स्यंतिहितेक्षत्रियाःक्षत्रियर्षभ ४ अयुध्यमानोम्रियतेयुध्यमानश्चजीवति ॥ कालंप्राप्यमहाराजनकश्चिदतिवर्तते ५ अभावादीनिभूतानिभावमध्यानिभा
रत ॥ अभावनिधनान्येवतत्रकापरिदेवना ६ ॥ ॥ ॥ ॥ ॥

ध्यायः ॥ १ ॥ ततइति १ एषामरणांता अतउत्तिष्ठशोकंत्यज २ । ३ । ४ । ५ 'भावांतरमभावोहिकयाचित्तुव्यपेक्षया' इतिन्यायेनकृत्स्नप्रपंचस्याभावोब्रह्मतदादीनिभावोनामरूपात्मकतातन्मध्यानि तथा
ऽभावनिधनानीति तथाच 'आदावंतेचयन्नास्तिवर्तमानेऽपितत्तथा' इतिन्यायेनमध्येऽप्यभावभूतानांतेषांस्वप्नेषुप्रतीयमानानामिवनाशेव्यर्थःशोकइत्यर्थः ६ ॥

सांसिद्धिकेस्वभावसिद्धे ७ । ८ संवर्तयतिस्ववशंनयति ९ तत्रगामिनांपरत्रगमनशीलानांयस्यकालउपस्थितःसोऽग्रेप्रयाति १० । ११ । १२ अदर्शनादज्ञानात् १३ नोऽस्माकंक्षत्रियाणाम् १४ । १५

नशोचन्मृतमन्वेतिनशोचन्म्रियतेनरः ॥ एवंसांसिद्धिकेलोकेकिमर्थमनुशोचसि ७ कालःकर्षतिभूतानिसर्वाणिविविधान्युत ॥ नकालस्यप्रियःकश्चिन्नद्वेष्यःकुरुस त्तम ८ यथावायुस्तृणाग्राणिसंवर्तयतिसर्वशः ॥ तथाकालवशंयांतिभूतानिभरतर्षभ ९ एकसार्थप्रयातानांसर्वेषांतत्रगामिनाम् ॥ यस्यकालःप्रयात्यग्रेतत्रकापरि देवना १० नचाप्येतान्हतान्युद्धेराजन्शोचितुमर्हसि ॥ प्रमाणंयदिशास्त्राणिगतास्तेपरमांगतिम् ११ सर्वेस्वाध्यायवंतोहिसर्वेचचरितव्रताः ॥ सर्वेचाभिमुखाः क्षीणास्तत्रकापरिदेवना १२ अदर्शनादापतिताःपुनश्चादर्शनंगताः ॥ नैतेतवनतेषांत्वंतत्रकापरिदेवना १३ हतोऽपिलभतेस्वर्गंहत्वाचलभतेयशः ॥ उभयंनोबहु गुणंनास्तिनिष्फलतारणे १४ तेषांकामदुघान्लोकानिन्द्रःसंकल्पयिष्यति ॥ इन्द्रस्यातिथयोह्येतेभवंतिभरतर्षभ १५ नयज्ञैर्दक्षिणावद्भिर्नतपोभिर्नविद्यया ॥ स्वर्गं यांतियथामर्त्यायथाशूरारणेहताः १६ शरीराग्निषुशूराणांजुहुवुस्तेशराहुतीः ॥ हूयमानान्शरांश्चैवसेहुस्तेजस्विनोमिथः १७ एवंराजंस्तवाचक्षेस्वर्ग्यंपंथानमुत्त मम् ॥ नयुद्धादधिकंकिंचित्क्षत्रियस्येहविद्यते १८ क्षत्रियास्तेमहात्मानःशूराःसमितिशोभनाः ॥ आशिषःपरमाःप्राप्तानशोच्याःसर्वएवहि १९ आत्मानमात्म नाऽऽश्वास्यमाशुचःपुरुषर्षभ ॥ नाद्यशोकाभिभूतस्त्वंकायमुत्स्रष्टुमर्हसि २० मातापितृसहस्राणिपुत्रदारशतानिच ॥ संसारेष्वनुभूतानिकस्यतेकस्यवावयम् २१ शोकस्थानसहस्राणिभयस्थानशतानिच ॥ दिवसेदिवसेमूढमाविशंतिनपंडितम् २२ नकालस्यप्रियःकश्चिन्नद्वेष्यःकुरुसत्तम ॥ नमध्यस्थःक्वचित्कालःसर्वंकालः प्रकर्षति २३ कालःपचतिभूतानिकालःसंहरतेप्रजाः ॥ कालःसुप्तेषुजागर्तिकालोहिदुरतिक्रमः २४ अनित्यंयौवनंरूपंजीवितंद्रव्यसंचयः ॥ आरोग्यंप्रियसंवासो गृद्ध्येदेषुनपंडितः २५ नजानपदिकंदुःखमेकःशोचितुमर्हसि ॥ अप्यभावेनयुज्येततत्तस्यननिवर्तते २६ अशोचन्प्रतिकुर्वीतयदिपश्येत्पराक्रमम् ॥ भैषज्यमेत द्दुःखस्ययदेतन्नानुचिंतयेत् २७ चिन्त्यमानंहिनव्येतिभूयश्चापिप्रवर्धते ॥ अनिष्टसंप्रयोगाच्चविप्रयोगात्प्रियस्यच २८ मानुषामानसैर्दुःखैर्दह्यंतेचाल्पबुद्धयः ॥ नार्थोनधर्मोनसुखंयदेतदनुशोचसि २९ नचनापैतिकार्यार्थात्त्रिवर्गाच्चैवहीयते ॥ अन्यामन्यांधनावस्थांप्राप्यवैशेषिकींनराः ॥ असंतुष्टाःप्रमुह्यंतिभंतोषंयांतिपंडिताः ३० प्रज्ञयामानसंदुःखंहन्याच्छारीरमौषधैः ॥ एतद्विज्ञानसामर्थ्यंनबालैःसमतामियात् ३१ शयानंचानुशेतेहितिष्ठंतंचानुतिष्ठति ॥ अनुधावतिधावंतंकर्मपूर्वकृतं नरम् ३२ यस्यांयस्यामवस्थायांयत्करोतिशुभाशुभम् ॥ तस्यांतस्यामवस्थायांतत्फलंसमुपाश्नुते ३३ ॥ ॥ ॥

१६ । १७ आचक्षेकथयामि १८ । १९ दीर्घमध्वानमास्थितंमांपांडवाअग्रैवपश्यंतुइत्युक्तंतत्राह आत्मानमिति । कायंदेहं कार्यमित्यपिपाठः २० । २१ । २२ । २३ । २४ । २५ जानपदिकंसर्वसाधारणं अभावेनमरणेन तत्तद्दुःखंच २६ । २७ । २८ । २९ कार्यार्थात्नापैतीतिनापित्वपैत्येव ३० । ३१ । ३२ अवस्थायांयौवनादिरूपायाम् ३३ ॥ ॥

येनेति । स्थूलेनदेहेनकृतंतत्तेनैवभुज्यते मनःकृतंचेत्तेनैवभुज्यतेस्वप्नादौ ३४ अपकृतस्यायथार्थस्य ३५ । ३६ मूलंशरीरम् ३७ ॥ इतिस्त्रीपर्वणि नीलकंठीये भारतभावदीपे द्वितीयोऽध्यायः ॥ २ ॥
सुभाषितैरिति १ । २ शांतिचित्तस्योपरतिम् ३ शांतौहेतुर्लोकस्यअशाश्वतत्वज्ञानमित्याह अशाश्वतमिति ४ यदेति । पितृवनंमृत्युम् ५ यदिमरणमात्राद्विमुच्यतेतर्हिदेहशोषणंकिमर्थंक्रियतइत्याह
निर्मांसैरिति । तत्रपरलोके तेषांमृतानां परेतपस्विनः तस्मान्मरणानंतरमपिविषमगतिरस्त्येवेत्यर्थः ६ येनहेतुनाअदृष्टरूपेणकुलेनरूपेणचविशेषणंप्राप्नोतिसोऽदृष्टरूपोहेतुःसर्वत्रकार्येऽस्तीतिपूर्वकर्माधीनेषु

येनयेनशरीरेणयद्यत्कर्मकरोतियः ॥ तेनतेनशरीरेणतत्फलंसमुपाश्नुते ३४ आत्मैवह्यात्मनोबंधुरात्मैवरिपुरात्मनः ॥ आत्मैवह्यात्मनःसाक्षीकृतस्यापकृतस्यच ३५ शुभेनकर्मणासौख्यंदुःखंपापेनकर्मणा ॥ कृतंभवतिसर्वत्रनाकृतंविद्यतेक्वचित् ३६ नहिज्ञानविरुद्धेषुबह्वपायेषुकर्मसु ॥ मूलघातिषुसज्जन्तेबुद्धिमन्तोभवद्विधाः ३७ इतिश्रीमहाभारते स्त्रीपर्वणिजलप्रदानिकपर्वणि धृतराष्ट्रविशोककरणेद्वितीयोऽध्यायः ॥ २ ॥ ॥ धृतराष्ट्रउवाच ॥ ॥ सुभाषितैर्महाप्राज्ञशोकोऽयंविगतोमम ॥ भूयएवतुवाक्यानिश्रोतुमिच्छामितत्वतः १ अनिष्टानांचसंसर्गादिष्टानांचविसर्जनात् ॥ कथंहिमानसैर्दुःखैःप्रमुच्यन्तेतुपंडिताः २ ॥ विदुरउवाच ॥ ॥ यतोयतोमनोदुःखात्सुखाद्वाविप्रमुच्यते ॥ ततस्ततोनियम्यैतच्छांतिंविन्देतवैबुधः ३ अशाश्वतमिदंसर्वंचिंत्यमानंनरर्षभ ॥ कदलीसन्निभोलोकःसारोह्यस्यनविद्यते ४ यदाप्राज्ञाश्वमूढाश्वधनवन्तोऽथनिर्धनाः ॥ सर्वेपितृवनंप्राप्यस्वपंतिविगतज्वराः ५ निर्मांसैरस्थिभूयिष्ठैर्गात्रैःस्नायुनिबंधिभिः ॥ किंविशेषंप्रपश्यंतितत्रतेषांपरेजनाः ६ येनप्रत्यवगच्छेयुःकुलरूपविशेषणम् ॥ कस्मादन्योन्यमिच्छंतिविप्रलब्धधियोनराः ७ गृहाणीवहिमर्त्यानामाहुर्देहानिपंडिताः ॥ कालेनविनियुज्यंतेसत्वमेकंतुशाश्वतम् ८ यथाजीर्णमजीर्णंवावस्त्रंत्यक्त्वातुपूरुषः ॥ अन्यद्रोचयतेवस्त्रमेवंदेहाःशरीरिणाम् ९ वैचित्रवीर्यसाध्यंहिदुःखंवायदिवासुखम् ॥ प्राप्नुवंतीहभूतानिस्वकृतेनैवकर्मणा १० कर्मणाप्राप्यतेस्वर्गःसुखंदुःखंचभारत ॥ ततोवहतितंभारमवशःस्ववशोऽपिवा ११ यथाचमृन्मयंभांडंचक्रारूढंविपद्यते ॥ किंचित्प्रक्रियमाणंवाकृतमात्रमथापिवा १२ छन्नंवाप्यवरोप्यंतमवतीर्णमथापिवा ॥ आर्द्रंवाऽप्यथवाशुष्कंपच्यमानमथापिवा १३ उत्तार्यमाणमापाकादुद्धृतंचापिभारत ॥ अथवापरिभुज्जंतमेवंदेहाःशरीरिणाम् १४ गर्भस्थोवाप्रसूतोवाऽप्यथवादिवसांतरः ॥ अर्धमासगतोवाऽपिमासमात्रगतोऽपिवा १५ संवत्सरगतोवाऽपिद्विसंवत्सरएववा ॥ यौवनस्थोऽथमध्यस्थोवृद्धोवाऽपिविपद्यते १६ प्राक्कर्मभिस्तुभूतानिभवंतिनभवंतिच ॥ एवंसांसिद्धिकेलोकेकिमर्थमनुतप्यसे १७ यथातुसलिलंराजन्क्रीडार्थमनुसंतरत् ॥ उन्मज्जेच्चनिमज्जेच्चकिंचित्सत्वंनराधिप १८ एवंसंसारगहनेउन्मज्जननिमज्जने ॥ कर्मभोगेनबध्यन्तेक्लिश्यन्तेचाल्पबुद्धयः १९ ॥

पुत्रादिसंयोगवियोगेषुनशोकादिकंयुक्तमितिभावः ७ सत्वंलिंगशरीरं शाश्वतंमोक्षपर्यंतंस्थायित्वात् ८ । ९ । १० । ११ । १२ अवरोप्यंतंअवरोप्यमाणम् १३ आपाकात्कुलालकृतात्
पात्रपाककूटात् १४ । १५ । १६ । १७ । १८ । १९ ॥ ॥ ॥ ॥

२० ॥ इतिश्रीपर्वणिनीलकंठीयेभारतभावदीपे तृतीयोऽध्यायः ॥ ३ ॥ ॥ कथमिति १ जन्मप्रभृतिशुक्रशोणितसंयोगादारभ्य क्रियागर्भवृद्धिरूपाउपलक्ष्यते कलिलंशुक्रशोणितसंयोगः । एकरात्रोषितं कलिलंभवतिपंचरात्राद्बुद्बुदइत्यादिशास्त्राद्गम्यते । तत्रकलिलेवसतेजीवइतिशेषः । किंचिदंतरंपूर्वदिनापेक्षयाद्दृढ्यवस्थाभेदेनअल्पेनपरिमाणांतरेण २ पंचमेमासेअतीतेअवयवाभिव्यक्तेपिंडेवासंचैतन्यस्याविर्भावंअकल्पयत पूर्वंचैतन्यसत्तामात्रं पंचमेऽतीतेतुषष्ठेआविर्भावइतिविशेषः । ततःसदशमासाभ्यंतरेसंपूर्णांगगर्भोजायते ३ । ४ । ५ तस्माद्योनिद्वारात्संसारात्संसारंप्राप्य ६ । ७ संगःविषयसंगःस्वादुयैषांतैः ८ । ९ यद्यपिमूढःपापंनावैति तथाऽपिध्यानपरिनिष्ठितास्ततस्तथैवयथाशास्त्रमात्मानंपरिरक्षन्त्येव १० तस्यैवंयमदूतैर्नीयमानस्यवाग्घीनस्यसर्वेन्द्रियविकलस्ययन्मात्रंयत्किंचिदिष्टानिष्टंपुण्यंपापंतत

तेतुप्राज्ञाःस्थिताःसत्वेसंसारेऽस्मिन्हितैषिणः ॥ समागमज्ञाभूतानांतेयांतिपरमांगतिम् २० ॥ इतिश्रीम० स्त्रीप० जलप्रदानिकप० विशोककरणेतृतीयोऽध्यायः ॥ ३ ॥ ॥ धृतराष्ट्रउवाच ॥ कथंसंसारगहनंविज्ञेयंवदतांवर ॥ एतदिच्छाम्यहंश्रोतुंतत्त्वमाख्याहिपृच्छतः १ ॥ विदुरउवाच ॥ जन्मप्रभृतिभूतानांक्रियासर्वोपलक्ष्यते ॥ पूर्वमेवेहकलिलेवसतेकिंचिदन्तरम् २ ततःसपंचमेऽतीतेमासेवासमकल्पयत् ॥ ततःसर्वांगसंपूर्णोगर्भोवैसतुजायते ३ अमेध्यमध्येवसतिमांसशोणितलेपने ॥ ततस्तुवायुवेगेनऊर्ध्वपादोह्यधःशिराः ४ योनिद्वारमुपागम्यबहून्क्लेशान्समृच्छति ॥ योनिसंपीडनाच्चैवपूर्वकर्मभिरन्वितः ५ तस्मान्मुक्तःससंसारादन्यान्पश्यत्युपद्रवान् ॥ ग्रहास्तमनुगच्छंतिसारमेयाइवामिषम् ६ ततःप्राप्तोत्तरेकालेव्याधयश्चापितंतथा ॥ उपसर्पंतिजीवंतंबध्यमानंस्वकर्मभिः ७ तंबद्धमिंद्रियैःपाशैःसंगस्वादुभिरावृत्तम् ॥ व्यसनान्यपिवर्तंतेविविधानिनराधिप ८ बध्यमानश्चतैर्भूयोनैवतृप्तिमुपैतिसः ॥ तदानावैतिचैवायंप्रकुर्वन्साध्वसाधुवा ९ तथैवपरिरक्षंतियेध्यानपरिनिष्ठिताः ॥ अयंनबुद्ध्यतेतावद्यमलोकमथागतम् १० यमदूतैर्विकृष्यंश्चमृत्युंकालेनगच्छति ॥ वाग्घीनस्यचयन्मात्रमिष्टानिष्टंकृतंमुखे ॥ भूयएवात्मनाऽऽत्मानंवध्यमानमुपेक्षते ११ अहोविनिकृतोलोकोलोभेनचवशीकृतः ॥ लोभक्रोधभयोन्मत्तोनात्मानमवबुध्यते १२ कुलीनत्वेचरमतेदुष्कुलीनान्विकुत्सयन् ॥ धनदर्पेणदृप्तश्चदरिद्रान्परिकुत्सयन् १३ मूर्खानितिपरानाहनात्मानंसमवेक्षते ॥ दोषान्क्षिपतिचान्येषांनात्मानंशास्तुमिच्छति १४ यदाप्राज्ञाश्चमूर्खाश्चधनवन्तश्चनिर्धनाः ॥ कुलीनाश्चाकुलीनाश्चमानिनोऽथाप्यमानिनः १५ सर्वेपितृवनंप्राप्ताःस्वपंतिविगतत्वचः ॥ निर्मांसैरस्थिभूयिष्ठैर्गात्रैःस्नायुनिबंधनैः १६ विशेषंनप्रपश्यंतितत्रतेषांपरेजनाः ॥ येनप्रत्यवगच्छेयुःकुलरूपविशेषणम् १७ यदासर्वेसमंन्यस्ताःस्वपंतिधरणीतले ॥ कस्मादन्योन्यमिच्छंतिप्रलब्धुमिहदुर्बुधाः ॥ प्रत्यक्षंचपरोक्षंचयोनिशम्यश्रुतिंत्विमाम् १८ अध्रुवेजीवलोकेऽस्मिन्योधर्ममनुपालयन् ॥ जन्मप्रभृतिवर्तेतप्राप्नुयात्परमांगतिम् १९ ॥ ॥

मुखेप्रथमंकृतंभवति तत्रापिपुण्यफलंभुंजानोविषयेषुयोगात् आत्मानंबध्यमानंगर्भवासादिनापात्यमानंउपेक्षतेनतुस्वहितंकामयते ११ । १२ । १३ । १४ । १५ विगतत्वचःआच्छादनहीनाः १६ तस्यनास्तिक्यमनुवर्दतियेनेत्यादिना १७ यदेतिसार्धःपरमतानुवादः प्रत्यक्षादितः सर्वेसर्वाणिभूतानिसमंतुल्यंस्वपंतिक्रमिविड्भस्मभावंगच्छंतितदाऽन्योन्यंप्रलब्धुंविप्रलब्धुंऋत्विग्यजमानंदेहिअमुंलोकंप्राप्स्यसीतिप्रतारयितुंदुर्बुधाःदुष्पंडिताइच्छंति देहरूपस्यात्मनोनष्टत्वात् आमुष्मिकफलवचनमनर्थकंस्यादितिभावः १८ वर्तेतपरमार्थसाधनव्यापारंकुर्यात् १९ ॥ ॥ ॥

पंथानोमार्गान् द्वितीयार्थेप्रथमा अन्यान्गतिमार्गान्मोक्षयते किंतुऊर्ध्वमार्गमेवप्रापयति २० ॥ इतिस्त्रीपर्वणिनीलकंठीयेभारतभावदीपेचतुर्थोऽध्यायः ॥ ४ ॥ ॥ यदिदंधर्मगहनमित्यध्यायस्यविवरणंउत्त राध्यायेनक्रियते अहोखलुमहद्दुःखमित्यादिना १ । २ द्वाभ्यामविद्याकर्मभ्यांजायतइतिद्विजःजंतुः वनंसंसारः क्रव्यादाव्याधयः ३ महान्स्वनोदुःखशब्दोयैस्तैः सिंहादिभिर्व्याधिभिः ४ । ५ । ६ । ७ वागुराः विषयतृष्णादिवासनाः ८ । ९ । १० । ११ विलग्नः तत्रैवाभिमानवान् १२ ऊर्ध्वपादोह्यधःशिराः स्वर्गच्युतः संसारमनुसृतः १३ नागंकालसर्पं वीनाहोमुखबन्धनं तस्यस्वदेहकूपप्रच्छादकस्य

एवंसर्वेविदित्वावैयस्तत्त्वमनुवर्तते ॥ सप्रमोक्षयतेसर्वान्पंथानोमनुजेश्वर २० ॥ इतिश्रीमहाभारतेस्त्रीपर्वणिजलप्रदानिकपर्वणिविशोककरणेचतुर्थोऽध्यायः ॥ ४ ॥ धृतराष्ट्रउवाच ॥ यदिदंधर्मगहनंबुद्ध्यासमनुगम्यते ॥ तद्विविस्तरतःसर्वंबुद्धिमार्गंप्रशंसमे १ ॥ विदुरउवाच ॥ अत्रतेवर्तयिष्यामिनमस्कृत्वास्वयंभुवे ॥ यथा संसारगहनंवदंतिपरमर्षयः २ कश्चिन्महतिकांतारेवर्तमानोद्विजःकिल ॥ महद्दुर्गमनुप्राप्तोवनंक्रव्यादसंकुलम् ३ सिंहव्याघ्रगजर्क्षौघैरतिघोरंमहास्वनैः ॥ पिशितादैरतिभयैर्महोग्राकृतिभिस्तथा ४ समंतात्संपरिक्षिप्तंयत्स्मदृष्ट्वात्रसेद्यमः ॥ तदस्यदृष्ट्वाहृदयमुद्वेगमगमत्परम् ५ अभ्युच्छ्रयंचरोम्णांवैविक्रियाश्चपरंतप ॥ सतद्वनंव्यनुसरन्संप्रधावन्नितस्ततः ६ वीक्षमाणोदिशःसर्वाःशरणंक्वभवेदिति ॥ सतेषांछिद्रमन्विच्छन्प्रद्रुतोभयपीडितः ७ नचनिर्यातिवैदूरंनवातैर्विप्रमोच्यते ॥ अथापश्यद्वनंघोरंसमंताद्वागुरावृतम् ८ बाहुभ्यांसंपरिक्षिप्तंस्त्रियापरमघोरया ॥ पंचशीर्षधरैर्नागैःशैलैरिवसमुन्नतैः ९ नभःस्पृशैर्महावृक्षैःपरिक्षिप्तंमहावनम् ॥ वनमध्येचतत्राभूदुदपानःसमावृतः १० वल्लीभिस्तृणच्छन्नाभिर्दृढाभिरभिसंवृतः ॥ पपातसद्विजस्तत्रनिगूढेसलिलाशये ११ विलग्नश्चाभवत्तस्मिंल्लतासंतानसंकुले ॥ पनसस्ययथाजातंवृंतबद्धंमहाफलम् १२ सतथालंबतेतत्रह्यूर्ध्वपादोह्यधःशिराः ॥ अथतत्रापिचान्योऽस्यभूयोजातउपद्रवः १३ कूपमध्येमहानागमपश्यतमहाबलम् ॥ कूपवीनाहवेलायामपश्यतमहागजम् १४ षड्वक्त्रंकृष्णशुक्लंचद्विषट्कपदचारिणम् ॥ क्रमेणपरिसर्पंतंवल्लीवृक्षसमावृतम् १५ तस्यचापिप्रशाखासुवृक्षशाखावलंबिनः ॥ नानारूपामधुकराघोररूपाभयावहाः १६ आसतेमधुसंवृत्यपूर्वमेवनिकेतजाः ॥ भूयोभूयःसमीहंतेमधूनिभरतर्षभ १७ स्वादनीयानिभूतानांयैर्बालोविप्रकृष्यते ॥ तेषांमधूनांबहुधाधाराप्रस्रवतेतदा १८ आलंबमानःसपुमान्धारांपिबतिसर्वदा ॥ नचास्यतृष्णाविरतापिबमानस्यसंकटे १९ अभीप्सतितदानित्यमतृप्तःसपुनःपुनः ॥ नचास्यजीवितेराजन्निर्वेदःसमजायत २० तत्रैवचमनुष्यस्यजीविताशाप्रतिष्ठिता ॥ कृष्णाःश्वेताश्चतंवृक्षंकुट्टयंतिचमूषिकाः २१

मरणकारणस्यक्रोधलोभादेर्वेलायांसंवत्सराख्यःकालगजःपरिवर्तते तंतिरोधातुंसहायोभवति १४ षद्कऋतवःवक्त्राणियस्यतं कृष्णशुक्लंकृष्णशुक्लपक्षमयं द्विषट्काः द्वादशपादामासायस्य वल्लीजीविताशा वृक्षआयुर्जीवितकालः १५ प्रशाखासुबाल्ययौवनाद्यवस्थासु मधुकराःकामरसार्थिनइन्द्रियगणाः १६ मधुकामान्संवृत्यसंगृह्य निकेताःसंधिगृहास्तज्जाः समीहंतेइन्द्रियमधुकाराः १७ इन्द्रियतृष्णयाजीवोपिनह्यष्यतीत्याह तेषामिति १८ । १९ । २० तत्रैवकामसुखे कृष्णाःश्वेताश्चमूषिकाःरात्र्यहानि वृक्षंकुट्टयंतिआयुःक्षिण्वन्ति २१ ॥ ॥

व्यालैः दुष्टमतंगजादितुल्यैर्व्याधिभिः स्त्रियाजरया नागेनमृत्युसर्पेण कुंजरेणसंवत्सराख्येनकालेन २२ वृक्षप्रपातोमरणं मधुलोभाद्विषयसुखासक्तेः २३ । २४ इतिस्त्रीपर्वणिनीलकंठीये भारतभावदीपेपंचमो

व्यालैश्ववनदुर्गान्तेस्त्रियाचपरमोग्रया ॥ कूपाधस्ताच्चनागेनवीनाहेकुंजरेणच २२ वृक्षप्रपाताच्चभयंमूषिकेभ्यश्चपंचमम् ॥ मधुलोभान्मधुकरैःषष्ठमाहुर्महद्भयम् २३ एवंसवसतेतत्रक्षिप्तःसंसारसागरे ॥ नचैवजीविताशायांनिर्वेदमुपगच्छति २४ ॥ इतिश्रीमहाभारतेस्त्रीपर्वणिजलप्रदानिकप० विशोककरणेपंचमोऽध्यायः ॥ ५ ॥ धृतराष्ट्रउवाच ॥ अहोखलुमहद्दुःखंकृच्छ्रवासश्चतस्यह ॥ कथंतस्यरतिस्तत्रतुष्टिर्वावदतांवर १ सदेशःक्वनुयत्रासौवसतेधर्मसंकटे ॥ कथंवासविमुच्येतनरस्तस्मान्महाभयात् २ एतन्मेसर्वमाचक्ष्वसाधुचेष्टामहेतदा ॥ कृपामेमहतीजातातस्याभ्युद्धरणेनहि ३ ॥ विदुरउवाच ॥ उपमानमिदंराजन्मोक्षविद्भिरुदाहृतम् ॥ सुकृतंविंदतेयेनपरलोकेषुमानवः ४ उच्यतेयत्तुकांतारंमहासंसारएवसः ॥ वनंदुर्गंहियच्चैतत्संसारगहनंहितत् ५ येचतेकथिताव्यालाव्याधयस्तेप्रकीर्तिताः ॥ यासानारीबृहत्कायाअध्यतिष्ठततत्रवै ६ तामाहुस्तुजरांप्राज्ञारूपवर्णविनाशिनीम् ॥ यस्तत्रकूपोनृपतेसतुदेहःशरीरिणाम् ७ यस्तत्रवसतेऽधस्तान्महाहिःकालएवसः॥ अंतकःसर्वभूतानांदेहिनांसर्वहार्यसौ ८ कूममध्येचयाजातावल्लीयत्रसमानवः ॥ प्रतानेलंबतेलग्नोजीविताशाशरीरिणाम् ९ सयस्तुकूपवीनाहेतंवृक्षंपरिसर्पति ॥ षड्वक्त्रःकुंजरोराजन्सतुसंवत्सरःस्मृतः १० मुखानिऋतवोमासाःपादाद्वादशकीर्तिताः ॥ येतुवृक्षंनिकृन्तन्तिमूषिकाःपन्नगास्तथा ११ रात्र्यहानितुतान्याहुर्भूतानांपरिचिन्तकाः ॥ येतेमधुकरास्तत्रकामास्तेपरिकीर्तिताः १२ यास्तुताबहुशोधाराःस्रवंतिमधुनिस्रवम् ॥ तांस्तुकामरसान्विद्याद्यत्रमज्जन्तिमानवाः १३ एवंसंसारचक्रस्यपरिवृत्तिंविदुर्बुधाः ॥ येनसंसारचक्रस्यपाशांश्छिन्दन्तिवैबुधाः १४ ॥ इतिश्रीमहाभारतेस्त्रीपर्वणिजलप्रदानिकप० विशोककरणेषष्ठोऽध्यायः ॥ ६ ॥ धृतराष्ट्रउवाच ॥ अहोऽभिहितमाख्यानंभवतातत्त्वदर्शिना ॥ भूयएवतुमेहर्षःश्रुत्वावागमृतंतव १ ॥ विदुरउवाच ॥ शृणुभूयःप्रवक्ष्यामिमार्गस्यैतस्यविस्तरम् ॥ यच्छ्रुत्वाविप्रमुच्यन्तेसंसारेभ्योविचक्षणाः २ यथातुपुरुषोराजन्दीर्घमध्वानमास्थितः ॥ क्वचित्क्वचिच्छ्रमाच्छ्रान्तःकुरुतेवासमेववा ३ एवंसंसारपर्यायेगर्भवासेपुभारत ॥ कुर्वंतिदुर्बुधावासंमुच्यन्तेतत्रपंडिताः ४ तस्माद्ध्वानमेवैतमाहुःशास्त्रविदोजनाः ॥ यत्तुसंसारगहनंवनमाहुर्मनीषिणः ५ सोऽयंलोकसमावर्तोमर्त्यानांभरतर्षभ ॥ चराणांस्थावराणांचनगृध्येत्तत्रपंडितः ६ शारिरामानसाश्चैवमर्त्यानांयेतुव्याधयः ॥ प्रत्यक्षाश्चपरोक्षाश्चतेव्यालाःकथिताबुधैः ७ क्लिश्यमानाश्चतैर्नित्यंवार्यमाणाश्चभारत ॥ स्वकर्मभिर्महाव्यालैर्नोद्विजंत्यल्पबुद्धयः ८ ॥ ॥ ॥

ऽध्याय ॥ ५ ॥ ॥ अहोखल्वितिस्पष्टार्थः १ । २ । ३ । ४ । ५ । ६ । ७ । ८ । ९ । १० । ११ । १२ । १३ येनेति येननिर्वेदेनपाशांश्छिंदंति १४ ॥ इतिस्त्रीपर्वणिनीलकंठीये भारतभावदीपेषष्ठोऽध्यायः ॥ ६ ॥ ॥ अहोभिहितमिति १ । २ । ३ । ४ । ५ । ६ । ७ । ८ ॥ ॥

९ । १० । ११ निधयःकालस्यकर्तव्यार्थसाधकाः अभिलिखितानिसर्वतोवयसाआयुषासुखदुःखजराव्याधिभिःकर्मणाअदृष्टरूपेणन्यस्तानि १२ सत्वंबुद्धिः कर्मबुद्धिर्मनः । 'मनःप्रग्रहमेवच'इतिश्रुतेः १३
यःसंघाताभिमानीभोक्ता वेगमनुधावतिकर्ममार्गप्रवृत्तिमनुसरति १४ यःसंयतःसंयमीसंयच्छतेतानिंद्रियाद्यान्संयमतेसननिवर्तते संसारेमृतःसन्नपुनरावर्तते १५ जीवंतोऽपिताहशानमुह्यंतिमभ्रमंतियोनिचक्रे १६

अथापितैर्विमुच्येतव्याधिभिःपुरुषोनृप ॥ आवृणोत्येवतंपश्चाज्जरारूपविनाशिनी ९ शब्दरूपरसस्पर्शैर्गंधैश्चविविधैरपि ॥ मज्जमांसमहापंकेनिरालंबेसमंतत १० संवत्स
राश्चमासाश्चपक्षाहोरात्रसंधयः ॥ क्रमेणास्योपयुंजंतिरूपमायुस्तथैवच ११ एतेकालस्यनिधयोनैतान्जानंतिदुर्बुधाः॥ धात्राभिलिखितान्याहुःसर्वभूतानिकर्मणा १२
रथःशरीरंभूतानांसत्वमाहुस्तुसारथिम् ॥ इंद्रियाणिहयानाहुःकर्मबुद्धिस्तुरश्मयः १३ तेषांहयानांयोवेगंधावतामनुधावति ॥ सतुसंसारचक्रेऽस्मिंश्चक्रवत्परिवर्तते १४
यस्तान्संयमतेबुद्ध्यासंयतोननिवर्तते ॥ येतुसंसारचक्रेऽस्मिंश्चक्रवत्परिवर्तिते १५ भ्रममाणानमुह्यंतिसंसारेनभ्रमंतिते ॥ संसारेभ्रमतांराजन्दुःखमेतद्धिजायते १६
तस्मादस्यनिवृत्त्यर्थंयत्नमेवाचरेद्बुधः ॥ उपेक्षानात्रकर्तव्याशतशाखःप्रवर्धते १७ यतेन्द्रियोनरोराजन्क्रोधलोभनिराकृतः ॥ संतुष्टःसत्यवादीयःसशांतिमधिगच्छति
१८ याम्यमाहूरथंह्येनंमुह्यन्तेयेनदुर्बुधाः ॥ सचैतत्प्राप्नुयाद्राजन्यत्स्वंप्राप्तोनराधिप १९ अनुतर्षुलमेवैतद्दुःखंभवतिमारिष ॥ राज्यनाशंसुहृन्नाशंसुतनाशंचभारत ॥
साधुःपरमदुःखानांदुःखभैषज्यमाचरेत् २० ज्ञानौषधमवाप्येहदूरपारंमहौषधम् ॥ छिंद्याद्दुःखमहाव्याधिंनरःसंयतमानसः २१ नविक्रमोनचाप्यर्थोनमित्रंनसुहृज्जनः ॥
तथोन्मोचयतेदुःखाद्यथाऽऽत्मास्थिरसंयमः २२ तस्मान्मैत्रंसमास्थायशीलमापद्यभारत ॥ दमस्त्यागोऽप्रमादश्चतेत्रयोब्रह्मणोहयाः २३ शीलरश्मिसमायुक्तःस्थि
तोयोमानसेरथे ॥ त्यक्त्वामृत्युभयंराजन्ब्रह्मलोकंसगच्छति २४ अभयंसर्वभूतेभ्योयोददातिमहीपते ॥ सगच्छतिपरंस्थानंविष्णोःपदमनामयम् २५ नतत्क्रतुसहस्रे
णनोपवासैश्चनित्यशः ॥ अभयस्यचदानेनयत्फलंप्राप्नुयान्नरः २६ नह्यात्मनःप्रियतरंकिंचिद्भूतेषुनिश्चितम् ॥ अनिष्टंसर्वभूतानांमरणंनामभारत २७ तस्मात्सर्वेषुभूते
षुदयाकार्याविपश्चिता ॥ नानामोहसमायुक्ताबुद्धिजालेनसंवृताः २८ असूक्ष्मदृष्टयोमंदाभ्राम्यन्तेतत्रतत्रह ॥ सुसूक्ष्मदृष्टयोराजन्व्रजंतिब्रह्मशाश्वतम् २९ इतिश्री
महाभारतेस्त्रीपर्वणिजलप्रदानिकप० विशोककरणेसप्तमोऽध्यायः ॥ ७ ॥ ॥ वैशंपायनउवाच ॥ विदुरस्यतुतद्वाक्यंनिशम्यकुरुसत्तमः ॥ पुत्रशोकाभिसंतप्तःपपात
भुविमूर्च्छितः १ तंतथापतितंभूमौनिःसंज्ञंप्रेक्ष्यबान्धवाः ॥ कृष्णद्वैपायनश्चैवक्षत्ताचविदुरस्तथा २ ॥ ॥

शतशाखःसंसारवृक्षः १७ क्रोधलोभौनिराकृतौयेनसः याम्यंयमलोकप्रापकंसंसारगहनं १८।१९ अनुतर्षुलंतृष्णाशीलंलक्षीकृत्य २०दूरपारंब्रह्मज्ञानं २१ स्थिरःपुनर्विवर्तितुमसमर्थः संयमस्तुच्छविषयेभ्यइंद्रि
यपरावृत्तिर्यस्यतादृशः आत्मास्वयं २२ ब्रह्मणःब्रह्मलोकस्यप्रापकाइतिशेषः २३ । २४ । २५ । २६ । २७ । २८ । २९ इतिस्त्रीपर्वणिनीलकंठीयेभारतभावदीपेसप्तमोऽध्यायः ॥ ७ ॥ ॥
विदुरस्येति १ । २ ॥ ॥ ॥ ॥ ॥ ॥ ॥ ॥

३ । ४ । ५ । ६ । ७ । ८ । ९ । १० । ११ । १२ । १३ । १४ । १५ । १६ । १७ । १८ । १९ । २० । २१ । २२ । २३ । २४ । २५ । २६ । २७ । २८ । २९ । ३० । ३१ । ३२

संजयःसुहृदश्चान्येद्वाःस्थायेचास्यसंमताः ॥ जलेनसुखशीतेनतालवृंतैश्चभारत ३ पस्पर्शुश्चकरैर्गात्रंवीज्यमानश्चयत्नतः ॥ आश्वास्यतुचिरंकालंधृतराष्ट्रं
तथागतम् ४ अथदीर्घस्यकालस्यलब्धसंज्ञोमहीपतिः ॥ विललापचिरंकालंपुत्राधिभिरभिप्लुतः ५ धिगस्तुखलुमानुष्यंमानुषेषुपरिग्रहे ॥ यतोमूलानिदुः
खानिसंभवंतिमुहुर्मुहुः ६ पुत्रनाशेऽर्थनाशेचज्ञातिसंबंधिनामथ ॥ प्राप्यतेसुमहद्दुःखंविषाग्निप्रतिमंविभो ७ येनदह्यंतिगात्राणियेनप्रज्ञाविनश्यति ॥ येना
भिभूतःपुरुषोमरणंबहुमन्यते ८ तदिदंव्यसनंप्राप्तंमयाभाग्यविपर्ययात् ॥ तस्यान्तंनाधिगच्छामिऋतेप्राणविमोक्षणात् ९ तथैवाहंकरिष्यामिअद्यैवद्विजस
त्तम ॥ इत्युक्त्वातुमहात्मानंपितरंब्रह्मवित्तमम् १० धृतराष्ट्रोऽभवन्मूढःसशोकंपरमंगतः ॥ अभूच्चतूष्णींराजाऽसौध्यायमानोमहीपते ११ तस्यतद्वचनंश्रुत्वा
कृष्णद्वैपायनःप्रभुः ॥ पुत्रशोकाभिसंतप्तंपुत्रंवचनमब्रवीत् १२ ॥ व्यासउवाच ॥ धृतराष्ट्रमहाबाहोयत्त्वांवक्ष्यामितच्छृणु ॥ श्रुतवानसिमेधावीधर्मार्थकुश
लःप्रभो १३ नतेऽस्त्यविदितंकिंचिद्वेदितव्यंपरंतप ॥ अनित्यतांहिमर्त्यानांविजानासिनसंशयः १४ अध्रुवेजीवलोकेचस्थानेवाशाश्वतेसति ॥ जीवितेमर
णांतेचकस्माच्छोचसिभारत १५ प्रत्यक्षंतवराजेन्द्रवैरस्यास्यसमुद्भवः ॥ पुत्रंतेकारणंकृत्वाकालयोगेनकारितः १६ अवश्यंभवितव्येचकुरूणांवैशसेनृप ॥
कस्माच्छोचसितान्शूरान्गतान्परमिकांगतिम् १७ जानताचमहाबाहोविदुरेणमहात्मना ॥ यतितंसर्वयत्नेनशमंप्रतिजनेश्वर १८ नचदैवकृतोमार्गःशक्यो
भूतेनकेनचित् ॥ घटताऽपिचिरंकालंनियंतुमितिमेमतिः १९ देवतानांहियत्कार्यंमयाप्रत्यक्षतःश्रुतम् ॥ तत्तेहंसंप्रवक्ष्यामियथास्थैर्यंभवेत्तव २० पुराऽहंत्व
रितोयातःसभामैन्द्रींजितक्लमः ॥ अपश्यंतत्रचतदासमवेतान्दिवौकसः २१ नारदप्रमुखाश्चापिसर्वेदेवर्षयोऽनघ ॥ तत्रचापिमयादृष्टापृथिवीपृथिवीपते २२
कार्यार्थमुपसंप्राप्तादेवतानांसमीपतः ॥ उपगम्यतदाधात्रीदेवानाहसमागतान् २३ यत्कार्यंममयुष्माभिर्ब्रह्मणःसदनेतदा ॥ प्रतिज्ञातंमहाभागास्तच्छीघ्रंसंवि
धीयताम् २४ तस्यास्तद्वचनंश्रुत्वाविष्णुर्लोकनमस्कृतः ॥ उवाचवाक्यंप्रहसन्पृथिवींदेवसंसदि २५ धृतराष्ट्रस्यपुत्राणांयस्तुज्येष्ठःशतस्यवै ॥ दुर्योधनइ
तिख्यातःसतेकार्यंकरिष्यति २६ तंचप्राप्यमहीपालंकृतकृत्याभविष्यसि ॥ तस्यार्थेपृथिवीपालाःकुरुक्षेत्रसमागताः २७ अन्योन्यंघातयिष्यंतिदृढैःशस्त्रैःप्र
हारिणः ॥ ततस्तेभवितादेविभारस्ययुधिनाशनम् २८ गच्छशीघ्रंस्वकंस्थानंलोकान्धारयशोभने ॥ यएषतेसुतोराजन्लोकसंहारकारणात् २९ कलेरंशः
समुत्पन्नोगांधार्याजठरेनृप ॥ अमर्षीचपलश्चापिक्रोधनोदुष्प्रसाधनः ३० दैवयोगात्समुत्पन्नाभ्रातारश्चास्यतादृशाः ॥ शकुनिर्मातुलश्चैवकर्णश्चपरमःसखा
३१ समुत्पन्नाविनाशार्थंपृथिव्यांसहितानृपाः ॥ यादृशोजायतेराजातादृशोऽस्यजनोभवेत् ३२ ॥ ॥

म.भा.टी. ३३ । ३४ । ३५ । ३६ । ३७ । ३८ । ३९ । ४० । ४१ । ४२ । ४३ । ४४ । ४५ । ४६ । ४७ । ४८ । ४९ । ५० । ५१ । ५२ । ५३ ॥ इतिस्त्रीपर्वणिनीलकंठीये भारतभावदीपे अष्टमो स्त्री० ११

॥ ९ ॥ अधर्मोधर्मतांयातिस्वामीचेद्धार्मिकोभवेत् ॥ स्वामिनोगुणदोषाभ्यांभृत्याःस्युर्नात्रसंशयः ३३ दुष्टंराजानमासाद्यगतास्तेतनयानृप ॥ एतमर्थंमहाबाहोनारदोवेदत अ०
त्त्ववित् ३४ आत्मापराधात्पुत्रास्तेविनष्टाःपृथिवीपते ॥ मातान्शोचस्वराजेंद्रनहिशोकेऽस्तिकारणम् ३५ नहितेपांडवाःस्वल्पमपराध्यंतिभारत ॥ पुत्रास्तवदुरात्मा
नोयैरियंघातितामही ३६ नारदेनचभद्रंतेपूर्वमेवनसंशयः ॥ युधिष्ठिरस्यसमितौराजसूयेनिवेदितम् ३७ पांडवाःकौरवाःसर्वेसमासाद्यपरस्परम् ॥ नभविष्यंतिकौन्ते ९
ययत्तेकृत्यंतदाचर ३८ नारदस्यवचःश्रुत्वातदाऽशोचंतपांडवाः ॥ एवंतेसर्वमाख्यातंदेवगुह्यंसनातनम् ३९ कथंतेशोकनाशःस्यात्प्राणेषुचदयाप्रभो ॥ स्नेहश्चपांडु
पुत्रेषुज्ञात्वादैवकृतंविधिम् ४० एषचार्थोमहाबाहोपूर्वमेवमयाश्रुतः ॥ कथितोधर्मराजस्यराजसूयेक्रतूत्तमे ४१ यतितंधर्मपुत्रेणमयागुह्येनिवेदिते ॥ अविग्रहेकौ
रवाणांदैवंतुबलवत्तरम् ४२ अनतिक्रमणीयोहिविधीराजन्कथंचन ॥ कृतांतस्यतुभूतेनस्थावरेणचरेणच ४३ भवान्धर्मपरोयत्रबुद्धिश्रेष्ठश्चभारत ॥ मुह्यतेप्राणिनां
ज्ञात्वागतिंचागतिमेवच ४४ त्वांतुशोकेनसंतप्तंमुह्यमानंमुहुर्मुहुः ॥ ज्ञात्वायुधिष्ठिरोराजाप्राणानपिपरित्यजेत् ४५ कृपालुर्नित्यशोवीरस्तिर्यग्योनिगतेष्वपि ॥ सक
थंत्वयिराजेन्द्रकृपांनैवकरिष्यति ४६ ममचैवनियोगेनविधेश्चाप्यनिवर्तनात् ॥ पांडवानांचकारुण्यात्प्राणान्धारयभारत ४७ एवंतेवर्तमानस्यलोकेकीर्तिर्भविष्यति ॥
धर्मार्थःसुमहांस्ताततप्तंस्याच्चतपश्चिरात् ४८ पुत्रशोकसमुत्पन्नंहुताशंज्वलितंयथा ॥ प्रज्ञाऽम्भसामहाभागनिर्वापयसदासदा ४९ ॥ वैशंपायनउवाच ॥ तच्छ्रुत्वा
तस्यवचनंव्यासस्यामिततेजसः ॥ मुहूर्तंसमनुध्यायन्धृतराष्ट्रोऽभ्यभाषत ५० महताशोकजालेनप्रणुन्नोस्मिद्विजोत्तम ॥ नात्मानमवबुध्यामिमुह्यमानोमुहुर्मुहुः ५१
इदंतुवचनंश्रुत्वातवदेवनियोगजम् ॥ धारयिष्याम्यहंप्राणान्घटिष्येनतुशोचितुम् ५२ एतच्छ्रुत्वातुवचनंव्यासःसत्यवतीसुतः ॥ धृतराष्ट्रस्यराजेन्द्रतत्रैवान्तरधीय
त ५३ ॥ इतिश्रीमहाभारतेस्त्रीपर्वणिजलप्रदानिकप० धृतराष्ट्रविशोककरणेअष्टमोऽध्यायः ॥ ८ ॥ ॥ ॥ जनमेजयउवाच ॥ गतेभगवतिव्यासेधृतराष्ट्रोम
हीपतिः ॥ किमचेष्टतविप्रर्षेतन्मेव्याख्यातुमर्हसि १ तथैवकौरवोराजाधर्मपुत्रोमहामनाः ॥ कृपप्रभृतयश्चैवकिमकुर्वततेत्रयः २ अश्वत्थाम्नःश्रुतंकर्मशापश्चान्यो
न्यकारितः ॥ वृत्तांतमुत्तरंब्रूहियदभाषतसंजयः ३ ॥ वैशंपायनउवाच ॥ हतेदुर्योधनेचैवहतेसैन्येचसर्वशः ॥ संजयोविगतप्रज्ञोधृतराष्ट्रमुपस्थितः ४ ॥
संजयउवाच ॥ आगम्यनानादेशेभ्योनानाजनपदेश्वराः ॥ पितृलोकगताराजन्सर्वेतवसुतैःसह ५ याच्यमानेनसततंतवपुत्रेणभारत ॥ घातितापृथिवीसर्वावैर
स्यांतंविधित्सता ६ पुत्राणामथपौत्राणांपितॄणांचमहीपते ॥ आनुपूर्व्येणसर्वेषांप्रेतकार्याणिकारय ७ ॥ वैशंपायनउवाच ॥ तच्छ्रुत्वावचनंघोरंसंजयस्यमहीपतिः ॥
गतासुरिवनिश्चेष्टोन्यपतत्पृथिवीतले ८ ॥ ॥ ॥ ॥

९ । १० । शोकस्यातिगाढत्वात्पुनर्विदुरेणोक्तं अभावादीनीत्यादि ११ । १२ । १३ । १४ संवर्तयतिवर्तुलयति कंपयतिवा १५ । १६ । १७ । १८ । १९ । २० आचक्षेकथयामि २१ । २२

तंशयानमुपागम्यपृथिव्यांपृथिवीपतिम् ॥ विदुरःसर्वधर्मज्ञइदंवचनमब्रवीत् ९ उत्तिष्ठराजन्किंशेषेमाशुचोभरतर्षभ ॥ एषावैसर्वसत्वानांलोकेश्वरपरागतिः १० अभावा दीनिभूतानिभावमध्यानिभारत ॥ अभावनिधनान्येवतत्रकापरिदेवना ११ नशोचन्मृतमन्वेतिनशोचन्म्रियतेनरः ॥ एवंसांसिद्धिकेलोकेकिमर्थमनुशोचसि १२ अयुध्यमानोम्रियतेयुध्यमानस्तुजीवति ॥ कालंप्राप्यमहाराजनकश्चिदतिवर्तते १३ कालःकर्षतिभूतानिसर्वाणिविविधानिच ॥ नकालस्यप्रियःकश्चिन्न द्वेष्यःकुरुसत्तम १४ यथावायुस्तृणाग्राणिसंवर्तयतिसर्वतः ॥ तथाकालवशंयांतिभूतानिभरतर्षभ १५ एकसार्थप्रयातानांसर्वेषांतत्रगामिनाम् ॥ यस्यकालः प्रयात्यग्रेतत्रकापरिदेवना १६ यांश्चापिनिहतान्युद्धेराजंस्त्वमनुशोचसि ॥ नशोच्याहिमहात्मानःसर्वेतेत्रिदिवंगताः १७ नयज्ञैर्दक्षिणावद्भिर्नतपोभिर्नविद्यया ॥ तथा स्वर्गमुपायांतियथाशूरास्तनुत्यजः १८ सर्वेवेदविदःशूराःसर्वेसुचरितव्रताः ॥ सर्वेचाभिमुखाःक्षीणास्तत्रकापरिदेवना १९ शरीराग्निषुशूराणांजुहुवुस्तेशरा हुतीः ॥ हूयमानान्शरांश्चैवसेहुरुत्तमपूरुषाः २० एवंराजंस्तवाचक्षेस्वर्ग्यंपंथानमुत्तमम् ॥ नयुद्धादधिकंकिंचित्क्षत्रियस्येहविद्यते २१ क्षत्रियास्तेमहात्मानः शूराःसमितिशोभनाः ॥ आशिषंपरमांप्राप्तानशोच्याःसर्वएवहि २२ आत्मनाऽऽत्मानमाश्वास्यमाशुचःपुरुषर्षभ ॥ नाद्यशोकाभिभूतस्त्वंकार्यमुत्स्रष्टुमर्हसि २३ ॥ ॥ इति श्रीमहाभारते स्त्रीपर्वणि जलप्रदानिकपर्वणि विदुरवाक्ये नवमोऽध्यायः ॥ ९ ॥ ॥ वैशंपायनउवाच ॥ विदुरस्यतुतद्वाक्यंश्रुत्वा तुपुरुषर्षभः ॥ युज्यतांयानमित्युक्त्वापुनर्वचनमब्रवीत् १ ॥ धृतराष्ट्रउवाच ॥ शीघ्रमानयगांधारींसर्वाश्चभरतस्त्रियः ॥ वधूंकुन्तीमुपादाययाश्चान्यास्तत्रयो षितः २ एवमुक्त्वासधर्मात्माविदुरंधर्मवित्तमम् ॥ शोकविप्रहतज्ञानोयानमेवान्वपद्यत ३ गांधारीपुत्रशोकार्ताभर्तुर्वचननोदिता ॥ सहकुंत्यायतोराजासहस्त्री भिरुपाद्रवत् ४ ताःसमासाद्यराजानंभृशंशोकसमन्विताः ॥ आमंत्र्यान्योन्यमीयुःस्मभृशमुच्चुक्रुशुस्ततः ५ ताःसमाश्वासयत्क्षत्ताताभ्यश्चार्ततरःस्वयम् ॥ अश्रुकंठीःसमारोप्यततोऽसौनिर्ययौपुरात् ६ ततःप्रणादःसंजज्ञेसर्वेषुकुरुवेश्मसु ॥ आकुमारंपुरंसर्वमभवच्छोककर्शितम् ७ अदृष्टपूर्वायानार्यःपुरादेवगणैरपि ॥ पृथग्जनेनदृश्यंतेतास्तदानिहतेश्वराः ८ प्रकीर्यकेशान्सुशुभान्भूषणान्यवमुच्यच ॥ एकवस्त्रधरानार्यःपरिपेतुरनाथवत् ९ श्वेतपर्वतरूपेभ्योगृहेभ्यस्तास्त्व पाक्रमन् ॥ गुहाभ्यइवशैलानांपृषत्योहतयूथपाः १० तान्युदीर्णानिनारीणांतदावृन्दान्यनेकशः ॥ शोकार्तान्यद्रवन्राजन्किशोरीणामिवांगने ११ ॥ ॥

कार्यंअवश्यकर्तव्यमुदकदानादि । २३ ॥ ॥ इति स्त्रीपर्वणिनीलकंठीये भारतभावदीपेनवमोऽध्यायः ॥ ९ ॥ ॥ विदुरस्येति १ । २ । ३ । ४ । ५ समारोप्यवाहनेष्वितिशेषः ६ । ७ । ८ । ९ पृषत्यश्चित्रहरिण्यः १० किशोरीणांअश्वशावकीनां 'किशोरोऽश्वस्यशावकः' इति मेदिनी । अंगनेनृत्यशिक्षाभूमौ ११ ॥ ॥

१२ । १३ । १४ । १५ । १६ । १७ । १८ । १९ । २० ॥ इति स्त्रीपर्वणिनीलकंठीयेभारतभावदीपेदशमोऽध्यायः ॥ १० ॥ ॥ क्रोशमात्रमिति १ । २ । ३ । ४ । ५ । ६ । ७ । ८ । ९

प्रगृह्यबाहून्क्रोशंत्यःपुत्रान्भ्रातॄन्पितॄनपि ॥ दर्शयंतीवताहस्मयुगांतेलोकसंक्षयम् १२ विलपंत्योरुदंत्यश्चधावमानास्ततस्ततः ॥ शोकेनोपहतज्ञानाःकर्तव्यंनप्रज
ज्ञिरे १३ व्रीडांजग्मुःपरायाःस्मसखीनामपियोषितः ॥ ताएकवस्त्रानिर्लज्जाःश्वश्रूणांपुरतोऽभवन् १४ परस्परंसुसूक्ष्मेषुशोकेष्वाश्वासयंस्तदा ॥ ताशोकविह्वला
राजन्नवैक्षंतपरस्परम् १५ ताभिःपरिवृतोराजारुदतीभिःसहस्रशः ॥ निर्ययौनगराद्दीनस्तूर्णमायोधनंप्रति १६ शिल्पिनोवणिजोवैश्याःसर्वकर्मोपजीविनः ॥
तेपार्थिवंपुरस्कृत्यनिर्ययुर्नगराद्बहिः १७ तासांविक्रोशमानानामार्तानांकुरुसंक्षये ॥ प्रादुरासीन्महान्शब्दोव्यथयन्भुवनान्युत १८ युगांतकालेसंप्राप्तेभूतानां
दह्यतामिव ॥ अभावःस्यादयंप्राप्तइतिभूतानिमेनिरे १९ भृशमुद्विग्नमनसस्तेपौराःकुरुसंक्षये ॥ प्राक्रोशंतमहाराजस्वनुरक्तास्तदाभृशम् २० ॥ इति श्रीमहा
भारतेस्त्रीपर्वणिजलप्रदानिकपर्वणि धृतराष्ट्रनिर्गमने दशमोऽध्यायः ॥ १० ॥ ॥ वैशंपायनउवाच ॥ क्रोशमात्रंततोगत्वाददृशुस्तान्महारथान् ॥ शारद्वतंकृपं
द्रौणिंकृतवर्माणमेवच १ तेतुदृष्ट्वैवराजानंप्रज्ञाचक्षुषमीश्वरम् ॥ अश्रुकंठाविनिःश्वस्यरुदंतमिदमब्रुवन् २ पुत्रस्तवमहाराजकृत्वाकर्मसुदुष्करम् ॥ गतःसानुचरोराजन्
शक्रलोकंमहीपते ३ दुर्योधनबलान्मुक्तावयमेवत्रयोरथाः ॥ सर्वमन्यत्परिक्षीणंसैन्यंतेभरतर्षभ ४ इत्येवमुक्त्वाराजानंकृपःशारद्वतस्ततः ॥ गांधारींपुत्रशोकार्ता
मिदंवचनमब्रवीत् ५ अभीतायुध्यमानास्तेघ्नंतःशत्रुगणान्बहून् ॥ वीरकर्माणिकुर्वाणाःपुत्रास्तेनिधनंगताः ६ ध्रुवंसंप्राप्यलोकांस्तेनिर्मलान्शस्त्रनिर्जितान् ॥
भास्वरंदेहमास्थायविहरंत्यमराइव ७ नहिकश्चिद्धिशूराणांयुद्ध्यमानःपराङ्मुखः ॥ शस्त्रेणनिधनंप्राप्तोनचकश्चित्कृतांजलिः ८ एवंतांक्षत्रियस्याहुःपुराणाःपरमां
गतिम् ॥ शस्त्रेणनिधनंसंख्येतन्नशोचितुमर्हसि ९ नचापिशत्रवस्तेषामृद्ध्यंतेराज्ञिपांडवाः ॥ शृणुयत्कृतमस्माभिरश्वत्थामपुरोगमैः १० अधर्मेणहतंश्रुत्वा
भीमसेनेनतेसुतम् ॥ सुप्तंशिबिरमासाद्यपांडूनांकदनंकृतम् ११ पंचालानिहताःसर्वेधृष्टद्युम्नपुरोगमाः ॥ द्रुपदस्यात्मजाश्चैवद्रौपदेयाश्चपातिताः १२ तथा
विशसनंकृत्वापुत्रशत्रुगणस्यते ॥ प्राद्रवामरणेस्थातुंनहिशक्यामहेत्रयः १३ तेहिशूरामहेष्वासाःक्षिप्रमेष्यंतिपांडवाः ॥ अमर्षवशमापन्नावैरंप्रतिजिहीर्षवः १४
तेहतानात्मजान्श्रुत्वाप्रमत्ताःपुरुषर्षभाः ॥ निरीक्षंतःपदंशूराःक्षिप्रमेवयशस्विनि १५ तेषांतुकदनंकृत्वासंस्थातुंनोत्सहामहे ॥ अनुजानीहिनोराज्ञिमाचशोकेमनः
कृथाः १६ राजंस्त्वमनुजानीहिधैर्यमातिष्ठचोत्तमम् ॥ दिष्टांतंपश्यचापित्वंक्षात्रंधर्मंचकेवलम् १७ इत्येवमुक्त्वाराजानंकृत्वाचाभिप्रदक्षिणम् ॥ कृपश्चकृतवर्माचद्रो
णपुत्रश्चभारत १८ अवेक्षमाणाराजानंधृतराष्ट्रंमनीषिणम् ॥ गंगामनुमहाराजतूर्णमश्वानचोदयन् १९ ॥ ॥

१० । ११ । १२ । १३ । १४ । १५ । १६ दिष्टांतंमरणम् १७ । १८ । १९ ॥ ॥ ॥

२० । २१ ।२२। २३ तदनंतरंकृपाचार्यकृतवर्मभ्यांवियोगानंतरम् २४ ॥ इतिस्त्रीपर्वणिनीलकंठीये भारतभावदीपेएकादशोऽध्यायः ॥ ११ ॥ ॥ हतेष्विति १ । २ । ३ । ४ । ५ प्रियाप्रियैःपांडवानां

अपक्रम्यतुतेराजन्सर्वएवमहारथाः ॥ आमंत्र्यान्योन्यमुद्विग्नास्त्रिधातेप्रययुस्तदा २० जगामहास्तिनपुरंकृपःशारद्वतस्तदा ॥ स्वमेवराष्ट्रंहार्दिक्योद्रौणिर्व्यासाश्रमं ययौ २१ एवंतेप्रययुर्वीरावीक्षमाणाःपरस्परम् ॥ भयार्त्ताःपांडुपुत्राणामागस्कृत्वामहात्मनाम् २२समेत्यवीराराजानंतदात्वनुदितेरवौ ॥ विप्रजग्मुर्महात्मानोयथेच्छ कमरिंदमाः २३ समासाद्याथवैद्रौणिंपांडुपुत्रामहारथाः ॥ व्यजयंस्तेरणेराजन्विक्रम्यतदनंतरम् २४ ॥ इतिश्रीमहाभारते स्त्रीपर्वणिजलप्रदानिकपर्वणिकृपद्रौणि भोजदर्शनेएकादशोऽध्यायः ॥ ११ ॥ ॥ वैशंपायनउवाच ॥ हतेषुसर्वसैन्येषुधर्मराजोयुधिष्ठिरः॥ शुश्रुवेपितरंवृद्धंनिर्यान्तंगजसाह्वयात् १ सोऽभ्ययात्पुत्रशोकार्तः पुत्रशोकपरिप्लुतम् ॥ शोचमानंमहाराजभ्रातृभिःसहितस्तदा २ अन्वीयमानोवीरेणदाशार्हेणमहात्मना ॥ युयुधानेन चतथातथैवचयुयुत्सुना ३ तमन्वगात्सुदुःखा र्ताद्रौपदीशोककर्शिता ॥ सहपांचालयोषिद्भिर्यास्तत्रासन्समागताः ४ सगंगामनुवृंदानिस्त्रीणांभरतसत्तम ॥ कुररीणामिवार्तानांक्रोशंतीनांददर्शह ५ ताभिःपरिवृतो राजाक्रोशंतीभिःसहस्रशः ॥ ऊर्ध्वबाहुभिरार्ताभीरुदतीभिःप्रियाप्रियैः ६ क्वनुधर्मज्ञताराज्ञःक्वनुसाऽद्यानृशंसता ॥ यच्चावधीत्पितृन्भ्रातॄन्गुरुपुत्रान्सखीनपि ७ घातयित्वाकथंद्रोणंभीष्मंचापिपितामहम् ॥ मनस्तेऽभून्महाबाहोहत्वाचापिजयद्रथम् ८ किंनुराज्येनतेकार्यंपितॄन्भ्रातॄनपश्यतः ॥ अभिमन्युंचदुर्धर्षंद्रौपदेयांश्च भारत ९ अतीत्यतामहाबाहुःक्रोशंतीःकुररीरिव ॥ ववंदेपितरंज्येष्ठंधर्मराजोयुधिष्ठिरः १० ततोऽभिवाद्यपितरंधर्मेणामित्रकर्षणाः ॥ न्यवेदयंतनामानिपांडवास्तेऽपि सर्वशः ११ तमात्मजांतकरणंपितापुत्रवधार्दितः ॥ अप्रीयमाणःशोकार्तःपांडवंपरिषस्वजे १२ धर्मराजंपरिष्वज्यसांत्वयित्वाचभारत ॥ दुष्टात्माभीममन्वैच्छद्दिध क्षुरिवपावकः १३ सकोपपावकस्तस्यशोकवायुसमीरितः ॥ भीमसेनमयंदावंदिधक्षुरिवदृश्यते १४ तस्यसंकल्पमाज्ञायभीमंप्रत्यशुभंहरिः ॥ भीममाक्षिप्यपाणि भ्यांप्रददौभीममायसम् १५ प्रागेवतुमहाबुद्धिर्बुद्ध्वातस्येंगितंहरिः ॥ संविधानंमहाप्राज्ञस्तत्रचक्रेजनार्दनः १६ तंगृहीत्वैवपाणिभ्यांभीमसेनमयस्मयम् ॥ बभंजबल वान्राजामन्यमानोवृकोदरम् १७ नागायुतबलप्राणःसराजाभीममायसम् ॥ भंक्त्वाविमथितोरस्कःसुस्रावरुधिरंमुखात् १८ ततःपपातमेदिन्यांतथैवरुधिरोक्षितः ॥ प्रपुष्पिताग्रशिखरःपारिजातइवद्रुमः १९ पत्यगृह्णाच्चतंविद्वान्सूतोगावल्गणिस्तदा ॥ मैवमित्यब्रवीच्चैनंशमयन्सांत्वयन्निव २० सतुकोपंसमुत्सृज्यगतमन्युर्महामनाः ॥ हाहाभीमेतिचुक्रोशन्नृपःशोकसमन्वितः २१ तंविदित्वागतक्रोधंभीमसेनवधार्दितम् ॥ वासुदेवोवरःपुंसामिदंवचनमब्रवीत् २२ माशुचोधृतराष्ट्रत्वंनैषभीमस्त्वया हतः ॥ आयसीप्रतिमाह्येषात्वयानिष्पातिताविभो २३ ॥ ॥ ॥ ॥ ॥

प्रियाःअभिमन्युप्रभृतयः अप्रियाःदुर्योधनादयःतैर्हेतुभिःक्रोशंतीभिरिति संबंधः ६ । ७ । ८ । ९ । १० । ११ । १२ । १३ । १४ आक्षिप्यनिवार्य आयसंलोहमयं १५ संविधानमायसस्यभीमस्य निर्माणं १६ । १७ । १८ । १९ । २० । २१ ।२२। २३ ॥ ॥ ॥ ॥

२४। २५। २६। २७ पुत्रेति । धर्मादपकृतमालिंगनच्छलेनभीमवधःकर्तव्यइत्याशया २८ वृकोदरेणअहताअपिनजीवेयुः गतायुषातर्षांनिमित्तांतरेणापिनाशावश्यभावादितिभावः २९ । ३० ॥ इतिस्त्रीप
र्वणिनीलकंठीये भारतभावदीपेद्वादशोऽध्यायः ॥ १२ ॥ ॥ ततइति १। २। ३ नतत्कृथाःतन्नकृतवानसि अडभावआर्षः ४। ५। ६ श्रेयोहिताहितेउच्यमानोनगृह्णीतइत्यन्वयः ७। ८।९।१०

त्वांक्रोधवशमापन्नंविदित्वाभरतर्षभ ॥ मयाऽपकृष्टःकौन्तेयोमृत्योर्दंष्ट्रांतरंगतः २४ नहितेराजशार्दूलबलेतुल्योऽस्तिकश्चन ॥ कःसहेतमहाबाहोबाह्वोर्विग्र
हणंनरः २५ यथांतकमनुप्राप्यजीवन्कश्चिन्नमुच्यते ॥ एवंबाह्वंतरंप्राप्यतवजीवेन्नकश्चन २६ तस्मात्पुत्रेणयातेऽसौप्रतिमाकारिताऽऽयसी ॥ भीमस्यसेयंकौ
रव्यतवैवोपहृतामया २७ पुत्रशोकाभिसंतप्तंधर्मादपकृतंमनः ॥ तवराजेन्द्रतेनत्वंभीमसेनंजिघांससि २८ नत्वेतत्तेक्षमंराजन्हन्यास्त्वंयद्वृकोदरम् ॥ नहिपु
त्रामहाराजजीवेयुस्तेकथंचन २९ तस्माद्यत्कृतमस्माभिर्मन्यमानैःशमंप्रति ॥ अनुमन्यस्वतत्सर्वंमाचशोकेमनःकृथाः ३० ॥ इतिश्रीमहाभारतेस्त्रीपर्वणिजलप्रदा
निकपर्वणिआयसभीमभंगेद्वादशोऽध्यायः ॥ १२ ॥ ॥ वैशंपायनउवाच ॥ ततएनमुपातिष्ठञ्शौचार्थंपरिचारिकाः ॥ कृतशौचंपुनश्चैनंप्रोवाचमधुसू
दनः १ राजन्नधीतावेदास्तेशास्त्राणिविविधानिच ॥ श्रुतानिचपुराणानिराजधर्माश्चकेवलाः २ एवंविद्वान्महाप्राज्ञःसमर्थःसबलाबले ॥ आत्मापराधात्कस्मा
त्त्वंकुरुषेकोपमीदृशम् ३ उक्तवांस्त्वांतदैवाहंभीष्मद्रोणौचभारत ॥ विदुरःसंजयश्चैववाक्यंराजन्नतत्कृथाः ४ सवार्यमाणोनास्माकमकार्षीर्वचनंतदा ॥ पांडवानधि
कान्जानन्बलेशौर्येचकौरव ५ राजाहियःस्थिरप्रज्ञःस्वयंदोषानवेक्षते ॥ देशकालविभागंचपरंश्रेयःसविंदति ६ उच्यमानस्तुयःश्रेयोगृह्णीतेनोहिताहिते ॥ आपदः
समनुप्राप्यसशोचत्यनयेस्थितः ७ ततोऽन्यवृत्तमात्मानंसमवेक्षस्वभारत॥ राजंस्त्वंह्यविधेयात्मादुर्योधनवशेस्थितः ८ आत्मापराधादापन्नस्तत्किंभीमंजिघांससि ॥
तस्मात्संयच्छकोपंत्वंस्वमनुस्मरदुष्कृतम् ९ यस्तुतांस्पर्धयाक्षुद्रःपांचालीमानयत्सभाम् ॥ सहतोभीमसेनेनवैरंप्रतिजिहीर्षता १० आत्मनोऽतिक्रमंपश्यपुत्रस्य
चदुरात्मनः ॥ यदनागसिपांडूनांपरित्यागस्त्वयाकृतः ११ ॥ वैशंपायनउवाच ॥ एवमुक्तःसकृष्णेनसर्वंसत्यंजनाधिप ॥ उवाचदेवकीपुत्रंधृतराष्ट्रोमहीपतिः १२
एवमेतन्महाबाहोयथावदसिमाधव ॥ पुत्रस्नेहस्तुबलवान्धैर्यान्मांसमचालयत् १३ दिष्ट्यातुपुरुषव्याघ्रोबलवान्सत्यविक्रमः ॥ त्वद्गुप्तोनागमत्कृष्णभीमोबाह्वंतरंम
म १४ इदानींत्वहमव्यग्रोगतमन्युर्गतज्वरः ॥ मध्यमंपांडवंवीरंद्रष्टुमिच्छामिमाधव १५ हतेषुपार्थिवेन्द्रेषुपुत्रेषुनिहतेषुच ॥ पांडुपुत्रेषुवैशर्मप्रीतिश्चाप्यवतिष्ठते
१६ ततःसभीमंचधनंजयंचमाद्र्याश्चपुत्रौपुरुषप्रवीरौ ॥ पस्पर्शगात्रैःप्ररुदन्सुगात्रानाश्वास्यकल्याणमुवाचचैतान् १७ ॥ इतिश्रीम०स्त्री०जलप्रदानिकप० धृतराष्ट्र
कोपविमोचने पांडवपरिष्वंगोनामत्रयोदशोऽध्यायः ॥ १३ ॥ ॥ ॥ ॥ ॥

अनागसिअपराधाभावेपरित्यागोराज्याप्रदानेनतिरस्कारः ११ । १२ । १३ । १४ । १५ । १६ । १७ ॥ इतिस्त्री०नीलकंठीये भारतभावदीपेत्रयोदशोऽध्यायः ॥ १३ ॥

धृतराष्ट्रेति १ । २ । ३ । ४ । ५ कल्पवादी हितवादी ६ एतद्वचःपांडवानशमुमुद्यतंवाक्यम् ७ । ८ । ९ नचास्यतांतामितिपाठे अस्यएनंदुर्योधनंतोषमाणायाआशीर्वचनेनतोषयंत्यास्तेतववतांतांवाचंवितथांन्स्म

॥ वैशंपायनउवाच ॥ धृतराष्ट्राभ्यनुज्ञातास्ततस्तेकुरुपांडवाः ॥ अभ्ययुर्भ्रातरःसर्वेगांधारींसहकेशवाः १ ततोज्ञात्वाहतामित्रंयुधिष्ठिरमुपागतम् ॥ गांधारीपुत्रशोकार्ताशप्तुमैच्छदनिंदिता २ तस्याःपापमभिप्रायंविदित्वापांडवान्प्रति ॥ ऋषिःसत्यवतीपुत्रःप्रागेवसमबुध्यत ३ सगंगायामुपस्पृश्यपुण्यगंधिपयःशुचि तंदेशमुपसंपेदेपरमर्षिर्मनोजवः ४ दिव्येनचक्षुषापश्यन्मनसातद्गतेनच ॥ सर्वप्राणभृतांभावंसतत्रसमबुध्यत ५ सस्नुषामब्रवीत्कालेकल्पवादीमहातपाः ॥ शापकालमवाक्षिप्यशमकालमुदीरयन् ६ नकोपःपांडवेकार्योगांधारिशममाप्नुहि ॥ वचोनिगृह्यतामेतच्छृणुचेदंवचोमम ७ उक्ताऽस्यष्टादशाहानिपुत्रेणजयमिच्छता ॥ जयमाशास्वमेमातर्युध्यमानस्यशत्रुभिः ८ सातथायाच्यमानात्वंकालेकालेजयैषिणा ॥ उक्तवत्यसिगांधारियतोधर्मस्ततोजयः ९ नचाप्यतीतांगांधारिवाचंतेवितथामहम् ॥ स्मरामितोषमाणायास्तथाप्रणिहिताह्यसि १० विग्रहेतुमुलेराज्ञांगत्वापारमसंशयम् ॥ जितंपांडुसुतैर्युद्धेनूनंधर्मस्ततोऽधिकः ११ क्षमाशीलापुराभूत्वासाऽद्यनक्षमसेकथम् ॥ अधर्मंजहिधर्मज्ञेयतोधर्मस्ततोजयः १२ स्वंचधर्मंपरिस्मृत्यवाचंचोक्तांमनस्विनि ॥ कोपंसंयच्छगांधारिमैवंभूःसत्यवादिनि १३ ॥ गांधार्युवाच ॥ भगवन्नाभ्यसूयामिनैतानिच्छामिनश्यतः ॥ पुत्रशोकेनतुबलान्मनोविह्वलतीवमे १४ यथैवकुंत्याकौन्तेयारक्षितव्यास्तथामया ॥ तथैवधृतराष्ट्रेणरक्षितव्यायथात्वया १५ दुर्योधनापराधेनशकुनेःसौबलस्यच ॥ कर्णदुःशासनाभ्यांचकृतोऽयंकुरुसंक्षयः १६ नापराध्यतिबीभत्सुर्नचपार्थोवृकोदरः ॥ नकुलःसहदेवश्चनैवजातुयुधिष्ठिरः १७ युध्यमानाहिकौरव्याःकृतमानाःपरस्परम् ॥ निहताःसहिताश्चान्यैस्तत्रनास्त्यप्रियंमम १८ किंतुकर्माकरोद्भीमोवासुदेवस्यपश्यतः दुर्योधनंसमाहूयगदायुद्धेमहामनाः १९ शिक्षयाभ्यधिकंज्ञात्वाचरंतंबहुधारणे ॥ अधोनाभ्याःप्रहृतवांस्तन्मेकोपमवर्धयत् २० कथंनुधर्मंधर्मज्ञैःसमुद्दिष्टंमहात्मभिः ॥ त्यजेयुराहवेशूराःप्राणहेतोःकथंचन २१ ॥ इतिश्रीमहाभारतेस्त्रीपर्वणि जलप्रदानिकपर्वणि गांधारीसांत्वनायांचतुर्दशोऽध्यायः ॥ १४ ॥ ॥ वैशंपायनउवाच ॥ तच्छ्रुत्वावचनंतस्याभीमसेनोऽथभीतवत् ॥ गांधारींप्रत्युवाचेदंवचःसानुनयंतदा १ अधर्मोयदिवाधर्मस्त्रासात्तत्रमयाकृतः ॥ आत्मानंत्रातुकामेनतन्मेत्वंक्षंतुमर्हसि २ नहियुद्धेनपुत्रस्तेधर्म्येणसमहाबलः ॥ नशक्यःकेनचिद्धंतुमतोविषममाचरम् ३ अधर्मेणजितःपूर्वंतेनचापियुधिष्ठिरः ॥ निकृताश्चसदैवस्मततोविषममाचरम् ४ सैन्यस्यैकोऽवशिष्टोऽयंगदायुद्धेनवीर्यवान् ॥ मांहत्वानहरेद्राज्यमितिवैतत्कृतंमया ५ राजपुत्रींचपांचालीमेकवस्त्रांरजस्वलाम् ॥ भवत्याविदितंसर्वमुक्तवान्यत्सुतस्तव ६ ॥ ॥ ॥ ॥

रामीत्यन्वयः १० । ११ । १२ । १३ । १४ । १५ । १६ । १७ कृतमानाःकृताहंकाराः १८ । १९ । २० । २१ ॥ इतिस्त्रीपर्वणिनीलकंठीये भारतभावदीपेचतुर्दशोऽध्यायः ॥ १४ ॥ तदिति १ । २ । ३ । ४ । ५ उक्तवान्नहितेपतयःसंतीत्यादि ६ ॥ ॥ ॥ ॥ ॥

असंगृह्यानुपसंहृत्य ७।८ । ९ । १० । ११ । १२ । १३ । १४ । १५ अंतोष्ठात् अधरोष्ठात्उपरिनगतमित्यर्थः दंतोष्ठादित्यपपाठः १६ वृषसेनेनकर्णपुत्रेण १७ । १८ । १९ । २० किंचित्कमपि

सुयोधनमसंगृह्यनशक्याभूःससागरा ॥ केवलाभोक्तुमस्माभिरतश्चैतत्कृतंमया ७ तथाऽप्यप्रियमस्माकंपुत्रस्तेसमुपाचरत् ॥ द्रौपद्यायत्सभामध्येसव्यमूरुमदर्शयत्
८ तदैववध्यःसोऽस्माकंदुराचारश्चतेसुतः ॥ धर्मराजाज्ञयाचैवस्थिताःस्मसमयेतदा ९ वैरमुद्दीपितंराज्ञिपुत्रेणतवतन्महत् ॥ क्लेशिताश्चवनेनित्यंततएतत्कृतंमया १०
वैरस्यास्यगताःपारंहत्वादुर्योधनंरणे ॥ राज्यंयुधिष्ठिरःप्राप्तोवयंचगतमन्यवः ११ ॥ गांधार्युवाच ॥ नतस्यैषवधस्तातयत्प्रशंससिमेसुतम् ॥ कृतवांश्चापितत्सर्वं य
दिदंभाषसेमयि १२ हताश्वेनकुलेयत्तुवृषसेनेनभारत ॥ अपिबःशोणितंसंख्येदुःशासनशरीरजम् १३ सद्भिर्विगर्हितंघोरमनार्यजनसेवितम् ॥ क्रूरंकर्माकृथास्तस्मा
त्तदयुक्तंवृकोदर १४ ॥ भीमसेनउवाच ॥ अन्यस्यापिनपातव्यंरुधिरंकिंपुनःस्वकम् ॥ यथैवात्मातथाभ्राताविशेषोनास्तिकश्चन १५ रुधिरंनव्यतिक्रामदंतोष्ठादंब
माशुचः ॥ वैवस्वतस्तुतद्वेदहस्तौमेरुधिरोक्षितौ १६ हताश्वंनकुलंदृष्ट्वावृषसेनेनसंयुगे ॥ भ्रातॄणांसंप्रहृष्टानांत्रासःसंजनितोमया १७ केशपक्षपरामर्शेद्रौपद्याद्यूतका
रिते ॥ क्रोधाद्यदब्रुवंचाहंतच्चमेहृदिवर्तते १८ क्षत्रधर्माच्च्युतोराज्ञिभवेयंशाश्वतीःसमाः ॥ प्रतिज्ञांतामनिस्तीर्यततस्तत्कृतवानहम् १९ नमामर्हसिगांधारिदोषेण
परिशंकितुम् ॥ अनिगृह्यपुरापुत्रानस्मास्वनपकारिषु ॥ अधुनाकिंनुदोषेणपरिशंकितुमर्हसि २० ॥ गांधार्युवाच ॥ वृद्धस्यास्यशतंपुत्रान्निघ्नंस्त्वमपराजितः ॥ क
स्मान्नशेषयेःकंचिद्येनाल्पमपराधितम् २१ संतानमावयोस्तातवृद्धयोर्हृतराज्ययोः ॥ कथमंधद्वयस्यास्ययष्टिरेकानवर्जिता २२ शेषेह्यवस्थितेतातपुत्राणामंतके
त्वयि ॥ नमेदुःखंभवेदेतद्यदित्वंधर्ममाचरेः २३ ॥ वैशंपायनउवाच ॥ एवमुक्त्वातुगांधारीयुधिष्ठिरमपृच्छत ॥ क्वसराजेतिसक्रोधापुत्रपौत्रवधार्दिता २४ तामभ्यग
च्छद्राजेन्द्रोवेपमानःकृतांजलिः ॥ युधिष्ठिरस्त्विदंतत्रमधुरंवाक्यमब्रवीत् २५ पुत्रहंतानृशंसोऽहंतवदेवियुधिष्ठिरः ॥ शापार्हःपृथिवीनाशेहेतुभूतःशपस्वमाम् २६
नहिमेजीवितेनार्थोनराज्येनधनेनवा ॥ तादृशान्सुहृदोहत्वामूढस्यास्यसुहृद्द्रुहः २७ तमेवंवादिनंभीतंसंनिकर्षगतंतदा ॥ नोवाचकिंचिद्गांधारीनिःश्वासपरमाभृशम्
२८ तस्यावनतदेहस्यपादयोर्निपतिष्यतः ॥ युधिष्ठिरस्यनृपतेर्धर्मज्ञादीर्घदर्शिनी २९ अंगुल्यग्राणिददृशेदेवीपट्टांतरेणसा ॥ ततःसकुनखीभूतोदर्शनीयनखोनृपः
३० तंदृष्ट्वाचार्जुनोऽगच्छद्वासुदेवस्यपृष्ठतः ॥ एवंसंचेष्टमानांस्तानितश्चेतश्चभारत ३१ गांधारीविगतक्रोधासांत्वयामासमातृवत् ॥ तयातेसमनुज्ञातामातरंवीरमात
रम् ३२ अभ्यगच्छंतसहिताःपृथांपृथुलवक्षसः ॥ चिरस्यदृष्ट्वापुत्रान्सापुत्राधिभिरभिप्लुता ३३ बाष्पमाहारयद्देवीवस्त्रेणावृत्यवैमुखम् ॥ ततोबाष्पंसमुत्सृज्यसहपुत्रै
स्तदापृथा ३४ अपश्यदेतान्शस्त्रौघैर्बहुधाक्षतविक्षतान् ॥ सातानैकैकशःपुत्रान्संस्पृशंतीपुनःपुनः ३५ अन्वशोचतदुःखार्ताद्रौपदींचहतात्मजाम् ॥ रुदतीम
थपांचालींददर्शपतितांभुवि ३६ ॥ ॥ ॥ ॥

नशेषयेःशेषमेकमपिनरक्षितवानसि २१ नवर्जितावधकालेनत्यक्ता २२ । २३ । २४ । २५ । २६ । २७ । २८ । २९ कुनखीभूतोहस्तदेशइतिशेषः ३० । ३१ । ३२ । ३३ । ३४ । ३५ । ३६

३७ । ३८ । ३९ । ४० । ४१ । ४२ । ४३ वांआवाम् ४४ ॥ इतिस्त्रीपर्वणिनीलकंठीये भारतभावदीपे पंचदशोऽध्यायः ॥ १५॥ ॥ ॥ एवमिति । अवकर्तनंयुद्धस्थानम् १ । २

॥ द्रौपद्युवाच ॥ आर्येपुत्राःक्वतेसर्वेसौभद्रसहितागताः ॥ नत्वांतेऽद्याभिगच्छंतिचिरंदृष्ट्वातपस्विनीम् ३७ किंनुराज्येनवैकार्यंविहीनायाःसुतैर्मम ॥ तांसमाश्वासयामासपृथापृथुललोचना ३८ उत्थाप्ययाज्ञसेनींतुरुदतींशोककर्शिताम् ॥ तयैवसहिताचापिपुत्रैरनुगतानृप ३९ अभ्यगच्छतगांधारीमार्तामार्ततरास्वयम् ॥ ॥ वैशंपायनउवाच ॥ तामुवाचाथगांधारीसहवध्वायशस्विनीम् ४० मैवंपुत्रीतिशोकार्तापश्यमामपिदुःखिताम् ॥ मन्येलोकविनाशोऽयंकालपर्यायनोदितः ४१ अवश्यभावीसंप्राप्तःस्वभावाल्लोमहर्षणः ॥ इदंतत्समनुप्राप्तंविदुरस्यवचोमहत् ४२ असिद्धानुनयेकृष्णेयदुवाचमहामतिः ॥ तस्मिन्नपरिहार्येऽर्थेव्यतीतेचविशेषतः ४३ माशुचोनहिशोच्यास्तेसंग्रामेनिधनंगताः ॥ यथैवाहंतथैवत्वंकोवामाश्वासयिष्यति ॥ ममैवह्यपराधेनकुलमग्र्यंविनाशितम् ४४ ॥ इतिश्रीमहाभारतेस्त्रीपर्वणिजलप्रदानीकप० पृथापुत्रदर्शनेपंचदशोऽध्यायः ॥ १५ ॥ समाप्तंजलप्रदानिकंपर्व ॥ अथस्त्रीविलापपर्व ॥ ॥ वैशंपायनउवाच ॥ एवमुक्त्वातुगांधारीकुरूणामवकर्तनम् ॥ अपश्यत्तत्रतिष्ठंतीसर्वंदिव्येनचक्षुषा १ पतिव्रतामहाभागासमानव्रतचारिणी ॥ उग्रेणतपसायुक्तासततंसत्यवादिनी २ वरदानेनकृष्णस्यमहर्षेःपुण्यकर्मणः ॥ दिव्यज्ञानबलोपेताविविधंपर्यदेवयत् ३ ददर्शसाबुद्धिमतीदूरादपियथांतिके ॥ रणाजिरंनृवीराणामद्भुतंलोमहर्षणम् ४ अस्थिकेशवसाकीर्णंशोणितौघपरिप्लुतम् ॥ शरीरैर्बहुसाहस्रैर्विनिकीर्णंसमंततः ५ गजाश्वरथयोधानामावृतंरुधिराविलैः ॥ शरीरैरशिरस्कैश्चविदेहैश्चशिरोगणैः ६ गजाश्वनरनारीणांनिःस्वनैरभिसंवृतम् ॥ सृगालबककाकोलकंककाकनिषेवितम् ७ रक्षसांपुरुषादानांमोदनंकुरराकुलम् ॥ अशिवाभिःशिवाभिश्चनादितंगृध्रसेवितम् ८ ततोव्यासाभ्यनुज्ञातोधृतराष्ट्रोमहीपतिः ॥ पांडुपुत्राश्चतेसर्वेयुधिष्ठिरपुरोगमाः ९ वासुदेवंपुरस्कृत्यहतबंधुंचपार्थिवम् ॥ कुरुस्त्रियःसमासाद्यजग्मुरायोधनंप्रति १० समासाद्यकुरुक्षेत्रंताःस्त्रियोनिहतेश्वराः॥ अपश्यंतहतांस्तत्रपुत्रान्भ्रातॄन्पितॄन्पतीन् ११ क्रव्यादैर्भक्ष्यमाणान्वैगोमायुबलवायसैः ॥ भूतैःपिशाचैरक्षोभिर्विविधैश्चनिशाचरैः १२ रुद्राक्रीडनिभंदृष्ट्वातदाविशसनंस्त्रियः ॥ महार्हेभ्योऽथयानेभ्योविक्रोशंत्योनिपेतिरे १३ अदृष्टपूर्वंपश्यंत्योदुःखार्ताभरतस्त्रियः ॥ शरीरेष्वस्खलन्नन्याःपतत्यश्चापराभुवि १४ श्रांतानांचाप्यनाथानांनासीत्काचनचेतना ॥ पांचालकुरुयोषाणांकृपणंतदभून्महत् १५ दुःखोपहतचित्ताभिःसमन्तादनुनादितम् ॥ दृष्ट्वाऽऽयोधनमत्युग्रंधर्मज्ञासुबलात्मजा १६ ततःसापुंडरीकाक्षमामंत्र्यपुरुषोत्तमम् ॥ कुरूणांवैशसंदृष्ट्वाइदंवचनमब्रवीत् १७ पश्यैताःपुंडरीकाक्षस्नुषामेनिहतेश्वराः ॥ प्रकीर्णकेशाःक्रोशंतीःकुररीरिवमाधव १८ अमूस्त्वभिसमागम्यस्मरंत्योभर्तृजान्गुणान् ॥ पृथगेवाभिधावंत्यःपुत्रान्भ्रातॄन्पितॄन्पतीन् १९ ॥

३ । ४ । । ५ । ६।७ । ८ । ९ । १० । ११।१२ । १३ । १४ । १५ । १६ । १७ । १८ । १९ ॥

२० । २१ । २२ । २३ । २४ । २५ पंचानांभूतानांपृथिव्यादीनां कुरुपंचालवधात्कृत्स्नंपांचभौतिकंजगन्नष्टमितिभावः २६ । २७ । २८ । २९ । ३० शयनानिआस्तीर्यैतिशेषः ३१ । ३२ । ३३

वीरसूभिर्महाराजहतपुत्राभिरावृतम् ॥ क्वचिच्चवीरपत्नीभिर्हतवीराभिरावृतम् २० शोभितंपुरुषव्याघ्रैःकर्णभीष्माभिमन्युभिः ॥ द्रोणद्रुपदशल्यैश्चज्वलद्भिरि
वपावकैः २१ कांचनैःकवचैर्निष्कैर्मणिभिश्चमहात्मनाम् ॥ अंगदैर्हस्तकेयूरैःस्रग्भिश्चसमलंकृतम् २२ वीरबाहुविसृष्टाभिःशक्तिभिःपरिघैरपि ॥ खड्गैश्चविवि
धैस्तीक्ष्णैःसशरैश्चशरासनैः २३ क्रव्यादसंघैर्मुदितैस्तिष्ठद्भिःसहितैःक्वचित् ॥ क्वचिदाक्रीडमानैश्चशयानैश्चापरैःक्वचित् २४ एतदेवंविधंवीरसंपश्यायोधनं
विभो ॥ पश्यमानाहिदह्यामिशोकेनाहंजनार्दन २५ पंचालानांकुरूणांचविनाशेमधुसूदन ॥ पंचानामपिभूतानामहंवधमचिंतयम् २६ तान्सुपर्णाश्चगृध्रा
श्चकर्षयंत्यसृगुक्षिताः ॥ विगृह्यचरणैर्गृध्राभक्षयंतिसहस्रशः २७ जयद्रथस्यकर्णस्यतथैवद्रोणभीष्मयोः ॥ अभिमन्योर्विनाशंचकश्चिंतयितुमर्हति २८ अव
ध्यकल्पान्निहतान्गतसत्वानचेतसः ॥ गृध्रकंकवटश्येनश्वसृगालादनीकृतान् २९ अमर्षवशमापन्नान्दुर्योधनवशेस्थितान् ॥ पश्येमान्पुरुषव्याघ्रान्संशांता
न्पावकानिव ३० शयानायेपुरासर्वेमृदूनिशयनानिच ॥ विपन्नास्तेऽद्यवसुधांविवृतामधिशेरते ३१ बंदिभिःसततंकालेस्तुवद्भिरभिनंदिताः ॥ शिवानामशि
वाघोराःशृण्वंतिविविधागिरः ३२ येपुराशेरतेवीराःशयनेषुयशस्विनः ॥ चंदनागुरुदिग्धांगास्तेऽद्यपांसुषुशेरते ३३ तेषामाभरणान्येतेगृध्रगोमायुवायसाः ॥ आक्षि
पंतिशिवाघोराविनदंत्यःपुनःपुनः ३४ बाणान्विनिशितान्पीतान्निस्त्रिंशान्विमलागदाः ॥ युद्धाभिमानिनःसर्वेजीवंतइवबिभ्रति ३५ सुरूपवर्णाबहवःक्रव्यादैरवघ
ट्टिताः ॥ ऋषभप्रतिरूपाश्चशेरतेहरितस्रजः ३६ अपरेपुनरालिंग्यगदाःपरिघबाहवः ॥ शेरतेऽभिमुखाःशूरादयिताइवयोषितः ३७ बिभ्रतःकवचान्यन्येविमलान्या
युधानिच ॥ नधर्षयंतिक्रव्यादाजीवंतीतिजनार्दन ३८ क्रव्यादैःकृष्यमाणानामपरेषांमहात्मनाम् ॥ शातकौम्भ्यःस्रजश्चित्राविप्रकीर्णाःसमंततः ३९ एतेगोमायवो
भीमानिहतानांयशस्विनाम् ॥ कंठांतरगतान्हारानाक्षिपंतिसहस्रशः ४० सर्वेष्वपररात्रेषुयानानंदंतबंदिनः ॥ स्तुतिभिश्चपरार्घ्याभिरुपचारैश्चशिक्षिताः ४१ तानि
माःपरिदेवंतिदुःखार्ताःपरमांगनाः ॥ कृपणंवृष्णिशार्दूलदुःखशोकार्दिताभृशम् ४२ रक्तोत्पलवनानीवविभांतिरुचिराणिच ॥ मुखानिपरमस्त्रीणांपरिशुष्काणिकेशव
४३ रुदिताद्विरताह्येताध्यायंत्यःसपरिच्छदाः ॥ कुरुस्त्रियोऽभिगच्छंतितेनतेनैवदुखिताः ४४ एतान्यादित्यवर्णानितपनीयनिभानिच ॥ रोषरोदनताम्राणिवक्त्रा
णिकुरुयोषिताम् ४५ श्यामानांवरवर्णानांगौरीणामेकवाससाम् ॥ दुर्योधनवरस्त्रीणांपश्यवृंदानिकेशव ४६ आसामपरिपूर्णार्थंनिशम्यपरिदेवितम् ॥ इतरेतरसंक्रंदा
न्नविजानंतियोषितः ४७ एतादीर्घमिवोच्छ्वस्यविक्रुश्यचविलप्यच ॥ विस्पंदमानादुःखेनवीराजहतिजीवितम् ४८ ॥ ॥

३४ । ३५ । ३६ । ३७ । ३८ । ३९ । ४० । ४१ । ४२ । ४३ । ४४ । ४५ । ४६ । ४७ एताःशोचंतीरभिलक्ष्येतिशेषः ४८ ॥ ॥

४९ । ५० । ५१ । ५२ । ५३ विजग्धान् भक्षितान् ५४ । ५५ । ५६ । ५७ । ५८ । ५९ । ६० । ६१ इति स्त्रीपर्वणिनीलकंठीये भारतभावदीपे षोडशोऽध्यायः ॥ १६ ॥ ॥

बह्व्योदृष्ट्वाशरीराणिक्रोशंतिविलपंतिच ॥ पाणिभिश्चापराघ्नंतिशिरांसिमृदुपाणयः ४९ शिरोभिःपतितैर्हस्तैःसर्वांगैर्यूथशःकृतैः ॥ इतरेतरसंपृक्तैराकीर्णाभातिमेदि
नी ५० विशिरस्कानथोकायान्दृष्ट्वाह्येतानानिंदितान् ॥ मुह्यन्त्यनुगतानार्योविदेहानिशिरांसिच ५१ शिरःकायेनसंधायप्रेक्षमाणाविचेतसः ॥ अपश्यंत्योपरंतत्रने
दमस्येतिदुःखिताः ५२ बाहूरुचरणानन्यान्विशिखोन्मथितान्पृथक् ॥ संदधत्योऽसुखाविष्टामूर्छंन्त्येताःपुनःपुनः ५३ उत्कृत्यशिरसश्चान्यान्विजग्धान्मृगपक्षिभिः
दृष्ट्वाकाश्चिन्नजानंतिभर्तॄन्भरतयोषितः ५४ पाणिभिश्चापराघ्नंतिशिरांसिमधुसूदन ॥ प्रेक्ष्यभ्रातॄन्पितॄन्पुत्रान्पतींश्चनिहतान्परैः ५५ बाहुभिश्चसखड्गैश्चशिरोभि
श्चसकुंडलैः ॥ अगम्यकल्पापृथिवीमांसशोणितकर्दमा ५६ बभूवभरतश्रेष्ठप्राणिभिर्गतजीवितैः ॥ नदुःखेषूचिताःपूर्वंदुःखंगाहंत्यनिंदिताः ५७ भ्रातृभिःपतिभिः
पुत्रैरुपाकीर्णावसुंधरा ॥ यूथानीवकिशोरीणांसुकेशीनांजनार्दन ५८ स्नुषाणांधृतराष्ट्रस्यपश्यवृंदान्यनेकशः ॥ इतोदुःखतरंकिंनुकेशवप्रतिभातिमे ५९ यदिमाः
कुर्वतेसर्वारवमुच्चावचंस्त्रियः ॥ नूनमाचरितंपापंमयापूर्वेषुजन्मसु ६० यापश्यामिहतान्पुत्रान्पौत्रान्भ्रातॄंश्चमाधव ॥ एवमार्ताविलपतीसमाभाष्यजनार्दनम् ॥
गांधारीपुत्रशोकार्तादद्दर्शनिहतंसुतम् ६१ ॥ इतिश्रीमहाभारतेस्त्रीपर्वणिस्त्रीविलापपर्वणिआयोधनदर्शनेषोडशोऽध्यायः ॥ १६ ॥ ॥ वैशंपायनउवाच ॥ दुर्यो
धनंहतंदृष्ट्वागांधारीशोककर्शिता ॥ सहसान्यपतद्भूमौछिन्नेवकदलीवने १ सातुलब्ध्वापुनःसंज्ञांविक्रुश्यचविलप्यच ॥ दुर्योधनमभिप्रेक्ष्यशयानंरुधिरोक्षितम् २
परिष्वज्यचगांधारीकृपणंपर्यदेवयत् ॥ हाहापुत्रेतिशोकार्ताविललापाकुलेंद्रिया ३ सुगूढजत्रुविपुलंहारनिष्कविभूषितम् ॥ वारिणानेत्रजेनोरःसिंचन्तीशोकतापिता
४ समीपस्थंहृषीकेशमिदंवचनमब्रवीत् ॥ उपस्थितेऽस्मिन्संग्रामेज्ञातीनांसंक्षयेविभो ५ मामयंप्राहवार्ष्णेयप्रांजलिर्नृपसत्तमः ॥ अस्मिञ्ज्ञातिसमुद्धर्षेजयमंबाब्रवी
तुमे ६ इत्युक्तेजानतीसर्वमहंस्वव्यसनागमम् ॥ अब्रुवंपुरुषव्याघ्रयतोधर्मस्ततोजयः ७ यथाचयुध्यमानस्त्वंनवैमुह्यसिपुत्रक ॥ ध्रुवंशस्त्रजितान्लोकान्प्राप्स्यस्य
मरवत्प्रभो ८ इत्येवमब्रुवंपूर्वंनैनंशोचामिवैप्रभो ॥ धृतराष्ट्रंतुशोचामिकृपणंहतबांधवम् ९ अमर्षणंयुधांश्रेष्ठंकृतास्त्रंयुद्धदुर्मदम् ॥ शयानंवीरशयनेपश्यमाधवमेसु
तम् १० योऽयंमूर्धावसिक्तानामग्रेयातिपरंतपः ॥ सोऽयंपांसुषुशेतेऽद्यपश्यकालस्यपर्ययम् ११ ध्रुवंदुर्योधनोवीरोगतिंसुलभतांगतः ॥ तथाह्यभिमुखःशेतेशयनेवी
रसेविते १२ यंपुरापर्युपासीनारमयंतिवरस्त्रियः ॥ तंवीरशयनेसुप्तंरमयंत्यशिवाःशिवाः १३ यंपुरापर्युपासीनारमयंतिमहीक्षितः ॥ महीतलस्थंनिहतंगृध्रास्तंपर्यु
पासते १४ यंपुराव्यजनैरम्यैरुपवीजंतियोषितः ॥ तमद्यपक्षव्यजनैरुपवीजंतिपक्षिणः १५ एषशेतेमहाबाहुर्बलवान्सत्यविक्रमः ॥ सिंहेनेवद्विपःसंख्येभीमसेनेनपातितः १६

४ दुर्योधनमिति १ । २ । ३ । ४ । ५ । ६ । ७ । ८ । ९ । १० । ११ । १२ । १३ । १४ । १५ । १६ ॥ ॥ ॥

१७। १८।१९। २०। २१। २२। २३। २४। २५। २६। २७। २८। २९ पंचशाखाभ्यांपंचांगुलिभ्यांपाणिभ्यां ३०। ३१। ३२। इतिस्त्रीपर्वणि नीलकंठीये भारतभाव

पश्यदुर्योधनंकृष्णशयानंरुधिरोक्षितम् ॥ निहतंभीमसेनेनगदांसंमृज्यभारत १७ ॥ अक्षौहिणीर्महाबाहुर्दशचैकांचकेशव ॥ आनयद्यःपुरासंख्येसोऽनयान्निधनं
गतः १८ एषदुर्योधनःशेतेमहेष्वासोमहाबलः ॥ शार्दूलइवसिंहेनभीमसेनेनपातितः १९ विदुरंह्यवमन्यैषपितरंचैवमंदभाक् ॥ बालोवृद्धावमानेनमंदोमृत्युवशंगतः
२० निःसपत्नामहीयस्यत्रयोदशसमाःस्थिता ॥ सशेतेनिहतोभूमौपुत्रोमेपृथिवीपतिः २१ अपश्यंकृष्णपृथिवींधार्तराष्ट्रानुशासिताम् ॥ पूर्णांहस्तिगवाश्वैश्ववार्ष्णे
यनतुतच्चिरम् २२ तामेवाद्यमहाबाहोपश्याम्यन्यानुशासिताम् ॥ हीनांहस्तिगवाश्वेनकिंनुजीवामिमाधव २३ इदंकष्टतरंपश्यपुत्रस्यापिवधान्मम ॥ यदिमाःपर्यु
पासंतेहतान्शूरान्रणेस्त्रियः २४ प्रकीर्णकेशांसुश्रोणींदुर्योधनशुभांकगाम् ॥ रुक्मवेदीनिभांपश्यकृष्णलक्ष्मणमातरम् २५ नूनमेषापुराबालाजीवमानेमहीभुजे ॥
भुजावाश्रित्यरमतेसुभुजस्यमनस्विनी २६ कथंतुशतधानेदंहृदयंममदीर्यते ॥ पश्यंत्यानिहतंपुत्रंपौत्रेणसहितंरणे २७पुत्रंरुधिरसंसिक्तमुपजिघ्रत्यनिंदिता ॥ दुर्योध
नंतुवामोरूःपाणिनापरिमार्जती २८ किंनुशोचतिभर्तारंपुत्रंचैषामनस्विनी ॥ तथाह्यवस्थिताभातिपुत्रंचाप्यभिवीक्ष्यसा २९ स्वशिरःपंचशाखाभ्यामभिहत्यायते
क्षणा ॥ पतत्युरसिवीरस्यकुरुराजस्यमाधव ३० पुंडरीकनिभाभातिपुंडरीकांतरप्रभा ॥ मुखंविमृज्यपुत्रस्यभर्तुश्चैवतपस्विनी ३१ यदिसत्यागमाःसंतियदिवैश्रुत
यस्तथा ॥ ध्रुवंलोकानवाप्तोऽयंनृपोबाहुबलार्जितान् ३२ ॥ इतिश्रीमहाभारतेस्त्रीपर्वणिस्त्रीविलापपर्वणिदुर्योधनदर्शनेसप्तदशोऽध्यायः ॥ १७ ॥ ॥ गांधार्युवाच ॥
पश्यमाधवपुत्रान्मेशतसंख्यान्जितक्लमान् ॥ गदयाभीमसेनेनभूयिष्ठंनिहतान्रणे १ इदंदुःखतरंमेऽद्ययदिमामुक्तमूर्धजाः ॥ हतपुत्रारणेबालाःपरिधावंतिमेस्नुषाः
२ प्रासादतलचारिण्यश्चरणैर्भूषणान्वितैः ॥ आपन्नायत्स्पृशंतीमांरुधिरार्द्रांवसुंधराम् ३ कृच्छ्रादुत्सारयंतिस्मगृध्रगोमायुवायसान् ॥ दुःखेनार्ताविघूर्णंत्योमत्ताइव
चरन्त्युत ४ एषाऽन्यात्वनवद्यांगीकरसंमितमध्यमा ॥ घोरमायोधनंदृष्ट्वानिपतत्यतिदुःखिता ५ दृष्ट्वामेपार्थिवसुतामेतांलक्ष्मणमातरम् ॥ राजपुत्रींमहाबाहोमनोनह्यु
पशाम्यति ६ भ्रातृंश्चान्याःपितृंश्चान्याःपुत्रांश्चनिहतान्भुवि ॥ दृष्ट्वापरिपतंत्येताःप्रगृह्यसुमहाभुजान् ७ मध्यमानांतुनारीणांवृद्धानांचापराजित ॥ आक्रंदंहतबं
धूनांदारुणेवैशसेशृणु ८ रथनीडानिदेहांश्चहतानांगजवाजिनाम् ॥ आश्रित्यश्रममोहार्ताःस्थिताःपश्यमहाभुज ९ अन्यांचापहृतंकायाच्चारुकुंडलमुन्नसम् ॥ स्व
स्वस्यबंधोःशिरःकृष्णगृहीत्वापश्यतिष्ठतीम् १० पूर्वजातिकृतंपापंमन्येनाल्पमिवानघ ॥ एताभिर्निरवद्याभिर्मयाचैवाल्पमेधया ११ यदिदंधर्मराजेनघातितंनोज
नार्दन ॥ नहिनाशोस्तिवार्ष्णेयकर्मणोःशुभपापयोः ॥ प्रत्यग्रवयसःपश्यदर्शनीयकुचाननाः १२ ॥ ॥

दीपेसप्तदशोऽध्यायः ॥ १७ ॥ ॥ ॥ ॥ पश्येति १। २। ३। ४ करसंमितमध्यमामुष्टिप्रमितमध्या ५। ६। ७। ८। ९। १०। ११। १२

१३ । १४ । १५ । १६ । १७ । १८ । १९ । २० । २१ । २२ । २३ । २४ । २५ । २६ । २७ । २८ ॥ इतिस्त्रीपर्वणिनीलकंठीयेभारतभावदीपेअष्टादशोऽध्यायः ॥ १८ ॥ ॥ ॥

कुलेषुजाताह्रीमत्यःकृष्णपक्ष्माक्षिमूर्धजाः १३ हंसगद्गदभाषिण्योदुःखशोकप्रमोहिताः ॥ सारस्यइववाशंत्यःपतिताःपश्यमाधव १४ फुल्लपद्मप्रकाशानिपुंडरीका
क्षयोषिताम् ॥ अनवद्यानिवक्त्राणितापयत्येषरश्मिवान् १५ ईर्षूणांममपुत्राणांवासुदेवावरोधनम् ॥ मत्तमातंगदर्पाणांपश्यन्त्यद्यपृथग्जनाः १६ शतचंद्राणिचर्मा
णिध्वजांश्चादित्यवर्चसः ॥ रौक्माणिचैववर्माणिनिष्कानपिचकांचनान् १७ शीर्षत्राणानिचेतानिपुत्राणांमेमहीतले ॥ पश्यदीप्तानिगोविंदपावकान्सुहुतानिव १८
एषदुःशासनःशेतेशूरेणामित्रघातिना ॥ पीतशोणितसर्वांगोयुधिभीमेनपातितः १९ गदयाभीमसेनेनपश्यमाधवमेसुतम् ॥ द्यूतक्लेशाननुस्मृत्यद्रौपदीनोदितेनच
२० उक्ताह्यनेनपांचालीसभायांद्यूतनिर्जिता ॥ प्रियंचिकीर्षताभ्रातुःकर्णस्यचजनार्दन २१ सहैवसहदेवेननकुलेनार्जुनेनच ॥ दासीभूताऽसिपांचालिक्षिप्रंप्र
विशनोगृहान् २२ ततोऽहमब्रुवंकृष्णतदादुर्योधनंनृपम् ॥ मृत्युपाशपरिक्षिप्तंशकुनिंपुत्रवर्जय २३ निबोधैनंसुदुर्बुद्धिंमातुलंकलहप्रियम् ॥ क्षिप्रमेनंपरित्य
ज्यपुत्रशाम्यस्वपांडवैः २४ नबुद्ध्यसेत्वंदुर्बुद्धेभीमसेनममर्षणम् ॥ वाङ्नाराचैस्तुदंस्तीक्ष्णैरुल्काभिरिवकुंजरम् २५ तानेवंरहसिक्रुद्धोवाक्शल्यानवधारयन् ॥
उत्ससर्जविषंतेषुसर्पोगोवृषभेष्विव २६ एषदुःशासनःशेतेविक्षिप्यविपुलौभुजौ ॥ निहतोभीमसेनेनसिंहेनेवमहागजः २७ अत्यर्थमकरोद्रौद्रंभीमसेनोऽत्यम
र्षणः ॥ दुःशासनस्ययत्क्रुद्धोऽपिबच्छोणितमाहवे २८ ॥ इतिश्री० म० स्त्री० स्त्रीविलापपर्वणि गांधारीवाक्येअष्टादशोऽध्यायः ॥ १८ ॥ गांधार्युवाच ॥
एषमाधवपुत्रोमेविकर्णःप्राज्ञसंमतः ॥ भूमौविनिहतःशेतेभीमेनशतधाकृतः १ गजमध्येहतःशेतेविकर्णोमधुसूदन ॥ नीलमेघपरिक्षिप्तःशरदीवनिशाकरः २
अस्यचापग्रहेणैवपाणिःकृतकिणोमहान् ॥ कथंचिच्छिद्यतेगृध्रैरत्तुकामैस्तलत्रवान् ३ अस्यभार्याऽऽमिषप्रेप्सून्गृध्रकाकांस्तपस्विनी ॥ वारयत्यनिशंबालानच
शक्नोतिमाधव ४ युवावृंदारकःशूरोविकर्णःपुरुषर्षभ ॥ सुखोषितःसुखार्हश्चशेतेपांसुषुमाधव ५ कर्णिनालीकनाराचैर्भिन्नमर्माणमाहवे ॥ अद्यापिनजहात्येनं
लक्ष्मीर्भरतसत्तमम् ६ एषसंग्रामशूरेणप्रतिज्ञांपालयिष्यता ॥ दुर्मुखोभिमुखःशेतेहतोऽरिगणहारणे ७ तस्यैतद्वदनंकृष्णश्वापदैरर्धभक्षितम् ॥ विभात्य
भ्यधिकंतातसप्तम्यामिवचंद्रमाः ८ शूरस्यहिरणेकृष्णपश्याननमथेदृशम् ॥ सकथंनिहतोऽमित्रैःपांसून्ग्रसतिमेसुतः ९ यस्याहवमुखेसौम्यस्थातानैवोपप
द्यते ॥ सकथंदुर्मुखोऽमित्रैर्हतोविबुधलोकजित् १० चित्रसेनंहतंभूमौशयानंमधुसूदन ॥ धार्त्तराष्ट्रमिमंपश्यप्रतिमानंधनुष्मताम् ११ तंचित्रमाल्याभरणं
युवत्यःशोककर्षिताः ॥ क्रव्यादसंघैःसहितारुदत्यःपर्युपासते १२ स्त्रीणांरुदितनिर्घोषःश्वापदानांचगर्जितम् ॥ चित्ररूपमिदंकृष्णविचित्रंप्रतिभातिमे १३ युवा
वृंदारकोनित्यंप्रवरस्त्रीनिषेवितः ॥ विविंशतिरसौशेतेध्वस्तःपांसुषुमाधव १४ ॥ ॥

एषमाधवेतिस्पष्टार्थः १ । २ । ३४ । ५ । ६ । ७ ८ । ९ । १० । ११ । १२ । १३ । १४ ॥ ॥ ॥

॥ ११ ॥ शरसंकृत्तवर्माणंवीरंविशसनेहतम् ॥ परिवार्यासतेगृध्राःपश्यकृष्णविविंशतिम् १५ प्रविश्यसमरेशूरःपांडवानामनीकिनीम् ॥ सवीरशयनेशेतेपरःसत्पुरुषोचिते १६ अ०
स्मितोपपन्नंसुनसंसुभ्रुताराधिपोपमम् ॥ अतीवशुभ्रंवदनंकृष्णपश्यविविंशतेः १७ एनंहिपर्युपासन्तेबहुधावरयोषितः ॥ क्रीडंतमिवगंधर्वंदेवकन्याःसहस्रशः १८
हंतारंपरसैन्यानांशूरंसमितिशोभनम् ॥ निबर्हणममित्राणांदुःसहंविषहेतकः १९ दुःसहस्यैतदाभातिशरीरंसंवृतंशरैः ॥ गिरिरात्मगतैःफुल्लैःकर्णिकारैरिवाचितः २० २०
शातकौम्भ्यास्रजाभातिकवचेनचभास्वता ॥ अग्निनेवगिरिःश्वेतोगतासुरपिदुःसहः २१ ॥ इतिश्रीमहाभारते स्त्रीपर्वणिस्त्रीविलापपर्वणिगांधारीवाक्ये एकोनविंशोऽ
ध्यायः ॥ १९ ॥ गंधार्युवाच ॥ अध्यर्धगुणमाहुर्यंबलेशौर्येचकेशव ॥ पित्रात्वयाचदाशार्हदृप्तंसिंहमिवोत्कटम् १ योबिभेदचमूमेकोममपुत्रस्यदुर्भिदाम् ॥ सभूत्वा
मृत्युरन्येषांस्वयंमृत्युवशंगतः २ तस्योपलक्षयेकृष्णकार्ष्णेरमिततेजसः ॥ अभिमन्योर्हतस्यापिप्रभानैवोपशाम्यति ३ एषाविराटदुहितास्नुषागांडीवधन्वनः ॥
आर्ताबालंपतिंवीरंदृष्ट्वाशोचत्यनिंदिता ४ तमेषाहिसमागम्यभार्याभर्तारमंतिके ॥ विराटदुहिताकृष्णपाणिनापरिमार्जति ५ तस्यवक्रमुपाघ्रायसौभद्रस्यमनस्विनी॥
विबुद्धकमलाकारंकंबुवृत्तशिरोधरम् ६ काम्यरूपवतीचैषापरिष्वजतिभामिनी ॥ लज्जमानापुराचैनंमाध्वीकमदमूर्च्छिता ७ तस्यक्षतजसंदिग्धंजातरूपपरिष्कृतम् ॥
विमुच्यकवचंकृष्णशरीरमभिवीक्षते ८ अवेक्षमाणातंबालाकृष्णत्वामभिभाषते ॥ अयंतेपुंडरीकाक्षसदृशाक्षोनिपातितः ९ बलेवीर्येचसदृशस्तेजसाचैवतेऽनघ ॥ रूपे
णचतथाऽत्यर्थंशेतेभुविनिपातितः १० अत्यंतंसुकुमारस्यरांकवाजिनशायिनः ॥ कच्चिदद्यशरीरंतेभूमौनपरितप्यते ११ मातंगभुजवर्ष्माणौज्याक्षेपकठिनत्वचौ ॥
कांचनांगदिनौशेतेनिक्षिप्यविपुलौभुजौ १२ व्यायम्यबहुधानूनंसुखसुप्तःश्रमादिव ॥ एवंविलपतीमार्तांनहिमामभिभाषसे १३ नस्मराम्यपराधंतेकिंमांनप्रतिभाष
से ॥ ननुमांत्वंपुरादूरादभिवीक्ष्याभिभाषसे १४ नस्मराम्यपराधंमेकिंमांनप्रतिभाषसे ॥ आर्यामार्यसुभद्रांत्वमिमांश्चत्रिदशोपमान् १५ पितृन्मांचैवदुःखार्तांविहा
यक्वगमिष्यसि ॥ तस्यशोणितदिग्धान्वैकेशानुद्यम्यपाणिना १६ उत्संगेवक्रमाधायजीवंतमिवपृच्छति ॥ स्वस्रीयंवासुदेवस्यपुत्रंगांडीवधन्वनः १७ कथंत्वांरणम
ध्यस्थंजघ्नुरेतेमहारथाः ॥ धिगस्तुक्रूरकर्तॄंस्तान्कृपकर्णजयद्रथान् १८ द्रोणद्रौणायनीचोभौयैरहंविधवाकृता ॥ रथर्षभाणांसर्वेषांकथमासीत्तदामनः १९ बालंत्वां
परिवार्यैकंममदुःखायजघ्नुषाम् ॥ कथंनुपांडवानांचपंचालानांतुपश्यताम् २० त्वंवीरनिधनंप्राप्तोनाथवान्सन्ननाथवत् ॥ दृष्ट्वाबहुभिराक्रंदेनिहतंत्वांपितातव २१
वीरःपुरुषशार्दूलःकथंजीवतिपांडवः ॥ नराज्यलाभोविपुलःशत्रूणांचपराभवः २२ ॥ ॥

२३ । २४ । २५ । २६ । २७ । २८ । २९ । ३० । ३१ । ३२ । ३३ वपुःशस्ताकृतिः । 'वपुःक्लीबंतनौशस्ताकृतावपि'इतिमेदिनी ३४ । ३५ ॥ इतिस्त्रीपर्वणिनीलकंठीयेभारतभावदीपेविंशतितमोऽध्यायः

प्रीतिंधास्यतिपार्थानांत्वामृतेपुष्करेक्षण ॥ तवशस्त्रजिताँल्लोकान्धर्मेणचदमेनच २३ क्षिप्रमन्वागमिष्यामितत्रमांप्रतिपालय ॥ दुर्मरंपुनरप्राप्तेकालेभवतिकेनचित्
२४ यदहंत्वांरणेदृष्ट्वाहतंजीवामिदुर्भगा ॥ कामिदानींनरव्याघ्रश्लक्ष्णयास्मितयागिरा २५ पितृलोकेसमेत्यान्यांमामिवामंत्रयिष्यसि ॥ नूनमप्सरसांस्वर्गेमनांसिप्र
मथिष्यसि २६ परमेणचरूपेणगिराचस्मितपूर्वया ॥ प्राप्यपुण्यकृताँल्लोकानप्सरोभिःसमेयिवान् २७ सौभद्रविहरन्कालेस्मरेथाःसुकृतानिमे ॥ एतावानिहसंवा
सोविहितस्तेमयासह २८ षण्मासान्सप्तमेमासित्वंवीरनिधनंगतः ॥ इत्युक्तवचनामेतामपकर्षंतिदुःखिताम् २९ उत्तरांमोघसंकल्पांमत्स्यराजकुलस्त्रियः ॥ उत्तरा
मपकृष्यैनामार्तामार्ततराःस्वयम् ३० विराटंनिहतंदृष्ट्वाक्रोशंतिविलपंतिच ॥ द्रोणास्त्रशरसंकृत्तंशयानंरुधिरोक्षितम् ३१ विराटंवितुदन्त्येतेगृध्रगोमायुवायसाः ॥
वितुद्यमानंविहगैर्विराटमसितेक्षणाः ३२ नशक्नुवंतिविहगान्निवारयितुमातुराः ॥ आसामातपतप्तानामायासेनचयोषिताम् ३३ श्रमेणचविवर्णानांवक्त्राणांविप्लुतं
वपुः ॥ उत्तरंचाभिमन्युंचकांबोजंचसुदक्षिणम् ३४ शिशूनेतानहतान्पश्यलक्ष्मणंचसुदर्शनम् ॥ आयोधनशिरोमध्येशयानंपश्यमाधव ३५ ॥ इतिश्रीमहाभारते
स्त्रीपर्वणिस्त्रीविलापप० गांधारीवाक्येविंशतितमोऽध्यायः ॥ २० ॥ ॥ गांधार्युवाच ॥ एषवैकर्तनःशेतेमहेष्वासोमहारथः ॥ ज्वलितानलवत्संख्येसंशांतःपार्थ
तेजसा १ पश्यवैकर्तनंकर्णंनिहत्यातिरथान्बहून् ॥ शोणितौघपरीतांगंशयानंपतितंभुवि २ अमर्षीदीर्घरोषश्चमहेष्वासोमहाबलः ॥ रणेविनिहतःशेतेशूरोगांडीव
धन्वना ३ यंस्मपांडवसंत्रासान्ममपुत्रामहारथाः ॥ प्रायुध्यंतपुरस्कृत्यमातंगाइवयूथपम् ४ शार्दूलमिवसिंहेनसमरेसव्यसाचिना ॥ मातंगमिवमत्तेनमातंगेननिपा
तितम् ५ समेताःपुरुषव्याघ्रनिहतंशूरमाहवे ॥ प्रकीर्णमूर्धजाःपत्न्योरुदत्यःपर्युपासते ६ उद्विग्नःसततंयस्माद्धर्मराजोयुधिष्ठिरः ॥ त्रयोदशसमानिद्रांचिन्तयन्ना
ध्यगच्छत ७ अनाधृष्यःपरैर्युद्धेशत्रुभिर्मघवानिव ॥ युगांताग्निरिवार्चिष्मान्हिमवानिवनिश्चलः ८ सभूत्वाशरणंवीरोधार्तराष्ट्रस्यमाधव ॥ भूमौविनिहतःशेतेवा
तभग्नइवद्रुमः ९ पश्यकर्णस्यपत्नींत्वंवृषसेनस्यमातरम् ॥ लालप्यमानांकरुणंरुदतींपतितांभुवि १० आचार्यशापोऽनुगतोधुवंत्वांयदग्रसच्चक्रमिदंधरित्री ॥ ततः
शरेणापहृतंशिरस्तेधनंजयेनाहवशोभिनायुधि ११ हाहाधिगेषापतिताविसंज्ञासमीक्ष्यजांबूनदबद्धकक्षम् ॥ कर्णंमहाबाहुमदीनसत्त्वंसुषेणमातारुदतीभृशार्ता १२
अल्पावशेषोऽपिकृतोमहात्माशरीरभक्षैःपरिभक्षयद्भिः ॥ द्रष्टुंननःप्रीतिकरःशशीवकृष्णस्यपक्षस्यचतुर्दशाहे १३ सावर्तमानापतितापृथिव्यामुत्थायदीनापुनरेव
चैषा ॥ कर्णस्यवक्त्रंपरिजिघ्रमाणारोरूयतेपुत्रवधाभितप्ता १४ ॥ इतिश्रीमहाभारतेस्त्रीपर्वणि स्त्रीविलापपर्वणिकर्णदर्शनोनामैकविंशतितमोऽध्यायः ॥ २१ ॥ ॥

॥ २० ॥ एषवैकर्तनइतिआवंत्यंभीमसेनेनेतिचस्पष्टार्थौएकविंशद्वाविंशौ १ । २ । ३ । ४ । ५ । ६ । ७ । ८ । ९।१०।११।१२।१३। १४ ॥ इतिस्त्रीपर्वणिनीलकंठीयेभारतभावदीपेएकविंशोऽध्यायः ॥ २१ ॥

आवंत्यमिति १ । २ । ३ । ४ । ५ । ६ वार्धक्षत्त्रिर्जयद्रथः ७ । ८ । ९ । १० । ११ । १२ । १३ । १४ । १५ । १६ । १७ । १८ ॥ ॥ इति स्त्रीपर्वणिनीलकंठीयेभारतभावदीपे द्वाविंशोऽ

॥ गांधार्युवाच ॥ आवंत्यंभीमसेनेनभक्षयंतिनिपातितम् ॥ गृध्रगोमायवःशूरंबहुबंधुमबंधुवत् १ तंपश्यकदनंकृत्वाशूराणांमधुसूदन ॥ शयानंवीरशयनेरुधि
रेणसमुक्षितम् २ तंसृगालाश्वकंकाश्चक्रव्यादाश्चपृथग्विधाः ॥ तेनतेनविकर्षंतिपश्यकालस्यपर्ययम् ३ शयानंवीरशयनेशूरमाक्रंदकारिणम् ॥ आवंत्यमभितो
नार्योरुदत्यःपर्युपासते ४ प्रातिपेयंमहेष्वासंहतंभल्लेनबाह्लिकम् ॥ प्रसुप्तमिवशार्दूलंपश्यकृष्णमनस्विनम् ५ अतीवमुखवर्णोऽस्यनिहतस्यापिशोभते ॥ सो
मस्येवाभिपूर्णस्यपौर्णमास्यांसमुद्यतः ६ पुत्रशोकाभितप्तेनप्रतिज्ञांचाभिरक्षता ॥ पाकशासनिमासंख्येवार्धक्षत्रिर्निपातितः ७ एकादशचमूर्भित्त्वारक्ष्यमाणंम
हात्मभिः ॥ सत्यंचिकीर्षतापश्यहतमेनंजयद्रथम् ८ सिंधुसौवीरभर्तारंदर्पपूर्णमनस्विनम् ॥ भक्षयंतिशिवागृध्राजनार्दनजयद्रथम् ९ संरक्ष्यमाणंभार्याभिरनुरक्ता
भिरच्युत ॥ भीषयंत्योविकर्षंतिगहनंनिम्नमंतिकात् १० तमेताःपर्युपासंतेरक्ष्यमाणंमहाभुजम् ॥ सिंधुसौवीरभर्तारंकांबोजयवनस्त्रियः ११ यदाकृष्णामुपादाय
प्राद्रवत्केकयैःसह ॥ तदैववध्यःपांडूनांजनार्दनजयद्रथः १२ दुःशलांमानयद्भिस्तुतदामुक्तोजयद्रथः ॥ कथमद्यनतांकृष्णमानयंतिस्मतेपुनः १३ सैषाममसुताबाला
विलपंतीचदुःखिता ॥ आत्मनाहंतिचात्मानमाक्रोशंतीचपांडवान् १४ किंनुदुःखतरंकृष्णपरंममभविष्यति ॥ यत्सुताविधवाबालास्नुषाश्चनिहतेश्वराः १५ हाहा
धिग्दुःशलांपश्यवीतशोकभयामिव ॥ शिरोभर्तुरनासाद्यधावमानामितस्ततः १६ वारयामासयःसर्वान्पांडवान्पुत्रगृद्धिनः ॥ सहत्वाविपुलाःसेनाःस्वयंमृत्युवशंगतः १७
तंमत्तमिवमातंगंवीरंपरमदुर्जयम् ॥ परिवार्यरुदंत्येताःस्त्रियश्चंद्रोपमाननाः १८ ॥ इतिश्रीमहाभारतेस्त्रीपर्वणिस्त्रीविलापेगांधारीवाक्येद्वाविंशोऽध्यायः ॥ २२ ॥
॥ ॥ गांधार्युवाच ॥ एषशल्योहतःशेतेसाक्षान्नकुलमातुलः ॥ धर्मज्ञेनहतस्तातधर्मराजेनसंयुगे १ यस्त्वयास्पर्धतेनित्यंसर्वत्रपुरुषर्षभ ॥ सएषनिहतःशेतेमद्र
राजोमहाबलः २ येनसंगृह्णताताततरथमाधिरथेर्युधि ॥ जयार्थंपांडुपुत्राणांतदातेजोवधःकृतः ३ अहोधिक्पश्यशल्यस्यपूर्णचंद्रसुदर्शनम् ॥ मुखंपद्मपलाशाक्षंकाकै
रादष्टमव्रणम् ४ अस्यचामीकराभस्यतप्तकांचनसप्रभा ॥ आस्याद्विनिःसृताजिह्वाभक्ष्यतेकृष्णपक्षिभिः ५ युधिष्ठिरेणनिहतंशल्यंसमितिशोभनम् ॥ रुदत्यःपर्युपा
संतेमद्रराजंकुलांगनाः ६ एताःसुसूक्ष्मवसनामद्रराजंनरर्षभम् ॥ क्रोशंत्योऽथसमासाद्यक्षत्रियाःक्षत्रियर्षभम् ७ शल्यंनिपतितंनार्यःपरिवार्याभितःस्थिताः ॥ वासि
तागृष्ट्यःपंकेपरिमग्नमिवद्विपम् ८ शल्यंशरणदंशूरंपश्यैमंवृष्णिनंदन ॥ शयानंवीरशयनेशरैर्विशकलीकृतम् ९ एषशैलालयोराजाभगदत्तःप्रतापवान् ॥ गजांकुश
धरःश्रीमान्शेतेभुविनिपातितः १० यस्यरुक्ममयीमालाशिरस्येषाविराजते ॥ श्वापदैर्भक्ष्यमाणस्यशोभयंतीवमूर्धजान् ११ ॥ ॥

ध्यायः ॥ २२ ॥ ॥ एषइति १ । २ । ३ । ४ । ५ । ६ । ७ वासिताःकरिण्यः गृष्ट्यःसकृत्प्रसूताः ८ । ९ । १० । ११ ॥ ॥

अहिनावृत्रासुरेण १२ १३ । भीष्मकृद्भयंकरकर्मकृत् १४ । १५ । १६ । १७ । १८ । १९ शास्त्रमाम्नाम् २० निर्णयेपारावर्येण परावरौपरलोकेहलोकौ तद्विषयेणज्ञानेन तत्त्वज्ञानबलेनप्राणानधारयदि

एतेनकिलपार्थस्ययुद्धमासात्सुदारुणम् ॥ रोमहर्षणमत्युग्रंशक्रस्यत्वहिनायथा १२ योधयित्वामहाबाहुरेषपार्थंधनंजयम् ॥ संशयंगमयित्वाचकुंतीपुत्रेणपातितः १३ यस्यनास्तिसमोलोकेशौर्येवीर्येचकश्चन ॥ सएषनिहतःशेतेभीष्मोभीष्मकृदाहवे १४ पश्यशांतनवंकृष्णशयानंसूर्यवर्चसम् ॥ युगांतइवकालेनपतितंसूर्यमंबरात् १५ एषतप्त्वारणेशत्रून्शस्त्रतापेनवीर्यवान् ॥ नरसूर्योऽस्तमभ्येतिसूर्योऽस्तमिवकेशव १६ शरतल्पगतंभीष्ममूर्ध्वरेतसमच्युतम् ॥ शयानंवीरशयनेपश्यशूरनिषेविते १७ कर्णिनालीकनाराचैरास्तीर्यशयनोत्तमम् ॥ आविश्यशेतेभगवान्स्कंदःशरवणंयथा १८ अतूलपूर्णंगांगेयस्त्रिभिर्बाणैःसमन्वितम् ॥ उपाधायोपधानाग्र्यंदत्तंगांडीवधन्वना १९ पालयानःपितुःशास्त्रमूर्ध्वरेतामहायशाः ॥ एषशांतनवःशेतेमाधवाप्रतिमोयुधि २० धर्मात्मातातसर्वज्ञःपारावर्येणनिर्णये ॥ अमर्त्यइवमर्त्यःसन्नेषप्राणानधारयत् २१ नास्तियुद्धेकृतीकश्चिन्नविद्वान्नपराक्रमी ॥ यत्रशांतनवोभीष्मःशेतेऽद्यनिहतःशरैः २२ स्वयमेतेनशूरेणपृच्छमानेनपांडवैः ॥ धर्मज्ञेनाहवेमृत्युरादिष्टःसत्यवादिना २३ प्रनष्टःकुरुवंशश्चपुनर्येनसमुद्धृतः ॥ सगतःकुरुभिःसार्धंमहाबुद्धिःपराभवम् २४ धर्मेषुकुरवःकंनुपरिप्रक्ष्यंतिमाधव ॥ गतेदेवव्रतेस्वर्गंदेवकल्पेनरर्षभे २५ अर्जुनस्यविनेतारमाचार्यंसात्यकेस्तथा ॥ तंपश्यपतितंद्रोणंकुरूणांगुरुमुत्तमम् २६ अस्त्रंचतुर्विधंवेदयथैवत्रिदशेश्वरः ॥ भार्गवोवामहावीर्यस्तथाद्रोणोऽपिमाधव २७ यस्यप्रसादाद्बीभत्सुःपांडवःकर्मदुष्करम् ॥ चकारसहतःशेतेनैनमस्त्राण्यपालयन् २८ यंपुरोधायकुरवआह्वयंतिस्मपांडवान् ॥ सोऽयंशस्त्रभृतांश्रेष्ठोद्रोणःशस्त्रैःपरिक्षतः २९ यस्यनिर्दहतःसेनांगतिरग्नेरिवाभवत् ॥ सभूमौनिहतःशेतेशांतार्चिरिवपावकः ३० धनुर्मुष्टिरशीर्णश्चहस्तावापश्चमाधव ॥ द्रोणस्यनिहतस्याजौदृश्यतेजीवतोयथा ३१ वेदायस्माच्चचत्वारःसर्वाण्यस्त्राणिकेशव ॥ अनपेतानिवैशूराद्यथैवादौप्रजापतेः ३२ वंदनार्हाविमौतस्यबंदिभिर्वंदितौशुभौ ॥ गोमायवोविकर्षंतिपादौशिष्यशतार्चितौ ३३ द्रोणंद्रुपदपुत्रेणनिहतंमधुसूदन ॥ कृपीकृपणमन्वास्तेदुःखोपहतचेतना ३४ तांपश्यरुदतीमार्तामुक्तकेशीमधोमुखीम् ॥ हतंपतिमुपासंतींद्रोणंशस्त्रभृतांवरम् ३५ बाणैर्भिन्नतनुत्राणंधृष्टद्युम्नेनकेशव ॥ उपास्तेवैमृधेद्रोणंजटिलाब्रह्मचारिणी ३६ प्रेतकृत्यंचयततेकृपीकृपणमातुरा ॥ हतस्यसमरेभर्तुःसुकुमारीयशस्विनो ३७ अग्नीनाधायविधिवच्चितांप्रज्वाल्यसर्वतः ॥ द्रोणमाधायगायंतित्रीणिसामानिसामगाः ३८ कुर्वंतिचचितामेतेजटिलाब्रह्मचारिणः ॥ धनुर्भिःशक्तिभिश्चैवरथनीडैश्चमाधव ३९ शरैश्चविविधैरन्यैर्धक्ष्यतेभूरितेजसम् ॥ इतिद्रोणंसमाधायशंसंतिचरुदंतिच ४० सामभिस्त्रिभिरंतस्थैरनुशंसंतिचापरे ॥ अग्नावग्निंसमाधायद्रोणंहुत्वाहुताशने ४१ ॥ ॥ ॥

त्यर्थः २१ २२ । २३ । २४ । २५ । २६ । २७ । २८ । २९ । ३० । ३१ । ३२ । ३३ । ३४ । ३५ । ३६ । ३७ । ३८ । ३९ धक्ष्यदग्ध्वा ४० । ४१

४२ इतिस्त्रीपर्वणिनीलकंठीयेभारतभावदीपेत्रयोविंशोऽध्यायः ॥ २३ ॥ सोमदत्तसुतमितिस्पष्टार्थश्चतुर्विंशः १ । २ । ३ । ४ । ५ । ६ । ७ । ८ । ९ । १० । ११ । १२ बीभत्सुरतिनिर्मलकर्मा

॥ १३ ॥ गच्छंत्यभिमुखागंगांद्रोणशिष्याद्विजातयः ॥ अपसव्यांचितिंकृत्वापुरस्कृत्यकृपींचते ४२ ॥ इतिश्रीमहाभारतेस्त्रीपर्वणिस्त्रीवि० गांधारीवचनेत्रयोविंशोऽध्यायः अ०

॥ २३ ॥ गांधार्युवाच ॥ सोमदत्तसुतंपश्ययुयुधानेनपातितम् ॥ वितुद्यमानंविहगैर्बहुभिर्माधवांतिके १ पुत्रशोकाभिसंतप्तःसोमदत्तोजनार्दन ॥ युयुधानंमहेष्वा

संगर्हयन्निवदृश्यते २ असौहिभूरिश्रवसोमाताशोकपरिप्लुता ॥ आश्वासयतिभर्तारंसोमदत्तमनिंदिता ३ दिष्ट्यानैनंमहाराजदारुणंभरतक्षयम् ॥ कुरुसंक्रंदनंघोरंयु ॥ २४ ॥

गांतमनुपश्यसि ४ अनेकक्रतुयज्वानंनिहतंनानुपश्यसि ५ दिष्ट्यास्नुषाणामाक्रंदंघोरंविलपितंबहु ॥ नश्रृणोषिमहाराजसारसीनामिवार्णवे ६ एकवस्त्रार्धसंवीताः

प्रकीर्णासितमूर्धजाः ॥ स्नुषास्तेपरिधावंतिहतापत्याहतेश्वराः ७ श्वापदैर्भक्ष्यमाणंत्वमहोदिष्ट्यानपश्यसि ॥ छिन्नबाहुंनरव्याघ्रमर्जुनेननिपातितम् ८ शलंविनिह

तंसंख्येभूरिश्रवसमेवच ॥ स्नुषाश्चविविधाःसर्वादिष्ट्यानाद्येहपश्यसि ९ दिष्ट्यातत्कांचनंछत्रंयूपकेतोर्महात्मनः ॥ विनिकीर्णंरथोपस्थेसौमदत्तेर्नपश्यसि १० अमू

स्तुभूरिश्रवसोभार्याःसात्यकिनाहतम् ॥ परिवार्यानुशोचंतिभर्तारमसितेक्षणाः ११ एताविलप्यकरुणंभर्तृशोकेनकर्शिताः ॥ पतंत्यभिमुखाभूमौकृपणंबतकेशव

१२ बीभत्सुरतिबीभत्संकर्मेदमकरोत्कथम् ॥ प्रमत्तस्ययदच्छैत्सीद्बाहुंशूरस्ययज्वनः १३ ततःपापतरंकर्मकृतवानपिसात्यकिः ॥ यस्मात्प्रायोपविष्टस्यप्राहार्षीत्सं

शितात्मनः १४ एकोद्वाभ्यांहतःशेषेत्वमधर्मेणधार्मिक ॥ किंनुवक्ष्यतिवैसत्सुगोष्ठीषुचसभासुच १५ अपुण्यमयशस्यंचकर्मेदंसात्यकिःस्वयम् ॥ इतियूपध्वज

स्यैताःस्त्रियःक्रोशंतिमाधव १६ भार्यायूपध्वजस्यैषाकरसंमितमध्यमा ॥ कृत्वोत्संगेभुजंभर्तुःकृपणंपरिदेवति १७ अयंसहंताशूराणांमित्राणामभयप्रदः ॥ प्रदाता

गोसहस्राणांक्षत्रियांतकरःकरः १८ अयंसरसनोत्कर्षीपीनस्तनविमर्दकः ॥ नाभ्यूरुजघनस्पर्शीनीवीविस्रंसनःकरः १९ वासुदेवस्यसान्निध्येपार्थेनाक्लिष्टकर्मणा ॥

युध्यतःसमरेऽन्येनप्रमत्तस्यनिपातितः २० किंनुवक्ष्यसिसंसत्सुकथासुचजनार्दन ॥ अर्जुनस्यमहत्कर्मस्वयंवासकिरीटभृत् २१ इत्येवंगर्हयित्वैषातूष्णीमास्तेव

रांगना ॥ तामेतामनुशोचंतिसपत्न्यःस्वामिवस्नुषाम् २२ गांधारराजःशकुनिर्बलवान्सत्यविक्रमः ॥ निहतःसहदेवेनभागिनेयेनमातुलः २३ यःपुराहेमदंडाभ्यां

व्यजनाभ्यांस्मवीज्यते ॥ सएषपक्षिभिःपक्षैःशयानउपवीज्यते २४ यःस्वरूपाणिकुरुतेशतशोऽथसहस्रशः ॥ तस्यमायाविनोमायादग्धाःपांडवतेजसा २५

माययानिकृतिप्रज्ञोजितवान्योयुधिष्ठिरम् ॥ सभायांविपुलंराज्यंसपुनर्जीवितंजितः २६ शकुंताःशकुनिंकृष्णसमंतात्पर्युपासते ॥ कैतवंममपु

त्राणांविनाशायोपशिक्षितम् २७ ॥ ॥ ॥ ॥ ॥ १३ ॥

अतिबीभत्संअतिगार्हितम् १३ । १४ । १५ । १६ । १७ । १८ । १९ । २० । २१ । २२ । २३ । २४ । २५ । २६ । २७ ॥ ॥

२८। २९ । ३० ॥ इतिस्त्रीपर्वणिनीलकंठीये भारतभावदीपे चतुर्विंशोऽध्यायः ॥ २४ ॥ ॥ ॥ कांबोजमिति कांबोजास्तरणंकंबलविशेषः १ । २ । ३ । ४ । ५ । ६ । ७ । ८ । ९

एतेनैतन्महद्वैरंप्रसक्तंपांडवैःसह ॥ वधायमपपुत्राणामात्मनःसगणस्यच २८ यथैवममपुत्राणांलोकाःशस्त्रजिताःप्रभो ॥ एवमस्यापिदुर्बुद्धेर्लोकाःशस्त्रेणवैजिताः
२९ कथंचनायंतत्रापिपुत्रान्मेभ्रातृभिःसह ॥ विरोधयेदृजुप्रज्ञानन्नृजुर्मधुसूदन ३० ॥ इतिश्रीमहाभारतेस्त्रीपर्वणिस्त्रीवि० गांधारीवाक्येचतुर्विंशोऽध्यायः ॥ २४॥
॥ गांधार्युवाच ॥ ॥ कांबोजंपश्यदुर्धर्षंकांबोजास्तरणोचितम् ॥ शयानमृषभस्कंधंहतंपांसुषुमाधव १ यस्यक्षतजसंदिग्धौबाहूचंदनभूषितौ ॥ अवेक्ष्य
करुणंभार्याविलपत्यतिदुःखिता २ इमौतौपरिघप्रख्यौबाहूशुभतलांगुली ॥ ययोर्विवरमापन्नांनरतिर्मांपुराऽजहात् ३ कांगतिंतुगमिष्यामित्वयाहीनाजनेश्वर
हतबंधुरनाथाचवेपंतीमधुरस्वरा ४ आतपेक्लाम्यमानानांविविधानामिवस्रजाम् ॥ क्लांतानामपिनारीणांनश्रीर्जहतिवैतनूः ५ शयानमभितःशूरंकालिंगंमधु
सूदन ॥ पश्यदीप्तांगदयुगप्रतिनद्धमहाभुजम् ६ मागधानामधिपतिंजयत्सेनंजनार्दन ॥ आवार्यसर्वतःपत्न्यःप्ररुदंत्यःसुविह्वलाः ७ आसामायतनेत्राणांसु
स्वराणांजनार्दन ॥ मनःश्रुतिहरोनादोमनोमोहयतीवमे ८ प्रकीर्णवस्त्राभरणारुदत्यःशोककर्शिताः ॥ स्वास्तीर्णशयनोपेतामागध्यःशेरतेभुवि ९ कोसलाना
मधिपतिंराजपुत्रंबृहद्बलम् ॥ भर्तारंपरिवार्यैताःपृथक्प्ररुदिताःस्त्रियः १० अस्यगात्रगतान्बाणान्कार्ष्णिबाहुबलार्पितान् ॥ उद्धरंत्यसुखाविष्टामूर्छमानाःपुनः
पुनः ११ आसांसर्वानवद्यानामातपेनपरिश्रमात् ॥ प्रम्लाननलिनाभानिभांतिवक्त्राणिमाधव १२ द्रोणेननिहताःशूराःशेरतेरुचिरांगदाः ॥ धृष्टद्युम्नसुताःसर्वेशि
शवोहेममालिनः १३ रथाग्न्यगारंचापार्चिंशरशक्तिगदेन्धनम् ॥ द्रोणमासाद्यनिर्दग्धाःशलभाइवपावकम् १४ तथैवनिहताःशूराःशेरतेरुचिरांगदाः ॥ द्रोणेना
भिमुखाःसर्वेभ्रातरःपंचकेकयाः १५ तप्तकांचनवर्माणस्तालध्वजरथव्रजाः ॥ भासयंतिमहींभासाज्वलिताइवपावकाः १६ द्रोणेनद्रुपदंसंख्येपश्यमाधवपातितम्
॥ महाद्विपमिवारण्येसिंहेनमहताहतम् १७ पांचालराज्ञोविमलंपुंडरीकाक्षपांडुरम् ॥ आतपत्रंसमाभातिशरदीवनिशाकरः १८ एतास्तुद्रुपदंवृद्धंस्नुषाभार्या
श्चदुःखिताः ॥ दग्ध्वागच्छंतिपांचाल्यंराजानमपसव्यतः १९ धृष्टकेतुंमहात्मानंचेदिपुंगवमंगनाः ॥ द्रोणेननिहतंशूरंहरंतिहृतचेतसः २० द्रोणास्त्रमभिहत्यैषवि
मर्देमधुसूदन ॥ महेष्वासोहलःशेतेनद्याहतइवद्रुमः २१ एषचेदिपतिःशूरोधृष्टकेतुर्महारथः ॥ शेतेविनिहतःसंख्येहत्वाशत्रून्सहस्रशः २२ वितुद्यमानंविहगै
स्तंभार्याःपर्युपाश्रिताः ॥ चेदिराजंहृषीकेशहतंसबलबांधवम् २३ दाशार्हपुत्रजंवीरंशयानंसत्यविक्रमम् ॥ आरोप्यांकेरुदंत्येताश्चेदिराजवरांगनाः २४ अस्य
पुत्रंहृषीकेशसुवक्त्रंचारुकुंडलम् ॥ द्रोणेनसमरेपश्यनिकृत्तंबहुधाशरैः २५ ॥ ॥ ॥

१०।११ । १२ । १३ । १४ । १५ । १६ । १७ । १८ । १९ । २० । २१ । २२ । २३ दाशार्हपुत्रजमित्यत्रपुत्र्यामपिपुत्रशब्दः २४ । २५ ॥

पितरमिति । पितृपदस्यावृत्तिःशोकाकुलत्वान्नदोषाय २६ । २७ । २८ । २९ । ३० । ३१ । ३२ । ३३ । ३४ । ३५ तयोर्भीष्मविदुरयोः दर्शनमनागतावेक्षणं ३६ । ३७ । ३८ । ३९

॥ १४ ॥ पितरंनूनमाजिस्थंयुध्यमानंपरैःसह ॥ नाजहात्पितरंवीरमद्यापिमधुसूदन २६ एवंममापिपुत्रस्यपुत्रःपितरमन्वगात् ॥ दुर्योधनंमहाबाहोलक्ष्मणःपरवीरहा २७ अ०
विंदानुविंदावावंत्यौपतितौपश्यमाधव ॥ हिमांतेपुष्पितौशालौमरुतागलिताविव २८ कांचनांगदवर्माणौबाणखड्गधनुर्धरौ ॥ ऋषभप्रतिरूपाक्षौशयानौविमलस्र ॥ २५ ॥
जौ २९ अवध्याःपांडवाःकृष्णसर्वएवत्वयासह ॥ येमुक्ताद्रोणभीष्माभ्यांकर्णाद्वैकर्तनात्कृपात् ३० दुर्योधनाद्द्रोणसुतात्सैंधवाच्चजयद्रथात् ॥ सोमदत्ताद्विकर्णाच्च
शूराच्चकृतवर्मणः ३१ येहन्युःशस्त्रवेगेनदेवानपिनरर्षभाः ॥ तइमेनिहताःसंख्येपश्यकालस्यपर्ययम् ३२ नातिभारोऽस्तिदैवस्यध्रुवंमाधवकश्चन ॥ यदिमेनिहताः
शूराःक्षत्रियैःक्षत्रियर्षभाः ३३ तदैवनिहताःकृष्णममपुत्रास्तरस्विनः ॥ यदैवाकृतकामस्त्वमुपप्लव्यंगतःपुनः ३४ शंतनोश्चैवपुत्रेणप्राज्ञेनविदुरेणच ॥ तदैवोक्ताऽ
स्मिमास्नेहंकुरुष्वात्मसुतेष्विति ३५ तयोर्हिदर्शनंनैतन्मिथ्याभवितुमर्हति ॥ अचिरेणैवमेपुत्राभस्मीभूताजनार्दन ३६ ॥ वैशंपायनउवाच ॥ इत्युक्त्वान्यपतद्भूमौगां
धारीशोकमूर्छिता ॥ दुःखोपहतविज्ञानाधैर्यमुत्सृज्यभारत ३७ ततःकोपपरीतांगीपुत्रशोकपरिप्लुता ॥ जगामशौरिंदोषेणगांधारीव्यथितेंद्रिया ३८ ॥ गांधार्यु
वाच ॥ पांडवाधार्त्तराष्ट्राश्चदग्धाःकृष्णपरस्परम् ॥ उपेक्षिताविनश्यंतस्त्वयाकस्माज्जनार्दन ३९ शक्तेनबहुभृत्येनविपुलेतिष्ठताबले ॥ उभयत्रसमर्थेनश्रुतवाक्येन
चैवह ४० इच्छतोपेक्षितोनाशःकुरूणांमधुसूदन ॥ यस्मात्त्वयामहाबाहोफलंतस्मादवाप्नुहि ४१ पतिशुश्रूषयायन्मेतपःकिंचिदुपार्जितम् ॥ तेनत्वांदुरवापेनशप्स्ये
चक्रगदाधरम् ४२ यस्मात्परस्परंघ्नंतोज्ञातयःकुरुपांडवाः ॥ उपेक्षितास्तेगोविंदतस्माज्ज्ञातीन्वधिष्यसि ४३ त्वमप्युपस्थितेवर्षेषट्त्रिंशेमधुसूदन ॥ हतज्ञाति
र्हतामात्योहतपुत्रोवनेचरः ४४ अनाथवदविज्ञातोलोकेष्वनभिलक्षितः ॥ कुत्सितेनाभ्युपायेननिधनंसमवाप्स्यसि ४५ तवाप्येवंहतसुतानिहतज्ञातिबांधवाः
॥ स्त्रियःपरिपतिष्यंतियथैताभरतस्त्रियः ४६ ॥ वैशंपायनउवाच ॥ तच्छ्रुत्वावचनंघोरंवासुदेवोमहामनाः ॥ उवाचदेवींगांधारीमीषदभ्युत्स्मयन्निव ४७ जाने
हमेतदप्येवंचीर्णंचरसिक्षत्रिये ॥ दैवादेवविनश्यंतिवृष्णयोनात्रसंशयः ४८ संहर्तावृष्णिचक्रस्यनान्योमद्विद्यतेशुभे ॥ अवध्यास्तेनरैरन्यैरपिवादेवदानवैः ४९ पर
स्परकृतंनाशंयतःप्राप्स्यंतियादवाः ॥ इत्युक्तवतिदाशार्हेपांडवास्त्रस्तचेतसः ॥ बभूवुर्भृशसंविग्नानिराशाश्चापिजीविते ५० इतिश्रीमहाभारतेस्त्रीपर्वणि स्त्रीविलाप
पर्वणि गांधारीशापदानेपंचविंशोऽध्यायः ॥ २५ ॥ ॥ ॥ ॥ समाप्तंचस्त्रीविलापपर्व ॥ ॥ ॥

४० । ४१ । ४२ । ४३ । ४४ । ४५ तवापीति । अनिरस्तःपरध्वंसोयातिशक्तमुपेक्षकं ॥ कुलध्वंसप्रसूतार्तिर्गांधार्याइवकेशवम् ४६ अभ्युत्स्मयन्नीषद्धसन् ४७ चीर्णंचरसिपदनुष्ठितमेवानुतिष्ठसि
स्वतपोनाशार्थंतिभावः ४८ । ४९ । ५० ॥ इतिस्त्रीपर्वणिनीलकंठीये भारतभावदीपे पंचविंशोऽध्यायः ॥ २५ ॥ ॥ ॥ ॥ ॥

॥ १४ ॥

उत्तिष्ठेति १ दुष्कृतंदुराचरितंस्वकीयं २ वैरप्रियंपुरुषं वैरपुरुषं ३ द्वौपूर्वापरदुःखद्वयरूपौ ४ तपो रूपायार्थायेत्यन्नंतपोर्थीयं त्वद्विधावधार्थीयमेवगर्भंधत्ते अन्यातुजयार्थीयंकीर्त्याद्यर्थीयमपीतिभावः ५ । ६

॥ अथश्राद्धपर्व ॥ श्रीभगवानुवाच ॥ उत्तिष्ठोत्तिष्ठगांधारिमाचशोकेमनःकृथाः ॥ तवैवह्यपराधेनकुरवोनिधनंगताः १ यत्त्वंपुत्रंदुरात्मानमीर्षुमत्यंतमानिनम् ॥
दुर्योधनंपुरस्कृत्यदुष्कृतंसाधुमन्यसे २ निष्ठुरंवैरपुरुषंवृद्धानांशासनातिगम् ॥ कथमात्मकृतंदोषंमय्याधातुमिहेच्छसि ३ मृतंवायदिवानष्टंयोऽतीतमनुशोचति
दुःखेनलभतेदुःखंद्वावनर्थौप्रपद्यते ४ तपोर्थीयंब्राह्मणीधत्तगर्भंगौर्वोढारंधावितारंतुरंगी ॥ शूद्रादासंपशुपालंचवैश्यावधार्थीयंक्षत्रियाराजपुत्री ५ ॥ वैशंपायन
उवाच ॥ तच्छ्रुत्वावासुदेवस्यपुनरुक्तंवचोऽप्रियम् ॥ तूष्णींबभूवगांधारीशोकव्याकुललोचना ६ धृतराष्ट्रस्तुराजर्षिर्निगृह्याबुद्धिजंतमः ॥ पर्यपृच्छतधर्मज्ञो
धर्मराजंयुधिष्ठिरम् ७ जीवतांपरिमाणज्ञःसैन्यानामसिपांडव ॥ हतानांयदिजानीषेपरिमाणंवदस्वमे ८ ॥ युधिष्ठिरउवाच ॥ दशायुतानामयुतंसहस्राणिचविंश
तिः ॥ कोटयःषष्टिश्चषट्चैवह्यस्मिन्राजन्मृधेहताः ९ अलक्षितानांवीराणांसहस्राणिचतुर्दश ॥ दशचान्यानिराजेन्द्रशतंषष्टिश्चपंचच १० ॥ धृतराष्ट्रउवाच ॥
युधिष्ठिरगतिंकांतेगताःपुरुषसत्तम ॥ आचक्ष्वमेमहाबाहोसर्वज्ञोह्यसिमेमतः ११ ॥ युधिष्ठिरउवाच ॥ यैर्हुतानिशरीराणिहृष्टैःपरमसंयुगे ॥ देवराजसमाँल्लोकान्
गतास्तेसत्यविक्रमाः १२ येत्वहृष्टेनमनसामर्तव्यमितिभारत ॥ युद्ध्यमानाहताःसंख्येगंधर्वैःसहसंगताः १३ येचसंग्रामभूमिष्ठायाचमानाःपराङ्मुखाः ॥ शस्त्रेण
निधनंप्राप्तागतास्तेगुह्यकान्प्रति १४ पात्यमानाःपरैर्येतुहीयमानानिरायुधाः ॥ ह्रीनिषेवामहात्मानःपरानभिमुखारणे १५ छिद्यमानाःशितैःशस्त्रैःक्षत्रधर्मपरा
यणाः ॥ गतास्तेब्रह्मसदनंनमेऽत्रास्तिविचारणा १६ येत्वत्रनिहताराजन्नंतरायोधनंप्रति ॥ यथाकथंचित्पुरुषास्तेगतास्तूत्तरान्कुरून् १७ ॥ धृतराष्ट्रउवाच ॥
केनज्ञानबलेनैवंपुत्रपश्यसिसिद्धवत् ॥ तन्मेवदमहाबाहोश्रोतव्यंयदिवैमया १८ ॥ युधिष्ठिरउवाच ॥ निदेशाद्भवतःपूर्वंवनेविचरतामया ॥ तीर्थयात्राप्रसंगे
नसंप्राप्तोऽयमनुग्रहः १९ देवर्षिर्लोमशोदृष्टस्ततःप्राप्तोस्म्यनुस्मृतिम् ॥ दिव्यंचक्षुरपिप्राप्तंज्ञानयोगेनवैपुरा २० ॥ धृतराष्ट्रउवाच ॥ अनाथानांजनानांच
सनाथानांचभारत ॥ कच्चित्तेषांशरीराणिधक्ष्यसेविधिपूर्वकम् २१ नयेषामस्तिसंस्कर्तानचयेऽत्राहिताग्नयः ॥ वयंचकस्यकुर्यामोबहुत्वात्ताततकर्मणाम् २२ यान्सुपर्णा
श्चगृध्राश्चविकर्षंतियतस्ततः ॥ तेषांतुकर्मणालोकाभविष्यंतियुधिष्ठिर २३ वैशंपायनउवाच ॥ एवमुक्तोमहाराजकुंतीपुत्रोयुधिष्ठिरः ॥ आदिदेशसुधर्माणंधौम्यंसूतंच
संजयम् २४ विदुरंचमहाबुद्धिंयुयुत्सुंचैवकौरवम् ॥ इंद्रसेनमुखांश्चैवभृत्यान्सूतांश्चसर्वशः २५ भवंतःकारयंत्वेषांप्रेतकार्याण्यशेषतः ॥ यथाचानाथवत्किंचिच्छरीरंन
विनश्यति २६ शासनाद्धर्मराजस्यक्षत्तासूतश्चसंजयः ॥ सुधर्माधौम्यसहितइंद्रसेनादयस्तथा २७ ॥ ॥

७ । ८ । ९ । १० । ११ । १२ । १३ । १४ । १५ । १६ । १७ । १८ । १९ । २० । २१ । २२ । २३ सुधर्माणंदुर्योधनपुरोहितं २४ । २५ । २६ । २७ ॥ ॥

२८ । २९। ३० । ३१।३२।३३ । ३४ । ३५ । ३६ । ३७ । ३८ । ३९ । ४० । ४१ । ४२ स्नेहपाचितैःस्नेहसंयुक्तैः ४३ । ४४ ॥ इतिस्त्रीपर्वणिनीलकंठीये भा० षड्विंशोऽध्यायः ॥ २६ ॥ ॥

चंदनागुरुकाष्ठानितथाकालीयकान्युत ॥ घृतंतैलंचगंधांश्चक्षौमाणिवसनानिच २८ समाहृत्यमहार्हाणिदारूणांचैवसंचयान् ॥ रथांश्चमृदितांस्तत्रनानाप्रहरणानिच २९
चिताःकृत्वाप्रयत्नेनयथामुख्यान्नराधिपान् ॥ दाहयामासुरव्यग्राःशास्त्रदृष्टेनकर्मणा ३० दुर्योधनंचराजानंभ्रातॄंश्चास्यशताधिकान् ॥ शल्यंशलंचराजानंभूरिश्रव
समेवच ३१ जयद्रथंचराजानमभिमन्युंचभारत ॥ दौःशासनिंलक्ष्मणंचधृष्टकेतुंचपार्थिवम् ३२ बृहंतंसोमदत्तंचसृंजयांश्चशताधिकान् ॥ राजानंक्षेमधन्वानं
विराटद्रुपदौतथा ३३ शिखंडिनंचपांचाल्यंधृष्टद्युम्नंचपार्षतम् ॥ युधामन्युंचविक्रांतमुत्तमौजसमेवच ३४ कौसल्यंद्रौपदेयांश्चशकुनिंचापिसौबलम् ॥ अचलंवृष
कंचैवभगदत्तंचपार्थिवम् ३५ कर्णंवैकर्तनंचैवसहपुत्रममर्षणम् ॥ केकयांश्चमहेष्वासांस्त्रिगर्तांश्चमहारथान् ३६ घटोत्कचंराक्षसेन्द्रंबकभ्रातरमेवच ॥ अलंबुषंराक्षसे
न्द्रंजलसंधंचपार्थिवम् ३७ एतांश्चान्यांश्चसुबहून्पार्थिवांश्चसहस्रशः ॥ घृतधाराहुतैर्दीप्तैःपावकैःसमदाहयन् ३८ पितृमेधाश्चकेषांचित्प्रावर्तंतमहात्मनाम् ॥ साम
भिश्चाप्यगायंततेऽन्वशोचंतचापरैः ३९ साम्नामृचांचनादेनस्त्रीणांचरुदितस्वनैः ॥ कश्मलंसर्वभूतानांनिशायांसमपद्यत ४० तेविधूमाःप्रदीप्ताश्चदीप्यमानाश्चपा
वकाः ॥ नभसीवान्वदृश्यंतग्रहास्तन्वभ्रसंवृताः ४१ येचाप्यनाथास्तत्रासन्नानादेशसमागताः ॥ तांश्चसर्वान्समानाय्यराशीन्कृत्वासहस्रशः ४२ चित्वादारुभिर
व्यग्रैःप्रभूतैःस्नेहपाचितैः ॥ दाहयामासतान्सर्वान्विदुरोराजशासनात् ४३ कारयित्वाक्रियास्तेषांकुरुराजोयुधिष्ठिरः ॥ धृतराष्ट्रंपुरस्कृत्यगंगामभिमुखोऽगमत् ४४
॥ इतिश्रीमहाभा० स्त्री० श्राद्धपर्वणिकुरूणामौर्ध्वदेहिकेषड्विंशोऽध्यायः ॥ २६ ॥ ॥ वैशंपायनउवाच ॥ तेसमासाद्यगंगांतुशिवांपुण्यजलोचिताम् ॥ ह्रदिनींच
प्रसन्नांचमहारूपांमहाबलाम् १ भूषणान्युत्तरीयाणिवेष्टनान्यवमुच्यच ॥ ततःपितॄणांभ्रातॄणांपौत्राणांस्वजनस्यच २ पुत्राणामार्यकाणांचपतीनांचकुरुस्त्रियः ॥
उदकंचक्रिरेसर्वारुदत्योभृशदुःखिताः ३ सुहृदांचापिधर्मज्ञाःप्रचक्रुःसलिलक्रियाः ॥ उदकेक्रियमाणेतुवीराणांवीरपत्निभिः ४ सूपतीर्थाभवद्गंगाभूयोविप्रससारच ॥ तन्म
होदधिसंकाशंनिरानंदमनुत्सवम् ५ वीरपत्नीभिराकीर्णंगंगातीरमशोभत ॥ ततःकुंतीमहाराजसहसाशोककर्शिता ६ रुदतीमंदयावाचापुत्रान्वचनमब्रवीत् ॥ यःसबी
रोमहेष्वासोरथयूथपयूथपः ७ अर्जुनेनजितःसंख्येवीरलक्षणलक्षितः ॥ यंसूतपुत्रंमन्यध्वंराधेयमितिपांडवाः ८ योव्यराजच्चमूमध्येदिवाकरइवप्रभुः ॥ प्रत्ययुध्य
तवःसर्वान्पुरायःसपदानुगान् ९ दुर्योधनबलंसर्वंयःप्रकर्षन्व्यरोचत ॥ यस्यनास्तिसमोवीर्येपृथिव्यामपिपार्थिवः १० योऽवृणीतयशःशूरःप्राणैरपिसदाभुवि ॥
कर्णस्यसत्यसंधस्यसंग्रामेष्वपलायिनः ११ ॥ ॥ ॥ ॥

तेसमासाद्येति १. वेष्टनानिउष्णीषकटिबंधनादीनि २ । ३ । ४ सुपतीर्थाशोभनजलावतरणमार्गा ५ । ६ । ७ । ८ ।९। १० । ११ ॥ ॥ ॥

१२ । १३ भवन्अभवन् अडभावआर्षः १४ । १५ । १६ । १७ । १८ । १९ । २० । २१ । २२ । २३ - नेहस्मेति कर्णेभ्रातृत्वेनज्ञातेसतितदनुसारिणामस्माकमपिदुर्लभंनाभविष्यत्पापिकौर

कुरुध्वमुदकंतस्यभ्रातुरक्लिष्टकर्मणः ॥ सहिवःपूर्वजोभ्राताभास्करान्मय्यजायत १२ कुंडलीकवचीशूरोदिवाकरसमप्रभः ॥ श्रुत्वातुपांडवाःसर्वेमातुर्वचनमप्रियम् १३ कर्णमेवानुशोचंतोभूयःक्लांततराऽभवन् ॥ ततःसपुरुषव्याघ्रःकुंतीपुत्रोयुधिष्ठिरः १४ उवाचमातरंवीरोनिःश्वसन्निवपन्नगः ॥ यःशरोर्मिर्ध्वजावर्तोमहाभुजमहाग्रहः १५ तलशब्दानुनदितोमहारथमहाह्रदः ॥ यस्येषुपातमासाद्यनान्यस्तिष्ठेद्धनंजयात् १६ कथंपुत्रोभवत्याःसदेवगर्भःपुराऽभवत् ॥ यस्यबाहुप्रतापेनतापिताःसर्वतोवयम् १७ तमग्निमिववस्त्रेणकथंछादितवत्यसि ॥ यस्यबाहुबलंनित्यंधार्तराष्ट्रैरुपासितम् १८ उपासितंयथाऽस्माभिर्बलंगांडीवधन्वनः ॥ भूमिपानांचसर्वेषांबलंबलवतांवरः १९ नान्यंकुंतीसुतात्कर्णादगृह्णाद्रथिनांरथी ॥ सनःप्रथमजोभ्रातासर्वशस्त्रभृतांवरः २० असूततंभवत्यग्रेकथमद्भुतविक्रमम् ॥ अहोभवत्यामंत्रस्यगूहनेनवयंहताः २१ निधनेनहिकर्णस्यपीडितास्तुसबांधवाः ॥ अभिमन्योर्विनाशेनद्रौपदेयवधेनच २२ पंचालानांविनाशेनकुरूणांपतनेनच ततःशतगुणंदुःखमिदंमामस्पृशद्भृशम् २३ कर्णमेवानुशोचामिदह्याम्यग्नाविवाहितः ॥ नेहस्मकिंचिदप्राप्यंभवेदपिदिविस्थितम् २४ नचेदंवैशसंघोरंकौरवांतकरंभवेत् ॥ एवंविलप्यबहुलंधर्मराजोयुधिष्ठिरः २५ व्यरुदच्छनकैराजंश्चकारास्योदकंप्रभुः ॥ ततोविनेदुःसहसास्त्रियस्ताःखलुसर्वशः २६ अभितोयास्थितास्तत्रतस्मिन्नुदककर्मणि ॥ ततआनाययामासकर्णस्यसपरिच्छदाः २७ स्त्रियःकुरुपतिर्धीमान्भ्रातुःप्रेम्णायुधिष्ठिरः ॥ सताभिःसहधर्मात्माप्रेतकृत्यमनंतरम् २८ चकारविधिवद्धीमान्धर्मराजोयुधिष्ठिरः ॥ पापेनासौमयाश्रेष्ठोभ्राताज्ञातिर्निपातितः २९ अतोमनसियद्गुह्यंस्त्रीणांतन्नभविष्यति ॥ इत्युक्त्वासतुगंगायाउत्तताराकुलेंद्रियः ॥ भ्रातृभिःसहितःसर्वैर्गंगातीरमुपेयिवान् ३० ॥ इतिश्रीमहाभारतेशतसाहस्र्यांसंहितायांवैयासिक्यांस्त्रीपर्वणिकर्णगूढजत्वकथनेसप्तविंशोऽध्यायः ॥ २७ ॥ ॥ ॥ ॥ समाप्तमिदंस्त्रीपर्व ॥ अतःपरंशांतिपर्वभविष्यति ॥ तस्यायमाद्यःश्लोकः ॥ ॥ वैशंपायनउवाच ॥ कृतोदकास्तेसुहृदांसर्वेषांपांडुनंदनाः ॥ विदुरोधृतराष्ट्रश्चसर्वाश्चभरतस्त्रियः ॥ १ ॥ ॥ ॥ ॥ ॥

वाणांक्षयोऽभविष्यदित्यर्थः २४ । २५ । २६ । २७ । २८ । २९ । ३० इतिश्रीमहाभारतेशतसाहस्र्यांसंहितायां वैयासिक्यांश्रीमत्पदवाक्यप्रमाणमर्यादाधुरंधरचतुर्धरवंशावतंसश्रीगोविंदसूरिसूनोःश्रीनीलकंठीयेभारतभावदीपे स्त्रीपर्वार्थप्रकाशे सप्तविंशोऽध्यायः ॥ २७ ॥ ॥ ॥ ॥ ॥ ॥ ॥

॥ इति श्रीमहाभारते स्त्रीपर्व समाप्तम् ॥